추천의 글

"어떤 주석이 제일 좋은 주석입니까?"

이런 질문을 받을 때마다 매우 난감해지는 느낌을 경험합니다.

그 누구도 성경 전체를 잘 주해할 것을 기대하는 것은 무리라는 생각을 갖습니다.

그리고 학문적 접근과 목회적 접근의 괴리가 만만치 않기 때문입니다.

그러나 레위기 주석으로 좋은 책을 추천해달라는 부탁에는 주저함을 느끼지 않습니다.

저는 지체 없이 앨런 로스(Allen P.Ross)의 「거룩과 동행」을 말할 것입니다.

저는 앨런 로스의 레위기 강해가 출간된 이후

이 책을 가장 신뢰할 만한 저의 파트너로 사용해왔습니다.

이 책은 학문적으로 결코 만만치 않은 탄탄한 기초 위에 실천적 안목을 포함합니다.

주석과 적용이 절묘하게 균형을 이룬 이 책은 강해자의 꿈의 도서라고 할 만합니다.

저자가 성경의 모든 책을 주해해주기를 얼마나 갈망해왔는지 모릅니다.

이 책은 주해의 진정한 축복이 무엇인가를 알게 해주는 보물이라고 감히 소개하고 싶습니다.

이 책에 큰 빚을 진 종, 이동원 드림(지구촌교회)

거룩과 동행

HOLINESS TO THE LORD

Holiness to the LORD
by Allen P. Ross

Originally published in English under the title
Holiness to the LORD
by Baker Academic,
a division of Baker Publishing Group,
Grand Rapids, Michigan, 49516, U.S.A.

6F Paidion Bldg., 1164-21 Gaepo-dong, Gangnam-gu, Seoul 135-240, Korea

HOLINESS TO THE LORD

거룩과 동행

앨런 로스의 레위기 강해를 위한 주석

앨런 로스 지음 | 김창동 옮김

디모데
Timothy Publishing House

리처드(*Richard*)와 베티 히긴보담(*Betty Higginbotham*) 부부에게.

1부 제사법(레위기 1-7장)

Laws of the Sacrifices

2부 제사장법(레위기 8-10장)
Laws of the Priesthood

3부 정결법(레위기 11-16장)
Laws of Purification

5부 서원 무르기(레위기 27장)

Redemption of Vows

서문

구약을 주해하는 일은 대단히 어려운 과제이지만, 특히나 율법을 주해하는 일은 그 자체로 수많은 난제들을 포함하고 있다. 한편으로 그리스도인들은 율법이 그리스도 예수 안에서 끝이 났으며 이제 자신들은 더 이상 율법 아래 있지 않다는 말을 자주 듣곤 하지만, 다른 한편으로는 모든 성경은 하나님의 감동으로 기록된 말씀이며 의로 교육하기에 유익하다는 말도 자주 듣는다. 율법을 현시대에 맞게 해석하고 적용하는 과업은 주해자들에게 어떤 본문이든, 즉 도덕법이든 제사법이든 혹은 재산과 채무를 다루는 시민법이든 모든 장들에 일관되게 접근할 수 있는 방법을 따를 것을 요구한다. 이 주석은 그런 접근법을 제시하며, 그 접근 방법이 레위기의 각 장에서 어떻게 사용되고 있는가를 분명히 보여준다.

이 책은 레위기와 레위기 주해를 더 깊이 배우기 원하는 목회자, 교사 그리고 모든 진지한 신학생들을 위해 쓰였다. 본서는 레위기에 대한 포괄적인 주석서를 만들기 위해 기획된 것이 아니다. 몇몇 훌륭한 주석은 주해자들이 반드시 연구해야 하는 본문에 대한 상세한 연구를 비롯해 그와 관련된 모든 문제에 대한 철저한 연구를 제공하고 있다. 내가 한 일은 주해자에게 내용 강해 과정에서 자료들을 취합하는 법, 본문에서 신학적 원리들을 정형화하는 법,

레위기의 모든 주제에서 도출된 의미들을 신약의 발전된 계시와 연결시키는 방법 등을 보여주기 위한 노력의 결과다. 물론 나는 이 과정에서 핵심들을 증명하기 위해 많은 주석과 신학 자료들을 포함시켰지만, 이러한 논점들을 더 깊이 파고들려고 하는 이들이라면 본서 전체에 인용되고 언급된 주석과 문헌들을 찾아보기 바란다. 본서에 포함된 자료들은 주해자가 본문을 깊이 연구하는 것을 대신해주기 위한 것이 아니다. 나는 이 책이 더 깊은 연구를 불러일으키는 자극제가 되기를 소망한다. 내가 제시한 개요와 토론들은 본문의 메시지가 분명하고 효과적으로 제시할 수 있는 여러 가지 방법들 가운데 하나에 불과하다. 나는 개요와 토론이 레위기를 주해하는 이들 스스로 개요와 논점을 개발해나가는 데 도움이 되기를 바란다.

레위기는 그 자체로 예배와 제사와 순종에 관한 유익하고 실용적인 메시지를 이끌어낼 수 있는 신학적 내용을 담고 있다. 그 개념들은 신약과 연결될 때 그리스도의 성품과 사역으로까지 나아갈 수 있다. 레위기의 주해는 하나님께서 어떤 식으로 율법, 의식, 상징 그리고 사건들을 사용하셔서 예수 그리스도 안에서 나타난 완전한 계시를 준비하셨는지를 보여주시기까지는 완성될 수 없다.

음역표

▶ 자음

א	ʾ	ט	ṭ	פ פּ ף	p
ב בּ	b	י	y	צ ץ	ṣ
ג גּ	g	כ כּ ךְ	k	ק	q
ד דּ	d	ל	l	ר	r
ה	h	מ ם	m	שׂ	ś
ו	w	נ ן	n	שׁ	š
ז	z	ס	s	ת תּ	t
ח	ḥ	ע	ʿ		

▶ 모음

◌ַ	a	◌ִ	i
◌ָ	ā	◌ִי	î
◌ָה	â	◌ָ	o
◌ֲ	ă	◌ֹ	ō
◌ֶ	e	וֹ	ô
◌ֵ	ē	◌ֳ	ŏ
◌ֵי	ê	◌ֻ	u
◌ֱ	ĕ	וּ	û
◌ְ	^{e}		

약어표

일반서 및 문헌 목록

ANET	*J. B. Pritchard(ed.), Ancient Near Eastern Texts Relating to the Old Testament*(3d ed.; *Princeton: Princeton University Press*, 1969)
BDB	*F. Brown, S. R. Driver, and C. A. Briggs, A Hebrew and English Lexicon of the Old Testament(Oxford: Clarendon*, 1907)
CAD	*The Assyrian Dictionary(Chicago: University of Chicago, Oriental Institute*, 1956–)
CBQ	*Catholic Biblical Quarterly*
D	*Deuteronomist*
E	*Elohist*
H	*Holiness Code*
J	*Yahwist*
JBL	*Journal of Biblical Literature*
JSOTSup	*Journal for the Study of the Old Testament: Supplement Series*

KBL	*L. Koehler and W. Baumgartner, Lexicon in Veteris Testamenti Libros*(2d ed.; Leiden: Brill, 1958)
LSJ	*H. G. Liddell and R. Scott, A Greek–English Lexicon*(9th ed., rev. H. S. Jones et al.; Oxford: Clarendon, 1968)
MT	*Masoretic Text*
NIV	*New International Version*
P	*Priestly source*
TDOT	*G. J. Botterweck, H. Ringgren, and H.–J. J. Fabry(eds.), Theological Dictionary of the Old Testament*(trans. J. T. Willis et al.; Grand Rapids: Eerdmans, 1974–)
VT	*Vetus Testamentum*
ZAW	*Zeitschirft für die alttestamentliche Wissenschaft*

레위기 주석

Harrison	*R. K. Harrison, Leviticus: An Introduction and Commentary* (Downers Grove, Ill.: InterVarsity, 1980)
Hartley	*J. E. Hartley, Leviticus*(Word Biblical Commentary 4; Dallas: Ward, 1992)
Levine	*B. A. Levine, Leviticus*(JPS Torah Commentary; Philadelphia: Jewish Publication Society, 1989)
Milgrom	*J. Milgrom, Leviticus* 1–16(Anchor Bible 3; New York: Doubleday, 1991); *Leviticus* 17–22(Anchor Bible 3A; New York: Doubleday, 2000); *Liviticus* 23–27(Anchor Bible 3B; New York: Doubleday, 2001)

Snaith	*N. H. Snaith, Leviticus and Numbers*(*New Century Bible*; *London*: *Nelson*, 1969)
Wenham	*G. J. Wenham, the Book of Leviticus*(*New International Commentary on the Old Testament*; *Grand Rapids*: *Eerdmans*, 1979)

1

The Study of Leviticus

레위기 연구

대부분의 성경 독자들이 보기에 레위기는 '사람이 다닌 흔적조차 찾을 수 없는 사막처럼 미지와 불모의 영역'이다.[1] 많은 독자들은 출애굽기 20장에 나오는 십계명을 읽은 다음에 이어지는 내용이 어떤 것인지 알게 되면 재빨리 건너뛰어 신명기, 심지어 여호수아까지 넘어가버리고 만다. 왜 우리가 이런 고대의 율법과 성막과 제사와 제사장과 음식에 관한 규정들로 머리를 싸매야하는가?[2] 무엇보다 교회는 고대 이스라엘과 다른 방식으로 움직이고 있는데 말이다. 따라서 이런 부분을 읽느라 시간을 들이는 것은 아무 쓸데없는 훈련에 불과한 것으로 비친다. 그래서 오늘날 교회는 더 이상 레위기에 주목하지 않는다.

---

1. *J. L. Mays, The Book of Leviticus; the Book of Numbers*(Layman' *s Bible Commentary; Atlanta: John Knox*, 1977), 7.

2. 브라베(*L. L. Brabbe*)는, 채식주의자들과 동물보호 단체 회원들이 보기에 동물 제사에 대한 강조는 분명 야만적으로 보일 것이라고 지적한다. *Leviticus*(*Old Testament Guides* 4; *Sheffield: Sheffield Academic Press*, 1993), 11.

레위기의 특징

그러나 레위기는 옛날이나 지금이나 구약에서 가장 중요한 책 가운데 한 권임을 분명히 인식해야 한다. 본서는 고대 이스라엘의 종교 체계 전체를 드러내 보여줄 뿐 아니라 예수 그리스도의 구속 사역에 대한 신약의 가르침의 신학적 토대를 마련해준다.[3]

성경 안에서 레위기는 모세 율법 가운데 세 번째 책이다. 그러나 본서는 모세 오경 가운데 다른 어느 책보다 더 직접적인 계시의 형태로 기록되었거나, 그런 특성이 드러나 보인다. 본서는 대부분 모세가 백성에게 전한 하나님의 말씀으로 구성되어 있다(*Hartley*, *xxx*). 이 강조점은 본서의 첫 단어이자 히브리어 성경의 제목이 되고 있는 와이이크라(*wayyiqrā*ʾ, '그리고 그분이 부르셨다')를 통하여 알 수 있다. 이 제목은 "그리고 (여호와께서) (모세를) 부르셨다 (그리고 말씀하셨다)"로 확장될 수 있다.[4] 다른 말로 하면, 본문의 내용은 하나님께로부터 직접 온, 거룩함이 요구되는 생활과 예배에 이르는 방법을 백성들에게 가르치는 메시지로 소개되고 있다. 이 사실이 가져다주는 본서의 신적 권위는 본서 전체에 미치고 있다.

따라서 모세 오경의 다른 책들과 마찬가지로 레위기는 비록 다양한 문학 형태로 표현되어 있다 하더라도 신학이다.[5] 우리는 이 모든 율법들이 고대

---

3. 이스라엘에게 레위기는 가장 중요한 책 가운데 하나였으며, 따라서 성경 가운데 가장 잘 알려진 책 가운데 하나였다. 본서의 대부분은 수세기가 넘는 동안 유대교의 본령으로 남아 있었다. 그리스도인들에게 본서는 신약 신학의 모태다. 해리슨(*Harrison*, 9)이 말한 것처럼 "본서 안에서는 기독교의 신앙과 교리의 기본을 발견할 수 있다."

4. 레위기는 레위인들에 대해 별로 많은 내용을 말하고 있지 않다. 레위기라는 영어 성경(우리말 성경 역시 – 역주)의 제목은 라틴어 벌게이트 역본에서 온 것으로 이는 다시 칠십인 역에서 온 것이다. 레위인들에 대한 언급이 본서에 단 한 차례 등장한다는 사실은 레위기라는 제목이 '제사장 규례' 혹은 '제사에 관한 율법'이라는 의미로 폭넓게 이해되어야 함을 보여준다. 그리고 이는 곧 헬라어 제목이 의미하는 바다. 왜냐하면 헬레니즘 시대에 '레위인'은 곧 제사장을 의미했기 때문이다. 랍비 문서에서 본서의 명칭은 *tôrat kōhănîm* 혹은 *tôrôt hakkōhănîm*['제사장들을 위한 규례(들)']이다.

5. 노스(*M. Noth*)는 레위기가 소개의 형식을 통하여 내러티브라는 틀 안에 함께 연결되고 있는 축복과

이스라엘의 종교적 관습에 어떤 의미가 있는지에 대해서뿐 아니라, 그 규례들이 하나님의 영원하신 본성과 의지에 대해 무엇을 계시하고 있는가를 반드시 질문해야 한다. 신학적 메시지는 고대 이스라엘의 신앙과도 적합해야 할 뿐 아니라 성경을 통하여 점진적으로 계시된 하나님의 구속 계획 전체와도 들어맞아야 한다. 이는 그 내용을 고대 세계라는 맥락 안에 자리매김하고, 그것이 전달하고 있는 영원한 진리를 천명하며, 지금까지의 해석과 적용을 추적하는 일을 포함한다. 주해자는 이 율법들이 이스라엘 백성들에게 어떻게 살고 어떻게 예배하는지를 어떻게 가르쳐주었는가를 연구하는 데서 시작할 수도 있다.

그러나 그들은 곧 이 율법이 더 많은 것을 계시하고 있다는 사실을 발견할 것이다. 인류는 범죄했고, 그 부패로 말미암아 하나님께로부터 분리된 세상에서 살아야 하는 처지에 놓이게 되었다. 하지만 하나님께서는 은혜롭고 자비하셔서 사람들에게 하나님의 임재 앞에 나아가 그분과 교제할 수 있는 길을 허락하셨다.

따라서 만일 본서의 지침과 가르침이 수세기 전에 살았던 종교 지도자들의 의견에 불과하다면 레위기를 연구하는 것은 사상의 역사를 연구하는 것에 지나지 않게 된다. 그러나 만일 여기서 하나님께서 주시는 가르침을 얻는다면 그 연구는 하나님의 계시된 뜻을 연구하는 것이고, 그 가르침은 권위가 있으며, 하나님의 구원 계획에 대한 계시가 펼쳐지는 과정 가운데 결정적인 부분을 이루게 된다. 그렇다면 그리스도인들에게 레위기 주해는 본문의 원래 의미가 폭넓은 신학적 메시지와 얼마나 잘 들어맞는지 분명히 증거하는 것이어야 한다. 궁극적으로 레위기 본문이 속죄, 성화, 영화에 대한 신약 교리 가운데 어떻게 성취되는지, 혹은 어떻게 적용되는지를 보여

저주가 덧붙여진 다양한 모습의 신적 교훈으로 구성되어 있다고 지적한다. *Leviticus*(trans. J. E. Anderson; *Old Testament Library*; *Philadelphia*: *Westminster*, 1965), 9-10.

주는 것을 의미한다.[6]

바울은 신약에서 율법은 우리를 그리스도께로 인도하는 '몽학 선생(*paidagōgos*)'이라고 설명했다(갈 3:24). *NIV*에서는 "율법이 우리를 그리스도께 인도하는 책임을 맡았다"고 말씀하고 있는데, 그분은 신약의 다른 곳에서 '율법의 마침(혹은 목표)'이라고 불린다(롬 10:4). 이는 곧 하나님께서 수세기 동안 백성들에게 하나님의 영원한 계획에 관한 중요한 신학적 내용들을 가르치고 계셨음을 의미한다. 하나님의 아들이 그 계획을 성취하기 위해 이 세상에 오셨을 때 신학적 내용과 이미지의 핵심이 실현된 것이다. 사람들은 하나님께서 (희생)제물을 통해 무엇을 의미하려 하셨는지 정확하게 알았다. 왜냐하면 하나님의 영께서 그것을 이스라엘에게 가르치셨고, 제물과 제사의 계시를 받은 이스라엘을 통하여 사람들을 가르치셨기 때문이다. 사람들은 속죄, 성화 혹은 성별이 무슨 의미인지 깨달았다. 왜냐하면 하나님의 백성들은 수세기 동안 이 의식들 가운데 살아왔기 때문이다. 사람들은 정함과 부정함, 혹은 거룩함과 거룩하지 않음의 차이를 충분히 인식했다. 이런 범주들은 사람들이 기억할 수 있는 가장 오랜 옛날부터 사소한 일상 가운데 적용되어왔기 때문이다. 예수님 당시에 제사, 의식, 절기 그리고 레위인이 진행하는 모든 절차는 이스라엘 생활 방식의 중심에 놓여 있었다.

모든 구약 시대의 사람들은 이 모든 것이 하나님의 계획 안에서 어떻게 들어맞았는지 최종적이며 완성된 모습을 보지 못했다. 간단히 말하자면, 그것이

---

6. 주해자는 사람들이 본서를 주해할 때 자주 취하게 되는 두 가지 극단적인 입장이 있다는 것을 반드시 인지해야 한다. 어떤 이는 구약의 의미를 무시하고 본서의 내용을 단순히 기독교 교리를 가르치는 데만 사용하며, 또 다른 이는 신약 안에서의 성취를 무시하고 고대 이스라엘에게 주어진 의미만을 설명한다. 전자는 본문 안에서 지나치게 많은 것을 읽어내려는 위험을 안고 있으며, 후자는 본서가 하나님의 완전한 계시와 얼마나 일치하는지를 보여주지 못하는 위험을 안고 있다. 하틀리(*Hartley*, *lv*)는 많은 현대 주석들이 처음 입장을 피하려고 하는 바람에 초기 기독교에서는 보편적이었던 알레고리와 미드라시, 혹은 모형론에 근거한 해석에 대해 거의 토론하지 않고 있으며, 오히려 문학적 근거, 생활 배경, 인류학적 질문, 종교사적인 의미들에 더 큰 관심을 갖고 있다고 지적한다.

모두 메시아에 의해 어떻게 성취되어 메시아의 평화와 의의 통치가 이루어질 수 있는지 보지 못했다. 그러나 하나님께서 자신의 아들을 세상에 보내어 그의 보혈을 흘리게 함으로써 단번에, 그리고 영원히 모든 죄를 정결케 하셨을 때(히 1:1-3), 이 모든 고대 의식들의 궁극적인 의미와 목표를 발견하게 되었다. 만일 나사렛 예수께서 실제로 이 세상에 오신 약속된 메시아라면, 그분의 능력 있는 사역들과 육체의 부활이 그 사실을 확증하는 것이라면, 그리고 그분의 죽음이 이 제사 제도를 통하여 하나님께서 의도하셨던 성취였다면, 이 고대의 규례들은 인간의 뜻을 좇아 온 것이 아니며, 예수의 죽음은 하나의 평범한 죽음이 아닌 것이다(벧전 2:21-24, 벧후 1:20-21, 히 9:14-15). 그분의 죽음은 이 규례들이 이스라엘 백성들에게 주어지는 순간 이미 성부 하나님의 마음 가운데 강하게 확증되어 있었다. 그리고 그리스도께서 사람들에게 계시하신, 즉 그들에게 열어 보이신 하늘 보좌의 영광은 여호와 하나님께서 여호와께 이르는 거룩함을 위한 율법의 조항들을 전개하기 시작하셨다는 계시의 최종 목표였다. 우리는 히브리서와 로마서를 읽을 때마다 레위 지파의 체제가 천국에 관한 것들을 보여주는 틀과 모형으로 사용되고 있다는 것과, 제사는 하나님의 어린양을 가리키며 그 안에서야 비로소 참된 의미를 찾을 수 있는 것임을 인정하게 된다. 그리고 외적인 정결 의식의 과정들은 멸망의 삶으로부터 살아계신 하나님을 섬기도록 우리의 내적인 마음과 양심을 참으로 깨끗하게 하는 것임을 깨닫지 않을 수 없다. 그러나 이 방대하고 상세한 의식법을 가르쳐주고, 그 법이 갖는 예언적인 의미를 뛰어넘는 진정한 영광을 부여하는 것이 있으니 그것은 바로 거룩함이다. 거룩함이 바로 그 모든 내용의 목표다. 거룩함은 본서의 특징이다. 여호와께서는 거룩하시다. 그분이 거하시는 성소는 거룩하다. 그 안에 있는 그릇들은 거룩하다. 제사장들이 입는 옷들은 거룩하다. 제물은 여호와 하나님께 가장 거룩하다. 그리고 그 이름이 '거룩' 이신 분께 나아가는 모든 이들은, 자기가 맡은 임무를 행하는 제사장이나 제사를 드리는 백성을 가리지 않고 모두 거룩해야만 한다. 그것은 마치 스랍들이 하늘 보좌에서 "거룩하다, 거룩하다, 거룩하다"고 노래하는 것에 대해 이스라엘 땅 전체가 화답하는 메아리와 같다.

레위기의 구성

성경적 배경

최종적이며 성문화된 율법 전체의 형식은 이스라엘 백성이 거룩한 백성, 그리고 세상에서 하나님을 위한 제사장 나라로 선택되는 하나님의 계획 위에 계시되었다(출 19:5-6). 하나님께서는 그들이 그 부르심을 성취할 수 있도록 규례와 의식들을 모은 레위기를 주셨다. 그 규례들은 그들을 주위에 있는 다른 민족과 분명한 대조를 보이는 생명의 길로 인도했다. 왜냐하면 그들은 세상과 구별될 때에만 세상을 향한 하나님의 축복을 회복하시려는 하나님의 계획에 사용될 수 있기 때문이다. 그리고 비록 그들이 하나님의 뜻에 따라 살지 못할 때에라도 제사 의식들을 통하여 언약 안에서 하나님과 온전한 화해를 이룰 수 있다는 사실을 알게 되었다.

이스라엘을 향한 계획은 대략 다음과 같이 펼쳐졌다. 창세기 1-11장은 먼저 하나님께서 완전한 세상을 창조하셨음을 말씀하고, 이어서 그 안에 속한 그분의 피조물의 반역, 그들에 대한 심판 그리고 창조에 대한 축복을 회복시키기 위한 하나님의 개입을 이야기한다. 창세기 12-50장은 이어서 하나님의 축복의 프로그램이 발전하는 모습을 보여준다. 우선 아브라함과 맺은 첫 번째 언약을 시작으로 약속된 후손, 이삭의 탄생에서부터 그 가문이 애굽에서 한 민족을 이룰 정도로 번성하게 되는 것까지를 계속 밝혀나간다. 출애굽기 1-18장은 약속에서 성취로의 역사적 전환점을 형성하고, 하나님께서 어떻게 언약 백성을 압제로부터 구하셔서 자신만의 소유로 삼으셨는지 들려준다. 그리고 그들에게 하나님의 영광을 말과 행동으로 계시하심으로써 그들로 하여금 하나님 자신을 그들의 하나님으로 사랑하고 경외하게 하시고, 그들에게 하나님의 법을 주셔서 그들이 거룩한 민족과 제사장 나라가 되게 하심을 밝힌다. 이 율법은 그 민족을 위해 제정된 것으로 출애굽기 19장에서 민수기 10장까지 기록되어 있으며, 그 안에는 그들이 살아가는 법과 하나님의 축복을 누리는 법을 가르치는 다양한 율법들(출 20-23장), 그들 가운데 임하신 하나님께서 거하실 성소를 짓기 위한 상세한 가르침(출 25-40장), 그들이 자신의 하나님 여호와와 맺은 교제를 지속하기 원한다면 반드시 따라야만 하는 고도로 발전된 의식들(레 1장-민 10장)이 포함되어 있다.

민수기 11장을 시작으로, 나머지 모세 오경은 이스라엘이 광야에서 헤매는 가운데 하나님의 백성으로 살아가기로 되어 있는 약속의 땅을 향해 조금씩 나아가는 모습을 그리고 있다. 그러나 끔찍했던 광야에서의 세월을 이기고 살아남은 이들이 약속의 땅으로 들어가기 전에 먼저 그들에게 경종을 울리며, 또 이어지는 세대들에게 조상들처럼 언약을 어긴 일들을 반복하지 않고 하나님의 법을 순종함으로써 생명과 축복을 선택하도록 권고하기 위해 언약이 맺어진 역사와 언약의 모든 조항들이 예언적 율법서 형태로 재천명되어야만 했다. 신명기는 이런 결론을 내림으로써 모세 오경 전체를 잘 마무리 짓고 있다.

모세 오경의 형성에 대해 어떤 생각을 갖더라도 레위기는 모세 오경이라는 배경에서 떼어놓을 수는 없다. 레위기의 가르침은 모든 설비들을 갖춘 성전(출 25:31에 기록된)의 실재를 전제로 하고 있으며, 성전의 존재는 언약 자체의 존재를 전제로 삼고 있다. 그 언약은 조상들에게 주어진 약속들을 통해 만들어졌다(창 12:1-3, 13:14-17, 15:13-16, 17:4-8, 19-21, 22:15-18, 26:2-5, 28:13-15). 언약의 성취는 하나님께서 자기 백성 가운데 임재하심이 나타남으로써 선포되었다(출 3:7-15, 6:2-8). 그리고 시내 산에서 제물의 피를 뿌린 것과 그곳에서 함께 음식을 먹음으로써 추인을 받았다(출 24장). 이어지는 모든 법률적, 의식적 가르침들은 언약의 내용을 이루며, 언약 백성들의 예배와 제사의 상세한 부분을 제공하고 있다.[7]

출애굽기 32-34장에 삽입된 역사적 사건들도 하나님께서 레위기에서 베푸실 속죄의 무대를 마련하기 위해 전략적으로 배치되었다. 언약 프로그램이 작동하기 전, 성소가 미처 세워지기도 전에 이스라엘 백성들은 금송아지를 만듦으로써 반역을 일으켰다(출 32장). 이러한 언약의 위반은 성막을 짓는 일이 완성되기 전에(출 35-40장) 중보와 용서를 통한 하나님의 회복을 요구했다(출 33-34장). 그리고 성막이 완성되었을 때 그곳은 하나님께서 자기 백성들 가운데 임재하심을 볼 수 있는 증거이자, 그들이 계속해서 중보와 용서를 통해 회복을 발견할 수 있는 장소가 되었다.

하나님의 임재하심의 실체를 이스라엘의 마음속에 확실히 고정시키기 위해 찬란하게 빛나는 여호와의 영광이 성막 안에 극적으로 임하셨다. 이 사건은 너무나 압도적인 것이어서 모든 백성들은 자기들의 거룩하신 하나님 앞에 엎드려 그분을 예배했다(출 40:34-38, 또한 불이 제단을 불사른 레위기 9장을 보라). 이렇게 이스라엘 백성들 가운데 존재하는 거룩한 임재에 근거해서 - 특히 금송아지와 관련된 그들의 죄에 비추어 - 대속의 제사를 지내는 곳이 세워지게 되었다.

그렇다면 출애굽기의 내용은 레위기의 실질적이며 신학적인 기초가 된다. 본서에 나타난 의식들과 요건들의 의미를 바로 음미하기 위해서는 왜 언약 프로그램이 제정되었는지를 확실히 마음에 새기고 있어야 한다. 그리고 제사와 정결 의식의 근거를 이해하기 위해서는 이스라엘을 거룩한 민족으로 결합시

7. 더 자세한 내용은 클라인스(*D. J. A. Clines*)의 ***The Theme of the Pentatuech***(***JSOTSup*** 10; ***Sheffield***: ***JSOT Press***, 1978), 특히 25-27쪽을 보라.

키는 것이 무엇인지 확실히 인식하고 있어야 한다. 그들을 하나님의 백성으로 하나 되게 만드는 것은 그들 가운데 언약의 하나님으로 거하시는 거룩하신 여호와 하나님의 임재다. 그리고 하나님께서 언약을 세우신 궁극적인 이유는 이 땅에 거룩함을 회복시키기 위해서다. 그렇다면 본서의 주된 관심은, 성경 전체의 관심과 마찬가지로, 하나님의 백성들이 거룩하신 하나님께서 임하고 계시는 이 순간에 자신의 삶을 어떻게 주관해야 하는가[8] 그리고 그분과의 관계를 계속 유지함으로써 그분을 예배하기 위해 그분의 임재 안으로 들어갈 수 있는가 하는 것이다.

그러므로 본서에는 여호와 앞에서 정결과 거룩을 보존하는 많은 규정들과 함께 불결함에 대한 치유와 정결하게 하는 의식이 포함된다.[9] 그리고 이 내용의 대부분이 제사장과 레위인들을 포함시키고 있기는 하지만 레위기는 단순히 제사장들이 보는 직무 설명서 이상의 것이다. 레위기 안에는 민족 전체를 위한 교훈이 포함되어 있는데(*Wenham*, 3), 이것은 분리되면서도 서로 연관된 주제에 따라 배열되어 있다.[10]

---

8. 신약은 예수 그리스도의 성육신을 통하여 이와 동일한 관심을 갖고 있다. 말씀이 육신이 되어 자기 백성들 가운데 '거하시매(*tabernacled*, 요 1:14)' 여호와의 영광이 그들 가운데 존재하는 것이다. 이 사실은 사도들에게 가장 기초가 되는 것이었다.

9. 해리슨(*Harrison*, 15)은 처음 보기에 본서의 내용은 우연과 반복으로 가득한 것처럼 보이지만, 실제로 연구해보면 배열과 문장 구성은 그 내용들을 암기하는 데 극도로 유용하다는 것이 입증된 독특한 유형을 따르고 있음을 보여준다. 레위기의 미시적, 거시적 구조에 관한 상세한 연구를 위해서는, 렌토르프(*R. Rendtorff*)가 강조한 것처럼 현존하는 성경 본문을 그런 조사의 유일한 기반으로 삼는 것을 강조하고 있는 워닝(*W. Warning*)의 *Literary Artistry in Leviticus*(*Leiden*: *Brill*, 1999)를 보라.

10. 이 단절은 본서의 표준적인 윤곽이다. 메이스(*Mays*, *Leviticus*, 11)는 그것을 일련의 질문들을 통해 찾고 있다. *Q*: 어떻게 범죄하고 더럽혀진 인간들이 자신과 언약을 맺은 하나님과의 교제를 유지할 수 있는가? *A*: 제사 의식을 통해서다(레 1–7장). *Q*: 어떻게 그들의 제물이 예배 안에서 거룩하신 하나님께 도달할 수 있으며, 하나님께서 그들에게 다가가실 수 있는가? *A*: 봉헌된 중보적 제사장직을 통해서다(레 8–10장). *Q*: 어떻게 하나님의 거룩하심이 타락한 인간을 지배하고 깨끗하게 만들 수 있는가? *A*: 정결하게 하는 방법을 통해서다(레 11–16장). *Q*: 어떻게 인간이 하나님께 순종하여 거룩한 삶을 살 수 있을까? *A*: 거룩함에 대한 훈계를 통해서다(레 17–26장). 레위기 27장은 기술적인 면에서 보면 분리된 본문임에 주목하라.

1. 제사 제도는 어떻게 인간이 죄와 부패에도 불구하고 거룩하신 여호와 하나님과의 관계를 지속할 수 있는가를 설명해주었다(레 1-7장).
2. 봉헌된 제사장 직무 규정은 하나님께 나아가는 것이 가능해질 수 있는 길을 밝히 보여주었다(레 8-10장).
3. 정결에 관한 가르침들은 하나님의 거룩하심이 어떻게 깨끗이 씻겨짐을 요구하며, 더러워진 것에서 정결케 될 것을 요구하는지를 가르쳐주었다(레 11-16장).
4. 거룩함에 이르게 하는 권고는 언약 백성의 모든 삶의 단면들이 어떻게 하나님께 구별되어 드려져야 하는가를 보여주었다(레 17-27장).[11]

요약하면, 레위기의 주된 내용은 시내 산에서 계시된 언약의 절대적인 핵심부분이다. 여호와 하나님께서 자기 백성들 가운데 거하시고 그들에게 거룩한 백성이 되라고 요구하신 것은 모든 사람들에게 이 책이 무엇을 가르치는지를 알려준다. 바로 어떻게 언약 백성들이 거룩하신 여호와 하나님께 나아갈 수 있는가, 어떻게 그들이 그분의 임재 앞에서 자신의 삶을 규제해야 하는가 그리고 어떻게 그들이 자신의 삶의 모든 영역에서 거룩함을 좇음으로써 자신의 제사장으로서의 소명을 깨달을 수 있는가 하는 것이다.

문화적 배경

출애굽기 19장부터 민수기 10장 사이에서 발견된 모티브들을 고대 세계 다른 민족들의 종교적 관행들과 비교해보면 이스라엘에 주어진 것 가운데 많은

11. 본서의 구조를 바라보는 또 다른 방법은 다음 두 부분으로 보는 것이다. 레위기 1-15장은 죄의 제거와 거룩하신 하나님과의 교제의 회복을 주로 다루고 있고, 16-26장은 윤리, 도덕, 거룩함을 다루고 있다. 그러나 어느 경우든 통일된 주제는 여전히 하나님의 거룩하심이다(*Harrison*, 14쪽을 보라).

부분이 그들에게 친숙한 것이었음을 발견하게 된다. 다른 말로 하면, 이스라엘의 제사 의식을 구성하는 요소들이 고대 문화와 유사점을 보인다는 것이다. 그래서 고대 가나안 사람들과 초기 이스라엘 시기는 들어맞는다. 거룩한 땅, 산, 성전, 제사, 제사장 그리고 그 밖의 것들은 이스라엘 민족이 무대에 등장하기 수세기 전부터 고대 근동 지방에서 친숙해 있던 것들이었다. 그렇다면 하나님께서 이스라엘에 행하신 것들은 하나님 자신의 구원 계획을 발전시키기 위해 그 백성들이 알고 있던 전통적인 형식과 구조들을 사용하신 것이다. 기존의 종교 제도와 시내 산에서 제정된 언약 사이의 근본적인 차이점은 내용이다. 이스라엘이 유사한 제도와 조직을 갖고 있을 수도 있지만, 그들의 초점은 살아계신 한 분 하나님께 맞추어져 있던 것이다. 결론적으로 하나님께서는 옛 부대에 새 포도주를 담으신 것이다.

거룩한 땅. 고대 세계에서 사람들이 자신의 신(들)을 예배하던 장소는 거룩한 곳으로 간주되었다.[12] 그곳은 보통의 땅, 혹은 일반적인 공동체의 영역과 구별되었고 종교적인 사용을 위해 지정되었다. 보통 사람들은 거룩한 구역에 함부로 들어갈 수 없었다. 그러기 위해서는 정결과 성화를 위해 미리 지정된 여러 가지 의식을 행해야 했다. 이런 관행은 신전에만 해당되는 것이 아니라 그 주변에 있는 '거룩한 땅' 대부분에도 적용되었다. 이러한 신전 마당의 범위는 장소에 따라 달랐지만 대개 상당한 크기였다. 커다란 도시 안에서 이러한 거룩한 구역, 곧 둘러싸인 땅과 함께하는 성전들은 백성들의 활동에 지배적인 역할을 담당했다.

---

12. '거룩함' 이란 개념을 담고 있는 문헌은 광범위하다. 사전과 구약 신학 외에도 이런 책들을 보라. *R. Otto*, *The Idea of the Holy*(*trans. J. Harvey*; *London*: *Oxford University Press*, 1967); *B. A. Levine*, *In the Presence of the Lord*(*Leiden*: *Brill*, 1974); *J. Molgrom*, *Studies in Levitical Terminology*(*Berkeley*: *University of California Press*, 1970); *J. Gammie*, *Holiness in Israel*(*Minneapolis*: *Augsburg*, 1981).

고대에서 이 거룩한 지역의 경계선은 어떤 형태의 표시, 대개는 돌로 선을 그었다(이스라엘은 시내 산에 이러한 표시를 했다, 출 19:12, 23). 나중에 신전들은 이 구역을 둘러싸고 있는 벽과 건물들에 공을 들이게 되었다. 그런 거룩한 지역은 평범하거나 불경스러운 것으로 간주되는 것들(경계 바깥에 있는 것들)로부터 거룩한 신전 자체를 분리시켰다. 종교적인 사람들은 자기들과 함께 거하는 신의 신비스러운 임재를 어떤 외부적인 침입으로부터 지키기 위해 일정한 공간이 필요하다고 믿었다. 이 믿음은 사람들에게 그러한 능력의 임재 안으로 들어가는 것이 무서운 일이라는 분명한 인식을 남겨주었다. 그러나 다른 한편으로는 생명에 대한 두려움과 안전한 피난처를 구하기 위해, 거룩한 구역은 도피처를 제공해주었다.

거룩한 장소는 임의적으로 선택된 것이 아니었다. 그곳은 사람들이 신이 존재하거나 찾을 수 있는 곳이라고 믿는 장소였다. 그곳은 대개 종교적인 체험이 보고되거나 명시적으로든(보이는 현상으로) 암시적으로든(생기를 주는 어떤 자연적 요소) 신이 나타났던 곳이었다. 명시적인 신의 현현은 이스라엘 가운데 자주 증거되었다(예, 창 28:10-17, 출 20:24, 삿 6:24-26, 삼하 24:16-25). 그러나 다른 종교에서는 그런 명시적 현현이 증거되지 않았다. 그들은 자신의 신이 신전을 지으라는 명령을 내렸다고 주장한다. 그리고 어떤 이는 꿈, 징조, 혹은 신의 개입을 이야기한다. 그러나 이스라엘 백성의 경험을 그들과 구별시켜주는 것은 살아계신 하나님의 현현이라는 현상이다(신 4:10-12를 보라). 회의론자들과 불신자들은 이런 증거들이 이스라엘의 종교적 선전에 지나지 않는다고 무시하지만, 이스라엘이 이방 종교에 대한 승리의 특징을 이루고 있는 초자연적인 사건들(왕상 18장에서의 갈멜 산 사건 같은)은 그 반대임을 증거한다.

암시적인 신의 개입은 고대 세계에서 더 흔히 주장되었다. 종교들은 정기적으로 생명과 자연의 놀라운 공급을 어떤 신의 덕분으로 돌렸다. 예를 들어, 강과 샘은 생명을 주었고, 따라서 적어도 한 지방 신의 너그러움으로 간주되었다. 고대 장소의 이름은 그런 장소 근처에 성소가 세워졌음을 보여준다. 예를 들어, 창세기 14장 7절에서 가데스(*Kadesh*, 거룩한 곳)는 엔 미스밧(*En Mishpat*, 심판의 샘)으로도 불렀다. 초상화에 나오는 거룩한 나무들은 풍요의 신과 밀접한 관계를 갖고 있는 다산의 상징으로 간주되었다. 사람들은 이러한 나무들에 신(여호와가 아닌)이 만물을 자라게 하며 그 장소를 거룩하게 한다는 의미가 들어 있다고 믿었다. 히브리 선지자들은 이런 믿음 때문에 수풀 안(호 4:13-14)이나 상수리나무 근처(사 1:29)에서 제사를 드렸던 이들을 정죄했다. 이스라엘의 신앙은 생명과 풍요를 가져오는 이러한 근원들이 참되신 창조주 하나님께로부터 오는 공급하심이라고 가르쳤다.

거룩한 산. 고대에 높은 지역과 산은 신전을 세우는 데 적합한 곳이었다. 왜냐하면 그곳은 의식들을 지상에서 하늘, 곧 하나님이나 신들이 거하는 곳으로 올려주기 때문이었다. 이러한 종교는 그 중요한 고지대가 지상에서 한정된 장소에 고정될 것을 요구했다. 그리고 그곳은 신실한 자들이 찾아올 수 있는 곳이었다. 고대 문헌에 의하면 바벨론의 신들은 운명을 정하기 위해 거룩한 산에 모였다. 가나안에서는 신들이 거하는 신전인 판테온은 자폰 산(*Zaphon*, 북방)에 위치했는데, 아마 시리아에 있는 에벨 알아크라(*Jebel al-Aqra'* , 카시오스 산으로 불렸다)인 것으로 보인다. 그곳은 또한 바알의 거룩한 산으로 여겨졌다. 게다가 레바논 산과 시룐 산은 가나안과 히타이트 시대부터 거룩한 산으로 알려졌다(신 3:9와 시 29:6을 보라). 심지어 헤르몬 산은 바알과 연결되기도 했다(대상 5:23). 그리고 므깃도 산, 다볼 산, 갈멜 산은 이스라엘 이전 시기에 가나안 족속의 거룩한 장소였다. 더 멀리 보면 그리스의 올림푸스 산은 신들의 집이었다.[13] 땅과 모든 지상에서의 활동으로부터 하늘로의 상승이

---

13. 거룩한 산, 혹은 우주적 산에 대한 문헌들은 방대한 양이다. 일반적인 입문용으로는 클리포드(*R. J. Clifford*)의 *The Cosmic Mountain*(*Cambridge*: *Harvard University Press*, 1972)을 보라.

라는 개념은 너무나 중요한 것이어서 자연적인 산이 없는 지형에 살던 사람들은 인공으로 산을 만들었고, 언덕이 있어도 그 가운데서 가장 높은 곳인 언덕 꼭대기나 건축된 단 위에 자기들의 제단을 만들었다. 종교 개혁 시기에 이스라엘의 왕들은 이러한 이교도의 높은 장소를 허물었다. 왜냐하면 그곳에서 거짓 예배가 거행되었기 때문이다(예, 대하 34:3-7).

하나님의 임재로 올라간다는 종교적 개념은 정당한 것이기 때문에 여호와 하나님께서는 자신을 시내 산에서 모세에게 계시하기로 선택하셨다(출 19:3). 그리고 그 언약이 추인될 때 백성의 지도자들은 공동의 음식을 먹기 위해 함께 산에 올라가야 했다(24:9-12). 나중에 여호와의 성소로 한 장소가 선택될 때, 시편 기자가 말한 것처럼 큰 산들이 모두 시기하는[시 68:15-18(*MT* 68:16-19)] 예루살렘에 있는 시온 산이 선택되었다. 따라서 여호와 하나님께서는 이스라엘을 향한 계획에서 시내 산과 시온 산, 두 개의 산에 초점을 맞추셨다[출 3:1, 18:5, 24:13, 신 33:2, 시 68:17(*MT* 68:18), 왕상 8:10-13].[14] 선지자 에스겔은 후에 거룩한 성전이 회복되어 지극히 높은 산 위에 세워지는 꿈을 꾸었다(겔 40:2).

이스라엘에 이 산을 진정으로 거룩한 곳으로 만드는 것은 살아계신 하나님의 임재로, 하나님께서는 처음에 시내 산에서 언약을 체결하셨고, 이어서 시온 산에서 자기 백성 가운데 거하셨다. 백성들은 그분의 거룩한 산을 향해 제물과 제사를 드렸고, 그 거룩한 언덕에서 그분의 능력과 영광의 증거를 보았다[시 42:4(*MT* 42:5), 63:2(*MT* 63:3)].

신약에서 예수님께서는 자신을 완전한 제물로 드려 율법을 성취하심으로 이를 영원히 바꾸셨다. 그래서 그분은 사마리아에서 우물가의 여인에게 이렇게 말씀하신 것이다. "여자여 내 말을 믿으라 이 산에서도 말고 예루살렘에서

---

14. 레븐슨(*J. D. Levenson*)의 *Sinai and Zion: An Entry into the Jewish Bible*(*Minneapolis: Winston*, 1985)을 보라.

도 말고 너희가 아버지께 예배할 때가 이르리라…하나님은 영이시니 예배하는 자가 신령과 진정으로 예배할지니라"(요 4:21, 24). 그리고 히브리서의 저자는 성도들에게 그들이 만질 수 있는 산이 아니라 '시온 산과 살아계신 하나님의 도성인 하늘의 예루살렘'(히 12:22)에 가야 한다는 것을 깨우쳐주었다.

거룩한 건물. 이러한 거룩한 장소에 대한 믿음은 자연스럽게 신전 건물과 우뚝 솟은 성소로 이어졌다. 고대 메소포타미아의 신전들은 피라미드 형태의 높은 기단 위에 세워졌는데 이는 결국 여러 층으로 된 바벨론의 건축물이 지구라트의 모양을 취하게 되었다.[15] 이 계단식 탑은 기초 역할을 했고, 신전은 그 꼭대기에 세워졌다. 신은 그 꼭대기에 살거나 그곳에 내려왔고 낮은 성전에서 안식을 취했다.

이 성전들은 모든 예배와 의식이 거행되는 실질적인 건물이었다. 고대 메소포타미아 사람들은 신들이 '거하는' 장소를 마련하기 위해 커다란 집을 짓곤 했다. 예배자들은 여러 건물들이 주위에 배치된 성전 뜰에 들어가 의식이 거행되는 방 앞에서 신과 교제했다. 예배자들은 그 방 안에 들어갈 수는 없었지만 문을 통해 거룩한 형상을 볼 수는 있었다. 제사장들만이 그 거룩한 방 안에 들어가 신들을 섬길 수 있었다. 앗수르의 신전은 앗수르의 집 구조를 따랐기에 이들과 달랐다. 그들은 성전 뜰을 만들지 않고 대신 성전의 가장 긴 면으로 들어가는 문을 열어두었다. 그러나 예배자는 의식이 거행되는 방 뒤에서 신상을 보기 위해 돌아서야 했다. 여리고, 므깃도 그리고 텔 엘-파라(*Tell el-Farah*)에 있는 가나안 족속들의 신전은 고대 앗수르의 신전들처럼 건물의 긴 쪽으로 들어가는 우회 입구를 두었다. 그 다음 시기인 족장들의 시대에 신전과 집 모두를 향한 구도가 변경되었다. 높이 솟은 신전과 복도가 서로 등을 맞대고 세워졌다. 므깃도에는 방 하나짜리 성소가 있었고 그 벽면으로 높이 솟

15. 더 자세한 내용은 패럿(*A. Parrot*)의 ***Babylon and the Old Testament***(*trans. B. E. Hooke; New York: Philosophical Library*, 1958)를 보라.

은 제단이 있었는데, 의식에 사용되는 커다란 원형 제단 주위로 낮은 덮개가 놓여 있었다. 벧셴(*BethShean*)과 라기시(*Lachish*)에 있는 신전들은 애굽의 영향을 보여주는데, 이 도시들이 후기 청동기 시대에 애굽의 지배를 받았기 때문인 것으로 보인다. 개방된 형태로 하나의 단지를 이루고 있는 성전 뜰은 제물을 두는 외실과 신을 모시는 내실로 둘러싸였다. 유적지에서는 계단 형태의 제단, 높이 올린 돌 기단, 검은 돌로 만든 탁자, 여러 그릇과 같은 종교 의식에 사용된 다양한 물건들이 발견되었다.[16]

이스라엘의 성막과 후기의 성전이 이들과 유사한 모습으로 건축되었다는 사실에 놀랄 필요는 전혀 없다. 성막은 방어용 뜰 안에 세워졌다. 그 안에는 성소가 있고, 그 뒤에는 지성소가 있었다. 이 거룩한 제단 안에는 어떤 형상도 세워져 있지 않았고, 다만 살아계신 하나님께서 성막으로 덮여 있고 휘장으로 가려져 있는 가장 깊은 곳에 있는, 자신의 영광이 거하고 있는 거룩한 방에서 자신의 임재를 드러내 보이셨다.[17] 백성들은 제사가 드려진 뜰 안에 들어갈 수 있었다. 제사장들은 중보가 이루어진 회막 안에 있는 성소에 들어갈 수 있었다. 그러나 일 년에 한 차례 속죄의 피가 뿌려지는 지성소에는 대제사장만이 들어갈 수 있었다. 하나님께서는 다시 한 번 사람들이 이해할 수 있는 형식을 사용하셨지만 천국의 틀에 비추어 그 의미를 정결하게 하셨다(출 25:9).

이들 성전의 중요성은 메시아이신 예수님의 사역 안에서 비로소 충분히 설명되고 성취되었다. 사람들은 수세대에 걸쳐 하나님께서 자기들 가운데 거하

---

16. 더 많은 정보를 보려면 바로이스(*G. A. Barrois*)의 "*Temples*," *The Interpreter's Dictionary of the Bible*(*ed. G. A. Buttrick et al.; Nashville: Abingdon*, 1962), 4:560-68과 그곳에 기재된 문헌들을 보라.

17. 솔로몬 시대에 성전 봉헌을 위한 기도문은 하나님께서 이 작은 방 안에 들어가 계시지 않는다는 사실을 분명히 인식하고 있었다. "하나님이 참으로 땅에 거하시리이까 하늘과 하늘들의 하늘이라도 주를 용납지 못하겠거든 하물며 내가 건축한 이 전이오리이까"(왕상 8:27).

실 것을 소망하며 믿어왔고, 마침내 그 일이 일어났다. 하나님의 아들이 이 세상에 오셨고 사람들 가운데 거하셨다. 이 사건을 기술하기 위해 요한복음의 서두에 사용된 용어는 실질적으로 예수님께서 사람들 가운데 '성막에 들어가시다' 혹은 '텐트를 치시다' 는 의미였다(요 1:14). 예수님의 몸은 말 그대로 장막이었다. 그리고 이 장막 안에서 여호와 하나님의 영광이 마치 장막 안에서와 같이 임했다. "우리가 그 영광을 보니"(1:14)란 선언은 예수님께서 행하신 모든 능력 있는 사역 가운데 드러내신 영광을 가리키는 것으로 보인다. 변화산 사건, 곧 장막 휘장이 걷어지고(말하자면) 제자들이 하나님의 아들이 영광 가운데 빛나던 모습을 바라본 사건은 그분이 진정으로 여호와의 영광이심을 증거한다(마 17:2-5). 예수님께서는 성전을 깨끗이 하시면서(요 2:13-22) 이렇게 말씀하셨다. "너희가 이 성전을 헐라 내가 사흘 동안에 일으키리라"(2:19). 부활 이후에 제자들은 예수님께서 자신의 몸을 가리켜 말씀하신 것임을 깨달았다(2:20-22). 그러나 그분이 성전이란 말을 선택하신 것은 더 많은 것을 말하고자 하심이었다. 그분의 몸은 영광이 거하던 진정한 성전이었다. 그리고 종교 지도자와 정치 지도자들이 그 성전, 곧 예수님의 몸을 무너뜨렸을 때 그들은 사실상 예루살렘에 있는 실제 성전을 무너뜨린 것이었다. 그들은 땅 위에 있는 성전에서 행해지던 레위 지파에 의한 희생 제사를 끝내시려는 하나님의 계획의 도구가 되었다.[18] 그리스도의 죽음은 성전에서의 제사 의식을 완성시켰다. 그리고 예수님께서는 사흘 만에 무덤에서 자신의 성전, 곧 자기 몸을 일으키셨다(계 21:22를 보라).

사도들은 이 모든 일이 교회를 의미하는 것임을 즉시 알아챘다. 새 언약은 성령님께서 성도들의 마음 가운데 거하실 것임을 약속해주었다. 따라서 성도들의 몸은 예수님의 몸과 마찬가지로 성령님의 성전이 되는 것이다(고전

18. 물론 성전 의식은 한 세대 후에 그 장소가 로마인들에 의해 파괴될 때까지 계속되었다. 그러나 하나님의 구원 계획과 관련해서 그 성전 의식은 그리스도의 희생 안에서 성취되었다.

6:19). 그리고 성도들의 집합은 교회의 머리 되신 '그리스도의 몸'이 되었다(비유적으로). 십자가에 못 박히신 후 예수님의 몸만 죽음 가운데서 살아나신 것이 아니라 그리스도의 몸, 곧 교회가 일어나 성령님의 전이 되었다. 결과적으로 새 언약의 현재의 틀 안에서 보면, 성도들이 찾아가고 많은 의식을 거쳐야 겨우 들어갈 수 있는 으뜸가는 성소는 존재하지 않는다. 의식은 메시아이신 예수님에 의해 단번에 그리고 영원히 완전해졌고, 성도들이 정결하고 깨끗한 몸과 마음으로 들어갈 유일한 '성전'은 천국에서의 여호와의 임재인 것이다. 이는 장소들을 따로 구별하거나, 영적인 사용을 위해 정결하게 하거나, 그 안에서 일어나는 일들로 인해 거룩한 곳으로 기념해서는 안 된다는 의미가 아니다. 다만 그런 장소들은 이제 본질적으로 영적 계발을 위해 기념이 되고 교훈이 된다는 의미다. 그곳은 히브리서가 '더 좋은' 성소라고 지목한, 사람의 손으로 만든 것이 아니라 천국 자체인, 예수님께서 자기 피로 말미암아 우리를 위해 간구하기 위해 들어가신 진정한 성소의 그림자일 뿐이다(히 8:2-6, 9:11-12, 23-26). 그 하늘 성소, 즉 하나님께서 거하시는 곳에 들어가는 것은 여전히 피의 대속과 정결함을 요구한다. 그러나 그리스도께서는 모든 사람들이 받을 수 있도록 그것들을 베푸셨다.

거룩한 의식. 고대 성전과 사원에서 제물이 드려지고 정결 의식이 행해진 것은 문서와 고고학의 발견이 인도하는 만큼이나 오랜 옛날로 거슬러올라간다.[19] 제사 의식이 초기부터 그토록 광범위하게 퍼져 있었다는 사실은 어떤 공

19. 이 주제를 다루고 있는 문헌은 방대하다. 그러나 주해자가 가장 먼저 시작할 수 있는 좋은 책은 가스터(*T. H. Gaster*)의 *"Sacrifices and Offerings, OT," in The Interpreter's Dictionary of the Bible*(*ed. G. A. Buttrick et al.; Nashville: Abingdon*, 1962), 4:147-59이다. 다른 유용한 저서들은 보(*R. de Vaux*)의 *Studies in Old Testament Sacrifice*(*Cardiff: University of Wales Press*, 1964); *H. -J. Kraus, Worship in Israel: A Cultic History of the Old Testament*(*trans. G. Bushwell; Richmond: John Knox*, 1965); *H. Ringgren, Religions of the Ancient Near East*(*trans. J. Sturdy; Philadelphia: Westminster*, 1973), 그리고 오래 되긴 했지만 여전히 유용한 쿠르츠(*J. H. Kurtz*)의 *Sacrificial Worship of the Old Testament*(*trnas. J. Marten*; 1863; *repr. Grand Rapids: Baker*, 1980)이 있다.

통의 기원, 혹은 영향력이 있었음을 암시한다. 성경의 전승은 하나님께서는 친히 아담과 하와에게 가죽옷을 입히셔서 그들로 하여금 자신의 범죄함을 가릴 수 있게 하고, 그 이후에 자신과 그 아들들에게 하나님께 나아가는 적합한 길은 선물, 곧 일정한 종류의 희생 제물임을 가르치도록 제물이라는 개념을 적절하게 마련하셨다는 인상을 준다. 그 가문의 가지가 지면에 두루 퍼지고 그들의 다양한 문화가 발전해감에 따라 제사 의식도 함께 변천했는데, 특히 다신론 신앙의 영향으로 더욱 그렇게 되었다. 이스라엘에 율법이 주어짐으로써 그들의 의식과 다른 종교들의 의식 사이에 중대한 차이가 만들어지게 되었다. 그럼에도 불구하고, 제사와 정결 의식은 유사하게 남아 있었다. 예를 들어, 갈멜 산에서 바알의 선지자들의 제사와 엘리야의 제사는 실질적으로 동일한 것으로 볼 수 있는데,[20] 차이점이라면 두 제사가 서로 다른 신에게 드려졌다는 점이다(왕상 18:25–35). 그리고 아브라함이 가나안 땅에서 단을 쌓을 때 그곳에서 '여호와의 이름을 반포' 했던 것은(창 12:8)[21] 사람들에게 그 제사가 여호와를 위한 것임을 깨닫게 하려는 것임이 분명하다.

성경 학자들은 한때 이스라엘의 종교 개념과 이웃 종교들의 개념을 구별하기 위해 고대 제사 의식의 기원과 의미가 무엇인지 찾으려 시도했었다. 일반적인 생각은 대부분의 경우 이교도의 제사는 풍요의 신을 조종하기 위해 행해지는 주술적인 의식이었다는 것이다. 그러나 이스라엘의 제사에는 주술적인 요소나 뇌물이 개입될 여지가 없었는데, 언약은 창조주이자 역사를 주관하시는 절대자 여호와 하나님께 속한 것이기 때문이다. 그러나 최근 들어 학자들은 고대 이방 종교가 단순히 두려움과 주술에만 근거했다는 가정에 도전을 던

---

20. 이스라엘 백성의 제단은 열두 지파를 상징하는 열두 개의 돌로 세워졌는데, 이는 그 민족의 역사와 연결되는 것이다. 바알 신을 섬기는 제단의 모양은 언급되지 않고 있다.

21. 대부분의 영어 성경들은 이 구절을 "그리고 그(아브라함)가 여호와의 이름을 불렀다"로 번역하고 있다.' 그것도 가능하지만, 이와 동일한 표현이 출애굽기 34장 5–7절에서 여호와를 주어로 하여 나오는데, 이것은 '선포하다'는 의미로 보는 것이 더 옳다.

지고 있다.[22] 가나안 족속의 제사는 주술과 뇌물과 같은 방식으로 진행되었음이 분명하며(이는 한때 이스라엘 백성의 생각 가운데 이스라엘의 제사가 타락했을 때의 상태와 같다), 가나안의 의식에는 이스라엘의 믿음 체계에서는 극도로 혐오하는 난교와 같은 요소가 포함되어 있었다. 그러나 그들의 실질적인 제사 의식의 집행에는 사회적, 사법적 질서를 위한 고차원적인 동기 또한 포함되어 있었다. 앤더슨(*Anderson*)은 제사 의식이 고대 백성들의 세계관의 테두리 안에서 행해지는 상징적인 행동이라고 주장한다. 그들은 땅에서의 번성은 적합한 종교적 행위에 기초한다는 단순한 믿음을 가졌을 것이다. 만일 사람들이 곡식과 추수를 주는 대상이 신이라고 믿는다면, 그 신에게 일정한 선물과 진상품을 의무적으로 바쳐야 했다. 이스라엘 또한 이런 사고 방식을 공유했는데, 왜냐하면 그들이 땅에서의 물질적인 풍요와 종교 의식의 준수를 서로 연관 지어 생각했기 때문이다. 그러나 감사의 제물과 뇌물 사이에는 가는 실 한 올 정도의 차이밖에 없다.

두 번째 설명은 이교도의 제사는 종종 신에게 드리는 음식으로 간주된 반면, 이스라엘은 그런 개념이 배제되었다는 점이다. 고대 문헌은 제사 의식을 기술할 때 신인동형론적인 언어를 사용했다.[23] 그들은 제단을 식탁으로, 제물을 음식으로 그리고 향을 맛있는 냄새로 동일시했다. 더욱이 신의 사자는 그 제사 음식을 먹었다. 이런 종류의 언어는 이교도와 이스라엘 문헌 모두에 등장한다. 그렇지만 성경의 선지자들은 백성들에게, 여호와께서는 제물을 섭취하시지 않는다는 것을 깨우쳐주고 있다. 그분은 자기 백성이 바치는 음식에

22. 이 문제에 대한 심도 있는 토론을 위해서는 앤더슨(*G. A. Anderson*)의 *Sacrifices and Offerings in Ancient Israel: Studies in Their Social and Political Importance*(*Atlanta: Scholars Press*, 1987)을 보라. 앤더슨은 이 가정이 프레이저(*J. G. Fraser*)의 *'Golden Bough'* 와 같은 일반 논문을 통해 제기되었지만, 실제로 고대 문헌과 성경 본문이 말하고 있는 것은 전혀 다루지 않고 있음을 보여준다.

23. 야마우치(*E. Yamauchi*)의 "*Anthropomorphism in Ancient Religions*," *Bibliotheca Sacra* 125(1969): 29-44를 보라.

의존하는 분이 아니시다(시 50:7-15). 이러한 부인이 제사를 보는 이스라엘의 견해가 독특함을 보여주기에 충분한지에 대해서는 역시 의문이 제기되는데, 이는 메소포타미아 문헌은 이런 신인동형론적 묘사에서 벗어난 모습을 보여주고 있기 때문이다.[24] 다른 한편으로 신인동형론적인 언어의 사용은 히브리 문헌에서 흔한 것이다. 만일 성소가 여호와 하나님의 집으로 묘사된다면 음식, 먹을 것, 마실 것 등의 언어는 하나님께 드려진 선물에 사용되었다고 보는 것이 타당하다. 다시 한 번 성경과 그 밖의 문헌에서 의식을 기술하는 방식의 차이점은 해당 본문에 사용된 언어보다 경배의 대상이 되고 있는 신의 본질과 더 깊은 관련이 있다.

이스라엘에서 제정된 여러 제사들에 해당하는 것들이 고대 세계에 그대로 존재했다. 레위기 2장에서 소제를 의미하는 말로 사용된 *minḥâ*란 용어는 고대 우가리트와 페니키아 문헌 가운데서 입증된다. 그 말은 일반적으로 선물을 가리키는 것으로 보이지만 조공이나 세금을 의미하는 것일 수도 있다. 레위기 3장과 7장의 화목제나 축제 음식을 가리키는 *šᵉlāmîm* 역시 제사 제물이나 세속적인 선물일 수 있다. 이는 히브리인들의 제사와도 유사점이 있는데, 왜냐하면 그 말은 동물 제사를 가리키며, 번제물과 함께 주어졌고(우가리트어, *šrp*), 예배자가 먹었다.

따라서 제사 의식은 고대 세계에 널리 퍼져 있었다. 여러 증거들은 그 동기가 단순한 원시적인 것이 아니라 이스라엘에서 찾아볼 수 있는 것과 같은 고등한 종교적 사상들을 포함할 수 있다고 보기에 충분한 것들이다. 하나님께서

---

24. 앤더슨(*Anderson, Sacrifices and Offerings in Ancient Israel*, 16-19)은 티가(*J. Tigay*)가 *The Evolution of the Gilgamesh Epic*(*Philadelphia: University of Pennsylvania Press*, 1982) 가운데 행한 상세한 저술로부터 이끌어온 적절한 자료들에 대한 조사를 훌륭하게 제공하고 있다. 표준적인 견해[*R. de Vaux, Ancient Israel: Its Life and Institutions*(*trans. J. McHugh; New York: McGraw-Hill*, 1961), 2:447]로 볼 때, 이스라엘이 갖고 있던 개념은 이교도의 것과 달리 여호와 하나님께서 제물을 드신다고 인식하지 않았다는 것이다. 몇몇 신인동형론적 표현들은 후대에 전승으로 남게 되는 고대 이교도 개념의 흔적이다. 이런 접근은 앤더슨이 다룬 바 있는 많은 난제들을 갖고 있다.

자기 백성들을 위해 제사 의식을 제정하셨을 때 고대 세계에 이미 알려진 구조와 설명을 사용하셨지만, 그것들을 가장 고차원적이고 충만한 의미로 회복시키셨다.

성경에서 기술하고 있는 제사 제도는 오늘날의 독자들로서는 쉽게 이해할 수 없을 만한 복잡한 예배 의식의 체계를 대변하고 있다. 이는 일정 부분 수세기 동안 이어져오면서 애초에 규정된 의식 안에 자연스럽게 포함된 변화와 발전을 담고 있는 활동들을 법제화하여 기술하고 있는 본문의 탓이다. 또한 의식의 대부분의 의미를 설명하고 있지 않으며, 백성들이 체험을 통해 알거나, 혹은 레위인들의 가르침을 통해 모든 상세한 부분의 이유를 배웠을 것이라고 가정하고 있는 성경의 기록 방식에도 기인한다(신 33:10, 말 2:7). 우리가 보기에 성경 안에서 분명하게 드러나는 것들은 세부적인 것들을 해석할 수 있는 기준이 되는 틀을 제공해준다.

계속해서 모든 제사들에 대한 토론이 이어지겠지만, 여기서 몇 가지 일반적인 의견을 지적하는 것이 도움이 될 것이다.

1. **제사는 선물이었다.** 제사는 제사를 드리는 자가 하나님을 기쁘시게 하기 위해 드려진 선물이었다. 그들은 감사와 헌신을 표현했다. 그런 제물은 여호와께서 절대 주권을 가진 하나님이시며, 모든 것이 우선적으로 그분에게 속해 있음을 인식하고 있다(시 50:9-12, 대상 29:14). 결국 제물이라는 선물은 여호와 하나님께 완전한 복종과 충성을 표현하는 한 가지 방법이다. 그러나 제사가 마땅히 요구되는 십일조나 조공만은 아니었다. 그것은 선물이었다. 그것은 집에서 키우는 동물, 식물의 소산, 혹은 빵이나 과자와 같은 생활에 필요한 것들일 수 있었다. 어떤 선물을 드리든 제물을 드리는 자는 그 드림을 통해 무언가를 포기했다. 제물로 바쳐진 것들은 대개 불에 살라지거나 제사장들에 의해 복용되었다. 그것은 바치는 자가 사용하기 위해 반환을 요구할 수 있는 것

이 아니었다. 그럼에도 불구하고, 바치는 자는 무언가를 얻었다. 그들은 이런 식으로 하나님께 감사를 표현함으로써 살아가는 데 필요한 모든 것들을 하나님께서 계속해서 공급해주실 것임을 알았기 때문이다.

2. **제사는 공동체를 표현했다.** 그들은 민족적으로 여호와를 의지했기 때문에 항상 그분과 하나 됨을 유지할 필요가 있었다. 그리고 그런 형태의 하나 됨을 가장 잘 표현할 수 있는 것이 공동 식사 의식 가운데서였다. 세속적인 삶 가운데서도 사람들 사이의 계약은 음식을 함께 먹는 가운데 도장을 찍었다(창 31:45-54). 왕의 식탁에서 음식을 먹을 수 있다는 것은 지극히 명예로운 일로 간주되었다(삼하 9:7, 왕하 25:27-30, 시 113:7-8). 따라서 여호와의 집에서 제사 음식을 함께 나누는 것은 가장 높은 명예였다(출 24:11, 고전 10:18). 그런 까닭에 화목 제물은 모든 제사 과정의 정점을 이루었는데, 이는 그것이 하나님과의 교통을 기념하는 것이기 때문이다.

3. **제사는 속죄를 가져왔다.** 모든 동물 제사는 피로 말미암아 정결하게 하는 기능을 갖고 있다(레 17:11). 그러나 어떤 제사는 특별히 속죄의 필요성이 극도로 요구될 때를 위하여 구체적으로 제정되었다. 백성들이 이런 저런 방식으로 타락하게 되면 하나님의 임재 안으로 다시 들어갈 수 있도록 깨끗하게 함과 성별됨을 구할 필요가 있었다. 그리고 백성들이 범죄하면 하나님의 은혜가 주는 유익을 새롭게 해야만 했다. 따라서 정결함을 필요로 하는 백성들은 자신과 하나님과의 언약 관계를 유지하기 위해 특정한 제사를 드릴 수 있었다. 속죄 제사 가운데 어떠한 분향도 포함되지 않았는데, 이는 그 시간이 기쁨의 시간이 아니라 영적 궁핍의 시간이기 때문이다. 그리고 하나님과 하나 됨이 가로막혔기 때문에 공동체 식사가 포함되지 않았다. 이 제사에서 흘린 피는 특별한 용도, 곧 속죄를 위한 것이었다.

이스라엘의 제사 의식의 상세한 부분과 제사의 일반적인 신학적 의미는 메시아이신 예수님의 죽음에 적용되었고, 그때 하나님의 계획의 온전한 계시가 명백하게 나타났다(히 1:1-3). 이스라엘에게 주어진 모든 제사는 십자가에서의 하나님의 아들의 죽음 안에서 성취되었다. 이것이 그 계획의 전부였다. 무엇보다 성자께서는 율법을 폐하기 위해 세상에 온 것이 아니라 그것을 완성하러 오셨다(마 5:17). 따라서 새 언약은 여전히 속죄를 제공한다. 그렇지만 이제 그 속죄는 성육신하신 하나님의 아들이 단번에 그리고 영원히 드린 완전한 제사에 근거하고 있다(롬 3:25). 물론 죄 사함은 여전히 존재한다. 그러나 이제 그 죄 사함은 그리스도의 피에 근거하기 때문에 최종적인 것이다(요일 1:7-9). 하나님과의 교통은 이제 그리스도께서 자신의 희생의 죽음을 통하여 영원히 굳게 세우셨기 때문에 든든하다(롬 5:1-11, 요일 1:1-4). 한편으로 하나님과의 교제를 즐기기 위해 성소에 들어갈 자격을 얻는 개념도 존재하지만, 이제 그 성소는 땅에 있는 모든 것들이 그곳의 그림자에 불과한 하늘의 성소인 것이다(히 9:1-15). 새 언약이 가져다주는 것은 우리를 대신하여 완전한 희생을 드리고 율법에 규정된 모든 것을 성취하신 하나님 자신이기 때문에 이전보다 더 좋은 것이다.

그리고 이 사실은 예배를 영원히 바꾸었다. 교회는 더 이상 동물 제사를 드리지 않는다. 왜냐하면 제사가 단번에 그리고 영원히 드려졌기 때문이다. 그리고 성도들은 예수 그리스도의 희생에 근거해서 하나님께 나아가며, 대속, 교통, 천국 법정에 들어감을 얻게 된다. 그리고 그리스도인들은 하나님께 희생의 선물을 드린다는 마음으로 감사와 헌신 가운데 자신을 살아 있는 제물로 하나님께 드리며(롬 12:1-2), 희생의 정신으로 자신의 재물을 너그럽고 기꺼운 마음으로 베풀고(행 4:32-37), 부족한 것이 있는 사람들과 함께 나눔을 잊지 않는 가운데 영적인 제사로서 하나님께 찬양을 드린다(히 13:15-16).

거룩한 제사장. 마지막으로 모든 고대 문화에는 제사를 담당한 제사장들이 있었다. 초기에는 한 가족이나 부족의 우두머리가 이 종교적 활동을 수행하는 책임을 졌다고 보는 것이 일반적인 이해다. 그리고 그는 단순히 제사를 드리는 사람에 지나지 않고 신의 음성을 전달하는 대리인으로 여겨졌다. 따라서 우리는 성경 전승 가운데서 노아와 아브라함과 욥이 자기 가족을 대신하여 제사를 드리고 하나님과 대화하는 것을 찾아볼 수 있다.

고대 세계에서 제사장 계급의 등장은 매우 명백한 것이었다. 어떤 문화권에서 제사장들은 신령한 것, 곧 삶 가운데 나타난 영적 세력들을 다루는 능력을 가진 것으로 간주되었다. 만일 이 개념이 옳은 것이라면, 그들의 행동은 대부분 주술을 다루는 것이라는 사실 또한 옳을 것이다.[25]

초기 메소포타미아에서 제사장들은 리더, 지배자, 혹은 제사장 통치자와 같은 충분히 발전된 질서를 갖고 있었다. 왕들은 앗수르 바벨론의 초기 전승에서는 또한 제사장이기도 했다.[26] 그리고 그와 동일한 역할이 가나안 세계에도 존재했던 것으로 보인다.[27] 그들은 신들의 재산과 신전을 관리하는 총책임자였다. 그리고 그들은 그 영토에서 들어오는 수입을 관할했다. 그들이 성전 의식 가운데 맡은 역할들은 제사를 드리고, 술을 따르고, 기도문을 암송하고, 정결 의식을 수행하고(때로는 신이 새겨진 조각을 깨끗하게 함), 징조를 해석하며 점을 치는 것이었다(개인에게 주어진 계시란 존재하지 않기 때문에). 그러나 제사장들이 가장 활발하게 움직이는 때는 절기들로, 진행 절차를 인도하고 의식에 필요한 신상을 성소로 옮겼다.

---

25. 이스라엘의 제사장 제도와 고대의 제사장들에 대한 문제를 다룬 총론적인 입문서이자 처음으로 대할 수 있는 좋은 참고 도서로는 아바(*R. Abba*)의 *"Priests," in The Interpreter's Dictionary of the Bible*(*ed. G. A. Buttrick et al.; Nashville: Abingdon*, 1962), 3:876-89를 보라. 또한 쿠르츠(*Kurtz*)의 *Sacrificial Worship of the Old Testament*를 보라.

26. 충분한 토론을 위해서는 사부린(*L. Sabourin*)의 *Priesthood: A Comparative Study*(*Leiden: Brill*, 1973), 51; *Ringgren, Religions of the Ancient Near EAst; S. H. Hooke, Babylonian and Assyrian Religion*(*Norman: University of Oklahoma Press*, 1963)을 보라.

27. 그레이(*J. Gray*)의 *"Sacral Kingship in Ugarit," Ugaritica* 6(1969): 289-302; *A. curtis, Ugarit, Ras Shamra*(*Grand Rapids: Eerdmans*, 1985)를 보라. 그러면 고대 가나안 문명 가운데서 왕이면서 동시에 대제사장인 멜기세덱과 같은 인물을 발견하는 것이 놀라운 일이 아니다.

종교적 개념이 발전함에 따라 많은 다른 형태의 제사장이 이들 문명화된 사회 안에 존재하게 되었다(그리고 그들을 분류하는 일은 상당히 복잡한 과제다). 간단히 말해서 그들의 주된 임무는 성전 안에 놓인 신상으로 대변되는 신을 보호하고 섬기는 것이다. 어떤 곳에서는, 특히 가나안에서는 성전 직분자들이 다산 의식에 봉헌되었는데, 이는 곧 종교적 매춘을 의미했다. 그러나 제사장들과 여사제들은 그 외에도 다른 의무 또한 많이 갖고 있었다. 예를 들어, 아픈 자를 돌보고(가끔씩 주문을 외우고 귀신을 쫓아내기도 함), 징조와 신탁을 읽어냄으로써 무엇이 옳은지 결정하며, 그 민족에게 중요한 성스러운 규례와 가르침을 보존했다. 성스러운 문서를 기록하는 기술은 고대 이집트와 같은 고대의 많은 제사장 계급에게 반드시 필요한 것이었다. 과학, 천문, 지리, 건축에 대한 지식을 갖고 있던 이들은 가장 점을 잘 보는 이들이었다. 고대 근동의 종교들을 훑어보면 종교에 헌신하는 것이 사실상 생활의 중심을 차지하고 있음을 쉽게 이해하게 된다.

이스라엘의 제사장들과 레위 지파의 기원과 발전은 처음 생각했을 때보다 훨씬 복잡한 것이다. 그러나 일반적으로 제사장 가문은 레위 지파에서 선택되었고, 한 번 직무에 봉헌되면 평생 동안 여호와 하나님과 그분의 성소를 섬겨야 했다. 신명기 33장 9-10절에 의하면 그들의 주된 임무는 백성들에게 율법과 계명을 가르치고, 분향 제단 위에 향을 태워 중보 기도를 드리며, 제사를 드려 회중들이 제사를 통해 하나님께 가까이 나아가도록 인도하는 것이다. 성소 안에서 그들의 제사장으로서의 사역은 본질적으로 매일 정기적인 제사를 드리거나 중보 기도를 드림으로써 백성들을 중보하는 것이었다. 그들이 맡은 다른 일은 지식이 요구되는 것이었다. 그들은 이스라엘의 선생으로, 전통의 수호자로 하나님의 계시를 보존하였다. 그들은 또한 해결되지 못한 법적 난제들을 판결하고, 부정해졌던 자가 다시 성소에 들어가기에 적합한지 심사하며, 제사를 드리는 백성들에게 축복하고, 성전이 세워지기 전에는 레위 지파가 다음 쉬는 장소로 법궤를 메고 가기 전에 그것을 덮었다. 이스라엘의 제사장 제도와 고대 세계의 제사장 제도의 유사점은 분명히 나타난다. 하나님께서는 통상적인 제도를 사용하셔서 하나님의 성소에서 사역하게 하셨는데, 이는 제사장 제도 개념 전체가 백성들이 거룩하신 이에게 나아갈 수 있게 하기 위해서 봉헌된 중보가 요구된다는 사실을 가리키기 때문이다. 그러나 둘 사이의 차이점은 이루 헤아릴 수 없을 정도다. 이스라엘의 대제사장은 실제로 살아계신 하나님의 임재 안으로 들어갔으며, 제사는 하나님의 영원한 규례의 일부였고, 그들이 가르쳤던 율법은 진정한 하나님의 말씀이었다.

여기서 다시 신약에 의하면 예수 그리스도께서는 완벽하고 완전한 제사를 드리신 순간에 제사장 제도에 관한 율법 역시 성취하신 것이다. 이제 제사를 드리는 제사장이나 아론의 반차를 좇는 대제사장은 더 이상 필요하지 않다. 그러나 제사장 직분의 의미는 하나님께 나아가는 데 있어서 없어서는 안 되는 부분으로 남아 있었다. 그 직분은 대제사장으로 하여금 하나님의 임재 안으로 들어가 죄를 대속하고 중보하기 위해 여전히 필요했다. 따라서 예수님께서는 자신의 죽음으로 새 언약의 대제사장으로서 봉헌되셨지만, 이것은 옛 거룩한 임금인 멜기세덱의 반차를 좇은 것이다(히 5:9-10, 7:11-28).

사도들은 교회 안의 영적 리더들이 제사장들과 어느 정도 동일한 사역을 수행한다고 가르쳤다. 그러나 그들은 제사를 드리는 제사장이 아니며 언약의 중보자도 아니었다. 왜냐하면 제사는 사람과 하나님 사이의 유일한 중보자이신(딤전 2:5) 예수 그리스도에 의해 단번에 그리고 영원히 드려졌기 때문이다.

결론

모든 증거는 성전과 연관된 다양한 종교적 관행과 배경들이 특정 시기에 연관된 문화적 배경 안에서 존재했으며, 이스라엘과 친숙한 것이었음을 시사한다. 성소, 성전 뜰, 제사장, 제사 그리고 백성들 사이에 거하는 신의 개념들은 모두 이스라엘이 들어가게 된 종교 세계의 부분들이다. 그러나 이런 것들이 살아계신 하나님께 드리는 예배 안에서 사용될 때에는 새로운 의미와 새로운 생명력을 부여받았다.[28] 그리고 때가 차게 되자 그들의 진정한 의미가 하나님의 구원 계획 안에서 분명하게 드러나게 되었다.

레위기의 저작권

레위기의 저작권 문제는 모세 오경 비평 문제와 연계되기 때문에 매우 복잡하다. 여기서는 간략히 살펴보는 것으로 마치려 한다. 상세한 견해와 논쟁을 보려면 주석들과 관계 문헌들을 참조하라.[29]

전통적 견해

전통적 견해는 레위기를 모세의 저작으로 보며, 가나안에 정착한 이후의 내용에 대한 어느 정도의 편집과 재구성을 허용한다. 해리슨(*Harrison*, 23)은 이렇게 말한다. "저작권과 연대에 관한 가장 논리적인 결론은 고대성과 진정성을 인정하고, 제사장 서기관들의 도움을 받을 수도 있는 상황에서 레위기를 모세에 의해 편찬된 주전 2천 년의 문학 작품으로 보는 것이다."

---

28. 여기서 빵과 포도주의 그림이 사용될 수 있다. 이 요소들은 주의 만찬에서 필수적인 요소가 되기 이전에 이미 흔히 사용되던 것들이다.

29. 여러 주장들과 그 지지자에 대한 훌륭한 개관에 대해서는 워닝(*Warning*)의 *Literary Artistry in Leviticus*, 7-19를 보라. 또 다른 최근의 토론을 보려면(비평적 견해를 방어하는 진영) 니콜슨(*E. Nicholson*)의 *the Pentateuch in the Twentieth Century: the Legacy of Julius Wellhausen*(*Oxford: Claredon*, 1998)을 보라.

전통적 견해는 몇 가지 기본적인 주장이 뒷받침해주고 있다.

1. 레위기는 이 율법들이 시내 산에서 모세에게 주어진 것이라는 시각에서 기록되었다. 비록 저자의 이름이 기록되지 않았지만 출애굽기 40장 1, 17절과 민수기 1장 1절을 비교하면 이 율법들은 틀림없이 출애굽 이후 2년이 되는 해에 나온 것이다. 그리고 본서는 50여 회 가량 여호와께서 모세에게 말씀하셨다고 진술하고 있다. 명백한 결론은 이 내용이 모세에게서 온 것이라는 점이다. 속죄일 규례가 나답과 아비후의 죽음(레 10장) 이후에 주어졌다는 레위기 16장 1절의 선언은 이 내용이 연대순이 아니라 논리적으로 배열되었음을 시사한다.[30] 발트케(*Waltke*)는 후대의 저자나 편찬자가 이 내용을 현재의 순서로 배열했을 가능성을 허용하고 있지만, 만일 속죄일 규례가 그 사건 이후에 주어졌다면 모세가 직접 그 내용을 배열하지 않았다고 생각해야 할 충분한 이유는 없다.[31]
2. 레위기에 사용된 언어는 대부분의 규례가 광야를 배경으로 하고 있음을 전제로 한다. 예를 들어, 제사는 회막 안에서 드려졌지 성전 안에서가 아니다. 문둥병자는 회막 밖에 머물러 있었지 도시 밖에 머물러 있었던 것이 아니다(13:46). 그리고 백성들은 신전 가까운 곳에 거했다(17:1-9). 정착한 민족을 위해 만들어진 규례가 논의될 때에는 하나님께서 그들을 땅에 들이셨다는 말로 소개하고 있다(14:34, 23:10). 만일 레위기가 광야에서의 방황을 그 배경으로 하고 있지 않다면 이러한 표현들은 설명하기 힘들다.

---

30. 라이트(*J. S. Wright*)의 *"Thoughts on the Composition of the Pentateuch," Evangelical Quarterly* 25(1953): 4를 보라.

31. *B. K. Walkte, "Leviticus," in The Zondervan Pictorial Encyclopedia of the Bible(ed. M. C. Tenney; Grand Rapids: Zondervan*, 1975), 3:916.

3. 고대 근동에서 나온 모든 자료들은 레위기의 내용 대부분이 전통적인 견해가 주장하는 시기와 매우 잘 들어맞고 있음을 보여준다. 그 내용 가운데 많은 부분이 후대의 첨가물이라는 비평적 견해는 이 자료들을 올바로 반영하고 있지 않은 것이다.
4. 레위기의 내용은 이스라엘 역사상 후기에 속한 포로기나 포로기 이후의 상황과 어울리지 않는다. 예를 들어, 레위기의 맥락을 더 넓게 잡는 것은(다시 말해서 제사장 문서의 일부분으로 보는 것은) 이스라엘 민족이 자기 고향 땅으로 돌아가기를 고대했지만, 그 대신에 광야에서 사용할 이동식 성전을 지으라는 지시를 받는다는 엉뚱한 대본을 낳게 된다(출 25-31장).
5. 레위기의 빈번한 인용이나 인유가 에스겔서에서 발견된다(예, 레 10:10이 겔 22:26에, 레 18:5이 겔 20:11에). 이 사실이 모세의 저작권을 입증하는 것은 아니지만 레위기의 내용이 포로기 이전에 이미 율법으로 확실히 수립되어 있었다는 생각을 뒷받침해준다. 실제로 해리슨(22-23)이 지적한 것처럼 고대 세계 전반에 걸쳐 제사장 문서에서 나온 자료들은 그 기원이 대개 후기가 아니라 초기이며, 보통 세심하게 보존되어 있다. 레위기를 후기의 기록으로 간주하는 것은 고대 근동의 문헌 전승에 알려진 모든 내용과 배치된다. 우리는 한 자료가 지닌 특징이 고대의 것이며 제사장을 통한 전달 과정을 거쳐 왔는데도 어떻게 여전히 그 최종적인 형태를 후대의 것으로 여기는 것인지 의아심을 금치 못한다.

비평적 견해

제사장 문서(P). 대부분의 현대 학자들과 레위기에 관한, 혹은 직접 레위기를 가르치는 상당수 인기 있는 수업은 비평적 견해를 따르고 있으며 모세의 저작권을 배척한다. 그리고 레위기와 모세 오경을 전체적으로 수세기 동안 점진적으로 취합되었다가 포로기 이후 공동체에 의해 완성되었던 많은 자료들로부터 합성된 작품으로 간주한다.[32] 여기서 성경 비평의 역사와 발전 과정을 다시 살펴볼 필요는 없다. 레위기와 관련된 몇 가지 논쟁을 훑어보는 것으로도 충분하다.

비평적인 견해는 한 세기가 넘도록 변경되고 개정되며 재정의되었지만 그 기본적인 사상은 손상되지 않고 그대로 남아 있다.[33] 비평적 견해의 중요한 결론은, 레위기 1-16장은 ***P*** 자료[말하자면 제사장 저자(***Priestly writer***), 혹은 제사장 전승(***Priestly tradition***)]에서 왔고, 포로기 이후에 쓰여지거나 편찬되었을 것이며, 레위기 17-26장은 다른 포로기 문서, 즉 ***H***(성결 법전, ***Holiness Code***)에서 끌어와 덧붙여진 부분이라는 것이다. 비평 이론에 의하면 ***P***는 포로기 이후 성전과 성전에서의 제사 의식에 대한 열심을 불러일으켜 페르시아의 속주였던 유다가 다시 신정국가로 재편되기를 바라는 마음에서 기록되었다고 본다.

독자들은 ***P***가 레위기와 동일 연장선에 있는 것이 아니라 창조부터 계속 이어지는 연대기를 추적하는 긴 내러티브(***JE***와 같은)임을 염두에 두어야 한다. ***P***에는 법률적 내용이 지배적이지만 그것들은 단지 율법을 지지하는 여러 곳에 산재한 내러티브에 불과하다. 이 율법들은 과거의 특정한 시기에 분

---

32. 이 논쟁에 관한 문헌들은 상당히 많다. 그러나 한층 철저한 토론들은 입문서들에서 찾아볼 수 있다. 비평 진영에 대해서는 드라이버(*S. R. Driver*)의 *An Introduction to the Literature of the Old Testament*(6*th ed.*; *Edinburgh*: *Clark*, 1897); *O. Eissfeldt*, *The Old Testament*: *An Introduction*(*trans. P. Ackroyd*; *Oxford*: *Blackwell*, 1965)부터 시작하라. 보수 진영의 대응에 대해서는 해리슨(*R. K. Harrison*)의 *Introduction to the Old Testament*(*Grand Rapids*: *Eerdmans*, 1969)로 시작하라.

33. 그라베(*Grabbe*, *Leviticus* 16)는 이 이론에 대한 몇 가지 비평에 대해 토론하면서도, 보수적인 입장이 주장하는 것과 자신이 타당하다고 생각하는 것의 다른 점을 인식하고 있다. "이러한 비평들은 완강하게 모세의 저작권을 주장하는 사람들과 서로 공통된 점이 없다. 왜냐하면 그들의 신학적 전제가 다르기 때문이다." 그러나 이 진술은 결정적인 증거 때문이 아니라 자신의 신학적 전제 때문에 완강하게 자료 비평을 옹호하는 사람들에 대해서도 똑같은 말을 할 수 있지 않을까?

명히 사용된 것으로 포로기 이후의 청중들에게 실질적으로 중요한 의미를 갖고 있고, 그들에게 권위를 보이기 위해 고안되었다. 초기 비평가들은 *P*가 비록 포로기 공동체의 저작이기는 하지만, 그 내용이 오래 전에 시내산에서 하나님께 받았음을 보여주기 위해 과거의 것으로 투사시켰다고 주장한다.[34] 그에 따르면 *P*는 진정으로 과거에 뿌리를 두고 있다.[35] 다른 이들은 *P*가 더 많은 고대 전승들, 특히 율법들에 의미를 부여했다고 간단히 결론 짓는다.[36]

성결 법전(H). 레위기 17-26장은 일반적으로 *H*, 혹은 성결 법전으로 일컬어진다. 일반적인 형태는 *P*와 일치하지만 문체(더 많은 설교조)와 내용(거룩함에 대한 훨씬 더 많은 강조) 면에서는 다르다. *H*는 편찬자에 의해 교훈적인 내용이 추가되어 편집된 율법의 독립적 집합체였다가 나중에 *P*의 정신과 체제에 맞게 약간의 조절 과정을 거쳐 *P*와 합쳐졌다고 보고 있다.

본서의 이 부분의 주요 특징은 거룩함이다(19:2, 20:7-8, 26, 21:6-8, 15, 23, 22:9, 16, 32). 거룩함은 물론 본서 전체에 걸쳐 강조되고 있지만 여기서 더 빈번하게 요구되고 있다. 이 부분이 레위기의 다른 부분과 갖는 차이점은 *H* 자료를 뒷받침하고 있다는 것이다.

1. 시작 표지(17:1-2)와 마무리 표지(26:46).
2. *P*에서는 찾아볼 수 없는 표현들이 지배적임.
3. 특정한 율법이 두드러짐.
4. 내용의 잡다한 성격(11-16장과 비교해서).

---

34. *Cf. Eissfeldt*, *Old Testament: An Introduction*, 207.

35. 몇몇 비평 학자들은 에스라나 혹은 동시대의 어떤 인물이 *P* 문서의 편찬자, 혹은 저자가 될 자격을 충분히 갖추고 있다고 생각한다. 아이스펠트(*Eissfeldt*, *Old Testament: An Introduction*, 208)는 자기라면 그것을 백성들에게 떠넘기지 편찬하지 않았을 것이라고 말한다.

36. *Nicholson*, *Pentateuch in the Twentieth Century*, 220.

5. 이미 토론된 주제의 재언급(17:10-14과 7:26, 19:6-8과 7:15-18, 20:25과 11장 참조).
6. 신명기와 친숙한 율법이 아니라 연설을 사용함.

반응. 예상했던 대로 비평 이론은 다양한 학자들로부터 강력한 비판을 받았다. 예를 들어, 엉거(*M. F. Unger*)는 이렇게 말한다.

> 비평 이론이 주장하는 소위 제사장 법전(*Priestly Code*)의 포로기, 혹은 포로기 이후 연대 이론은 믿을 수 없는 내용으로 가득 차 있다. 첫째, 그 정교한 법전을 모세의 것으로 팔아넘기려는 고의적인 계획이 있었다는 주장은 그런 행동이 선지자들의 도덕 기준과 명백히 모순된다는 도덕적 문제점이 있다. 둘째, 전혀 받아들여지지 않았거니와 더욱 터무니없는 것은, 하나님께서 모세에게 직접 주셨다고 증거되는 날조된 율법이 그토록 뒤늦게 얻어졌다는 주장은 역사적으로 불합리하다. 셋째, 그 율법이 갖고 있던 모세의 복식과 광야라는 틀이 포로기 이후의 공동체가 가지고 있던 도시 기반의 틀과 어울리지 않는다고 바라보는 것은 법적 무지의 소산이다.[37]

이런 세 가지 논점들은 비록 일반적인 것이긴 하지만 비평 이론에 대한 가장 강력한 반발이 어떤 것인지 잘 말해주고 있다. 위의 각각의 논점들은 어느 정도는 스스로 초기의 비평 이론이 택하던 가설을 변경한 견해를 취하고 있는 현대 학자들에 의해 제기되어 왔다. 예를 들어, 첫 번째 논점은 많은 율법이 모세까지 거슬러올라갈 가능성이 다분하지만 후기까지 편찬되지는 않았다는 논박을 받았다. 비평 이론은 많은 변경에도 불구하고 레위기(모세 오경 전체

---

37. *M. F. Unger*, *Introductory Guide to the Old Testament*(*Grand Rapids*: *Zondervan*, 1951). 202.

를 포함해서)가 서로 다른 근거와 영향 아래서 오랜 기간에 걸쳐 발전되다가 바벨론 포로기 이후에야 그 최종적인 형태에 도달했다는 주장을 여전히 펼친다. 그러나 발트케가 말한 것처럼 만일 레위기가 이런 발전 과정의 산물이라면 "그 작업은 스스로 보기에 도덕적으로 퇴색된 것이고, 그것만으로도 파기되어야 마땅한 것이다."[38] 발트케는 또한 본서에 대하여 그와 동일한 기본적 자료 비평을 따르고 있는 고등 비평적 접근들을 다양하게 섭렵한 뒤 그 내용이 설득력 없는 것이라고 결론을 내렸다.

> 여러 증거들은 그들이 암묵적으로 주장하는 것들이 거짓임을 시사한다. 본 저자가 알고 있는 바에 의하면 레위기가 후기의 저작이라거나, 혹은 이 율법들이 신정 국가의 창설자인 모세로부터 오지 않았다는 진술의 확고한 증거는 없다. 오히려 그 반대로 많은 증거들은 성경의 주장을 뒷받침하고 있다.
>
> 이 율법들 가운데 초기 기원을 보여주는 상세한 규정들을 일일이 지적하는 것은 별 도움이 되지 않을 것이다. 왜냐하면 양식 비평과 전승 비평은 그 상세한 규정 역시 자기들의 이론에 포섭할 수 있기 때문이다. 그러나 만일 레위기 전체를 후기 청동기 배경과 비교하여 자세히 살펴보면 본서의 주요 부분이 거의 대부분 그 시기나 그 이전 시기의 고대 근동 문헌과 일치하고 있음을 발견하게 될 것이다.

발트케는 구약 문서가 후기에 저작된 것이 아니냐는 의문을 제기하고 있는, 성경 외의 문헌들에 대한 학자들의 연구가 가져온 주요 공헌들을 이렇게 요약한다. 첫째, 몇몇 제사의 경우 후기 청동기 시대의 우가리트 지역에서 유사한

38. 발트케(*Waltke*)의 *"Leviticus,"* 916. 이와 대조적으로, 하틀리(*xliii*)는 비평학자들의 저서를 무시하지 않으면서도 하나님의 말씀의 권위를 주장한다.

내용의 증거를 발견할 수 있다. *minḥâ*(레 2장), 화목제(레 3장) 그리고 봉헌과 공물을 드리는 것은 고대 세계에 널리 알려진 일들이었다. 그러나 그는 모세의 체제와 아직도 그 정확한 내용이 명확히 밝혀지고 있지 않은 가나안의 제례 의식 사이에 직접적으로 일치되는 부분은 많지 않다고 경고한다.

고대 기록들과의 두 번째 상응 부분은 문헌들의 제사장 특징과 연관된다. 수메르 시기부터 교훈은 제사장들의 감독 아래 있었음이 명백하며, 따라서 제사장의 전문적인 문헌들은 상당한 초기부터 기록에 남겨지게 되었다.

세 번째 고려 사항은 고도로 정비된 의료 처방이 주전 2천 년 이후에 애굽과 바벨론으로부터 온 것이 분명하다는 점이다. 해리슨(594)은 레위기 11-15장의 위생학 규정이 이집트의 아마르나 왕조 말기보다 늦어야 할 하등의(선험적) 이유가 없다고 결론 내린다. 더욱이 후기 청동기에 형성된 히타이트 족의 율법은 출생과 오염의 시기에 성소의 정결을 보존하기 위한 거의 동일한 규정들을 갖고 있음을 보여준다.[39]

마지막으로 발트케는 ***H***문서 가운데 발견된 자료와 놀라울 정도로 일치하는 법령이 모세 이전 시기에 발견되고 있으며, 초실절(23:9-14)과 유사한 제사는 고대 세계에 존재하고 있었음이 충분히 입증되며(***Harrison***, 601), 저주와 축복(레 26장)은 고대 히타이트 조약 가운데 그 유례를 찾을 수 있다고 언급한다.

따라서 레위기에서 발견된 자료들이 후기 청동기 시대로부터 온 것으로 볼 수 없다는 중대한 이유는 없어 보인다. 실제로 그 내용을 포로기 시대의 것으로 연대를 잡는 데 어려움이 있어 보인다. 드라이버(***Driver***) 자신도 ***P***문서의 일부분이 ***D***가 기록되었을 때 존재하고 있었음을 인정한다.[40] 또한 신명

---

39. 라이트(***D. P. Wright***)의 ***the Disposal of Impurity: Elimination Rites in the Bible and in Hittite and Mesopotamian Literature***(***Society of Biblical Literature Dissertation Series*** 101: ***Atlanta***: ***Scholars Press***, 1987)을 보라.

40. ***Driver***, ***Introduction to the Literature of the Old Testament***, 137-38.

기 율법 가운데 어떤 부분은 레위기의 것과 상당히 유사하여 두 권이 모두 포로기 이전 시기의 것이라는 결론을 내릴 수밖에 없다(예, 신 14:3-20, 레 11:2-23).[41]

더욱이 포로기 이전 저자들은 몇몇 *P*문서의 존재를 알고 있었음이 명백하다. 아모스 2장 11-12절은 나실인 규정(민 6:1-21)에 대해 기록하고 있는데, 이것은 다른 어느 곳에서도 서술되지 않은 내용이다. 아모스 4장 5절은 누룩에 대해 이야기하고(레 2:11), 아모스 5장 22절은 제사 용어를 사용하며, 아모스 4장 5절은 낙헌제를 언급하고 있다(레 7:16-18). 따라서 주전 755년경에는 *P*문서와 *D*문서가 잘 알려져 있었음이 분명하다.[42]

제사장 문서의 문법, 문체 그리고 어휘를 분석하는 일은 또한 이 논의의 중요한 부분을 차지한다. 그러나 그 작업은 기술적인 성격을 띠고 있으며 서로 다른 해석을 낳게 된다. 렌즈버그(*Rendsburg*)는 폴진스(*Polzins*)의 결론을 변경해서 "모형론적으로 모세 오경 전체는 하나의 동일한 작품으로 간주될 수 있으며 여호수아, 사사기, 사무엘이 기록된 시기보다 더 오래 된 것으로 볼 수도 있다. 그렇다고 다윗 시대의 저자들이 창세기 15장 18절에 주어진 경계와 같은 구절들을 덧붙이지 않았다는 말이 아니라 전체적으로 모세 오경이 고대의 작품이라는 의미다."[43]

이 논쟁의 연구는 또한 사전에 대한 연구를 초래하게 될 것이다. 후기 성경

---

41. *Cf. G. L. Archer Jr., A Survey of Old Testament Introduction*(*rev. ed.; Chicago: Moody*, 1994), 150.

42. 많은 현대 학자들은 *P*에 편입된 자료 대부분이 전통적인 것이라고 결론을 내리는 데 아무 어려움이 없다. 그러나 마지막 부분을 초기 시기로 잡는 데에는 많은 어려움이 있다고 본다. 그 어려움은 *P*의 제사장직 이해와 우리가 알고 있는 포로기 이전의 관행과의 조화의 문제다.

43. *R. Polzin, Late Biblical Hebrew: Toward an Historical Typology of Biblical Hebrew Prose*(*Harvard Semitic Monographs* 12; *Missoula, Mont.: Scholars Press*, 1976); 그리고 *G. Rendsburg, "Late Biblical Hebrew and the Date of 'P'," Journal of American Oriental Society* 12(1982): 65-80, *quotation from* 78.

히브리어의 특징은 페르시아어에서의 많은 차용에 있다. 그런데 이런 일이 모세 오경, 심지어 *P*에서조차 일어나고 있지 않다. 만일 *P*가 많은 사람들이 추정하는 것처럼 페르시아 시대에 작성되었다면 우리는 그 안에서 에스라, 느헤미야, 역대기, 다니엘서 안에서처럼 널리 사용된 페르시아어를 최소한 몇 개는 찾을 수 있었을 것이라고 렌즈버그는 결론 내린다.

그리고 마지막으로 *H*문서의 신학적 강조점은 레위기의 초기 장들의 내용과 상당히 조화를 이루고 있으며, 이러한 연결은 *P*의 문체를 뜯어 맞추려고 시도한 편집 작업 때문이 아니라 그 내용 때문에 가능한 것이다. 17장 1-2절의 제목은 레위기의 다른 부분에서 새로운 본문이 시작할 때 나오는 제목과 다른 것이 아니다. 그리고 24장 46절의 종결을 나타내는 표지도 레위기의 종결 표지로서 의미를 갖고 있다. 실제로 레위기 17-26장을 별개의 자료로 분리시키는 것은 축복과 저주(레 26장)로 끝을 내는 히타이트의 조약의 전형적인 틀을 따르고 있는 출애굽기 19장부터 레위기 26장에 이르는 내용의 통일성을 훼손하는 것이다. 에스겔서와의 유사성은 에스겔 선지자가 레위기의 내용을 사용했다는 증거로 볼 수 있다.

왜냐하면 학자들은 에스겔과 *H* 가운데 어느 것이 먼저인지 분명하게 인식하고 있지 않기 때문이다. 그리고 문체의 변화와 관련해서는, 이교도의 타락을 경고하고 있는 18장과 20장과 같은 장들의 내용은 한층 권고하는 접근법을 요구한다고 볼 수 있다.

절충적 견해

*P*의 포로기, 혹은 포로기 이후 시기 기록을 납득하지 못하는 많은 비평학자들은 포로기 이전 기록을 주장하고 있다. 위에서 언급한 쟁점들 외에도 그들이 절충적인 견해를 채택하고 있는 몇 가지 근거들은 다음과 같다.

1. 카우프먼(*Kaufmann*)은 사회는 결국 더욱 세속화되기 마련이라고 주장한다.[44] 따라서 *P*는 *D*보다 초기의 것이다. 왜냐하면 레위기의 종교 자료는 이스라엘의 역사 안에서 초기 시대를 반영하고 있기 때문이다.
2. *P*의 언어, 규례, 제도는 포로기 후기와 들어맞지 않는다.[45] 밀그롬(*Milgrom*, 3–51)은 *P*의 고대성을 보여주기 위해 더 상세한 연구를 시도한다. 그는 *P*가 *H*보다 앞서 있고, *H*는 포로기 이전 시기의 것이며, *P*의 수정판이라는 견해를 취한다. 밀그롬은 *P*는 실로의 성전이나 히스기야의 중앙집권적 개혁 이전의 예루살렘의 성전을 준거 틀로 갖고 있다고 결론 내린다. 스파이저(*Speiser*) 또한 몇몇 법적 용어가 포로기 시대의 용어들보다 오래 되었음을 보여주며, *P*가 이스라엘의 왕국 시대 가운데 더 일찍 존재했다는 견해를 취한다.[46]
3. 신명기와 여호수아의 레위기와 *P*의 인용은 *P* 자료의 연대가 포로기보다 이전임을 뒷받침한다.[47]
4. 레위기에 나타나는 거룩함, 전쟁, 제사, 피와 같은 개념들은 포로기 이후 문서보다 사사기와 사무엘서와 더 가깝다. 레위기 17장 10–14절의 피를 먹는 것을 금하는 내용은 사무엘상 14:33–34절과 나란하다.

여기서 이 논쟁을 더 상세하게 파고들 필요는 없다. 그 작업을 수행하려 하는 사람들에게 필요한 문헌은 얼마든지 있다. 비록 *P*문서의 기원, 출처, 동질성, 혹은 이질성에 관해 의견이 일치된 부분은 부족하지만, 레위기, 혹은 최소

---

44. *Y. Kaufmann, The Religion of Israel*(*trans. M. Greenberg; London: Allen & Unwin*, 1961), 178.

45. 허비츠(*A. Hurvitz*)의 "*The Evidence of Language in Dating the Priestly Code*," *Revue biblique* 81(1974): 24–27을 보라.

46. *E. A. speiser*, "*Leviticus and the Critics*," *in Oriental and Biblical Studies*(*ed. J. J. Finkelstein and M. Greenberg; Philadelphia: University of Pennsylvania Press*, 1967), 123–42.

47. *M. Weinfeld, Deuteronomy and the Deuteronomic School*(*Oxford: Clarendon*, 1972), 180–81.

한 그 핵심이 앞선 시기에 기록되었다는 의견을 배척하는 이들에게 전통적인 주장들은 별 무게가 실리지 못하며 그들에 의해 다른 방식으로 설명되어질 것이다. 그러나 레위기가 나중 시기보다 앞선 시기와 잘 들어맞는다는 사실은 어느 정도 명백해 보인다. 그렇다면 문제는 본서가 얼마나 앞선 시기에 기록되었는가 하는 것과 후기에 첨가된 것이 명백한 부분을 어떻게 설명할 것인가 하는 문제로 관심이 옮겨간다. 몇몇 주석가들은 이 문서가 포로기보다 훨씬 오래 되었음을 인정하지만 이 문제를 따로 떼어놓고 저작권에 대한 어떤 특정한 견해에 의지하지 않고 그 신학적 의미를 설명하기로 선택한다(*Wenham*, 13). 그리고 물론 핵심은 레위기가 신학임을 강조할 가치가 있다. 다른 이들은 비평적 견해를 더욱 적극적으로 받아들인다. 예를 들어, 하틀리(*Hartley*, *xli–xlii*)는, 레위기 본문은 율법이 고대의 문서를 변화하는 상황에 적용할 수 있도록 이스라엘 공동체에 의해 축적된 문서에 첨부되는 오랜 전달 과정을 거치며 얻은 많은 상처를 안고 있으며, 포로 생활이라는 정신적 충격은 제사장들로 하여금 표준화된 판본을 만들어내도록 박차를 가했다고 주장한다. 그는 그런 문제들을 있는 그대로 다루려고 시도하면서도 신학적 메시지에서 초점을 떼지 않으려 노력한다.

성경은 레위기의 저자가 모세라고 분명히 밝히고 있지 않은 반면, 레위기의 내용이 그로부터 올 수 없다고 주장할 결정적인 근거도 없다. 해리슨(23)이 결론 내린 것처럼 후대의 한 서기관이나 편집자가 모세의 레위기 문서를 현재의 순서대로 배치했을 가능성은 분명히 있지만, 모세 시대에 제사장 규율이 필요했다는 단순한 이유에서 그 문서가 모세 시대에 이미 현재의 순서대로 배열되어 있었을 가능성이 더 크다. 고대 율법을 재구성하고 현대화하는 일은 이스라엘이 가나안에 정착한 이후에 일어났을 것으로 보인다. 그러나 그렇다고 해서 그 저작의 전반적인 고대성과 진정성이 훼손되는 것은 아니다.

결론

본서의 저자와 연대 문제에 대한 상세한 토론에 빠지다가는 자칫 정작 중요한 논제를 놓치기가 쉽다. 레위기는 하나님의 말씀인가, 아닌가? 레위기는 하나님께로부터 온 것인가, 아니면 제사장들(혹은 공동체)이 자신의 사상과 가르침에 권위를 부여하고자 오랜 기간에 걸쳐 진행해온 편찬물인가? 만일 레위기가 스스로 주장하는 것처럼 하나님께로부터 온 것이라면 그 메시지는 권위와 구속력이 있으며, 그 내용을 해석하고 적용하는 방식에는 특별한 주의가 요구된다 하겠다. 전통적 견해는 본서의 신적 기원과 특징을 확실히 강조해오고 있음이 분명하다.[48]

신약은 이 율법 모두를 계시된 하나님의 구원 계획의 일부로 분명히 받아들인다. 그 저자들은 제사, 절기 그리고 다른 규례들을 자기 목숨을 죄의 대속물로 드리신(롬 3:25) 그리스도의 완성된 사역을 가리키고 있는 것으로 본다. 그리고 하나님께서는 우리의 죄를 대신하려고 보내신 그리스도 안에서의 더 커다란 의미를 위해 그것들을 선택하고 계시하셨던 것이다.

레위기의 신학

성경 주석의 목표는 본문의 신학을 규정하는 것이다. 성경의 한 책의 신학을 전개해나가기 위해서는 각 본문의 문학 양식과 형태, 구조와 강조점, 신학적 주제와 표현 그리고 발전과 적용 등을 살펴보는 가운데 상세하게 연구되어

48. 니콜슨(*Nicholson*)은 모세 오경이 각 시기마다 신앙의 증거를 듣고 구속력을 인정한 많은 편집자들의 목소리라는 견해를 따른다. 그 구속력은 많은 세대로부터 이어진 계시와 체험이 말하고 있다. ***Pentateuch in the Twentieth Century***, 220.

야 한다. 그러나 주해자가 본문이 형성하고 있는 신학적 메시지를 규정하기에 앞서 먼저 그 본문이 다양한 맥락 가운데 놓여져야만 한다.[49]

1. 레위기의 첫 맥락은 최종적으로 정경화된 모습이다. 이는 본서 전체의 신학을 올바로 이해하는 것이 필요하다.
2. 맥락적 해석은 반드시 모세 오경 전체의 논쟁과 연계되어야 하는데, 이는 각 부분들이 언약의 발전에서 핵심적인 부분을 이루고 있기 때문이다.
3. 각 본문은 유사한 성경 이외의 문헌과 비교, 대조되어야 한다. 유사한 관행이 있다고 해서 반드시 동일한 사상이 들어 있는 것은 아니다. 그럼에도 불구하고 그런 비교 방법들을 통해 성경의 독특한 사상들이 자주 나타난다.
4. 본문의 해석은 성경 전체 메시지의 전개 과정 가운데서 행해져야 한다. 레위기가 이스라엘 민족에게 얼마나 중요한가는 시편과 선지서에서 끊임없이 레위기에서 제정된 종교 제도를 언급, 인유하고 있다는 점에서 알 수 있다.

성경 가운데 레위기만큼 이스라엘 백성의 삶에 지배적인 역할을 하고 있는 책은 드물다. 이는 제사장과 레위인들이 율법과 계명의 선생이라는 자신의 임무에 충실했을 때를 말한다(신 33:9-10). 전체적으로 보면 레위기는 거룩하신 하나님을 향한 예배와 제사를 위한 규정과 가르침의 모음집이다. 이 율법과

49. 이런 과정에 대한 평가를 보려면 몇몇 표준적인 성경 신학이 그 문서들을 어떻게 구성하고 있는지 살펴보라. *W. Eichrodt, Theology of the Old Testament(trans. J. A. Baker*; 2 *vols.*; *Philadelphia*: *Westminster*, 1961); *T. C. Vriezen, An Outline of Old Testament Theology(Oxford*: *Blackwell*, 1970); *G. von Rad, Old Testament Theology(trans. D. M. G. Stalker*; 2 *vols.*; *New York*: *Harper* & *Row*, 1962); *R. P. Knierim, The Task of Old Testament Theology*: *Method and Cases(Grand Rapids*: *Eerdmans*, 1995).

권고들 가운데 주어진 대부분의 내용은 이교도의 타락을 막는 울타리로서의 역할을 위해 계획되었으며, 따라서 다른 문화권과 유사하게 보이는 율법과 의식들 역시 그 자체로 특유한 신학적 의미와 측면을 갖고 있다. 그 안에는 성소, 제사장, 제사, 절기 그리고 정결 의식들이 포함되지만, 한 분이시며 유일한 주권자이신 여호와께 대한 충성 안에서 이루어진다. 율법 전체는 백성들에게 만일 그들이 자기 믿음을 지키고 율법을 준행한다면 여호와 하나님과의 언약은 좋고 즐거운 일이 될 것임을 가르쳤다. 그러나 만일 그 민족이 하나님을 떠나 불순종과 불신앙에 빠지고, 거짓 신과 이방인들의 습관을 좇는다면 그들이 약속된 축복에 참여하는 것은 심각한 위험에 처하게 될 것이다. 율법 제정은 그들로 하여금 여호와 하나님과의 올바른 관계를 유지할 수 있게 하여 그들이 거룩한 백성과 제사장 나라가 되게 하려는 계획을 갖고 있다.[50]

그리스도인에게 구약의 구절이나 책이 담고 있는 신학은 신약과 연결되지 않고서는 완성되지 못한다.[51] 그리고 신약은 레위기를 상당히 많이 인용하고 있다. 복음서의 많은 부분은 독자들이 레위기에 대한 지식이 있음을 기본 전제로 하고 있다. 출생 이후의 정결 의식, 문둥병자를 고친 후에 손을 씻는 행위, 예루살렘으로 절기를 지키러 가는 일, 식사할 때 이방인과 떨어져 앉는 것 등을 언급한 구절들은 하나같이 레위기가 얼마나 백성들의 생각 속에 깊이 스며들어 있는지를 잘 보여준다. 그러나 이 밖에도 로마서, 히브리서, 베드로 서신 등에 나타난 메시아이신 예수님의 인격과 사역에 대한 해석은 복음의 기초

50. 신학을 통합하는 데 가장 유용하게 보이는 구조는 아이히로트(*Eichrodt*)에 의해 길게 발전된 것이다. 그는 지나친 단순화의 위험을 무릅쓰고 구약 신학의 중심을 하나님께서 언약을 통하여 자신의 창조 속으로 들어와 자신의 통치를 세우신 것으로 보고 있다. 그러나 하젤(*G. Hasel*)의 "*The Problem of the Center in the Old Testament Theology Debate*," *ZAW* 86(1974): 65-82 가운데 소개된 신학의 중심에 대한 토론을 보라.

51. 신약의 해설 가운데 전개된 의미는 본문에 끌어들여진 어떤 것이 아니라 이미 기존에 들어 있다가 복음에 의해 충만하게 계시된 어떤 것이다. 이를 다룬 저술로 세일해머(*J. H. Sailhamer*)의 *Introduction to the Old Testament: A Canonical Approach*(*Grand Rapids: Zondervan*, 1995), 152-56을 보라.

가 바로 이곳 레위기에 있음을 보여준다.

그렇다면 레위기는 제사장들이 성소에서 이스라엘 공동체와 개인의 예배를 인도하고 민족 전체와 개인적인 거룩함을 함양함으로써, 거룩하신 여호와 하나님께서 그들과 화목 가운데 거하시고 그들로 하나님께 복을 받을 수 있도록 하는 실용적인 지침들을 담고 있게 된다.

우리는 이 신학적 메시지들이 어떻게 본서에서 도출되었는지 보기 위해서 이스라엘의 거룩하신 하나님이신 여호와에 대한 계시를 살펴보는 것부터 시작하려 한다. 이것이 없이는 나머지 내용은 별 의미가 없기 때문이다. 그리고 이어서 레위기가 그리고 있는 축복의 수혜자요 거룩한 백성인 이스라엘 백성의 모습을 살펴볼 것이다. 이는 그 작업이 의식과 관계된 모든 조항이 절대적으로 필요한 이유를 밝혀줄 것이기 때문이다. 마지막으로 우리는 하나님과의 평화를 회복하고 유지하는 방법을 제공하고 있는 종교 체계의 방식들에 대한 상세한 서술들을 살펴볼 것이다.

이스라엘의 거룩하신 하나님, 여호와

레위기에서 하나님의 본성을 계시하는 방식은 직접적인 방법이다. 실제로 성경 가운데 이 부분에서 레위기와 비교할 만한 책은 별로 없다. 본서는 '와이이크라[*wayyiqrā*ʾ, "(그리고) 그가 부르셨다"]'로 시작한다. 여호와께서는 모세에게 이 율법을 불러주셨다, 혹은 선포하셨다. 의사 소통과 관계된 동사들(예, *dibbēr*−말하다, *ṣiwwâ*−명하다, *qārā*ʾ−부르다)은 레위기가 하나님께서 지시하신 것임을 강조하면서 본서의 주제들 대부분을 소개한다. 본서는 가장 강한 의미에서 '하나님의 말씀'이다.

때로는 그 대화가 언약의 중개자이며, 성막 입구에서 여호와와 함께 얼굴을 맞대고 말한 모세를 통하여 주어지기도 했다. 그리고 때로는 지시와 가르침들이 인간 저자로부터 오고 하나님의 말씀과 아무 상관이 없어 보이기도 하지만, 본서의 특징과 중개자의 기능은 그 메시지가 궁극적으로 하나님께로부터 온 것임을 시사한다.

계시는 분명 한 분이신 참 하나님, 곧 이스라엘의 하나님께로부터 오는 것이다. 하나님께서는 본서 전체를 통해 자신의 개인적인 호칭인 여호와(원문은 *Yahweh*로 표기)로 불리고 있다. 이 이름은 출애굽기 3장에서 언약 백성에게 설명해주신 하나님의 개인적인 이름으로 법률 부분에서 출애굽을 회상하는 암시다. "나는 너희를 만물 중에서 구별한 너희 하나님 여호와라"(레 20:24). 그리고 다른 호칭과 별명들도 본서에 포함되긴 하지만 본문은 이 이름을, 때로는 거듭 반복하여 사용함으로써 언약을 일깨워주는 일을 마다하지 않는다(예, 레 19장).

우리가 본서에서 이 이름과 하나님에 대한 설명, 이 하나님과 교통할 때 무엇이 필요한지에 대한 분명한 지침 그리고 율법을 위해 주어진 근거와 동기들로부터 얻을 수 있는 그림은 장엄하시고 지극히 높으시고 모든 것으로부터 구별되는 하나님의 모습이다. 다른 말로 하면 "하나님께서는 거룩하시다"이다.

1. **하나님은 거룩하시다.** 하나님의 거룩하심은 레위기의 주요 강조 사항임에 의문의 여지가 없다. 본서는 이 개념을 주장하는 것으로 시작하지 않고 의식을 제정하는 전 과정에서 전제로 하며 거룩함을 요구하는 가운데 이를 확인하고 있다. 하나님의 거룩함이란 개념은 처음부터 하나님께서 모든 범죄하고 병든 사람, 혹은 사물로부터 자신의 임재를 금하신 것을 통해 이해될 수 있다. 그들은 거룩하신 여호와 하나님께 도저히 어울릴 수 없었다. 그분은 예배를 드리려고 하는 자들이 하나님의 임재 안에 들어가기 전에 제사 의식들에 정성을 드림으로써 거룩하게 될 것을 명하셨

다. 그리고 그분은 의식이 변경되는 것을 용납지 않으셨다. 왜냐하면 의식은 거룩하며 백성들을 거룩하게 만들기 위해 신중하게 계획되었기 때문이다. 그분은 심지어 모든 예배가 따로 임무를 맡은 개인들에 의해 중보될 것을 요구하셨다. 그분은 이스라엘이 자신의 거룩한 율법을 따라 구별되고 세상의 다른 민족들처럼 살지 말 것을 명하셨다. 본서는 처음부터 끝까지 백성들에게 하나님께서는 거룩하시고 그분의 거룩함이 기준임을 일깨워주고 있다.[52]

2. **하나님은 영원하시고 살아계시다.** 하나님의 거룩하심이 어떤 의미인지에 대해 가장 먼저 고찰할 부분은 그분이 살아계신, 실제로 살아계신 하나님이시며, 이교도들이 믿는 거짓 신(살아 있는 것처럼 보이기도 하는)이나 생령(인간이나 하나님에 의해 창조되었기 때문에 제한된)과 달리 영원토록 살아계신 하나님이시라는 것이다. 하나님께서 살아계시다는 사실은 그분이 백성들에게 자기 뜻을 말씀으로 전달하시는 것을 볼 때 분명히 나타난다. 모든 명령을 당연한 것으로 만드는 기본이 되는 출발점은 그분이 성소에서 그들과 함께 거하신다는 것이다. 그분은 그들과 함께 존재하고 계셨다. 법제화된 것 대부분의 이면에는 하나님께서 창조하셨고, 따라서 자신의 언약과 대속을 받는 이들의 생명을 붙잡고 계시다는 분명한 이해가 깔려 있다. 그분은 또한 곡식과 나무와 논밭에 생명을 주시는데, 이는 추수 절기에 의해 기념되고 있다. 그분은 오직 살아 있

52. '거룩하다' 에 해당하는 히브리어는 카도스(*qādôš*)다. 사전에서의 정의를 찾아보면, 이 말을 비롯하여 같은 어원을 가진 말들이 공통적으로 갖고 있는 의미가 '분리하다' 임을 보여준다. ***BDB*** 872는 그 의미를 '분리' 로, 이 말에서 파생한 동사는 '분리하다', '구별하다' 는 의미로 싣고 있다. ***KBL*** 822는 다양한 의미로 '거룩하다', '모욕적인 사용을 금하다', '특별한 주의를 요하며 다루다', '성소의 몫으로 남다' 로 싣고 있다. 자스트로(*M. Jastrow*)는 후기의 용례로부터 그 동사의 추가적인 의미들을 다음과 같이 제공한다. '정결, 거룩, 신성하다/ 하게 되다', ***A Dictionary of the Targumim, the Talmud Babli and Yerushalmi, and the Midrashic Literature***(*New York: Putnam*, 1903; *repr. New York: Judaica Press*, 1971), 1319. 더 많은 연구를 위해서는 어휘 연구서적과 신학 사전을 보라.

는, 오직 건강하고 순결한 것만이 자신의 임재 안에 들어올 수 있다고 규정하신다. 그리고 여호와 하나님께서는 생명을 질서대로 창조하셨을 뿐 아니라 백성들이 그 질서에 따라 살기를 원하신다.

3. **하나님은 인격적이시다.** 하나님께서는 자신을 개인적인 이름을 가진 인격적인 하나님으로 계시하셨다. 그분은 이스라엘을 자신이 함께 기할 백성이자, 세상을 향한 자신의 개인적인 전권 대사로 삼으셨다. 그리고 그들이 하나님의 구체적인 뜻에 따라 어떻게 살아야 하는지를 법으로 규정하셨다. 인간의 의지를 하나님의 뜻에 절대 복종하지 못하는 한 그 어느 것도 하나님을 기쁘시게 할 수 없다. 백성들이 이에 동의하면 그들은 살아계신 하나님과 평화를 누릴 수 있다. 그러나 이 살아계신 하나님께서는 영적인 분이셔서 그분이 지성소에 임하실 때 드러난 거룩함은 물질적인 임재가 아니라 영적인 임재임을 증거했다. 이 거룩함은 그분을 인간으로부터만 아니라 모든 인간의 형태와 인간과 같은 성질을 가진 이방신들로부터 구별했다.

4. **하나님은 능력이 많으시다.** 하나님의 거룩함, 혹은 독특함이라는 특징을 보여주는 가장 중요한 속성 가운데 하나는 그분의 능력이다. 그분은 능력으로 자신의 약속을 성취하신다. 그분의 임재, 용서 그리고 논밭과 가정에 대한 축복의 약속들은 한가한 탁상 공론이 아니었다. 하나님께서는 레위기에 언급된 바, 애굽에 거둔 승리를 통해 자신의 능력을 과시하셨다. 율법 수여의 배경이 되는 시내 산에서 백성들은 그분의 거룩한 임재를 전하는 자연 현상을 목도했다. 백성들은 제단에서 여호와의 불이 제물과, 유감스럽게도 제사장들을 불사르는 것을 보았다. 하나님께서는 자연에 대한 통제와 민족들에 대한 통치를 통하여 어떤 신도 자신과 같지 못함을 보여주셨다. 백성들은 또한 그분이 죄를 용서하시고, 질병을 깨끗하게 하시며, 인간의 운명을 주관하실 능력을 갖고 계시다는 것을

알았다. 그들은 또한 그분의 축복과 저주가 진짜라는 것을 알았다.

5. **하나님은 공의로우시다.** 하나님의 공의로우심은 본서의 많은 규례와 율법을 알려주어 이스라엘로 하여금 자신이 따라야 할 기준이 무엇인지 깨닫게 했다. 하나님께서 정하신 죄와 타락에 대한 모든 규정들은 그분이 도덕적이고 윤리적이며 의로우신 법의 수여자이심을 전제한다. 더구나 하나님께서는 이스라엘과 언약을 맺으셨기 때문에 그분이 그들에게 지원, 보호 유익을 제공하시는 것은 정당한 일이었다. 그러나 의로운 기준에 대항하여 반역하는 자들을 벌하는 것 역시 그분의 권리였다.

6. **하나님은 주권자시다.** 모든 성경은 하나님께서 만물을 주관하시는 분임을 증거하지만, 레위기는 그 사실을 구체적인 몇 가지 단계로 계시한다. 그분은 이스라엘을 택하여 거룩한 백성과 제사장 나라가 되게 하셨다. 그분은 그들 가운데 자신이 거하심을 선포하셨고, 그들이 규정된 의식을 통하여 자신의 거룩한 임재와 하나가 될 것을 명하셨다. 그분은 자신이 창조주 여호와이심을 보여주셨다. 왜냐하면 그분은 백성들이 얼마나 순종하고 신실한가에 따라 비를 내리고, 곡식을 만들며, 전염병과 전쟁, 풍요와 기근을 일으키실 수 있기 때문이다. 그분만이 죄를 사하시고 범죄한 죄인을 하나님과 화목하게 하실 수 있는데, 이것은 여호와의 율법만의 독특한 특징이다.

7. **하나님은 은혜로우시고 선하시다.** 제사 제도 전체는 하나님의 은혜를 말한다. 이는 제사 제도가 범죄하고 타락한 백성으로 하여금 하나님의 속량하심과 용납하심을 발견할 수 있게 하기 때문이다. 그분의 은혜는 우선 그분이 자신을 낮춰 이스라엘과 언약을 맺으시고 그들에게 율법을 주심으로 그들이 여호와 하나님과 교제를 누릴 수 있게 하심에 있다. 하나님께서는 그 은혜로 인하여 자기 백성에게 계절과 해를 따라 안식과 놓임을 베푸시고, 사회가 정기적으로 바로잡아질 수 있게 하셨다. 그분

은 심지어 구속을 통하여 백성들이 경솔하고 어리석은 맹세를 무르는 것을 허용하셨다. 더욱이 율법 전체에는 하나님께서 자기 백성에게 베푸시는 것에 대한 강조와 그들이 하나님께 진 은혜의 빚에 대한 강조가 곳곳에 존재한다. 따라서 이스라엘이 하나님을 찬양하고 예배하기 위해 들고 온 모든 제물은 그분의 선하심에 대한 감사를 드러냈다. 이것이 모든 예배의 근본이다.

8. **하나님은 질투하는 분이시다.** 하나님께서는 자신의 거룩함과 거룩한 제도를 보호하기 위해 엄청난 질투를 드러내 보이셨다. 하나님께서는 처음부터 자기 백성에게 자신과 대적할 신에 대해 어떤 신, 어떤 형상, 어떤 형태를 가진 그 어떤 숭배의 대상도 그것이 천신이든 염소 모양의 신이든 제사 의식을 통해서든 밀교의 주술을 통해서든 조금도 허락지 않으셨다. 하나님께서는 자기 백성들에게 충성을 요구하셨다.

하나님의 질투를 드러내는 것은 많이 있다. 제사와 제물에 관한 율법의 기본 명령은 그 땅에서 처음 난 것과 가장 좋은 것을 하나님의 주인 되심의 징표로 하나님께 드려야 한다는 것이다. 그분은 또한 희년과 안식일을 제정하심으로 그 땅에 대한 소유권도 선포하셨다. 그분은 모든 제사에서 가축 가운데 가장 살찐 것이나 가장 좋은 것을 요구하셨고, 피에 대한 배타적 권리를 소유하셨다. 모든 예배는 그분의 이름만을 높이는 것이었다. 이것은 가식적이거나 변덕스러운 것이 아니었다. 하나님께서는 실제로 모든 것을 소유하신다. 그리고 경건한 예배자들은 자신들이 누리고 향유한 것들을 풍성히 주신 그분의 선하심에 감사를 드리게 될 때 이것을 깨달았다. 백성들이 참되신 여호와 하나님께서 주신 하사품을 다른 신들에게 바치는 것은 그분께 참을 수 없는 모독이었다. 따라서 하나님께서는 충성을 요구하셨고, 그분의 요구는 그분과 언약의 관계에 있음을 주장하는 이들로부터 신실한 응답을 기대했다.

하나님의 질투가 삶 가운데 어떻게 나타날까? 하나님께서는 자신의 율법을 범하고 언약을 지키지 못한 것에 대해 심판을 내리셨다. 레위기는 하나님께로부터의 축복과 은혜라는 확장된 본문으로 마무리를 짓는다. 그분의 요구를 거절하고, 그분을 높이기를 거부하며, 혹은 그분의 율법에 반역한 이들에게 남아 있는 것은 오직 그분의 진노뿐이다. 왜냐하면 그들은 온 세상을 다스리시는 공의의 재판장을 반대했고 창조주 여호와의 주권을 부인했기 때문이다. 나답과 아비후를 멸한 제단의 삼키는 불은 어떤 식으로든 하나님의 계획에 반기를 들 때 어떤 대가를 치르는지를 보여주었다. 이 일화 역시 성경을 해석하는 이들에게 제물을 불사르고, 죄인에게 대속을 가져다주는 불의 중요성에 대한 또 하나의 단서를 제공해준다. 심판의 사르는 불은 정결 의식에 가장 알맞은 요소가 되었다.

백성, 거룩한 하나님의 피조물

하나님의 백성. 레위기는 축복 받은 하나님의 백성에 관해 많은 것을 이야기하고 있다. 율법과 제례 의식은 원래 언약의 참가자가 되기로 맹세한 사람들의 무리에 주어져, 그들의 생활 방식을 제공하고 자기 하나님의 임재 앞에 나아갈 길을 보여주었다. 그러나 이스라엘의 역사는 이 '하나님의 백성' 에 대한 슬프고 혼란스러운 모습을 보여준다. 그 민족 가운데서 겨우 몇몇 남은 자만이 진정으로 경건한 사람이었던 적이 너무나 자주 있었다. 그리고 누구든 믿음이 없거나 하나님의 율법에 반역하는 삶을 살면서 제례 의식을 거행하는 자들에게 제사는 용납되지 못하는 것일 뿐 아니라 하나님께서 가증히 여기는 것이었다(사 1장).

이스라엘은 선택된 혹은 택하심을 받은 백성이었는데, 이것은 그들이 수행할 역할이 있음을 의미한다. 그들을 선택한 근거는 여호와 하나님의 주권적인 사랑이지 다른 것이 아니었다. 그러나 한번 선택된 이후에 이스라엘은 자기들을 구속하시고 그분의 백성으로 삼으신 하나님의 사랑에 대해 여호와를 사랑하고 순종하는 것으로 응답해야 했다. 순종은 선택의 전제 조건이 아니라 선택에 합당한 반응이었다.

이스라엘을 택하신 목적은 언약 전체의 목적과 동일한 것으로, 바로 세상에 축복을 가져다주는 것이었다. 하나님께서 이 민족에게 하나님의 계시를 위탁하셨을 때 그들은 그 땅을 차지하고 있던 느슨한 부족 연합 이상이 되었다. 그들은 제사장 나라였다.

거룩한 백성. 제사장 나라가 되기 위해 하나님의 백성은 반드시 거룩해져야 했다. 이것은 그들을 선택한 일차적인 취지였다. 거룩함을 함양하는 방법들은 그들 편에서의 믿음과 순종을 요구했다. 그러나 그 민족은 인간적이고 종종 완고한 개인들이었기 때문에 거룩함을 향한 발전은 즉각적으로나 손쉽게 전개되지 않았고, 어떤 이들에게는 전혀 이루어지지 않았다(그리고 저주의 경고 역시 마찬가지였다).

일반적으로, 레위기는 인간을 연약하고, 덧없고, 질병에 취약하고, 타락하고, 타락하기 쉽고, 범죄하고, 영적, 육체적 갱신을 절대적으로 필요로 하는 존재로 그리고 있다. 레위기는 이 점들을 직접적으로 가르치고 있지는 않지만, 그런 것들에 대한 교정과 치료책을 제공하면서 그것을 설명하지 않고 필요성을 전제로 할 뿐이다.

인간의 삶. 창세기의 앞 장들에서 가르치고 있는 인간의 삶은 이곳 레위기에서 법이 제정되는 전제가 되고 있다. 인간의 몸은 흙으로 만들어졌고, 따라서 세속적이며 소멸되기 쉬운 것이다. 육체는 영혼, 혹은 하나님께서 불어넣으신 호흡이 한시적으로 머무는 집이었다. 인간을 살아 있는 영혼 혹은 생령이 되게 하는 것은 바로 이 생명의 호흡을 불어넣는 일이었다. 영혼(*nepeš*)이란 말은 추상적이고 육신을 떠난 영혼이 아니라 생명 전체, 육신에 깃든 생명

을 의미한다.[53]

인간의 물질적인 부분과 비물질적인 부분이 함께 기능하도록 유지시킴으로써 이 생명을 보존하는 것은 피다. 우리는 창세기 9장 3–5절에서 이미 동물의 피와 동물의 생명(*nepeš*) 사이 그리고 인간의 피와 인간의 생명(*nepeš*) 사이의 연결 고리를 보게 된다. 인간은 하나님의 형상으로 만들어졌기 때문에 인간의 피가 흘려져서는 안 되었다. 레위기 17장 10–14절은 생명이 피에 있기 때문에 인간의 생명(*nepeš*)을 속량하기 위해 생명(*nepeš*)인 동물의 피가 사용되었다고 밝힌다. 더욱이 몇몇 본문들은 생명 때문에 피를 먹지 말라는 지시를 담고 있다(레 3:17, 7:25–27, 17:1–12, 신 12:23–24, 15:23, 삼상 14:32–35, 겔 33:25). 제사의 제물을 다루고 있는 이 모든 구절에서 피는 아마 수사법, 곧 생명이 떠났음을 의미하는 환유법을 가리킨다. 본문이 이 상징을 사용했기 때문에 그 말은 생명의 본질로 피를 크게 강조하는 것이 명백하다.

더 나아가 인간을 '하나님의 형상'으로 이해하고 있는 성경은 인간을 다른 피조물과 구별한다. 인간은 하나님과 유사한 존재로 묘사된 반면('우리의 형상을 따라 우리의 모양대로', 창 1:26–27), 다른 피조물들은 '각기 종류대로'(창 1:11)라는 틀을 따른다. 인간을 하나님의 형상을 따라 지으신 것은 하나님의 호흡을 불어넣으신 것, 그들에게 하나님과 교제하고, 하나님을 섬기며 순종하고, 하나님을 대신하여 통치하고, 전체적으로 하나님과 닮아갈 수 있는 능력을 주셨다. 이 영적, 지적, 도덕적 능력이 인간에게 없다면 율법도 있을 수 없다.

그러나 세상에 마귀가 존재하고, 그보다 더 나쁘게 선과 악을 아는 타락한 지식이 인간에게 있음으로 인해 사람들은 하나님께 반역하려는 욕구를 갖고

---

53. 이 용어들에 대해 더 자세히 알고 싶으면, 울프(*H. W. Wolff*)의 *Anthropology of the Old Testament*(*trans. M. Kohl; Philadelphia: Fortress*, 1974), 10–79 토론을 보라.

있는 범죄의 상태를 드러내며 더러움으로 타락한 세상에 거하게 되었다. 타락하고 범죄한 인간은 여전히 하나님께 순종할 능력을 갖고 있었지만, 그들은 믿음을 거부하고 불순종을 선택함으로써 하나님께서 원래 계획하셨던 대로 해나갈 수 없었다. 그리고 그들은 자신의 불순종을 통하여 세상을 자신이 물려받은 것보다 더 악한 곳으로 만들었다.

하나님께서는 인류를 축복의 자리로 회복시키기 시작하셨다. 그분은 그 백성을 불러 자신과 언약을 맺도록 은혜를 베푸시고, 그들에게 죄 사함과 정결함에 이르는 방법을 제시하셔서 그들이 하나님과의 관계를 유지할 수 있게 하시며, 하나님의 은혜와 평강을 전달하는 사자가 되도록 준비시키셨다.

이 모든 기본 개념들은 레위기의 메시지를 전달하며, 따라서 본서의 주해를 출발하기 전에 반드시 이해되어야만 하는 것들이다. 인간 본성에 관한 이 기본 전제들과 궤를 같이하여 레위기는 하나님의 백성이 갖는 몇 가지 의미를 강조한다. (1) 인간은 영적 존재로, 하나님과 교통할 수 있는 능력을 갖고 있다. (2) 인간은 육체적, 지상적 피조물로, 인간의 삶이라는 장애로 제한되어 있고 타락한 세상의 질서의 모습에 의해 오염되었다. (3) 인간은 성적 존재로, 후손을 낳을 수 있는 그들의 능력은 하나님의 계획의 일부분이다. 그러나 인간의 성적 부분과 관련된 모든 것은 땅에 속한 것이고 육체적인 것이기 때문에 레위기는 육체적으로 사정을 하고 몸을 사용한 사람들을 위한 정결의 규례들을 많이 기록하고 있으며, 타락한 세상에서 성이 올바른 자리를 차지할 수 있도록 많은 제한을 두고 있다. 이런 것들은 생활의 자연스러운 부분이지만 흙에 속한 것이고 육신적인 것이며, 하나님께서는 거룩하시고 영이시다.

인간은 하나님의 속성들을 모두 공유하지 못하며, 따라서 하나님보다 낮지만 동물보다는 높다. 레위기는 사람들이 하나님과 인간 사이 그리고 동물과 사람 사이의 차이점을 구별하는 법을 배워 알고 있음을 확인하고 있다.

인간은 대속을 통하여 하나님과의 화해를 발견하고 그분의 임재 안으로 들어갈 수 있게 된다. 그들은 제사를 드림으로써 자신의 삶과 의지를 하나님께 복종하며, 그럼으로써 자신의 온 마음을 다해 하나님을 예배한다.

믿음의 공동체. 하나님께서 공급하시는 모든 유익을 누리는 하나님의 언약 백성은 진정한 믿음을 가진 사람들이다. 만일 듣는 자들이 믿음을 갖지 못하면 그들에게 레위기는 쇠귀에 경 읽기와 마찬가지다. 오직 신실한 자들만이 그 율법에 올바로 대응한다. 아브라함과 마찬가지로 이 백성들은 여호와를 믿으며 순종으로 자기 믿음을 증명한다. 그 결과 그들은 '의롭다' 하심을 받게 되는데, 이는 여호와께서 그들의 믿음에 대해 의롭다 하심을 전가하셨기 때문이며, 또한 그들이 자신의 삶 가운데 의의 길을 따랐기 때문이다. 그리고 의롭다 하심을 받은 자들은 여러 가지 대속의 속죄 제물을 통하여 하나님과 평화를 누리는 축제에 참여했다. 그리고 그들은 육체적으로나 영적으로 모두 더 많은 안식과 해방을 약속받았다.

의인은 자신이 공동체, 이른바 회중의 일원임을 알았다. 그 백성들은 민족으로 존재하기 시작할 때부터 하나님의 심판의 경고를 믿고 유월절 어린양의 피를 자기 집 문설주에 발라야 했다. 시내 산에서 그 민족 전체는 언약을 받아들였다. 그리고 모든 가족들은 광야를 여행할 때 중앙 성전 주위에 장막을 치고 살았다.

언약에 있어서 공동체의 역할은 매우 중요했다. 그리고 레위기는 이 사실을 반복해서 반영한다. 개인은 자신의 삶이 공동체의 삶 안에 있음을 발견했다. 그들은 이 공동체가 없이는 하나님의 백성으로서의 생명을 얻지 못했다. 시내 산 언약은 믿음의 공동체, 다시 말해서 큰 민족이 될 것이라는 약속을 공유한 사람들에게 주어졌다. 그 율법은 그들을 거룩하게 하여 그들로 하여금 거룩한 백성이 될 수 있게 하는(출 19:6) 수단이었다. 그리고 그렇게 되기 위해서는 그 율법이 공동체와 개인 모두에게 적용되어야 했다. 따라서 백성들이 절기에 참가해야 하는 중요한 이유가 있게 된다. 이어지는 모든 세대는 믿음으로 말미암아 이 언약의 하나님께서 어떤 분이신가를 몸으로 체득하기 위하여 그 조상들이 경험한 유월절과 광야에서의 방황을 '체험' 해야 했다. 믿음이 살아 움직일 때에만 율법이 성화의 과정이 될 수 있는 것이다.

레위기가 반영하고 있는 것은 하나님과의 교제는 공동체, 곧 모임 안에서 가장 실질적이면서도 의미 깊게 체험할 수 있다는 것이다. 화목제가 주는 가장 큰 기쁨은 하나님의 임재 가운데 함께 식사를 하는 것이다. 이런 행사는 일반적인 커다란 축제와 마찬가지로 백성들을 공통의 유산과 공동의 소망 가운데 하나가 되게 만들었다.

그러나 율법은 또한 백성들에게 언약의 의무들을 깨우쳐주었다. 그들이 언약의 공동체에 속한 다른 이들을 어떻게 대하느냐는 그들의 하나님께 대한 충성도를 반영했다. 집단적인 순종은 민족 전체에 축복을 가져오지만, 집단적인 불순종은 민족 전체를 멸망하게 한다. 이는 레위기 26장에서 분명하게 밝히고 있는 축복과 저주다. 개인의 죄도 이런 결과를 가져올 수 있지만, 공동체 전체가 집단적으로 범죄했을 때 더 커다란 긴급을 요하는 더 커다란 제사가 요구되었다.

개인적인 불행은 그 사람의 믿음에 대한 비난으로 여겨지지 않았다. 왜냐하면 모든 사람들이 동일한 지상의 순례를 참여하고 있기 때문이었다. 그러나 질병, 오염 그리고 육체적 유출과 설정은 공동체를 오염시키지 않기 위하여 조심스럽게 다루어야 했다. 이 모든 것의 기본적인 의미는, 개인은 제사와 정결 의식을 포함하여 자기 자신의 삶에 대해 항상 책임을 져야 하는 반면, 그들이 행한 모든 것은 공동체 전체의 안녕과 밀접한 관계가 있다는 것이다.

언약 의식

언약의 하나님에 대한 지식과 언약 백성의 본성에 대한 이해를 갖고 있는 레위기는 하나님과의 교통을 제공해준 종교 제도에 초점을 맞추고 있다.

이스라엘의 종교 제도는 믿음의 생생한 표현이다. 이 의미는 (1) 종교의 모든 외적인 형식은 상징적 의미를 갖고 있다. (2) 제례 의식은 그 의식에 참가하는 사람에게 나타나는 하나님의 능력이 전달되는 매개체다. (3) 육체적인 것과 영적인 것은 서로 다른 것이 아니다. 왜냐하면 육체적인 행동은 연기 가운데 제물을 드리거나, 땅에 엎드리거나, 거룩한 음식을 먹거나, 거룩한 물로 씻거나 모두 거룩한 행동이기 때문이다. 유일한 제한이 있다면, 인간의 불완전함은 영적인 실재를 완벽하게 표현하지 못한다는 것이다. 이스라엘 안에서 이 제도의 시행은 성물들을 보면 알 수 있다.

거룩한 장소. 거룩한 구역은 주로 하나님의 현현이 땅에서 이루어지는 계시의 장소였다. 그곳에서도 하나님의 속성은 제한받지 않았는데, 이는 하늘이라도 하나님을 담기에 부족하기 때문이다. 율법이 주어진 이후에 일차적인 성소는 언약궤가 있는 곳이었다. 회막, 곧 나중의 성전은 하늘에 있는 성소의 지상에서의 복사본으로 하나님의 임재를 드러내는 곳이었다.

거룩한 물건. 성막은 그 자체로 이스라엘 민족의 종교 생활의 중심이었다. 성막 안에는 속죄소(덮개, 혹은 시은좌로 불리우는)가 있는 언약궤가 있었는데, 이는 그 위에 좌정하신 여호와 하나님의 임재를 나타냈다. 만일 성막이 하나님의 백성들로부터 그분의 영광을 가리우는, 가까이할 수 없음을 상징한다면 언약궤는 그분이 자기 백성 가운데 영원히 임재하심을 강조했다. 성소 안에는 제단, 물그릇, 등잔, 탁자, 작은 제단, 휘장 그리고 다른 도구들을 비롯한 또 다른 많은 성물들이 있었다. 이들은 모두 저마다 연구할 가치가 있는 것들이지만 그 모든 것은 하나님께 나아갈 수 있는 법에 대한 계시의 부분들이다.

거룩한 절기. 이스라엘의 거룩한 절기에는 다음과 같은 많은 축제들이 있다.

1. 안식일(Sabbath)은 창조주의 호의를 예배하고 안식하는 즐거운 날이다. 안식일 준수는 이스라엘 백성이 언약을 지키는가를 모든 사람에게 알게 하는 언약의 증거가 되었다.
2. 유월절(Passover)은 애굽의 종살이로부터 벗어나 자유를 얻은 것과 어린 양의 피를 바른 것을 기념하는 축제다.
3. 무교절(The Feast of Unleavened Bread)은 유월절 절기 가운데 중요한 일부로 모든 누룩을 제거하는 날이다. 이는 구속받은 삶이 정결하게 된 것을 상징하는 것이다.
4. 칠칠절(The Feast of Weeks, 혹은 오순절 Pentecost)은 하나님께 감사드리는 추수 축제다. 이 절기는 나중에 시내 산에서 율법을 받은 것을 기념하는 것과 연결이 되었다.
5. 나팔절(The Feast of Trumpets)은 가을 축제 기간 동안 나팔을 불어 이스라엘을 성소 앞으로 모이게 하는 절기다. 이날은 하나님의 백성의 추수 감사제로 알려져 있다.
6. 속죄일(The Day of Atonement)은 그 해 백성이 지은 모든 죄가 제거되는 날이다. 이것은 일 년 가운데 가장 거룩한 날로, 그날에 대제사장이 피를 들고 지성소에 들어가 하나님의 임재 가운데 속죄를 행하는 날이기 때문이다.
7. 초막절(The Feast of Tabernacles)은 한 해의 마지막 절기로 하나님께서 백성들에게 땅을 주시고, 모든 곡식, 특히 여름 과일을 주신 은혜를 기념하는 절기다. 백성들은 초막에서 일 주일간을 보냄으로써 광야에서 유리하던 것을 기념하며 절기의 마지막 날에 초막에서 나와 한시적인 방랑의

종결을 기념했다.

8. 안식년(Sabbath Year)과 희년(Jubilee Year)은 땅과 그 가운데 있는 모든 것에 안식을 부여하는 것으로 모든 형태의 속박으로부터의 해방을 포함했다.

앞으로 주해를 통해 명확히 하겠지만, 이 각각의 거룩한 절기들은 언약 공동체를 영적으로 유지하는 데 중요한 부분을 차지하고 있다. 그러나 이 절기들은 현재의 성화라는 측면만 말하는 것이 아니라 장차 올 영광스러운 미래의 성화도 말하고 있다. 이 절기들이 신약에서 사용된 용례에 친숙한 독자들은 그 모형론적 해석을 분명히 인식할 수 있을 것이다.

안식일	현재와 앞으로 올 세대에 그리스도 안에서 누릴 영적 안식
유월절	그리스도 안에서의 구속
초실절	그리스도의 부활
오순절	성령을 부어주심으로 우리 마음 가운데 율법을 기록하심
나팔절	미래의 총회
속죄일	죄의 완전한 제거
초막절	세대 끝에 이루어질 약속들의 성취

거룩한 의식. 레위기의 처음 몇 장들은 제사를 다루고 있다. 별다른 주의를 기울이지 않고 읽은 독자라도 이 내용들이 음식에 대해 이야기하고 있음을 알아챌 것이다. 그것이 바로 제사다. 제물로 드려진 대부분의 것들은 제사장들이 먹을 음식의 주요 공급원이 되었다. 그리고 제물로 드려진 것 가운데 일부는 제사를 드린 자가 먹었는데, 이는 그들이 고기를 먹는 유일한 때일 것이다. 그러나 제물을 음식으로 보는 것과 하나님께서 음식을 필요로 하신다고 말하는 것과는 다르다.

왜냐하면 영이신 하나님께 그런 일은 있을 수 없기 때문이다(시 50편). 음식과 음료를 하나님께 제물로 드리는 것은 하나님께서 생명과 그 모든 선물의 유일한 저자임을 인정하는 것이다. 제사장들이 제물을 먹는 것은 그 제물이 받아들여졌음을 가리킨다. 그리고 회중들이 제물을 먹는 것은 공동체의 교제를 의미한다.

백성들은 그런 선물을 하나님께 가져감으로써 그분에 대한 복종을 표현했다. 그 선물들은 귀한 것들이어야 했다. 왜냐하면 하나님께서 높임을 받으시기 때문이다. 거룩한 절기는 또한 이런 예물을 드리는 일과 함께 제사 제물을 위한 비정기적인 경우를 통하여 감사와 충성의 증거가 되는 십일조와 헌물을 드릴 기회를 제공해주었다. 서원을 하거나 갚는 경우에 예배자는 말로만이 아니라 선물이나 제물로 자신의 헌신을 표현했다. 혹은 백성들은 하나님께 기도할 때 선물을 가져옴으로써 복종과 의존이라는 합당한 태도를 표현했다. 기도시간에 드리는 제사는 그 간구에 힘을 더했다.

왜냐하면 그 제사는 종과 주인과의 합당한 관계를 보여주기 때문이었다. 경우에 따라 예배자는 자원하는 마음으로 여호와께 예물을 드리는 마음을 표현한 낙헌제를 드렸다. 그리고 하나님께 찬양과 감사를 드렸을 때 그 감사의 표시는 공동체가 함께 나누어먹는 음식이 되었다. 다른 경우에 백성들은 성소에 헌신의 예물을 드릴 것이 요구되었다. 그러나 인간의 생명을 드리는 것(예, 장자를 드림)은 대속의 원리에 의해 대체될 수 있었다.

이 제사들은 하나님께서 자기 백성에게 주시는 선물, 곧 하나님의 백성의 성화를 불러일으키고 유지하심을 제공해주신 것으로도 볼 수 있다. 모든 제사 의식은 성소에서 하나님과의 화목을 축하하기 위하여 고안된 것이다. 이것은 하나님의 임재에 대한 주술적인 개념이 아니라, 하나님 자신의 뜻에 따라 백성들의 생명을 빚고 인도하신 살아계신 하나님과의 인격적인 교제였다. 따라서 제사는 제사를 드리는 이의 편에서 생명 대신에 생명을 드리는 대체물이었다.

하나님과 화목하게 되고 그것을 유지하는 수단은 속죄를 통해서였다. 여기에 포함된 가장 중요한 단어는 *kipper*('속량하다', '대속하다')이다.[54] 어근[55]인 *kpr*은 히브리어에서 '마을', '젊은 사자', '송진' 그리고 '덮다' 등의 다양한 의미를 갖고 있다. '덮다'를 의미하는 기본적인 칼(*Qal*) 어간인 *kpr*은 성경 가운데 사용되지 않았지만, 아랍어 *kafara*는 '덮다'를 의미한다. 이 낱말은 히브리어 *kpr*의 어원으로 받아들여지고 있다. 왜냐하면 다양한 문맥이 죄를 덮거나 혹은 용서한다는 개념과 자연스럽게 연결되는 것처럼 보이기 때문이다. '송진'을 의미하는 *kpr*은 '송진을 바르다'라는 히브리어 동사와 같은 의미의 아카디아어인 *kupru*(역청)와 연결되고 있다. 성경에서 '송진'을 일컫는 *kpr*은 방주를 짓는 기사에서만 사용되었다. "역청으로 그 안팎에 칠하라"(창 6:14). 어떤 이는 '덮다'는 의미가 이 용례 이면에 놓여 있다고 주장한다.

*kōper*라는 명사는 13회 사용되었는데 대개 '배상금'으로 번역되었지만, '만족', '돈의 합계' 그리고 '뇌물'로 번역되기도 했다. 이러한 용례들에 공통적인 개념은 대신하는 가치가 포함되었다는 것이다. 이 낱말은 덮개나 덮는 일을 가리키지 않는다. 대속과의 연결은 명확하지 않다.

히브리어 *kipper*를 아카디아어 *kuppuru*('닦아내다', '깨끗이 닦다', '정결하게 하다', *CAD* 8:179-80)와 연결시키는 경우도 있을 수 있다. 이 낱말은 아람어에서 닦아내거나 문질러 벗겨내는 의미로 사용되었음이 증명되었다.

비록 *kipper*의 어원이 불확실하긴 하지만, 중요한 용례는 그 말의 의미가 무엇인지 결정하는 데 도움이 된다. 그 동사의 연구는 그 낱말이 종종 직접 목적

---

54. 더 많은 정보를 보려면 랑(*B. Lang*)의 "כִּפֶּר *kipper*," *in TDOT* 7:288-303; *Hartley*, 63-66; *Milgrom*, 1097-84를 보라.

55. 내가 말하는 어근은 단순히 서로 연관되거나 파생된 의미를 갖는 낱말들 가운데 일어나는 철자의 연속을 의미한다. 어근이라는 용어는 문법적 계통을 말하는데, 어근은 그것을 이루는 철자가 나오는 단어와 분리해서 따로 존재하지 않기 때문이다. 이는 하나의 낱말의 의미를 목록에 수록하는 편리한 방법일 뿐이다.

어를 취하지 않는다는 점에서 복잡한데, 직접 목적어를 취하는 경우 그 직접 목적어는 대개 성소, 혹은 성소 안에 있는 가구였다. 이 동사가 사용된 문맥에서 다른 동사들은 어떤 일이 일어났는지를 분명히 밝혀준다. '용서하다', '깨끗이 하다', '거룩하게 하다' 등이다. *kipper*라는 동사는 의식을 통해 의도되었던 것이 성취되었음을 가리키는 것으로 보인다.

이 동사의 용례는 그 동사가 공격받은 쪽의 진노를 '달래다' 혹은 '진정시키다'는 개념을 포함하고 있음을 보여준다. 그러나 이 용법이 가장 분명하게 나타나고 있는 곳은 제사와 관련된 구절이 아니다. 예를 들어, 한 재미있는 비신학적 용례는 창세기 32장 20절(*MT* 32:21)에서 야곱이 자신의 축복을 '훔쳐갔다'고 죽이겠다고 협박하고 있는 형 에서에게 550마리의 동물을 선물로 주는 장면이다. 야곱은 이렇게 말했다. "내가 내 앞에 보내는 예물로 형의 감정을 푼(*kipper*) 후에…." 그는 이 선물을 제공함으로써 둘 사이에 있는 적대감을 제거하려 했다(이 의미는 또한 민 25:13, 시 78:38, 79:9 가운데도 분명히 나타난다).

제사와 관련된 구절 가운데서는 제사의 목적을 달성한 것을 강조하는 것으로 보인다. 하나님의 진노는 이곳에서는 언급되지 않았고('불'이라는 상징적 표현 외에는), 따라서 이 동사의 강세는 '보상하다'(*Hartley*, 65) 혹은 '제거하다'(*Milgrom*, 1079)와 같은 아카디아어 동사와 더욱 궤를 같이하는 것으로 보인다. 핵심은 그 의식이 오염을 제거하거나 죄의 행위를 무효로 하다는 것이다(*Hartley*, 64). 하틀리는 이 낱말의 두 가지 용법 사이를 연결하는 다리로 죄가 보상될 때 하나님의 잠재적 진노가 머무는 것이지 점화된 진노가 무마되는 것이 아니라고 제안한다.

동사 *kpr*과 연계된 명사는 두 개다. 속죄일이라는 표현에 사용된 *kippurîm*[56]

---

56. *Kippurîm*은 복수다. 왜냐하면 이 말은 대속을 이루는 몇 가지 의식 행위가 포함되는 날을 가리키기 때문이다. 이 말은 문장 구성상의 복수일 수도 있고, 강조의 복수일 수도 있다.

과 전통적으로 '시은좌'로 번역되지만 '대속/ 속죄의 자리'(혹은 '속죄')로 읽는 것이 더 좋은 *kappōret*이 그것이다. *kappōret*은 언약궤로 알려진 상자의 금으로 만든 뚜껑에 붙여진 이름이다. 레위기 16장 13-16절에 의하면 그 물건이 이런 이름으로 불리는 것은 대제사장이 속죄를 이루기 위해 그 위에 피를 뿌리기 때문이다. 칠십인 역은 *kappōret*을 *hilastērion*(속죄소)으로 번역했고, 바울은 로마서 3장 25절에서 그리스도를 언급하기 위해 이 말을 사용했다.

이방 세계에서 정결은 정화, 피, 특별한 물, 손을 얹음, 권력이 깃든 물체에 접촉하는 것을 금함 등을 통해 왔다. 그 기본 제사 의식은 고도로 발전되었지만 철저하게 다신론과 미신으로 떨어지고 말았다. 이스라엘은 제사 의식에서 유사한 행동들과 유사한 용어들을 사용했지만, 이교도적인 측면은 제거되었다. 제사 의식의 외적인 형태는 유사점이 있지만 그 의미는 달랐다. 이스라엘의 신앙 가운데 대속은 죄를 제거하고 입은 손해와 죄에 대한 여호와의 잠재적인 진노를 달래기 위해 대신하는 동물이 사용되는 처리 과정의 결과로 대속이 일어났다. 죄인들은 더럽혀진 상태에서 정결한 상태로 옮겨져야 했다. 그들은 자기편에서 하나님께 나아가고 제사의 대속의 효험을 믿어야 했다. 그러면 하나님께서 그들을 받으셨다.

속죄는 일 년 가운데 어느 때든지 속건제와 속죄제를 통하여 만들어질 수 있었다. 경건한 이스라엘 백성은 그런 제물을 드림으로써 정결 혹은 죄 사함을 찾고, 어느 경우든 화해를 이루었다. 그리고 번제를 드림으로써 하나님께 용납되었다. 그리고 소제를 드림으로써 자신의 감사와 헌신을 표현했다. 마지막으로 그들은 하나님과 화목한 상태에 있는 것을 화목제를 통하여 자유롭게 축하했다. 백성들은 이 제사들을 매주 드리도록 요구된 것이 아니라 거룩한 장소에 들어갈 때와 거룩한 날을 당할 때뿐이었다. 그들이 때에 맞추어 규칙적으로 그런 제사를 드리는 일은 하나님께서 생명을 지으신 유일하신 분이요,

대속을 통해 평화를 베푸실 수 있는 유일하신 분임을 그들에게 일깨워주었다. 그리고 한 해의 마지막에 모든 의식은 대속죄일을 통하여 그 절정에 도달했는데, 그날은 백성의 모든 죄를 해결하는 날이었다.

다른 정결 의식과 축성 의식은 이스라엘의 이 새로운 제사 제도의 일부분이었다. 그 제도는 공의와 정결이라는 높은 기준을 따르는 금기 규정과 함께 시작되었는데, 레위기에 규정된 정결과 도덕적 행동 사이의 긴밀한 관계를 이끌어냈다. 외적인 정결과 내적인 공의는 정결과 거룩함을 규정한 율법 가운데 하나가 되었다. 타락이 방출, 질병, 혹은 접촉으로 인해 빚어졌을 때는 특별한 정결 의식이 요구되었다. 본문은 이것에 대해 하나님의 거룩하심이 그것을 명하셨다는 말 외에 다른 설명을 덧붙이지 않는다. 이스라엘의 제사 의식은 이교도의 것과 그 의미가 달랐고, 따라서 그것들은 논박하는 특성을 갖고 있다고 볼 수 있다. 그 의식은 분명 위생적인 것이긴 하지만 그 위생은 실질적인 결과이지, 영적인 의미를 갖고 있는 것은 아니었다. 이 정결 규정의 중심에는 창조의 분명한 질서와 경계를 보존하려는 바람이 놓여 있다.

제사를 통해 하나님과 교통을 유지하는 것 외에 레위기가 크게 강조하는 제사의 의무는 율법에의 순종이다. 이 모든 정결 유지 제사는 하나님의 율법을 따라 살지 못하고 개선되어야 하는 실패를 전제로 하고 있다. 그 제사에 들어가는 커다란 대가와 규례를 범한 일과 서원에 필요한 구속의 대가는 자연스럽게 더 커다란 순종을 북돋아주었다. 그러나 많은 경우 경건한 이들은 내적인 고백을 드리도록 감동을 받았는데, 이는 그러지 않았을 경우 그들이 자기 죄와 타락을 알지 못했기 때문이다. 그리고 이것을 분별하는 것은 제사장들의 의무였다. 율법에 불순종하는 것에 대한 레위인들과 제사장들의 가르침을 통해 그리고 본서의 마지막에 실린 저주의 목록을 암송하는 것을 통해 미리 경고되었다. 순종 가운데 살 것을 추구하는 사람이든, 자신의 상황을 개선해야만 하는 사람이든 의인의 목표는 살아계신 하나님의 임재 가운데서 화목제를 누리는 것이었다.

거룩한 백성. 마지막으로 어떤 신학적 탐구도 언약의 도구들, 이를테면 중보자 혹은 법률수여자, 제사장 그리고 선지자들을 반드시 포함시켜야 한다.

중보자는 이스라엘의 이른바 인간 측에서 세운 모세였다. 그는 여러 가지 면에서 독특한 인물이었는데, 왜냐하면 그는 지도자로서 높은 지위를 가졌을 뿐 아니라 스스로 중보자를 필요로 하지 않았기 때문이다. 그는 하나님과 직접 대화했다. 중보자는 하나님께서 제정하신 율법과 규례를 언약 백성들에게 전달했고, 이어서 세워진 제사장들에게 제정된 규례를 전했다. 그의 임무는 여호와 하나님의 임재가 거하실 수 있고, 하나님의 은혜와 평강이 만방에 널리 펼쳐질 수 있는 거룩한 백성을 만드는 것이었다.

제사장들은 또한 이 언약 가운데서 하나님께서 세우신 관리인들이었다. 그들은 제사를 위해 그들을 구별하고 있는 공적인 행사 가운데 직무를 행하도록 성별되었다(레 8장). 레위기 5-7장은 그들이 어떻게 제사 의식을 주관하고 제사를 설명함으로써 모든 것이 합당하게 이루어질 수 있게 하는 의무가 있는지를 상세하게 말씀하고 있다. 제사장들은 예배자가 드린 제물을 받고, 여호와 앞에서 중보 기도를 드리기 위해 그의 영적 특징과 동기들을 분별해야 했다. 그들은 그 예물이 열납되었음을 보여주기 위해 예배자가 드린 제물 한 조각을 상징적으로 먹었다.

제사장과 그 가족들은 많은 특권을 갖고 있었지만, 커다란 의무도 감당해야 했고 남들이 본받을 높은 행동 기준 또한 갖고 있었다. 다시 말해서, 그들은 여호와의 거룩하심이 무엇을 의미하는지를 백성들에게 계시하고 있었다. 그래서 레위기 10장은 불순종한 제사장들에 대한 최초의 중대한 재판과 제사장들을 위한 장례, 음식, 마실 것과 관련된 경고와 규례들을 기록하고 있다. 레위기 21-22장은 제사장의 결혼과 제사 음식을 먹는 데 참여하는 규정들을 제정하고 있다.

이스라엘의 제사장들은 비밀 결사 같은 것이 아니었다. 레위기는 성경의 다른 부분과 마찬가지로 그들의 생활 환경을 대부분 활짝 펼쳐 보이고 있다. 그들 역시 제사를 드리고 죄를 고백했다. 그들은 이스라엘 민족이 세상의 제사장이 되기 위해 선택된 것처럼 단지 백성들을 대신해 여호와의 종으로 선택된 것뿐이다. 그리고 이 순서는 성소 안에 반영이 되었다. 성소 뜰 밖에는 세상, 나라와 나라들이 있었다. 뜰 안에서는 하나님의 백성이 와서 예배를 드렸다. 그러나 제사장만이 거룩한 장소인 회막 안에 들어가도록 허락되었다. 그리고 대제사장은 일 년에 한 번 민족의 죄를 대속하기 위해 지성소에 들어갈 엄숙한 의무를 갖고 있었다. 이 모든 의식들, 이 모든 위계 질서는 백성들이 죄와 타락으로 인해 하나님과 얼마나 멀어졌는지를 보여주었지만, 한편으로는 하나님께서 평화 가운데 자신의 임재를 모든 이에게 허락하시는 사역을 진행시키셨는지를 잘 보여주었다.

우리는 본서의 마지막 본문에서 예언자적인 측면을 발견하게 된다. 성경의 다른 설교체 문장과 마찬가지로 이 부분은 주변 민족들(주로 애굽 사람들과 가나안 족속들)의 관습과 믿음에 빠지지 말라는 경고로 가득 차 있다. 한 가지 중요한 강조점은 주술과 점치는 일의 금지다. 하나님께서는 자기 뜻을 자기 백성들에게 계시하셨기 때문에 그에 합당한 반응은 믿음이지 주술이나 뇌물이 아니었다. 그러나 예언자적 선포의 주요 기능은 여호와의 이름(속성)에 대한 정보를 전하여 백성들로 하여금 헌신과 순종으로 반응하게 만드는 것이었다. 이 예언 가운데 강조점은 거룩한 언약의 하나님으로서의 여호와에 놓여 있다. 그래서 레위기 17-26장은 성결 법전(*H*, *Holiness Code*)으로 불리며 몇몇 해석가들에 의해 전형적인 선지자의 것으로 간주되고 있다.

교회 안에서의 율법의 해석과 적용

성경 해석에 관한 가장 어려운 문제는 율법을 교회 안에서 해석하고 적용하는 법을 아는 것이다. 누구도 그 방법을 완전히 알아내지 못했다. 왜냐하면 초대교회 이후로 끊임없이 논쟁이 이어져오고 있기 때문이다. 어떤 이에게 율법은 완전히 폐지된 것이며, 현재에는 거의 대부분이 적용할 수 없는 것이다. 다른 이에게 율법은 고대 동물 제사 의식과 정결 의식을 제외하면 여전히 구속력이 있다. 많은 주해자들은 명백하고 쉬운 것(십계명과 같은)이나 필요한 것(십일조와 같은)만을 사용하고 나머지는 무시해버린다.

율법 해석의 방법은 시대를 따라 다양하게 변천했다. 한 가지 인기 있는 접근법은 율법을 도덕법, 시민법 그리고 제사 혹은 종교법으로 구분하는 것이다. 이 생각은 도덕법은 아직도 구속력이 있지만 나머지는 그렇지 않다고 본다. 그러나 성경은 이런 분류를 사용하고 있지 않다. 율법은 하나의 통일된 것이다. 어떤 율법은 보편적인 도덕률로 보이고 다른 것들은 고대 이스라엘의 제사 의식에만 국한된 것으로 보이는 것은 사실이다. 그러나 명백한 것들을 제외하면 각각의 율법이 어느 부류에 속하는가를 결정하는 것은 어려운 일이다. 한 사람이 도덕법에 속한다고 생각하는 것을 다른 사람은 시민법으로 분류할 수도 있다. 어떤 이는 십계명을 도덕법으로 사용할 수도 있고, 따라서 십계명은 순종함으로 따라야 하는 것이 된다. 그러나 안식일은 십계명 안에 들어 있지만 오늘날 토요일을 거룩하게 지키는 교회는 거의 없다.

또 다른 어려움은 우리가 비록 율법은 반드시 이런 분류화를 해야만 한다는 데 동의할 수 있다 하더라도 사도 바울은 모든 성경이 의로 교육하기에 유익하다고 분명히 말씀하고 있다는 점이다. 따라서 비록 율법의 외형적인 형태의 일부분 혹은 모두가 폐지되었다 하더라도 오늘날 성경의 가르침에 반드시 필요하기 때문에 이 율법들을 해석하고 적용하는 문제는 우리에게 여전히 남게 된다.

레위기의 주해를 전개해나가기 위해서는 반드시 일반적인 율법의 본질과 목표를 면밀히 고찰해야 하며, 이어서 하나님의 완전한 계시라는 맥락 안에서 해석하고 적용하는 일관된 방법을 개발해나가기 위해 애써야 한다.[57]

율법의 본질과 목표

첫째, 그렇다면 주해자는 율법의 본질과 목표를 반드시 되새겨야 한다. 여기서 두 가지 지적이 반드시 이루어져야만 한다. 하나는 이스라엘 역사를 통하여 신실한 백성은 율법을 사랑했다는 점이다(물론 율법은 하나님께 불순종하는 삶을 사는 이들에게는 짐이었다). 의인은 진심으로 이렇게 말할 수 있었다. "내가 주의 법을 어찌 그리 사랑하는지요"(시 119:97). 그들은 율법을 밤낮으로 묵상하는 일을 기뻐했다(1:2). 그리고 율법은 그들에게 꿀보다 더 달았다[19:10(*MT* 19:11)]. 신약도 율법에 대해 그런 탄성을 발하고 있다. 바울은 율법이 거룩하고, 의로우며, 선하다고 말했다(롬 7:12). 따라서 율법은 훌륭한 목표와 변함없는 가치를 갖고 있다.

두 번째 지적할 부분은 모세의 율법은 구속받은 백성들(대부분)에게, 시내산에서 예배하기 위해 모였던 신실한 백성들의 공동체에 주어졌다는 점이다. 그들은 자신들을 얽매고 있는 굴레를 벗겨달라고 여호와께 부르짖었고, 여호와께서는 그들이 여호와의 말씀에 믿음으로 화답하고 애굽의 고향 집 문설주

57. 이 연구에 가장 중요한 것은 바울이 율법을 어떻게 해석했는가에 대한 고찰이다. 풍부한 참고 문헌이 딸린 훌륭한 입문서로 슈라이너(*T. R. Schreiner*)의 *The Law and Its Fulfillment: A Pauline Theology of Law*(*Grand Rapids: Baker*, 1993)을 보라. 또한 롱게네커(*R. N. Longenecker*)의 "*The Pedagogical Nature of the Law in Galatians* 3:19-4:7," *Journal of the Evangelical Theological Society* 25(1982): 53-62와 *J. D. Pentecost*, "*The Purpose of the Law*," *Bibliotheca Sacra* 128(1971): 227-33을 보라.

에 피를 발랐을 때 그들을 압제로부터 해방시켜주셨다. 그들은 시내 산에 도착했을 때 이미 하나님의 백성들이었다. 그러나 시내 산에서 그들은 비로소 언약을 열고 민족으로서 공식적인 관계에 들어갔다. 바울은 율법을 몽학 선생, 곧 어린이들을 훈련시키는 교사라고 말했다. 그는 율법이 산파라고 말하지 않았다. 이 지적이 중요한 이유는 많은 사람들이 구약 시대 사람들은 율법을 지킴으로써 구원을 받은 반면, 그리스도인들은 은혜로 말미암아 구원을 받았다고 생각하기 때문이다. 그러나 율법을 지킴으로써 혹은 어떤 공로를 행함으로써 구원을 받은 사람은 한 사람도 없다. 구원은 언제나 믿음을 통한 하나님의 은혜로 말미암는 것이다.[58]

그렇다면 율법은 구원 받은 백성들로 하여금 거룩한 백성이 되고 제사장 나라가 되도록 준비시키기 위해 은혜로 주신 것이다. 율법은 여러 가지 목표를 갖고 있다.

1. 율법은 이스라엘 민족의 헌법이었다. 이스라엘은 시내 산에서 신정 국가로 설립되었다. 그리고 하나님의 법은 국가의 헌법이 되었다. 만일 백성들이 이 율법을 지키면 그들은 하나님의 유일한 민족, 곧 제사장 나라와 거룩한 백성이 될 것이다(출 19:5-6). 그들은 언약에 들어가기 위한 의식을 거행할 때(출 24장) 스스로 이 율법 아래에서 하나님의 백성으로 살기로 다짐했다. 이스라엘 백성은 이미 약속을 이을 상속자였다. 그러나 이 율법이 주어짐으로 그들은 믿음의 공동체로 함께 살아가는 약속된 민족이 된 것이다. 율법을 따라 사는 것은 그들이 하나님의 언약 백성이라는 증거였다. 그리고 이는 여러 가지 면에서 그들을 거룩한 제사장으로 만들

58. 구약 시대 성도들과의 차이점은 그들의 믿음의 내용과 관계가 있다. 하나님께서는 자신을 점진적으로 계시하셨기 때문에 구약의 성도들은 그리스도 안에서 충만한 계시를 받은 사람들만큼 많은 정보를 갖고 있지 못하다. 그러나 그들은 하나님께로부터 어떤 말씀을 받았든 그것을 믿었다. 그들은 그 말씀이 어떻게 역사할 것인지 이해하지 못했을 수도 있지만 하나님의 말씀을 그대로 믿었다.

어줌으로써 이스라엘과 다른 국가들 사이에 둘러쳐진 울타리가 되었다. 나중에 이스라엘 왕국의 대다수 백성들이 다른 신을 섬기고 율법을 거절하게 되자 하나님께서는 이스라엘의 그 세대는 하나님의 백성이 아니며, 자신은 그들의 하나님이 아니라고 선언하셨다. 그들은 믿지 않았다. 그들은 그분의 율법을 따라 살지 않았고, 그래서 포로가 되었다. 그러나 이 언약의 약속들은 여호와를 믿고 그분의 말씀을 따라 살았던 이들에게 여전히 그 자리에 남아 있었다.

2. 율법은 하나님과 교통하기 위해 필요한 것이 무엇인지 계시했다. 그러나 율법이 어떻게 백성들을, 거룩한 백성이 되고 하나님의 축복을 누릴 수 있도록 인도했을까? 이 문제는 두 가지 측면이 있다. (a) 율법은 하나님의 거룩하심을 명백히 계시했다. 이것은 여호와 하나님께서 거룩하신 것처럼 이스라엘 백성들도 거룩하라는 가르침으로 이어졌다(또한 벧전 1:15-16을 보라). 기준은 하나님의 거룩하심으로, 이는 그분의 공의, 정의, 선하심, 은혜, 지혜, 진리 등 그분의 속성과 행동 안에 포함된 모든 것이다. 따라서 율법은 백성들에게 하나님을 계시하면서 거룩한 삶에 대한 기준을 제시하는 것이다. (b) 율법은 인간의 범죄함을 드러냈다. 율법은 백성들이 삶의 모든 영역에서 하나님과 전혀 같지 않음을 깨닫게 했다. 백성들은 매일의 평범한 삶 가운데서 거룩한 삶을 살지 않았다. 모욕적이고 통속적인 삶을 살며, 타락하고 부패했으며, 결국 죽음에 이를 운명에 처했다. 그들의 범죄 행동 가운데 하나님과의 비교가 더욱 빛을 발했다. 바울은 율법은 죄를 드러내 하나님과 모든 인간의 삶 사이에 있는 뛰어넘을 수 없는 벽을 보여주기 위해 우리 양심에 더해진 것이라고 설명한다(롬 2:5-16, 갈 3:19). 율법이 죄를 드러낸다는 것은 사람들에게 하나님의 은혜로 베푸시는 대속과 깨끗하게 하심이 필요하다는 사실을 더 절실하게 깨닫게 했다.

이 점은 성전 문에서의 기도문이라고 불리는 몇몇 시편에 의해 잘 묘사되고 있다. 몇몇 레위인들은 성문에서 입장 의식을 책임지고 있었다. 그들의 임무는 제사를 드리는 사람이 오는 이유를 분별하고, 제물이 적합한 상태인지 판정하며, 그들을 당번 제사장에게 인도하는 것이었다. 예를 들어, 시편 15편은 이 전례 가운데 하나인 것으로 보이는 내용을 기록하고 있다. 제사를 드리는 이는 이렇게 묻는다. "거룩한 산에 거할 자는 누구입니까?" 이 경우의 대답은 열 개의 자격 조건(십계와 실질적으로 유사한 것으로 보이는)이 기록된 목록으로 이루어져 있다. 예배자는 그 목록이 낭독되는 것을 들으며 자신의 자격 없음을 깨닫고 안으로 들어갈 자격을 받기 위해 합당한 제물을 가져왔다. 시편 24편 역시 간략한 방식으로 같은 것을 반영하고 있다. 여기서의 자격 조건은 '손이 깨끗하고 마음이 청결'한 자였다. 이 기준은 예배자들로 하여금 스스로 한참 부족하다는 사실을 깨닫게 만들었다. 그러나 그들은 레위기 율법의 은혜로운 조항의 도움을 받아 성소 안에 들어갈 수 있었다.

3. 율법은 하나님의 백성의 예배와 성결을 규정했다. 율법은 제사, 정화, 중보, 대속 등의 의식을 위한 모든 절차를 마련해놓았다. 그 규정된 의식에서 벗어나는 것은 조금도 용납되지 않았으며 모든 것이 하나님께서 지시하신 것과 정확히 일치해야 했다. 그 결과 예배 공동체는 이 규정에 동의함으로써 하나님의 기준에 도달하는 데 실패했음에도 불구하고 하나님의 임재 가운데 그분께 나아가 교제할 수 있게 되었다. 그 규례들은 반드시 문자 그대로 따라야 했다. 왜냐하면 그것들은 하나님의 본성 자체와 완전하고 영원한 성화를 가져오기 위한 하나님의 정확한 계획을 반영하기 때문이다. 그 의식을 모독하거나 그것을 수행하지 못하는 것은 하나님께서 직접 선포하신 것 외에도 그분께 나아갈 수 있는 길이 있다고 말하는 것이다. 그리고 그 의식을 변경하는 것은 바로 새 언약 가운데 성취되

기로 예정된 하나님의 계획을 바꾸는 것이다.

4. 율법은 그리스도께 인도하는 몽학 선생이다. 율법은 여러 가지 면에서 하나님의 아들이자 메시아이신 예수님의 인격 안에서 나타난 하나님의 구원 계획의 충만한 계시의 기초가 되었다. 몽학 선생은 교사로서 자녀와 함께하면서 그 자녀가 성숙해질 때까지 모든 것을 감독한다. 자녀가 성인이 되면 몽학 선생은 더 이상 필요가 없다. 구약에서 하나님의 백성은 믿음의 가족의 시작을 의미한다. 그들은 약속의 성취를 기다리면서 약속 가운데 살고 있었다. 이제 메시아께서 오심으로 그 약속들이 성취되었고 믿음의 가족은 더 이상 몽학 선생이 필요 없게 되었지만 약속의 성취에 비추어 살 수 있게 되었다. 그럼에도 불구하고 몽학 선생이 의식과 규례들을 통하여 가르친 것들은 영적 삶 가운데 얼마든지 적용할 수 있다.

따라서 율법은 규율적인 측면과 계시적인 측면을 동시에 갖고 있다. 동물의 종류, 향의 제작, 피의 취급 그리고 그 밖의 모든 의식 행위와 같은 율법의 규율적인 측면은 고대 이스라엘의 문화와 경험 가운데 녹아들었다. 하나님의 거룩하심, 죄의 본질, 하나님께 나아감, 죄 사함, 부정함의 제거 그리고 행위의 신학적 의미와 같은 율법의 계시적 측면은 성경에 계시된 여호와의 성품과 사역에 관한 영원한 진리를 가르쳤다. 그리스도께서 오셔서 새 언약을 체결하셨을 때 율법의 규율적인 측면은 종결되었다. 이제 더 이상 성전, 제사 혹은 시내 산 언약에 근거한 제사장직의 기능은 존재하지 않게 되었다. 그러나 이 율법이 계시한 하나님의 속성과 뜻에 관한 모든 것들은 영원한 계시이기 때문에 종결되지 않았다.

율법의 마침이신 그리스도

그렇다면 여기에 바로 오늘날의 주해자들을 위한 어려운 문제가 있다. 한편으로 신약은 우리에게 율법이 그리스도 안에서 성취되었다고 말하면서도, 다른 한편으로는 모든 성경은 우리를 의로 교육하기에 유익하다고 말씀하고 있다. 혹은 베드로는 우리에게 여호와께서 거룩하시니 우리도 거룩하라고 말하며, 또한 자신이 레위기에서 인용하고 있다고 말한다.

그러나 베드로가 부정한 짐승의 환상을 본 이후로 그는 비록 레위기의 말씀이 계속해서 권위 있는 성경으로 존재하면서도 옛 언약에서 의미하는 거룩함이 새 언약에서 의미하는 거룩함과 정확히 일치하지 않는다는 것을 알게 되었다. 율법 주해는 이런 종류의 구별을 가능하게 해야 한다. 다른 말로 하면, 주해는 율법 가운데 계시된 영원한 신학적 진리들을, 그 율법의 규정들을 문자적으로 적용하는 데 안주하지 않고서도 그 의미를 명확히 규정해야 한다. 따라서 그 작업은 그리스도인들은 율법으로부터 자유롭다고 말하는 것처럼 단순한 것이 아니다. 왜냐하면 율법은 하나님의 백성에게 적용될 거룩함에 대한 기준의 계시로 남아 있기 때문이다.

이 문제는 그리스도인들이 율법을 어떻게 볼 것이냐를 결정하는 것으로 귀결된다. 처음 고찰하기에 적합한 구절은 마태복음 5장 17절이다. 예수님께서는 "내가 율법이나 선지자나 폐하러 온 줄로 생각지 말라 폐하러 온 것이 아니요 완전케 하려 함이로라"고 말씀하셨다. 예수님께서는 율법을 폐지하기 위해 오신 것이 아니며, 이것은 너무도 분명한 사실이다. 그분은 율법을 성취하러 오셨다. 이것은 그분이 단지 율법을 역사적 적용 가운데 유지하거나 보존하셨다는 의미가 아니다. 왜냐하면 그분은 그보다 더 많은 것을 하셨기 때문이다.

예를 들어 레위기 19장 18절을 보면, 백성들은 반드시 자기 이웃을 사랑해야 한다고 말씀하고 있다. 그러나 예수님께서는 자기 원수를 사랑하라고 말씀하셨다(마 5:44). 예수님께서는 율법의 그릇되고 배타적인 적용을 논박하셨지만, 그분은 또한 백성들에게 율법의 정신을 순종하고 단지 그 문자만을 좇지 말 것을 가르치시며 율법을 높은 단계로 끌어올리셨다.[59] 예수님께서 산상 수훈에서 전하신 "너희가 (이렇게) 들었으나 나는 너희에게 이르노니" 라는 일련의 가르침(마 5장)은 예수님께서 율법의 의미 안으로 들어가신 것이지 겉으로만 지키는 척하는 것이 아님을 보여주고 있다. 예수님께서는 자신의 가르침뿐 아니라 삶 가운데서도 율법의 정신과 문제 모든 점에서 율법을 완벽히 순종하셨다.

마태복음 5장 17절에 의하면 율법은 예수님에 의해 폐지된 것이 아니라 완성되었다. 율법의 교훈은 반드시 예수 그리스도의 성취에 비추어 가르쳐야 한다. 이를 실제적인 말로 하면, 사람들은 자신이 간음을 행하고 있지 않으니까 간음을 금하고 있는 율법을 지키고 있다고 더 이상 말할 수 없게 된다. 왜냐하면 예수님께서 율법의 온전한 의미에는 그 취지가 포함되어 있음을 분명히 밝히셨기 때문이다. 그분은 의로움의 기준은 율법의 외적인 준수보다 더 높은 것이라고 가르치셨다.

바울은 로마서에서 그리스도께서 "모든 믿는 자에게 의를 이루기 위하여 율법의 마침(*telos*)이 되시니라"(롬 10:4)고 말한다. 이 구절은 단지 율법이 그리스도 안에서 끝나거나 마쳐졌다는 의미가 아니다. 그 말은 그리스도께서 자기를 믿는 자들에게 의를 제공하셨기 때문에 그분은 율법의 목표와 완성이라는 의미다. 그리스도께서는 율법을 성취하셨을 뿐 아니라, 율법은 그 성취를 의도하고 있었거나 그분의 성취를 목표로 하고 있었다.

---

59. 선한 사마리아인의 가르침은 이를 잘 보여준다(눅 10장). 어떤 유대인들은 그런 식으로 자기 이웃이 누구인가를 테두리 쳐놓고 정말 도움이 필요한 사람들에게 동정을 베풀 여지를 남겨놓지 않고 있었다. 예수님의 이야기는 이 사마리아인이야말로 긍휼을 베풀지 않은 제사장이나 레위인보다 더 율법의 의도를 잘 따랐다는 말씀이다.

그렇다면 이 구절들의 의미는 무엇인가? 첫째, 예수님께서는 율법이 요구하는 모든 것을 순종하셨다. 그분은 계명을 지키셨고, 하나님께서 의도하셨던 율법의 취지를 성취하셨다. 그분 한 분만이 완전히 의로우시고, 완전히 순종하셨으며, 완전히 죄가 없으셨다. 그분만이 하나님의 의를 드러내셨다. 그리고 이것은 그분에게 세상 죄를 위한 완전한 제물이 될 수 있는 자격을 부여했다. 둘째, 예수님께서는 완전하신 분이기 때문에 그분은 율법이 약속한 모든 것을 성취하실 수 있다. 그분의 지상 사역은 모든 제사, 제물 그리고 제사 의식이 기대하고 있던 것들을 제공했다. 따라서 예수님께서는 십자가에서 죽으셨을 때, 율법이 믿음의 가족을 위해 갖고 있던 기능을 폐지하심이 아니라 모든 면에서 성취하심으로 변경시키셨다.

율법은 거룩한 말씀의 권위 있는 부분으로 계속 남아 있다. 그러나 이제 그 율법은 그리스도 안에서의 성취를 통하여 읽어야 한다.[60] 예를 들어, 우리는 하나님의 임재 안에 들어가기 위해 동물 제사를 필요로 하지 않는다. 그러나 우리에게는 여전히 제사, 곧 모든 제사가 가리키고 있던 그리스도의 제사가 필요하다. 그리고 우리는 우리를 위해 기도해줄 땅 위의 대제사장을 필요로 하지 않는다. 왜냐하면 레위기의 제도는 더 위대한 대제사장을 가리키고 있기 때문이다. 우리는 여전히 중보를 위한 제사장을 필요로 하지만, 그분은 하늘에서 우리를 위해 간구하고 계시는 예수님이시다. 이 두 가지는 분명한 보기다. 이 선택된 보기들을 통하여 요점을 전하는 것은 쉬운 일이다. 그러나 이 주석의 나머지 부분은 이 원리들을 레위기의 모든 본문에 그리고 제사, 제사장, 곰팡이에 관한 규례, 신체의 질병 등 그 주제가 어떤 것이든 관계없이 적용하려고 시도할 것이다. 그 모든 주제들은 반드시 예수 그리스도 안에서 이루어진 율법의 성취를 통하여 해석되어야 한다.

---

60. 칼슨(*D. A. Carson*)의 *The Sermon on the Mount: An Evangelical Exposition of Mattew* 5–7(*Grand Rapids: Baker*, 1978), 34–39를 보라.

예수님께서 율법을 성취하셨기 때문에 사도 바울은 교회를 위한 새로운 법, 곧 그리스도의 법(갈 6:2)을 가리킬 수 있다. 바울 서신에서 아홉 번 사용된 '율법 아래' 있다는 말은 기독교의 본질과 대치되는 것으로 보인다. 그리스도인들은 더 이상 교회를 구속하는 최고 규범으로서의 모세의 율법 아래에서 살고 있지 않다. 그 율법은 성취를 준비하는 시기에 주어진 것이다. 이제 그리스도께서 율법을 성취하셨기 때문에 예수님을 따르는 자들은 마치 그분이 아무것도 이루시지 못한 것처럼 다시 율법의 규정 아래로 돌아갈 필요가 없다. 그들은 이제 그리스도의 법 아래에 있다. 이 말은 그들이 지켜야 할 법이 있음을 분명히 의미한다(고전 7:19). 그리고 이 법들은 모세의 법이 의도했던 것들을 포함하고 있다. 몇몇 모세 율법은 신약 안에 충분히 통합되었지만(고전 9:20-21, 갈 6:2), 율법의 정신이 항상 이처럼 존중을 받아온 것처럼 율법들은 그리스도를 통하여 해석된다. 모세 율법으로부터 자유를 얻었다고 해서 모든 계명이나 규제로부터 자유롭다는 것을 의미하지는 않는다. 그 말은 '그리스도 안에' 있는 이들에게 율법은 정죄할 힘이 없다는 의미다. 왜냐하면 그리스도께서 율법을 성취하셨기 때문이다. 그러나 그 말은 또한 '그리스도 안에' 있는 자들이 죄에 대해 죽고 이제 그리스도의 의로우심 가운데 살아야 함을 의미한다. 그리스도께서 율법에 완전히 순종하셨기 때문에 그리스도인들은 이제 그분의 법을 따라야 한다.[61] 이는 곧 그들이 그리스도 안에서 율법이 계시한 하나님의 뜻을 성취해야 함을 의미한다. 누구도 죄를 짓거나 저급한 욕망에 빠질 자유를 갖지 않는다. 율법은 사람들로 하여금 죄를 깨닫게 하고 그들을 의로 인도하기 위해 주어졌다. 율법은 아직도 그 일을 하고 있다. 왜냐하면 율법이 죄라고 규정한 것은 신약에서도 죄라고 말하기 때문이다. 그러나 그리스도께

---

61. 라이리(*C. C. Ryrie*)의 "*The End of the Law*," *Bibliotheca Sacra* 124(1967): 239-47; 그리고 *S. J. Hafemann*, *Paul*, *Moses*, *and the History of Israel*(*Peabody*, *Mass*.: *Hendrickson*, 1995), 16-28을 보라.

서 율법을 성취하심으로써 베푸신 것들을 통하여 그리스도인들은 율법이 요구하고 있는 것들을 성취할 수 있게 되었다. 바울에 의하면, 만일 그리스도인들이 사랑하라는 계명에 순종하면 그들은 율법이 요구하는 것을 행할 수 있는 것이다. 이것을 해내기 위해 그들은 그들 가운데 거하시며 그들을 의로 인도하시는 성령님께서 새 언약 가운데 공급해주시는 것들을 갖고 있다. 만일 그리스도인들이 의롭게 사는 것에 실패한다면 그들은 자기 죄를 고백하고, 그리스도의 피에 근거해서 용서하심을 구할 수 있다. 이 일은 그들로 하여금 여호와 하나님과의 교제 가운데 계속 머물 수 있고 예배와 축복의 삶을 누릴 수 있게 해준다.

레위기의 주경적 주해 방법

성경 가운데 주경적인 주해를 위해 레위기보다 더 많은 준비를 필요로 하는 책은 별로 없다. 주해자는 본문을 해석함에 있어서 문화적, 역사적, 판본적, 비평적 문제들에 모두 충분히 관심을 기울임으로써 정확한 해석을 해야 한다. 본문이 신약의 가르침들과 연결되었을 때 명확하고 정확해야 하며, 고대 규례들과 다른 영원한 계시를 확실하게 구별해야 한다. 그리고 독자, 혹은 청중들의 관심을 지속적으로 유지하기에 적절한 것이어야 한다.[62] 이 모든 작업을 할 수 있는 가장 훌륭한 방법은 본문을 해석하고 해설하는 표준적인 방법을 따르는 것이다. 그래서 먼저 본문의 원래 맥락 가운데서 그 본문이 갖고 있는 의미를 다루고, 이어서 성경 전체의 맥락 가운데서 어떤 의미를 갖고 있는가를 결

62. 다양한 구약 문헌에 대한 접근법을 살펴보는 데 도움이 되는 책으로는 베이커(*D. W. Baker*)와 아놀드(*B. T. Arnold*)의 *eds.*, *The Face of Old Testament Studies: A Survey of Contemporary Approacehs*(*Grand Rapids: Baker*, 1999)를 보라.

정한다. 이런 일관된 과정을 따르는 것은 주해가 현재 사용되고 있는 본문으로부터 이끌어낸 것이며, 나머지 성경 전체로부터 뒷받침을 받고 있다는 사실을 확인시켜준다. 이것은 성경의 통일성을 확인시켜주지만, 그 일은 성경의 계시를 약속부터 성취에 이르기까지 점진적 혹은 과정적으로 추적함으로써 가능하다. 다른 말로 하면, 그 작업은 주해자에게 본문의 건전한 신학적 메시지를 전하게 해주고, 이어서 그 신학적 메시지가 뒤에 기록된 성경에 어떻게 전달되었는지를 보여줄 수 있게 한다.

이 주해 작업을 따른 주경 과정에 대한 모든 토론이 이 책에 포함되지 않았는데, 그것은 그 내용이 창세기 저자의 유사한 작업에 제시되어 있기 때문이다.[63] 우리는 본문으로부터 직접 의미를 도출하기 위해 많은 노력을 기울여야 하지만, 또한 그 본문이 일치해야 하는, 혹은 일치하지 않을 경우에는 왜 그런지 설명해야 하는 더 커다란 본문으로 이루어진 정경의 일부라는 사실을 깨달아야 한다. 이 사실은 본문에서 설명되지 않은 율법의 해석에 특히 중요하다. 상징은 의식 가운데 중요한 위치를 차지한다. 그러나 본문은 예를 들어, 왜 꿀을 가져올 수 없는지, 혹은 왜 반드시 백향목이 사용되어야 하는지 설명하지 않을 수도 있다. 다른 본문과의 비교는 이 문제를 만족스럽게 해결하지 못할 수도 있다. 성경 본문 너머를 보는 두 번째 실례는 무엇이 항구적인 것이고 무엇이 일시적인 것인지를 결정하는 율법이 어떻게 수세기 동안 변화되어왔는지를 보는 것이다. 성전이나 동물 제사, 혹은 중보의 제사장 직분을 갖고 있지 못하지만, 이곳에서 무언가 적합한 것이 상호 교통되고 있다고 믿는 오늘날 주해자들에게 이 강조는 매우 중요한 것이 된다.

일단 한 본문에서 신학적 원리가 결정되면 이제 의미 있는 주해를 형성하기는 한결 쉬워진다. 나는 내가 이해한 각 본문의 주경적, 주해적 개요와 신학

63. 「창조와 축복[*A. P. Ross, Creation and Blessing: A Guide to the Study of Exposition of Genesis*(*Grand Rapids: Baker*, 1988, 도서출판 디모데)], 48-66.」

사상의 요약을 포함하여 어떻게 모든 본문이 본문의 역사적 문화적 배경에 어긋나지 않으면서도 오늘날에 적용 가능하도록 발전할 수 있었는지 입증하려 했다. 이 일은 다른 방식으로도 할 수 있지만, 내가 제시한 방법은 주해자가 자기 방식대로 무언가를 말하려 할 때 반드시 도움이 될 것이다. 나는 모든 내러티브에 완벽한 주해를 제공하려고 시도하지 않았다. 왜냐하면 주해자는 본문을 깊이 파는 데에도 많은 시간을 들여야 하기 때문이다. 그러나 저자의 주요 개념과 결론은 분명 주경 작업에 기초한 것이며, 이를 상당 부분 포함시켰다. 더 포괄적인 주석을 원한다면 주해자는 많은 정보를 얻을 수 있는 다른 많은 훌륭한 주석을 참고해도 좋다. 본문의 상세한 내용에 대한 비평적 논쟁의 양은 방대하다. 이 모든 것이 본문의 확실한 연구에 중요하기는 하지만 주해자가 그 모든 것을 훑어볼 시간이 충분하지 않을 수 있다. 주해자는 정확한 해석을 위해 필요한 것들을 꾸준히 자기 것으로 삼는 방법을 신속하게 분별해야 하며, 그 문제에 대해 자기만의 결론을 내릴 수 있어야 한다.

레위기 연구를 위한 참고 문헌

주석

Bamberger, B. J. *Leviticus*. The Torah: A Modern Commentary. New York: Union of American Hebrew Congregations, 1979.

Bonar, A. A. A *Commentary on Leviticus*. Reprinted London: Banner of Truth, 1966.

Elliger, K. *Leviticus*. Tübingen: Mohr, 1966.

Goldberg, L. *Leviticus*: A Study Guide Commentary. Grand Rapids: Zondervan, 1980.

Harrison, R. K. *Leviticus*: An Introduction and Commentary. Downers Grove, Ill. : InterVarsity, 1980.

Hartley, J. E. *Leviticus*. Word Biblical Commentary 4. Dallas: Word, 1992.

Keil, C. F. *The Pentateuch*, vol. 2. Translated by J. Martin. Edinburgh: Clark, 1874. Reprinted Grand Rapids: Eerdmans, 1949.

Kellogg, S. *Leviticus*. The Expositor's Bible. New York: Funk & Wagnalls, 1900.

Kornfeld, W. *Das Buch Leviticus*. Dusseldorf: Patmos, 1972.

Leibowitz, N. *Studies in Vayikra*: Leviticus. Translated by A. Newman. Jerusalem: World Zionist Organization, 1983.

Levine, B. A. *Leviticus*. JPS Torah Commentary. Philadelphia: Jewish Publication Society, 1989.

Mays, J. L. *The Book of Leviticus*; the Book of Numbers. Atlanta: John Knox, 1977.

Milgrom, J. *Leviticus* 1-16. Anchor Bible 3. New York: Doubleday, 1991.

__. *Leviticus 17-22*. Anchor Bible 3A. New York: Doubleday, 2000.

__. *Leviticus 23-27*. Anchor Bible 3B. New York: Doubleday, 2001.

Noordtzij, A. *Leviticus*. Translated by R. Trogtman. Bible Student's Commentary. Grand Rapids: Zondervan, 1982.

Noth, M. *Leviticus*. Translated by J. E. Anderson. Old Testament Library. Philadelphia: Westminster, 1965.

Porter, J. R. *Leviticus*. The Cambridge Bible Commentary on the New English Bible. Cambridge: Cambridge University Press, 1976.

Rendtorff, R. *Leviticus*. Biblisher Kommentar: Altes Testament 3. Neukirchen-Vluyn: Neukirchener Verlag, 1985.

Rooker, M. F. *Leviticus*. NEW American Commentary 3A. Nashville: Broadman & Holman, 2000.

Snaith, N. H. *Leviticus and Numbers*. New Century Bible. London: Nelson, 1969.

Wenham, G. J. *The Book of Leviticus*. New International Commentary on the Old Testament. Grand Rapids: Eerdmans, 1979.

전문 연구

Anderson, G. A. *Sacrifices and Offerings in Ancient Israel: Studies in Their Social and Political Importance*. Harvard Semitic Monographs 41. Atlanta: Scholars Press, 1987.

Andrewes, A., et al. *Ancient Society and Institution: Studies Presented to Victor Ehrenberg*. Oxford: Blackwell, 1966.

Averbeck, R. E. "Offerings and Sacrifices." Pp. 996-1022 in vol. 4 of *New International Dictionary of Old Testament Theology and Exegesis*. Edited by W. A VanGemeren. Grand Rapids: Zondervan, 1997.

Bloch, A. P. *The Biblical and Historical Background of the Jewish Holy Days*. New York: Ktav, 1980.

Bright, J. *The Authority of the Old Testament*. London: SCM, 1967.

Douglas, M. *Purity and Danger An Analysis of the Concepts of Pollution and Taboo*. London: Routledge & Kegan Paul, 1966.

Eichrodt, W. *Theology of the Old Testament*. Translated by J. A. Baker. 2 vols. Philadelphia: Westminster, 1961.

Haran, M. *Temples and Temple-Service in Ancient Israel: An Inquiry into the Character of Cult Phenomena and the Historical Setting of the Priestly School*. Oxford: Clarendon, 1977.

Harrison, R. K. *Introduction to the Old Testament*. Grand Rapids: Eerdmans, 1969.

Kapelrud, A. S. "The Date of the Priestly Code." *Annual of the Swedish Theological Institute* 3(1964): 58-64.

Kitchen, K. A. "*The Old Testament in Its Context, 2: From Egypt to Jordan.*" Theological Student Fellowship Bulletin 60(1971): 3-11.

Levine, B. A. *In the Presence of the Lord*. Leiden: Brill, 1974.

Milgrom, J. *Cult and Conscience: The Asham and the Priestly Doctrine of Repentance*. Studies in Judaism in Late Antiquity 18. Leiden: Brill, 1976.

__. *Studies in Cultic Terminology and Theology*. Studies in Judaism in Late Antiquity 36. Leiden: Brill, 1983.

Packer, J. I. "What Did the Cross Achieve?" *Tyndale Bulletin* 25(1974): 3-45.

Rowley, H. H. *Worship in Ancient Israel Its Form and Meanings*. London: SPCK, 1976.

Sabourin, L. *Priesthood: A Comparative Study*. Leiden: Brill, 1973.

Sailhamer, J. H. *Introduction to Old Testament Theology: A Canonical Approach*. Grand Rapids: Zondervan, 1995.

Schreiner, T. R. *The Law and Its Fulfillment A Pauline Theology of Law*. Grand Rapids: Baker, 1993.

Segal, M. H. *The Pentateuch Its Composition and Its Authorship and Other Biblical Studies*. Jerusalem: Magnes, 1967.

Speiser, E. A. "Leviticus and the Critics." Pp. 123-42 in *Oriental and Biblical Studies*. Edited by J. J. Finkelstein and M. Greenberg. Philadelphia: University of Pennsylvania, 1967.

Thompson, R. J. *Penitence and sacrifice in Early Israel outside the Levitical Law*. Leiden: Brill, 1963.

Torrance, T. F. Royal Priesthood: *A Theology of Ordained Ministry*. 2d edition. Edinburgh: Clark, 1993.

Vaux, R. de. *Ancient Israel: Its Life and Institutions*. Translated by J. McHugh. 2 vols. New York: McGraw-Hill, 1961.

__. *Studies in Old Testament Sacrifice*. Cardiff: University of Wales Press, 1964.

Waltke, B. K. "Leviticus." Pp. 913-20 in vol. 3 *of The Zondervan Pictorial Encyclopedia of the Bible*. Edited by M. C. Tenney. Grand Rapids: Zondervan, 1975.

Weissman, M. *The Midrash Says: The Book of Vayikra*. New York: Benei Yakov, 1982.

Whybray, R. N. *The Making of the Pentateuch: A Methodological Study*. JSOTSup 53. Sheffield: Sheffield Academic Press, 1987.

Wolff, H. W. *Anthropology of the Old Testament*. Translated by M. Kohl. Philadelphia: Fortress, 1974.

Wright, D. P. *The Disposal of Impurity: Elimination Rites in the Bible and in Hittite and Mesopotamian Literature*. Society of Biblical Literature Dissertation Series 101. Atlanta: Scholars Press, 1987.

1부 제사법(레위기 1-7장)

Laws of the Sacrifices

2 Laws of the Sacrifices
제사법 서론

제사는 모든 진정한 예배의 중심에 자리한다. 제사는 거룩한 예식에 참여하기 위한 봉헌 의식이고, 여호와께 합당한 감사를 충분히 이루며, 예배자가 마땅히 가져야 할 영적 태도를 대변한다.

구약에서는 일정한 제물 없이 성소 안에 있는 여호와의 임재에 들어가는 것이 허용되지 않았다. 제사는 하나님의 은혜로운 공급하심과 함께 예배자의 자격 없음과 의존성 모두를 상징적으로 표현하는 전형적인 의식 행위였다. 이러한 예식들은, 모든 부정함이나 죄는 예배자가 하나님께 열납되고 교통하심을 받기 전에 반드시 제거되어야 한다고 선언했다. 제사는 주술이나 미신이 아니었다. 오히려 그것은 하나님과 교통하기를 갈망하는 자들을 정화하는 하나님의 방법을 실천하는, 하나님께서 제정하신 드라마였다. 그래서 그 의식들은 예배자의 태도와 행위가 믿음의 영적 기준과 조화를 이룰 때에만 유효한 것이었다. 믿음이 없는 제사는 결코 하나님을 기쁘시게 할 수 없었다(히 11:6).

고대의 제사 제도

고대 근동에서 나온 자료와 문헌 증거들은 제사가 메소포타미아, 이집트, 히타이트, 가나안 족속들의 종교 행위에 중요한 역할을 감당하고 있음을 분명히 보여준다. 성경에 기록된 초기 전승들 역시 제사 의식의 고대성과 그것이 나중에 이스라엘의 관습에 영향을 끼쳤음을 증거한다. 이는 그 기사들이 히브리인들의 관점에서 기록되었고, 따라서 그것들이 믿음의 문화적 전통을 대변하는 것이기 때문에 반드시 예상되는 것이었다. 가장 상세한 내용을 기록하고 있는 성경 기사를 살펴보면 동물을 제사로 드리는 일의 공통된 동기는 대체 사상이었음을 뒷받침해준다.

아담과 하와의 가죽옷

에덴 동산에서의 아담과 하와 이야기는 동물 제사에 대한 어떤 언급도 하지 않는다. 그러나 창세기 3장의 내러티브는 하나님께서 두 사람에게 동물 가죽으로 옷을 지어 입히셨다고 결론 내린다.[1] 그리고 창세기 4장은 곧바로 아벨이 자기가 기른 양 떼의 첫 새끼 가운데 가장 좋은 것으로(문자적으로는 '그 기름으로') 제사를 드리는 법을 알고 있었다고 보고한다.[2] 이 이야기는 사람들이 그 가운데 사용된 제사 용어들의 의미를 알고 있음을 전제로 한다. 그리고 아담과 하와의 가죽옷을 위해 한 마리의 동물이 죽임을 당했다는 결론을 내릴 수 있다.[3] 본문은 어떻게 이런 일이 이루어졌는지 아무런 설명을 해주지 않는

1. 레위기에서 제사로 드려진 동물의 가죽은 당번 제사장들에게 돌아갔다(레 7:8).
2. 이 본문에 나타난 몇 가지 용어들['살찐', '첫 새끼', '제물' (*minḥâ*)]은 레위기의 용어로, 제사 제도에 대해 일정한 이해를 갖고 있는 사람들을 위해 기록되었음을 시사한다.
3. *M. Dods*, *The Book of Genesis*(*London*: *Hodder* & *Stoughton*, 1893), 25-26.

다. 그러나 죄 문제에 대한 그런 깜짝 놀랄 만한 해법에 대해 우리는 그것이 불순종의 대가가 무엇인지를 계시하기 위해 계획된 것이며, 그 대가가 치러질 때에만 누구든 생명을 유지할 수 있는 가능성을 얻게 될 것이라고 결론 지어야 한다. 율법은 죄와 타락에 반드시 필요한 결과는 죽음이라고 명령한다. 그러나 제사 율법은 이러한 죽음에의 요구가 대체물에 의해 충족되었고, 따라서 제사를 드리는 사람은 삶이 계속될 가능성을 얻는다.

가인과 아벨의 예물

창세기 4장은 가인과 아벨이 어떻게 각기 적당한 때에 여호와께 저마다의 예물을 드렸는지 들려준다. 가인이 드린 예물은 곡식 제물이었다. 아벨이 드린 예물은 동물 제사였다. 그러나 두 가지 모두 제물(*minḥâ*)로 불렸다. 이 용어는 레위기 2장에서 소제를 가리키기 위해 사용된 말이다. 비록 두 가지 모두 후대의 제사 제도에 의하면 합당한 제물이었지만, 본문은 하나님께서 가인의 제물을 인정하지 않으셨다고, 즉 열납하지 않으셨다고 말한다. 왜 그랬을까? 그 내러티브는 이 의문에 대해 단 하나의 암시만을 제공하는데, 이야기가 전개되면서 가인은 분을 내고 하나님을 향해 반역을 드러냈다는 것이다. 후대의 성경 해석은 아벨은 믿음으로 자기 예물을 드렸고, 이는 가인은 그런 믿음을 갖고 있지 않았음을 대조적으로 암시한다(히 11:4)고 설명한다.[4]

이 이야기는 가인과 아벨을 대조시킴으로써 그 핵심을 제시한다. 먼저 가인은 자기 제사를 드릴 때 단순히 의무를 이행할 뿐이었지만, 아벨은 하나님을

---

4. 본문은 하나님께서 가인과 그 제물을, 즉 가인이 먼저이고 그 다음에 제물을 인정하지 않으셨다고 말한다. 더 자세한 내용은 레빈(*S. Levin*)의 *"The More Savoury Offering: A Key to the Problem of Gen. 4:3-4," JBL* 98(1979): 85와 발트케(*B. K. Walkte*)의 *"Cain and His Offering," Westminster Theological Journal* 48(1986): 363-72를 보라.

기쁘시게 하려고 애썼음을 지적한다. 카수토(*Casuto*)는 이를 더 다듬어 이 이야기가 두 종류의 예배자를 다루고 있음을 보여준다. 즉, 의무를 면하기 위해 드리는 자(비록 마음이 그 가운데 있지 않으면서도)와 하나님을 기쁘시게 하려고 애쓰는 자다.[5]

가인의 믿음 부족은 나중에 그가 자기 예물이 열납되지 않은 것을 보고 분을 내며, 그 동생을 시기하여 살해하고, 하나님의 면전에서 자기 책임을 부인한 사실에서 확인되었다. 그는 아벨이 갖고 있던 그런 믿음을 갖고 있지 않았고 자기 예물이 열납되지 않았을 때 분을 냈기 때문에, 하나님께서 틀에 박힌 제사와 단순히 예물을 드리는 행위로 흔들리실 수 있는 분이라는 생각을 갖게 되었을 수도 있다.[6] 그분에게는 의식을 거행하는 것 자체만으로 충분한 것으로 보일 수도 있지만, 성경의 전통은 항상 공허한 의식을 신에게 드리는 뇌물이나 백성 앞에서 펼쳐지는 구경거리로 보았다.

제사를 드리는 합당한 동기는 사람이 자기 마음과 영혼을 하나님께 복종함으로써 그분을 기쁘시게 하려는 바람이다. 제사는 인간의 무력함과 그로 인한 의존성, 그러면서도 여호와께 대한 확신의 표현이다. 중요한 것은 단순히 사람이 하나님께 무엇을 드렸느냐가 아니라 그가 어떻게 제물을 드림으로써 자기 자신을 하나님께 드리고 자신의 의지를 복종했느냐다. 만일 가인이 하나님을 기쁘시게 하려고 했다면, 그가 자기 예물이 열납되지 못했을 때 보여야 했던 반응은 두려움, 걱정, 회개, 즉 자신의 열납되지 못한 예물을 바로잡기 위해 필요한 모든 것이어야 했다.

5. 본문은 가인이 땅의 소산으로 제물을 드렸다고 간단히 언급함으로써 아벨이 '양의 첫 새끼와 그 기름으로' 드렸다는 상세한 기술과 대조를 통해 구분하고 있다.

6. 레위기에서 규정하고 있는 제사의 조건이라는 문맥에서 보면, 아벨의 믿음은 동물 제사를 드림으로써 입증되었다. 레위기가 보여주는 것처럼 *minḥâ*(소제)는 피 제사(속죄)가 이루어진 다음에 드려졌다. 그러나 창세기 4장은 이에 대해 아무런 증거를 보이지 않는다.

노아의 제사

피에 대한 성경의 보고는 노아가 자신과 자기 가족을 심판으로부터 구원하신 하나님께 정결한 짐승을 하나님께서 흠향하실 향기로 드린 사실로 마무리된다.[7]

지금까지 일어났던 엄청난 사건들을 바라보며 노아가 감사 제물을 드린 것은 옳은 일이었다. 그는 땅에 커다란 악이 있음을 깨달았고, 그것을 멸하시는 하나님의 심판을 보았다. 그러나 그는 하나님의 은혜로 말미암아 그 심판에서 벗어나 생명을 선물로 받을 수 있게 되었다. 모리스(*Maurice*)가 말한 것처럼, 그는 이제 회복된 세상이라는 진상품을 하나님께 드리고 있다.[8] 노아의 제사는 하나님의 은혜로 말미암아 심판에서 벗어나(6:8) 하나님께 감사와 복종을 표하는 의로운 예배자의 모습이다.[9]

이 신학적 모티브들은 나머지 성경 계시와 조화를 이룬다. 제사의 기본은 홍수라는 끔찍한 사건이 세상에서 의인을 보존하고, 반역한 세상으로부터 남은 자들을 건져내 그들에게 새로운 시작을 세우시려는 하나님의 확고한 결정의 일부임을 인정하는 것이었다. 하나님께서는 사람들로 하여금 자신의 무력함을 깨닫게 하심으로써 이 일을 행하셨다. 그리고 그들은 그 사실을 깨달은 뒤 그분께 복종했다. 그들이 구원받은 다음에 드린 제사는 자신의 복종과 구원에 대한 자연스러운 표현이었다.

하나님께서는 인간의 마음이 여전히 악하다고 말씀하신다. 홍수는 인간의

7: 다시 한 번 정결한 짐승, 흠향과 같은 레위기의 용어가 사용된다. 이 용어는 모두 노아를 이스라엘이 공유한 믿음의 조상으로 그림으로써 이 이야기의 목표에 기여한다. 레위기에 나오는(혹은 제사장과 관련된) 언어를 살펴보려면 주석들을 보라. 키드너(*D. Kidner*)는 간략한 입문서를 제공해준다. *Genesis*(*Downers Grove, Ill.*: *InterVarsty*, 1967), 97-100.

8. *F. D. Maurice*, *The Doctrine of Sacrifice Deduced from the Scriptures*(2nd *ed.*; *London*: *Macmillan*, 1893), 25.

9. 애굽으로부터의 구원도 이 이야기와 나란하다. 출애굽기 14-15장에서 이스라엘 백성은 바로의 군대를 수장시킨 큰 물을 건넘으로써 애굽에 임한 심판을 벗어났다. 그들은 무사히 건너편에 도착한 뒤에 제사로 자신들의 새 출발을 축하했다.

본성을 변화시키지 못했다. 그러나 사람들이 제사를 통하여 자신의 믿음과 하나님께 대한 복종을 표현하는 한, 하나님께서는 그 향기를 흠향하시고 이렇게 말씀하셨다. "나는 이것으로 만족한다."[10]

족장들의 제사

족장 내러티브는 제사 의식을 기술하고 있는 많은 본문을 포함하고 있다. 예를 들어, 아브라함은 자주 여호와께 단을 쌓았고 "여호와의 이름을 불렀다"(창 12:8). 본문은 아브라함이 동물을 제물로 바쳤다고 말하지 않고 다만 단을 쌓았다는 사실만 언급한다. 그러나 그것은 단(*mizbēaḥ*-'짐승을 죽이는 곳', *zābaḥ*-'짐승을 죽이다'와 관계 있다)을 쌓은 목적으로 이해된다. 그리고 이것은 아브라함과 이삭이 하나님께서 산에서 제사를 요구하신 일을 어떻게 이해하고 어떻게 순종했는지에 의하여 분명히 증명되었다. 따라서 아브라함이 드린 제사의 특징은 동물을 제사 드리기 위한 제단을 쌓은 것과 자신의 새로운 믿음에 대한 선포였다. 아브라함의 제사 예배가 내러티브들 가운데 항상 여호와로부터의 계시, 혹은 여호와의 등장과 관련이 있다는 사실은 제사 예배가 그의 감사와 순종의 반응을 표현한 것임을 시사한다.

그러나 아브라함의 충성심은 그가 이삭을 제물로 바치라는 명령을 들었을 때 가혹한 시험을 받게 된다(창 22:1).[11] 아브라함의 믿음과 소망이 마침내 이

---

10. *Maurice*, *Doctrine of Sacrifice*, 18-32.

11. 창세기 22장 3절에서 아브라함은 번제를 위한 나무를 가지고 갔다. 이삭이 제사에 드릴 양이 어디에 있느냐고 물었을 때(22:7) 아브라함은 하나님께서 번제에 사용될 양을 제공해주실 것이라고 대답했다(22:8). 결국 그는 자기 아들 대신 숫양을 번제로 드렸다(22:13). 크렌쇼(*J. L. Crenshaw*)의 *A Whirlpool of Torment: Israelite Traditions of God as an Oppressive Presence*(*Overtures to Biblical Theology* 12; *Philadelphia*: *Fortress Press*, 1984), 9-30("*A Monstrous Test*: *Genesis* 22"라는 제목의 논문)와 코츠(*G. W. Coats*)의 "*Abraham's Scarifice of Faith*: *A Form Critical Study of Genesis* 22," *Interpretation* 27(1973): 389-400 그리고 로젠버그(*R. A. Rosenberg*)의 "*Jesus*, *Isaac*, *and the 'Suffering Servant'*," *JBL* 84(1964): 381-88을 보라.

삭의 출생으로 실현되었을 때, 그의 감사를 표현하기 위해 하나님께 예물, 곧 합당한 선물을 드려야 하는 것은 자연스러운 일이며 예상되는 것이었다. 그러나 그가 단순한 징표 이상으로 무엇을 드릴 수 있었을까? 왜냐하면 이삭의 출생은 하나님께서 그에게 주신 가장 커다란 선물이 아니었는가? 그 답은 하나님께서 그것을 요구하시면서 시험이라고 말씀하신 것으로부터 나왔다. 그는 자신의 가장 사랑하는 소유, 독자 이삭을 제물로 바쳐야만 했다.

사랑하는 아들을 제물로 바치라는 명령은 기이하고 고통스러운 것으로 보였음에 틀림없다. 그리고 이교도들에게는 실제로 일어나는 일이기도 했다. 그리고 자식을 바치는 것은 본질적으로 실현 가능한 가장 커다란 제물이었다. 그에 대해 아브라함은 이렇게 말한다. "내가 반드시 바쳐야 할 제물은 내게 무엇과도 바꿀 수 없는 큰 기쁨을 준 선물이었다. 그것은 하나님께 속한 것이다."[12] 그의 순종의 행동은 이삭이 결국 하나님께 속한 사실을 인정한 것이었다. 그와 사라는 하나님의 개입이 없었다면 결코 이 아들을 얻을 수 없었다.

아브라함으로서는 그것이 하나님께서 원하시는 제사라는 것을 인정하기가 어려웠을 것이다. 그럼에도 불구하고 만일 제사가 진정한 의미를 가지려면 그에 따른 대가가 반드시 있어야만 했다. 만일 그것이 복종의 표현이라면 무언가 소중한 것이 반드시 포기되어야만 했다.

물론, 실제로 이삭을 죽이는 일은 일어나지 않았고,[13] 다만 아브라함의 마음 가운데서만 일어났다. 아브라함은 진정한 의미에서 자신을 제단에 바친 것이다. 그리고 진짜 제물이 죽임을 당했을 때(하나님의 "이제야 내가 알았노라"는

---

12. 모리스(*Maurice*)의 ***Doctrine of Sacrifice***, 39-40, 또한 키에르케고르(***S. Kierkegaard***)의 ***Fear and Trembling and the Sickness unto Death***(*trans. W. Lowrie; Princeton: Princeton University Press*, 1953)을 보라.

13. 이 내러티브는 처음부터 독자들에게 이것이 시험, 곧 하나님께서 실제로 아브라함에게 그 일을 행하게 하지 않으셨음을 알려준다. 그렇다면 이 장은 이스라엘 가운데 자식을 제물로 드리는 일에 대한 강력한 반론이 된다.

말씀이 시사하는 것처럼) 수풀 사이에서 잡은 숫양은 내적인 순종을 상징적으로 표현하기에 충분한 것이 되었다. 아브라함은 여호와께 드리는 제사는 자신을 기꺼이 드리려는 마음에서 시작하는 것임을 배웠다.[14]

창세기 본문은 이 사건을 통하여 "여호와의 산에서 준비되리라"(22:14)[15]는 하나의 격언이 생겨났다고 보고한다. 유대교는 이 중요한 사건을 ʿăqēdâ('묶음, 동사 ʿāqad와 연결됨, 그가 이삭을 '묶었다')로 부른다. 이 말은 동물을 거룩한 산에 제물로 바쳤을 때 하나님께서 이삭(즉, 그 동물이 대신하고 있는 이스라엘 백성)을 기억하신다는 의미로 해석되었다. 많은 모티브를 갖고 있는 이 전통은 수세기 이후에 이어진 성전 안에서의 제사 예배를 반영하고 있다. 역대기 저자는 모리아 산을 예루살렘 성전이 세워진 산과 같은 산이라고 했다(대하 3:1). 그리고 기독교 해석에 따르면 이 사건은 메시아이신 예수님의 죽음을 예표한다.[16]

야곱 또한 제단을 쌓았는데, 특히 벧엘(창 28:18)과 엘 벧엘(35:7)에 쌓았다. 그러나 그가 드린 제물은 처음에는 *maṣṣēbâ*('선 돌', *mizbēaḥ*가 아님, 28:18) 위에 기름을 붓는 형태였던 것으로 보인다. 이는 부분적으로 그가 동물을 소

---

14. *Maurice, Doctrine of Sacrifice*, 43. 바울은 하나님께서 '자기 아들을 아끼지 아니하시고' 우리 모든 사람을 위하여 내어주신 것이라고 말했는데(롬 8:32) 이는 '네가 네 아들을 아끼지 아니하였으니'(창 22:12)와 평행을 이룬다.

15. 동사 *yērāʾeh*는 다분히 모호한 말이다. 왜냐하면 '보일 것이다' 혹은 '준비될 것이다'로 번역될 수 있기 때문이다. 그 동기는 22장 8절에서 이미 소개되었다. "하나님께서 자기를 위하여 친히 준비하시리라." 그리고 그 장소는 *yhwh yireh*('여호와께서 준비하실 것이다')로 이름 붙여졌다. 드라이버(*S. R. Driver*)의 *The Book of Genesis*(*15th ed.*; *Westminster Commentaries*; *London*: *Methuen*, 1948), 219를 보라.

16. 이 자료에 대한 더 자세한 연구를 위해서는 댈리(*R. Daly*)의 "*The Soteriological Significance of the Sacrifice of Isaac*," *CBQ* 39(1977): 45–75, 데이비스(*P. B. Davies*)의 "*Passover and the Dating of the Aqedah*," *Journal of Jewish Studies* 30(1979): 59–67, 맥코믹(*S. Mccormick*)의 "*Faith as Surrender*(*Genesis* 22:2)," *Interpretation* 17(1963): 302–7, 맥켄지(*J. L. McKenzie*)의 "*The Sacrifice of Isaac*," *Scriptura* 9(1957): 79–84, 폴리시(*D. Polish*)의 "*The Binding of Isaac*," *Judaica* 6(1957): 17–21, 그리고 쉐프스(*H. J. Schoeps*)의 "*The Sarcifice of Isaac in Pual's Theology*," *JBL* 65(1946): 385–92를 보라.

유하고 있지 않았던 탓이다. 그런 봉헌 행위를 통하여 그 장소는 나중에 벧엘('하나님의 집')이라는 이름을 얻게 되었고, 이스라엘에서 가장 중요한 곳이 되었다(28:22). 벧엘은 비록 나중에 우상 숭배의 장소로 타락하고 말았지만(왕상 13:1-5, 또한 암 4:4를 보라) 이스라엘 백성이 제물을 드린 장소 가운데 하나가 되었다. 벧엘은 그 유산 때문에 항상 거룩한 곳으로 여겨졌다. 야곱은 자기 생애 말년에 애굽에 있는 요셉을 보러 가는 길에 브엘세바에서 동물 제사를 드렸다(창 46:1). 그때 그는 많은 가축과 짐승을 소유하고 있었기 때문에 합당한 의식으로 전통에 따라 하나님께 제사를 드렸다.

출애굽 때의 제사

제사는 충성을 가장 잘 표현하는 의식으로 간주되었기 때문에 애굽에서 종노릇하던 조상들은 이것이 자신의 종교적 정체성 가운데 중심이 되는 행동이 되기를 갈망했다. 모세는 바로에게 자신의 모습을 드러냈을 때, 여호와께 제사 드리기 위해 자기 백성들을 사흘간 광야에 가게 해달라고 요구했다[출 8:27(*MT* 8:23)]. 그 출발은 제사를 드리기 위한 순례길(*hag*)이었다. 그들은 이렇게 함으로써 자신이 바로가 아니라 여호와께 속한 것임을, 자기들의 미래가 애굽에 있지 않고 약속된 땅에 있음을 그리고 자신들이 세상의 권력을 두려워할 것이 아니라 예배 가운데 여호와를 신뢰하고 순종해야 한다는 것을 보여주었다. 그들은 마지막으로 시내 산에 도착했을 때 하나님께로부터 받은 바, 그들이 이 산에서 하나님을 예배할 것이라는 증거를 성취했다(출 3:12). 그들은 그곳에서 제사를 통하여 언약을 출발시켰고, 그곳에서 여호와의 임재 가운데 화목 제물을 먹어 그분과의 교통을 증거했다(24:5-11).

이것을 비롯한 다른 내러티브들은 조상 때부터 제사는 하나님을 향한 예배자들의 자연스러운 반응이었다는 전통을 보존하고 있다. 예배자는 그런 예물을 하나님께 가져옴으로써 자신에게 생명을 주신 그분에 대한 감사와 헌신을 표했다. 이것 외에도, 그들을 축복하신 하나님께서는 거룩하시고 공의로우신 분이기 때문에 제물을 신실한 충성을 나타내는 방식으로 그분께 드리는 것이 필수적이었다. 그 결과 이 제사법의 제정은 어떻게 이 모든 일이 이루어짐으로써 백성들이 여호와의 임재 가운데 들어갈 수 있게 되었는지를 정확하게 규정했다.

제사법의 제정

물론 이스라엘이 만들려고 하는 제사의 형태에 대한 상세한 법 제정은 레위기 안에서 찾아볼 수 있다. 이 제사들은 두 개의 부류로 나눌 수 있다. 향기를 가진 것과 그렇지 않은 것이다. 향기가 있는 제물인 번제(레 1장), 소제(레 2장), 화목제(레 3장)는 하나님과의 교통 안에서 그리고 그 교통을 축하하는 가운데 드려졌다. 향기가 없는 제사인 속죄제(레 4장)와 속건제(레 5장)는 하나님과의 교통을 위해 드려졌다.

1. **교통 가운데 드려진 제사.** 교통 가운데 드려지는 제사들은 헌신이나 봉헌의 행위로 여호와께 드려지는 예물, 혹은 진상품이었다. 공통된 용어는 *'ōlâ*, *minḥâ*, *qorbān*, *mattānâ*(출 28:38, 레 23:38, 막 7:11) 등이었다. 이 제물들은 다양한 경우에 드려졌다. 즉, 정기적으로 드려지는 다른 제사들과 함께, 십일조와 첫 열매를 드리는 과정의 일부로, 모든 봉헌의 경우(제사직분자로서의 봉헌이거나 서원의 대가를 막론하고) 그리고 언제든지 그렇게 하도록 압력을 받은 예배자가 드리는 낙헌제 등이다. 그래서 이 제사들은 받은 은혜를 찬미하고 간구하는 제사와 함께 그리고 간구를

드릴 때 사용되었다.

2. **교통을 축하하는 가운데 드려진 제사.** 제사, 즉 *zebaḥ šᵉlāmîm*('평화의 제사') 혹은 화목제는 예배자와 하나님 사이에 모든 것이 잘 되었음을 축하하는 자리의 일부로 주어지기도 했다. 일부는 하나님께 드려졌고, 다른 일부는 제사장에게, 또 다른 일부는 예배자에게 드려졌는데 그들은 이것을 성소에 함께 있던 이들과 같이 먹었다. 이것은 따라서 성소에서 먹는 거룩한 교제의 음식이었다.

3. **교통을 위해 드려진 제사.** 어떤 제사는 향기가 나지 않는 제물, 이른바 속죄의 제물이었다. 두 가지 일반적인 형태는 속죄제(*ḥaṭṭā't*)와 속건제(*'āšām*)였다. 속죄제는 모든 더러움 혹은 하나님이나 사람, 누구에게든 범한 모든 위반에 대하여 고의적으로 이루어진 일이 아닌 경우에 드려졌다. 속건제는 같은 부류에 속하지만 배상이 가능한 모든 위반에 대해 사용되었다. 이 경우에 회개의 증거가 잘못을 바로잡으려는 예배자의 열망 가운데 들어 있었다. 두 제사의 목표는 죄와 더럽혀짐을 대속하여 하나님과의 연합이 회복될 수 있게 하는 것이었다. 범죄의 행동의 경우에 그 안에 고백과 용서 역시 포함되었다.

정기 제사

1. **매일 드리는 제사**(민 28:3-10). 민수기 28장에 의하면 매일 한 번은 오전에, 한 번은 저녁에 지속적인 번제를 드렸다. 두 마리의 숫양과 밀가루와 기름의 소제를 함께 드렸다. 전제는 성소 안에 부었다. 매일 드리는 제사 외에 안식일에는 추가로 두 마리의 양, 또 하나의 소제 그리고 또 하나의 전제를 드렸다(28:9-10).

2. **매월 초에 드리는 제사**(민 28:11-15). 달이 바뀔 때에도 특별한 의식이 요구되었다. 속죄제에 사용될 한 마리의 숫염소를 번제, 소제, 전제와 함께 드렸다. 번제에는 두 마리 황소, 한 마리 숫양, 일곱 마리 양이 사용되었다.
3. **무교절에 드리는 제사**(민 28:16-25). 무교절에는 매일 소제, 전제와 함께 속죄제로 숫염소 한 마리(28:22), 계속되는 번제(두 마리 황소, 한 마리 숫양, 일곱 마리 양, 28:23-24)가 필요했다. 둘째 날에는 새로 추수한 곡식 한 단을 흔들고, 추가로 번제를 위해 양 한 마리를 드렸다.
4. **칠칠절에 드리는 제사**(레 23:16-20, 민 28:26-31). 칠칠절에는 숫염소를 속죄제로 드렸다(민 28:30). 백성 공동체는 또한 소제와 전제를 비롯하여 요제로 떡 두 덩이(누룩을 넣은 떡) 그리고 황소 두 마리, 숫양 한 마리, 양 일곱 마리를 번제로 드려야 했다. 그리고 화목제로 숫양 두 마리를 드렸다.
5. **나팔절에 드리는 제사**(민 29:1-6). 나팔절에는 속죄제의 숫염소(29:5), 계속되는 번제로 한 마리의 황소, 한 마리 숫양, 일곱 양(29:6) 그리고 소제와 전제가 요구되었다.
6. **속죄일에 드리는 제사**(레 16장, 민 29:7-11). 속죄일에는 특별히 요구되는 것이 있었다. 제사장의 속죄제를 위한 황소 한 마리, 번제에 드릴 양 한 마리, 백성들의 속죄제를 위한 숫염소 두 마리, 속죄 염소의 선택이 그것이다. 이 제사들은 소제, 전제와 함께 한 마리의 황소, 한 마리의 숫양, 일곱 마리의 양으로 드리는 계속된 번제와 연결되었다.
7. **초막절에 드리는 제사**(민 29:12-38). 초막절은 절기 가운데 가장 손이 많이 가는 절기였다. 염소 한 마리를 속죄제를 위해 드렸고, 번제를 다음 표처럼 일주일 동안 숫자를 줄여가며 드렸다.

날짜	황소	숫양	양	염소
1	13	2	14	1
2	12	2	14	1
3	11	2	14	1
4	10	2	14	1
5	9	2	14	1
6	8	2	14	1
7	7	2	14	1
합계	70	14	98	7

여드레째 날에는 한 마리 젊은 황소, 한 마리 숫양, 일곱 마리 양, 한 마리 염소를 제물로 드림으로 그 틀을 깼다.

비정기적 제사

위에 실린 절기와 성일에 드린 제사들 외에 많은 비정기적인 제사들을 성소에서 드렸다(민 29:39). 이 제사를 드린 시기는 레위기의 주요 소재이기는 하지만, 간단히 요약하면 그 제사들은 예배자가 그렇게 해야 한다는 의무감이 들 때마다 드릴 수 있었다.

레위기 1-7장의 구조

레위기 1-7장의 구조는 분할 표지와 주제 표지에 의해 잘 배열되어 있다.[17] '일러 가라사대' 라는 화법 공식은 내용을 기술하고 있는 것이 아니라 하나님께서 새로이 계시하신 본문의 시작을 표시한다. 이 화법은 여섯 차례에 걸쳐 그 지시 내용이 주어진 사람의 이름 앞에 나오고 있다. 새로운 조건(만일)을 소개하는 사례별 규정 공식은 현재 다루고 있는 자료의 내용과 종합적으로 연관이 되어 있다. 보통 하나가 새로운 경우를 만들고, 다른 하나가 그 내용을 가리키는 방식으로 구성된다. 레위기 6-7장에는 또 다른 공식이 사용되었다. "χ제의 규례(*tôrat*)는 이러하니라." 이 공식에는 두 가지 구성 요소가 있다. 지시사 '이러하다' 는 새로운 규례를 가리키는 분할 표시의 역할을 하며, 'χ제' 뒤의 소유격은 그 내용을 가리킨다.

따라서 레위기 1-7장은 명확한 구조를 드러내기 위해 그 자체의 구조적 표시에 따라 배열되었다. 이는 그 다양한 본문들의 개요를 어떻게 잡을지를 결정하는 데 도움이 될 것이다.

---

17. 레위기 1-7장의 구조에 대한 상세한 연구를 위해서는 워닝(*W. Warning*)의 *Literary Artistry in Leviticus*(*Leiden*: *Brill*, 1999)를 보라.

레위기 1-7장 참고 문헌

Anderson, G. A. *Sacrifices and Offerings in Ancient Israel: Studies in Their Social and Political Importance*. Harvard Semitic Monographs 41. Atalanta: Scholars Press, 1987.

Baker, D. W. "Division Markers and the Structure of Leviticus 1-7." Pp. 9-15 in *Studia Biblica* 1978, *vol*. 1: *Papers on Old Testament and Related Themes*. Edited by E. A. Livingstone. JSOTSup 11. Sheffield: JSOT Press, 1979.

Barr, J. Sacrifice and Offering." Pp. 868-76 in *Dictionary of the Bible*. Edited by J. Hastings. Revised by F. C. Grant and H. H. Rowley. New York: Scribner, 1963.

Branden, A. van den. "Lévitique 1-7 et le tarif de Marseille, CIS I.165." *Rivista degli Studi Orientali* 40(1965): 107-30.

Brichto, H. C. "On Slaughter and Sacrifice, Blood and Atonement." *Hebrew Union College Annual* 47(1976): 19-55.

Cross, F. M. *Canaanite Myth and Hebrew Epic*. Cambridge: Harvard University Press, 1973.

Davies, D. "An Interpretation of Sacrifice in Leviticus." *ZAW* 89(1997): 387-98.

Fisher, L. R. "A New Ritual Calendar from Ugarit." *Harvard Theological Review* 60(1970): 485-501.

Gaster, T. "The Service of the Sanctuary." Pp. 577-82 in vol. 2 of *Mélanges syriens offerts à monsieur René Dussaud*. Bibliothèque archéologique et historique 30. Paris: Geuthner, 1939.

Goodsir, R. "Animal Sacrifices – Delusion or Deliverance?" Pp. 157-60 *in Studia Biblica* 1978, vol. 1: *Papers on Old Testament and Related Themes*. Edited by E. A. Livingstone. JSOTSup 11. Sheffield: SJOT Press, 1979.

Gray, G. B. *Sacrifice in the Old Testament Its Theory and Practice*. Oxford: Clarendon, 1925. Reprinted in New York: Ktav, 1971.

Gray, J. "Cultic Affinities between Israel and Ras Shamra." *ZAW* 62(1950): 207-20.

Guglielmo, A. de. "Sacrifice in the Ugaritic Texts." *CBQ* 17(1955): 76-99.

Hallo, W. W. "The Origins of the Sacrificial Cult: New Evidence from Mesopotamia and Israel." Pp. 3-13 in *Ancient Israelite Religion: Essays in Honor of Frank Moore Cross*. Edited by P. D. Miller, P. D. Hanson, and S. D. McBride. Philadelphia: Fortress, 1987.

Hicks, F. C. N. *The Fullness of Sacrifice*. 3d edition. London: SPCK, 1953.

Hubert, H. *Sacrifice: Its Nature and Function*. Translated by W. D. Halls. Chicago: University of Chicago Press, 1964.

Kurtz, J. H. *Sacrificial Worship of the Old Testament*. Translated by J. Martin. 1862. Reprinted Grand Rapids: Baker, 1980.

Levine, B. A. "The Descriptive Ritual Texts from Ugarit." Pp. 467-85 in *The Word of the Lord Shall Go Forth: Essays in Honor of David Noel Freedman*. Edited by C. L. Meyers and M. O'Connor. Winona Lake, Ind.: Eisenbrauns, 1983.

__. "Ugaritic Descirptive Rituals." *Journal of Cuneiform Studies* 17(1963): 105-11.

Levine, B. A., and W. W. Hallo. "Offerings to the Temple Gates at Ur." *Hebrew Union College Annual* 38(1967): 17-58.

Maurice, F. D. *The Doctrine of Sacrifice Deduced from the Scriptures*. 2d edition. London: Macmillan, 1893.

McCarthy, D. J. M. "The Symbolism of Blood and Sacrifice." *JBL* 88(1969): 166-76.

Milgrom, J. *Studies in Cultic Theology and Terminology*. Studies in Judaism in Late Antiquity 36. Leiden: Brill, 1983.

Oesterley, W. O. E. *Sacrifices in Ancient Israel*. London: Hodder & Stoughton, 1937.

Rainey, A. F. "The Order of Sacrifices in Old Testament Ritual Texts." *Biblica* 51(1970): 485-98.

__. "Sacrifices and Offerings." Pp. 194-211 in vol. 5 of *The Zondervan Pictorial Encyclopedia of the Bible*. Edited by M. C. Tenney. Grand Rapids: Zondervan, 1975.

Rigby, P. "A Structural Analysis of Israelite Sacrifice and Its Other Institutions." *Eglise et théologie* 11(1980): 299-351.

Robinson, H. W. " Hebrew Sacrifice and Prophetic Symbolism." *Journal of Theological Studies* 43(1942): 129-39.

Rogerson, J. W. "Sacrifice in the Old Testament.: Pp. 45-59 in *Sacrifice*. Edited by

M. F. C. Bourdillon and M Fortes. London: Academic Press, 1980.

Rowley, H. H. "The Meaning of Sacrifice in the OT." *Bulletin of the John Rylands Library* 33(1950): 74–110.

__. "The Religious Values of Sacrifices." *Expository Times* 58(1946): 69–71.

Snaith, N. H. "Sacrifices in the Old Testament.: *VT* 7(1957): 308–17.

__. "The Sin Offering and the Guilt Offering." *VT* 15(1965): 73–80.

Thompson, R. J. *Penitence and Sacrifice in Early Israel outside the Levitical Law*. Leiden: Brill, 1963.

Urie, D. M. L. "Sacrifice among the West Semites." *Palestine Exploration Quarterly* 81(1949): 67–82.

Vaux, R. de. *Studies in Old Testament Sacrifice*. Cardiff: University of Wales Press, 1964.

Wyatt, N. "Atonement Theology in Ugarit and Israel." *UgaritForschungen* 8(1976): 415–30.

3 Laws of the Sacrifices

하나님께 열납됨: 번제(1장)

누구나 물어볼 수 있는 가장 중요한 질문은 "어떻게 부정하고 범죄하며 죽을 수밖에 없는 피조물이, 현재와 장차 올 세상에서 하나님의 임재 가운데 들어갈 수 있게 되는가?"이다. 물론 성경은 하나님께서 자신의 무한한 지혜 가운데 은혜로 그 길을 베푸셨다고 계시하고 있다. 그리고 그 방법에 대한 계시의 중요한 부분은 번제 의식 가운데 펼쳐지고 있다.

제사법은 모든 것이 연기 가운데 재가 되어 하늘로 날아가기 때문에 도살 제사(*holocaust offering*)로 불리우는 번제(*'ōlâ*)로 시작한다. 비록 이 제사가 통상적으로 성소에 오는 예배자에 의해 가장 먼저 드려지는 제사는 아니지만 가장 먼저 실린 이유는 그것이 가장 자주 드려지는 제사이며, 또한 가장 중요한 제사 가운데 하나이기 때문이다. 번제는 완전히 하나님께 속한 유일한 제사다. 동물의 어떤 부분도 제사장이나 백성에게 주어지지 않았으며, 그 동물은 제단 위에서 완전히 불살라졌다. 따라서 이 제사는 제사를 드리는 자가 하나님께 완전히 복종한다는 것과 하나님께서 그 제물을 가져오는 예배자를 완전히 열납하셨음을 가리킨다.

이것은 성소의 가장 기본적인 제사였다. 번제는 아침과 저녁에 그리고 정해진 절기에 정기적으로 드려졌다. 또한 번제는 예배자가 하나님께 나아갈 때 드리는 가장 기본적인 제사였다. 그 결과 번제는 제사 제도의 본질적인 면을 강조하고 있다. 그것은 올바른 동물을 조심스럽게 선택하고, 그 머리에 손을 얹고, 의식에 맞게 도살하여 그 피를 흘리고, 제단 위에 놓고 태우는 것이다. 피를 흘리는 것과 동물을 태우는 것은 오늘날 성도들에게 원시적이고 불쾌한 것으로 보일 수도 있지만, 이런 행동들이 담고 있는 진리는 하나님의 구원 계획에 필수적인 것들이다.

신학적 주제

번제 의식은 그 누구도 대속을 위해 자기를 대신할 동물이 없이는 언제라도 거룩하신 여호와께 나아갈 수 없다는 사실을 계시했다. 어떤 예배자라도 하나님께 가까이 나아가기 위해서는 피라는 그림언어로 묘사된 생명이 그를 대신해 드려져야 했다. 예배자들은 타락하고 범죄한 백성으로서 자신이 어떤 이유에서건 성소에 들어갈 수 있는 것은 피 제사라는 대속의 속죄를 통하여 거룩하게 깨끗함을 받았기 때문임을 마음에 깊이 새겨야 했다.

이 신학적 메시지의 중심에는 세 가지 중요한 강조점이 있다. (1) 제사의 주요 목적은 속죄다. 제사를 드림으로써 죄와 더러움이 씻어지고 제사를 드린 사람은 다시 한 번 거룩하신 여호와 하나님과의 교통을 누릴 수 있게 된다. 그런 속죄가 가능한 것은 오직 대속의 사상 때문이다. 이 주제는 의식 전체를 죄인으로 하여금 대속물의 죽음을 통하여 살고, 자신의 임재 안으로 들어올 수 있게 하시는 하나님의 은혜와 연결시킨다. (2) 하나님께서는 희생 제물의 죽음을 확인시키기 위해 피라는 그림언어를 선택하셨는데, 그 이유는 생명이 피 안에 있기 때문이다. 제단 주위에 뿌려진 피는 제사가 드려졌다는 공적인 증거가 된다. (3) 제사는 여호와를 기쁘시게 했다. 이것은 제사가 그 목적을 달성해서 성공했음을 의미한다.

본문 개괄

본문의 요약

여호와께서는 예배자가 제물을 가지고 올 때 황소든 동물이든, 혹은 새든 그것이 속죄를 위한 것임을 명심하고, 그것을 죽여(제사장이 새를 죽였다) 그 피를 제단에 뿌리고 여호와께서 기뻐하시는 향기로 제단에서 불태울 수 있도록 준비하게 하셨다.

본문의 개요

서언: 여호와께서는 회막에서 모세를 불러 백성들로 하여금 자기가 키우고 있는 가축 가운데서 제물을 드리게 하도록 지시하셨다(1:1–2).

I. 자기 가축 가운데서 흠 없는 황소를 제물로 드리는 자는 그것을 속죄를 대신하는 것으로 지명하고, 그것을 죽여 그 피가 단에 뿌려지게 하며, 여호와께 향기로운 냄새가 되도록 단 위에서 불태우게 준비했다(1:3–9).

A. 가축 가운데 황소를 가져오는 예배자는 흠이 없는 수컷을 가져다가 회막 입구에 드렸다(1:3).

B. 예배자는 그 동물이 대속의 대신임을 고지하고, 이어서 그것을

여호와 앞에서 도살하여 제사장들에게 그 피를 제단의 네 옆면에 뿌릴 수 있게 했다(1:4-5).

C. 예배자는 제사장이 단을 준비하는 동안 동물을 태울 준비를 했다(1:6-9a).

D. 제물은 태워져 여호와께 향기로운 냄새가 되었다(1:9b).

II. 자기 가축 가운데서 흠 없는 양이나 염소를 가져온 예배자는 그것을 죽여 그 피가 제단에 뿌려지게 하고, 그것을 불태워 여호와께 향기로운 냄새가 되도록 준비했다(1:10-13).

A. 가축 가운데 제물을 가져온 예배자는 흠 없는 수컷을 가져왔다(1:10).

B. 예배자는 그 동물을 여호와 앞에서 죽여 제사장들에게 그 피를 제단 사면에 뿌릴 수 있게 했다(1:11).

C. 예배자는 제사장이 제단을 준비하는 동안 그 동물을 제단 위에서 태울 수 있게 준비했다(1:12-13a).

D. 제물은 여호와께 향기로운 냄새가 되도록 불태워졌다(1:13b).

III. 만일 예배자가 산비둘기나 집비둘기를 가져오면 제사장은 그것을 죽이고 그 피를 흘리며 그것을 여호와께 향기로운 냄새가 되도록 단 위에서 불태웠다(1:14-17).

A. 만일 예배자가 새를 가져오면 그 새는 산비둘기나 집비둘기 새끼여야 했다(1:14).

B. 제사장은 그 목을 비틀어 끊고 새의 피를 흘려 불태울 수 있게 만들었다(1:15).

C. 예배자는 새를 준비하여 제사장이 태울 수 있게 했다(1:16-17a)

D. 제물은 여호와께 향기로운 냄새가 되도록 완전히 태워졌다(1:17b).

내용 강해

이 장의 주해는 개요에서 제시한 토론의 순서를 따라 진행될 수 있다. 그러나 동일한 제물이 황소, 양이나 염소, 새의 세 단계로 다루어지기 때문에 본장 전체를 구절별로 주해하는 것은 지나친 반복이 되며, 그렇게 되면 첫 본문의 토론 이후에는 갈수록 점점 김이 빠질 것이다. 이 내용을 제시하는 한 가지 방법은 황소를 드리는 규례만을 다루고, 그 규례가 예배자의 경제적 수준에 맞는 다른 동물들에게도 적용되었음을 설명하는 것이다. 다른 접근법은 주제별 배열로, 면밀한 주해와 전달 과정상의 매끄러운 흐름을 필요로 한다(만일 주해자가 이 방법이 너무 어렵다고 여겨지면 구절별 방법을 사용해도 좋다). 그러나 만일 각 본문의 꼭 필요한 내용이 각 주제 아래서 논의된다면 이 배열은 큰 효과를 볼 것이다. 이어지는 주해 개요는 주제별 배열을 따른다.[1]

I. 여호와께서는 대속의 제사에 근거해 다가온 예배자들을 받아들이신다(1:3, 10, 14).

A. 대속 제사는 하나님께 완전히 복종하는 것이다.

제사법은 하나님께서 백성들이 그분의 제단에 대속 제사를 드리는 경우 하나님의 임재 안으로 들어오는 것을 허락하셨다는 기쁜 소식으로 시작한다. 그리고 다른 방법은 없기 때문에 레위기의 시작은 그 제사들이 드려질 것을 전제로 하고 있다. "너희 중에 누구든지 여호와께 예물을 드리려거든 생축 중에

---

1. 설교상 개요의 핵심들은 이제 고대의 맥락이나 현대에 모두 적용하고 이해할 수 있는 신학적 원리로 표현되고 있다. 제사란 말을 계속 사용하는 이유는 그 말이 신약에서 메시아이신 예수님의 죽음의 의미를 보여주기 위해 계속 유지되었기 때문이다.

서….”[2] 다른 말로 하면 앞으로 번제가 등장하고 이어서 그 조건을 규정한다는 것이다.

예배자가 가장 먼저 드리는 기본적인 제사는 번제라 부르는 것이었다. 이 이름은 실제로 *ʿōlâ*(*ʿālâ*, '올라가다'는 동사와 같은 어원을 가짐)로, 제사가 연기 가운데 올라감을 의미한다. 이 제사는 또한 *ʾiššeh*(1:9)로도 불리는데, 전통적으로 이 말이 어원상으로 *ʾēš*('불')과 연관이 있는 것으로 보이기 때문에 '화제'로 번역되었다. 이 말은 사실 제사를 단순히 선물로 기술하고 있다고도 할 수 있다.[3] 본문에서 세 번째 사용된 용어는 *qorbān*(*qārab*-'가까이 나아가다'와 연관됨, *Hiphil*-'가까이 가져가다', '드리다')로 이것을 하나님께 드리는 예물로 보고 있다[막 7:11의 '고르반'(*korban*, '그것이 드려졌다')을 보라]. 이 세 가지 용어는 모두 이 제사를 하나님께 드려진 선물이자 제단 위에서 완전히 타버린 것으로 기술한다.[4] 제사는 예배자가 하나님께 완전히 굴복함을 의미한다.[5] 불로 태우는 것은 하나님의 온전한 열납을 의미한다.

회막 안에 들어갈 때 제물을 가져오는 목적(신 12:13-14를 보라)[6]은 하나님께 호의를 얻거나 용납하심을 얻기 위함이었다. *rāṣôn*이란 용어는 하나님의

---

2. 이 구문은 '만일' 혹은 '~하는 때'로 번역 될 수 있는 *kî*라는 접사를 사용한다. 이런 조건 접사는 결의법을 소개하는 표준적인 방식이다(더 자세한 내용은 *Levine*, 4를 보라).

3. 밀그롬(*Milgrom*, 161)은 *ʾiššeh*라는 낱말이 불에 들어가지 않는 몇몇 제사, 곧 전제(민 15:10)와 진설병(레 24:7, 9) 등을 가리키기 위해 사용되었음을 보여준다. 더욱이 같은 어원을 가진 우가리트어 *itt*는 단순히 '선물'을 의미하는 것으로 보인다. 아카디아어의 동일 어원인 *eššešu*는 히브리인들의 제사에서 사용된 것과 같은 범위의 제사를 의미하는 것으로 보인다. 그러나 *CAD E*:371-73은 이를 언급하지 않는다. 레위기 3장 11, 16절과 21장 6, 21절에서 *ʾiššeh*란 용어는 *leḥem*과 함께 등장하는데, 이것은 그 의미가 '음식 선물'일 수도 있음을 시사한다(*Wenham*, 59를 보라).

4. 레위기 7장 8절은 임무를 수행하는 동물의 가죽을 가질 수 있게 허락되었음을 분명히 보여주지만, 나머지는 단 위에서 태워졌다.

5. 하틀리(*Hartley*, 24)는 이 제사를 드림으로써 이스라엘 백성은 자신의 전적인 범죄함과 하나님께서 자신의 생명을 전적으로 주장하고 계심을 깨달았다고 말한다.

6. 스네이드(*Snaith*, 29)는 하나님께서 회막 안에 거하고 계시다는 사상은 고대의 것으로 히브리인들 사이에서만 있는 것이 아니라(삼하 7:6) 신들이 거주할 장막을 갖고 있던 고대 우가리트에도 존재하는 것이라고 언급한다(*Keret*, 3.3.18).

기쁨과 기꺼이 받아들임이라는 의미를 담고 있다. 그런 일은 번제와 화목제를 통해 나타나지만, 속죄제와 속건제를 통해서는 나타나지 않는다. 그 경우에 예배자는 죄책감이라는 짐을 지고 나아가 여호와께 용서를 구하게 된다. 여기서 예배자는 여호와를 기쁘시게 하고 그분의 임재 가운데 들어가기를 구한다(*Milgrom*, 149). 따라서 레위기는 하나님께 용납하심을 얻는 방법이라는 기쁜 소식으로 시작된다고 할 수 있다.

B. 제사는 누구나 드릴 수 있다.

성경은, 특히 제사와 관련된 규정 가운데서 예배자의 경제적 사정과 사회적 지위에 따라 다양한 동물을 드릴 수 있다고 밝힌다. 수입이 많은 사람은 더 크고 비싼 짐승을 제물로 드렸다(그러나 말 1:14에서 이 규정을 어떻게 위반하고 있는지 읽어보라). 만일 가난한 사람이면 집비둘기를 드리거나 산비둘기를 잡아 회막 입구에 가져올 수 있었다. 중요한 것은 누구도 수입이나 능력에 근거해서 하나님께 나아가거나 예배드리는 것을 금하지 않았다는 것이다.

C. 속죄의 제사는 반드시 완전해야 한다.

율법은 동물이 흠이 없어야 할 것(*tāmîm*, '완전한', '결점이 없는')을 요구했다. 제물은 아무런 결함이 없어야 했다(그러나 말 1:8에서 이 규정을 어떻게 위반하고 있는지 읽어보라). 짐승은 도덕적으로, 혹은 때때로 육체적으로 흠이 있는 예배자를 대신하여 드려지는 것이기 때문에 완전한 것이어야 했다.[7]

흠 없는 동물의 수컷은 값진 것이었다. 이런 종류의 동물을 죽이는 것은 진정한 희생이었다. 그러나 하나님께 드려진 모든 예물은, 특히 그것이 속죄를 이루는 경우에는 모두 값진 것이었다.

7. 기독교 해석에 의하면 동물은 하나님의 죄 없으신 아들의 모형이었다. 여기서 오직 예수님 한 분만이 죄가 없으시기 때문에 속죄 제사를 드릴 수 있음이 분명하다.

Ⅱ. 여호와께서는 대속물의 피와 몸이 속죄를 이루기 위해 드려져야 할 것을 요구하신다(1:4-9a, 11-13a, 15-17a).

A. 예배자는 제사와 하나가 되어야 한다.

번제 의식은 예배자가 자신의 손을 제물로 드려진 동물 위에 올려놓을 때 시작되었다. 웬함(*Wenham*)은 손을 올리는 이 의식이 그 제사를 속죄로 받아들여지게 한다고 설명한다.[8] 예배자가 드리는 것 외에 이 행동은 적게는 죽임을 당할 동물과의 가까운 관계에서, 많게는 자기를 대신한다는 개념까지 많은 것을 암시한다. 대속(*substitution*)이라는 주제가 고대 이스라엘 가운데 얼마나 깊이 이해되고 있었는지 말하기는 어려운 일이다. 매우 경건한 예배자들은 그런 의식 가운데 자신의 범죄가 그 동물에게 전가되고, 그 동물이 자기를 대신하여 죽을 것이라는 사실을 알았음이 분명하다.[9] 레위기 4장 24, 26절에서 동물 위에 손을 얹는 행동은 속죄와 용서와 연결되는 것으로, 전가 혹은 대신을 보여준다. 마찬가지로 민수기 8장 10절에서 이스라엘 백성은 레위인들에게 손을 얹어 구속받은 장자들을 대신하여 사역하도록 임명했다. 유사한 의식 행위가 레위기 8장 14절, 16장 21절, 민수기 27장 18-20절 가운데 찾아볼 수

---

8. 웬함(*Wenham*, 61)은 또한 예배자가 기도를 할 수 있었다고 언급하는데, 손을 얹는 행위는 기도와 관련이 있기 때문이다(레 16:21, 신 21:6-9). 율법은 속죄가 예배자의 삶 가운데 효과적으로 나타나기 위해서 그의 몸과 영혼을 포함하는 전인격이 참여할 것을 요구하고 있다.

9. 메이스(*J. L. Mays*)는 한 손을 동물 위에 얹는 것은 자신을 그 동물과 동일시하는 방법이라고 말한다. 따라서 제사 행위는 예배자가 제사를 드리는 목적에 맞도록 자기 자신을 하나님께 굴복시키는 것이 된다. *The Book of Leviticus; the Book of Numbers*(*Layman's Bible Commentary*; *Atalanta*: *John Knox*, 1977), 31. 예배자를 대신한다는 주제는 모든 제사의 이면에 존재하는 것이지만, 한 손을 얹는 행동은 항상 전가를 의미하지는 않을 수도 있다. 이 개념은 고대에 이미 알려진 것이었다. 레빈(*Levine*, 6)은 한 여인이 송아지를 많이 낳은 암소의 뿔을 만지는 것은 암소의 다산의 능력이 자신에게 옮겨지기를 소망하는 히타이트족의 투나위(*Tunnawi*)라는 의식임을 언급한다. 그러나 밀그롬(*Milgrom*, 151-52)은 이 행동에 대한 해석 가능한 네 가지 의미(죄의 전가, 동일시, 선언, 소유권)를 언급하며 소유권 개념만이 엄밀한 연구 결과와 일치한다고 결론 내린다. 그는 전가를 위해 두 손이 사용된 구절인 레위기 16장 21절과 비교하여 전가의 개념을 소거한다. 그리고 이 행위는 동물의 소유권을 확립하여 그 제물이 합당한 것임을 밝히는 것이라고 결론 내린다. 그러나 소유권을 확인하는 특정한 행동 역시 그 동물이 예배자 자신의 속죄를 위해 대신 제물로 드려진 것으로 동일시하는 행위라는 주장도 가능하다.

있다. 레위기 16장 21절에서 아론은 속죄 염소 위에 두 손을 얹고 백성들의 죄를 고백했다. “아론은 두 손으로 산 염소의 머리에 안수하여.” 양손을 사용하는 것은 속죄일의 지고한 엄숙함 때문일 수도 있지만, 두 손을 얹은 것에는 단순한 소유 이상의 것임이 암시되고 있다. 번제에 사용될 동물은 예배자를 대신할 몸값이기 때문에 이 상징에는 예배자를 대신하는 것, 동물에의 전가 두 가지가 함께 포함되어 있을 수도 있다.

의식이 시작되면 예배자는 동물의 머리에 손을 얹고(*sāmak*)[10] 목을 베는 동안 붙잡고 있었다(후대에는 제사장이 그 동물을 죽였다). 이 극적인 행동은 감정적인 경험으로, 그 동물은 예배자의 손에 죽고 예배자의 발 앞에서 땅바닥에 엎드러졌다. 민감한 예배자는 후기의 계시가 확증하는 것처럼, 그 흘려진 피는 자신의 피여야 했고, 제단 앞에서 생명을 잃은 것은 자신의 몸이어야 했음을 알고 있었다.[11]

B. 제물의 몸통과 피가 드려졌다.

의식은 다음과 같이 진행되었다. 예배자는 한 손을 동물의 머리에 대고(1:4), 제단 북쪽에서 죽였고(1:5, 11)[12] 새의 경우에는 제사장에게 주어 제사장이 머리를 비틀어 죽였는데, 이는 새가 큰 짐승보다 죽이기 어렵지 않았기 때문으로 보인다(1:15). 제사장은 피를 그릇에 담아 단에 뿌렸다(1:5, 11). 새의 (양이 적은) 피는 제단 옆으로 흘리는 것이 허용되었다(1:15). 이어서 예배자는

---

10. 랍비 문헌은, 예배자는 자기가 가진 모든 힘을 다해 눌러야 한다고 말한다(*Babylonian Talmud tractate Hagigah* 16*b*).

11. 여기 제시된 개념은 바울이 로마서 6장에서 예수 그리스도를 믿는 사람은 그 안에서 죽고 장사지낸 후 다시 살아났다고 주장한 내용을 알려주고 있음이 분명하다. 이는 믿음으로 말미암아 제물과 동일체가 되어 제사의 효력이 전가되었다는 원리다.

12. *šāḥaṭ*란 동사는 ‘도살하다’를 의미한다. 성경이 기록되기 전의 히브리어에서 이 말은 피를 충분히 뽑을 수 있도록 죽이는 특정한 방법을 의미했다. 따라서 이 동사는 목을 베는 방법을 가리키는 것으로 보인다(왕하 10:7을 보라). 동일 어원인 아랍어 *mšt*는 ‘목젖’을 의미한다.

동물의 가죽을 벗기고 그것을 조각으로 나누었다(1:6, 12).[13] 제사장은 그것을 단 위에 올려놓았다. 각을 뜬 부분과 머리와 기름은 바로(1:7–8, 12) 그리고 내장과 다리는 씻은 다음에(1:9, 13) 올려놓았다. 새의 경우 깃털과 모이주머니는 제거되었고(1:16), 날개 부분을 찢어 둘로 갈랐다(아마 새의 무기력함을 보이기 위한 것으로 보인다, 1:17).

규정에 의하면 피는 제사장이 그릇에 받아 제단에 붓거나 뿌리도록 분명히 규정되어 있어서,[14] 아무도 그것을 다른 용도로 사용할 수 없었다. 이러한 갑작스러운 피의 출현은 하나님께 대한 부르짖음을 상징한다. 그것은 희생 제물의 죽음을 통하여 속죄가 충족되었다는 것을 나타낸다(히 12:24 참조). 다른 의식 가운데서는 빨간 포도주가 담긴 병이 여호와께 드려졌는데, 빨간 포도주는 피를 가리킨다. 이것이 가리키는 것은 분명하다. 여호와께서는 속죄를 위해 피 흘림을 요구하신다는 것이다.

동물의 나머지 부분은 불에 태울 준비를 한다. 더럽혀질 수 있는 부분이 모두 철저하게 제거되면 그 동물은 흠이 없는 것으로 간주될 수 있었다.

그리고 제물은 여호와의 불로 태워졌다.[15] 성경은 경우에 따라 여호와를 소멸하는 불, 정결케 하거나 씻기는 불이라는 그림언어로 묘사하고 있다.[16] 그리고 제사 제도의 이런 측면은 분명 이것과도 일치한다. 피가 흘려졌을 때 생명

---

13. 레위기 7장 8절에 의하면 번제물의 가죽은 제사장에게 속했다. 노스(*Noth*)는 그 규정이 여기에도 적용되었을 것이라고 주장한다. 만일 그렇지 않았다면, 그 가죽은 더러워지는 것을 막기 위해 동물의 나머지 부분과 함께 불태워야 했다. ***Leviticus***(*trans. J. E. Anderson*; *Old Testament Library*; ***Philadelphia***: ***Westminster***, 1965), 23.

14. 동사 *zāraq*는 '던지다', '내던지다'를 의미한다(아랍어 *mizrāq*는 던지는 창이다, ***BDB*** 284를 보라). 제사장은 피를 제단 북동쪽으로 뿌리고 이어서 반대편으로 뿌려 사방을 모두 담당했다.

15. 동사 ***hiqṭîr***(*qṭr*의 ***Hiphil***형태)는 제사 의식 가운데 연기를 띄우는 것을 가리키는 전문 용어다. 명사 ***qᵉṭōret***는 제물에서 나오는 연기를 가리킨다. 동사는 종종 황금 제단에서 타고 있는 향을 가리키기 위해 사용되었다. 반면에 ***śārap***('태우다')는 '태워 연기를 내다'를 의미했다. 제물은 연기로 화했다. 즉 승화되었다. ***F. C. N. Hicks***, ***The Fullness of Sacrifice***(3d ***ed.***; ***London***: ***SPCK***, 1953), 13.

16. 여호와를 소멸하는 불로 묘사하고 있는 구절로 민수기 11장(여호와의 불이 회막을 불사름)과 레위기 10장(여호와의 불이 제사장들을 불사름)이 있다. 또한 시편 50편 1–6절을 보라.

이 끊어질 뿐 아니라 제물 전체가 여호와의 불로 태워졌다. 이것이 가리키는 것은 희생 제물을 불사르는 일이 예배자를 깨끗하게 씻겼다는 것이다. 이것은 마치 하나님의 진노가 이제 자유롭게 하나님의 임재 안으로 들어가게 된 예배자로부터 비켜 간 것과 같다. 따라서 동물의 피와 몸통은 모두 예배자를 대신하여 드려진 것이다.

C. 제사는 죄를 속한다.

번제 전체가 분명히 언급하고 있는 목적은 속죄(1:4의 *lᵉkappēr*)[17]를 위한 것이다. 그러나 이 제사가 속죄나 대속을 만드는 방식은 속죄제와 속건제와는 약간 다르다. 번제는 이 두 제사보다 일반적인 것이다. 번제는 죄나 더러움의 제거를 강조하거나 예배자의 상태를 변화시키지 않는다. 그러나 번제는 범죄한 백성과 하나님 사이의 교제를 가능하게 만든다(*Wenham*, 57).

동사 *kipper*는 '달래다', '진정시키다', '보상하다'를 의미한다. 이 말은 죄나 더럽혀진 것의 제거를 가리키며, 그래서 하나님의 진노가 잠재적으로 머물게 된다. 그 결과는 죄인이 하나님과 화목하게 되는 것이다. 사전에 포함된 '덮다'라는 정의(예, *BDB* 497)는 반드시 언급되어야 한다. 왜냐하면 '보상하다'와 '덮다'는 의미는 전혀 다른 것이기 때문이다. 이는 (적어도) 두 히브리어 동음이의어가 *kpr*라는 철자로 사용되기 때문인 것으로 보인다. 이 낱말들은 어떤 사전에는 마치 동일한 어근이 전혀 다른 의미를 갖는 것처럼 묶여 있

17. 영어 *atonement*는 13세기의 압운 편찬자까지 거슬러 올라가며 *'to make an at-one-ment'* 혹은 '화해'(*Snaith*, 30)를 의미했다. 기독교 학자들은 *atonement*란 용어를 구원과 관련된 의미에서 *redemption*과 동등한 것으로 생각하는 경향이 있는데, 이는 신약 교리가 논의되는 경우에 아무 흠이 없다. 그러나 메이스(*Mays*, *Leviticus*, 32-33)는 이스라엘에게 속죄 제사는 여호와와의 관계의 조건이 아니었음을 상기시킨다. 오히려 그 제사는 이미 존재하고 있던 관계를 강화시키는 수단으로 드려졌다. 하나님과 예배자 사이에 존재하는 끈은 속죄를 통하여 새롭게 되고 유지되었다. 따라서 이 구절에서 속죄는 신약에서 진행중인 성화 교리와 더 가깝다. 그러나 이는 궁극적인 성화의 제사인 그리스도의 대속 사역을 가리키는 그림자로서 사용되었다. 실제로 신약은 '성화하다'와 그와 관련된 말을 갱생, 진행중인 성화, 궁극적인 영화를 가리키는 말로 사용하고 있다. 이는 이 모든 말이 누군가를 거룩하게 만든다는 성격을 갖고 있기 때문이다.

다. *kpr I*은 '덮다', '덧바르다'를 의미하며, 창세기 6장 14절에서 방주에 역청을 칠할 때 사용되었다.[18] 상당수 주해자들이 이를 *krp II*(속죄하다)의 중요한 의미로 간주하는 바람에 심각한 신학적 혼동이 빚어졌다. 예를 들어, 구약에서는 죄가 완전히 용서되거나 속죄되지 못하고 다만 한시적인 상태로 덮어질 뿐이라고 가르치기도 한다. 그러나 성경은 속죄가 이루어졌고, 그들은 용서를 받았다고 말한다(레 4:26, 31, 35, 시 130:4, 32:1-2, 의롭다 하심이 율법보다 먼저이며, 따라서 의롭다 하심이 율법으로 말미암은 것이 아님을 보여주기 위해 바울이 롬 4:4-8에서 인용함). 이 낱말은 시편 78편 38절, "하나님은 자비하심으로 죄악을 사하사(*yᵉkappēr*) 멸하지 아니하시고"에서와 같이 분명히 용서에 대한 성경의 가르침과 연결되어 있다. 또한 이사야 6장 7절에서 이 말은 죄악의 제거를 묘사하기 위해 사용되었다.

레위기 본문에서도 속죄는 번제를 포함한 여러 제사의 기능 가운데 하나다. 이것은 제사로 말미암아(혹은 제사가 상징하는 그 무엇을 통하여) 예배자의 부정함이 깨끗하게 되고, 하나님과 화해되거나 하나가 됨을 의미한다.[19] 이 제사의 목적은 죄와 더러움에 대한 하나님의 진노를 돌이키거나 누그러뜨리고, 그것으로 범법자를 씻기는 것이다. 따라서 동물 전체를 불태우는 번제는 한편으로 하나님의 거룩하심이 만족하심을 입었고 예배자가 용납되었음을 가리키

---

18. 어떤 주석가들은 적어도 두 가지의 매우 다른 의미를 갖고 있는 하나의 공통된 어원을 주장한다. 이는 여기서 주장하고 있는 것과 본질적으로 다른 것이다. 밀그롬(*Milgrom*, 1079-80)은 '속죄하다' 대신 '씻기다'를 주장하면서 히브리 시에서의 병행 동의어는 대개 *māḥâ*('씻다', 렘 18:23) 혹은 *hēsîr*('제거하다', 사 27:9)라고 언급하며, *kippēr*가 '씻기다'를 의미한다고 주장한다. 그는 제사 의식의 본문이 규칙적으로 *kippēr*를 *ṭihaer*('정결하게 하다')와 *ḥiṭṭē*ʾ('소독하다', 레 14:48, 52, 58)와 함께 묶음으로써 이를 뒷받침한다고 덧붙인다. 다른 시 구절은 *kissâ*['덮다', 느 4:5(*MT* 3:37)]를 사용하여 '제거하다'가 아닌 '덧바르다'라는 반대 개념을 제시한다.

19. 밀그롬(*Milgrom*, 1079-83)은 *kpr*의 용례를 '문질러 바르다' 혹은 '문질러 없애다' 모두 '문지르다'에서 재구성하려고 시도한다. 그는 '속죄하다', '보상하다' 대신에 '씻기다'라는 정의를 선호한다. 그가 제안한 의미의 발전은 그 말이 첫째로 직접적인 접촉을 통해, 이어서 대체물이나 몸값과의 간접적 접촉을 통해 그리고 최종적으로 레위기 16장 10절과 민수기 16장 46절(*MT* 17:11)에서처럼 속죄와 간접적인 접촉을 통해 문질러 없앰으로써 흡수됨을 의미한다는 것이다.

지만, 다른 한편으로는 예배자가 용납되기 위해서는 하나님께 철저하게 순종해야 함을 가리킨다. 이것은 헌신의 표현이었다(대하 29:31-36).

속죄는 동물의 피나 백성의 속임수로 만들어진 것이 아니라, 하나님의 계획 안에서 그 동물이 예표하는 것에 의해 주어진 것이다.[20] 죄 사함과 정결케 함은 여호와께서 믿음으로 자신에게 복종하고 이 의식을 따르는 이에게 은혜로 베푸신 것이다. 그리고 하나님께서는 장차 세상 죄를 단번에 그리고 영원히 그 값을 치를 완전한 제사를 베푸시겠다고 하신 영원한 칙령 때문에 얼마든지 죄 사함을 선포하실 수 있다. 그때 이스라엘은 이 제사들이 어떻게 하나님의 어린양이신 메시아의 죽음을 예표하고 있는지 알지 못했다. 그들은 그저 용서해주시겠다는 하나님의 말씀을 믿고 용서를 구하기 위해 그분이 정하신 의식을 따르기만 하면 되었다.

Ⅲ. 여호와께서는 제사를 기쁘게 받으신다(1:9b, 13b, 17b).

앞에서 언급한 것처럼 번제의 특유한 모습은 그것이 제단 위에서 불태워진다는 점이다. 실제로 번제는 가끔 '온전한 번제' [*ʿōlâ wᵉkālîl*, 시 51:19(*MT* 51:21)]로 불렸다. 밀그롬(*Milgrom*, 173)은 *kālîl*이 초기의 설명이라고 주장한다. 그러나 번제가 모든 것을 완전히 태우는 것이 아니기 때문에(가죽은 제사장에게 돌아갔다) *ʿōlâ*가 그 앞에 왔다. 다른 한편, *kālîl*은 단순히 그 설명을 강조하는 역할을 하는 것으로 볼 수 있다. '번제' 는 따라서 '온전한 번제' 보다 더 정확한 지칭이 아니라면 단지 간단한 표현일 수도 있다.

---

20. 레이보비츠(*N. Leibowitz*)는 "절대 그럴 수 없지만, 제사는 그 자체로 창조주를 누그러뜨리는 것이 아니라 인간이 자신을 정결케 하고 그분과 화목하게 되기를 바라는 마음을 상징하고 표현하는 것이다"라고 말한다. ***Studies in Vayikra**: **Leviticus**(**trans**. **A**. **Newman**; **Jerusalem**: **World Zionist Organization***, 1983), 22. 그러나 제사에는, 성경이 밝히 증거하는 것처럼 그것보다 더 큰 것이 들어 있다. 하나님 편에서 보면, 율법의 제정은 그것이 극적인 방식으로 하나님의 화목 계획이 제시되기 때문에 인간에게 계시된 것이다.

ʿōlâ에 중요 핵심이 남게 된다. 동물은 제단의 불에 의해 불태워졌다. 제물이 타는 동안 예배자는 이 제사가 받아들여졌음을 알았다. 제물이 자기가 보는 앞에서 태워졌기 때문이다. 그리고 만일 그것이 맞다면, 그 사실은 제물을 가져온 사람이 받아들여졌음을 의미한다. 다만 그 제사가 믿음 안에서 행해졌다는 조건에서 말이다.

이 점을 강조하기 위해 본문은 번제가 하나님께 향기로운 냄새라고 말한다.[21] 성전 뜰 안에서 불꽃을 피우며 타고 있는 동물의 냄새는 하나님께 향기로운 냄새였음이 분명하다. 이 언어는 분명히 신인동형론적인 표현이다. 그러나 그 의미는 그 냄새가 하나님께서 제사를 기뻐하셨음을 확증하는 것이다. 그것이 그분을 기쁘시게 했다. 연기가 하늘로 올라가는 동안 기쁨의 냄새가 제물의 효과를 배달하기 위해 하나님께 전달되었다. 하나님께서는 단순히 예배자와 그 제물을 받으신 것이 아니었다. 그것이 그분을 기쁘시게 했다.[22]

결론

레위기 1장의 핵심은 다음과 같은 분명한 주해 개념으로 표현될 수 있다.

여호와께서는 피 흘림을 통한 대속의 속죄로 자신의 임재 가운데 나아

21. 길가메시 서사시 가운데 이런 구절이 있다. 홍수 뒤에 "신들이 제물의 향기로운 냄새를 맡는다" (11.160). 성경은 하나님과 그분의 행동을 기술하기 위해 비슷한 언어를 사용한다. 그러나 하나님께서는 영이시며 인간이 아니시기 때문에 그리고 이방 신들이 결코 아니시기 때문에 이 언어는 비유적인 것임이 틀림없다.

22. 레빈(*Levine*, 5)은 "ʿōlah는 하나님께 예배하는 자들이 자신의 처지를 그분이 통촉하시기를 간절히 바라고 있음을 전하는 신호였다. 그 목적은 그분의 처음 반응을 확보하는 것이었다(하나님께서는 ʿōlah의 향기로운 연기를 호흡하시고, 자신을 뜨겁게 따르는 자들의 호소에 호의적으로 반응하시는 것으로 인식된다)"고 말한다.

오는 모든 이들을 기쁨으로 열납하신다.

이것은 율법의 기본 진리며, 또한 그 자체로 궁극적인 복음의 기본 진리다.

주해에 있어서 번제에 대한 이 가르침의 두 가지 측면이 강조되어야 한다. 첫 번째는 대속의 제사를 통한 속죄가 하나님께 나아갈 길을 제공했다는 계시다. 이 계시는 여기서 씨앗의 형태로 주어진다. 그러나 그것은 성경 가운데 구원 교리가 최종적으로 드러날 때 활짝 꽃피우게 될 것이다. 속죄를 통해 하나님께 나아가는 길은 항상 믿음을 통하여, 은혜로 말미암았다. 웬함(61)은 "하나님께서는 자비 가운데 범죄한 인간에게 죄의 대가로 지불할 몸값을 지불하셨고, 그래서 인간은 자신의 범죄로 인하여 마땅히 받게 될 죽음이라는 벌에서 벗어나게 되었다. 몸값이 흔히 그런 것처럼 번제는 큰 값을 치른 것이었다" 라고 말한다. 언제라도 한 사람이 여호와를 믿는 믿음 안에 들어가게 되면 그것은 하나님께서 은혜 안에서 그 죄인에게, 현재와 다가올 세상에서 자신의 임재 안으로 들어올 수 있는 길을 베푸셨음을 계시하는 것이다. 그리고 이스라엘 가운데 새로이 신앙에 들어간 사람은 여호와의 은혜 베푸심을 공적으로 인정하는 이 제사를 통하여 예배하기 시작하게 된 것에 기뻐했다.

두 번째 강조점은 이 의식이 이스라엘의 정규 예배의 일부분이었다는 점이다. 그것은 여호와와의 관계 유지라는, 계속 진행되는 백성들의 성화 과정의 일부로서 반복해서 드려졌다. 매번 믿음의 공동체가 성소에서 여호와께 예배드리기 위해 모일 때마다 하나님과의 교제의 기본은 피의 속죄임을 공적으로 인정하는 표시로 이 제사가 드려졌다. 이런 의식 행위를 통하여 이스라엘은 여호와를 향한 헌신을 새롭게 다짐했다.

따라서 번제가 사실상 속죄를 그 주된 목적으로 하고 있기는 하지만 그 밖에 다른 관련된 것들이 포함되어 있다. 예배자의 측면에서 보면, 번제는 예배와 순종의 행동으로 자신의 믿음을 공적으로 표현하는 수단이 된다. 그러나 그 믿음은, 더럽혀짐(범죄 행동, 질병, 혹은 감염 등 무엇에 의한 것인지 상관하지 않고)은 번제를 필요로 한다는 기본 사상을 훼손하지 않았다. 순결한 자만이 하나님과 교제하기에 합당하며, 그런 교제를 가능하게 하는 것이 바로 이 제사였다(*Wenham*, 59).

그리스도인에게 번제는 더 큰 신학적 의미를 제공한다. 그리스도인들은 이 제사들 가운데 포함된 모형론[23] 때문에 번제의 계시가 "하나님이 그의 피로 인하여 믿음으로 말미암는 화목 제물로 세우"시고 "하나님께서 길이 참으시는 중에 전에 지은 죄를 간과하심으로 자기의 의로우심을 나타내려 하"신(롬 3:25) 약속된 메시아이신 예수님의 희생을 가리킨다는 것을 알게 되었다. 그리스도가 십자가에서 죽으심으로 번제와 함께 죄에 대한 하나님의 진노를 완전히 만족시켰다. 예수님께서 하늘과 땅 사이에서 들리우셨을 때 그분의 피는 그분의 생명이 몸값(대속물)으로 드려진 것임을 가시적으로 상징한 것이었다(마 20:28). 이스라엘의 제사에서 바쳐진 동물이 흠이 없어야 했던 것처럼 예수님께서는 '죄를 범치 아니하'(벧전 2:22)셨다. 따라서 우리는 '오직 흠 없고 점 없는 어린 양 같은 그리스도의 보배로운 피로'(1:19) 몸값을 치른 것이다. 예수님께서는 이 드림을 통하여 우리를 하나님의 보좌 앞에서 흠이 없게 소개하려 하신다(엡 5:27). 그리고 번제가 요구하는 것처럼 그 누구도 그분이 베푸신 독생자 예수 그리스도의 희생 제사를 통하지 않고서는 하나님 아버지 앞에 나아갈 수 없다.

고대 이스라엘에서 믿음은 제물을 가져오고 그 위에 손을 얹음으로써 입증되었다. 오늘날 교회에서 그리스도인이란 믿음으로 그리스도의 희생을 자기

23. 모형론은 대응하는 실체에 대해 하나님께서 미리 그림으로 보여주시는 것이다. 모형론은 예언의 한 형태지만, 직접 예언이 처음부터 그 의미를 들려주는 데 반해, 모형론은 내용이 성취되기까지 그 예언의 내용을 식별할 수 없다. 내용이 성취되면, 즉 예수님께서 죗값을 치르기 위해 죽으시면 그때서야 과거를 되돌아보고 하나님께서 이 계시를 위해 어떻게 예비하셨는지를 볼 수 있게 된다.

것으로 삼고, 따라서 '그리스도 안에' 있다고 말하는 사람이다. 결과적으로 그리스도인들은 하나님의 어린양이 흘리신 피의 공로로 인하여 하나님께 호의를 갖고 있다. 이것이 먼저 번제의 규례 가운데 계시되고, 메시아의 희생의 죽음 가운데 성취된 하나님의 영원한 계획이다. 이 속죄 제사에 근거해 하나님께 나아가는 모든 이들은 단번에 그리고 영원히 하나님께 열납되었다.

그렇다면 성도가 행하는 모든 것은 메시아 예수께서 흘리신 피로 말미암아 그리고 오직 그분의 피로써만 현재와 장차 올 세상에서 아버지 하나님께 자유롭게 나아갈 수 있게 되었다는 확신에 근거해야 한다. 성도들은 이 교리를 자신의 묵상과 예배의 기초로 받아들이도록 깨우침을 받아야 한다. 그리고 그렇게 될 때 하나님께 받아들여진다는 것이(그것도 기쁨으로) 무엇을 의미하는지 진정으로 이해하고 있는 이들로부터 자연스럽게 찬양이 솟아나오게 될 것이다.

불신자들에게 적용될 것은 단호하다. 하나님의 완전한 제물의 흘린 피가 아니고서는 영원한 법정에 들어갈 길은 없다. 이것은 유일하신 하나님 여호와께서 구원을 위해 만드신 규정으로 예외는 없다. 이 은혜로운 섭리를 받아들이길 원하는 이들은 반드시 메시아이신 예수님의 인격과 사역을 믿고 그분의 권위에 복종해야 한다.

참고 문헌

Baker, D. W. "Division Markers and the Structure of Leviticus 1–7." Pp. 9–15 in *Studia Biblica* 1978, *vol*. 1: *Papers on Old Testament and Related Themes*. Edited by E. A. Livingstone. JSOTSup 11. Sheffield: JSOT Press, 1979.

Ginsberg, H. L. The Legend of King Keret: A Canaanite Epic of the Bronze Age. New Haven: American Schools of Oriental Research, 1946(esp. pp. 37–38).

Goetze, A. *The Hittite Ritual of Tunnawi*. New Haven: American Oriental Society, 1938.

Hicks, F. C. N. *The fullness of Sacrifice*. 3d edition. London: SPCK, 1953.

King, M. A. "The Burnt Offering: A Sweet Aroma to God." *Moody Monthly*(May 1984): 92–94.

Milgrom, J. "The Priestly Impurity System." Pp. 121–27 in *Proceedings of the Ninth World Congress of Jewish Studies*. Jerusalem: World Union of Jewish Studies, 1986.

Snaith, N. H. "The Sprinkling of the Blood." *Expository Times* 82(1970): 23–24.

Wright, D. P. "The Gesture of Hand Placement in the Hebrew Bible and in the Hittite Literature." *Journal of the American Oriental Society* 106(1986): 433–46.

4 Laws of the Sacrifices
하나님께 드려짐: 소제(2장)

희생의 속죄를 통해 하나님께 받아들여진 사람이 자신의 헌물을 드리는 것은 합당한 일이다. 이것이 소제와 번제의 관계다. 소제는 예배자의 소유와 존재 모든 것이 하나님께 속한 것임을 인정하는 것이다. 그리고 이제 그 실체의 일부를 하나님께서 생명의 근원이시며 제공자이심을 믿는 믿음의 표현으로 다시 하나님께 되돌려드리는 것이다.

이 두 제사가 동시에 드려질 때는, 소제가 번제 뒤를 따랐다(민 28:4-5, 9, 15, 수 22:23, 29, 왕상 8:64). 따라서 소제가 번제를 규정한 레위기 1장 뒤에 놓인 것은 합당한 것이다. 그러나 소제는 그 자체만으로 드려질 수 있었는데, 예를 들어 첫 열매를 드릴 경우다(레 2:1, 신 26장).

세 가지의 '노를 달래는 향기' 의 제사가 드려졌는데, 바로 번제, 소제 그리고 화목제다.

소제는 동물을 드리지 않았기 때문에 번제와 화목제와 달랐다. 그리고 곡식 한 줌만이 태워졌다는 점에서 번제와 달랐다. 나머지 곡식은 제사장이 먹을 음식이 되었다. 웬함(*Wenham*, 67)이 잘 지적한 것처럼 이 제사가 사용된 방식은 소제가 가난한 사람들의 번제라는 랍비들의 주장을 있을 수 없는 것으로 만든다.[1]

만일 공적으로 드리는 소제라면 첫 열매, 장막 안에 있는 열두 개의 떡, 혹은 칠칠절과 수장절에서의 곡식 한 단이나 두 개의 요제로 바친 떡덩이와 같은 형태를 취했다. 만일 소제가 개인적인 것이라면, 예배자가 드리고 싶은 마음이 들 때 언제라도 회막에 가져갈 수 있었다. 새 언약에서와 마찬가지로 하나님께 속죄함을 받은 사람들은 자신이 값을 주고 산 존재이며, 따라서 반드시 하나님을 영화롭게 해야 한다는 것을 분명히 인정해야 한다.

신학적 주제

소제에 관한 주해에서 가장 강조할 점은 하나님께 드린다는 개념이다. 하나님과 화목하게 되고 그분의 임재 가운데 들어갈 수 있게 된 사람은 그들이 모든 것을 하나님께 빚지고 있음을 정기적으로 인정하는 것이 충분히 기대된다. 드림은 속죄의 뒤를 따른다. 이 제사는 감사하는 이스라엘의 예배자에게 이 일을 할 수 있는 방법을 제시한다.

소제가 갖추어야 할 자격 조건은 많은 신학적 주제들을 추가로 제공한다. 여호와께 드려진 것들은 더럽혀지거나 오염되지 않는 것이어야 한다. 이는 언약에 충실하고 자기가 가진 것 가운데 가장 좋은 것을 하나님께 드려 충성심

1. 밀그롬(*Milgrom*, 195-97)은 이것이 *minḥâ*의 초기 용례라고 주장한다. 왜냐하면 제사에 대한 제사장 규례를 제외하고서도 *minḥâ*는 폭넓은 의미를 갖고 있기 때문이다. 그는 원래 이 제사는 모두 불에 태워졌지만 제사장들에 의해 제한되었을 것이라고 생각한다. 단, 이를 뒷받침해주는 강력한 증거는 없다.

을 보이고 싶어하는 이들의 헌신을 웅변한다.

소제는 또한 하나님께서 첫 열매를 요구하신다는 것을 보여준다. 이스라엘의 사고 방식에서 하나님께서 베푸신 것들 가운데 처음 것은 감사함으로 그분께 돌려드리는 것이 자연스러운 일부분이 되었다. 경건한 사람들은 첫 곡식을 여호와의 몫으로 돌려드리기 위해 밭을 지켜보았다. 그리고 첫 열매를 맺으면 그것을 성소에 가져왔다.

그리고 마지막으로 하나님께서 자기 백성들에게 요구하시는 것은 기념물, 곧 하나님의 풍성하신 선하심을 입증하는 증표였다. 그분은 자기 백성에게 풍성하게 베푸셨다. 그리고 그분이 그들에게 요구하시는 것은 그들이 이 사실을 인정하고 감사히 여긴다는 증거다. 이 교환은 하나님과 그분의 백성 사이의 언약 관계에서 핵심을 차지하고 있다.

본문 개괄

메시지 요약

예배자는 여호와께 자신의 헌신을 증거하고, 그분이 자신과 자신의 제물을 기쁨으로 열납하시는 것을 보기 위해 익히거나 익히지 않은 소제(하나님께서 영원히 베푸신 것 가운데 가장 좋은 것을 대표하는 것만 포함하고, 타락한 것을 대표하는 것은 제외한)를 드리도록 지시를 받았다.

본문의 개요

I. 하나님의 백성은 제사장들에게 소제를 드림으로써 여호와께 대한 헌신을 증

거하도록 지시를 받았다. 제사장은 그 가운데 일부를 불로 태워 여호와께 드리고 나머지는 먹었다(2:1-10).

A. 예배자는 여호와께 대한 헌신의 표현으로 익히지 않은 소제를 가져올 수 있었다(2:1-3).

1. 여호와의 축복 가운데 가장 좋은 것을 나타내는 곡식만이 제물로 사용되었다(2:1).

2. 제사장은 그 가운데 일부를 태워 여호와께서 기뻐하시는 제사를 기념하게 했다(2:2).

3. 나머지 제물은 가장 거룩한 제물이었기 때문에 제사장에게 속했다(2:3).

B. 예배자는 여호와께 대한 헌신의 표현으로 익힌 소제를 가져올 수 있었다(2:4-10).

1. 여호와께서 베푸신 축복 가운데 가장 좋은 것을 나타내는 곡식만이 제물로 사용되었고, 더러움을 나타내는 것은 사용되지 못했다(2:4-7).

2. 제사장은 그 가운데 일부를 하나님께서 기뻐하시는 기념으로 태웠다(2:8-9).

3. 나머지 제물은 가장 거룩한 제물이었기 때문에 제사장에게 속했다(2:10).

II. 하나님의 백성은 소제에 누룩과 효모를 넣지 않고 언약의 소금을 그 안에 넣음으로써 여호와를 기쁘시게 하도록 요구되었다(2:11-13).

A. 첫 열매의 제물 가운데는 누룩이나 꿀이 들어갈 수 있었지만, 소제가 불에 태워질 때는 그 안에 누룩이나 꿀이 들어가서는 안 되었다(2:11-12).

B. 모든 소제는 언약의 소금으로 간을 했다(2:13).

III. 하나님의 백성은 첫 곡식의 낟알을 빻아 기름과 유향을 더하여 첫 열매의 소제를 드림으로써 여호와에 대한 충성을 표현했다(2:14-16).

A. 첫 열매의 소제는 낟알을 빻아 기름과 유향을 넣어 불에 태웠다 (2:14-15).

B. 제사장은 그 가운데 일부를 기념물로 기름, 유향과 함께 태웠다 (2:16).

내용 강해

레위기 2장은 그 내용을 문맥적, 주경적 의미를 유지한 채 주제별로 배열하는 것이 더 효과적일 수도 있다. 우선 소제의 특징과 본질을 다루고(2:1, 4, 14), 이어서 그에 대한 제한과 자격 요건을 다루며(2:4-7, 11-13, 15), 마지막으로 하나님께서 그것을 열납하심(2:2-3, 8-10, 16)을 다룰 수 있다. 여기서는 이 방법을 사용하려 한다.

그리고 각 구절을 순서대로 따라가는 작업도 가능하지만, 그렇게 되면 반복되는 내용이 지나치게 많아진다. 이 배열에 따르면 처음 부분은 익히지 않은 소제의 특징과 수용(2:1-3) 그리고 익힌 소제에 관해 다루는데(2:4-10), 이 두 본문은 뚜렷한 구조적 구분 표지가 되기 때문이다.[2] 본장의 나머지 부분은 그 내용으로 인해 다른 구조를 갖고 있는데, 두 본문으로 구분할 수 있다. 첫 본문은 소제에 관한 잡다한 규례를 다루고(2:11-13), 마지막 본문은 첫 열매를 소개한다(2:14-16).

2. 두 본문은 "누구든지 소제의 예물을 여호와께 드리려거든"으로 시작하며 "이는 여호와의 화제 중에 지극히 거룩한 것이라"로 마무리된다(더 자세한 내용은 *Wenham*, 67을 보라).

I. 여호와께서는 자기 백성이 물질의 증표를 드림으로써 헌신을 증거하기 원하신다(2:1, 4, 14).

A. 하나님의 백성은 그분에게 조공을 바쳐야 한다.

레위기 2장은 *minḥâ*라고 알려진 제사와 관련된 규례를 제시한다. 이 경우에 그 지시 내용은 단순히 '몸통'이 아니라 '개인, 누구든지'(*nepeš*)에게 주어지고 있다. 이 표현은 구체적으로 모든 인간을 포함하는 말로 사용되었다. 이것은 *ʾādām*('인류')[3]의 사용과 비교할 수 있으며, '어떤 사람이라도'로 번역할 수 있다. 이 용어는 하나님께서 남자와 여자 모두를 포함하는 모든 자기 백성의 헌신을 원하신다는 것을 강조하기 위해 선택되었다.

영어 번역 성경은 *minḥâ*를 번역하기 위해 '*cereal offering*', '*grain offering*' 혹은 '*meal offering*'과 같은 다양한 표현을 사용하고 있다.[4] 사전들은*minḥâ*를 동일 어근 언어에서 '선물이나 예물을 주다'로 알려진 어근과 연결시킨다. 이것은 히브리어에서 사용된 여호와께 드려진 '조공' 혹은 '선물'이라는 의미를 뒷받침한다. 이 용어는 레위기의 규례 외에서도 이와 동일한 의미로 사용되었다. 이 용어는 창세기 32장 13절(*MT* 32:14)에서 야곱이 에서를 무마하기 위해 보낸 선물을 가리키는 말로 사용되었다.[5] 그리고 열왕기상 4장 21절(*MT* 5:1)에서는 솔로몬이 식민지의 왕들로부터 조공을 받을 때 사용되었다. 이 본문들에 등장하는 바치는 자에게서 두려움 혹은 불확실함이 드러나며, 그는 그 선물을 통해 두려움을 누그러뜨리기 바라고 있다. 신하가 종주

---

3. 민수기 5장 6-7절은 *ʾādām*과 나란하게 *nepeš*를 사용하며 '남자와 여자'라는 자격 요건을 밝힌다.
4. 더 오래 된 번역들은 '*meat offering*'을 사용한다. 이 용어가 한때는 오늘날과 다른 의미를 갖고 있었음이 분명하다.
5. 이 용어가 야곱과 에서 이야기에서 선택된 부분적인 이유는 *maḥăneh*('천막')과 *malʾākîm*('전달자') 두 가지로 언어유희를 하기 위해서다. 그럼에도 불구하고 그것은 이 문맥에서 사용되기에 적합한 단어다.

국 혹은 군주에게 조공을 바치는 모습을 기술하기 위해 이 용어를 사용하는 것은 제사를 여호와께 드리는 진상물로 보는 제의적 용법을 설명해준다.[6] 종주국에게 바치는 그런 조공은 군주에게 받은 은혜를 인정하는 것과 함께 주종관계에 대한 충성과 다짐을 표현하는 것이다.

B. 그들의 조공은 자기 물질의 일부다.

소제는 일반적으로 밀가루와 기름을 섞어 익히거나 익히지 않은 형태[7]로 유향[8]과 함께 드려졌다. 이 선물은 화덕(오븐)에 굽거나, 번철(철판)에 굽거나, 혹은 솥에 익힐 수 있었다. 곡식은 가끔씩 볶은 형태로 드려지기도 했는데, 이는 별미로 간주되었다. 경우에 따라서 땅에서 난 자연물을, 채소든 열매든 첫 열매의 제물로 드렸다. 이 모든 제물은 자연스럽게 제사장들의 식량이 되었다.

익히지 않은 것. 만일 제물이 익히지 않은 곡식이나 밀가루라면 여기에 사용된 형태의 밀가루는 *sōlet*, 곧 가장 고운 밀가루로 낟알과 밀기울이 모두 포함된 *qemaḥ*(사렙다 과부가 엘리야에게 바쳤던 가난한 이들의 먹을 것)와 반대되는 최고급을 가리켰다. *Sōlet*은 밀의 속껍질로 만들었다.[9] 에스겔은 *sōlet*을 금과 은으로 만든 장식품과 같은 가치가 있는 것으로 보았다(16:13). 따라서 레위기의 이 요구에는 조공을 드릴 때 가장 좋은 것을 조심스럽게 준비하길 바라는 기대가 담겨 있다.

---

6. 창세기에서 에서는 사실 군주가 아니었다. 그러나 야곱의 아첨은 그를 그런 인물로 만들었다. 그는 에서를 '나의 주'로 거듭 말했고, 자신을 '당신(에서)의 종'이라고 불렀다.

7. 우가리트에서 곡물로 만든 제물은 모두 제단 위에 올려졌지만(*Keret* 1.3.58) 이스라엘에서는 그 가운데 일부만 견본으로 드려졌다(*Snaith*, 32).

8. *frankincense*란 용어는 고대 프랑스어 *franc encens*에서 왔다. 영어의 *frank*는 자유롭고 풍성하게 자란 나무를 가리키는 데 사용되었다. *Frankincense*는 '풍성한 향기'를 의미한다. 히브리어 *l*ᵉ*bōnâ*는 *libanos* 나무에서 얻을 수 있는 향기 나는 덩어리를 가리키는 것으로 보인다(*Snaith*, 33).

9. 레빈(*Levine*, 10)은, 여기서 핵심은 깨끗한 밀을 갈아 만든 가루라는 상태이지 그 밀가루가 어떻게 준비되었는지는 상관하지 않는다고 주장한다(즉, '고운 밀가루').

제물에는 감람나무 기름(*šěmen*)이 포함되었는데, 이는 그 지역의 주요 산물 가운데 하나이며 요리에 자주 사용되는 것이다(쉽게 달구어지는 성질로 인해). 본문은 기름의 의미를 설명하고 있지 않지만, 성경의 용례는 몇 가지 단서를 제공하고 있다. 상징적으로, 구약에서 기름은 여호와께 구별되거나 드려진 것을 가리키는 말로 사용되었다.[10] 만일 고운 밀가루가 예배자의 인격과 재산을 나타낸다면, 기름은 그것들이 이제 여호와께 성별되었음을 가리킨다.

웬함(70)은 기름은 또한 기쁨을 가리킨다고 지적한다[사 61:3, 시 45:8(*MT* 45:9), 잠 27:9]. 이 연계는 왜 기름이 레위기 5장 11절에서 가난한 사람들의 속죄제로나 민수기 5장 15절에서 간음죄를 의심하는 제사에 사용되지 않았는지를 더 설명해준다. 이 두 가지는 모두 기쁜 사건이 아니었다. 만일 이 개념이 존재한다면 기름은 제물을 풍성하고, 더 바람직하며, 따라서 하나님께 더 기쁨이 되게 한다는 의미다.

유향(*l^ebōnâ*)은 불 가운데서 제물의 불쾌한 모든 냄새를 가려주는 향기로운 물질이다. 따라서 유향은 번제의 향기와 같은 효과를 갖고 있어서 하나님을 기쁘시게 한다.

익힌 것. 만일 소제가 익힌 것이라면 누룩이 사용되어서는 안 되었다(2:4). '무교' (*maṣṣâ*)로 번역된 말은 2장 4절에 2회 등장하며, 2장 5절에 1회 나타난다. 누룩(*ś^e*'*ōr*, 2:11)은 밀가루 반죽을 부풀게 하며, 누룩을 넣은 반죽은 *ḥāmēṣ*라 부른다.[11]

제물에 누룩이나 효모를 금지한 이유는 이곳에 언급되어 있지 않다. 누룩을 금지한 것에 대한 가장 그럴 듯한 설명은 누룩이 발효 과정에서 부패나 변질

10. 감람나무 기름은 성별과의 연계성으로 인해 성령의 상징으로 여겨진다(삼상 10:1, 16:13, 슥 4:6). 성화의 기름을 사용하고 있는 본문에서 이러한 연계성은 안에 포함되어 있는 것으로 볼 수 있다.

11. 이 용어에 대한 연구를 위해서 '빵 굽기'와 '빵', '떡'에 관한 저자의 논문을 보라. *New International Dictionary of Old Testament Theology and Exegesis*(*ed. W. A. VanGemeren; Grand Rapids: Zondervan*, 1997), 4:433-36, 448-53.

을 조장한다는 것이다.[12] 해리슨(*Harrison*, 55)은 이에 동의하지만 약간 다른 강조점으로 바라본다. 누룩은 그것이 가진 발효 효과를 통해 알려져 있다. 성경에서 비유적으로 사용된 누룩의 결과는 긍정적이기도 하고 부정적이기도 하다. 부정적인 측면에서 누룩은 냉엄하거나 악한 사람을 가리키기도 한다. 왜냐하면 동사 *ḥāmēṣ*가 시편 73편 21절(시 71:4도 가능)에서 이런 방식으로 사용되었기 때문이다. 누룩이 제사에서 금지된 것으로 보아 여기서의 상징적 의미는 역시 부정적인 것이 분명하다.[13] 랍비들은 누룩을 인간의 악한 성향을 나타내는 은유로 흔히 사용했다. 따라서 이곳 축복과 생명의 제단 위에서는 금기시되었다(*Milgrom*, 189).

신약에서 예수님께서는 바리새인의 거짓 가르침을 가리키기 위해 누룩을 사용하셨다(눅 12:1, 막 8:15). 그리고 바울에게 누룩은 죄의 상징이었다. 그는 교회에게 무교절을 지키라고 가르치면서 "묵은 누룩도 말고 괴악하고 악독한 누룩도 말고 오직 순전함과 진실함의 누룩 없는 떡으로" 지키라고 말한다(고전 5:8).

첫 열매. 소제를 드리는 특별한 경우는 초실절에 드리는 제사로, 이는 신명기 26장의 예배 의식서에 의하면 구별된 제사로 따로 드려질 수 있는 것이었다. 여기에는 *rēʾšît*(레 2:12)와 *bikkûrîm*(2:14)의 두 가지 서로 다른 용어가 사용되었다. 전자는 첫 열매뿐 아니라 가장 좋은 것도 가리킨다. 이 제물은 여호와께 가져오는 첫 열매와 가장 좋은 열매를 포함한다.

이것이 예배자가 여호와께 충성을 선언하는 수단으로서의 헌신의 선물이자 계약 조건이라는 사실은 신명기 26장의 기도서에서 찾아볼 수 있다(특히

---

12. 역시 여호와께 드려진 포도주는 이 개념과 모순된 것으로 보이지만, 포도주가 제단 위에 드려지지는 않았다.

13. 이 용례와 관련해서 몇몇 주석가들은 누룩이 가나안 종교에서 인기가 있었고, 이 규칙은 본질적으로 이스라엘 가운데 이방 종교의 관행을 금하는 것이라고 주장한다(암 4:4-5를 보라). 그러나 성경이 이방 종교의 관습을 금할 때는 직접적으로 금하는 것이 보통이다. 게다가 이스라엘의 제사 가운데 사용된 많은 다른 산물들도 가나안 족속의 의식 가운데 사용되었던 것들이다.

26:10, 13-14, 17). 그 산물이 여호와의 땅에서 났기 때문에 그것은 그분께 속한 것이었다. 그 가운데 일부를 하나님께 돌려드림으로써 예배자는 이 진리를 인정했다.

이 경우의 제물은 바로 '새 곡식'[*'ābîb*('새로운', '신선한')은 고대 이스라엘의 달력으로 일 년 가운데 첫 달인 아빕월을 가리키기 위해 사용된 동일한 말이다]이었다. 백성이 초실절에 새 곡식을 드릴 때마다 새로운 시작, 하나님의 풍성한 공급하심을 누리는 새로운 출발을 되새겼다. 이 말들은 처음 것과 가장 좋은 것을 요구함으로써 예배자에게 여호와께서 그의 물질 전부를 요구하고 계시다는 사실을 일깨워주었다.

Ⅱ. 여호와께서는 소제가 부패하지 않고 언약에 충실할 것을 요구하신다(2:4-7, 11-13, 15).

A. 하나님께서는 부패하지 않은 헌신을 원하신다.

소제에는 몇 가지 제한과 자격 요건이 주어진다. 백성들이 떡에 누룩이나 소금을 넣을지 결정하기 위해 일상적인 사용에 따라 떡을 준비하는 것은 지극히 당연한 일이다. 따라서 율법이 백성들에게 자신의 음식을 여호와께 가져오는 일에 관해 가르칠 때도 동일한 질문이 주어지지만, 한편으로 더 커다란 의미를 포함한다.

누룩의 사용에 대한 제한은 이미 언급했지만 여기서 다시 반복됨으로써 그 사용을 막아야 했다.[14] 이 제한 뒤에 있는 개념은 백성들이 하나님께 드리는 것은 그 안에 부패가 진행되는 것이 있어서는 안 된다는 것일 수도 있다. 만일

14. 누룩은 대부분 사용이 금지되었다(출 23:18에 의하면 어떤 누룩도 '연기로 변할' 수 없었다). 그러나 누룩은 초실절에 떡상 위에 올릴 떡에는 넣을 수 있었다(레 23:17, 20). 히스기야가 드린 초실절 제사에는 꿀이 포함되었다(대하 31:5).

이러한 이해가 그들이 선물을 드림으로써 자신을 드리는 것으로까지 확장된다면 이는 그들이 자신을 드릴 때 악의, 사악함, 다툼, 혹은 양심의 가책 등을 가지고 있지 말아야 함을 의미한다. 이것은 하나님께서 원하시는 것과 정반대되는 것이다.

꿀(*d^ebaš*) 역시 소제에 허용되지 않았다. 이 낱말은 벌이 만든 꿀과 함께 포도, 무화과, 갈대 혹은 창포로 만든 것, 즉 바꿔 말하면 과일로 만든 모든 단 것도 포함했다. 꿀이 금지된 것은 땅에서 나는 단맛으로 발효를 촉진하여 부패를 일으키기 때문인 것으로 보인다.[15] 만일 이것이 옳다면 꿀을 금지하는 것은, 헌신의 제사는 부패가 없어야 한다는 주된 사상을 다시금 강조하는 것이 된다.

B. 하나님께서는 언약에 충실할 것을 요구하신다.

본문은 2장 13절에서 세 번이나 언급하는 가운데 소금을 '언약의 소금'이라고 부르며 소금이 이 예물과 모든 예물에 반드시 사용될 것을 강조한다. 이러한 강조는 주로 소금의 보존성에 기인한 것으로 보인다. 만일 이것이 맞다면 '언약의 소금'은 언약의 보존을 상징화한다(민 18:19, 대하 13:5). 언약이 만들어질 때 양 당사자는 소금을 먹었는데, 어떤 경우에는 심지어 칼날 위에 소금을 얹어 돌리기까지 했다. '소금을 맛본' 사람은 언약의 동맹자가 되었으며, 혹은 만일 '그들 사이에 소금이 있'으면 그들은 언약 안에 있었다. 그렇다면 소제에서 소금이 요구되는 것은 언약 백성에서 중요한 의미로 가득한 것이다.[16]

소금에 관한 이런 강한 규정은 언약을 보존하려는 단호한 노력을 요구한다.

---

15. 어떤 이는 꿀이 이교도의 제사에 사용되었기 때문에 금지되었다고 주장한다. 그러나 이것은 납득하기 어려운 말이다. 왜냐하면 밀가루, 기름, 유향 그리고 소금 역시 이교도들에 의해 사용되었기 때문이다. 우가리트 문서들은 꿀을 가리키는 다양한 말들을 사용한다(*Keret*, 1.4.2를 보라).

16. 방부제로서의 소금이라는 개념은 몇몇 재판 관련 본문에서도 찾아볼 수 있다. 예를 들어, 아비멜렉은 멸망당한 성에 소금을 뿌려 그곳에서 아무것도 자라지 못하게 하였다(삿 9:45). 신명기 29장 23절(*MT* 29:22)에서 소금은 여호와의 심판을 예표한다. 그리고 롯의 아내는 그 도시에 심판이 임했을 때 소금 기둥이 되었다(창 19:26).

웬함(71)은 "언약에 소금을 넣는 것은 예배자가 하나님과 영원한 언약 관계에 있다는 것을 상기시키는 것이다. 이는 하나님께서 그를 버리지 아니하심을 의미하며, 또한 예배자가 언약 율법을 붙들고 지킬 항구적인 의무를 지녔다는 것을 의미한다"라고 말한다. 예수님께서는 이 비유를 제자들에게 적용하셔서 그들에게 세상의 소금이 되라고 명하셨다(마 5:13).

Ⅲ. 여호와께서는 그런 예배자의 헌신의 기념을 받고 기뻐하신다 (2:2-3, 8-10, 16).

A. 소제는 기념물의 기능을 한다.

예배자는 제사장에게 여러 곡식을 가져오고, 제사장은 그 가운데 한 움큼을 떼어내 제단에서 '기념물'로 불살랐다(2:2). 만일 제사가 제사장 자신의 제사라면 그 제물은 모두 제단 위에서 태워졌다[6:22-23(*MT* 6:15-16)].

소제의 중요한 부분은 이 한 줌을 여호와께 태우는 것이었으며, 그것은 ʾ*azkārâ*('기념물')이라고 불렀다. 만일 이 말이 동사 *zākar*('기억하다')와 연관된다면 그 말은 마음에 새겨야 할 어떤 것, 즉 기념물(흠정역), 혹은 기념이 될 부분(*Revised Standard Version*)을 가리킨다. 동일 어원의 아카디아 동사 *zakāru*는 '찬미하다', '선포하다', '언급하다', '기억하다'는 개념을 포함한다. 이는 히브리어 낱말에서도 찾아볼 수 있는 개념들이다.[17] 관련된 명사 *zēker*('기념물', '기억')는 기억할 만한 문구 혹은 목적물이다(아카디아어 *zikru*는 '복사본', '사본', '초상'이다).[18]

---

17. *B. S. Childs, Memory and Tradition in Israel*(*Naperville, Ill.: Allenson*, 1962), 1-8.

18. *CAD* 2:116. 번제에 수컷이 드려졌기 때문에(레 1장) ʾ*azkārâ*가 *zākār*('남성')과 연결될 수도 있다는 주장은 별 타당성이 없어 보인다. 이 견해에 의하면 제사를 드리는 것은 첫 열매, 즉 가장 좋고 가장 먼저 얻은 수확을 하나님께 드리는 것과 같은 것이었다.

드라이버(*Driver*)는 ʾ*azkārâ*가 일부분, 곧 징표가 주어졌거나 그러지 않았다면 불태워졌을 나머지 부분을 경감시킨 표시라고 결론짓는다. 이 행동은 모든 것이 여호와께 속했다는 것을 인정한다.[19] 이것은 아마 그 주요 특징일 것이다. 그러나 기억하는 것에 대한 강조가 배제될 수는 없다. 그것은 예배자에게 그리고 하나님께 제사의 의미를 일깨워주는 것이다. 예배자와 그 소유는 여호와의 것이었다.

하나님께 드린 기념물이라는 개념은 단순한 기억의 되살림 이상의 일이다. 이 동사는 기억된 것에 근거해서 행동하기 시작하다는 의미를 전달한다.[20] 따라서 '기념물'은 예배자에게 언약의 의무에 따라 살 것을, 즉 자신이 가진 모든 것이 여호와께로부터 온 것처럼 살 것을 일깨워주거나 자극한다. 그리고 그것은 여호와께서 이 헌물을 드린 이들을 존귀하게 하고 축복하도록 자극하거나 동기를 부여한다.

B. 소제는 여호와를 기쁘시게 한다.

기념물은 제단에서 태워졌는데, 이것은 예배자에게 하나님께서 받으셨다는 것을 가리킨다. 그것은 여호와께 '향기로운 냄새(*rêaḥ nîḥôaḥ*)'였다. 이 용어(번제에 관한 앞 장에서의 논의를 보라)는 누그러뜨리는, 가라앉히는 향기, 즉 여호와를 기쁘시게 하는 어떤 것을 가리킨다.

C. 소제는 가장 거룩한 것이다.

소제의 나머지 부분은 제사장에게 속했다. 왜냐하면 그것은 '지극히 거룩

---

19. *G. R. Driver, "Three Technical Terms in the Pentateuch," Journal of Semitic Studies* 1(1956): 97-105.

20. 다른 본문들은 이런 강조를 보여준다. "하나님이 노아와… 권념하사"(창 8:1). 이는 분명 하나님께서 노아에 대한 자신의 약속들에 근거해서 행동하시기 시작하셨음을 의미한다. 마찬가지로 "다윗을 위하여 그의 모든 근심한 것을 기억하소서"(시 132:1)와 "당신의 나라에 임하실 때에 나를 생각(기억)하소서"(눅 23:42)는 단순한 기억 이상의 것을 기대하는 것이다.

한' 것이기 때문이다. *qōdeš*란 낱말은 이 제사가 일반적이거나 평소의 용도와 구별되었음을 가리킨다. 그 반대말은 *ḥol*(관련된 동사는 *ḥālal*이다)로 '평범한', '모욕적인' 이다. 따라서 '거룩' 은 평범하지 않은 어떤 것이다. 여기 등장하는 최상급 소유격 *'holy of holies'* 는 '지극히 거룩한' 을 의미하며, 그 곡식이 전적으로 여호와께 구별된 것임을 가리킨다. 제사장들은 소제를 먹을 수 있었고, 그것을 먹음으로써 하나님께서 용납하셨음을 증거했다. 가장 좋은 곡식과 밭은 그 사람이 자기 마음대로 유지할 수 없었다. 왜냐하면 그것은 헌신과 어울리지 않았기 때문이다.

결론

따라서 소제는 하나님께 드려진 선물이었다. 레위기 2장이 소제의 목적이 무엇인지 구체적으로 밝히지 않고 있는 반면, 소제가 어떻게 사용되었는지에 대한 연구는 그것이 여호와께 감사와 헌신을 표현하기 위해 드려진 제물임을 가리켜준다.

예를 들어, 소제는 정기적인 번제(민 28:4-5, 9, 13) 혹은 화목제(레 7:12-14, 민 15:4)에 뒤이어 드려지는 것 외에 '문둥병자' 를 깨끗하게 하는 것(레 14:10-20), 나실인 서원의 성취(민 6:15-19)와 연결되어 드려진 번제보다 앞서서 드려지기도 했다. 이러한 규정들은 소제의 감사 부분을 고취하는 것이다. 소제가 초실절에 드려질 때는 그 자체의 제사 서식문이 규정되어 있다.[21]

주해의 핵심은 여러 가지 방법으로 언급될 수 있지만, 다음은 소제의 메시지를 잘 파악하고 있다.

---

21. 소제는 또한 대제사장이 매일 드리는 제사였다[레 6:14-18(*MT* 6:7-11)]. 이 제사는 의심이 생기는 경우에 드려진 제사였지만(민 5:15) 기름이나 유향이 더해지지 않았다. 그리고 매우 가난한 이들이 드리는 속죄제로도 드려졌다(레 5:12-13).

> 언약에 충성으로 헌신하는 이들은 자기 자신과 자신이 가진 가장 좋은 것을 여호와께 드릴 것이다.

혹은 이런 의무 조항으로 바꾸어 말할 수도 있다.

> 여호와께서는 자기 백성이 자기 자신과 그들이 갖고 있는 가장 좋은 것을 헌신과 감사의 증표로 바치기를 기대하신다.

이런 주해 개념은 소제가 봉헌 제사라는 주요 핵심을 강조하지만, 또한 다른 주제들, 곧 부패가 없는 제사, 언약의 보존을 다짐하는 것, 언약의 의무 조항을 일깨우는 봉헌 행동 등을 이끌어낸다.

이 제사의 의미는 신약의 가르침, 특히 로마서 12장 1-2절에도 그대로 이어졌다. 바울은 로마서 전반부에서 그리스도의 피를 통한 속죄를 정교하게 제시한 다음 이어서 봉헌을 요구한다. "그러므로 형제들아 내가 하나님의 모든 자비하심으로 너희를 권하노니 너희 몸을 하나님이 기뻐하시는 거룩한 산 제사로 드리라 이는 너희의 드릴 영적 예배니라 너희는 이 세대를 본받지 말고 오직 마음을 새롭게 함으로 변화를 받아 하나님의 선하시고 기뻐하시고 온전하신 뜻이 무엇인지 분별하도록 하라." 그리스도의 대속의 죽음으로 온전한 속죄를 받은 그리스도인들은 이제 자기가 자신의 것이 아니라 값을 주고 산 것이며, 따라서 모든 일 가운데 여호와께 영광을 돌려야 한다는 사실을 고백해야만 한다(고전 6:19). 바울은 빌립보 교회에서 그런 드림이 있는 것을 보고 이렇게 말했다. "너희의 준 것을 받으므로 내가 풍족하니 이는 받으실 만한 향기로운 제물이요 하나님을 기쁘시게 한 것이라"(빌 4:18).

주해자는 소제와 그 가운데 포함된 요소들로부터 직접 적용할 수도 있다. 이 제사가 제단에서 태워져야 할 증표일 뿐이며, 나머지 것들은 '지극히 거룩한' 것이라는 사실은 많은 의미로 가득 차 있다. 성도가 한 번 자신과 그 소유를 여호와께 드리면 그 봉헌 가운데 포함된 모든 것은 거룩해지며, 죄악된 세상과 분리되어 하나님께 드리는 섬김으로 구별된다. 비록 여호와께서는 그것을 그들에게 되돌리시지만, 그들은 그것이 지극히 거룩한 것임을 반드시 기억해야 한다. 그리고 비록 그것을 자신들을 위해 사용할 수 있지만, 거룩한 것을 위해 사용해야지 경건하지 않거나 범죄의 목적으로 사용해서는 안 되었다. 이것이 제사에서 봉헌이 의미하는 모든 것이다.

구약의 성도들에게 시편 40편 6-8절(*MT* 40:7-9)은, 하나님께서 드려진 예물보다 예배자의 헌신에 더 많은 관심을 갖고 계신다는 사실을 인정하는 말로, 그런 봉헌의 제사 때 행하기에 합당한 말을 다음과 같이 제시한다.

> 주께서 나의 귀를 통하여 들리시기를
> "제사와 예물을 기뻐 아니하시며
> 번제와 속죄제를 요구치 아니하신다" 하신지라
> 그때에 내가 말하기를 "내가 왔나이다
> 나를 가리켜 기록한 것이 두루마리 책에 있나이다
> 나의 하나님이여
> 내가 주의 뜻 행하기를 즐기오니
> 주의 법이 나의 심중에 있나이다" 하였나이다.

또 다른 차원에서 시편 40편에 나온 이 봉헌의 말은 주 예수 그리스도 안에서 완전한 의미를 찾을 수 있다(히 10:5-9). 그분은 성부 하나님의 뜻을 행하여 그 누구보다 완전한 봉헌을 드리셨다. 더욱이 성육신 안에서 한 육체가 그분을 위해 준비되었고, 성경의 모든 예언은 하나같이 그분을 언급하거나 기술하고 있었다. 그분이 오셔서 행할 성부 하나님의 뜻은 세상 죄를 대속할 제사를 드리는 것이었다. 따라서 예수님께서는 봉헌 제사, 혹은 소제의 완전한 성취시다. 그리고 그분은 모든 그리스도인이 행할 헌신의 원형이시다.

우리가 그리스도의 속죄로 말미암아 그분 안에 있으므로, 그리스도께서 자기 자신을 성부 하나님께 드리신 것은 그분의 몸인 교회를 포함한다는 사실을 언급하는 것은 도움이 된다. 우리의 미약한 헌신의 행동들은 오직 우리가 하나님께 속했음을 인정하고 깨닫는 것뿐이다.

참고 문헌

Childs, B. S. *Memory and Tradition in Israel*. Naperville, Ill.: Allenson, 1962(esp. pp. 1-8, 17-19).

King, M. A. "The Grain and First Fruits." *Moody Monthly*(June 1984): 74-76.

Rainey, A. F. "The Order of Sacrifices in the Old Teatament Ritual Texts." *Biblica* 51(1970): 485-98.

__. "Sacrifices and Offerings." Pp. 194-211 in vol. 5 of *The Zondervan Pictorial Encyclopedia of the Bible*, Edited by M. C. Tenney. Grand Rapids: Zondervan, 1975.

5 Laws of the Sacrifices

하나님과의 평화 : 화목제(3장)

화목제는 예배자가 하나님과의 화목한 관계를 누리는 유익을 축하하며 성소에 모인 무리와 함께 먹는 음식이다. 화목제는 하나님의 임재 가운데 축제를 즐기는 기쁨의 시간으로서, 피의 속죄로 가능해졌고 하나님께서 주신 축복으로 일어난 사건이다.[1]

이 제사는 공동체 식사(*communal meal*)라는 특징 때문에 모든 제사 의식 가운데 가장 기대가 되는 일이었을 것이다. 그것은 그 자체로 커다란 축제였다. 필요한 의식을 거행한 후 제물은 다음과 같이 할당되었다. 기름과 내장 부분은 여호와께 드리기 위해 제단 위에서 태웠다. 그리고 나머지 부분은 성전 뜰 안에 있던 모든 사람이 함께 먹었다. 이 의식은 백성들이 이 제물의 일부분을 공동체 식사로 받았다는 점에서 독특하다.

화목제를 드려야 할 경우는 레위기 7장에 기록되어 있다. 그 가

---

1. 화목제가 드려졌다는 사실은 예배자와 하나님 사이에 무언가 잘못된 것이나 잃어버린 것이 있었지만 이제 치유되었음을 가리킨다. *H. A. Ironside, Letures on Levitical Offerings(Neptune, N.J.: Loizeaux, n.d.)*, 36.*Westminster*, 1965), 9-10.

운데 한 가지는 감사의 제사(*tôdâ*)였다. 공적인 선언 가운데(선포 찬양의 시편이 이곳에 가장 잘 들어맞는다) 예배자는 하나님께서 행하신 것에 대한 감사의 일부로 동물을 가져왔다[레 7:12–13, 시 56:12(*MT* 56:13),[2] 107:22]. 이것은 사실상 하나님께 은혜의 축복을 받았을 때는 그것을 다른 사람들과 함께 나누어야 한다는 사실을 인정하는 것이었다. 관대함은 감사의 증거였다. 따라서 많은 백성, 불쌍하고 가난한 사람도 모두 함께 화목제의 풍성함에 참여했다(22:26).

화목제가 드려지는 또 다른 경우는 서원을 갚은 때다(레 7:16–17, 민 6:17–20). 이 경우 예배자는 하나님께 드린 약속을 완전히 지키게 된다(즉, 간구를 뒷받침하기 위해 약속한 서원 제사를 드림)[3]. 사무엘상 1장 24–28절에 의하면 한나는 어린 황소 세 마리[4]와 밀가루 한 에바 그리고 포도주 한 가죽 부대를 가지고 가서 사무엘을 주신 것에 대한 서원의 값을 치렀다. 이것은 잘사는 집 안에서 드리는 풍족한 제사였다.

화목제를 드리는 세 번째 경우는 낙헌제였다. 이것은 단순히 일반적인 감사와 하나님을 향한 사랑의 표현이었다(레 7:16, 22:18, 21). 믿음의 사람은 하나님과 언약 안에 있음으로 인해 누리는 축복을 기념하기 위해 언제라도 화목제를 드릴 수 있었다.

---

2. 이 구절에서, 시편 기자가 자기 서원을 치르고 여호와께 '감사제(*ʾăšallēm tôdōt*)를 드릴 것' 이라고 선포한 부분은 뒤따르는 제사의 이름으로 행한 언어유희를 포함하고 있다. 히브리어 동사 *šillam*은 '화목제(*šᵉlāmîm*)' 를 가리킨다.

3. 시편 전체를 보면 간구는 그 뒤에 찬양의 서원이 뒤따랐다. 많은 곳에서 그 찬양의 서원은 한 사람이 하나님께서 자기 기도를 들어주실 때 그가 성소에서 말로 들려주는 찬양으로 행해졌다. 이것을 '서원을 갚는다' 로 부른다. *C. Westerman, the Praise of God in the Psalms(trans. K. Crim; Richmond: John Knox*, 1965), 52–81.

4. *MT*에는 '세 마리 황소' 로 되어 있지만, 사해사본, 칠십인 역, 시리아사본에는 '세 살짜리 황소' 로 되어 있다.

신학적 주제

화목제의 주요 강조점은 하나님과 화목을 누림으로써 오는 모든 유익을 축하하는 것이어야 한다. 이는 하나님과 예배자 사이에 모든 것이 잘 진행되고 있음을 가리킨다. 화목제 규례는 이 점을 상세히 규정하고 있지 않으며, 따라서 많은 내용을 병행 자료에서 끌어들여야 한다. 그러나 화목제가 드려질 모든 경우는 하나님의 공의의 축복과 관련되어 있다. 그리고 이런 축하는 이스라엘 백성의 제사 가운데 가장 눈에 띄는 부분이었다.

레위기 3장의 다른 모티브는 다른 신학적 주제들을 소개한다. 두드러진 점은 하나님의 몫, 여기서는 내장, 기름, 피를 강조한 것이다. 이 부분들이 상징하는 것은, 하나님과의 화평을 축하하는 일에는 반드시 가장 좋은 것, 곧 자신의 뜻, 자신의 삶 전체를 그분께 드리는 일이 뒤따라야 함을 가리킨다.

이 제사를 식사로 규정하는 것은 레위기 3장에서만 살짝 엿볼 수 있는 것이지만 레위기 7장에서는 충분히 발전되어 나온다. 그러나 화목제는 단순히 백성들이 고기를 먹는 일만은 아니었다. 오히려 이 음식은 하나님께 받은 여러 가지 축복을 축하하는 가운데 하나님의 임재 가운데서 먹는 거룩한 음식이었다. 따라서 여기서는 공동체 관계의 증거로서 식사라는 중요한 성경 주제가 소개된다.

본문 개괄

본문의 요약

여호와께 화목제를 가져온 예배자는 그것이 소든 양이든 죽여서 제사장에게 그 피를 제단에 뿌릴 수 있게 해야 했다. 그리고 예배자는 그로부터 내장 부분과 기름을 제단에서 태워 여호와께서 기뻐하시는 음식이 되게 준비했다. 이는 기름과 피는 여호와께 속한 것이기 때문이다.

본문 개요

I. 소를 화목제로 가져온 사람은 그것을 죽여 제사장에게 그 피를 제단에 뿌릴 수 있게 했다. 그리고 예배자는 내장 기름과 콩팥을 준비하여 제사장에게 여호와께 기뻐하시는 제물로 태우게 했다(3:1-5).

A. 누구든지 소를 화목제로 가져오는 사람은 흠이 없는 동물을 드려야 했다(3:1).

B. 예배자는 동물을 죽여 제사장에게 그 피를 제단에 뿌리게 했다. 그리고 예배자는 기름과 콩팥을 여호와께서 기뻐하시는 제물로 태우기 위해 준비했다(3:2-4).

C. 제사장은 제물을 불태워 여호와께 제물로 드렸다(3:5).

II. 양을 화목제로 가져온 사람은 그것을 죽여 제사장에게 그 피를 제단에 뿌릴 수 있게 했다. 그리고 예배자는 내장 기름과 기름진 꼬리와 콩팥을 준비하여 제사장에게 여호와께서 기뻐하시는 제물로 태우게 했다(3:6-11).

A. 누구든지 양을 가져오는 사람은 흠이 없는 동물을 드려야 했다(3:6).

B. 예배자는 동물을 죽여 제사장에게 그 피를 제단에 뿌리게 했다. 그리고 예배자는 기름과 콩팥을 준비하여 여호와께 제물로 태우게 했다(3:7-10).

C. 제사장은 그 제물을 불태워 여호와께 제물로 드렸다(3:11).

III. 염소를 화목 제물로 가져오는 사람은 그것을 죽여 제사장에게 그 피를 제단에 뿌릴 수 있게 했다. 그리고 예배자는 내장 기름과 콩팥을 준비하여 제사장에게 여호와께서 기뻐하시는 제물로 드리게 했다(3:12-16).

A. 누구든지 염소를 가져오는 사람은 그것을 여호와께 드렸다(3:12).

B. 예배자는 그 동물을 죽여 제사장에게 그 피를 제단에 뿌리게 했고, 예배자는 기름과 콩팥을 준비하여 여호와께 드리는 제물로 불태웠다(3:13-15).

C. 제사장은 그 제물을 불태워 여호와께 제물로 드렸다(3:16).

IV. 이스라엘 백성은 기름이나 피를 먹지 말도록 경고를 받았다. 이는 그것이 여호와의 것이기 때문이다(3:17).

내용 강해

레위기 3장은 소(3:1-5), 양(3:6-11), 염소(3:12-16)의 세 개의 본문으로 나뉜다. 각 본문은 동일한 형태로 진행된다. 조건절이 제물의 종류를 소개하고, 이어서 각기 다른 임무가 열거되며, 마지막으로 이것이 "여호와께 드리는 식물이니라(*leḥem ʾiššeh laʾădōnāy*)"는 말로 마무리된다. 3장 17절에서는 기름이나 피를 먹는 것을 영원히 금한다.

이 장은 하나의 제사에 대한 규정이, 서로 다른 동물에 대해 세 번 반복된다는 점에서 앞의 두 장과 같은 어려움이 있다. 여기서도 한 절씩 구절별로 논의해나가는 것보다 관련된 특정한 주제에 적합한 본문들에서 내용을 이끌어오는 주제별 배열을 따르는 것이 훨씬 효과적일 것이다. 이 장의 또 다른 어려움은 이 제사를 충분히 이해하려면 레위기 7장의 내용, 특히 기름과 콩팥이 여호와께 드려진 다음에 동물의 남은 부분이 공동체의 식사를 위한 음식이 된다는 것을 도입해야 한다는 점이다.[5] 그 내용은 반드시 이끌어와야 하는 것이지만 이는 아무런 문제를 드러내지 않는다. 왜냐하면 이 두 레위기 규정은 서로를 보완하고 있기 때문이다. 더욱이 이 장은 이스라엘 백성이 기름이나 피를 먹어서는 안 된다는 예기적 경고의 내용을 미리 예고하고 있다.

그럼에도 불구하고 레위기 3장의 주해는 레위기 3장에서 발견된 주요 개념에 초점을 맞추어야 한다. 이 제사가 음식이었다는 사실은 반드시 도입되어야 한다. 왜냐하면 본문이 그것을 가리키기 때문이다. 그러나 그것이 공동체 식사가 될 경우와 그 상세한 내용은 레위기 7장 주해의 초점이 되어야 한다. 레위기 3장의 주해는 그 제사가 평화를 축하하는 것임이 강조되어야 한다.[6]

I. 하나님과의 화목을 축하하는 것은 대속 제물이 흘린 피에 근거한 것이다(3:1–2, 6–8, 12–13).

A. 하나님의 백성은 그분과의 평화를 즐거워한다.

이스라엘 백성의 제사의 중심에는 *zebaḥ šᵉlāmîm*이 자리하고 있다. 이 말은 영어 성경에서 *peace offering*('화목제') 혹은 *fellowship offering*('교제의 제사')으로 다양하게 번역되고 있다. 동사 *zābaḥ*('도살하다')와 관련된 *zebaḥ*('제사', '제물')는 그 본질적인 의식이 축제 기간 동안 제물의 고기를 먹는 고대의 제사 형태를 가리킨다(*BDB* 257). *zebaḥ*란 용어는 레위기에서 주

5. 제사장이 아닌 사람들이 이 제물을 먹을 수 있었기 때문에 레빈(*Levine*, 14)은 그것이 덜 거룩한 제사라고 말한다.

6. 주해자는 레위기 3장의 제사 규정과 레위기 7장의 제사장 규정을 결합하여 주제별 설교(실제로, 각 제사별로 이런 설교를 할 수도 있다)를 하고 싶은 마음이 들 수도 있다. 이 의도는 만일 주해자가 모든 본문을 상세하게 다룰 시간이 없는 경우에 좋은 아이디어가 될 수 있다. 그 결과로 나온 주해는 많은 것을 다룬 내용으로 가득할 것이다. 그리고 우리는 또한 레위기 6–7장의 제사 의식은 그러한 문맥들 가운데서 분명히 강조되고 있음을 반드시 명심해야 한다.

로 *šᵉlāmîm*과 연결되어 사용되었는데, 특정한 형태의 *zebaḥ*를 기술한다.[7] 이것은 *šᵉlāmîm* 제사, 곧 '평화의 제사' 혹은 '안녕의 제사' 다.[8]

*Šᵉlāmîm*은 *šālēm*('평화를 누리다', '평화의 언약 안에 있다', '온전하다', '완전하다')과 관련이 있는 복수 명사(추상 명사, 혹은 강조된 형태)로 다시 *šālôm*('평화')과 관련이 있다. 이 문맥에서 *šᵉlāmîm*은 번역하기 매우 어려운 것으로 입증되었다. 문맥이나 관련된 개념에 근거해서 다양한 번역이 시도되었다.[9] 그러나 많은 주석가들이 결론 내린 것처럼 이 단어는 *šᵉlāmîm*에 대한 가장 훌륭한 *šālôm*의 일반적인 의미와 일치하는 것으로 건강, 번영 그리고 하나님과의 화목을 나타내며, 이 모든 것은 가장 풍성한 의미에서의 구원의 특징이다. 따라서 '평화' 혹은 '안녕' 은 이 제사가 축하하고 있는 것을 잘 반영하고 있다.

Šᵉlāmîm 형태는 이 동사의 *Qal* 어근과 연관이 있는 것으로 보이며, 따라서 이미 존재하고 있던 평화로운 관계를 축하하거나 그런 관계의 증거를 제공하

---

7. 이 구조에 대한 논의와 다른 종류의 *zebaḥ* 제사의 목록을 위해서는 밀그롬(*Milgrom*) 218을 보라. 성경 용어 *zebaḥ*에 대해 *BDB* 257이 규정한 의미는 밀그롬에 의해 확증되었는데, 그는 그 의미가 '그 고기를 예배자가 먹은, 죽임당한 제물' 이라고 언급한다.

8. 이에 따르면, 시편 기자가 자신이 제사(*zebaḥ*)를 드릴 수 없다고 말했을 때, 그 말의 의미는 자신이 범죄했기 때문에 화목제를 축하할 자유가 없다는 것이었다[시 51:16(*MT* 51:18)]. 시편 51편은 일반적인 제사에 대한 거부가 아니라 그들이 율법을 범한 사람에게 어떤 식으로 적용했는지에 대한 정확한 이해를 보여준다.

9. 벌게이트 역은 '화목제' 로, 칠십인 역은 '구원' 으로 번역하며 '건강', '번영', '안녕' 을 의미한다. 스네이드(*Snaith*, 35)는 이 의미가 진짜 의미와 그다지 차이가 없다고 결론을 짓는다. 그는 그것을 '함께 나눈 제사' 로 부르기로 선택했다. 레빈(*Levine*, 18)은 그 제사가 의식 안에서 담당한 역할로 인해 그것을 '거룩한 인사의 제사' 로 부르기를 선호한다. 그의 생각은 우가리트어 *šelamuma*('예물', '인사 선물')와의 비교 연구에 근거한 것이다. 그는 *šᵉlāmîm*은 누군가 다른 사람을 *šalôm*으로 맞이할 때 드려졌다고 말한다. "이 말이 특정한 제사의 이름으로 채택된 것은 하나님의 임재 가운데서 예배자와 제사장이 거룩한 손님을 맞이하며 체험한 교제를 표현하고 있기 때문이다." 이 주장은 인사가 성경 다른 곳에서 이 제사의 중요한 일부일 경우 충분히 설득력이 있다. 더욱이 예배자는 하나님의 집에서 그분의 손님이었다. 다른 이들은 이 제사에 이 이름이 붙은 것은 이것이 제사를 완전하게 만들기 때문에[*R. E. Clements, "Leviticus," in the Broadman Bible Commentary*(*ed. C. J. Allen; Nashville: Broadman*, 1970), 2:14)], 혹은 언약에의 완전한 신뢰를 표현하기 때문[*R. Schmid, Das Bundesofer in Israel*(*Munich: Kosel*, 1954)]이라고 주장한다. 밀그롬(*Milgrom*, 220)은 자신의 '경험에서 우러나는 추측' 으로 '안녕 제사' (*well-being offering*)라는 표현을 택한다.

는 제사를 기술하는 것이다. 만일 명사 형태가 이중 반복(중간 철자의 반복)에 의해 연장되었다면, 그것은 그 동사의 강세 어간과 관계가 있으며, 그래서 화목을 세우기 위해 혹은 값을 치르기 위해 드려진 제사를 기술하는 것이 된다. 칠십인 역은 간략하게 *sōtērion*['구원에 대한' (감사의 제사)]과 다른 곳에서는 *thysias eirēnikē*('화목 제사')를 사용함으로써 기본 어간에서 정확하게 이끌어낸 것으로 보인다.

철자 외에도 이 말을 이런 의미로 사용하는 데에는 다른 몇 가지 이유가 있다. 첫째, 예배자는 여호와의 임재 가운데서 제물을 먹었다. 이는 평화로운 관계나 공동체의 존재를 시사한다.[10] 둘째, 이 제사는 언약에 의해 비준되었고, 그들은 하나님의 백성이었다(출 24:5). 백성들의 지도자는 여호와의 임재 가운데서 화목 제물을 먹었고, 여호와께서는 그들에게 손을 대지 않으셨다. 셋째, 이 제사는 항상 번제 뒤를 따랐다.[11] 실제로 번제의 맨 위에 위치해 있었고, 그래서 상징적으로 속죄에 근거하고 있다.

따라서 이 제사는 하나님과 화목하게 된 것을 표현하고 축하하는 것이다. 이것은 그 관계를 증거하는, 하나님께로부터 오는 유형의 양식으로 말미암아 일어났다. 이 장의 규정은 이 평화가 어떻게 일어났는지, 혹은 어떻게 증거되었는지 설명하고 있지 않다. 다만 그 화평을 위한 의식을 규정하고 있다. 그러나 이 문제는 번제와 이어서 화목제를 드리는 순서에 의해 그리고 이어지는 화목제를 드리는 경우의 목록에 의해 비교적 상세하게 밝혀진다. 그렇다면 평화의 의미는 예배자와 하나님 사이에 모든 것이 잘 되고 있다는 것이다. 그들

---

10. 밀그롬(***Milgrom***, 221)은 '안녕 제사'가 식탁에 고기를 제공하기 위한 기능을 하며, 이 제사가 암시하고 있는 신과의 신비로운 연합은 반드시 배제되어야 한다는 견해를 취한다. 그러나 이 주장은 지나치게 강한 것으로 보인다. 여호와의 임재 가운데서 제물의 일부를 먹는 것은 분명히 그보다 더 중요한 의미가 있다. 그들은 언약 관계로 인한 여러 가지 축복을 축하하기 위해 그 자리에 모였고, 이는 실제로 영적인 관계를 가리키는 것이다.

11. 우가리트 문헌은 ***šrp***와 ***šlmm*** 제사가 쌍을 이루고 있음을 보여준다. 마찬가지로 성경에서 번제와 화목제는 쌍을 이룬다(삼상 13:9, 왕상 9:25).

은 증거가 있으며, 그것을 함께 축하하러 왔다.

B. 하나님의 백성은 그분과의 평화를 축하한다.

이스라엘 백성은 하나님과의 관계를 축하하고 싶을 때마다 특별한 지침을 따라야 했다.[12] 첫째, 소나 양 떼 가운데 암수를 불문하고 어떤 짐승도 드려질 수 있었다(3:1, 6, 12).[13] 요세푸스(*Josephus*)는 높은 제단에서 완전하게 태워지는 제사와 대조적으로 예배자들이 먹는 제물은 암컷이나 수컷도 될 수 있었다고 말한다(*Antiquities* 3.9.1-2 §§224-29). 이것을 먹을 수 있었다는 사실은 그것이 '지극히 거룩한' 제사가 아닌 이유다. 둘째, 동물은 반드시 중대한 결점이 없어야 했다. 그러나 이것은 낙헌제이기 때문에 작은 흠집은 허용되었다(레 22:21-23). 셋째, 화목제는 항상 소제와 전제가 그 뒤를 이었다(7:11).

예배자는 동물 위에 한 손을 얹음으로써 그 제물을 여호와께 드렸다(3:2). 앞에서 살펴본 바와 같이, 이 행동은 최소한 예배자와 그 동물을 동일시하는 것이다.[14] 케일(*Keil*)은 이 행동을 더 깊이 연구하고, 그것이 자신의 의도와 감정을 제물에게 전가시키는 것을 의미한다고 말한다.[15] 이 주장이 타당한 것은 여기서 죄나 범법함을 전혀 다루고 있지 않기 때문이다. 화목제를 드리는 경우는 전적으로 감정적인 경우고, 따라서 예배자가 자신을 제물과 동일시하는 것은 바로 자신의 감정과 의도를 제물과 연관시키는 것이다.

---

12. 화목제는 본질적으로 임의적인 제사였다. 그래서 임의적이기는 하지만 많은 경우에 드릴 것이 예상이 되는 그런 제사였다. 화목제는 누구나 드릴 수 있는 그런 종류의 제사는 아니었다. 그래서 가난한 사람이 다른 사람의 제사에서 먹는 이유가 이것이다. 화목제는 부유한 사람들에 의해 특별한 경우에 드려졌으며, 모든 부족과 그 자리에 모인 회중들을 위해 드려졌다.

13. 이 제사 가운데 새가 포함되지 않는 것에 관한 질문에 몇 가지 대답이 주어졌다. 새는 다른 제사와 함께 드려질 수 있었다. 그리고 새는 분명히 음식의 주요 수단은 아니었다. 밀그롬(*Milgrom*, 222)은 먹기에 적합한 모든 새는 사냥이 허가된 새로 간주했고, 따라서 이 의식의 일부가 아니라고 말했다. 새들은 피나 기름이 화목제를 드리기에는 너무 적었다.

14. 로울리(*H. H. Rowley*)는, 이것은 예배자가 죽어가고 있음을 말하는 상징적 방법 가운데 하나라고 강조한다. "*The Meaning of Sacrifice in the OT*," *Bulletin of the John Rylands Libaray* 33(1951): 76-78.

15. *C. F. Keil, The Pentateuch*(*trans. J. Martin; Edinburg: Clark*, 1874; *repr. Grand Rapids: Eerdmans*), 2:283.

동물은 회막문에서 죽임을 당했는데, 이곳에서 제사장이 피를 모아 제단에 뿌렸다. 밀그롬(*Milgrom*, 223)은 이 피 의식이 제사 가운데 본질적인 의미를 갖고 있다고 바르게 지적한다(레 17장을 보라). 이 제사는 항상 성소에 들어가기 위한 의식으로 행해졌다(3:2). 피 자체는 제물의 생명을 가리키는데, 이는 예배자의 생명을 대신하는 것이다. 여기서 하나의 생명이 예배자와 그 뒤에 있는 일군의 후원자들을 위해 죽임을 당했다. 이 주제는 계속해서 가르쳐졌다. 그 누구도 생명을 잃지 않고는 하나님께 나아갈 수 없으며, 다만 하나님의 은혜로 대속물의 생명을 통하는 경우에만 가능하다. 여기에서 핵심은 제물의 피를 흘린 것은 하나님과 화목하게 된 것의 의미를 축하하는 근거이자 수단이라는 점이다. 성소에 들어가 공동 식사를 하며 축하하기 위해서는 여전히 제단에 피를 드릴 것이 요구되었다.

Ⅱ. 하나님과의 화목을 축하하는 것은 하나님께 굴복하는 것을 특징으로 한다(3:3-4, 9-10, 14-15).

이 의식 전체는 몇 가지 단면들을 포함하고 있다. 골라낸 기름 부분은 하나님께 드리는 예물로 제사장에 의해 단 위에서 태워졌다(3:3-5). 다른 부분들은 임무를 수행하는 제사장들에게 할당되었고, 깨끗한 장소에서 먹었다(7:14, 30-36). 여기에는 소제의 떡 한 덩이와 요제로 드린 가장 좋은 부분(7:30-31)과 화목제 희생이 피를 드린 자에게 돌아간 오른쪽 뒷다리(7:32-34)가 포함되었다.

동물의 남은 부분은 예배자에게 돌아가 공동체 식사가 되었다. 레위기 3장은 이것을 화제로 여호와께 드리는 식물이라 부름으로써 암시를 주고, 기름과 피를 먹지 말도록 금함으로써 레위기 7장을 기대하게 한다. 레위기 7장에 의하면 만일 화목제가 감사 희생이면 제사를 드린 그날 성소에서 먹어야 했다

(7:15). 그러나 그것이 불 가운데 구워지는 동안 예배자는 구원 행위를 공적으로 증거했다(예, 시 107:22). 만일 그 제사가 서원이나 자원의 예물이면 제사 당일이나 다음 날까지 먹는 것이 가능했다(레 7:16-18).

A. 하나님의 백성은 가장 좋은 것을 하나님께 드린다.

규정에 의하면 동물의 특정한 부분은 하나님께 드려졌다. 그것은 속죄제에 드려진 것과 동일한 부분이었다(4:8-10). 그리고 예배자는 피나 기름을 먹는 것이 허락되지 않았다(3:17). 피를 금지하는 이유는 그것이 속죄에 사용되기 때문이지만(17:11), 초기부터 금지되어 왔던 바 기름을 금하는 이유를 설명하기는 그리 쉽지 않다. 가장 간단한 설명은 기름은 식용에 적합하지 않지만 가장 좋은 것과 연관되기 때문이라는 것이다. 기름진 동물은 잘 먹이고 건강한 동물을 말한다. 마찬가지로 이스라엘에게 '땅의 기름진 것' 을 먹는 것은 그 땅의 풍성함을 누리는 것을 의미했다(창 45:18을 보라). 따라서 만일 동물이 실제로 예배자를 대변한다면, 그 기름을 하나님께 드리는 것은 상징적으로 자신의 삶 가운데 가장 좋은 것을 하나님께 드리는 것을 의미한다(*Wenham*, 80).

B. 하나님의 백성은 하나님의 뜻에 복종한다.

왜 내장이 제단 위에 불태워졌는지에 대해서는 본문이 설명을 하고 있지 않다. 따라서 우리는 이런 설명을 시도해볼 수 있다. 콩팥을 비롯한 다른 장기들은 감정(예, 의지와 다른 연관된 감정적인 본능들)이 위치한 곳으로 여겨지기 때문에[16] 희생되는 동물의 이런 장기 부분을 드림으로써 예배자는 본질적으로

16. 예를 들어, 시편 16편 7절, 욥기 19장 27절, 예레미야 12장 2절을 보라. 콩팥, 심장, 간 등에 관한 상세한 논의를 보려면 울프(*H. W. Wolff*)의 *Anthropology and the Old Testament*(*trans. M. Kohl*; *Philadelphia*: *Fortress*, 1974), 40-66을 보라.

자신의 가장 깊은 감정들과 의도들을 굴복시키는 것이 된다. 이러한 설명은 화목제가 찬양, 서원, 낙헌제와 같은 매우 감정적인 시기에 오기 때문에 의미가 통한다. 그렇다면 의식의 이 부분에서 예배자는 상징적으로 자신, 곧 자신의 가장 깊은 존재를 여호와께 굴복하게 된다.[17]

이 일은 삶 가운데서 하나님의 은혜와 축복의 증거를 누리고 있는 사람에게 마땅히 기대할 것들이었다. 마음과 영혼을 그분께 복종하기를 거부하면서 하나님과 화평을 누리거나, 그 화평이 가져오는 축복을 누린다고 주장할 수 있는 사람은 아무도 없다.

Ⅲ. 화목의 축하는 하나님을 기쁘시게 한다(3:5, 11, 16).

A. 화목의 축하는 공동체 식사다.

레위기 3장은 화목제를 음식으로 규정하는데, 이는 아마 그것을 먹는 것을 강조하기 때문으로 보인다.[18] *leḥem ʾiššeh*란 용어는 번제에도 사용되었다. 몇몇 주석가들은 이 구절을 '음식 선물'로 번역하는데, 번제의 경우 '선물' 하나만 있는 것이 어울리는 것으로 보인다. 그러나 화목제의 특징은 *leḥem*을 덧붙임으로써 분명해졌다. 그것은 선물인데, 분명히 음식 가운데 하나였다. 레위기 7장은 예배자와 회중이 제물의 일부를 먹었음을 강조한다. 따라서 이 제사, 곧 하나님과 화목하게 된 것에 대한 축하는 여호와의 임재 가운데 먹는 공동체 음식으로 간주되었다.

---

17. 하나님께 드려진 동물의 일부분은 그 동물을 죽임으로써만 다룰 수 있었다는 사실에 주목해야 한다(*Ironside*, *Lectures on Levitical Offerings*, 42). 마찬가지로, 기독교의 가르침 가운데 자신의 마음을 하나님께 드리는 것은 영적으로 자아의 죽음을 암시한다.

18. 히브리어 *leḥem*은 '음식' 혹은 '떡'을 의미한다. 여기서 제물이 음식으로 불린 것은 그것이 사람에게 음식이 준비되고 제공되는 것과 똑같은 방식으로 하나님께 준비되고 제공되어졌기 때문이다. 고대 의식은 신들이 힘을 내고 살아가기 위해서는 음식을 필요로 한다고 가르쳤다. 그러나 성경은 여호와께서 제물을 요구하신 것은 그분이 헌신과 교제를 원하시기 때문이라고 말한다(*Levine*, 17).

이 의식의 모든 부분은 하나님과의 교통을 가장 잘 드러내는 것이다. 공동체 식사가 제사로부터 주어진다는 사실은 놀랄 만하다. 다른 모든 제사에서는 예배자가 하나님께 드리는 것이 대부분이다. 그러나 여기서는 마치 하나님께서 제물의 일부를 신실한 자들에게 자신의 임재 가운데 먹도록 되돌려주는 것처럼 보인다. 이것은 여호와의 자기 백성을 향한 풍성한 선물과 언약 안에 존재하는 화목의 관계를 가리킨다.

B. 하나님께서는 화목을 축하하는 것을 기뻐하신다.

본문에서 이 제사에 대한 모든 설명 가운데 가장 위로가 되는 말씀은 화목제가 여호와께 기뻐하시는 향기가 된다는 것이다. 이것은 분명 합당한 동물, 피 흘림, 여호와께 드려진 기름과 내장, 번제와 함께 혹은 번제 위에 올려진 제물 그리고 공동체 식사 등 의식 전체를 가리키는 것이 분명하다. 제물이 제단 위에 올려질 때 하나님께서 그것을 받으셨고 그 의미대로 되었음이 모든 사람들에게 분명히 드러났다. 그러나 그보다 더 중요한 것은 그것이 하나님을 기쁘시게 했다는 것이다.

결론

화목제는 이스라엘의 제사 의식 가운데 가장 즐거운 축하 잔치였다. 하나님의 은혜로운 축복을 찬양하기 원하는 예배자는 화목제에 드릴 동물을 가져옴으로써 그 일을 행했고, 이것은 성소에서 커다란 축제가 되었다. 그러나 예배자, 함께한 가족, 모인 회중과 제사장 그리고 가난하고 불쌍한 사람들이 이 제물로부터 축제를 벌이기 전에 먼저 합당한 단계를 거쳐야 했다. 속죄를 위한 번제, 화목제의 피와 기름과 내장을 준비하는 의식 그리고 화목제를 드리는 이유를 공적으로 선언하는 것이 그것이다. 이 종류의 제사는 드물었고, 그런 제사를 드릴 만한 여유가 있는 사람들에게만 제한되어 있었다. 그러나 이 제사는 그럼에도 불구하고 예배의 가장 중요한 부분이 되었다. 바로 하나님과의 화목으로 말미암은 축복 덕분에 여호와의 임재 앞에서 공동체 음식을 먹는 것이다.

이 본문의 중심 주해는 다음과 같이 정리될 수 있다.

> 자신의 마음을 하나님께 굴복하고 희생 제물이 흘린 피에 근거해 그분께 나아간 사람은 하나님과 화목하게 되었음을(공동체 식사 가운데) 축하할 수 있다.

이 사상은 여러 가지 방식으로 기록할 수 있다. 그러나 이 본문의 핵심은, 모든 예배 의식의 정점은 성도들이 하나님의 임재 가운데서 함께하는 언약의 축복을 축하하며 (제단에서 나온) 공동체 음식을 먹을 때라는 것이다.

이스라엘의 화목제가 갖고 있는 몇 가지 특징은 새 언약 가운데서 일치하는 부분을 찾을 수 있는데, 이는 그들이 약속에서 성취로 발전되는 일부분이기 때문이다. 일반적으로 구약과 신약은 모두 하나님과 화목하게 되는 것이 언약의 본질이라고 표현하고, 하나님의 축복과 공급하심을 받은 사람은 그 풍성함을 회중과 함께 나누어야 한다고 가르치며, 공동체 식사 가운데 축하에 초점을 맞춘다. 그러나 이 음식은 보통의 것이 아니었다. 왜냐하면 그 고기는 제물에서 나온 것이기 때문이다. 하나님께서는 제물의 일부를 백성들이 먹도록 되돌려줌으로써 자신이 약속하신 언약의 축복을 직접 몸으로 느낄 수 있도록 약속하신다(*Wenham*, 81). 이것은 옛 화목제 가운데 사실이며, 거룩한 교통이라는 상징 안에서도 사실이다.

레위기 3장을 신약과 연결시키는 일은 반드시 신학과 함께 시작해야 한다. 바울은 "우리가 하나님과 화목하게 되었다"(우리말 성경은 '화평을 누리자' 라는 권유형으로 번역하고 있음 – 역주), 곧 믿음을 통하여 그리스도의 피로 말미암아 의롭다 하심을 받았다고 확증한다(롬 5:1–8). 바울은 이 서신의 앞부분에서 이 가르침을 이스라엘의 제사 의식 가운데 속죄 제사로부터 이끌어와 그리스도의 죽음과 연결시켰다. 이제 그는 화목제에 의해 표현된 그 속죄의 결과, 곧 하나님과의 화평을 연결한다.

그리스도인에게 예수 그리스도를 통하여 하나님과 화평하게 되었다는 큰 기쁨은 새 언약의 공동체 식사, 곧 유카리스트, 다시 말해서 감사드림으로 정확하게 불리는 성만찬을 기념함으로써 깨달을 수 있다. 그러나 이것은 평범한 음식이 아니다. 그것은 하나님의 어린양의 몸과 피다(요 6:52–58). 포도주는 언약의 피다. 그리고 빵은 우리 주님께서 우리를 위해 부서뜨리신 몸이다. '그분의 몸을 먹고' '그분의 피를 마실' 때(우리 주님께서 요 6:54에서 사용하신 영적 표현) 우리는 어떤 의미에서 이스라엘이 행했던 것, 메시아이신 예수님의 희생 제사를 예언적으로 예표한 음식을 먹는 일을 하는 것이다.[19] 이 거룩한 음식을 먹는 것은 우리가 그분의 희생된 몸과 피로 인하여 의롭다 하심을 받았다는 믿음을 축하하고 증거하는 것이다.[20]

이 본문은 여러 가지 방식으로 적용할 수 있다. 그 중심에는 구속받고 자신의 삶을 여호와께 드린 사람은 자연스럽게 예배라는 거룩한 공동체 행위에, 혹은 다른 경우에는 찬양, 서원, 혹은 낙헌제와 같은 일에(레 7장에서 강조된) 참여하게 된다는 원리가 놓여 있다. 그들에게 여호와의 식탁은 자신이 하나님

19. 이스라엘 백성은 자기 제물로 음식을 먹었다(그리고 유월절의 경우 포도주를 마셨다). 그리고 그리스도인은 자신의 거룩한 공동체 안에서 음식을 먹고 포도주를 마신다. 화목제의 동물과 공동체의 요소들은 모두 진정한 제사인 메시아, 하나님의 영원한 아들 예수님을 가리킨다. '먹는다' 라는 언어는 믿음으로 말미암아 그분을 내 것으로 삼는 것에 적용되었다(요 6:51, 계 3:20).

20. 만일 시간이 허락하면 주해는 언약의 축복에 참여하기 위해 공동체 관계 안에서 음식을 먹는 동기까지 전개할 수 있다. 출애굽기 24장은 화목제를 시내 산 언약의 출범을 알리기 위해 사용하고 있으며, 우리 주님은 다락방에서 그 장의 말을 인용해 제자들에게 빵과 포도주를 주며 먹으라고 말씀하시면서 새 언약을 시작하셨다. 최후의 만찬은 메시아가 베푼 잔치, 곧 성도들이 그분과 함께하며 먹을, 장차 있을 혼인 잔치를 바라본 것이다(계 19:7).

과 화목하게 되었음을 증거하는 놀라운 축하의 체험이 될 것이다.

참된 성도는 하나님께 받는 모든 풍성한 축복의 체험을 성도들의 교제와 함께 공동체 안에서 예배드릴 기회로 삼는다. 무엇보다 이스라엘의 화목제는 이런 이유 때문에 주어진 것이다. 피 제사는 축하의 근거이자 수단이지만, 찬양, 서원 그리고 낙헌제는 그것을 행할 기회였다. 이스라엘에서는 이 의식이 화목제를 모든 사람이 공동체 식사를 하도록 가져옴으로써 이루어진 반면, 새 언약에서는 하나님께 축복을 받은 이들은 찬양의 제사를 드려야 하고 그것을 가난한 사람들과 함께 나누어야 했다(히 13:15-16). 바울은 이 원리를 고린도전서 8장에서 강조하고 있는데, 그곳에서 하나님께서 풍성하게 복 주신 사람들은 아직도 부족한 것들을 위해 기도하는 이들과 함께 나눈다.

화목제는 이스라엘을 위한 희생 제사의 정점이기 때문에, 즉 레위기에서 속죄와 정결의 모든 규례는 이 부분으로 인도되기 때문에 제사 의식의 목표(그리고 레위기의 가르침의 밑바탕에 놓인 주제)는 하나님의 임재 가운데 기쁨과 감사라고 말해도 틀리지 않다. 무엇보다 이 본문이 전하는 메시지는 성도가 하나님의 임재 가운데 들어가는 것은 하나님께서 은혜로 베푸셔서 그들을 자신과 화목하게 만드는 제사로 말미암는다는 것이다. 성도들은 그분의 임재 안에 함께 모여 이 화목과 모든 것이 그분께로부터 왔음을 축하한다. 그리고 그들은 공동체 음식, 평범한 음식이 아닌 거룩한 성찬을 함께 먹음으로써 그리고 자신의 믿음과 너그러움을 기쁨과 관용 가운데 서로 나눔으로써 이 일을 한다. 그렇다면 올바로 이해한다면 율법은 진정으로 송이꿀보다 더 단 것이다.

속죄의 모든 결과는 우리에게 우리가 하나님과 화목하게 되었다고 이야기한다. 하나님께서 우리에게 주신 모든 약속은 모든 지식에 뛰어난 평강이 우리 마음을 다스리는 것을 가능하게 한다. 사랑의 하나님의 선하심이 주는 매일 매일의 축복은 우리가 그분의 것임을 일깨워주는 평강의 말을 전한다. 그런 풍성함은 반드시 공개적으로 인정되어야 하며, 회중들과 함께 나누어야 한다. 그러나 이 본문은 성도들에게 (1) 그분의 축복을 모두 누리는 가운데 자신이 가진 가장 좋은 것은 그분께 드려야 함을 잊지 말아야 하고, (2) 그분께 찬양을 드릴 때 피의 속죄가 그 축복의 근거임을 잊지 말아야 하며, (3) 그분의 풍성하심을 축하할 때 자신의 삶을 그분께 복종시켜야 함을 잊지 말아야 할 것을 깨우쳐준다.

참고 문헌

Eisenbeis, W. Die *Wurzel* שלם *im Alten Testament*. Beihefte zur Zeitschrift für die alttestamentliche Wissenschaft 113. Berlin: de Gruyter, 1969.

Fisher, L. R. "A New Ritual Calendar from Ugarit." *Harvard Theological Review* 60(1970): 485-501.

Janowski, B. "Erwägungen zur Vorgeschichte des israelitischen *Šelam m-Opfers*." *Ugarit-Forschungen* 12(1980): 231-59.

King, M. A. "God Provides Divine Friendship." *Moody Monthly*(July 1984): 84-86.

Moor, J. C. de. "The Peace-Offering in Ugarit and Israel." Pp. 112-17 in *Schrift en Uitleg: Festschrift für W. H. Gispen*. Kampen: Kok, 1970.

Rowley, H. H. "The Meaning of Sacrifice in the OT." *Bulletin of the John Rylands Library* 33(1951): 76-78.

Stevenson, W. B. "Hebrew ʿolah and Zebach Sacrifice." Pp. 488-97 in *Festschrift Alfred Bertholet zum 80. Geburtstag*. Edited by W. Baumgartner et al. Tübingen: Mohr, 1950.

6 Laws of the Sacrifices

피로 정결케 됨: 속죄제(4장)

하나님께서는 자신의 은혜로 말미암아 죄를 씻는 규례와 그 효과를 베푸셔서 백성들로 하여금 안전하게 그분의 임재 가운데 들어가게 하셨다. 이 규례는 세상에서의 삶이라는 환경에 주어진 절대 필요한 것이었다. 범죄의 행동과 타락한 상태는 그 어떤 것이라도 하나님과의 교통을 유지하기 위해서는 반드시 해결되어야 한다. 참된 예배자, 곧 여호와를 향한 헌신에 전념하고 그분의 율법에 순종하는 삶을 추구하는 사람들이라 하더라도 그분과의 교제를 계속 유지하려 한다면 하나님의 은혜로운 죄 씻음의 규정이 필요하다는 것을 발견한다. 그들은 미처 깨닫지 못하는 사이에 죄에 빠지거나 허물을 뒤집어쓰기도 하고, 혹은 생각지도 않는 순간에 죄를 범할 수도 있다. 그러나 이런 일들조차도 가볍게 대해서는 안 된다. 이에 대해 고대 이스라엘의 율법은 어떤 종류의 죄도 하나님을 노하시게 하고 그분이 마땅히 받아야 할 명성을 빼앗고, 그분의 성소를 더럽히며, 따라서 죄인과 하나님 사이에 벽을 만든다고 분명히 계시했다(*Wenham*, 89).

그러나 여호와의 성소를 더럽히고 죄인들을 위태롭게 하는 것은 죄뿐이 아니다. 죄의 결과 역시 그만큼 심각하다. 이 범죄한 세상에서 살아가는 인간은 오염, 타락, 질병 그리고 죽음을 해결해야 한다. 그리고 이스라엘의 제사 제도 아래서 이런 것들은 사람을 더럽게 만들고 성소를 더럽혔다. 레위기는 거룩하신 하나님께서는 그 어떤 부정함이나 더럽혀진 성소 가운데 거하실 수 없다고 가르쳤다. 따라서 깨끗이 씻는 것은 더러운 백성이 그분의 임재에 들어가기 전에 먼저 요구되는 것이다.

속죄제는 이러한 벽을 해결하기 위해 고안되었다. 거의 모든 번역은 이 용어인 *ḥaṭṭāʾt*를 다소 문자적이고 그 말에 대한 전통적 이해를 따라 '죄 제사(*sin offering*)'로 번역한다. 그러나 이 제사는 또한 죄의 결과, 용서를 요구하지 않는 생명의 타락을 다룬다.[1] 따라서 속죄제는 번제보다 한층 전문화된 제사이며 더 뜸하게 드려졌다. 속죄제의 목적은 정결케 함이다.

성경은 이 속죄제가 어떻게 사용되었는지 직접 보여주고 있다. *ḥaṭṭāʾt*는 두 가지 조건이 있을 때 드려졌다. 그것은 (1) 중대한 육체적 부정함과 (2) 특정한 우발적인 죄를 저질렀을 때다. 부정함의 경우는 레위기 12-15장에서 다룰 것이다. 레위기 4장의 주제는 죄다. 밀그롬(*Milgrom*, 254-56)은 그 두 가지의 주안점이 다르다고 지적한다. 부정함은 깨끗이 씻김을 필요로 하지만, 죄는 먼저 용서를 필요로 한다. 그렇다면 어떤 부정함을 가진 사람을 위한 의식은 단순히 그 부정한 사람이 깨끗해졌음을 선언하는 것이다(12:8). 그러나 죄가 개입되고 제사장이 의식을 거행한 이후에 그 죄인은 용서받았음이 선언되었다(4:20, 26, 31, 35).

이 제사의 중요한 측면은 정화가 어떻게 일어나는가 하는 것이다. 예를 들

---

1. 성경을 읽는 독자들은 출산, 피부병의 치료, 혹은 장례를 통한 죽은 자와의 접촉 등이 있을 때마다 '속죄제'가 요구된다는 사실에 종종 난감함을 느낀다. '정결 제사'라는 번역은 그런 일들이 죄악된 것이 아니라는 인상을 주는 데 도움이 된다.

어, 이 의식이 육체의 오염(예, 14:19에서와 같은 피부병)에 뒤이어 거행되었을 때 그것은 백성들을 깨끗하게 함으로써 "그 부정에서 떠나게 하여 그들로 그 가운데 있는 내 장막(혹은 거하는 장소)을 더럽히고 그 부정한 중에서 죽음을 면케"(15:31) 했다. 혹은 속죄일에 피가 장막에 뿌려져 "이스라엘 자손의 부정과 그 범한 모든 죄를 인하여 지성소를 위하여 속죄"(16:16)했다. 이 희생 제사 의식 가운데서 피는 그 개인에게 뿌려지지 않았고, 성소의 여러 부분에 뿌려졌다. 모세가 속죄제 의식을 거행할 때(8:15) 그는 제단을 '깨끗하게 했다'(*wayḥaṭṭēʾ*)[2]. 핵심은 죄와 그 결과가 하나님의 성소를 더럽혔고, 그런 더럽힘은 백성들이 그 상태로 성소에 들어갈 때 그들을 죽게 할 위험에 처하게 한다는 것이다.

죄를 범한 사람들에게 용서가 필요했던 것은, 밀그롬(256)이 설명하는 것처럼 행동 때문만이 아니라 죄의 결과 때문이다. 그것은 성소를 더럽혔다.[3] 이것이 레위기 4장에서 제물의 피를 성소 안의 여러 곳에 바르면서도 죄인에게는 바르지 않는 이유다.

어떤 경우에 피는 바깥 제단에 바르고 그 고기는 직무를 맡은 제사장이 먹었다[4:30, 6:26(*MT* 6:19)]. 그리고 다른 경우에 피는 안쪽 향단에 바르고 휘장에 뿌렸지만, 동물은 진 바깥 재 버리는 곳에서 불태웠다(4:6–7, 11–12). 그 의식이 씻기는 부정함의 정도에 있어서, 전자는 부정함의 최소한의 유입에 관심을 갖고 있는 반면, 후자는 제사장이나 회중의 범죄와 같은 고도의 부정함

2. *piel* 동사 *ḥṭʾ*(문자적으로 '범죄하다')는 여기서 사적인 의미(어떤 '죄를 짓지 않다') 혹은 형용동사이자 의식과 관계된 의미(무언가를 위해 '정결 제사를 드리다')를 갖고 있을 수도 있다. 어느 경우든 *ḥāṭāʾ*('범죄하다')라는 말이 의미하는 것은 이 과정을 통해 제거되고, 따라서 '깨끗하게 하다'가 그 의미를 잘 파악하고 있다고 할 수 있다.

3. 밀그롬(*Milgrom*, 254)은 더 나아가 범죄한 사람이 만일 우범적으로 죄를 짓고, 죄책감을 갖고 있다면 내적인 정화 과정을 거쳤다고까지 말한다. 신약에서와 마찬가지로 실제로 구약에서도 범죄한 죄인이 죄를 자백하고 용서를 구할 때마다 용서가 허락되었다. 제사는 여호와의 임재 가운데 다시 들어가는 데 필요한 의식을 제공했다.

을 대변한다(*Milgrom*, 261-63).[4] 이 두 가지 형태의 의식 모두 죄인에게 깨끗게 하거나 용서를 제공했지만, 그 깨끗케 함은 성물과 성소의 정화와 함께 왔다. 웬함(*Wenham*, 95)은 속죄제가 죄의 존재로 인해 야기된 부수적인 문제, 곧 오염과 타락에 대처하기 위해 고안되었다고 요약한다.

신학적 주제

속죄제의 연구는 무엇보다 우선적으로 죄의 본질을 드러낸다. 이 장은 주해자로 하여금 여러 가지 종류의 죄에 대해 생각하게 만든다. 모든 죄는 죄며 또한 용서 받을 수 있지만, 다른 종류의 죄는 다른 결과를 맺고 율법에 따라 다르게 해결되었다. 여기서 소개된 죄에 관한 추가적 개념은, 비록 가장 작은 부분이라도 그 더럽혀짐이 미치는 효과다. 각기 다른 규정들은 주해자에게 서로 다른 죄가 미치는 더럽히는 효과를 생각하게 할 것인데, 특히 일반 백성들의 죄와 다른 지도자의 죄, 개인의 죄와 다른 공동체의 죄가 그러하다.

이 장이 죄에 대해 많은 것을 계시하고는 있지만 그 지배적인 신학적 주제는 정화다. 본장의 주해는 정화에 필요한 피 의식과 죄 용서 사이의 내적인 관계에 주목해야 할 것이다. 이것은 틀림없이 죄를 씻기는 일 가운데 포함된 모든 것에 대한 깨달음을 폭넓게 확장시켜줄 것이다. 이 모든 것은 메시아이신 예수님의 피로 말미암은 죄 씻음이 죄인만 씻기는 것이 아니라 하늘에 있는 성소도 깨끗케 한다는 신약의 가르침에 커다란 의미를 갖게 할 것이다.

---

4. 또한 밀그롬(*Milgrom*)의 "*Two Kinds of Ḥaṭṭā't*," *VT* 26(1976): 333-37을 보라.

본문 개괄

메시지 요약

만일 백성들이 우발적인 죄를 지으면 그들은 그에 합당한 동물로 속죄제 제사를 드렸고, 제사장은 그 피를 합당한 장소에 뿌렸다. 또한 동물의 내장과 기름을 여호와께 태우고, 어떤 경우에는 속죄를 위해 남은 부분을 진 바깥에서 태워 용서가 이루어지게 했다.

본문 개요

서언: 여호와께서 모세에게 우발적 범죄를 위한 의식을 지시하신다(4:1–2).

I. 제사장: 제사장은 자신이 범죄한 것을 깨달으면 황소를 제물로 드려, 그 피를 휘장, 향단 뿔, 번제단 밑에 뿌리고, 동물의 나머지 부분을 진 바깥에 있는 태우는 곳에서 불살랐다(4:3–12).

- A. 제사장이 자기 죄를 깨달으면, 그는 황소를 가져와 위에 손을 얹고 황소를 죽였다(4:3–4).
- B. 제사장은 피 일부분을 지성소 휘장에 뿌리고, 일부분은 향단 뿔에 바른 후 나머지는 번제단에 뿌렸다(4:5–7).
- C. 제사장은 속죄를 이루기 위해 기름과 콩팥을 제단 위에서 태워 회중이 용서를 받게 했다(4:8–10).
- D. 제사장은 동물의 내장 부분을 단 위에서 태우고 나머지 부분을 진 바깥에 있는 재 버리는 곳에서 불살랐다(4:11–12).

II. 회중: 회중이 범죄하면 장로들은 제물 위에 손을 얹고, 제사장은 그 피를 휘장, 향단 뿔, 번제단 밑에 뿌리고, 기름과 콩팥을 속죄와 용서를 위해 불태운 다음, 나머지 부분을 진 바깥으로 가져가 불살랐다(4:13-21).

A. 회중이 자신의 범죄를 깨달으면 속죄제로 황소 한 마리를 가져왔다(4:13-14).

B. 장로들은 황소 위에 손을 얹고 죽였다(4:15).

C. 제사장은 그 피를 휘장에 뿌리고 향단 뿔에 바른 후 나머지는 번제단 밑에 뿌렸다(4:16-18).

D. 제사장은 기름과 콩팥을 제단 위에서 태워 속죄를 이루게 하여 회중이 용서를 받게 했다(4:19-20).

E. 제사장은 황소의 나머지 부분을 진 밖에 가지고 나가 불살랐다(4:21).

III. 지도자: 족장이 범죄하면 그는 숫염소를 제물로 드렸고, 제사장은 그 피를 번제단 뿔에 바른 후 나머지를 번제단 밑에 뿌리고 내장 기름을 태워 죄 사함을 위한 속죄를 행했다(4:22-26).

A. 족장이 자기 죄를 깨달으면, 그는 숫염소를 가지고 와 그 위에 손을 얹고 그것을 죽였다(4:22-24).

B. 제사장은 그 피를 번제단 뿔에 바르고 나머지를 번제단 밑에 쏟았다(4:25).

C. 제사장은 화목제 규정에 따라 기름을 단 위에서 불살랐다(4:26a).

D. 제사장은 속죄를 이루기 위해 이 모든 일을 행하여 죄인이 용서를 받게 했다(4:26b).

IV. 개인: 평민이 죄를 범한 것을 깨달으면 그들은 암염소나 어린 양을 속죄제로 드렸다. 그러면 제사장은 그 피를 번제단 뿔에 바르고 나머지를 제단 밑에 뿌리고, 기름을 여호와께서 기뻐하시는 향기로 태움으로써 죄 용서를 위한 속죄를 이루었다(4:27-35).

A. 회중 가운데 범죄한 구성원은 암염소나 어린 양을 가져와 그 위에 손을 얹고 그것을 죽였다(4:27-29, 32-33).

B. 제사장은 피의 일부를 번제단 뿔에 바르고 나머지를 그 밑에 쏟았다(4:30, 34).

C. 제사장은 기름을 여호와께서 기뻐하시는 향기가 되도록 태웠다(4:31a, 35a).

D. 제사장은 속죄를 이루기 위해 이 모든 일을 행하여 개인들이 용서를 받을 수 있게 했다(4:31b, 35b).

내용 강해

앞 장에서와 같이 주제별로 개념을 전개하면서 필요한 경우에 다른 본문에서 변형된 부분을 추가하는 것이 훨씬 간편하다. 속죄제는 간략하게 논의하는 것이 훨씬 어렵다. 왜냐하면 책임에 따른 등급이 분명히 규정되어 있기 때문이다. 저명하거나 영향력 있는 지도자가 범한 범죄는 그 미치는 효과가 더 심각했고, 평민의 범죄와 다른 의식을 적용하는 것이 요구되었다. 이런 차이는 필요한 때마다 주해할 것이다. 그러나 논의는 본 본문의 중심 주제, 곧 용서와 정결하게 함은 모든 사람에게 허용된다는 사실을 벗어나서는 안 된다.

또한 이것은 여호와께 나아가고 그분과 교제하기를 바라는 언약의 구성원들이 드린 속죄제임이 강조되어야 한다. 이 제사는 언약의 구성원들이 정결과 용서를 얻기 위해 제사 가운데 따라야 할 과정을 제시한다. 그리고 이 정결은 오염과 타락을 해결해야 한다. 따라서 이 본문은 예배자의 계속되는 성화에 관한 성경의 가르침의 일부를 형성한다. 제사 의식의 의미는 우리의 모든 죄를 단번에 그리고 영원히 씻으신 예수 그리스도의 희생 제사에 대한 분명한 예표다. 신약의 용례는 이 의미의 일반적인 적용이다.[5]

I. 하나님께서는 대속물의 죽음을 통해 죄 씻음을 베푸신다(4:3-4, 13-15, 22-24, 27-29, 32-33).

첫 본문에서 주해는 죄인에게 대속의 희생을 가져올 기회를 제공해주는 규정에 대한 기쁜 소식을 강조해야 한다. 이 본문의 논의는 이 수단을 통해 용서받아야 할 죄의 본질과 제물로 드릴 동물의 종류와 희생 제물과의 동일시를 규명하는 것이다.

A. 모든 죄는 알았건 몰랐건 반드시 용서받아야 한다.

속죄제를 통해 속죄될 수 있는 죄는 우발적으로(*bišgāgâ*) 저질러진 것들이다. 이와 유사한 표현은 이 말로 기술된 죄는 대부분 태만이나 무지에서 기인한 것임을 밝히는 데 도움이 된다(*Milgrom*, 228). 누구든지 '부지중에(*lōʾ yādaʿ*) 범하여도' 라는 5장 17절의 말씀은 이 죄가 사전에 모의되거나 의도적인 것이 아님을 가리킨다. 범죄한 이는 나중에야 비로소 그것이 죄임을 깨달았다.[6] 레위

---

5. 이는 신약이 구약에 담긴 이 주제들을 예표론적으로 적용하는 방법을 자세히 보여주고 있다. 하나님께서는 모든 제사가 메시아이신 하나님의 아들의 죽음을 일정 부분 예언적으로 예표하도록 의도하셨다. 그러나 각각의 경우에 구체적인 상세한 내용이나 환경이 정확히 일치할 필요는 없다. 예를 들어, 유월절은 속박에서 벗어나 자유를 얻은 것을 기념하는 반복되는 절기다. 그러나 그것이 신약에서 성취된 모습은 우리를 더 커다란 속박에서 건진 단번의 사건이다.

6. 부지중에 죄를 짓는 일에는 합리화되는 행동, 즉 죄인이 스스로 죄가 아니라고 확신하는 것들이 포함된다. "그들이 스스로 깨닫지 못하다"라는 4장 13절의 통상적인 번역은 *ʾāšām*의 용례에 비추어 "그리고 그러는 가운데 범죄에 빠지게 되다"로 바꿀 필요가 있다. 레빈(*Levine*, 22-23)은, 범죄는 비록 그가 무슨 일이 일어났는지 깨닫기 전이라도 행동으로부터 시작한다고 바르게 지적한다. 인지 작용은 *ʾāšām*이 아니라 동사 *yādaʿ*에 의해 표현되었다. 따라서 본문은 부지중에 죄를 범한 사람은, 그가 그것을 몰랐다 하더라도 죄인이라고 말한다. 죄임을 깨달을 때 범죄에 대한 자각이 온다.

기 4장 13절은 그런 죄가 그 사람의 눈에 보이지 않는다고 말한다(*NKJV*). 율법의 맥락 가운데서 이것은 '부지중에 지은 죄'(레 4장), '무심중에 지은 죄'(5:4) 혹은 '고의성이 없는 죄'(민 15:30 참조)였다. 다른 말로 하면 이것은 일정한 틀에 박힌 죄며 간과되던 실수였다가 다양한 경로를 통해 그 사람이 알아차리게 된 것을 말한다.[7] 사람의 양심에 가책이 찾아올 때 속죄제가 드려졌다. 이 제사를 드리는 데 필요한 유일한 전제 조건은 죄에 대한 인지와 그것에 대한 죄책감이었다.[8]

B. 범죄로 인한 더러움은 성소에 참여하기 전에 반드시 정결케 되어야 했다.

하나님께서는 자기 백성들에게 이 제사를 베푸심으로써 그들이 자신의 죄와 더럽혀진 것의 결과 모두를 절대적으로 해결할 필요가 있음을 계시하셨다. 이 제사를 전통적인 번역인 '속죄제' 대신 '정결제'로 부르는 것은 그 말의 용례와 어원에 근거한 것이다. *ḥaṭṭāʾt*란 낱말은 원래 *Piel* 동사로부터 파생된 명사다. 기본인 *Qal* 어간에서 동사 *ḥāṭāʾ*는 '죄를 짓다', '실수하다', '길에서 벗어나다'를 의미한다. 그러나 *Piel ḥiṭṭēʾ*는 '깨끗하게 하다', '정결하게 하다', '오염을 제거하다'를 의미한다. 예를 들어, 이 동사는 시편 51편 7절(*MT* 51:9)에서 다음과 같이 사용되었다. "우슬초로 나를 정결하게(*teḥaṭṭeʾēnî*) 하소서 내가 정하리이다." 그리고 민수기 8장 7절에서 '속죄의 물'(*mê ḥaṭṭāʾt*)은 구체적으로 정결을 위한 물이다.

---

7. 메이스(*J. L. Mays*)는 이 본문이 단순한 부지중에 저지른 죄 이상의 것, 그러니까 로마서 7장 17-20절에 기록된 것처럼 일반적으로 연약함의 죄, 그가 원하지 않았음에도 저지른 악을 의미하고 있다고 주장한다. *The Book of Leviticus; the Book of Numbers*(*Layman's Bible Commentary; Atlanta: John Knox*, 1977), 35.

8. 본문은 대제사장의 죄에 인지나 후회에 대한 강조를 포함시키고 있지 않다. 그러나 밀그롬(*Milgrom*,232)은 이것이 이해되었다고 주장한다. 제사장은 자기 자신의 의식을 개인적으로 거행한다. 따라서 그는 자신의 죄를 알고 있었다. "그가 양심의 가책을 느끼지 않았다는 것은 생각할 수 없는 일이다."

정결은 계명을 비의도적으로 범한 경우에도 확장되어 적용되었다. 그런 경우는 제사장의 성별(출 29:10-14, 36)과 출생(12:6, 8), 피부병(14:9, 31), 출혈(15:15, 30) 등과 같은 더러워짐(레 52-3)으로 정결이 필요한 경우와 나실인 서원(민 6:6-11, 16)의 더러워짐 그리고 정결케 하는 물을 준비할 때(19:1-10) 등이다.

정기적인 속죄제는 월삭, 유월절의 모든 날, 칠칠절의 모든 날, 나팔절, 초막절의 모든 날 그리고 속죄일에 드려졌다.

주해자는 어느 죄가 속죄제를 드릴 수 없는 범죄인지 설명하는 것이 필요할 것이다. 그것은 중대한 위반, 교만으로 인한 죄[9] 그리고 사전에 모의하거나 의도적인 죄[10]였다. 이 말은 이러한 죄가 용서받을 수 없다는 말이 아니다. 왜냐하면 하나님께서는 이런 경우에도 선지자와 제사장들을 통해 개입하셔서 죄 사함을 베푸셨기 때문이다(삼하 12:13). 모든 죄에 대한 용서는 하나님의 은혜의 행동으로 말미암아 주어지는데, 그 근거가 되는 것들은 (1) 진정한 회개와 뉘우침[시 51:16-17(*MT* 51:19-20)] 그리고/ 혹은 (2) 제사장의 중보(출 32:11, 13, 20-25) 혹은 (3) 직접적이고 거룩한 개입(사 6:5-7, 삼하 12:13) 등이었다. 어떤 속죄제도 이런 죄를 위해서 드려지지는 않았다. 적용 가능한 의식은 모

---

9. 교만['높은 손'(*yād rāmâ*)]으로 범한 죄는 포함되지 않았다(민 15:30). 이는 공개적으로, 자랑하듯이 그리고 교만으로(잠 6:17, 30:13), 곧 하나님께 대하여 주먹을 흔들 정도로 반항하는 가운데 지은 죄를 가리킨다. 이에 대한 병행 구절은 '여호와를 조롱하고 비방하다'(민 15:30), 혹은 '여호와를 멸시하다'(15:31)는 개념을 포함한다. 제사법은 이 종류의 죄는 여호와를 예배하는 자의 특징이 될 수 없다고 전제한다. 그리고 속죄제는 그런 교만한 죄에는 적용되지 않았다.

10. 십계명에 대한 의도적인 위반은 고의적인 죄로, 죽음의 벌을 가져왔다(아래 번호는 위반된 계명을 가리킨다). (1) 몰렉에게 제사를 드림(레 20:3), 다른 신들을 섬김(신 17:2-7), 무당[출 22:18(***MT*** 22:17), 레 20:3], 거짓 예언 혹은 거짓 선지자의 말을 들음[신 13:5(***MT*** 13:6), 18:20]. (3) 신성 모독(레 24:14, 16, 23). (4) 안식일을 깨뜨림(출 31:14). (5) 부모를 때리거나 욕함(출 21:15, 17), 완고하고 반항적임(신 21:18-21). (6) 살인(레 24:17, 21). (7) 간음(신 22:22), 강간(신 22:25), 바람 피움(신 22:21), 근친 상간(레 20:11). (8) 어린이 유괴(출 21:16). (9) 중요한 사건에서 거짓 증인(신 19:16, 19).

속죄제가 드려지지 않는 다른 죄들은 제사 규례를 의도적으로 무시하는 일이 포함되었다. 유월절을 지키지 못함(민 9:13), 속죄일을 지키지 못함(레 23:29-30), 피를 먹음(레 7:27, 17:14), 제물 가운데 하나님의 몫을 먹음(레 7:25), 합당한 성소에 드리지 못함(레 17:4, 9).

든 민족의 죄가 속죄 염소에게 전가되었던 속죄일 규례다(레 16장).

C. 누구나 속죄제를 자기 것으로 할 수 있다.

속죄제에는 각기 다른 종류의 동물들을 가져올 수 있었다. 대제사장을 위해서는 황소(4:3), 회중을 위해서도 황소(4:13-14),[11] 족장을 위해서는 숫염소(4:22), 평민을 위해서는 암염소나 어린 양(4:28, 민 15:27), 가난한 사람들을 위해서는 산비둘기나 집비둘기(레 5:7) 그리고 극히 가난한 사람을 위해서 밭에서 이삭을 주워서라도 가져올 수 있는 밀가루 1/10 에바가 드려졌다.

한편으로 이 순서는 더 큰 영향력을 갖고 있는 사람일수록 더 비싼 제물을 가져와야 했다. 즉, 높은 사람의 죄는 더 많이 더러워졌음을 말해준다. 그러나 다른 한편으로 속죄의 방법이 누구에게나 열려 있음을 의미하기도 한다. 가난한 사람도 죄가 비교적 가볍다거나 그들에게 동물이 없다고 해서 여기서 제외되지 않았다. 하나님께서는 모든 사람이 성소에 다시 들어올 수 있도록 깨끗이 씻는 길을 찾을 방법을 베푸셨다.

죄인이나 장로들(회중의 죄인 경우)은 동물을 회막 입구에서 여호와께 가져와 그 위에 손을 얹고 그것을 죽였다. 동물과 자신을 동일시하는 이 행동으로 인해 죄인은 그 생명의 박탈이 자신의 죄를 대신한 것임을 인정했다. 그들 손으로 동물을 죽이는 일은 죄의 벌은 죽음이라는 기본 진리를 생생하게 깨우쳐 주었다. 그들을 대신한 동물의 죽음은 그들로 하여금 자신이 하나님의 은혜로 말미암아 살게 될 것을 깨닫게 해주었다.

---

11. 웬함(*Wenham*, 98-99)은 여기서 일반적으로 생각되는 것보다 더 많이 히브리어 낱말들의 상호 교환의 탓으로 돌린다. *ʿēdâ*(‘회중’)은 백성 전부를 가리키는 것이 아니라 대표적, 법적 기능을 가진 분명히 규정된 백성의 무리를 가리킨다. 이스라엘에서 모든 가문의 대표를 포함하고 있는 것은 족장의 모임이었다. 만일 *ʿēdâ*가 죄를 지었지만 그 잘못이 *qāhāl*(‘회중’)에 알려지지 않았다면 그것은 제사를 해치지 않았다. 그러나 만일 *ʿēdâ*가 죄책감을 느끼기 시작하고 그 죄가 알려지게 되면 전체 *qāhāl*은 제물을 가져와 성소를 깨끗하게 했다. 그렇다면 여기서 설명하고 있는 것은 이스라엘 지도자들의 공동의 죄일 수도 있다.

Ⅱ. 대속물의 피는 죄인을 정결하게 한다(4:5-7, 16-18, 30, 34).

다시 한 번 피 의식이 제사의 중심을 차지하고 있다. 그러나 속죄제 규정은 피가 적용되는 것들을 더 상세하게 규정하고 있다. 그리고 여기서 우리는 더러움의 정도에 맞추어 뒤따라야 할 두 가지 별개의 의식을 발견하게 된다. 평민이나 족장의 경우에 피는 번제단 뿔에 바르고 이어서 제단 밑에 뿌렸다(4:25). 개인의 죄는 성소 안으로 들어가지 않았고, 따라서 제단이 있는 성전 뜰만이 정결하게 되었다. 6장은 그런 다음 그 제물은 제사장들이 먹었다고 설명한다. 만일 제물이 매우 가난한 자가 드린 새였다면 제사장은 그 새의 목을 비틀어 끊고(5:8), 그 피의 일부를 번제단 옆에 뿌린 후(5:9), 나머지 피를 단 밑에 흘려보냈다(5:9).

그러나 대제사장이나 회중의 리더가 지은 죄의 경우, 의식은 이와 달랐다. 왜냐하면 그 더럽혀짐이 훨씬 컸기 때문이다. 성소를 반드시 정결케 해야 했다. 피의 일부는 지성소 휘장에 뿌렸고(4:5-6),[12] 일부는 향단 뿔에 발랐으며(4:7), 나머지는 번제단 밑에 쏟았다(4:7).[13] 이러한 한 차원 높은 형태의 속죄제에서는 제물의 나머지 부분은 먹지 않고 진 밖으로 가져가 불살랐다(4:11-12). 이 의식은 이것이 성전 자체에 스며들기에 충분할 정도로 강력한 것임을 보여주었기 때문에 그것은 전염이 될 수 있는 위험한 것으로 간주되었다. 제물은 죄에 감염이 되었고, 따라서 그 사체는 진 밖에서 불태워졌다(*Milgrom*, 263).

이 두 가지 형태의 의식 모두에서 제사장에게 특별히 피의 일부분을 제단 뿔에 바르도록 규정했는데, 한 가지 경우는 번제단에, 다른 경우는 향단이었다. 본문은 왜 이런 일을 행했는지 설명하고 있지 않으며, 따라서 우리는 다시

---

12. 레빈(*Levine*, 18)은 피를 성전 안으로 가져가는 것은 범죄의 심각성을 반영하는 것이라고 지적한다.
13. 만일 이것이 속죄일 황소라면 그 피를 번제단 뿔(16:18)과 번제단 자체에 일곱 번 뿌릴 뿐 아니라, 지성소의 속죄소(시은좌라고 불리는 곳)에도 뿌렸다(6:14).

한 번 추측을 해야 한다. 제단 뿔은 힘과 능력을 가리키기 위해 동물의 뿔의 모양을 따왔다[예, 삼상 2:1, 10, 슥 1:21(*MT* 2:4), 또한 시 132편과 단 7장을 보라]. 최소한 뿔은 제단 전체의 강력한 힘, 성소 안에서의 효력을 발휘하는 역할을 가리킨다. 피를 뿔에 바르는 것은 제단이 중앙에 놓인 그 영역 전체를 정결하게 하는 가장 확실한 방법이었다.

피를 뿌리는 이 일은 또 다른 상징을 갖고 있는데, 특히 향단 뿔과 관련되어 더욱 그러하다. 번제단은 제물을 불태우는 곳이다. 이 단에 있는 뿔에 발라진 피는 제물의 효력을 가리킨다. 향단은 중보 기도의 장소였다(시 141:2. 계 8:3-5). 기도가 드려지면 번제단에서 석탄(coals)을 가져와 작은 단에 넣고, 석탄에 향을 넣어 기도와 함께 하늘로 올라가는 아름다운 향기가 되었다. 따라서 속죄제의 피를 이 제단의 뿔 끝에 바르는 것은 드려진 피가 갖는 중보의 대가를 가리키는 것으로 보인다. 이는 마치 그 피가 죄인을 대신해 하늘에 울부짖으며, 흘린 피가 성소를 정결하게 하여 죄인이 다시 하나님께 돌아갈 수 있는 길을 냈음을 증거하는 것이다.

Ⅲ. 하나님께서는 죄를 정결하게 하는 제사를 기쁘게 받으신다(4:8-12, 19-21, 26a, 31a, 35a).

피의 의식을 치른 후에 동물의 나머지 부분은 이 문제의 종결을 나타내기 위해 해결되어야 했다. 제물로부터 내장의 기름과 두 개의 콩팥 그리고 간의 꺼풀은 여호와께 드리는 예물로 태워졌다(4:8-9). 이것은 화목제에서 하나님께 드려졌던 것과 동일한 부분들이다. 그리고 그것은 여기서도 그때와 동일한 이유에서 드려졌을 것이다. 새의 경우에는 제물 전체가 태워졌다(5:10). 밀가루의 경우에는 일부분만 태워졌다(5:12).

제사장이나 회중을 위해 가져온 제물의 남은 부분, 즉 가죽, 고기, 머리, 다리, 내장은 진 바깥에서 태워 부정함을 완전히 제거했음을 가리켰다(4:11-12). 레빈(*Levine*, 21)은 이것을 '제거 의식'이라고 불렀다. 족장이나 평민이 가져온 제물 가운데 남은 부분은 제사장에게 주었는데, 그는 하나님께서 그것을 받으셨다는 표시로 뜰 안에서 먹었다[6:25-30(*MT* 6:18-23)]. 기름과 내장을 여호와께 향기로운 냄새로 태우는 것은(4:31) 하나님께서 제물을 받으셨음을 가리키는 것이다. 제물 가운데 남은 부분은 소제의 경우와 마찬가지로 제사장에게 속했다(5:13). 이러한 모습은 죄를 고백하는 예배자에게 처리가 완전히 끝났음을, 정결이 완전히 수행되었음을 상징적으로 알려준다.

Ⅳ. 속죄제는 죄를 용서하는 속죄를 가져온다(4:26b, 31b, 35b).

제사장은 정결 의식을 거행함으로써 범죄한 이들을 위한 속죄(*kipper*)를 이룬다. 만일 주해자가 연속된 주해 가운데 제사법을 다루고 있다면 속죄는 이미 앞에서 논의되었을 것이다. 그러나 그 기본 개념은 그 말이 사용될 때마다 다시 되풀이되어야 마땅하다.

이 본문은 또한 범죄한 사람이 저지른 죄가 '사하여질 것(*wᵉnislaḥ lô*,[14] 동사 *sālaḥ*에서 왔음, '용서하다')'을 확증한다. 그러나 이 구절은 단순한 관용이나 용서 이상의 의미를 가리킨다. 화해를 통하여 새롭게 된 언약 관계까지 나아간다.[15] '사함을 얻으리라'는 본문의 결론은 깨어진 관계가 치유되었음을

---

14. *Niphal* 완료동사는 이 동사 귀결에 *wāw* 귀결절을 갖는다. 밀그롬(*Milgrom*, 245)은 오직 여호와만이 용서의 주체이시기 때문에 이 동사는 수동태라고 말한다. "제사장은 정화 예식을 거행하지만 오직 하나님만이 그 의식의 효력을 정하신다."

15. 레빈(*Levine*, 24)은 *sālaḥ*가 우가리트어와 아카디아어 가운데 '씻다', '물을 뿌리다'는 의미를 가진 것으로 입증된 말과 연결되어 있다고 결론 내린다. 그는 물로 씻음의 기본 개념이 하나님의 완전한 용서와 속죄의 용납으로까지 확장된다고 주장한다. 밀그롬(*Milgrom*, 245)은 독자들에게 이 말이 지닌 다원적으로 함축된 의미를 상기시킨다. 그는 이러한 죄 사함의 추구는 자신의 잘못이 제단을 더럽히고 자신들을 하나님께로부터 소외되게 했음을 안 것이라고 말한다. 이 의식으로 인해 그들은 그 부서진 관계를 회복할 수 있다는 소망을 갖게 되었다.

의미한다. 이는 죄인이 용서받았다는 사실뿐 아니라 성소가 정결하게 되고 하나님께 나아갈 길이 회복되었음을 의미한다. 하나님의 은혜의 수혜자로서 용서받은 자는 이렇게 말할 수 있다. "여호와여 주께서 죄악을 감찰하실진대/ 주여 누가 서리이까/ 그러나 사유하심(*hassᵉlîḥâ*)이 주께 있음은/ 주를 경외케 하심이니이다"(시 130:3-4).

이 의식이 혼자서 죄를 정결하게 하는 것이 아님을 강조하는 것은 중요한 일이다. 용서는 죄를 인정하고 뉘우칠 때 오는 것이다. 의식을 거행하는 것은 용서를 온전히 회복하기 위해 필요한 것이다. 의식은 성소를 정결하게 하고 회복을 가능하게 한다. 이 제사를 드리는 것은 하나님께서 회개하는 마음으로 그 앞에 오는 죄인을 기꺼이 용서하시고 회복시키심을 믿는 믿음의 표현이었다.[16] 의식이 끝난 뒤에 그 의식을 따라 살지 않는 것은, 그것이 무관심에서든 반항에서든 커다란 어리석음이다. 왜냐하면 그런 행동은 더러워진 성소와 더러워진 채, 깨진 관계를 회복하지 않은 채 내버려두는 것이기 때문이다. 개인은 그런 경우에만 인간의 용서가 가능하다는 안도감을 가질 수 있게 되었다. 하늘로부터 모든 것이 다시 잘 되었다는 분명한 응답은 주어지지 않았다.

결론

그렇다면 속죄제의 목표는 하나님과 범죄한 인간 사이의 깨진 관계를 회복하는 것이다. 속죄제는 정규적인 죄에 대해 그 죄로 인한 오염과 타락을 씻음

16. 다윗 사건을 이야기하고 있는 내러티브와 비교하라. 그는 이렇게 고백했다. "내가 여호와께 죄를 범하였노라." 그리고 나단이 말했다. "여호와께서도 당신의 죄를 사하셨나니…"(삼하 12:13). 다윗은 용서 받았다. 그러나 이것은 하나님께서 그렇게 말씀하셨기 때문이지 그가 의식을 거행했기 때문이 아니다.

으로써 용서를 베풀고, 죄인이 하나님과 충만한 교통을 회복할 수 있도록 계획되었다. 이 본문이 제시하는 신학 원리는 다음과 같이 정리할 수 있다.

> 하나님께서는 정결케 하는 제물의 피에 근거해서 용서를 간구하는 죄인을 회복시키신다.

이 말은 레위기 4장의 내용을 충분히 제시한다. 그러나 이는 상응하는 신약의 메시지와 어울리기 위해 말을 맞춘 것이다. '회복하다' 는 말이 사용된 것은 그 말이 용서라는 단순한 개념과 그 결과로 인한 하나님께 나아감 모두를 끌어안기 때문이다.

여러 가지 점에서 속죄제는 특히 레위기 12-15장에서 사용된 경우를 비추어볼 때 가장 실질적인 제사 가운데 하나였다. 속죄제는 부지중에 범죄한 모든 이에게 속죄와 회복을 가져왔다. 그 죄는 평균적인 예배자에게 율법의 중대한 위반이나 고의적인 반역 행위보다 훨씬 잦은 것이었다. 이 후자의 죄에 대해서 율법은 아무런 통상적인 제사를 제공하지 않는다. 만일 그런 죄가 하나님 앞에서 고백되지 않고 남아 있다면 율법은 그에게 "무서운 마음으로 심판을 기다리는 것과 대적하는 자를 소멸할 맹렬한 불만"(히 10:27) 남겨둘 것이다. 이 후자의 고백은 용서와 (다른 속죄 규정을 통한) 회복으로 인도한다.

속죄제 규정은 죄의 문제를 전면으로 부상시킨다. 우리는 왜 바울이, 율법이 죄를 드러낸다고 말했는지 분명히 알 수 있다. 왜냐하면 독자들이 그 상세한 가르침 가운데서 율법의 높은 기준을 깨닫기 때문이다.

죄에 대한 특정한 내용들은 반드시 설명되어야 한다. 먼저 죄의 심각성이다. 죄인의 삶은 죄로 인한 더럽혀짐 때문에 위험에 처했다. 설령 사소한 부주의에 의한 죄라도 말이다. 이 제사에는 아무런 기름이나 유향이 따르지 않는다. 이 문제에는 기쁨이 자리할 여지가 없으며, 이것은 봉헌을 위한 제사가 아니다. 속죄제는 하나님께서 놀라운 은혜 가운데 베푸신 절실한 필요성을 제시하고 있다.

두 번째 내용은 죄의 대가다. 제사 의식이 가장 먼저 등장하고 있는 것은 하나님께 되돌아가는 길이 비싸다는 것을 가리킨다. 그러기 위해서는 반드시 희생이 있어야 한다. 죄의 침투성과 더럽혀짐으로 인해 모든 예배자는 정기적으로 속죄제를 드려야 할 필요성을 느꼈다. 그러나 속죄제의 대가는 죄인이 신정 국가에서 차지하는 위치에 따라 달랐다. 제사장과 회중의 지도자들은 그들의 실수가 백성들의 영적 안녕에 지대한 영향을 미치기 때문에 큰 비용과 한층 엄격한 규제가 이루어졌다.

그리고 평민들의 지불 비용은 저렴했지만 죄는 똑같이 심각한 것이었다. 만일 평민이 부지중에 범죄하면 이 죄의 결과 역시 멸망이었다. 그들은 영향력 있는 지도자들처럼 큰 악을 저지를 수는 없었겠지만 죄는 더럽히는 것이고 반드시 처리해야 하는 것이었다. 아무리 보잘것없는 삶을 사는 사람이라도, 아무리 가난하고 배우지 못한 사람이라도 죄는 부패를 가져오고, 만일 깨끗이 씻기지 않으면 죄가 하나님께 나아가는 것을 막았다. 죄가 아무리 흔히 일어나는 것처럼 보일지라도 속죄제 이외에는 그 무엇도 죄를 깨끗이 씻을 수 없다. 이것은 대제사장이나 왕에게도 똑같이 요구되는 것이었다. 어떤 사람은 자신이 회중이나 사회로부터 알려지지 않았고 별 의미를 갖고 있지 못하다고 생각할지 모르지만, 전능하신 하나님께서는 그를 알고 계시다. 그리고 하나님께서는 희생의 속죄를 통해 정결을 베푸셨을 때 영향력 있는 사람들과 마찬가지로 그 희미한 사람들의 모든 것을 염두에 두고 계셨다.

이 제사의 본질은 여기서 반드시 강조되어야 한다. 피는 제단 가운데 한 곳의 뿔에 뿌려지거나 발라졌다. 그리고 번제단 밑의 홈에 부어졌다. 이 피는 제단에 튀기지 않았다. 가끔씩 직무를 맡은 제사장은 성소에 서서 지성소를 향해 일곱 번 피를 뿌려 언약 관계 자체가 위험에 처했음을 알렸다. 그리고 피의 의식이 끝난 후에는 속죄제의 핏자국이 묻은 옷은 빨고 그릇은 닦아야 했다. 그것은 죄에 오염이 되었기 때문이다. 이 의식을 통하여 속죄제의 본질을 볼 수 있다. 성소가 정결하게 되어서 죄인이 다시 한 번 하나님의 임재 안에 들어갈 수 있게 되었다. 피는 범죄자를 대신해 하나님께 중보함으로써 정결이 일어나게 하는 효과적인 대행자였다. 그 결과는 하나님과 죄인 사이의 완전한 관계의 회복이었다.

이 제사의 기독교적 적용은 다른 모든 제사가 그랬던 것처럼 예수님의 죽음 가운데 분명히 성취되었다(이는 그분의 죽음이 단순한 하나의 죽음이 아니며 단순한 순교도 아닌 이유다). 그러나 이제 그분의 속죄의 죽음이 갖는 정결케 하거나 깨끗이 씻기는 특징을 정확히 강조하게 되었다. 제사 의식이 그리스도 안에서 성취되었음에 대한 가장 빈번한 적용은 죄인을 깨끗이 씻기 위해 이루어졌다. 그러나 여기에는 더 많은 내용이 반드시 포함되어야 한다.

히브리서 9장 22절은 율법 아래에서 모든 것이 피로 말미암아 정결케 되며, 피 흘림이 없이는 죄 사함이 없다는 일반 원칙을 언급한다. 신약에서 예수님의 대속의 제사는 우리의 모든 죄를 해결하는 것이다. "하나님이 죄를 알지도 못하신 자(예수)로 우리를 대신하여 죄를 삼으신 것은 우리로 하여금 저의 안에서 하나님의 의가 되게 하려 하심이니라"(고후 5:21). 따라서 예수님 안에 있는 성도들은 그분의 피 뿌림으로 인하여 모든 죄를 씻음 받았다(벧전 1:2).[17] 죄의 제거는 모든 죄가 예루살렘 '진 밖의' 십자가에서 그것을 지신 예수님께 전가될 때에만 완전해진다. 그분의 거룩하고 더럽지 않은 생명이 우리를 대신해 희생되었기 때문에 본성과 행위로 더럽혀진 우리 죄인들이 정결해지고 그분과 영원히 화목하게 된 것이다.

---

17. 예수님께서는 십자가 위에서 이렇게 말씀하셨다. "아버지여 저희를 사하여 주옵소서 자기의 하는 것을 알지 못함이니이다"(눅 23:34). 그에 따르면 십자가로 인해 하나님께서는 은혜 안에서 오직 하나의 죄를 의도적인 죄로 간주하신다(즉, 자기 아들 예수를 구세주로 인정하지 않고 거부한 것). 다른 모든 죄는 무지의 죄로 보셨다[*H. A. Ironside, Lectures on Levitical Offerings*(*Neptune, N.J.: Loizeaux, n.d.*), 55]. 누구든 예수님을 의도적으로 거부하는 자는 "이 세상과 오는 세상에도 사하심을 얻지 못하리라"(마 12:32).

이 외에도 속죄제는 그리스도의 죽음이 갖는 지속적인 효과를 기대하게 한다. 구약에서 이 제사는 죄와 더러움이 해결되어 그들이 성소에 들어갈 수 있게 하는 정기적인 제사였다. 예수님의 제사는 단번에 그리고 영원히 드려졌다. 그러나 그리스도의 피는 우리가 죄를 지을 때마다 계속 우리를 깨끗하게 씻기신다(요일 1:7). 우리에게는 성부 하나님 앞에서 우리를 대변하시는 변호인이 계시다(2:1). 그리고 그분의 피는 우리를 위해 중보하신다(사 53:12). 따라서 우리의 죄를 위해 흘리신 예수님의 피는 반복된 속죄제가 이스라엘 백성에게 했던 것처럼 우리의 삶 가운데 지속적으로 우리를 깨끗하게 씻기는 효과가 있다. 우리는 죄를 지을 때마다 영구적인 정결하심이 공급된다. 따라서 만일 "우리가 우리 죄를 자백하면 저는 미쁘시고 의로우사[18] 우리 죄를 사하시며 모든 불의에서 우리를 깨끗케 하실 것"(요일 1:9)이다.

그러나 신약은 그리스도의 죽음이 한 사람을 깨끗이 씻기는 것에만 적용하도록 제한하지 않는다. 신약은 성소가 그리스도의 피로 말미암아 정결하게 되었고, 이제 우리는 하늘나라에 있는 법정에 나아갈 수 있게 되었다고 확증한다. 히브리서 저자는 이렇게 말한다.

> 율법을 좇아 거의 모든 물건이 피로써 정결케 되나니 피 흘림이 없은즉 사함이 없느니라 그러므로 하늘에 있는 것들의 모형은 이런 것들로써 정결케 할 필요가 있었으나 하늘에 있는 그것들은 이런 것들보다 더 좋은 제물로 할지니라 그리스도께서는 참 것의 그림자인 손으로 만든 성소에 들어가지 아니하시고 오직 참 하늘에 들어가사 이제 우리를 위하여 하나님 앞에 나타나시고(9:22-24).

18. '미쁘다' 와 '의롭다' 는 낱말이 사용된 것은 그리스도의 죽음 때문이다. 만일 그리스도께서 죄값을 치르셨다면 하나님께서는 누구든지 죄를 고백하는 사람은 용서해주실 것이다. 그분은 의로우셔서 죗값을 두 번 치르도록 요구하실 수 없다.

결과적으로 우리는 "마음에 뿌림을 받아 양심의 악을 깨닫고 몸을 맑은 물로 씻었으니 참 마음과 온전한 믿음으로 하나님께 나아"(10:22)갈 수 있게 되었다.

참고 문헌

Freeman, H. E. "The Problem of the Efficacy of Old Testament Sacrifices." *Bulletin of the Evangelical Theological Society* 5(1962): 72–79.

Goodsir, R. "Animal Sacrifices – Delusion or Deliverance?" Pp. 157–60 in *Studia Biblica* 1978, vol. 1: Papers on Old Testament and Related Themes. Edited by E. A. Livingstone. JSOTSup 11. Sheffield: JSOT Press, 1979.

King, M. A. "There's Power in the Blood." *Moody Monthly*(September 1984): 39–45.

Koch, K. "חָטָא *chāṭāʾ*." TDOT 4:309–19.

Marx, A. "Sacrifice pour les péchés ou rites de passage? Quelques réflexions sur la fonction du *Ḥaṭṭāʾt*" *Revue biblique* 96(1989): 27–48.

Milgrom, J. "The Cultic שגגה and Its Influence in Psalms and Job. *Jewish Quarterly Review* 58(1967–68): 115–25.

__. "Priestly Terminology and the Political and Social Structure of Pre-monarchic Israel." *Jewish Quarterly Review* 69(1978): 65–81.

__. "Sin Offering and Purification Offering." *VT* 21(1971): 237–39.

__. "Two Kinds of *Ḥaṭṭāʾt*" *VT* 26(1976): 333–37.

Snaith, N. H. "The Sin Offering and the Guilt Offering." VT 15(1965): 73–80.

__. "The Sprinkling of the Blood." *Expository Times* 82(1970): 23–24.

Speiser, E. A. "Background and Function of the Biblical *Nāsīʾ*." CBQ 25(1963): 111–17.

Zohar, N. "Repentance and Purification: The Significance and Semantics of חטאת in the Pentateuch." *JBL* 107(1988): 609–18.

7

Laws of the Sacrifices

해결되지 않고 남은 것들: 속죄제의 필요성(5:1-13)

사도 바울에 의하면 율법은 한편으로는 죄를 드러내기 위해 그리고 한편으로는 죄를 씻기는 주님의 은혜로운 규정을 드러내기 위해 주어졌다(롬 3:20, 갈 3:24 참조). 레위기 5장은 정결에 대조되는, 해결되지 않고 남은 죄들로 시작한다. 그리고 정결을 방해하는 죄를 규정한다.

5장 1-13절에 기록된 규정들은 속죄제 내용의 일부다. 그러나 이 본문과 레위기 4장과의 관계는 일정 시기에 논쟁의 대상이 되어왔다.

독자들을 깜짝 놀라게 하는 즉각적인 차이점은 레위기 4장에서는 속죄제에 대한 규정이 사회적, 정치적 계층에 따라 배열되어 제사장, 회중의 지도자, 족장, 평민의 순서대로 나왔지만, 레위기 5장은 경제적 수단에 따라 배열되어 가난한 사람들이 달리 선택할 수 있는 제물을 제시하고 있다는 점이다.

그러나 레위기 5장이 단순히 가난한 사람들의 제사로 분류되어서는 안 된다. 왜냐하면 그 내용은 사실상 새로운 주제며, 4장 27-

35절의 연속이 아니기 때문이다.[1]

하틀리(*Hartley*, 67)는 레위기 5장은 의식적으로 지은 후 잊혀졌다가 뒤에 다시 기억이 난 죄를 언급한다고 주장한다. '깨닫지 못하다가 그것을 깨달았을 때' 라는 구절의 동사들은 동시적이기보다 순차적인 것으로 읽어야 할 것이다. 가난한 사람에 대한 양보는 그 위반이 그들의 의식에서 벗어났다는 해석에 근거한 것이다. 웬함(*Wenham*, 92-93)은 더 나아가 레위기 5장에 수록된 죄들은 비의도적인 죄들의 구체적인 형태라고 밝힌다. 왜냐하면 레위기 4장의 제사 의식이 본장의 것과 동일한 것으로 간주되며, *neʿlam*이 *šegāgâ*으로 대체되었기 때문이다.

어느 정도는 두 가지 관찰이 모두 타당하다. 이 부분이 속죄제의 일부라는 의견은 레위기 4장과 5장 사이에 나타난 의식의 연속성에 비추어볼 때 확실하지만, 두 장 사이에 존재하는 다음과 같은 차이점에서 보면 이 부분은 별개의 본문으로도 볼 수 있다.

1. 레위기 4장에서 규정하고 있는 우발적인 죄의 조건은 레위기 5장에 포함되지 않는다. 레위기 4장은 다루고 있는 죄의 형태에 대한 일반적인 설명만을 제공하고 있는 반면, 5장은 구체적인 죄를 나열한다. 그리고 이 죄는 부주의로 인한 죄로 판단하기 어렵다.
2. 레위기 5장에서 죄는 범법(*ʾāšām*)을 일으키며 고백(*hitwaddâ*)을 요구한다. 이 용어는 레위기 4장에서 전혀 사용되지 않았다.
3. 레위기 4장의 죄는 혼자서 저지른 죄로 보인다. 그러나 레위기 5장의 죄는 다른 사람에게 영향을 끼친다.
4. 레위기 5장에서 범죄를 저지른 사람의 종류는 아무런 문제가 되지 않는다.

---

1. 밀그롬(*Milgrom*, 308)은 5장 1절이 분사 *kî*로 시작하여 4장 2절과 병행을 이루며 새로운 경우를 만든다고 지적한다.

어떤 사람(*nepeš*)이라도 평민이건 귀족이건, 남자건 여자건 상관이 없다.

5. 5장 13절의 '이 중에 하나' 라는 요약 구절은 5장 1-4절에 수록된 구체적 인 죄의 목록을 가리킨다. 레위기 4장에는 들어 있지 않다.

이런 관찰에 근거할 때 속죄제는 또 다른 종류의 죄를 다루는 것으로 보인다. 밀그롬(*Milgrom*, 309-10)의 제안이 가장 완벽하다. 그는 그 죄를 *ḥaṭṭā*ʾ*t*의 일부로 분류하지만 독립된 제사 범주로 구별한다. 그는 이 전승 가운데 있는 다른 본문들과 성경 이외의 자료들을 비교하여 5장 1-13절은 레위기 4장의 부록이라고 주장한다. 속죄제에 관한 일반적 기술(레 4장) 뒤에는 그 규정과 일치하지는 않지만, 어떻게 해서든 속죄제를 요구하고 있는 네 가지 특정한 사례가 나온다(레 5장).[2] 그렇다면 레위기 5장 1-13절은 부정함이 발생하자마자 깨끗이 씻지 못하거나 그렇게 할 수 없었기 때문에 필요하게 된 부록이다. 밀그롬으로서는 그 범과(5:6, 10, 13)라는 표현은 부정함을 축약시키는 것이 아니라 연장하는 것을 가리킨다.

따라서 레위기 5장은 몇 가지 지연된 경우에도 속죄제가 드려져야 함을 규정한다. 그러나 동물을 드리는 것이 문제가 있을 경우에 그 대안이 제시되었다. 이 위반은 이 규정이 요구될 정도로 자주 일어났음이 분명했다. 그리고 그 일은 가난한 사람들 가운데서 더 자주 일어났던 것으로 보인다.

신학적 주제

첫 번째 신학적 고찰은 본문에 수록된 죄에 대해 관심을 갖고 있다. 이 죄를

2. 유사한 경우가 11장 2-3절에서 일어나는데, 이곳은 일반적인 규칙을 제공하지만 그 뒤에는 요구 조건 가운데 하나만을 만족시키는 네 종류의 동물 목록이 뒤따른다.

하나씩 연구하는 것은 사람들이 태만 죄의 본질을 이해하는 데 도움이 되며, 이 이해는 하나님의 거룩하심이라는 높은 기준을 충분히 인식하게 한다.

이 장은 또한 하나님께서 죄인에게 베푸신 은혜를 보여주는데, 단순히 그들이 희생의 속죄를 통하여 정결케 되는 방법을 찾도록 허락하시는 것뿐 아니라 누구나, 가장 가난한 자라도 그분께 나아가는 것을 가능하게 하신다는 점에서 그러하다.

그리고 이 장은 죄의 고백에 필요한 조건을 소개한다. 이것은 전체 의식의 과정 가운데 반드시 필요한 부분이다. 왜냐하면 고백이 없는 의식은 공허하기 때문이다.

본문 개괄

메시지 요약

만일 어떤 사람이 부정한 물건을 만지거나 말이나 행동 가운데 책임을 지지 않으면 그 사람은(그 위반 사실을 알지 못했더라도) 유죄다. 그 사람은 나중에 범죄 사실을 깨달았을 때 그 죄를 고백하고, 속죄를 이루기 위해 속죄제를 드릴 것이 요구되었다.

본문 개요

I. 누구라도 증언할 공적인 책임을 다하지 않거나, 부정한 물건을 만지거나, 부주의하게 맹세를 한 사람은 비록 그 당시 잘못을 깨닫지 못했더라도 죄가 있다(5:1-4).

A. 누구든 증언하라는 권고를 받았는데도 알고 있는 범죄에 관한 정보를 감추고 있는 사람은 유죄다(5:1).

B. 누구든 부정한 물건을 만진 사람은 그 잘못을 깨닫지 못해도 부정하고 죄가 있다(5:2-3).

C. 누구든 부주의하게 무엇을 하겠다고 맹세를 한 사람은, 비록 그 잘못을 깨닫지 못해도 죄가 있다(5:4).

II. 잘못을 깨달은 다음에 고백을 하고 속죄를 위해 속죄제를 드렸는데, 매우 가난한 사람은 다른 제물을 드릴 수 있도록 특별한 예외가 허용되었다(5:5-13).

A. 죄를 깨달은 다음에는 고백이 요구된다(5:5).

B. 암컷 어린 양이나 염소를 속죄 제물로 드려 죄에 대한 속죄가 이루어져야 한다(5:6).

C. 만일 범법자가 어린 양을 살 수 없을 정도로 가난하면 산비둘기 두 마리를 가져와 하나는 속죄제로 다른 하나는 번제로 드릴 수 있었다(5:7-10).

D. 만일 범법자가 산비둘기 두 마리를 구할 수 없을 정도로 가난하면 고운 밀가루 에바 십분의 일을 제물로 가져올 수 있었다(5:11-13).

내용 강해

레위기 5장은 주해자가 시간이 충분하다면 구별된 주해로 다룰 수 있도록 하는 자료들이 충분히 있다. 그리고 이 장에 시간을 들이는 것은 중요하다. 왜냐하면 이 장의 사상들은 죄나 보상을 다루는 메시지 가운데서 상당히 무시되거나 간과되는 것이 자주 있기 때문이다. 이 경우의 주해는 그 구조에 따른 순서대로 이 본문을 다룰 수 있다.

만일 이 장이 개별적으로 다룰 수 없는 것이라면 레위기 4장과 합쳐질 수도 있다. 그러나 그렇게 되면 이미 가득 차 있고 상세하게 다루어진 주해에 제법 상당한 분량을 주가하는 것이 된다. 그런 경우 메시지는 본문 안에 들어 있는 모든 것이 충분히 드러나도록 확실하게 조직되고 탄탄하게 전개되어야 할 것이다.

I. 규칙이 지켜지지 않았거나 부정한 접촉이 정화되지 않은 채 남아 있는 것을 깨달은 백성들은 용서와 정결함을 구해야 한다(5:1–4).

A. 증언을 미루는 사람은 죄가 있다(5:1).

레위기 5장은 속죄제 의식의 일부로 간주되지는 않을 수 있지만, 그럼에도 불구하고 반드시 포함되어야 하는 특별한 경우들을 나열하는 것으로 시작한다.

첫 번째 경우는 증언을 거부하는 것이다. 본문은 누구든지(*nepeš*) 증인이거나 정보를 갖고 있는 사람은 나서서 그것을 사법 당국에 제공해야 했음을 암시한다. 그 의미는 범죄가 일어난 후 어느 정도 시간이 흘렀고, 비록 그렇게 하기로 맹세를 했음에도 증인이 나서지 않았다는 것이다. '맹세시키는 소리(*qôl ʾālâ*)' 는 법정 언어로 법적인 자리에서 증언하는 것을 가리킨다. 공적인 선서에는 저주(처벌)가 포함된다.[3] 증인으로 부른 것에는 증언하지 않는 사람에 대한 저주가 포함되기 때문이다.

저주의 효과로 인해 개인은 죄책감을 느끼기 시작하고, 그 결과 증거를 갖고 나서는 것으로 볼 수 있다. 만일 그렇다면 속죄제 역시 요구되었다. 만일 그 사

---

3. *J. Scharbert*, "אָלָה *ʾālāh*," *in TDOT* 1:262 참조.

람이 나서지 않는다면, 하나님께서 대신 죄의 벌을 받으심으로써 그는 '자기 죄를 감당' 해야 했다. 이것이 그 저주의 성취다(삿 17:2, 잠 29:24 참조).

B. 부정하게 된 사람은 죄가 있다(5:2-3).

다음의 두 가지 죄는 의식면에서 부정하게 되는 것을 다룬다. 사람들은 부정함에 빠졌는데도 규정된 시간 안에 스스로를 정결케 해야 하는 것을 망각했다. 이것은 두 가지 형태의 부정함에서 기인할 수 있다. 그것은 부정한 것, 즉 부정한 동물의 사체 등을 만지거나, 부정한 사람(또한 레 12-15장을 보라)과 접촉한 경우다. 이 문제는 그 사람에게 숨겨졌다. 단순히 못 보고 지나간 것이다. 비록 그 접촉이 우연에 의한 것이라 해도 그런 사람에게는 죄가 있었다(*ʾāšēm*). 왜냐하면 그들은 부정함을 연장시켰기 때문이다.

C. 부주의하게 맹세한 사람은 죄가 있다(5:4).

마지막으로 본문은 지키지 못한 맹세를 다루는데, 아마 성급하게 발설한 맹세 같은 경우로 보인다(시 106:33과 민 20:1-13 참조). 누군가 맹세를 했지만 그것을 지키는 것을 잊거나 마음에 들지 않아 그것을 지키는 것을 미루는 것이다. 그러나 부정함은 반드시 정결케 되어야 하는 것처럼 한번 정한 맹세는 반드시 지켜져야 한다. 거짓 맹세나 지키지 못한 맹세에는 하나님의 벌이 따를 수 있다. 따라서 그런 사람이 맹세를 기억했을 때는 자신에게 죄가 있음을(*ʾāšēm*) 깨닫고 그 맹세를 지키며 속죄제를 드려야 했다.

Ⅱ. 모든 죄는 예배에 참석하기 전에 반드시 고백되고 깨끗이 씻겨야 한다(5:5-6).

이제 고백에 대한 필요성이 소개된다. 누군가 죄를 지었음(*yeʾšam*)을 깨달았을 때, 다시 말해서 자신의 죄를 기억하고 그것을 후회할 때, 그가 가장 먼저 할 일은 죄를 고백(*wᵉhitwaddâ*)하는 것이다.

*Wāw*와 함께하는 *Hithpael* 완료 동사 *yādâ*('고백하다')는 순서, 결과를 보여준다. 이 동사는 철저한 연구를 거친 것으로 *Hiphil* 형태가 시편 전체에서 '찬양하다' , '감사를 드리다' 는 의미로 사용되었다. 레위기 7장에서 이 동사의 *Hiphil* 형태와 관련이 있는 명사인 *tôdâ*('감사드림')는 '감사의 화목제(*šᵉlāmîm*)' 를 가리킨다. 이 동사를 '고백하다' , 혹은 더 구체적으로 '자백하다' 로 번역하는 것은 두 가지 범주의 용례에 모두 잘 들어맞는다. 죄를 자백한다는 것은 그 문제에 대해 옳은 것을 말하거나, 혹은 그 죄에 대한 하나님의 평가에 동의한다는 의미다. 찬양과 관계된 문맥에서 '고백하다' 는 말은 하나님께서 행하신 일에 대해 공적으로 감사를 선포한다는 의미를 전달한다. 우리가 다루고 있는 본문에서 율법은 죄인에게 회복의 일부로, 그 죄를 공적으로 고백 혹은 자백할 것을 요구하고 있다.

신약에서 고백이란 말은 죄를 자백하는 것(무엇에 대해 동일한 내용을 말하는 것, 요일 1:9)과 예수 그리스도의 주 되심을 인정하는 것(롬 10:9-10)에 사용되었다. 그 두 용법 이면에는 진리를 인식하는 것이 놓여 있다.

Ⅲ. 하나님께 나아감은 항상 누구에게나 허락되어 있다(5:7-13).

이 본문에 대해 반드시 지적해야 할 두 가지 포괄적인 면이 있다. (1) 죄가 아무리 오래 된 것이라 해도 속죄제는 여전히 드려야 했다. 그리고 (2) 하나님께 나아감은 누구에게나, 비록 제사에 사용하기에 합당한 짐승을 갖고 있지 못한 매우 가난한 사람에게라도 허락되었다.

이 의식은 속죄제 절차를 따른다. 그러나 가난한 사람을 위한 별도의 제사가 추가된다. 가난한 사람의 사회적 지위나 생활 여건은 그들로 하여금 증인으로 나서는 것을 주저하게 만들고, 사체나 부정한 것에 노출될 기회를 더 자주 부여하며, 혹은 자신의 말을 더 자주 잊어버리게 할 수도 있다. 그들이 그 위반 사실을 알게 되었을 때 속죄제를 드려야 했다. 그러나 그 속죄제는 자기 능력 수준에 맞는 것이어야 했다.

두 마리 새를 드리는 것이 허용되었는데, 한 마리는 속죄제로, 다른 한 마리는 번제로 드려졌다. 이 규정은 통상적인 속죄제(레 4장)가 번제 뒤에 드려지는 것을 암시한다.

만일 가난한 사람이 새를 마련할 수가 없다면 고운 밀가루를 가져올 수 있었다. 그것은 가장 가난한 사람이라도 이삭 줍기를 통해 마련할 수 있었던 것이다. 이 제물에는 기름이나 유향이 함께(소제에서처럼) 드려지지 않았는데 이는 기름과 유향은 절기나 축하와 관계된 것이고, 이 제사는 죄를 다루는 것이기 때문이다. 제사장은 이 밀가루 한 움큼을 제단에 태우고 나머지 음식을 취했다(*minḥâ*, '소제물같이').

누구든지, 가난한 자든 부자든 속죄제를 드릴 수 있었다. 하나님께서 속죄를 용납하시면 성소는 지연된 더럽혀짐으로부터 정결케 되고, 범죄한 사람은 용서를 받게 되었다.

결론

이 본문의 메시지는 다음과 같이 말할 수 있다.

> 누구든지 의무를 다하지 않았던 것이나 부정한 접촉을 정결케 하지 않았던 것이 생각나면 반드시 고백을 하고 하나님께서 베푸신 속죄를 통하여 용서를 받아야 한다.

여기서 사용한 '생각나다' 라는 말에는 죄책감을 느끼고 뉘우치는 마음이 들어 죄를 자백하게 되었다는 개념이 포함된다. 이 문장은 이 본문의 의미를 법규적인 어조로 담고 있다. 고백과 용서는 반드시 하나님께서 베푸신 속죄 제사의 규정을 통하여 행해져야 한다. 이 문장은 이러한 일들이 이루어지면 속죄를 통한 회복이 가능하다는 것을 강조하는 말로 바꿀 수도 있다.

이런 종류의 죄를 신약의 죄와 연결시키는 것은 그리 어려운 일이 아니다. 사도 바울은, 성도의 말은 실제로 맹세의 형태로 행해졌든 그렇지 않았든지 간에 반드시 진실되고 믿을 수 있는 것이어야 함을 분명히 밝히고 있다(엡 4:25). 만일 맹세가 이루어지면 그것은 반드시 지켜져야 한다. 그리스도께서도 대제사장으로부터 맹세하라는 요구를 받았을 때 분명히 말씀하셨다(마 26:63-64). 더욱이 성도들은 사회 안에서 정의와 진리를 수호해야 할 의무가 있다.

의식적인 더럽혀짐에 대해서는 레위기 12-15장에서 더 상세하게 논의될 것이다. 그 논의를 예상하면 신약은 육체적인 더럽혀짐보다는 이 세상의 영적 더럽혀짐에 더 초점을 맞추고 있다고 말할 수 있다. 그럼에도 불구하고 이 세상으로부터 오는 모든 오염은 질병과 사체와의 접촉을 포함해 모두 그리스도의 피로 해결되었고 정결이 베풀어졌다.

레위기 5장 1-4절에 수록된 구체적인 죄 외에도 이 본문은 매우 가난한 자가 드린 제사(즉, 하나님의 은혜로운 규정에서 소외된 사람은 아무도 없음)와 고백의 필요성(즉, 죄인은 여호와 앞에 제물을 가져올 때 반드시 죄를 인정해야 함)을 강조하고 있다. 이 강조는 주해의 중요한 부분을 이루어야 한다.

율법은 사람들에게 중대한 죄뿐 아니라 우리가 자주 깨닫지 못하고 지내는 것들, 예를 들어 약속을 지키지 않거나 옳은 일을 하지 못하는 것, 혹은 더러워진 세상에 살면서 그것이 영적 생명에 어떤 영향을 미치는지 고려하지 않는 죄를 깨닫게 한다. 이러한 것들은 성소를 더럽히고 범죄를 만들어내는데, 그것은 비록 너무 오랫동안 방치되는 경우라도 반드시 해결해야 하는 것이다. 그러나 기쁜 소식이 있으니, 그것은 바로 용서다. 시편 기자는 회중들에게 자신이 그랬던 바 당나귀처럼 완고하지 말고 아직 시간이 있을 때 고백하라고 훈계한다. 그는 너무 오래 끌다 자백했고, 그것은 너무 아픈 일이었다. 그러나 "내 허물을 주께 자백하리라(ʾ*ôdeh*, 32:5)"고 말했을 때, 그는 즉시 용서를 받았다.

그리스도인 역시 성부 하나님과의 관계를 유지하기 위해서는 죄를 고백해야 한다(요일 1:9). 하나님의 말씀을 더욱 연구할수록 그 말씀은 과거에 짓거나 혹은 해결되지 않은 채 내버려둔 죄에 더 많은 빛을 비춘다. 그리고 고백이 이루어질 때 그리스도의 피로 말미암는 즉각적인 깨끗한 씻김이 있게 된다. 이 과정으로 인해 성도들은 주님과의 교제를 유지할 뿐 아니라 은혜와 지식 안에서 자라게 된다. 그리고 죄 사함은 하나님의 은혜와 선하심으로부터 오는 것이므로, 그것은 가난한 자나 부한 자를 가리지 않고 모든 이에게 열려 있다.

참고 문헌

Canaan, T. "Das Opfer in palästinischen Sitten und Gebräuchen," *ZAW* 74(1962): 31-44.

Geller, M. J. "The Šurpu Incantations and Lev. V. 1-5." *Journal of Semitic Studies* 25(1980): 181-92.

King, M. A. "The Trespass Offering." *Moody Monthly*(October 1984): 37-40.

Milgrom, J. "The Priestly Doctrine of Repentance." *Revue biblique* 82(1975): 186-205.

Snaith, N. H. "The Sin Offering and the Guilt Offering." *VT* 15(1965): 73-80.

8 Laws of the Sacrifices
회개의 증거: 속건제 [5:14-6:7(MT 5:14-26)]

죄는 종종 하나님께 속한 거룩한 것들을 사취(*defrauding*)하거나 다른 사람의 소유를 빼앗는 형태로 나타나기도 한다. 성경은 그런 문제에 대해 고백하는 것만으로는 충분하지 않으며, 그 잘못이 가능한 한 반드시 바로잡아져야 함을 분명히 밝히고 있다. 그렇게 하는 것이 회개와 뉘우침의 증거다. 그리고 그것이 세례 요한이 백성들에게 "회개에 합당한 열매를 맺으라"(마 3:8)고 촉구했을 때 기대했던 바로 그런 응답이다. 레위기의 율법은 이제 개인을 죄가 있게(*ʾāšām*) 만들 뿐 아니라 잘못을 보상하기 위한 제사(역시 *ʾāšām*으로 불린다)가 요구되는 규정 위반에 주목하고 있다. 하나의 낱말이 잘못(죄인이 저지른)과 그에 대한 치유책을 함께 가리키고 있다. 밀그롬(*Milgrom*, 339)은 이것을 그 말의 결과적 용법이라고 부르며, 행동을 나타내는 말이 보상이나 처벌을 의미하는 경우가 자주 있음을 입증한다.[1] 그렇

1. 예를 들어, 가인이 "내 죄벌이 너무 중하여 견딜 수 없나이다"(창 4:13)라고 말했을 때 그 말의 의미는 죄에 대한 처벌을 의미한 것이 분명하다. 왜냐하면 그 응답으로 여호와

다면 이 본문에 사용된 이 낱말은 잘못 자체보다는 보상을 만드는 제사를 기술하는 것이다(5:6을 보라).[2] 여기서 이 제사는 *ḥaṭṭā't*와 *'āšām*이라는 명칭을 함께 갖고 있다. 왜냐하면 이것은 보상을 요구하는 속죄제이기 때문이다.

속건제가 요구되는 위반들은 모두 사취(*mam〈al*)를 통한 재산의 손실을 포함하는 것으로 보인다. 이런 경우 사취하는 것은 하나님의 것을 도적질하는 것이 된다. 왜냐하면 거룩한 것들이 더럽혀졌기 때문이다. 그에 따라 앞의 논의에서 살펴본 부지중에 범한 죄의 경우와 달리 보상이 요구된다.

이곳에 기록된 경우들에서 범죄자는 자신이 죄를 지었음을 자발적으로 고백했을 수도 있다. 왜냐하면 그렇지 않았다면 그 죄가 밝히 드러나거나 청산될 수 없었기 때문이다. 때때로 범과나 사취가 실제로 저질러졌는지의 여부를 확인하지 못하는 경우, 몇몇 민감한 양심을 가진 사람들은 확인을 위해 속건제를 드릴 수도 있었다. 그러나 율법은 반드시 바로잡아야 하는 종류의 범과가 어떤 것인지 분명히 기록하고 있다. 다섯 가지 경우에 보상이 요구된다[레 5:15, 6:2(*MT* 5:21), 14:12, 19:20, 민 6:12].[3]

신학적 주제

처음 지적할 점은 죄의 본질에 대한 것이다. 여기서 죄는 하나님의 성물을

께서 가인을 위해 보호의 표를 주셨기 때문이다. 이 말의 이러한 용례는 환유, 곧 원인으로 결과를 나타내는 방식을 통해 발전되었다.

2. 밀그롬(*Milgrom*, 342-43)은 더 나아가 죄책감에 대해 논의한다. 죄는 죄책감과 처벌에 대한 두려움을 낳는다. 그리고 고통은 죄에 대한 처벌로 해석되기 때문에 죄책감을 더욱 강화시킨다. 이런 연계로 인해 이 말은 다양한 의미의 범주로 발전될 수 있다.

3. 이어지는 장들에서 다른 사람들은 속건제를 가져오는 것이 요구되었다. 예를 들어, '문둥병자'는 이 제사를 반드시 드려야 했는데, 이는 그가 격리되어 있는 동안 하나님께서 성물 가운데 사취를 당하신 것이기 때문이다.

사취하거나, 사람에게 적법하게 속한 것을 무단으로 점유하거나, 그것에 대해 거짓 맹세를 함으로써 그들의 것을 가로채는 일이다. 두 가지 경우 모두 하나님의 것을 도적질하는 일이 된다. 그리고 보상이 되지 않는다면 하나님의 공의가 내려질 수 있었다.

핵심은 보상이 진정한 회개의 증거라는 점이다. 비록 하나님께서는 은혜로 말미암아 그 죄에 대한 용서와 회복의 길을 베푸셨지만, 그분은 용서의 전제 조건으로 진정한 회개를 요구하신다. 잘못된 것을 바로잡을 수 있는 이러한 경우에 죄에 대한 후회를 보이는 것만으로는 충분하지 않으며, 보상을 하는 것이 요구된다.

본문 개괄

메시지 요약

여호와의 거룩한 소유나 그분의 거룩한 이름을 가로챔으로써, 혹은 그 이웃을 속이고 그에 대해 거짓 증거함으로써 죄를 범한 사람은 충분한 보상과 추징금을 지불하고 제사장에게 속건제를 드림으로써, 여호와로부터 용서를 구하는 속죄를 드려 깨끗한 양심과 언약 공동체 안에서의 지속적인 교제를 확보해야 했다.

본문 개요

서언: 여호와께서 모세에게 직접 명하셨다(5:14).

I. 누구든지 부지중에 여호와의 거룩한 소유를 범하는 죄를 지으면 충분한 배

상과 추가금을 더해 제사장에게 속건제로 드리고 죄 용서를 위한 속죄를 이루어야 했다(5:15-19).

A. 어떤 사람이 여호와의 거룩한 소유를 범하는 죄를 지었음을 깨달으면, 그 죄인은 범과에 대한 가격과 추가금을 지불하고 용서를 받기 위해 속건제를 드렸다(5:15-16).

B. 어떤 사람이 여호와의 신성한 소유에 대한 범죄를 저질렀는지 확인이 되지 않을 때는 속죄를 위해 속건제와 함께 추정 금액을 가져왔다. 왜냐하면 만일 죄가 있었다면 그것은 여호와께 죄를 지은 것이기 때문이다(5:17-19).

서언: 여호와께서 모세에게 직접 명하셨다[6:1(MT 5:20)].

II. 누구든 이웃을 사취하고 거짓 증언을 하여 뻔뻔스럽게 여호와의 거룩한 이름에 반하는 죄를 지은 사람은, 이웃에 대한 잘못에 대해 전액을 배상하고 추가금을 낸 후 제사장에게 속건제를 드려 죄 용서를 위한 속죄를 이루어야 했다[6:2-7(MT 5:21-22)].

A. 상황: 개인이 이웃을 사취하고 거짓 증언을 함으로써 고의적이고 뻔뻔스럽게 여호와의 거룩하신 이름에 반하는 죄를 지었다[6:2-3(MT 5:21-23)].

B. 절차: 그 죄인은 자기가 취한 것, 곧 늑봉한 것이나 얻은 유실물 혹은 맹세한 모든 것에 대한 전액을 갚고 거기에 추가금을 더해 제사장에게 속건제를 드려야 했다[6:4-6(MT 5:23-25)].

C. 결과: 제사장은 여호와 앞에서 속죄를 이루고, 여호와께서는 자신의 거룩한 이름에 반하는 죄를 지은 사람을 사하셨다[6:7(MT 5:26)].

내용 강해

이 본문의 두 병행 본문은 여호와의 것을 사취하는 것과 이웃의 것을 사취하는 것을 다룬다. 그들을 다루는 가장 효과적인 방법은 그것을 현재의 순서대로(아래와 같이) 다루는 것이다. 이 방법은 무엇보나 먼저 주해자에게 여호와의 것을 도적질하는 일에 대한 논의와 함께 사람들의 양심을 일깨워주고, 이어서 사람들 사이에 지은 죄를 통하여 거룩한 것을 도적질하는 방식을 다룬다. 두 경우 모두 주해는 반드시 진정한 회개의 증거가 있을 때 주어지는 용서의 약속으로 끝을 내야 한다.

I. 여호와의 것을 가로챈 사람은 대속의 제사를 통해 용서하심을 구하기 전에 먼저 완전히 배상해야 한다(5:14–19).

속건제[4]는 어떤 사람이 남의 것을 사취한 죄를 범했을 때 드려지는 특정한 형태의 제사였다. 이 죄를 기술하는 *māʿal*이란 낱말은 여기서 속건제에 의해 바로잡혀진 죄를 가리키는 법률 용어가 되었다. 이 말의 공통 분모는 '하나님께 죄를 짓다' 이다. 이 말은 사람에 대한 죄를 기술할 경우에도 맹세의 남용으로 인하여 그 개념을 갖게 된다(민 5:6을 보라). '하나님께 대한 죄' 인 *māʿal*은 하나님의 것을 도적질했다는 의미를 갖게 되는데, 이 의미는 그 반대말인 '거룩하게 하다' 를 통해 분명히 알 수 있다(신 32:51을 보라).[5]

---

4. 비록 *ʾāšām*은 법위반제(*trespass offering*) 혹은 죄책제(*guilt offering*)로 불릴 수도 있지만, *ḥaṭṭāʾt*가 속죄제보다 정결제로 부르는 것이 더 타당한 것과 마찬가지로 제사의 목적에 따라 보상제(*reparation offering*)로 부르는 것이 도움이 된다.

5. 신명기 32장 51절은 병행 구조를 통해 이 말들을 대조한다. "이는 너희가…내게 범죄하여(*meʿaltem*) 나의 거룩함(*qiddaštem*)을… 나타내지 아니한 연고라." *māʿal*의 용법은 하나님의 것을 도적질하는 죄를 범한다는 개념과 연결되고 있음을 분명히 보여준다. 이 말은 아간의 죄(수 7:1), 불성실한 결혼(민 5:12), 이방 신을 섬김(31:16), 웃시야가 성전에서 유향을 드리려 했던 죄(대하 26:16, 18) 등에서 사용되었다.

밀그롬(320–26)은 이 말의 성경적 용례를 추적해 두 가지 범주의 사취가 있음을 밝히고 있다. 바로 성물에 대한 위반과 언약 맹세에 대한 위반이다. 이 장은 이 말을 하나님의 성물에 대한 죄와 이웃의 소유에 대한 죄를 가리키는 용어로 사용하고 있다.[6] 두 가지 죄 모두 보상을 요구하는데, 이는 두 가지 모두 죄인에 대한 하나님의 진노하심을 일으키는 하나님의 것을 도적질하는 것이기 때문이다. 하나님께서는 종종 성경과 다른 문화의 예에서 볼 수 있듯이 범법자와 그 모든 식솔들을 벌하셨다. ***mā'al***에 대한 연구로부터 얻을 수 있는 결론은 우리가 여기서 다루고 있는 것이 사소한 범죄가 아니라 맹세를 포함한 거룩한 것들에 대한 위반이라는 점이다.

이 죄에 대해 규정된 의식은 기본적으로 속죄제의 규정(레 7:7)과 동일하다. 5장 15, 18절, 6장 6절(***MT*** 5:25), 19장 21절에 의하면 숫양이 드려졌다. '문둥병자' (레 14:11–12)와 나실인(민 6:12)은 어린 양을 드렸다. 이 죄들은 다른 죄들보다 덜 심각한 위반으로 간주되었다.[7] 의식은 성막 문 입구에 등장하는 것으로 시작하는데(레 7:2), 아마 제물 위에 손을 얹고 예배자가 제물을 죽이고 (7:2) 제사장이 피를 뿌렸을 것이다. 피부병에서 깨끗함을 받은 사람의 경우 완전한 봉헌을 위해 약간의 피를 엄지발가락, 귀 그리고 엄지손가락에 발랐다

---

6. 성물, 곧 '거룩한 물건' 이라는 어구는 밀그롬(***Milgrom***, 325–26)에 따라 가장 넓은 의미로 받아들여질 것이다. 성물을 먹거나 더럽히는 것(레 5:14–19, 22:14, 삼상 2:12–17), 나실인에 대한 맹세를 지키지 않음으로써 그것을 더럽히는 것(민 6:12), 혹은 피부병으로 인해 더럽히는 것(레 14:12–18)과 같은, 여호와께 드려진 예배와 선물을 빼앗긴 때에 일어난 여호와께 속한 거룩한 물건에 대한 모든 위반은 그것이 중대한 것이든 사소한 것이든 모두 포함되었던 것으로 보인다. 하나님의 성물에 대한 위반은 웃시야가 유향을 드린 것(대하 26:16–18), 아하스의 하나님의 권위에 대한 도전(28:19), 유다의 죄(36:14) 등을 포함한다. 이 목록 외에도 밀그롬(346)은 아간의 죄(수 7:1, 22:20)도 언급한다. 그 죄는 하나님께 심판을 받지는 않았지만 하나님에 의해 드러났다. 밀그롬은 맹세 위반을 포함하여 다른 사람들에 대한 죄와 관계된 용법들을 살펴본 가운데 맹세가 신성한 것이며, 거짓으로 맹세하는 것은 거룩한 이름을 더럽히는 것임을 보여주고 있다(365–72, 레 26:15, 40, 사 57:15, 암 2:7, 대하 36:13–14 참조). 맹세에 관한 참고 문헌을 보려면 먼저 밀그롬 349와, 힐러스(***D. R. Hillers***)의 ***Treaty Curses and the Old Testament Prophets***(***Rome***: ***Pontifical Biblical Institute Press***, 1964)를 보라.

7. 동물들은 분명히 성소 안에 들어가기 전에 돈으로 환전할 수 있었다. 피쉬베인(***M. Fishbane***)의 ***Biblical Interpretation in Ancient Israel***(***Oxford***: ***Claredon***, 1985), 222–23, 250–52를 보라.

(14:14). 기름진 부분은 번제단 위에서 불살랐고(7:3-5), 먹을 수 있는 남은 부분은 제사장이 먹었다(7:6-7, 14:13).

어느 경우든 범죄한 측은 (1) 죄를 공적으로 고백하고, (2) 사취한 것을 전액 배상하며, (3) 사취한 금액의 20퍼센트를 추가로 지불해야 했다. 친척 없이 죽은 사람에게 행해진 범죄에 대한 배상금은 제사장에게로 돌아갔다(민 5:5-10).

위에서 언급한 것처럼 속건제의 의미는 범죄에 대해 보상을 하는 것이다. 하나님의 거룩한 것들을 위반한 경우에 제사가 먼저 드려진 후 이어서 보상이 지불되었다. 다른 사람에게 지은 죄의 경우에는 보상이 먼저 이루어지고 다음에 제사가 드려졌다.

Ⅱ. 다른 사람의 것을 사취한 사람은 제사를 통해 용서를 구하기 전에 회개의 증거로 전액을 보상해야 한다[6:1-7(MT 5:20-26)].

이제 본문은 다른 이스라엘 백성에게 행해진 죄를 다룬다. 그러나 이것들은 언약의 파기이자 맹세의 남용이므로 그것들은 여호와의 거룩한 이름에 행해진 죄로 간주되었다. 그것은 하나님의 것을 도적질한 것이었다. 이 본문은 6장 2절(*MT* 5:21)에서 "누구든지 여호와께 신실치 못하여(*ûmāʿălâ maʿal*) 범죄하되(*teḥĕṭāʾ*) 곧 남의 물건을 맡거나 전당 잡거나 강도질하거나 늑봉하고도 사실을 부인하거나(*w*^{e}*kiḥēš*)[8] 남의 잃은 물건을 얻고도[9] 사실을 부인하여 거짓 맹세하는 등 사람이 이 모든 일 중에 하나라도 행하며 범죄하면"으로 시작한다. 그 결론은 이 특정한 죄들이 거짓 맹세와 함께할 때 하나님에 대한 더 심

---

8. *kiḥēš*란 낱말은 맹세 가운데서 '시치미 떼다', '거짓으로 부인하다'를 의미한다.

9. 이 개념은, 원고는 자신이 잃어버린 소유를 갖고 있는 사람이 누구인지 밝힐 수 있다고 믿지만 그 사실을 입증하지 못하며, 따라서 공적인 맹세는 양 당사자 모두에게 자신이 옳다고 주장하는 맹세를 하게 했다는 것이다. 만일 범죄한 점유자가 맹세 가운데 거짓을 말하면 원 소유자는 아무것도 할 수 없었다. 이것은 여호와의 손에 달린 문제였다.

각한 위반이 된다는 것이다.

여기에 포함된 위반에는 소유물에 대한 권리와 법적인 권리가 있다. 다른 사람의 소유권에 대한 위반은 저당잡거나 맡은 물건에 대한 불법적인 점유[6:2(*MT* 5:21)], 다른 사람의 소유를 훔침[6:2(*MT* 5:21)], 잃어버린 물건을 발견하고도 말하지 않음[6:3(*MT* 5:22)], 다른 사람과 정혼한 여종을 유혹하는 것(19:20-22)에 의해 일어날 수 있다. 그리고 이웃을 압박하거나[6:2(*MT* 5:22)], 혹은 거짓 증언을 함으로써[6:3(*MT* 5:22)] 다른 사람의 법적 권리를 침해할 수 있다. 이 모든 것들은 그 자체로도 나쁜 짓이지만, 그 범죄에 하나님을 끌어들이는 것은 더 나쁜 짓이다.[10] 이 본문에 있는 모든 목록은 중대한 위반이다. 그리고 동족 여격(*cognate accusative*)을 비중 있게 사용함으로써 죄의 본질을 강조하고 있다.[11] 죄를 범한 사람이 고백을 하기 위해 나아갈 때는 보상 금액을 지불하고 제물을 드렸다. 이것은 분명 뉘우침이 회개의 열매를 맺었음을 가리킨다. 그런 사람에게는 그가 행하고 죄책감을 받았던 것들에 대한 용서와 사죄가 주어졌다[6:6(*MT* 5:15)].

결론

ʾāšām 제사는 대부분의 경우 개인적인 양심의 가책과 관련된 문제였다. 왜냐하면 보통 여호와 하나님과 죄를 지은 당사자만이 그 범죄에 대해 알고 있

10. 여기서 야곱이 자기 형의 축복을 얻기 위해 아버지를 속인 장면이 떠오른다. 그는 자기가 그렇게 빨리 음식을 준비할 수 있었던 이유에 대해 "아버지의 하나님 여호와께서 나로 순적히 만나게 하셨음이니이다"(창 27:20)라고 말함으로써 거짓말에 신성 모독을 추가시켰다.

11. 동족 여격에는 6장 2절의 *ûmāʿălâ maʿal*('사취하다', '침해하다')와 6장 4절(*MT* 5:23)에 나오는 *hagg^{e}zēlâ ʾăšer gāzāl*('불법으로 취한 것'), *hāʿōšeq ʾăšer ʾāšāq*('속여서 얻은 것'), *happiqādôn ʾăšer hopqad*('자신에게 온 것을 취한 것')이 포함된다.

기 때문이다. 따라서 그 죄를 공개적으로 인정하는 것은, 특히 보상이 올바로 치러졌을 때 죄책감의 증거가 된다. 이것은 매우 중요한 요소였는데, 사취한 것을 회복하고 추가금을 기꺼이 지불하려는 것은 그것이 진정한 뉘우침이라는 사실을 보여주기 때문이다. 그럴 때 그 제사는 속죄와 제사로 여호와께 드려질 수 있었다.

이 본문의 주해는 잠정적으로 다음과 같이 말할 수 있다.

> 누구든지 여호와나 다른 사람의 것을 사취함으로써 언약을 범한 사람은 온전한 용서와 회복을 찾기 위해서 그 죄를 자백하고 완전히 배상해야 한다.

하나님의 것을 도적질한 범죄는 '언약을 범하다' 라는 구절로 표현되었다. 이 죄는 평범한 죄가 아니라 여호와의 인격과 소유에 대한 심각한 위반으로, 특히 다른 사람에 대한 범죄를 덮기 위해 맹세하는 가운데 여호와의 이름이 사용되었을 경우 더욱 그러했다.

그리스도인들에게 그리스도의 피는 우리의 죄를 위하여 단번에 그리고 영원히 속죄를 이루셨지만, 그분의 용서하심을 우리 것으로 하기 위해서는 진정한 회개가 요구된다. 이 메시지는 일반적인 죄에도 적용시킬 수 있다. 어떤 때는 잘못된 것을 바로잡기 위해 아무것도 할 수 없는 경우가 있는 것이 사실이지만, 다른 경우에는 그 잘못된 것을 바로잡을 수가 있다. 보상은 삭개오의 맹세에서 보는 것처럼 회개의 증거가 된다(눅 19:8-9). 그리고 예수님께서는 화해가 예배에 앞서야 한다고 가르치심으로써 보상의 우선순위를 분명히 밝히셨다(마 5:23-24).

이 본문의 일차적 적용은 이곳에 기술된 종류의 죄에 대한 것이다. 즉, 죄로 말미암아 여호와의 성물이 사취당하거나, 혹은 여호와의 거룩한 이름이

침해를 당했을 때며, 이는 대개 금전 문제나 권리 관계를 포함한다. 여호와와 그분의 이름을 거룩하게 하기 위해서 성도들은 반드시 모든 일을 올바르게 행해야 한다. 그분 앞에 나아가는 백성들의 눈에 여호와께서는 거룩하게 비치셔야 한다.

이런 보상은 또한 범죄한 사람에게 치료책이 된다. 할 수 있었는데도 일을 바르게 행하지 않았을 때 양심의 가책과 평안의 부재가 그들에게 찾아올 수 있다. 왜냐하면 부정직하게 살면서 양심의 평안을 누릴 수 있는 사람은 아무도 없기 때문이다. 보상은 비록 시작하기가 너무나 힘든 일이지만 반드시 해야 할 치료다.

보상하지 않는다면 그리스도의 몸을 분쟁으로 이끌고, 하나님의 징계를 초래한다. 참된 성도는 자신이 하나님과 다른 사람들에게 잘못했을 때 마음으로 그것을 알며, 그것을 바로잡지 못하면 예배와 봉사 가운데 정직하게 들어갈 수 없다. 이것이 속건제가 주는 교훈이다. 속건제는 모든 제사 가운데 가장 실제적인 것이다.

이처럼 그리스도의 희생 제사에 대한 호소는 합당한 것이다. 왜냐하면 메시아이신 예수님께서는 속건제(그리고 다른 제사들)의 완전한 성취이시기 때문이다. 이사야의 예언에 의하면, 고난 받는 종이 속건제물이 되어 세상 죄를 위해 죽임을 당했으며(사 53:10), 그분은 그 제사로 많은 사람들을 의롭게 하셨다. 이 예언은 그 내용의 상세함에 놀랄 만하다. 그리고 그 종이 우리의 죄를 대신하여 다양한 대속의 죽임을 당할 것을 강조하고 있는 점에 비추어보면, 그 예언은 신약이 설명하는 대로 오직 하나님의 흠 없는 어린양에 의해서만 성취될 수 있는 것이었다. 그 예언에 대해 주목할 만한 것은 분명히 *ʾāšām*을 한 사람의 죽음에 적용시킨다는 점이다. 그는 고난 받는 종, 곧 약속된 메시아다. 레위기에서부터 이 용어가 사용된 것은 예수님의 죽음이 속죄와 함께 보상을 포함하고 있음을 가리킨다. 이를 제사법 용어로 옮기면,

우리는 죄인일 뿐 아니라 하나님께 합당한 것과 그분의 예배를 갈취하고, 거룩한 것들을 모독한 죄인인 것이다. 그리고 회복이 필요한 '문둥병자'이며, 맹세를 깨뜨린 나실인이고, 이웃의 것을 사취한 사람들이다. 예수님께서는 자기 목숨을 많은 사람들을 위해 대속물로 주심으로써 완전한 만족을 하나님께 드리셨다. 예수님께서 십자가에서 치르신 것은 죄에 대한 형벌 이상의 것이었다. 그분의 죽음은 인류에 의해 자행된 모든 사취를 보상하기에 충분한 것이었다. 그분이 드리신 제사에 대해 하나님 아버지께서는 이렇게 말씀하실 수 있다. "나는 받아야 할 것 이상을 받았다!"

참고 문헌

Budd, P. J. "מעל in Leviticus 5:14-19 and Other Sources: Response to William Johnstone." Pp. 256-62 in *Reading Leviticus: A Conversation with Mary Douglas*. Edited by J. F. A. Sawyer. JSOTSup 227. Sehffield: Sheffield Academic Press, 1996.

Fishbane, M. *Biblical Interpretation in Ancient Israel*. Oxford: Clarendon, 1985.

Jackson, B. S. *Theft in Early Jewish Law*. Oxford: Clarendon, 1972.

Kiuchi, N. *The Purification Offering in the Priestly Literature: Its Meaning and Function*. JSOTSup 56. Sheffield: Sheffield Academic Press, 1987.

Marx, A. "Sacrifice de réparation et rites de levée de sanction." *ZAW* 100(1998): 183-98.

Milgrom, J. *Cult and Conscience The Asham and the Priestly Doctrine of Repentance*. Studies in Judaism in Late Antiquity 18. Leiden: Brill, 1976.

Morris, L. L. "ʾ*asham*." *Evangelical Quarterly* 30(1958): 196-210.

Saydon, P. P. "Sin Offering and Trespass Offering." *CBQ* 8(1946): 393-98.

Snaith, N. H. "The Sin Offering and the Guilt Offering." *VT* 15(1965): 73-80.

Speiser, E. A. "Leviticus and the Critics." Pp. 124-28 in *Oriental and Biblical Studies*. Edited by J. J. Finkelstein and M Greenberg. Philadelphia: University of Pennsylvania, 1967.

Thompson, H. C. "The Significance of the Term ʾ*asham* in the Old Testament." *Transactions of the Glasgow University Oriental Society* 14(1954): 20-26.

Laws of the Sacrifices

9 하나님께 나아갈 길을 제공함 : 번제 의식 [6:8-13(MT 6:1-6)]

공동체와 함께하는 예배 안에서 회중을 인도하는 것은 커다란 특권이자 막중한 책임이다. 이어지는 본문에서 이 의식과 관련된 제사장의 몇 가지 의무가 펼쳐진다. 그것은 여호와께서 레위와 맺으신 언약, 곧 '생명과 평강의 언약'의 전부이며, 그 언약과 시행에 대한 합당한 반응은 경외감이었다(말 2:1-9).

본서의 다음 본문은 제사에 관한 이전의 내용을 재진술하고 있는데, 그래서 몇몇 학자들로 하여금 레위기 6-7장이 율법 원형을 간직하고 있고, 나머지 부분은 후대에 이 두 장으로부터 발전된 것이라고 주장할 수 있는 빌미가 되었다. 예를 들어, 호프만(*Hoffman*)은 레위기 6-7장이 출애굽기 29장 이후에 쓰였다고 주장한다. 왜냐하면 출애굽기 29장은 제사장 임명식과 관련이 있고, 레위기 6-7장은 제사장이 제사를 드릴 규칙을 전하고 있기 때문이다. 이 주장에 따르면, 후대에 이르러 백성들이 어떻게 제사를 드릴 수 있는지를 설명하기 위해 레위기 1-5장이 기록되었다는 것이다.[1] 이 주장은 출애굽기 29장과 레위기 6-7장의 유사성과 레위기 1-5장은 회막에서 계시된 반면, 그 두 부분 모두 시내 산에서 계시되었다는 사실에 근거하고 있다. 이 주장은 그럴 듯해 보이기는 하지만, 레위기 1-5장이 얼마나 뒤에 계시되었는지 지적하지 못하며, 또한 왜 본문의 최종적인 형태가 각기 분리된 두 본문으로 유지되고 있는지 설명해주지 못한다. 간단히 말해서, 그 주장은 우리가 본문을 이해할 방법에 어떠한 영향도 주지 못한다.

그러나 이 본문에 붙은 제목들과 각각에 대한 특정한 강조에 근거하면, 그 내용이 각각의 경우에 제사장이 따를 규칙을 형성하고 있는 것이 분명하다. 이전의 규정은 예배자가 어떤 동물을 드리고, 성소에서 무엇을 해야 하는지에 초점을 맞춘 제사에 관한 일반 규정이었고, 이 규정은 제사장이 수행할 의식에 초점을 맞추고 있다.[2]

더구나 두 본문의 배열은 서로 다르다. 레위기 1-5장에서는 진노를 누그러뜨리는 향기를 만드는 소제가 먼저 나오고(레 1-3장), 이어서 죄 용서를 위해 드려진 속죄제와 속건제가 나온다(레 4-5장). 레위기 6-7장에서는 제사가 드려지는 빈도에 따라 순서가 정해진 것으로 보인다. 번제와 소제는 정기적으로 매일 드려지는 제사이며, 속죄제는 특정한 절기나 필요에 의해 그리고 속건제는 특정한 죄에 대한 강제 조항이지만 정기 제사는 아니며, 화목제는 기본적으로 임의적인 제사였다(*Wenham*, 119).

레위기 6-7장에 나오는 첫 번째 의식은 번제인데, 이는 본서의 서두와 병행을 이룬다. 의식이란 말은 보통 명사 *tôrâ*('지침', '가르침', '법')를 번역한 말이다. 레위기의 문맥에서 그 말은 제사장이 거행하는 의식에 대한 지침, 구체적으로 그들이 제단 주위에서 무엇을 수행해야 하는가를 규정한다.

---

1. *D. Hoffman, Das Buch Leviticus*, 2 *vols*. (*Berlin: Poppelauer*, 1905-6), 1:70.
2. 그렇다면 레위기 6-7장은 기독교 사역에서 리더의 자리에 들어가려는 사람을 위한 훌륭한 연구 자료가 된다.

신학적 주제

레위기 6장은 제사장들에게 불을 계속 피우고 합당한 복장을 입으라고 지시한다. 이 지침의 배후에 놓인 신학적 주제는 하나님께 나아가는 길을 지속적으로 제공하는 것과 임무 수행 가운데 성결의 문제와 관련된다.

본문 개괄

메시지 요약

여호와께서는 제단에서 불로 태워 하나님께 올려드리는 번제가 거룩한 순서에 따라 합당하게 옷을 입은 제사장들에 의해 매일 드려질 수 있게 유지할 것을 제사장들에게 명하셨다.

본문 개요

서언: 여호와께서 모세에게 제사장들을 위한 지침을 주셨다[6:8–9a(MT 6:1–2a)].

I. 번제의 불은 번제단 위에서 밤새 계속 타올라야 한다[6:9a(MT 6:2b)].

II. 제단에서 타는 불 때문에 제사장은 자기 임무를 수행하는 데 합당한 옷을 입어야 한다[6:10–12a(MT 6:3–5a)].

A. 제사장은 자기 임무를 수행하기 위해 합당한 옷을 입었다[6:10–11(MT 6:3–4)].

1. 제사장은 제단에서 재를 제거할 때 세마포 옷을 입어야 했다[6:10(MT 6:3)].

2. 제사장은 재를 버리기 위해 성소 밖으로 나갈 때 다른 옷을 입어야 했다(6:11(MT 6:4)].

B. 불은 단 위에서 꺼지지 않고 타올라야 했다[6:12a(MT 6:5a)].

III. 단에서 계속 타는 불 때문에 제사장은 매일 연료와 제물을 드려야 했다[6:12b-13(MT 6:5b-6)].

A. 제사장은 매일 제단에 연료를 공급해야 했다[6:12b(MT 6:5b)].

B. 제사장은 매일 단에 제물을 드려야 했다[6:12c(MT 6:5c)].

C. 불은 단 위에서 계속 탔고 꺼져서는 안 되었다[6:13(MT 6:6)].

내용 강해

이 본문에서 각 구절들의 순서에 따라 주제들을 추적하여 주해 메시지를 전개하는 것은 비교적 쉬운 일이 될 것이다. 만일 주해자가 다음 몇 본문을 각각 분리된 주해로 전개하는 호사를 부린다면 그 자체로 훌륭한 메시지가 될 것이다. 그러나 그렇지 않다면 이 부분은 제사에 관한 이전 본문과 연결되어 각 제사에 관한 완벽한 주제별 주해가 될 수 있을 것이다.

I. 하나님께서 속죄를 베푸시도록 항상 준비되어 있어야 한다[6:8-9(MT 6:1-2)].

번제에 관해 제사장들에게 주어진 지침은 단 위의 불이 밤새 꺼지지 않고 타올라야 하며, 아침에 제사장이 재를 치우고 새 나무를 넣어 아침 제사를 드릴 수 있도록 불을 유지하고, 그 불이 계속 타게 할 것을 요구했다.

이 본문을 다룰 때 레위기 1장의 번제의 의미를 다시 언급하는 것은 중요한 일이다. 번제는 여호와의 임재 안으로 들어갈 수 있는 속죄를 위해 드려지는 것이므로 그 불을 계속 타게 하는 것의 강조는 속죄의 베푸심이 백성들에게 언제나 주어질 수 있게 해야 한다는 의미가 분명하다. 누구라도 성소에 들어갔을 때 불이 꺼져 있거나 제사장이 직무를 수행하지 않는 것을 보아서는 안 되었다. 영속적인 불은 번제로 말미암아 하나님께 나아가는 길이 언제나 주어지고 허락됨을 의미한다.

Ⅱ. 하나님의 사역자들은 다른 사람들이 하나님께 나아갈 때도 거룩함을 유지해야 한다[6:10-12a(MT 6:3-5a)].

제사장의 의복은 기능적인 가치와 상징적인 의미 모두가 성경 안에서 매우 강조되고 있다. 제사장이 입어야 할 의복에 대한 다른 내용은 출애굽기 28장과 레위기 8장에 각기 수록되어 있다. 각각의 내용은 하나 혹은 그 이상의 직무의 형태와 관련된 실제적인 용례를 갖고 있지만, 의복에 대한 의미도 포함되어 있다. 예를 들어, 거룩한 구역 안에 있을 때에는 세마포로 된 옷을 입어야 했다. 에스겔 44장 18절은 그 이유가 성결법과 관련된 것임을 시사하고 있다. "땀나게 하는 것으로 허리를 동이지 말 것이며." 기능적인 관점에서 보면, 제사장들은 직무중에 양털 옷을 입을 수 없었다. 이 법적인 요구 외에 제사장의 의복은 상징적인 의미를 갖고 있다. 그들의 의복은 거룩함을 상징하고 실제로 '거룩한 옷'으로 불렸다. 이 점은 대제사장 여호수아가 더러운 옷을 입고 여호와 앞에 섰다가 깨끗한 의복으로 갈아입혀진 것을 본 스가랴의 환상 가운데 생생하게 묘사되었다(슥 3장). 이 행동은 민족의 죄가 제거되고 제사장의 제사가 회복되었다는 것을 나타낸다.[3] 제사장이 입는 긴 옷과 관련된 상징적 의미를 볼 때, 정한 세마포 의복은 제사장이 성소 안에서 직무를 수행하는 동안의 거룩함을 가리킨다.

이와 동일한 개념이 신약의 요한계시록에 나타난다. 그곳에서 성도들이 빛나고 깨끗한 흰 세마포를 입고 있는 모습을 묘사하고 있는데, 이것은 성도들의 옳은 행실을 가리킨다(계 19:8).

레위기 율법에 의하면, 제사장들이 거룩한 지역 밖에서 일할 때에는 거룩한 의복을 입을 수 없었다. 그들은 재를 버리는 곳으로 나가기 위해서 옷을 갈아입어야 했고, 안으로 들어와서는 다시 옷을 갈아입어야 했다. 이것은 의심의 여지없이 상징적이면서도 실제적이다. 그들은 진 밖에 있는 잿더미에서 자기가 입은 흰 옷을 더럽히고 싶지 않았다. 왜냐하면 재가 묻은 의복은 그 상징이 파괴되기 때문이다. 이 상징의 이면에 있는 의미는 제사장들이 성전에서 직무를 수행하기 위해서는 반드시 거룩해야 한다는 것이다. 누구든지 다른 사람이 하나님께 나아가는 것을 돕는 동안에는 하나님의 거룩함을 더럽히며 살아가는 것이 허락되지 않았다.

Ⅲ. 하나님의 사역자들은 다른 사람들이 속죄를 통해 그분 앞에 나아가는 것을 보장해야 한다[6:12b-13(MT 6:5b-6)].

마지막 본문은 제단의 불이 계속 타오르도록 유지하라는 지시를 재진술하고 있다. 이 재언급은 재를 제거하고 새 나무로 교체하고[4] 화목제의 기름을 태

3. 스가랴의 예언의 환상은 그 민족이 제사장 나라로서 정결케 됨과 회복을 보여준다. 왜냐하면 제사장들이 예표가 될 것이라고 말씀하셨고, 그 환상에 대한 해석은 그것이 그 땅의 죄를 제거함을 보여준 것이라 말하고 있기 때문이다. 엉거(*M. F. Unger*)의 *Zechariah: Prophet of Messiah's Glory*(*Grand Rapids: Zondervan*, 1963), 55-68을 보라.

4. 뒤에 나오는 나무의 의식에 관한 논의를 위해서는 밀그롬(*Milgrom*), 387-88을 보라.

우라는(불을 꺼뜨리지 않고) 지시에 비추어 반드시 필요한 것이었다. 추가적인 재언급의 이유는 다양하게 설명되어왔다. 여키즈(*Yerkes*)는 제단을 청소하는 동안은 불을 계속 피우는 것이 어려우며, 쉽게 꺼뜨릴 수 있다고 주장한다.[5] 그러나 그 불은 여호와께서 직접 붙이신 것이며(레 9:24), 하나님께서 제사를 받으셨음을 가리키는 것이므로 제사장이 그것을 주장하려 한다면 그 불을 계속 유지하는 것이 그들의 의미 자체라고 밀그롬(*Milgrom*, 389)은 더욱 설득력 있는 주장을 펼친다. 그 불은 여호와께서 제사를 위해 베푸신 것이기 때문에 영원한 불이었다[6:12(*MT* 6:5)의 *lōʾtikbeh*('꺼지지 않도록')과 6:13(*MT* 6:5)의 *tāmîd*('지속적으로')에 대한 강조에 주목하라]. 제사장들은 백성들이 가져온 제사를 준비했고, 정기적으로 아침과 저녁에 봉헌물을 드렸다. 따라서 제단은 항상 제사를 받을 수 있도록 준비되어야 했다. 속죄의 제사를 통해 하나님께 나아가는 길은 언제든지 허락되어 있어야 했다.

결론

제사장에게 주어진 첫 번째 지침의 핵심은 그들이 하나님께 나아가는 길을 확보해야 한다는 것이며, 그 일을 위해 합당한 자격을 갖추어야 한다는 것이다.

이것을 신약의 신학과 연결시키기 위해서는 논의된 형태의 제사의 의미를 포함시키고, 이어서 신약에서의 사역과 비교되는 점을 찾아보아야 한다. 앞에서 이미 언급한 것처럼 번제는 모형론적으로 볼 때, 하나님의 진노를 완전히 만족시키시고 성부 하나님께 나아가는 길을 여신 예수 그리스도의 대속의 속죄를 가리킨다. 레위기의 제사장이 날마다 속죄가 허락될 수 있도록 불을 꺼뜨리

5. *R. K. Yerkes, Sacrifice in Greek and Roman Religions and Early Judaism*(*New York: Scribners*, 1952), 158.

지 말아야 했던 것처럼 기독교 사역자들 역시 하나님께 나아가는 길이 사람들에게 확실히 허락되어 있음을 보장하여, 그들로 하여금 하나님께 나아가는 것은 속제의 허락하심을 통해 오는 것임을 알게 해야 한다. 그리스도를 위해 일하는 이들은 속죄를 자신의 사역 가운데서도 중심에 두어야 하며, 그것의 적용을 최우선의 관심사로 여겨야 한다. 그들은 항상 그리스도의 죽음이 어떻게 속죄를 이루었는지를 언제라도 보여줄 수 있도록 예비하고, 사람들이 그리스도의 피를 통해 언제라도 하나님께 나아갈 수 있도록 권고해야 한다.[6] 티드볼(*Tidball*)은 스튜어트(*J. S. Stewart*)를 인용하여 이렇게 말한다. "사람을 하나님께 가까이 인도하는 것은 그가 다른 사람에게 베풀 수 있는 최고의 섬김이다."[7]

사역 안에서 이 점을 집중적으로 강조한다고 해서 영적 리더십의 다른 측면이 무시될 수 있음을 의미하지는 않는다. 이 강조는 단지 기독교의 핵심이 무시되어서는 안 된다는 것을 의미할 뿐이다. 그것은 인간이 그리스도의 죽음을 통해서만 하나님께 나아갈 수 있다는 사실이다. 이것은 교회가 전하는 구원의 메시지며, 이것 없이는 교회가 존재할 이유가 없다. 그러나 만일 사역자가 구세주의 속죄의 사역을 부인하거나 다른 복음을 전하거나, 혹은 그리스도의 희생에 아무런 가치를 부여하지 않는다면, 그들은 예수 그리스도의 복음의 사역에서 맨 처음부터 실패하는 것이다.

두 번째 적용은 제사장이 상징적으로 흰 세마포를 입은 것처럼 오늘날에도 사역을 하는 이들은 자신의 말과 행동 가운데 여호와께 거룩함을 드러내야 한다는 것이다.[8] 그들은 상징적인 예복을 입든 입지 않든, 자신의 삶 가운데 거

6. 이스라엘에서 제사장들과 레위인들의 주된 임무는 율법과 계명을 가르치는 것이었다(신 33:9-10). 하나님의 사역자는 항상 하나님을 찾는 이들에게 제사를 설명해주어야 했다.

7. *D. Tidball, Discovering Leviticus*(*Leicester, England: Crossway*, 1996), 49.

8. 이것은 그들에게서 기대하는 것인 반면, 현실은 제사장들에게 정기적으로 죄와 더러움에서 깨끗이 씻을 것을 요구했다. 이것은 그들이 먼저 자신을 위해 제사를 드려야 했던 이유다. 그들이 한번 사역을 시작하면 그 뒤에 전혀 더러워지지 않게 된다고 기대하는 것은 비현실적이었다.

룩함이라는 실재를 드러내 보여야 했다. 이스라엘의 제사장들은 여호와 앞에 선다는 것은 뭔가 다르다라는 의미를 부여하는 옷을 입었다. 따라서 신약의 사역자들 역시(실제로 왕 같은 제사장들인 모든 성도들도 함께, 벧전 2:9), 주 예수 그리스도를 통한 하나님과의 교제가 세상의 더러움으로부터 구별되어 여호와께 드려질 것을 요구하고 있다는 것을 보여주어야 한다. 이것이 실질적인 성화의 교리다.

제사장이 수행하는 번제 의식에 대한 주해의 중심 개념은 다음과 같이 정리할 수 있다.

> 사역자들은 반드시 개인적인 성화와 영적 섬김을 돌아보아 백성들이 언제라도 거룩하신 하나님께 나아갈 수 있도록 보장해야 한다.

이 분명한 복음의 메시지는 일관된 그리스도인의 삶을 통한 증거와 함께할 때 사람들에게 영생으로 인도하는 가장 확실한 길이 있다는 것을 보여주게 된다.

만일 이 본문의 주된 적용이 영적 지도자들을 위한 것이라면, 이 본문이 일반적인 신약의 성도들에게 갖는 의미는 무엇일까? (이 의견들은 이어지는 본문에도 똑같이 적용될 수 있다.) 신약과 구약 모두에서 언약 백성들은 '제사장 나라' 라고 불렸다(출 19:5-6, 벧전 2:5, 9). 따라서 이스라엘의 제사장들에게 가르쳐진 모든 것은 또한 성도들에게도 전체적으로 적용이 된다. 그렇다면 모든 성도들이 거룩한 삶을 살아야 하며(살전 4:3, 히 12:14, 벧전 3:1-16), 모든 성도들이 하나님께 나아가기 위해 서로 도와야 한다고(자기 안에 있는 소망에 관해 묻는 자들에게 항상 대답할 수 있게 준비해야 한다고, 히 12:15, 벧전 3:15) 배우는 것은 전혀 놀라운 일이 아니다. 그들은 다른 사람을 위해 간구하고, 하나님의 말씀을 가르치는 교사가 되며, 자신의 영적 은사에 따라 다양한 사역에 참여할 수 있는 특권을 가진 사람들이다.

참고 문헌

Milgrom, J. "New Temple Festivals in the Temple Scroll." Pp. 211–15 in *The Temple in Antiquity*. Edited by T. G. Madsen. Salt Lake City: Brigham Young University Press, 1984.

Paran, M. *Forms of the Priestly Style in the Pentateuch*. Jerusalem: Magnes, 1989.

Safrai, S. *Pilgrimage at the Time of the Second Temple*(Hebrew). Tel Aviv: Am Hassefer, 1965.

Torrance, T.F. *Royal Priesthood A Theology of Ordained Ministry*. 2d edition. Edinburgh: Clark, 1993.

10 Laws of the Sacrifices

백성들에게 하나님의 용납을 확신시킴: 소제 의식 [6:14-23(MT 6:7-16)]

교회는 항상 구성원들의 헌신을 요구한다. 그러나 이러한 헌신의 결과는 무엇인가? 교회는 헌신이 무엇인지 어떻게 입증할 수 있는가? 그리고 교회는 여호와께 헌신한 사람들에게 어떻게 반응할 수 있는가? 소제 의식의 연구는 헌신 관련 주제에 대해 이러한 고찰들을 열어 보일 것이다.

레위기 6장 14-23절(*MT* 6:7-16)은 독립적인 개인의 소제를 언급하고 있는 것으로 보아도 무방하다.[1] 이 본문은 두 부분으로 나뉜다. 첫 부분은 예배자가 여호와께 소제를 드릴 때 제사장이 취할 행동을 다룬다. 제사장은 소제 전체를 가까이 가져와 그 가운데 한 움큼을 쥐고 유향, 기름과 함께 태웠다. 나머지 제물은 성소(즉, 회막 뜰에서)에서 제사장들이 먹었다.

두 번째 부분은 대제사장이 드린 소제를 다룬다. 이것은 그가 처음 봉헌을 할 때 주어지고, 이어서 매일 두 차례씩 성소에서 드려졌

1. 이 의식으로 예상되는 형태의 소제와 관련된 질문을 살펴보려면, 밀그롬(*Milgrom*), 391을 보라.

다. 제사장의 소제는 제물 전체를 번제단에서 태움으로써 절정에 이르렀다.

신학적 주제

이 의식은 소제를 위한 것이므로, 봉헌의 중심 개념이 이 논의의 중심이 되어야 한다. 그러나 이 본문에서 초점은 실제적 신학, 이를테면 회중에 의해 여호와께 드려진 모든 봉헌 행동을 실질적인 방법으로 인식하고 확인하는 일에 맞춰지고 있다.

본문 개괄

메시지 요약

평민 가운데 제사를 드리는 자나 대제사장이 여호와께 소제를 제물로 드릴 때 직무를 맡은 제사장은 여호와를 기쁘시게 하기 위해 제사와 제물을 먹는 일과 관련된 규정을 조심스럽게 따라야 했다.

본문 개요

I. 이스라엘 백성이 소제를 가져오면 제사장은 하나님을 기쁘시게 하기 위해 제사와 제물을 먹는 일에 관해 자신과 관련된 규정을 따라야 했다[6:14-18(MT 6:7-11)].

A. 제사장은 제물을 단 앞에 놓고 그 가운데 한 움큼을 유향과 함께 섞어

불태웠다[6:14-15(MT 6:7-8)].

B. 제사장은 제물의 나머지 부분을 누룩을 넣지 않은 채 회막 뜰에서 먹었는데, 이는 그것이 거룩하기 때문이다[6:16-18(MT 6:9-11)].

II. 대제사장이 자기 제물을 여호와께 드릴 때는 여호와를 기쁘시게 하기 위해 제사 드리는 규정을 따라야 했다[6:19-23(MT 6:12-16)].

A. 대제사장은 봉헌된 이후에 매일 고운 밀가루 1/20 에바를 아침과 저녁에 각각 드렸다[6:19-20(MT 6:12-13)].

B. 대제사장은 대제사장의 후계자가 기름을 넣어 반죽하고 번철에 구워 준비한 것을 조각내어 드렸다[6:21-22a(MT 6:14-15a)].

C. 대제사장은 이 소제를 완전히 태웠다. 왜냐하면 그것은 먹어서는 안 되는 것이기 때문이다[6:22b-23(MT 6:15b-16)].

내용 강해

I. 사역자는 예배자에게 하나님께서 그들의 봉헌의 행위를 받으셨음을 확신시켜주어야 한다[6:14-18(MT 6:7-11)].

소제는 여호와를 향한 예배자의 충성스러운 헌신과 봉헌을 나타낸다. 이것은 약속의 공적인 표현이다. 그러나 이 본문의 중요 강조점은 제사장이 제물을 받아들이는 점에 있다. 그의 행동은 예배자에게 하나님께서 제물을 받으셨음을, 하나님께서 그것을 기뻐하셨음을 생생하게 보여준다. 이것은 우선 일부를 불에 태움으로써 이루어졌다(만일 그것이 제사장이 드리는 제물이라면 전부를 불에 태웠다. 왜냐하면 제사장은 자기 자신의 제물을 먹지 못하기 때문이다). 그리고 두 번째로 제사장은 제물을 받고 그것을 거룩한 곳에서 먹음으로써 그것이 합당한 제물이었음을 보여주었다. 예배자는 여호와께서 봉헌의 제물을 받고 기뻐하셨음을 알고 돌아갈 수 있었다.

우리는 이스라엘의 역사 가운데 어느 시기에나 예배자나 제사장들에 의한 불신앙과 무시가 일정 분량 나타나고 있음을 역사서와 예언서의 기록을 통하여 판단할 수 있다. 제사장들은 자기 몫의 음식을 얻기 위해 열을 내는 바람에 예배자나 예물을 평가하는 일에 별 신경을 쓰지 않았다(삼상 2:12-17을 보라). 그러나 레위기는 어떻게 행해야 하는가 하는 방법을 제시하고 있다. 제사장은 예배자에게 합당한 확신을 줄 수 있도록 드려진 제물을 평가해야 했다.[2] 비록 제사장이 예배자가 신실한지 완벽히 말할 수는 없었지만, 진정성에 대해 그의 태도, 율법의 정신과 문자에 대한 일반적인 순종 그리고 헌신 가운데 나타난 인내를 기준으로 어느 정도 타당한 평가를 내릴 수는 있었다.[3] 따라서 그가 음식을 받고 그것을 먹는 것은 중요한 문제였다. 왜냐하면 그 행동은 예배자에게 그것이 하나님께 받아들여졌다는 확신을 의미하기 때문이다.

이 소제의 용납에 대한 다른 측면은 그것이 자연적으로 제사장을 후원하는 부분이 되었다는 점이다.[4] 따라서 음식과 수입에 대한 실용적인 생각은 이 본문의 주해의 일부가 되어야 마땅하다. 요점은 성소에서 봉사하는 이들은 백성들이 드린 예물로 후원을 받았다는 점이다. 마찬가지로 바울은 사역하는 사람은 예배자에 의해 후원을 받아야 한다고 규정하고 있다(딤전 5:17-18, 또한

---

2. 이런 평가 과정에 대한 어렴풋한 언급은 이른바 성문 기도문(시 15, 24편)에서 엿볼 수 있다.

3. 이는 사울이 여호와께 드린 것이라는 항변에도 불구하고 사무엘이 그를 버린 장면 가운데 찾아볼 수 있다(삼상 15:20-30).

4. 음식은 제사장들의 몫으로 구별되었다. 따라서 레위기 6장 18절(*MT* 6:11)은, 누군가 명백히 거룩한 어떤 것을 접촉한 사람의 경우 제사장이 아닌 사람들에게는 금지된 상태에 들어가 본의 아니게 봉헌이 되고, 어쩌면 봉헌 의식이 요구되는 상태에 들어간 것으로 간주된다고 말하고 있다. 이 음식은 제사장을 위한 음식이었고, 따라서 거룩했다. 이 어려운 구절에 대한 철저한 논의를 보려면 웬함(*Wenham*), 121을 보라.

눅 10:7을 보라). 불행하게도, 필요하기 때문에 혹은 욕망을 채워주기 때문에 아무 의심도 없이 예물이나 제물을 받으려는 유혹은 언제나 있기 마련이다.

Ⅱ. 사역자들은 헌신을 여호와 앞에 드러내야 한다[6:19–23(MT 6:12–16)].

이 본문의 후반 부분은 제사장이 자기 자신의 소제를 드릴 때 행할 의식을 다루고 있다. 이때의 제물은 일반 사람들의 것과 동일했지만, 상당 부분 다른 준비와 과정을 요구하고 있다. 그 제물은 유향 없이 드려졌고, 매일 두 차례 드려졌으며,[5] 대제사장의 직무를 맡을 후손에 의해 준비되었고, 먹지 않고 모두 불태워졌다.

이 본문의 핵심은 영적 지도자인 대제사장[6]이 회중들 앞에서 자신의 봉헌 제물을 드려 자신의 직무를 시작하고,[7] 그 이후로 매일 두 차례 드렸다는 것이다. 만일 그가 백성들에게 소제를 드리도록 권고하고 의식 가운데 그들을 인도하려 한다면 그는 반드시 이 제물을 스스로 드려야 했다. 중요한 차이점은 제사장이 드린 제물은 제단 위에서 완전히 태워졌다는 점이다. 그는 자신의 제물을 받을 수가 없었다. 그것은 오직 하나님만이 받으실 수 있었다.

여호와께 드리는 예배 가운데 전적인 헌신이 명백하게 드러나도록 유지하는 것은 제사장들에게 그리고 기독교 사역자들에게 매우 중요한 일이다. 그는 자신의 직무에 따라 행하지만 백성들에게 언제든지 그것을 나타내야 했다. 하나님의 사역자들은 자신이 하고 싶지 않은 것을 백성들이 행하도록 기대할 수

---

5. 이 개념은 히브리서 7장 27절에서 우리의 대제사장은 매일 제사를 드릴 필요가 없다는 점과 비교되어야 한다.

6. 아론과 그 자손이라는 구절에 대한 해석을 살펴보려면, 밀그롬(*Milgrom*), 396–97을 보라.

7. 전치사 *b*^e^를 사용하고 있는 '그날 이후부터' 라는 구절의 명확한 의미에 대해서는 밀그롬(*Milgrom*), 397을 보라.

는 없었다. 이것은 이스라엘 안에서뿐 아니라 오늘날도 마찬가지다.

결론

제사장이 행할 소제 의식으로부터 얻은 교훈은 다음과 같다.

> 사역자들은 하나님께서 신실한 헌신을 받으신다는 것을, 그들의 헌신의 행위를 어떻게 받으시는지를 통해서뿐 아니라 스스로 헌신된 삶을 통해서도 예배자들에게 확신시켜주어야 한다.

이 주제는 교회를 위해서도 충분히 개발될 수 있다. 하나님께서는 예배와 섬김 가운데 교회를 이끌도록 백성들 가운데 헌신된 사람을 부르시고, 그들의 몸에 영적 은사를 개발해주셨다. 이 개념은 신약에서의 경륜과도 잘 들어맞는다. 사역자들은 자신과 자신의 소유를 주님께 드린 사람들에게 하나님께서 그(것)들을 사용하시기를 기뻐하신다는 것을 확인하고 확신시킬 방법들을 반드시 찾아야 한다. 사람들이 그들 자신과 시간과 재능과 금전을 드릴 때, 사역자들은 그들에게 하나님께서 그들의 예물을 기뻐하시며, 그것 혹은 그들이 교회의 생명 가운데 크게 사용될 것임을 확인시켜줄 방법을 찾아야 한다. 이 확증은 단순한 감사의 표현 이상의 것이어야 하며, 교회 안에서의 유용함이나 섬김에 어느 정도 진전을 가져오기 시작해야 한다.

물론 만일 사역자들이 먼저 주님께 합당하게 헌신되어 있다면 성도들은 그것에 고무되어 자신의 헌신을 드릴 것이며, 그 헌신이 주님의 사역을 변화시킬 것이라는 확신을 갖게 될 것이다. 사람들은 여호와께 헌신의 예물, 즉 자기 자신을 드리라는 말씀의 선포를 통한 가르침뿐 아니라 자신의 영적 지도자의 본보기를 통해서 그렇게 하고 싶은 마음을 갖게 될 것이다. 그리고 그들은 주님을 향한 자신의 헌신에 대해 말로만 확증을 받는 것이 아니라 옛날 이스라엘 백성들처럼 그것이 사용되는 것을 보게 될 것이다. 그들은 사역 자체에 동참하게 될 것이다. 왜냐하면 그들의 영적 지도자는 헌신이 무엇을 의미하는지 이해하고 있기 때문이다.

11

Laws of the Sacrifices

하나님의 용서를 전함: 속죄제 의식 [6:24-30(MT 6:17-23)]

사람들은 자신이 용서를 받았다는 것과 확신을 갖고 하나님의 임재에 나아갈 수 있다는 것을 알 필요가 있다. 그들에게는 단순히 용서 받을 것이라는 희망이 아니라 용서라는 실체가 필요하다. 만일 예배자가 자신이 하나님과 함께 서 있다는 확신을 갖지 못한 채 예배에서 떠난다면 무언가가 엄청나게 잘못된 것이다.

이것은 연속적인 제사 가운데 두 번째인 속죄제 의식에 의해 제기된 주제다. 본서의 이 본문에는 속죄제 의식이 제사의 순서에서 화목제 대신에 등장하고 있는데, 그것은 필수적인 제사이기 때문이다. 그리고 속죄제는 분명히 매우 자주 드려지는 제사로, 이는 백성들이 자신의 행동이나 삶의 방식으로 인해 하나님의 거룩함을 더럽히지 않은 날이 하루도 없다는 사실을 입증하고 있다.

오늘날 성도들은 매일 부주의해서건 타의에 의해서건 죄를 짓는 것이 사실이며, 따라서 교제와 예배를 통해 정기적으로 깨끗케 됨과 새롭게 됨이 필요하다. 타락한 세상 가운데 살며 그 모든 부패와 영향력에 접하고 있는 것만으로도 정기적으로 새롭게 됨이 필요한 것이다. 성경은 고백하는 성도들에게 이미 그 깨끗케 됨이 허락되었음을 분명히 하고 있다. 그리고 성도들로 하여금 그 사실을 확신하게 만드는 것은 사역자들의 몫이다.

신학적 주제

우리는 다시 한 번 실용적인 신학, 구체적으로 어떻게 뉘우치는 이에게 죄 사함이 전달되는지를 다루고 있다. 여기서 제사장 의식은 피의 거룩하게 함을 드러내고, 하나님께서 죄 용서를 위한 제물을 받으신다는 사실을 전달해준다.

본문 개괄

메시지 요약

제사장은 속죄제가 합당한 거룩한 장소에서 드려지고, 제물과 그 피가 의복과 도구에 묻어 신성 모독이 되지 않았음을 확인한 다음에 제물 가운데 일부분을 뉘우치는 사람이 있는 가운데 먹었다. 단, 제사장이 회막 안에서 드린 제물의 경우는 예외로 했다.

본문 개요

서언: 여호와께서 모세에게 명하여 아론과 그의 아들들에게 속죄제 의식을 전

하게 하셨다[6:24-25a(MT 6:17-18a)].

I. 속죄제는 거룩한 곳, 곧 여호와 앞 회막 뜰에서 드려지고 먹었다 [6:25b-26(MT 6:18b-19)].

A. 속죄제 제물은 여호와 앞, 번제가 드려지는 곳에서 죽임당했다 [6:25b(MT 6:18b)].

B. 속죄제 제물은 직무를 맡은 제사장이 회막 뜰 안에서 먹었다 [6:26(MT 6:19)].

II. 제사장들은 속죄제 제물과 그 피가 의복이나 도구에 접촉되어 오염되는 것을 막았다[6:27-28(MT 6:20-21)].

A. 무엇이든 속죄제 제물에 닿는 것은 거룩하게 되었지만, 만일 제사장의 의복에 묻으면 거룩한 곳에서 씻어야 했다[6:27(MT 6:20)].

B. 의식 가운데 사용된 토기는 깨뜨려야 했지만, 청동으로 만든 유기는 닦고 씻어야 했다[6:28(MT 6:21)].

III. 제사장들은 속죄제 제물을 먹을 권리가 있었지만 제사장 자신의 속죄제 제물, 곧 회막 안에서 드려진 제물의 피는 불에 태웠다[6:29-30(MT 6:22-23)].

A. 모든 제사장들은 속죄제 제물을 먹을 권리가 있었다[6:29(MT 6:22)].

B. 제사장을 위한 속죄제 제물, 곧 속죄를 위해 회막 안에서 드려진 피는 반드시 태워야 했다[6:30(MT 6:23)].

내용 강해

I. 하나님의 사역자는 예배자가 여호와 한 분에게만 용서를 구하도록 반드시 책임져야 한다[6:24–26(MT 6:17–19)].

속죄제 의식을 위한 지침은 분명한 위치에서부터 시작한다. 그곳은 여호와 앞, 곧 번제가 드려지는 회막 뜰 안이다. 그 핵심은, 용서는 여호와께로부터 오는 것이므로 속죄제는 반드시 그분의 임재 앞에서만 드려야 한다는 것이다. 그곳에서 제물을 죽였고, 그곳에서 먹었다.

두 번째 강조점은 의식의 거행과 관련이 있다. 동물의 죽음은 죽음의 형벌이 집행되었음을 가리킨다. 그리고 제물은 당일에 그 죄를 제거한 의식을 거행한 제사장이 먹었다. 고기의 일부는 제단에서 취하여 예배자가 보는 가운데 먹었는데, 이것은 제사가 받아들여졌고 그 죄가 완전히 용서되었음을 가리킨다.[1] 제사장의 몫은 그날 반드시 먹어야 했다. 왜냐하면 그것은 거룩한 제물이기 때문이다.[2]

Ⅱ. 하나님의 사역자는 용서의 예배가 진부한 것이 되지 않도록 반드시 막아야 한다[6:27–28(MT 6:20–21)].

여기서 거룩함이라는 주제는 의복과 도구에까지 확장된다. 제사장은 이 의식이 여호와께 드려지는 엄숙한 의식으로 구별되어 더럽혀지거나 진부해지지

---

1. 제사장은 동물 전체를 먹을 수 없었다. 그가 한 일은 자기 몫을 취하고 나머지를 임무를 맡은 제사장에게 주는 것이었다.

2. *D. P. Wright, The Disposal of Impurity: Elimination Rites in the Bible and in Hittite and Mesopotamian Literature*(*Society of Biblical Literature Dissertation Series* 101; *Atlanta: Scholars Press*, 1987), 129–59.

않도록 만전을 기해야 했다.

본문은 제사장이 제물에 접촉하는 것이 허용됨을 암시한다. 그리고 만일 그렇게 되면 그가 그 접촉으로 거룩하게(즉, 구별되게) 되었다. '거룩하다' 는 말은 여기서 표준적인 의미를 갖는 것으로 보인다. 즉, 제물의 거룩한 상태가 접촉에 의해 이전된 것으로 여긴다는 의미다.

그럼에도 불구하고 의복에 묻은 피는 반드시 물로 완전히 씻어야 했고, 그렇지 않으면 그 피는 '구별해야(거룩해야)' 했다. 즉, 그것은 희생의 피로 거룩한 곳에 머물러 있어야 했다. 이와 동일한 엄격한 규정이 도구에도 적용되었다. 도구들은 씻거나(유기의 경우) 깨뜨렸다(흙으로 만들어 스며드는 경우). 죄를 위해 드려진 피는 그릇에 담거나 옷에 묻힌 채 옮겨져서는 안 되었다. 그것은 이제 거룩한 것이고, 이 한 가지 목적을 위해서 구별되었다. 밀그롬(*Milgrom*, 403)은 의복이나 그릇에서 피를 씻어내는 일은 그것들을 이전의 상태로 회복시켜 더 이상 거룩하지 않게 하는 것이라고 설명한다. 이것은 수수께끼다. 피는 거룩하지만 무엇이든 그것에 닿는 것은 거룩하기 때문에 반드시 씻어야 했다. 그러나 피 자체는 부정한 것처럼 다루어졌고, 따라서 반드시 씻어야 했다. 이것이 속죄제의 본질이다. 피는 가장 거룩한 제물의 일부면서도 부정함의 근원이었다.

요약하면, 이 의식은 죄의 용서를 위해 계획되었다. 그리고 의식에 사용된 피는 분명한 목표를 갖고 있으므로 거룩했다. 그 피는 마치 일반적인 것처럼 부주의하게 다루어서는 안 되었다.

Ⅲ. 하나님의 사역자는 뉘우치는 이에게 여호와께서 그들의 죄를 용서하셨음을 반드시 확신시켜주어야 한다[6:29-30(MT 6:22-23)].

제사장의 특권이 다시 언급되고 있다. 제물을 먹을 수 있는 특권이 허용되었다. 그러나 이 경우에 먹는 것은 일상적인 권리 이상의 것이었다. 그것은 뉘우치는 자의 제물이 받아들여졌고, 정결케 되었음을 가리킨다. 그 상징적 특징은 제사장이 자기 자신이 드린 제물은 먹지 못하는 규정에 의해 다시 강조되고 있다. 더구나 제사장이 드린 제물의 피는 회막 안에서 취해야 했다. 하나님의 거룩함을 위한 것이 크면 클수록 더 큰 정결함이 요구되었다. 이 몸짓에 담긴 의미를 본 예배자는 깨끗한 양심과 찬양의 영혼을 갖고 죄가 사해졌음을 알고 집으로 돌아갔다(시 32:1-2).

> 제사장들은 예배자의 태도를 분별하여, 그들이 진정으로 회개하는 마음과 상한 심령과 죄의 심각성에 대한 깨달음과 진정한 회개를 갖고 있는지 살펴보아야 했다. 성실한 제사장은 뉘우치는 사람이 회개와 뉘우침의 주장을 뒷받침하는 증거로 제시하는 말을 받아들이면서도 심각한 의문이 있지는 않은지 주저하는 가운데 신중하게 분별했다.[3] 영적이지 못하거나 자기 이익을 추구하는 제사장이라면, 무엇이든 받아들이거나 사람에게 존경을 표했을 것이다(렘 6:13-14, 겔 34:2-4를 보라).

결론

이 짧은 본문은 속죄제를 드리고 있는 제사장의 사역에 초점을 맞추고 있다. 그들이 갖고 있는 첫 번째 중요한 임무는 속죄의 피의 거룩함을 전달하는

3. 사울과 다윗의 대조는 우리에게 교훈을 준다. 사무엘상 15장 24-31절에서 사무엘은 사울이 '내가 범죄했다' 는 말을 받아들이기를 주저했다. 이는 아마 왕이 전에도 자기 말을 자주 바꾸었기 때문일 것이다. 그러나 사무엘하 12장 13절에서 나단은 즉시 다윗의 '내가 범죄했다' 는 말을 받아들였다. 시편 51편이 다윗의 생애 가운데 이 사건과 연결되었다고 가정할 때, 우리는 여기서 뉘우치는 자가 죄에 대해 갖는 올바른 태도를 볼 수 있다.

것이다. 그들은 피를 담았던 토기를 깨뜨리고 유기를 씻으며, 의복을 빠는 것으로써 이 일을 했다. 제물은 거룩해야 했다. 그래서 이후로 무엇이든 그것과 연결된 것, 특히 피는 그릇이나 의복에 남아 있어서는 안 되었다. 이 피는 한 가지 목적을 갖고 있고, 그 목적을 위해 하나의 장소가 할애되었다. 그것은 다른 곳에 있어서는 안 되었다. 분문의 주해는 죄와 더러움을 정결하게 하는 피의 독특함을 강조해야 한다.

두 번째 중요한 임무는 제물을 예배자가 있는 곳에서 먹는 것으로, 이는 하나님께서 그 제물을 받으시고 그 사람을 용서하셨음을 가리킨다. 그렇다면 본문의 주해는 이런 식으로 언급될 수 있다.

> 사역자는 거룩한 제물의 정결케 하는 피에 근거해서 용서를 구하는 사람들에게 하나님께서 그들을 용서하셨음을 확신시켜주어야 한다.

신약에서와 마찬가지로 구약에서도 영적인 사람은 자신이 죄를 고백할 때 하나님께서 용서하시고, 그 의식에는 그들이 다시 성소에 들어가는 것이 포함된다는 것을 알았다. 죄로 인해 갈등하고 있는 성도들은 이 직접적인 확언에서 큰 위로를 얻었다. 무엇보다 모든 사람이 여호와께서 보내신 선지자로부터 "여호와께서도 당신의 죄를 사하셨나니 당신이 죽지 아니하려니와"(삼하 12:13)라고 말씀하셨다고 듣지는 못했다.

마찬가지로 신약의 사역자들은 사람들에게 고백과 회개를 통해 거룩하신 주님과의 관계를 유지하도록 권할 책임뿐 아니라, 뉘우치는 예배자에게 하나님께서 그 죄를 제하셨음을 확신시켜줄 의무가 있다. 이 일을 하기 위해서는 성경에 기록된 죄 사함의 약속에 대한 철저한 지식이 요구된다. 그리스도인이 들려주는 위로와 확신의 말은 이스라엘의 제사장이 들려준 말과 동일한 의미를 담아야 한다. 그러나 그리스도 안에서 성취된 약속으로 인해 그 말은 더 많은 의미를 담고 있으며, 따라서 더 큰 확신을 전해준다. 기독교 사역자들은 용서를 선포하기 위해 주님께로부터 특별한 신탁을 받을 필요가 없다. 오히려 그 신탁은 새 언약 안에 기록되어 있으며(요일 1:9), 따라서 그들은 단순히 확신과 감사함으로 그것을 선언해야 한다.

만일 사역자가 용서를 전혀 강조하지 않고 불성실하며 스스로 용서를 베풀지 않는다면, 그들이 죄책감에 짓눌린 사람에게 하는 말은 별다른 확신을 주지 못할 것이다. 사역자들은 자신이 선포한 대로 살아야 한다. 그들은 자기 자신을 용서해야 한다.

성도들의 몸은 이 제사장 사역 안에서 제 몫을 해내는데, 그들은 바로 제사장 나라다. 만일 사람들이 자신을 용서하지도 용납하지도 않는다면 용서에 관한 교회의 가르침은 토대가 흔들리게 된다. 탕자의 형처럼 행동하여 자신들은 계명을 지켰다고 거룩하게 주장하면서도 제 길을 벗어나 자신들보다 더 많은 죄를 지은 사람을 이제 반갑게 두 팔을 벌려 맞이해야 한다는 사실에 짜증을 내는 것은 위선적인 모습이다. 하나님께서는 성도들이 서로 용서하고 용납하기를 기대하신다. 왜냐하면 그들 자신이 이미 하나님께로부터 용서와 용납을 받았기 때문이다.[4]

이 본문의 마지막 주해는 간과되어서는 안 된다. 바로 제사장 자신도 속죄제를 드렸다는 사실이다. 이것은 예수 그리스도와 강력한 대조가 된다. 그분은 자신을 위해 먼저 제사를 드릴 필요가 없으셨다. 왜냐하면 그분은 유일하신 완전한 대제사장이시기 때문이다. 그러나 모든 인간 사역자들은 가장 악한 죄인으로서 그리스도께서 흘리신 피라는 동일한 근거 위에서 하나님 앞에 서 있다. 이스라엘 백성들은 제사장 역시 죄인임을 알았다. 왜냐하면 그들은 그

4. 용서는 회개와 뉘우침의 조건이 될 수도 있다. 왜냐하면 회개하지 않는 죄인에게 징계를 내리거나 그들을 분리하는 것은 타당한 것이기 때문이다. 이것은 기독교에서 말하는 용서와 용납을, 오늘날 세상에서 말하는 그 사람이 무엇을 하든 관용하고 긍정하자는 견해와 구별시켜주는 부분이다.

가 드린 제사와 그의 자백을 목격했기 때문이다(실제로 들을 수는 없었어도 볼 수는 있었던). 제사장은 영적으로 백성보다 뛰어날 수도 있지만 그들과 마찬가지로 은혜의 수혜자였다. 리더들은 주님과의 관계를 통하여 공의를 분명히 드러내야 한다. 그러나 그들은 자신 역시 죄인이며 자신의 삶은 정기적으로 하나님의 말씀을 통해 검증되어야 한다는 시각을 결코 잃어버려서는 안 된다. 그 누구도 정기적으로 자신의 마음을 깨끗하게 하지 않으면서, 다른 사람들에게 마음을 새롭게 하고 영혼을 깨끗하게 하라고 말할 수는 없다.

이 내용은 제사장을 위한 이전의 지침과 유사한 또 다른 신학적 강조를 이끌어낸다.

> 사역자는 하나님께서 성도들을 용서하셨음을, 뉘우치는 자에 대한 반응으로뿐 아니라 모범을 통해서 성도들에게 확신시켜주어야 한다.

이 일이 정기적으로 하나님께 용서를 구하는 사역자들에게는 행하기 쉬운 일일 것이다. 만일 그들이 용서가 필요하다는 것과 용서를 받았다는 말이 어떤 의미인지를 안다면, 그들은 용서를 필요로 하고 있는 사람들을 합당하게 대하는 일을 효과적으로 수행할 수 있을 것이다. 그리고 그것은 반드시 행해져야 하는 일이다. 죄를 부정하거나 죄 가운데 있는 사람을 인정하고 있는 사람이 행할 사역은 전혀 없다. 사람들을 인정해주는 일의 영광은 그들에게 주어지는 죄 용서와 함께 오는 것이다.

12 Laws of the Sacrifices

화목의 사역: 속건제 의식(7:1–10)

화목 사역은 그 사람 안에 있는 진정한 회개를 분별하고, 그들에게 어떻게 보상하는지를 조언하며, 용서에 대한 확신을 주는 일이 포함된다. 이것이 속건제 의식이 관심을 갖고 있는 부분이다.

이 제사 가운데 들어 있는 영적 활동은 회중 가운데 개발하기 힘든 것임이 곧 분명해질 것이다. 보상은 재정 문제(하나님이나 다른 사람들의 것을 갈취함), 곧 다른 사람에게 종종 알려지지 않는 죄를 포함한다. 이 제사는 사람들이 마음속으로 잘못을 바로잡고 싶다는 확신이 강하게 들 때에만 드려졌다. 따라서 이 제사는 영적 삶에서 가장 의미 있는 제사 가운데 하나였다. 그 제사를 드리는 것은 진정한 회개의 증거였다. 왜냐하면 비록 보상 금액이 자신이 취한 것보다 많더라도 죄인 자신이 취한 것을 되갚기로 마음을 바꾸었기 때문이다.

신학적 주제

속건제는 사역자의 영적 지각, 화해의 과정, 용서의 전달에 초점을 맞추고 있다.

본문 개괄

메시지 요약

성소에서 속건제가 드려진 다음에 피는 제단에 뿌려지고, 내장 기름은 여호와께 드리는 제물로 태워지며, 제사장은 제물의 일부를 먹고, 동물의 가죽과 소제를 받았다.

본문 개요

서언: 이것은 속건제 의식이다(7:1).

I. 속건제는 성소에서 드려졌는데, 피는 단에 뿌려지고, 기름은 여호와께 불태워졌으며, 제물 자체는 제사장들이 먹었다(7:2–6).
  A. 제사는 규정된 절차에 따랐다(7:2–5).
    1. 제사는 거룩한 곳에서 거행되었다(7:2a).
    2. 피는 단 주위에 뿌려졌다(7:2b).
    3. 기름, 콩팥, 간에 덮인 꺼풀은 여호와께 드리는 제물로 불태웠다(7:3–5).

B. 제사장들은 제물이 받아들여졌음을 전하기 위해 거룩한 곳에서 그 제물을 먹었다(7:6).

II. 속죄제와 속건제를 드린 제사장들은 동물의 가죽을 받고 제물의 음식을 먹을 권한을 얻었다(7:7–10).

A. 직무를 행한 제사장은 속죄제와 속건제로 드려진 동물의 가죽을 얻었다(7:7–8).

B. 직무를 행한 제사장은 소제의 익힌 곡식을 먹을 권한을 가졌다(7:9).

C. 모든 제사장들은 익히지 않은 소제를 먹을 권한을 가졌다(7:10).

내용 강해

I. 하나님의 사역자는 뉘우치는 이에게 용서를 통한 보상을 반드시 확신시켜주어야 한다(7:1–6).

속죄제에서와 마찬가지로 속건제를 드리는 제사장들은 백성들에게 이런 제사[1]를 드릴 것을 격려하고, 그 제사를 지휘하며, 하나님께서 그것을 받으셨다는 표시로 제물을 먹음으로써 그 제사에 참여했다. 제사장이 받은 것은 하나님께서 받으셨음을 가리킨다. 다만 이것은 그가 양심에 맞게 옳은 것을 행한 신실한 제사장일 경우에만 해당한다.[2]

1. 몇몇 선지자의 예언은 이 격려와 촉구가 어떤 것이었는지 짐작할 수 있는 단서를 제공한다(사 1:10–17, 암 5:4–15, 욜 2:12–17을 보라). 그들은 백성들에게 직접적으로 악을 피하고, 의를 행하는 법을 배우며, 합당한 제사를 드리고, 공의와 진리로 예배하라고 촉구했다.

2. 불행하게도 역사는 옳은 것을 분별하기보다는 사람을 높이거나 편애한 사역자들에 대한 기사로 가득 차 있다.

속건제 이면에 놓인 사상은 앞의 제사와 동일하다. 이것 역시 속죄제이기 때문이다. 다만 여기서 제물이 담당한 죄의 종류는 보상을 포함하고 있고, 이 사실은 그 적용을 더욱 구체적으로 만들었다. 혹자는 주해의 핵심을 저질러진 잘못에 대해 사역자가 직접 변제나 보상을 했거나, 최소한 화해의 일부로 그러한 일이 이루어지기를 요구하는 각도에서 생각할 수도 있다.

Ⅱ. 하나님의 사역자는 뉘우치는 예배자로부터 자신의 몫을(그들이 자신의 신실함을 확신할 때) 받을 수 있었다(7:7–10).

제사장들이 자신의 사역으로부터 이익을 받았다는 것은 놀라운 일이 아니다. 그들은 고백하는 예배자가 속죄제와 속건제를 드릴 때 이익을 누렸다. 그들은 그 고기를 먹을 뿐 아니라 가죽도 얻었다. 제물에서 얻은 가죽은 제사장의 가족들에게 의복을 제공했을 뿐 아니라 활발한 거래가 이루어지기도 했다. 하나님께서는 예배자들의 예물을 통해서 사역하는 사람들을 돌보셨다(고전 9:7–14를 보라). 자신의 영적 필요가 채워진 사람은 여호와의 사역을 위해 바쳤고, 제사장들은 주어진 것들의 사용을 관리했다. 이러한 체계는 전체적으로 예배자의 영적 만족과 섬기는 제사장의 실제적인 필요 모두를 위해 고안되었다.

제사장으로서는 제물이 합당한 마음가짐으로 드려지고 있는지 분간하기가 쉽지 않을 것이다. 그러나 속건제의 경우 그런 값비싼 보상을 하는 사람이 뉘우침이 없거나 불성실할 가능성은 거의 없었다.

결론

주해자는 속건제 의식의 중심적인 특징을 반드시 살펴보아야 한다. 이 본문의 강조는 용서가 전달되기 전에 고백이 먼저 이루어지고 보상이 지불되어야 한다는 점에 있다. 일단 그것이 입증되면 지도자와 백성은 뉘우치는 사람에게 용서와 회복의 증거를 보여야 했다. 만일 그것이 잘 이루어지면 영적 치유가 전체 회중에게 임했다.

이 본문의 독특한 강조는 잘못된 것을 바로잡으려는 성도의 열심 가운데 자리한 사역자의 역할에 있다. 그들은 그런 일을 격려하고 그것을 해낼 수 있도록 지원해야 했다. 특히 사취를 당한 분이 하나님일 경우 더욱 그러했다. 이 본문의 주제는 다음과 같이 말할 수 있다.

> 사역자는 회개하는 예배자가 속죄의 피에 근거해서 용서를 구하고 잘못된 것을 바로잡으려는 뉘우침을 열심히 보일 때 그들에게 보상을 하도록 반드시 확인시켜야 한다.

이 일은 보상이 무엇인지 깨달음으로써, 위로와 확신의 말을 함으로써, 뉘우치는 사람의 제물을 받아들이고 보상을 시행함으로써 그리고 그 사람을 용서받은 이로 대함으로써 이루어진다. 이 경우 하나님과 백성 사이뿐 아니라 사람들 사이에서 중재자와 조정자의 역할을 감당하는 것은 사역자의 특권이다. 화해가 일어나는 곳에는 하나님의 영이 역사하시는 것을 볼 수 있다.

13 Laws of the Sacrifices

평화의 잔치를 인도함 : 화목제 의식(7:11-21)

예배의 절정과 가장 큰 기쁨은 하나님의 임재 가운데 들어가 그분과 화목하게 된 것을 축하하는 것이다. 그 안으로 백성을 인도하는 것은 사역자의 커다란 특권이다. 그러나 그 일이 바르게 이루어지는지 확인하고, 그 축하가 순결과 풍성함을 특징으로 하고 있는지 확인하는 것은 영적 지도자의 커다란 의무이기도 하다. 이것이 화목제 의식이 강조하는 것이다.[1]

앞의 화목제에 관한 주해에서 제시된 개념 외에 이 본문은 비록 주해자가 이 구절들을 다른 제사들과 결합시키더라도 개별적인 메시지에 사용하기에 충분한 자료들을 제공하고 있는, 상당히 많은 조항과 가르침을 덧붙이고 있다. 화목제의 이유가 되는 감사(*tôdâ*), 서원(*neder*), 낙헌제(*nᵉdābâ*)에 대한 충분한 설명을 제공한 다음에 그 화목제를 언제 어디서 먹어야 하는지 구체적으로 정하는 것이

1. 의식과 관련된 이 마지막 본문은 앞의 내용과 약간 다르다. 이 부분은 제사장의 행동보다는 예배자의 행동을 바라보는 시각에서 기록되었다. 이것은 화목제가 예배자에게서 기원하고, 제사장은 그 제사가 올바르게 수행되고 있음을 확인할 뿐이기 때문이다.

중요하다. 그리고 마지막으로 우리는 이 규례를 위반하는 것에 대한 심각한 경고를 보게 된다. 만일 어떤 사람이 이 화목제를 할당 시간이 지난 후에 먹게 되면 그것은 가증한 것(*piggûl*)이 되었다. 그리고 만일 누구라도 부정함으로 음식을 먹으면 그 사람은 그 위반으로 인해 백성 가운데서 끊어졌다.

신학적 주제

공동체의 영적 생활의 중심에는 고대와 현대를 막론하고 백성들의 즉각적이고 인격적인 예배가 자리하고 있다. 레위기 7장이 강조하고 있는 즉각적인 찬양, 서원의 이행, 낙헌제는 참되고 영적인 예배의 신학을 말하고 있다. 이것이 없으면 예배는 형식적인 의식이 되고 만다. 이것이 있어야 회중의 믿음은 살아 움직이고, 백성들은 위로를 받으며, 순례의 길에 힘을 얻고, 여호와께서 영광을 받으신다. 그리고 이 본문이 강조하고 있는 참여자들의 관대함과 순결은 찬양의 잔치의 중요한 자격 요건이 된다.

본문 개괄

메시지 요약

예배자는 여호와께 감사나 헌신을 드리면서, 성소에서 화목제를 드려 미리 정해진 때에 여호와의 임재 가운데 제사장들과 회중과 함께 음식을 먹었다. 그는 그 전체 과정이 하나님께 변함없이 받으실 만한 것이 되도록 거룩함을 유지하기 위해 신중하게 책임을 졌다.

본문 개요

서언: 이것은 다양한 화목제와 관련된 제사장의 의식이었다(7:11).

I. 화목제를 드리는 예배자는 또한 무교병과 유교병을 가져와 그 가운데 일부를 제사장에게 돌렸다(7:12-14).

A. 그들은 무교병과 기름을 바른 무교전병을 가져왔다(7:12).

B. 그들은 유교병을 가져왔다(7:13).

C. 그들은 무교병과 유교병의 일부를 제사장에게 돌렸다(7:14).

II. 예배자는 ***tôdâ***의 고기를 제물이 드려진 날에 한해 먹었고, ***n^edābâ***는 다음 날까지 먹어 모든 것이 예배에 받아들여지게 했다(7:15-18).

A. 그들은 ***tôdâ***의 고기를 첫날에 먹었다(7:15).

B. 그들은 ***neder***와 ***n^edābâ***의 고기를 둘째 날까지 먹었다(7:16).

C. 누구든지 셋째 날에 먹는 사람은 여호와께 열납되지 못했다(7:17-18).

III. 예배자와 제물은 하나님께서 받으실 만하게 완전히 순결함을 유지해야 했다(7:19-21).

A. 그들은 부정한 고기는 모두 태웠다(7:19).

B. 그들은 예배에 합당하도록 순결을 확인했다(7:20-21).

내용 강해

I. 누구든지 하나님과의 화목을 축하하는 이는 여호와께 예물을 드렸

다(7:11-14).

이 본문의 주해는 제사를 드리는 사람이 여호와께 공동체의 식사를 가져오는 것이 예상된다는 점과 함께 화목제의 본질을 되짚어보아야 한다. 주된 관심은 감사나 찬양(*tôdâ*)을 위한 화목제가 될 것이다. 예배자는 음식에 사용할 동물을 가져오고, 여호와께 드릴 예물로 전병과 구운 과자를 가져왔다. 여호와께 예물을 드리는 이 행동은 진정한 감사와 헌신을 가리킨다. 그리고 동물이 불 위에서 익는 동안 예배자는 자신의 감사를 공포했다.

앞에서 논의한 것처럼 *tôdâ*(전통적으로 '감사')는 '인정' 혹은 '찬양'으로 번역하는 것이 더 좋다. '감사'도 가능하지만(그리고 몇몇 번역에서 사용되었지만) 성경에서 말하는 찬양이 포함하고 있는 모든 측면을 잡아내지 못한다. 베스터만(*Westermann*)은, 감사의 개념은 성경에서 말하는 찬양에서 부수적인 것이며, 종종 진정한 찬양보다 못한 어떤 것을 전달하고 있음을 보여준다. 그는 성경적인 찬양이 어떻게 다른 사람들을 교화하도록 공공의 광장에 주어지며, 어떻게 자아에서 벗어나 하나님께 관심을 갖게 하고, 얼마나 자발적이고 풍성하며, 회중이 함께 먹을 음식이 될 동물 제사가 어떻게 이어지게 되었는지를 도표로 보여주고 있다.[2] 이런 종류의 찬양에서 공동체 식사와 함께하는 성소에서의 축하 잔치는 지극히 합당한 것이다. 그래서 성경은 이것을 '찬미의 제사'(시 50:14, 히 13:15)라고 부른다.

백성들은 찬양을 위해 화목제를 가져온 후 회중들에게 하나님께서 자신들을 위해 행하신 일들을 선포할 것이 예상되었다. 우리가 선언적 찬미의 시편으로 알고 있는 전통적인 시편은 이런 제사에 따르는 찬양의 표현이었다[예,

2. 그 안에 함축된 감사에 대한 의미는, 사적으로 드려질 수 있고, 화자가 주체이며, 확정된 의무의 일부일 가능성이 많다는 점이다. *C. Westermann, The Praise of God in the Psalms*(*trans. K. Crim; Richmond: John Knox*, 1965), 25-30.

시 22:22-32(*MT* 22:23-32), 32, 66편, 욘 2장을 보라]. 이 시편들에 의하면, 찬미의 제사를 드리는 전 과정은 '자신의 서원을 갚는' 것으로 간주되었다. 이것은 이스라엘 백성이 여호와께 삶에 필요한 어떤 것을 구하는 기도를 드렸을 때 그 응답을 기대하며 찬양을 드릴 것을 약속했고, 종종 자신들이 성소에 들어갈 때 무엇을 말할지를 미리 연습 삼아 말하기도 했다. 하나님께 무엇을 받든지 회중 앞에서 그것을 인정하고, 그에 대해 감사의 예물을 드리지 않는다는 것은 그들의 생활 방식 안에서 생각할 수조차 없는 일이었다. 이 말은 예배자의 감사의 마음을 드러내기 위해 '감사제'로 부를 수도 있지만, 제물에 따르는 감사는 오히려 회중에게 주어진 찬양의 선포가 더 어울린다. 그 예물, 즉 화목제가 하나님께 드려질 때 그것은 다시 공동체가 먹을 식사로 예배자에게 되돌려졌다. 그들은 모두 그것을 먹었고, 그 찬양을 들었기 때문에 왜 그 풍성함을 함께 나눌 수 있었는지 알게 되었다.

직무를 맡은 제사장은 제사를 완성시키는 음식물인 전병과 구운 과자와 함께 여호와께 드려진 제물을 받았다. 모든 전병과 과자는 여호와께 바치는 '예물'로 드려졌다. 전통적으로 '요제'로 번역된 *t^erûmâ*는 동사 *rûm*('높이다', '들어올리다')과 연관되어 있고, 따라서 그 제물이 하늘을 향해 높이 들린 것을 가리키는 것으로 생각되었다. 밀그롬(*Milgrom*, 415)은 레위기 자료에 이러한 생각을 뒷받침하는 내용들이 그리 많지 않음을 보여주고 있다. 오히려 여러 용례들은 그 말이 단순히 '구별하다', '봉헌하다'를 의미한다는 것을 보여준다. 따라서 *t^erûmâ*는 제사장에게 돌아가고 여호와께 봉헌된 소제를 가리키는 일반적인 용어다.[3] 그 제물이 실제로 공중에 높이 들려져서 회중들이 그 제물이 여호와께 드려지고 있음을 볼 수 있었는지는 알기 어렵지만, 그것이 여

---

3. 골드버그(*L. Goldberg*)는 7장 30절의 '자기 손으로'라는 구절이 하나님께 드려진 이 제사가 자발적임을 묘사하고 있다고 주장한다. *Leviticus: A Study Guide*(*Grand Rapids: Zondervan*, 1980), 46.

호와를 위한 것이었고, 따라서 제사장들이 먹을 것임을 가리키는 어떤 방식이 있었을 것으로 보인다.

Ⅱ. 누구든지 하나님과의 화목을 축하하는 사람은 공동체 식사 가운데 제물을 먹었다(7:15-18).

이것은 화목제였기 때문에 회중들에게 이익을 주었다. 왜냐하면 그 제사에 참가한 모든 사람들, 곧 과부, 고아, 가난한 사람, 제사장, 레위인 그리고 예배자의 친구들이 그 공동체 음식을 먹을 수 있었기 때문이다. 이 제사의 이면에 위치한 원리는, 하나님께서 특정한 개인에게 복을 주신 것은 그것을 넉넉하게 함께 나눔으로써 다른 사람들도 함께 복을 받게 하기 위함이라는 것이다. 이것은 백성들을 하나 되게 만드는 방법이었다.[4] 모든 사람들이 그 축복으로부터 이익을 얻을 수 있었고, 그 의식은 하나님께서 다른 사람들에게 복을 주신 것을 기뻐하며 자신을 비롯하여 회중 가운데 있는 다른 이들에게도 더 많은 것을 베풀어주시도록 기도하게 이끌어주었다.

전에 언급한 것처럼, 서원을 하고 갚는 일은 이와 동일한 제사 의식을 따랐다. 서원은 찬양의 서원이나 다른 종류의 서원일 수 있었다. 서원이 성취되거나 서원의 조건이 충족되면, 가족과 친구 그리고 함께 제사를 드린 사람들과 축하하기 위해 화목제를 드리는 것이 예배자의 의무였다(행 21:20-25에서 바울이 성전에서 서원한 것을 인식하고 있음을 보라).

두 번째 형태의 화목제인 낙헌제는 언제라도 드려질 수 있는 제사였다. 예배자의 영혼은 하나님과 그분이 베푸신 유익으로 인해 기쁨이 넘칠 수도 있

4. 바울은 이 원리를 상술하여 고린도 교회 교인들에게 축복을 받은 사람들은 반드시 가난한 사람들과 함께 나누어야 한다고 말한다. 왜냐하면 현재 더 많은 부를 갖고 있는 사람이 궁핍하게 될 때가 올 수 있기 때문이다(고전 8-9장).

다. 그런 낙헌제는 살아 있는 믿음의 본질이었다. 예배자는 기도에 대한 커다란 응답이나 공급하심을 기다리지 않았고, 거룩한 중재나 하나님께서 삶 가운데 베푸신 선하심에 단순히 응답할 수 있었다. 이 기쁨을 표현하기 위해 화목제가 감사의 증거로 드려졌던 것이다.

찬양을 위한 화목제는 축복에 대한 확인이 생생할 때 이루어지는 것을 강조하기 위해 그날 모두 소진되었다. 예배자는 즉시 하나님께서 그것을 받으시고 (제사장을 통해) 화목의 나눔으로 다시 돌려주시는 것을 보았다. 성격상 이보다 더 즉흥적이고 자발적인 다른 종류의 화목제는 다음 날까지 먹을 수 있었지만, 어떠한 경우라도 그보다 더 나중까지는 먹을 수 없었다.

위의 주해 개요 II에서 "공동체 식사 가운데 제물을 먹었다"는 말을 사용했는데, 이것은 그 용어가 비록 비유적이기는 하지만 교회에서만큼 쉽게 사용할 수 있기 때문이다. 거룩한 공동체의 축하는 가장 커다란 제물인 예수님의 몸과 피를 먹는 영적인 행위다. 그로부터 다른 공동체 식사가 그런 모임 안에서 함께 먹는 사람은, 특히 여호와의 이름 안에서나 혹은 거룩한 공동체 모임이 뒤이을 때는, 자신이 하나님과 화목하게 되고 다른 사람들과 하나의 공동체가 되었음을 보여주기 위해서 그렇게 한다.

III. 하나님과의 화목을 축하하는 사람은 반드시 세속적인 더럽혀짐이 없는 가운데 해야 한다(7:19-21).

화목제 가운데 의식의 정결함이 제물과 예배자 모두에게 크게 강조되고 있는데, 이는 하나님께 드려진 것은 반드시 정결한 것, 고운 가루나 흠 없는 어린 양이어야 하기 때문이다. 제사장들은 깨끗하지 못한 것은 드리지 못하도록 확인했다. 누구도 하나님을 찬양하거나 그분과의 교제를 고백하면서 부정한 상태로 있을 수 없었다. 왜냐하면 화목제는 부정과 정반대의 것, 곧 모든 것이 하나님과 잘 어울리고 있음을 선언하기 때문이다. 어떤 종류의 더러움도 크든 작든, 우연이든 의도적이든, 화목제를 위한 계획을 방해하고 먼저 정결케 하는 의식을 필요로 했다. 하나님과 그분과의 화목을 축하하는 예배자 사이에 그 무엇도 존재해서는 안 되었다.

여기에는 두 단계의 유죄 판결이 있다. 지정된 시간 이외에 먹은 것은 무엇이든 *piggûl*, 즉 하나님을 모독한 것, 혹은 용납될 수 없는 것이었다.[5] 더럽혀진 것을 먹거나, 더럽혀진 상태에서 무엇을 먹은 사람은 백성 가운데 끊쳐졌다. 왜냐하면 이것은 실제로 규정 위반이 있는데도 하나님과 화목하다고 선언하는 것이기 때문이다.

'끊쳐지다'는 세 가지 해석이 가능하다. (1) 예배자가 회중의 지도자에 의해 예배와 그와 연관된 의식들로부터 출교당하는 것, (2) 예배자가 공동체 지도자들의 재판이나 하나님의 행하심으로 인해 육신의 죽음을 맞이하는 것, (3) 예배자가 장차 올 세상에서 주님으로부터 분리되는 것. 마지막 세 번째는 이 본문에 기록된 증거에 비추어 지나치게 강한 의미로 보인다. 살아 있는 땅으로부터 끊쳐질 것에 관해 이야기하고 있는 병행 구절은 두 번째 견해에 지지를 보내고 있다. 이 표현이 레위기 안에서 사용되었다는 점은 그것이 죄인의 생명에 대한 하나님의 개입을 언급하고 있는 것을 암시한다. 만일 그들이 죄가 저질러졌음을 인식했다면, 공동체는 그 사람을 소외시키는 데 일익을 감당했을 수도 있다. 그러나 본질적으로 하나님께서는 그 문제를 자신의 방식과 때에 맞추어 다루시며, 이것은 회개가 없었기 때문에 맞이할 요절을 의미할 수도 있다. 첫 번째 견해에 대해서도 출교된 사람은 하나님의 심판을 받아 죽는 일이 자주 있었다고 말할 수 있다(이 말이 20장에서 사용된 방식을 보라. 또한

5. *D. P. Wright, The Disposal of Impurity: Elimination Rites in the Bible and in Hittite and Mesopotamian Literature*(*Society of Biblical Literature Dissertation Series* 101; *Atlanta: Scholars Press*, 1987), 140–43.

22:4-9에 나타난 격리의 모습을 보라). 하나님과의 관계가 가져다준 유익을 찬양하는 공적인 예배 가운데 그의 피를 통하여 그분과의 화목을 축하하는 일은 위선이 개입될 여지가 없었다.

결론

이 구절의 중심이 되는 주해 개념은 이렇게 말할 수 있다.

> 하나님과의 화목을 축하하는 예배자는 그것이 찬양이든 서원이든, 아니면 낙헌제든 더럽혀짐을 피하기 위해 조심하는 가운데 다른 사람과 함께 나눌 수 있는 제물을 여호와께 가져옴으로써 그 일을 행해야 한다.

이것이 이 메시지의 정수다. 그러나 주해를 위해서 더 요약할 수도 있다.

> 하나님과의 화목을 축하하는 일은 공동체 식사를 함께 나누는 이의 너그러움과 순결을 요구한다.

이 본문의 중심 주제는 화목제 음식을 먹는 것으로 여기에는 세 가지 강조할 부분이 있다. 예배자가 회중들을 위해 후하게 먹을 것을 제공할 이유, 먹는 일 자체 그리고 더럽혀짐에 대한 경고다. 그렇다면 예를 들어, 예배자는 찬양의 제사 가운데 너그러움으로 자신의 감사를 보이고 증거함으로써 자신의 정결함을 입증해야 한다는 점을 강조할 수도 있다.

레위기 3장에서 언급한 것처럼 화목제는 교회 안의 성만찬, 곧 성찬식과 병행을 이룬다. 레위기 7장에서 강조하고 있는 세 가지는 성찬식에도 쉽게 적용된다. 성도들이 다른 사람들과 함께 먹고 자신의 소유를 함께 나눔으로써(초대 교회가 모든 물건을 서로 통용한 것처럼) 주님을 찬양하고 다른 사람들과 교통하게 된 것을 축하하는 데 있어서 성만찬보다 더 좋은 때는 없다. 그러나 만일 부정함이나 더럽혀짐이 존재한다면 끊쳐질 것에 대한 주님의 심각한 경고가 사도들의 서신에 길게 나타나고 있다. 바울은 고린도 교회 성도들에게 어떤 이들이 주의 만찬에서 합당하지 않은 태도로 먹고 마심으로 그것을 일반적인 축제와 같은 것으로 변질시켰다고 말한다. 그 결과, 그들 가운데 어떤 이는 일찍 죽음을 맞이했다(고전 11:27-32).

14

Laws of the Sacrifices

하나님께서 요구하시는 가장 올바른 삶 : 기름과 피에 대한 율법(7:22-27)

하나님의 율법의 중심에는 기름이나 피를 먹지 말라는 금지가 놓여 있다. 그것은 하나님께 속한 것이었다. 의식을 규정하고 있는 내용의 마지막 부분에서, 특히 화목제 의식을 소개한 다음 본문에 먹을 것을 포함하고 있는 이 규정을 독립적으로 소개하고 있다는 것은 이 의미를 다시 강조하는 일이 얼마나 중요한지를 입증하는 증거가 된다.

주해자는 이 짧은 본문에 지나치게 많은 시간을 할애해서 이 요소들에 대해 이미 다룬 바 있는 이전 본문들의 주석 내용을 다시 논의할 필요는 없다. 다만 사람들에게 각 본문의 의미를 되새기고 이 본문의 해석에 대해 결론을 이끌어내는 정도는 필요하다. 이 본문은 앞 본문의 주해 가운데 이미 서너 차례 언급된 내용들이다.

신학적 주제

기름과 피의 상징이 이 본문의 개념을 이루고 있다. 기름은 가장 좋은 것을 가리키며, 따라서 하나의 신학적 주제는 하나님께 드려진 것의 질에 관심을 갖고 있다. 그것은 가장 좋은 것이어야 한다. 피는 생명이다. 따라서 생명이 하나님께 속한 것이기 때문에 피는 하나님의 것이다. 삶을 정결하게 하고 그것을 나타내기 위해 성소 가운데 피를 특별히 사용하는 것은 이러한 금지 조항을 통해 지켜졌다.

본문 개괄

메시지 요약

하나님께서는 누구든지 동물의 기름이나 피를 먹지 못하게 금하셨다.

본문 개요

서언: 여호와께서 이스라엘에게 전하는 이 메시지를 모세에게 주셨다(7:22-23a).

I. 하나님께서는 누구든지 동물의 기름을 먹지 못하게 금하시고, 이 규정을 위반하면 죽음이 임할 것이라고 경고하셨다(7:23b-25).
  A. 누구든지 제사에 사용된 동물의 기름을 먹는 것이 허락되지 않았다(7:23b).
  B. 누구든지 죽거나 찢겨진 채 발견된 동물의 기름을 사용하는 것은 허락되었으나 먹는 것은 허락되지 않았다(7:24).
  C. 누구든지 제사에 사용된 동물의 기름을 먹는 자는 죽음에 처해졌다(7:25).

II. 하나님께서는 누구든지 새나 동물의 피를 먹지 못하게 금하셨다(7:26-27).
A. 누구든지 새나 짐승의 피를 먹는 것이 허락되지 않았다(7:26).
B. 누구든지 새나 짐승의 피를 먹는 자는 죽음에 처해졌다(7:27).

내용 강해

I. 하나님의 백성은 자신에게 속한 가장 좋은 것은 그분의 것임을 반드시 인정해야 한다(7:22-25).

앞에서 논의한 것처럼 구약에서 기름은 가장 좋은 부분을 상징한다. 예배자가 제물로 기름진 동물을 드리는 것은 그것이 소 떼 가운데 가장 좋은 것이기 때문이었다. 이것은 '기름지다' 는 말이 우리가 생각하는 기름 이상을 가리키는 경우가 많이 있음을 의미한다. 그 말은 건강한 동물의 가장 좋은 부분을 가리킬 수도 있다. 그 개념은 먼저 가인과 아벨에 관한 이야기 가운데 소개되었다. 아벨은 '양의 첫 새끼와 그 기름' 을 하나님께 드렸다(창 4:4). 그것은 그의 소유물 가운데 가장 좋은 것이었다.

경건한 예배자는 시장에서 좋은 값으로 파는 대신에 가장 좋은 그것을 여호와께 바쳤다. 그리고 동물의 진짜 기름은 여호와의 것으로 돌려졌는데, 이는 분명히 가장 좋은 것과 최고의 것을 하나님께 드렸음을 가리키는 상징적인 몸짓임에 틀림없다. 기름을 먹는 것은 하나님의 소유를 침해하는 것이었다.[1]

1. 밀그롬(*Milgrom*, 427)은, 기름이 대부분 먹을 수 없는 것임에 비해 성경에 나타난 기름이란 용어는 먹을 수 있는 부분을 포함한다(레 3:9-10)고 언급한다. 이 율법이 다루고 있는 동물의 종류와 그 율법 자체의 전개에 대한 논의를 위해서는 다른 주석들과 함께 밀그롬, 426-28을 보라.

Ⅱ. 하나님의 백성은 생명이 그분의 것임을 반드시 인정해야 한다 (7:26-27).

피 역시 여호와께 드려져야 했다.[2] 기름과 마찬가지로 누구도 피를 먹어서는 안 되었다. 이 두 가지 요소는 전적으로 여호와의 것이었다. 만일 기름이 가장 좋은 것을 나타낸다면, 피는 생명, 곧 동물의 본질적인 부분을 가리켰다. 하나님께서는 이 요소들을 요구하셨다. 그분은 그것들이 자신만의 배타적인 소유물임을 요구하셨다. 그것을 취하거나 먹는 것은 거룩한 것을 훔치는 것이었다(신 12:23 참조).[3]

이 금령을 위반하는 자는 끊쳐졌다. 여기서도 주해자는 주의 만찬을 소홀하게 대했던 이들에게 임한 급작스런 죽음을 언급한 바울의 말(고전 11:27-32)을 다시 인용할 수 있다. 희생 제사는 엄격한 정결함을 동반한다. 여호와께 구별된 제물로 드려진 부분들은 반드시 거룩하게 다루어져야 했다.

결론

이 본문의 주제는 다음과 같다.

> 하나님께서는 자기' 백성의 생명과 그들의 소유 가운데 가장 좋은 것을 요구하신다.

2. 밀그롬(*Milgrom*, 428)은 기름과 피가 레위기 3장에서 함께 논의되고 있지만 여기서는 분리되어 있는데, 이는 그 논의에 제물 이외의 동물, 곧 피를 제외하면 먹을 수 있는 동물이 포함되어 있기 때문이라고 언급한다.

3. 이 말은 피를 마신다는 것이 아니라 섭취했다는(즉, 고기와 함께/ 안에 들어 있는 피를 먹는 것) 의미다. 신명기 12장 23절은 고기와 함께 생명을 먹는 것을 금했다.

고대 이스라엘에서 제물은 그들이 이 사실을 인식하고 있음을 상징한다. 기름이나 피를 먹는 것은 하나님의 정당한 요구를 거부하는 것이었다. 따라서 그 처벌은 엄격했다.

우리는 이 본문이 구약의 제사 제도에 관한 신학 가운데 어떤 의미를 갖는지 알고 있다. 그러나 오늘날은 어떤가? 이 본문은 두 가지 영역에서 적용될 수 있다. 첫째, 예배 가운데 하나님께 드리는 것의 본질을 논의함으로써 이 본문을 적용할 수 있다. 이 생각은 다음과 같이 말할 수 있다.

> 하나님께서 요구하시는 것은 바로 우리가 가진 가장 좋은 것, 즉 우리 삶 가운데 본질적인 것들이다.

이 근거를 이해하기 위해서는 이 율법이 이스라엘과 그의 위대하신 임금 사이에 맺어진 언약 관계임을 상기해야만 한다. 하나님께서는 이것을 요구할 권리를 갖고 계셨다. 그러나 우리는 또한 동물이 예배자를 대표하는 대속물임을 기억해야만 한다. 따라서 이 요구는 예배자에게 가장 좋은 것, 자신의 가장 좋은 시간과 재능, 자신의 소유, 자신의 삶 전체를 하나님께 드리라는 것이다. 이것이 바로 예배자가 하나님께 드려야 하는 것이다. 그들이 이것을 어느 정도 드리는가는 그들의 헌신이 어느 정도인지를 반영하고 있다.

성도들이 자신을 제물로 드릴 때 하나님께서는 그들의 가장 좋은 것, 건강한 몸과 마음, 발전되고, 영적으로 성숙하며, 예수님의 분량까지 충만하게 장성하고, 은혜와 진리가 충만한 것을 원하신다. 하나님께서는 물론 누구라도 사용하신다. 그러나 그분은 자신에게 드려진 것이 신중하게 준비된, 훌륭한 예물이기를 원하신다. 오늘날 성도들은 하나님께 쓸모없는 것, 낡은 것, 남은 시간과 돈, 혹은 절반짜리 마음을 드리는 경우가 너무나 많다. 혹은 어떤 이는 신실하게 자기 자신을 드리지만 은혜와 진리 가운데 성장하라는 요구에 쩔쩔

매고 만다. 이스라엘의 제사 제도에 포함된 단순한 진리는 이것이다.

> 하나님께서는 자기 백성이 가장 좋은 것을 드리기 원하시며, 진정한 믿음은 어떠한 것이든 주님께 가장 좋은 것을 드리기 위해 애쓰는 믿음이다.

이 본문은 예수 그리스도의 모형론적인 의미를 논의함으로써 적용시킬 수도 있다. 만일 기름이 가장 좋은 것을 가리킨다면 예수님께서는 모든 가축 가운데 가장 좋은 것이었다. 그분은 아무 흠이 없고, 건강하고 온전하며, 성부 하나님께 기쁨의 제물이 되기에 충분한 어린양이셨다. 더구나 그분의 피는 세상의 죄를 위하여 흘린 제물이었다. 그 피는 속죄의 본질적인 요소다.

> 최고의 제물, 예수 그리스도와 그분의 완전하고 죄 없으신 피, 곧 그분의 생명(신적이며 영원한)이 하나님께서 요구하시는 제사를 제공했다.

다른 어느 것도 하나님께 속죄를 위해 드려질 수 없었다. 특히 범죄한 피조물이 가져오는 의의 공로와 같은 부족한 제물은 더욱 그러하다. 사역자들은 이 점을 믿음의 절대적인 중심이자 기독교의 본질이며 교회의 기본적인 교리로써 단호하게 지켜야 한다. 예수님의 몸과 피는 하나님을 기쁘시게 하는 거룩한 제물이다. 그분이 흘린 피는 속죄를 제공한다. 이보다 부족한 것은 그 무엇도 공의로우신 하나님의 요구를 만족시킬 수 없다. 그분의 보배로운 피만이 구속할 수 있다.

그리스도의 피를 평범한 것으로 대하는 것은, 그분의 죽음을 완전한 제사가 아닌 일반적인 죽음이나 순교로 대하는 것은 하나님의 계시를 거부하는 것이다. 그리스도의 제사를 모독하거나 그것을 경멸하여 발아래 짓밟는 일은 하나님의 심판을 불러일으킬 것이다. 그 사람은 죽임을 당할 것이다.

피를 먹는 문제는 초대 교회에서 이러한 율법 아래 살지 않던 이방인들이 그리스도를 믿게 되면서 표면으로 떠올랐다. 초대교회 지도자들은 교회의 일치를 보존하고 유대인 성도들을 공격하지 않기 위해 마련된 규칙을 통하여 이방인은 반드시 피를 멀리할 것을 규정했다(행 15:29). 고대의 의식과 규정이 그리스도 안에서 성취된 이후에도 그것을 계속 보존하는 일에는 아무런 신학적 이유가 없었다. 그러나 주의 만찬을 합당하지 않게 먹고, 새 언약의 잔을 이교도의 축제처럼 받아들이는 것은 갑작스러운 죽임을 당하고, 백성들로부터 끊쳐지기에 마땅한 죄였다.

15

Laws of the Sacrifices

사역자들에게 주어지는 것들: 요제와 거제 (7:28-38)

제사 의식에 대한 규정을 마무리하는 이 본문에서 제사장에게 돌아갈 분깃이 설명되고 있다. 그것은 제물의 고기 가운데 좋은 부분으로, 하나님께서 자신의 임재 앞에서 사역하고 있는 이들에게 좋은 것을 공급하심을 가리킨다. 제사장의 분깃은 가장 좋은 부분이며, 여호와께로부터 직접 오는 것이기 때문에 성경 저자들은 그것을 여호와께서 자기 백성, 곧 그분의 목전에서 영원히 거할 이들에게 주시는 아름다운 선물의 모습으로 자주 사용했다[예, 시 36:7-9(*MT* 36:8-10), 23:5-6].

신학적 주제

이 본문의 주제는 사역을 행하는 이들에 대한 재정적, 혹은 육체적 지원을 다루고 있다. 그들은 자신이 일한 대가를 받을 자격이 있고, 여호와께 드려진 예물과 제물로부터 음식과 생활에 필요한 것들을 제공받을 권리가 있다. 이 제물들은 비밀리에 그들에게 전달된 것이 아니라 성소에서 분명히 보이는 가운데 전해졌다.

본문 개괄

메시지 요약

예배자가 화목제를 여호와께 가져오면 기름과 가슴을 드리고, 제사장은 기름을 단 위에 태우며, 예배자는 그 가슴을 흔들어 여호와 앞에 요제로 드렸다. 이는 오른쪽 뒷다리의 요제와 함께 제사장의 분깃이 되었다. 이것은 제사 의식들에 포함되어 있다.

본문 개요

서언: 여호와께서는 이스라엘에게 전하는 화목제에 관한 규례를 모세에게 주셨다(7:28–29a).

I. 예배자가 여호와께 화목제를 가져오면 기름은 번제로, 가슴은 요제로 드렸다(7:29b–31).

A. 예배자는 화목제의 희생 가운데서 일부를 여호와께 예물로 드렸다(7:29b).

B. 예배자는 기름을 가져와 번제로, 가슴은 요제로 드렸다(7:30).

C. 제사장은 기름은 불살랐지만, 가슴은 자기 몫으로 가질 수 있었다(7:31).

II. 기름을 태우고 피를 뿌린 제사장들은 가슴과 다리를 자기 몫으로 가질 수 있었다(7:32).

A. 예배자는 오른쪽 뒷다리를 피와 기름을 하나님께 드린 제사장에게 거제로 주었다(7:32-33).

B. 여호와께서는 요제로 드려진 가슴과 거제로 드려진 뒷다리를 제사장들에게 정기적인 분깃으로 주셨다(7:34).

C. 결어: 여호와께서는 이 분깃을 제사장들이 처음 기름부음을 받던 날부터 할당해주셨다(7:35-36).

III. 간기: 이것으로 제사 의식이 마무리되었다(7:37-38).

내용 강해

I. 하나님의 백성은 여호와께 공적으로 그리고 직접 드려야 할 의무가 있다(7:28-31).

처음 몇 구절이 강조하고 있는 것은 예배자가 자신의 화목제 희생(즉, 공동체 음식) 가운데 일부를 여호와께 제물로 드려야 한다는 의무다. 여기서 예배자의 참여가 다시 한 번 강조되고 있다. "그 사람이 자기 손으로 가져올 것이요." 화목제 규정은 이미 기름, 콩팥 그리고 간에 덮인 꺼풀을 여호와께 드려야 할 필요성을 구체적으로 지적했기 때문에 이 본문은 그 의무만을 단순히 반복하는 데 그쳤던 것으로 보인다. 핵심은 예배자의 마음가짐이 경건하고, 신중하며, 공적인 예물을 향해야 한다는 것이다. 그리고 예수님께서 경고하셨던 것처럼 그것은 다른 사람에게 보이기 위해서가 아니라 공적이고 감화를 주는 방식으로 진행되어야 한다.

동물의 가슴은 아론과 그 후손(즉, 제사장들)이 요제(t^e*nûpâ*)로 받았다. 비록 가슴은 좋은 고기가 있는 부분이지만, 왜 제사장들이 그것을 받아야 하는지는 명확하지 않다. 아마 이것은 제사장들이 가슴에 열두 지파의 이름을 새긴 보석을 단 흉패를 매어 그들을 위해 애정 어린 중보를 드렸음을 상징한 것과 관계가 있을 것이다. 만일 그렇다면, 가슴을 받는 것은 그런 능력과 애정에 대한 보답의 의미였을 것이다.

요제(t^e*nûpâ*)는 예배자의 손에 제물을 올린 다음, 제사장이 그 손 아래에 자기 손을 대고 그것을 위로 아래로, 앞으로 뒤로 움직였다. 그것은 모든 사람이 보는 가운데 그 예물이 하나님께 봉헌되었음을 상징했다. 또한 어떤 의미에서는 제물을 하나님께 전달하면서 그것이 누구보다 하나님의 것임을 보여주는 것이었다. 이 봉헌 의식은 성소에서 거행되었고, 그 예물이 예배자에게서 옮겨져 하나님께 전달되었음을 보여주려는 의도를 갖고 있었다.[1]

Ⅱ. 하나님의 백성은 자기 예물 가운데 일부를 사역자들에게 거제로 드릴 의무가 있다(7:32-36).

요제 외에도 두 번째 제사 t^e*rûmâ*(전통적으로 '요제, *heave offering*'로 번역됨)가 그 동물의 오른쪽 뒷다리(*šôq hayyāmîn*)에 행해졌다. 이 제물을 드리는 행위를 가리키는 동사(*hêrîm*, *rûm*과 연관됨)는 '예물로 드리다', '구별하다', '헌정하다'는 의미를 갖고 있다(*Milgrom*, 474-75). 현대 번역은 t^e*rûmâ*를 '기여금', '분담금(*contribution*)'으로 번역하는데, 그것은 이 말이 따로 드려진 모든 제물에 적용되었기 때문이다. 이 장에서 모든 t^e*nûpâ*는 t^e*rûmâ*를

---

1. 해리슨(*Harrison*, 83)은 이 의식에 대한 설명과 해석에 주목하고, 그 동작이 십자가 형상을 이룬다고 지적한다. 만일 이것이 옳다면, 그것은 그리스도의 희생을 상징적으로 예표하는 것이다.

요구하고 있다.

동물의 오른편 뒷다리가 제사장들에게 돌려진 이유는 그것이 동물이 힘을 받는 부분이기 때문이거나, 단순히 고기 가운데서 가장 좋은 부분으로 간주되었기 때문으로 보인다. 사무엘상 9장 24절에서 이 부분은 귀한 손님을 위해 남겨졌다.

가슴(*ḥăzēh*)과 다리(*šôq*)는 제사장의 영원한 소득으로서 요제(*t^e^nûpâ*)와 거제(*t^e^rûmâ*)로 드려졌다. 제사장들은 십일조와 백성들이 드리는 제물 외에 아무 소득이나 유산이 없었다. 이런 식으로 그들의 필요를 공급하는 것은 이상적이었다. 왜냐하면 이 일은 백성들이 사역을 후원함으로써 하나님의 사역에 동참할 수 있는 기회를 주었기 때문이다. 물론, 만일 사람들이 제사나 십일조를 드리지 않으면 제사장들은 충분한 수입을 얻지 못했다. 이것은 오늘날도 마찬가지다. 만일 사람들이 내는 헌금이 빈약하면 일꾼들의 수입도 줄어들 것이다.

가슴은 요제로 제사장에게 돌아갔다. 오른쪽 뒷다리는 거제로, 직무를 맡은 제사장에게 돌아갔다. 수세기 동안 제사장들의 몫은 점점 늘어났다. 제사장은 나중에는 두 앞다리, 두 볼, 위를 받았다(신 18:3).

*Mišḥâ*란 용어는 보통 '물에 적심', '기름부음'을 의미하지만, 여기서는 '몫', '소득'으로 번역되었다. 동일 어원의 아카디아어 동사는 '측정하다'를 의미한다. 여기서 히브리어의 용례는 기름부음과 아무 상관이 없으며, 단순히 언어유희에 지나지 않는다. 그러나 레위기 7장 35-36절은 이 소득 분배가 제사장들이 합법적으로 봉헌되었을 때 시작되었음을 분명히 밝히고 있다. 그리고 이것은 레위기의 다음 본문의 주제가 된다. 만일 제물이 하나님께 드려지면, 오직 하나님의 택하신 사역자들만이 그 가운데서 취할 수 있었다.

Ⅲ. 간기: 이것으로 제사 의식이 마무리되었다(7:37-38).

이 장의 마지막 두 구절은 단지 이 본문뿐 아니라 제사 의식을 규정한 전체 내용을 요약하고 있다. 그리고 그것이 여호와께로부터 온 규례임을 다시 밝히고 있다.

결론

이 본문이 주장하는 바는 상당히 직설적이다.

> 우리는 가장 좋은 것을 하나님께 드려야 하는 의무와 관련해서 우리가 드린 예물의 일부가 사역자들의 것임을 인정해야 한다.

이제 주해자에게 남은 것은 이 원리를 신약의 내용 가운데 확인하는 것이다. 바울은 이 의무를 가르쳤고(고후 8-9장), 그 일을 하는 성도들을 칭찬했다(빌 4:10, 16). 물론 바울 자신은 그것을 요구하지 않았지만, 자신에게 그것을 받을 권리가 있음을 항변했다(행 20:32-35). 일꾼이 그 삯을 얻는 것이 마땅하다(눅 10:7)는 기본 원리는 계속 유지된다.

참고 문헌

Hillers, D. R. "Ugaritic *šnpt* 'Wave-Offering.'" *Bulletin of the American Schools of Oriental Research* 198(1970): 42; 200(1970): 18.

Milgrom, J. "The Alleged Wave-Offering in Israel and in the Ancient Near East." *Israel Exploration Journal* 22(1972): 33-38.

2부 제사장법(레위기 8-10장)

Laws of the Priesthood

16 Laws of the Priesthood
제사장법 서론

제사법을 다룬 후 이어지는 본문은 성소에서 제사를 드릴 권리를 누가 갖고 있는지 그리고 그 사람들이 어떤 방식으로 그런 일을 할 자격을 갖고 있는지에 초점을 맞추고 있다. 레위기는 이제 제사장직의 봉헌과 제사 예배의 시작에 관한 문제를 다룬다.

고대 전승들

이스라엘 초창기에 관한 전승들에 따르면, 한 가정의 머리는 제사장의 역할을 수행했던 것으로 보인다. 예를 들어, 노아는 방주에서 나온 다음에 가족들을 대신하여 제사를 드렸다. 그리고 그 제물은 여호와께 향기로운 냄새였다(창 8:20-21).[1] 아브라함 역시 자기 단에서 정기적으로 제사를 드렸는데, 아마 자기와 함께하는 모든

1. 이 이야기에서 노아를 제외하고 아무도 그 의식을 거행할 수 없었다. 노아는 이 이야기 전반을 통해 여호와께 선택받은 종이었다. 그는 또한 여호와와 언약을 맺은 '땅의 사람'(창 9:20, 우리말 성경에는 '농업을 시작하다'로 번역 – 역주)이었다.

식솔들을 대신했을 것이다(예, 12:7-8, 13:3-4).[2] 야곱은 벧엘이 하나님을 만날 수 있는 곳임을 깨달았으며(28:12-22), 나중에 그곳에서 제사를 드리고 자기 가족들이 모아온 우상을 모두 버렸다(35:1-7). 욥은 자기 가족을 위해 제사를 드렸고, 그들이 혹시 죄를 짓지 않았을까 생각될 때에는 그들을 위해 중보했다(욥 1:4-5). 이 가운데 일상적인 상황 속에서 함께 하나님께 제사를 드린 일반적인 부족은 하나도 없다. 그러나 그들은 언약 공동체, 혹은 이례적인 상황을 맞이한 조상들이었다. 그 이야기에는 가족들이 사용하기에 합당한 신전이나 성소는 나타나지 않는다.

아브라함 이야기에는 제사장과의 만남에 대한 보고가 포함된다. 그리고 그 만남에서 아브라함은 살렘 왕이자 지극히 높으신 하나님의 제사장인 멜기세덱에게 복종했다(창 14:18-20). 이 제사장이 아브라함을 축복하고(14:19) 그로부터 십일조를 받은 것은(14:20) 그가 지상에서 아브라함보다 영적으로 우위에 있음을 보여준다. 그렇다면 히브리서가 이 신비로운 인물을 메시아이신 예수님의 충성스러운 제사장직을 가리키는 모형으로 해석하고 있는 것은 전혀 놀라운 일이 아니다.

기능에 관한 암시는 리브가의 임신에 관한 이야기 가운데 찾아볼 수 있다(창 25:19-23). 본문에 의하면, 리브가는 임신이 힘들어지자 "내가 어찌할꼬 하고 가서 여호와께 묻자"왔다(25:22). 그녀가 멜기세덱이나 그의 후계자 가운데 한 사람에게, 혹은 심지어 그때까지 살아 있던 아브라함에게 가는 것은 불가능한 일이 아니었다.[3] 성경은 그녀가 제사장에게 갔다고 말하지 않는다. 그렇지만 그녀의 질문의 요점과 그녀가 얻은 대답의 종류는 그녀가 선지자나

---

2. 아브라함 역시 자기 부족의 수장 이상이었다. 그는 하나님의 언약의 수혜자였고, 따라서 새로운 믿음의 지도자였다.

3. 아브라함은 이삭이 태어났을 때 나이가 100세였다(창 21:5). 이삭은 쌍둥이 아들이 태어났을 때 60세였다(25:26). 그리고 아브라함은 175세에 죽었다(25:7).

제사장을 찾아갔음을 암시하고 있다(삼상 10:22, 대하 18:6의 표현을 보라).

고대 전승 가운데 두 번째로 언급된 제사장은 요셉의 장인이요, 온(*on*) 지역의 제사장 보디베라였다(창 41:50). 그가 애굽의 제사장이었다는 점 외에 그에 대해 알려진 것은 전혀 없다.

이 밖에 이스라엘 사람이 아닌 제사장이 가족 전승에 등장한다. 르우엘(이드로라고도 하는)은 미디안의 제사장으로 모세의 장인이 되었다(출 2:16). 이 사람이 모세의 사상에 얼마나 많은 영향을 미쳤는지는 지난 몇 년 동안 많은 연구의 주제가 되어왔다. 성경은 그의 믿음이나 행동에 대해 이스라엘이 여호와로 인하여 애굽에 큰 승리를 거두자 하나님 안에서 기뻐했다는 사실 외에는 아무런 정보도 제공하고 있지 않다.

모세는 이스라엘의 영적 지도자들 가운데 최초이자 가장 커다란 영향을 끼친 인물로 알려져 있다. 비록 그는 제사장으로 불리지는 않았지만 처음부터 제사장으로서의 역할을 수행했다. 이스라엘 백성은 여호와께 제사를 드리기 위해 애굽을 떠났다[출 8:27(***MT*** 8:23)]. 그들은 압제에서 벗어난 후 자신들의 하나님을 만날 수 있는 건축된 예배의 중심을 필요로 했다(25:8-9를 보라). 이것은 금송아지 사건 이후에 더 극명하게 드러난다(출 32-24장). 그들은 하나님께서 자기들 가운데 거룩하게 임하심을 기억할 수 있는 성소가 필요했다. 그래서 회막이 그들이 머무는 진 한가운데 그들의 제사 예배의 중심이자 용서의 장소로 자리했다. 그들은 또한 의식을 거행하고 진 안에서 거룩함을 보존하도록 도와줄 중보의 제사장을 필요로 했다. 따라서 하나님께서는 아론과 그의 후손을 회막문 앞에서 봉헌하기로 결정하셨다(29:42b-46). 모세는 하나님을 대신하여 이스라엘 가운데 제사장 제도를 공식적으로 제정하고 대제사장과 제사장들을 성소에서 일하도록 명했다. 그는 첫 제사를 드렸고 중보를 드렸다. 실제로, 금송아지와 관련된 이스라엘 민족의 죄에 대한 그의 중보는 중보 기도의 본보기다(32:11-14).

이스라엘의 종교가 발전해감에 따라 제사장직은 그들에게 율법과 계명을 가르치고, 중보를 드리며, 제사를 드림으로써 영적 의무를 감당하는 가운데 그 민족을 이끌었다(신 33:9-10). 이 의무들 가운데 제사를 드리는 일은 무엇보다 분명히 성별된 제사장들에게만 위임되었다. 그러나 때로는 다른 지도자들이 이 일을 행하기도 했다. 어떤 경우에는 하나님의 승인이 있기도 했고, 어떤 경우에는 불순종 가운데 행해지기도 했다. 예를 들어, 왕들은 가끔 제사를 드리기도 했다. 다윗은 언약궤를 옮길 때 번제와 화목제를 드리고 백성들을 축복했다(삼하 6:17). 그리고 솔로몬은 성전을 봉헌할 때 같은 일을 했다(왕상 8:5, 62-66). 그러나 이런 일들은 예외였다. 왕들은 민족 가운데 성전에서의 예배를 확립하는 역할을 주도적으로 수행했기 때문이다.

반면에 사울(삼상 13:8-14), 아도니야(왕상 1:9), 웃시야(대하 26:16-21) 그리고 아하스(왕하 16:13-14, 대하 28:1-5) 역시 화목제의 제사장 의식을 거행했지만, 그들은 몇몇 선지자의 응답이 암시하듯이 여호와의 승인을 받지 못했다.

다윗이 성전에서의 예배를 조직화하는 데 차지하고 있는 부분은 결코 무시될 수 없다(대상 23-26장을 보라). 그 공헌의 일부로 그는 제사장들을 24개의 과정, 혹은 순서로 나누었는데(24:3) 그로 인해 성전 예배가 순번을 따라 돌아가며 순서에 맞게 드려질 수 있게 되었다. 그의 친아들들도 제사장 가운데 속했는데, 이는 그들이 제사장 대리 혹은 성소 안에서 뜰을 관리하는 자리에 임명받았음을 가리킨다(삼하 8:18).[4] 다윗은 아히둡의 아들 사독과 아비아달의 아들 아히멜렉을 임명했지만(8:17), 솔로몬은 아비아달이 아도니야를 추종하자 실로에서의 여호와의 말씀을 이루기 위해 그를 축출했다(왕상 2:26-27, 삼상 2:20-36, 3:11-14, 4:10-11을 보라). 사독의 계보는 새로운 제사장 반열이 되었다. 제사장들의 위엄은 언약궤와 연결되어 있는 것처럼 보였고, 그 궤

4. *NIV*는 이 표현을 '궁정 보좌관(*royal advisor*)'으로 번역하는데, 이것은 매우 해설적인 번역이다. 히브리 본문은 간단히 '그들은 제사장들(*kōhănîm*)이었다'라고 말한다.

가 약탈당해 영광이 떠나면 제사장의 가문 역시 제거되었다. 사독 계열이 멜기세덱 계열과 연결되어 있고, 그 이름은 그 연결을 보이기 위해 취해진 것이며, 다윗은 단지 그를 그 임무에 보존한 것뿐이라고 로울리(*Rowley*)는 생각한다.[5] 이때부터 포로기 이후까지 대제사장들은 아론의 아들인 엘르아살의 아들 비느하스의 후손임을 자처했다.

레위와의 언약

말라기서에서 레위 지파를 제사장과 성전의 봉사 일로 선택한 것은 '레위와 세운 언약' 으로 불렸다(2:4). 말라기 선지자에 의하면, 이 언약은 '생명과 평강의 언약' (2:5)이었다. 백성들은 레위인들의 섬김을 통하여 하나님과의 평화와 생명을 찾았다. 그리고 하나님께서는 여호와를 경외하고 신실하게 사역한 초기 제사장들에게 생명과 평강을 주었다(2:5). 그들의 사역에는 백성들에게 율법과 계명을 신실하게 가르치고(2:6–7), 제사 예배 가운데 제물을 드리며, 향단에서 중보하는 일이 포함되어 있었다(신 33:9–10).

그러나 레위 지파가 사역하는 계급으로 발전되어가는 과정의 연구는 상당히 복잡했다. 그들은 창세기에서 레아의 셋째 아들로 태어난 족장에게 그 기원을 두고 있다. 레위(*lēwî*)라는 이름은 비록 그 결과적인 의미는 어느 정도 불분명하지만[6] 단순히 어머니 레아(*lē'â*)의 이름에서 따온 가족 이름[7]에 지나지

---

5. *H. H. Rowley, Worship in Ancient Israel: Its Forms and Meaning*(*London: SPCK*, 1967), 73–75.

6. '종족(*gentilic*)' 이란 용어는 부족간의 연계를 나타내기 위해 지어진 이름을 가리킨다. 예를 들어, 이스라엘(*Israel*)이란 이름에 종족을 나타내는 모음 *i*가 붙으면 이스라엘리(*Israeli*)가 된다.

7. 뇔데케[*T. Nöldeke*, 벨하우젠(*J. Wellhausen*)을 따르는], 스미스(*W. R. Smith*)의 *Kinship and Marriage in Early Arabia in Zeitscrift der deutschen morgenlandischen Gesellschaft* 40(1886): 167에 대한 비평에서.

않을 수도 있다. 이 이름의 정확한 어원이 무엇이든 간에 가장 인기 있는 어원[8]은 창세기 29장 34절에 나오는 그의 어머니의 말 가운데 표현되어 있다. "내가 그에게 세 아들을 낳았으니 내 남편이 지금부터 나와 연합하리로다.(*yillāweh*)" 이 이름의 음가는 이 동사의 음가에서 취한 것이다.

레위란 이름의 연구는 두 가지 점에서 복잡하다. (1) 정확한 동사 표현이 민수기 18장 2, 4절에서 제사장 – 레위가 언약궤와 '합동되었음'[9]을 기술하기 위해 사용되었다. (2) 유사한 이름이 다른 고대 언어에서도 나타난다. 이집트어인 *law–ili*(*ra–wi–ʾi–ra*에서 옴)는 올브라이트(*Albright*)가 '하나님의 고객(*client of God*)' 으로 번역한 용어로 성소에서 수종 들기로 서약한 사람을 가리킨다.[10] 그리고 미나어(*Minaean*)인 *Lawiʾu*는 제사장이나 제의적인 인물에 사용되었다.[11] 레위란 이름이 제사장 계보와 연관이 있고 따라서 자연스럽게 이 부족에게 법궤를 보좌하는 소임을 부여했을 가능성도 있지만, 이런 자료는 완벽하거나 설득력을 갖고 있지 못하다.

물론 모세는 레위 지파 출신이었다. 모세가 단호하게 여호와를 따르기를 주저했을 때, 여호와께서는 그의 형을 불러 옆에서 보좌하게 했다. 모세는 '바로

---

8. 인기 있는 어원은 종종 그 이름의 의미나 이름이 담고 있는 뜻, 즉 그 이름이 '의미하는 것' 이라고 생각되는 것이 되기도 한다. 히브리 저자들은 음가를 사용한 언어유희를 통해 이런 인기 있는 어원을 자주 전개했다. 그런 언어유희는 어원론적으로도 연결이 되기도 하지만 정확하지는 않다.

9. 많은 사람들이 창세기에 기록된 조상의 가문은 레위 지파를 설명하기 위한 것이라는 의견을 내지만, 창세기 다른 어느 곳에서도 그 이름에 제사장의 반열을 암시하고 있지 않다. 그보다는 내용으로 볼 때 언약궤와 관련된 의무를 감당하도록 지목받으면서 레위 지파의 후손이 더 높은 의미를 갖게 되었음을, 곧 언약궤와 '연결되었음' 을 보여주기 위해 의도적으로 레아(*Leah*)라는 낱말로부터 나온 표현을 사용한 것으로 보는 것이 타당하다.

10. *W. F. Albright, Vocalization of the Egyptian Syllabic Orthography*(*New Haven: American Oriental Society*, 1934). 또한 *B. T. Dahlberg, "Levi," in The Interpreter's Dictionary of the Bible*(*ed. G. A. Buttrick et al.; Nashville: Abingdon*, 1962), 3:115–16을 보라.

11. *T. H. Gaster, "The Name לֵוִי," Journal of Theological Studies* 38(1937): 250–51; *R. Abba, "Priests and Levites in Ezekiel," VT* 28(1978): 1–9; *A. Cody, A History of the Old Testament Priesthood*(*Rome: Pontifical Biblical Institute*, 1969).

에게 신과 같은 존재'였고, 아론은 모세의 '대언자'였다(출 7:1). 제사장 제도는 이러한 관계로부터 발전되었던 것으로 보인다. 여호와께서는 나중에 모세에게 아론과 그 아들을 성별하여 제사장의 직무를 수행하도록 지시하셨고(출 29장, 민 3:1-13), 그 봉헌 의식이 레위기 8장에 기록되었다. 따라서 세속적인 레위 족속이 애굽으로부터 탈출한 시기에 제사장 부족이 된 것이다. 그리고 레위란 이름은 그 이름과 유명한 어원을 가진 동사를 성전에 적용시킴으로써 새로운 의미가 주어지게 되었다.[12] 모든 레위인들이 제사장인 것은 아니었고, 모든 제사장이 레위인인 것도 아니었다. 그러나 대부분 제사장은 레위 지파 가운데 선출되어 영적 섬김을 위해 봉헌되었다. 제사장이 아닌 레위인들은 성소와 그 안에 있는 여러 영역에서 봉사했다.[13]

히브리어 낱말인 *kōhēn*('제사장')에 대한 설명 역시 상당 부분 모호하다. 이 말은 아카디아어 *kânu*('충성을 맹세하다')와 관련이 있는 것으로 보이며, 이 말의 히브리어 명사적(분사적) 형태는 여호와께 충성을 맹세한 사람의 특징을 가리킨다. 그러나 이 분석은 그렇게 확실하지는 않다. 이 직위의 의미가 무엇이든, 개인들[14]이 성전에서의 사역을 위해 따로 구별되었고, 더 이상 세속에 속하지 않았다는 것은 분명했다. 그들은 창녀나 이혼녀와 혼인하지 않았고, 물

---

12. 따라서 창세기의 이름 안에 나타나는 언어유희는 기분 나쁜 일의 전조가 된다. 왜냐하면 독자들은 레위 족속의 진정한 결말이 결국 어떻게 될지 즉시 알게 될 것이기 때문이다.

13. 보(*R. de Vaux*)의 *Ancient Israel: Its Life and Institutions*(*trans. J. McHugh; New York: McGraw-Hill*, 1961), 2:358-71을 보라.

14. 성전 제사 가운데 여성이 맡은 역할에 대한 문제는 상당히 복잡하다. 여성은 이스라엘 가운데 제사장이 되지 않았다. 본문은 여성이 제사장이 되는 것을 금하고 있지는 않지만, 그렇다고 그들이 배제된 이유도 설명하고 있지 않다. 그 이유는 다음과 같은 몇 가지 경우로 결론을 내릴 수 있을 것이다. (1) 의식은 성소 안에서 시간에 맞추어 진행되며, 여성은 정기적으로 거행되는 제사에 참가하는 데 어려움이 있을 수 있다. (2) 대부분의 일은 힘으로 하는 일이었다. 그리고 (3) 고대 근동에서의 여사제는 대개 종교적 매춘부였으며, 히브리 율법은 그러한 모습을 반영하는 어떠한 것도 성소에 둘 수 없었다. 이러한 이유들이 타당하기는 하나 전적으로 설득력이 있는 것은 아니다. 왜냐하면 남자들도 때로는 정기적이지는 않지만 제의적으로 부정한 상태가 될 수도 있으며, 고대 근동에서 남자 매춘부라는 것이 전혀 없던 것도 아니었기 때문이다. 이는 단지 그 당시 문화가 남자만을 제사장으로 허락한 데서 온 것으로 보인다.

려받은 땅에서 살 수 없었으며, 몸에 아무런 결함이 없어야 했다. 그들의 삶은 보통 사람 이상의 것으로, 거룩함을 반영하는 것이어야 했다.[15]

따라서 레위기 8-10장은 이스라엘의 제사 종교 안에서의 제사장직의 시작과 관련해 하나의 단위를 이루고 있다. 아론과 그의 아들들의 임직(8장), 제사장직의 시작(9장), 아론의 아들들의 혁신에 대한 거부(10장). 웬함(*Wenham*, 133)은 이 단위의 배열에 대해 유용한 논의를 제공하고 있으며, 각 본문을 도표로 그려 각각의 장면들이 이전의 것들과 형태와 내용에서 어떻게 병행을 이루는지 그리고 어떤 점에서 대조를 이루는지 보여주고 있다. 이것은 그가 말하는 '*triptych*, 즉 하나로 연결되어 각각의 의미를 더 잘 드러내고 풍부하게 하는 세 장의 그림' 이다.

예를 들어, 레위기 8장에서 모세는 제사장의 역할을 맡아서 레위기 1-7장에서 말하고 있는 제사장이 하기로 되어 있는 모든 일을 행한다. 그리고 아론과 그의 아들들은 예배자들이 하는 것으로 되어 있는 일들을 수행한다. 레위기 9장에서 아론이 제사장 역할을 맡게 됨에 따라 모세는 제사장의 직무에서 한 걸음 물러설 수 있게 된다. 그러나 그는 하나님의 가르침을 전하는 중재자로서 여전히 머물러 있다. 레위기 10장은 이와 대조를 이룬다. 레위기 8-9장은 모세와 아론의 순종을 강조하지만, 레위기 10장에서는 불순종이 나타난다. 독자들은 이 점에 주의해야 한다.

왜냐하면 이 장은 초반부에 아무런 하나님의 명령을 담고 있지 않으며, 다만 그들이 한 일은 여호와께서 명한 것이 아니라는 언급만 나오기 때문이다. 레위기 9장에서 여호와의 불이 임하여 제물을 불사른 것은 하나님께서 그것을 인정하셨다는 표시인 반면, 레위기 10장에서 여호와의 불은 불순종한 제사장들을 불살랐다. 웬함(133-35)은 이 이야기의 화자는 레위기 8-9장의 구

15. 이 모든 규정은 제사장의 자격 요건에 관한 부분에서 길게 논의될 것이다.

조를 뒤집어 아론의 아들들에 의해 촉발된 신학적 혼란에 초점을 맞추고자 했다고 언급한다. 그러나 이 갈등의 끝에서 그 내러티브는 다시 거룩한 곳에서 먹는 일과 관련된 규정으로 돌아온다.

제사장의 사역

이 내러티브는 단순히 여호와께서 아론을 대제사장으로 선택하셨을 때 그가 부각되었다는 사실만 보고하고 있다.[16] 그러나 대제사장으로서 그의 의무는 일 년에 한 차례 지성소에 들어가는 것보다 훨씬 더 많은 것을 포함하고 있었다. 그는 가르치고, 중보하며, 매일 제사를 드리고, 관리하는 모든 제사장 사역의 수장이었다. 그것은 풍성하고도 다양한 사역이었다. 시편 16편 5-6절은 하나님을 섬기는 삶에 들어간 제사장의 특권을 표현한 것으로 이곳에 분명히 적용된다.

제사장 직무의 주요 기능들은 백성을 하나님 앞에서 거룩하게 만듦으로써 하나님께서 그들과 함께 거하시고, 그들은 하나님과 함께 거할 수 있는 성결을 유지하도록 고안되었다. 그리고 이 언약의 사역자로서 제사장들은 스스로 거룩한 모습을 보여야만 했다. 그들의 의무에는 (1) 우림과 둠밈을 사용하여 백성들의 질문에 대답하는 예언의 일(비록 선지자의 등장과 함께 그 사용이 중단된 것으로 보이지만), (2) 생활 문제에 대한 결정과 해답을 가르치고 제공하는 일(신 33:9-10, 말 2:7, 렘 18:18, 겔 7:26), (3) 중보 기도를 통한 중재의

16. 모세가 등장하여 자신의 위치가 어떤 것인지 많은 증거로 확증했을 때, 백성들은 누구든 그가 지명하는 사람을 지도자로 밀어주기로 받아들였음이 분명하다. 모세가 하나님께서 임명하신 사람이라는 증거와 주장들은 그들에게 영적 지도자, 혹은 제사장 지도자가 어떤 것인지에 대한 개념을 전달해주었다.

일, (4) 제사를 드리는 일(성전으로 집중되기 전에) 등이 포함된다.

제사장들은 큰 축제와 제비뽑기로 선택되었을 때 직무를 행하기 위해 예루살렘으로 갔다. 성소에서 일하는 차례가 되면 한 주나 두 주 정도 직무를 수행했다. 제사장은 포도주를 마시지 못했다. 그들은 머리카락과 수염을 깎고, 몸을 씻으며, 합당한 의복을 갖추고 모습을 드러냈다. 그들은 제사의 의무를 수행하기 위해 제사에 대한 지식을 갖추고 있어야 했다. 물론 대제사장은 더 큰 지식과 능력을 갖추고 있어서 이 모든 임무들을 지시할 수 있어야 했다.

제사장직이 계층 구조로 되어 있는 것은 '제사장 왕국' (출 19:5-6)이라 불리는 그 민족 전체가 담당하고 있는 영적인 임무를 이해하게 해준다. '제사장' 이란 말을 가장 넓은 의미에서 보면, 그 민족은 모든 민족의 제사장이었다. 그러나 그 민족 안에서 보면 선택된 제사장들, 곧 '성직자' 는 직무와 관련된 측면에서 여호와의 종이었다. 그리고 마지막으로, 대제사장은 그 민족의 영적 수장이며 제사장들의 대표였다. 이런 평민-제사장-대제사장의 계층적 구조는 이스라엘의 종교 활동 안에서 제사와 성결의 질서와 과정이 어떤 것인지 알려준다. 이 삼중 분할 구조는 성소의 배열에도 반영되어 있다. 일반 백성을 위한 뜰, 제사장을 위한 성소(성막), 대제사장을 위한 지성소(언약궤가 놓여 있는 곳)가 그것이다.

신약

이와 유사한 형태가 신약에도 나타난다. 한편으로 메시아이신 예수님 안에서 모든 성도는 새로운 왕 같은 제사장이 된다(벧전 2:5). 그러나 하나님의 아들은 여전히 우리를 대신해서 하늘에 있는 하나님의 보좌 앞에 들어가시는 대제사장이시다(히 8:1-2). 그리고 이 제사장 외에 하나님께서 '민족' 을 택하사

"혹은 사도로, 혹은 선지자로, 혹은 복음 전하는 자로, 혹은 목사와 교사로" 세우셨다(엡 4:11-13). 신약은 이러한 교회의 영적 지도자들을 장로(*presbyteros*)와 감독(*episkopos*)이라고 말한다.[17] 신약의 사역자들은, 이스라엘의 제사장처럼 그런 책임을 맡기 위해서는 특정한 자격 요건을 갖추어야 하며, 합당한 영적 은사를 입증해야 한다(딤전 3:1-12, 벧전 5:1-4). 그러나 신약에서는 새 언약의 영적 지도자들에 대해 이스라엘의 제사장들처럼 그 직무가 정교하게 규정되어 있지는 않다. 신약에서 임명된 지도자의 직분은 구약에서처럼 세습되는 것이 아니며, 새 언약의 사역자들은 이제 그리스도께서 하나님과 인간 사이의 유일한 중재자가 되셨으므로 제사를 드리는 제사장도, 필요한 중재자도 아닌 셈이다. 예수님께서 드린 희생은 단번에 그리고 영원히 드려진 것이며, 최종적인 것이다. 따라서 새 언약은 영적 지도자의 사역을 다른 각도에서 바라본다. 분명 많은 부분, 이를테면 가르치고 인도하며 중보하고 중재하는(특히 화목을 강조하는 경우) 일과 같은 목회적인 역할은 동일하다. 기독교 사역자들 역시 예배 안에서 회중을 인도하는 의무를 갖고 있는데, 이는 필연적으로 공동체 식사 혹은 성찬식과 같은 일들을 포함한다. 그리스도께서 단번에 그리고 영원히 죽으심으로 옛 언약을 마치시고 새 언약을 시작하셨기 때문에 기독교 사역은 옛날의 의식과 관례들을 단순히 따를 필요가 없게 되었다. 그럼에도 불구하고 그 의식 가운데 포함된 사역과 관련된 영적 원리는 신약 안에서도 분명히 확인된다. 따라서 시대를 초월하는 영원한 교훈이 무엇인지를 분명히 보여주는 것이 바로 주해자의 임무다.

이 일을 하기 위해 주해는 신약과 구약 사이에 존재하는 세 단계, 즉 (1) 이스라엘의 대제사장과 예수 그리스도, (2) 이스라엘의 임명받은 제사장들과 교

---

17. 제사장에 해당하는 영어 *priest*는 헬라어 *presbyteros*에서 유래된 것이며, 감독에 해당하는 영어 *bishop*은 헬라어 *episkopos*를 번역한 말이다. 초대교회의 '감독'은 '장로들' 가운데 하나인 것으로 보이는데, 이는 두 호칭이 서로 바뀌어가며 사용되고 있기 때문이다.

회의 부사역자, (3) 이스라엘의 성도들과 기독교의 성도, 곧 만인 제사장 사이의 관계를 반드시 고려해야 한다.

레위기 8–10장 참고 문헌

Bailey, J. W. "The Usage in the Post-restoration Period of Terms Descriptive of the Priests and High Priest." *JBL* 70(1951): 217–26.

Childs, B. S. *Old Testament Theology in a Canonical Context*. Philadelphia: Fortress, 1985(esp. pp. 145–54: "The Theological Role of the Priesthood").

Cody, A. *A History of Old Testament Priesthood Analecta Biblica* 35. Rome: Pontifical Biblical Institute Press, 1969.

Greenberg, M. "A New Approach to the History of Israel's Priesthood." *Journal of the American Oriental Society* 70(1950): 41–47.

Robinson, R. B. "The Levites in the Pre-monarchic Period." *Studia et Biblica Theologica* 7(1978): 3–24.

Sabourin, L. *Priesthood: A Comparative Study*. Leiden: Brill, 1973.

Torrance, T. F. *Royal Priesthood A Theology of Ordained Ministry*. d edition. Edinburgh: Clark, 1993.

Vaux, R. de. *Ancient Israel: Its Life and Institutions*. Translated by J. McHugh. 2 vols. New York: McGrawHill, 1961.

17

Laws of the Priesthood

직무의 봉헌: 제사장 위임식(8장)

만일 여호와의 임재 안에 들어가는 것이 성결을 요구하는 것이라면 다른 사람을 대신해 그분의 임재 안에 들어가는 일은 특별한 성결과 분명한 소명을 요구하는 것이다. 이것은 여호와께서 "나는 나를 가까이하는 자 중에 내가 거룩하다 함을 얻겠고 온 백성 앞에 내가 영광을 얻으리라"(레 10:3)[1]고 말씀하신 것과 같다. 따라서 레위기는 다른 사람들을 대신해 하나님께 가까이 나아가는 영적 지도자들, 곧 중보를 맡은 대제사장과 사역을 맡은 제사장들에게 요구되는 것들에 상당 부분 초점을 맞추고 있다.

레위기 8장은 아론과 그의 아들들이 제사장직에 봉헌되는 장면을 다루고 있다.

이것은 여호와를 섬기는 지도자의 직무에서 임명하는 일과 관련

---

1. 히브리어의 미완료 시제는 미래의 의미("내가 거룩하다 함을 얻을 것이다/ 내가 영광을 얻을 것이다") 또는 필연을 의미하는 것("내가 반드시 거룩하다 함을 얻어야 한다/ 내가 반드시 영광을 얻어야 한다")으로 번역될 수 있다. 그리고 니팔(*niphal*)형 동사의 의미는 수동태(위에서처럼)일 수도 있고, 혹은 재귀형("내가 스스로 거룩해질 것이다/ 내가 스스로 영광을 얻을 것이다")일 수도 있다. 주해자는 성경의 여러 판본과 주석들을 연구하여 자신만의 결론을 내려야 한다.

된 주제를 연구하는 데 매우 도움이 된다.[2] 고대 이스라엘에게 있어서 이 일은 중대한 사건이었다. 왜냐하면 여기서 레위 지파 제사장의 봉헌으로 성소에서 제사를 통한 예배가 시작되기 때문이다.

신학적 주제

이 장의 중심 주제는 직무에 대한 봉헌이다. 이 중요한 주제의 전개에 이바지하는 몇 가지 신학적 동기들은 사역의 자격 요건에 적합한 정결(물로 씻음), 예비(의복을 입음), 봉헌(기름을 부음), 성결(피를 바름), 헌신(손을 담금), 시무식(음식을 먹음) 등이다. 이 각각의 동기들은 더 깊은 연구를 위한 상당한 분량의 성경 자료들을 펼쳐 보이고 있다. 그 밖에도 이 본문은 신약이 강조하고 있는 예수님의 영원한 대제사장직에 의미를 부여하고 있다.

본문 개괄

이 장은 다음과 같은 방식으로 전개된다.

1. 회중이 물건을 지참하고 모였다(8:1-4).
2. 제사장들은 몸을 씻고 의복을 입었다(8:5-9).
3. 거룩한 물건들과 귀빈들은 기름부음을 받았다(8:10-13).
4. 속죄제를 드렸다(8:14-17).

---

2. 모든 기독교 종파는 사역자의 임명과 관련해 저마다의 의식을 갖고 있다. 레위기 8장의 주해는 필연적으로 이해 관계를 떠나 영적인 자격 요건에 초점을 맞추어야 한다.

5. 번제를 드렸다(8:18–21).
6. 숫양을 위임식 제물로 드렸다. 귀, 엄지손가락, 엄지발가락에 피를 발랐다. 손에 요제를 가득 들었다(8:22–29).
7. 피와 기름을 제사장들에게 뿌렸다(8:30).
8. 제사장들이 먹고 일주일 동안의 통과 의례를 거쳤다(8:31–36).

만일 주해자가 레위기 전체를 주해해나간다면 이 주제에 많은 시간을 할애할 필요는 없다. 왜냐하면 이 주제는 앞 장에 나온 내용을 상당 부분 인용하고 있기 때문이다.

메시지 요약

여호와의 계명에 따라 그리고 회중이 한곳에 모인 자리에서 모세는 아론과 그의 아들들을, 씻고 의복을 입고 기름을 붓고 정결하게 하고 성소에서의 새로운 봉사 생활을 시작하는 정밀한 의식을 통해 제사장직에 봉헌시켰다.

본문 개요

I. 여호와께서 모세에게 아론과 그의 아들들과 필요한 물건들 그리고 봉헌 제물과 함께 온 회중을 회막문 앞에 모아 봉헌 의식을 준비하도록 지시하셨다(8:1–3).
  A. 여호와께서는 모세에게 아론과 그의 아들들이 필요한 물건들과 봉헌 제물을 회막 앞으로 가져오도록 지시하셨다(8:1–2).
  B. 여호와께서는 모세에게 회중들을 회막문 앞에 모이도록 지시하셨다(8:3).

II. 모세는 여호와께서 명하신 그대로 아론과 그의 아들을 제사장직에 봉헌하는 의식을 거행했다(8:4-30).

A. 모세는 회중들에게 이 의식은 여호와께서 행하도록 명하신 것이라고 말했다(8:4-5).

B. 모세는 아론과 그의 아들들을 여호와께서 지시하신 그대로 봉헌했다(8:6-30).

1. 모세는 아론과 그의 아들들을 물로 씻고 아론에게 대제사장의 의복을 입혔다(8:6-9).
2. 모세는 장막과 아론에게 특별한 기름을 부어 봉헌했다(8:10-12).
3. 모세는 아론의 아들들에게 제사장의 예복을 입혔다(8:13).
4. 모세는 아론과 그의 아들들을 속죄하기 위해 속죄제를 드렸다(8:14-17).
5. 모세는 아론과 그의 아들들이 하나님께 복종하고 그들이 하나님께 받아들여졌음을 알리기 위해 번제를 드렸다(8:18-21).
6. 모세는 아론과 그의 아들들을 중보의 직임에 세우기 위해 위임식 제사를 드렸다(8:22-29).
   a. 아론과 그의 아들들은 위임식 숫양과 하나가 되었다(8:22).
   b. 모세는 숫양의 피 가운데 일부를 아론과 그의 아들들의 오른쪽 귀, 오른쪽 엄지손가락 그리고 오른쪽 엄지발가락에 발라 그들을 여호와께 완전히 봉헌했다(8:23-24).
   c. 모세는 아론과 그의 아들들의 두 손에 제물 일부를 가득 올려놓고 그들을 여호와께 요제로 드려지게 했다(8:25-28).
   d. 모세는 위임식 제사의 자기 몫으로 가슴을 취하여 요제를 드렸다(8:29).
7. 모세는 관유와 피를 아론과 그의 아들들과 그들의 의복에 뿌려 거

룩하게 했다(8:30).

III. 모세는 아론과 그의 아들들에게 제사 음식을 먹고 칠 일 동안 회막문 안에 머물러 있음으로써 자신의 봉헌을 완성하라고 지시했다(8:31-35).

A. 모세는 아론과 그의 아들들에게 회막문에서 제사 음식을 먹고, 남은 것은 모두 태워 레위의 언약을 확증하라고 지시했다(8:31-32).

B. 모세는 아론과 그의 아들들에게 칠 일 동안 회막문 안에 머물러 통과의례를 완수하고, 여호와께서 그렇게 함으로써 죽임을 당하지 않으리라고 말씀하신 것을 행하도록 명령했다(8:33-35).

IV. 아론과 그의 아들들은 모세에게 순종하여, 여호와께서 명하신 모든 것을 준행했다(8:36).

내용 강해

이 본문은 몇 가지 방식으로 주해가 전개될 수 있다. 간단하면서도 쉽게 접근할 수 있는 한 가지 방법은 본문의 순서를 따라 진행하는 것이지만, 주해 개요에 기록된 로마 숫자를 따르기보다는 그 내용을 봉헌식의 일곱 개의 병행 주제, 혹은 단계로 나누는 것이 좋다.

I. 증인: 회중들은 사역자들을 봉헌하는 일이 여호와께서 직접 지시하신 것임을 분명히 알아야 했다(8:1-5).

레위기 8장의 첫 본문은 하나님의 임재와 회중들이 보는 앞에서 위임식 제사를 시작한다. 여호와께서는 모세에게 의식에 필요한 모든 물건들을 이끌고(*qaḥ*, *lāqaḥ*에서 옴) 회중을 회막문 앞으로 모으라고(*haqhēl*, *qāhal*에서 옴) 명하셨다. 모세는 그들이 지금 하려는 일은 '여호와께서 행하라고 명하신 것'(8:5)임을 선포했다.

이 부분은 주해 가운데 많은 시간을 할애할 필요가 없지만, 무시되어서도 안 된다. 왜냐하면 이 사람들은 백성들에게 영적인 권위를 갖고 있었고, 그들이 하나님에 의해 제사장이 되었다는 것을 확신시켜줄 수 있도록 제사장 봉헌식을 회중들[3]이 직접 목격하는 것이 필수적이기 때문이다. 이것은 모든 위임식 제사의 핵심이다. 사람들을 부르시고 그들에게 사역을 맡기시는 분은 하나님이시다. 그 사역이 올바로 기능하려면 사역에 들어가는 이와 회중 모두 이 사실을 처음부터 분명히 인지하고 있어야 한다.

Ⅱ. 씻음: 사역하는 이들은 반드시 세속의 더러움을 깨끗이 씻어야 한다(8:6).

이 의식 자체는 모세가 아론과 그의 아들들을 가까이 이끌어 그들을 씻김으로 시작했다(출 29:4를 보라). 동사 *rāḥaṣ*는 '씻기다'에 해당하는 일반적인 동사다. 그러나 물로 씻기는 행동은 또한 죄와 더러움으로부터 영적으로 깨끗하여짐을 가리키며, *rāḥaṣ*는 그런 의미를 내포하고 있다(사 1:16 참조). 이 장에서 물로 씻는 것은 피부병(레 14:8-9)이나 더럽혀짐(레 15장)으로 인한 부정함(*ṭāmē'*)을 정결함(*ṭāhôr*)으로 만드는 의식이다. 이 의식은 삶 가운데 더럽혀진 사람을 정결하게 하는 회복을 가리켰다.

더러움과 부정함을 씻겨내는 이 상징적인 의식은 거룩하게 만드는 의식보

---

3. '*ēdâ*('회중')이란 말의 사용은 레위기 4장에서와 같은 의미를 내포하는 것으로 보인다. 즉, 이 말은 민족 전체를 대표하는 각 지파의 장로들을 가리킨다.

다 선행되었다. 활발하게 계속 진행되는 성화는 사역을 위해 구별되는 일에 있어서 필수적인 부분이다. 그리고 성화의 첫 번째 단계는 더러움과 죄를 제거하는 것이다.[4]

Ⅲ. 옷을 입음: 사역하는 이들은 그 일에 합당하게 준비해야 한다(8:7–9).

이어서 모세는 아론에게 제사장 예복, 곧 '영화롭고 아름답게' 하는(출 28:2) 거룩한 옷(*bigdê-qōdeš*)을 입혔다. 다른 말로 하면, 이 특별한(거룩한) 의복은 제사장이 하나님의 영광과 아름다움을 드러내게 하는 표시로 그들에게 위엄과 영광을 부여했다. 이 의복을 입는 것은 제사장들에게 자신들이 맡은 임무가 얼마나 놀라운 것인지 깨닫게 하고, 백성들에게 그들이 맡은 고귀한 임무를 상기시켜주었다.

이것은 특별히 모든 부분들이 어떤 특정한 임무를 위해 필요하거나 상징적인 의미를 담고 있는 대제사장의 의복에 있어서 더욱 그러했다.[5] 제사장 직무를 위한 찬란한 옷을 입는 것은 대제사장이 하나님을 대표하는 사람이며, 모든 제사장 직무를 수행할 준비가 되어 있음을 백성들에게 알려준다. 이 의식이 갖는 취지는 사역하는 사람들은 하나님께서 행하도록 명하신 것을 준행하기 위해 준비를 다하고 필요한 것을 갖추어야 한다는 것이다.

Ⅳ. 기름부음: 사역하는 이들은 하나님의 영에 의해 그분의 사역을

---

4. 출애굽기 30장 17–21절은 제사장들이 성소에 봉사하러 들어갈 때마다 몸을 씻어야 했음을 암시하고 있다.

5. 대제사장이 입는 옷의 다른 구성품은 출애굽기 28장과 29장에 기재되어 있다. 성경 학자들은 그 모든 다른 물건들이 상징적 의미가 무엇인지 전적으로 확신하고 있지는 않지만, 존(*John*)의 *I. Durham*, *Exodus*(*Word Biblical Commentary*; *Waco*: *Word* 1987), 384–90, 특히 389–90을 보라.

위해서 구별되어야 한다(8:10-13).

예식의 다음 단계는 봉헌(l^e*qadd*^{e}*šām*)을 위한 기름부음(*māšaḥ*)[6]이었다. 모세는 성막과 그 안에 있는 모든 것에 기름을 바르고, 이어서 제단과 도구들 그리고 대제사장 아론에게 기름을 부었다. 구약 전체에서 사람과 물건은 모두 기름부음을 통해 거룩해질 수 있었다. 그것은 이제 여호와를 섬기는 일에 구별되거나 그 일만을 위한 것이 되었다.

이 본문의 주해 개요는, 비록 이 본문에서는 그러한 설명을 제공하고 있지는 않지만, 기름이 하나님의 영을 가리킨다는 것을 암시한다. 그러나 성경에는 기름을 붓는 일이 성령님으로 말미암은 특별한 부르심과 능력 부음, 혹은 권한 부여를 가리킨다는 증거가 많이 있다(삼상 10:1, 16:13, 사 61:1, 슥 4:1-6).

기름부음이라는 관행은 그 용어와 그와 연관된 다른 관행들을 포함한 심층적 연구를 필요로 하고 있다. 고대 세계에서 향을 섞은 올리브유는 집에 온 손님을 환영할 때 사용되었다.[7] 덥고 건조해서 얇은 옷을 입고 열과 먼지에 노출이 많이 될 수밖에 없는 중, 근동 지역에서 올리브유를 바르는 일은 건조하고 자극을 많이 받은 피부를 보호해준다. 집에 손님이 오면 주인이 그들에게 기름이 담긴 상자를 제공하여 기름을 바르게 하고, 물을 주어 씻게 하는 것은 합당한 일이었다. 마음이 넓은 주인은 가능한 손님을 반갑게 맞이하고 편안함을 느낄 수 있도록 하기 위해 애썼다. 성경은 이런 내용을 '즐거움의 기름'[시 45:7(***MT*** 45:8), 23:5,잠 21:17]이란 표현을 사용하여 반영하고 있다.

---

6. 말이 나온 김에 이 동사는 형용사 형태이자 영어 단어 메시아(***Messiah***)의 어원이 되는, ***māšîaḥ***('기름부음 받은 자')와 동일한 어근을 갖고 있다는 것을 지적할 수 있다.

7. 호메로스(***Homer***)는 이런 예를 들고 있다. "네스터 왕의 막내딸이 텔레마쿠스를 씻겼다. 그녀는 그를 씻기고 올리브유를 바른 다음 옷을 입히고 어깨 위에 멋진 외투를 걸쳐주었다. 그러자 욕실에서 나온 그의 모습은 영원히 죽지 않는 신과 같아 보였다"(***Odyssey*** §3.464-69, ***Rieu*** 번역).

이런 관습에서부터 제사장과 왕에게 기름을 붓는 관습이 생겨난 것은 놀라운 일이 아니다. 제사장이 기름부음을 받았다는 것은 그가 성전에 계신 여호와께로부터 인정을 받았으며, 이제 백성들이 존경하고 칭찬해 마지않는 사람과 사물에게 마땅히 돌려야 하는 특별한 관심과 대접을 베풀어야 한다는 사실을 백성들에게 암시했다. 다른 한편으로 하나님 역시 제사장들을 자신의 집(성전)에 반갑게 맞이하시며 거룩한 임재에 들어간 그에게 명예와 애정을 부어주시는 것으로 볼 수 있다. 기름부음을 받은 사람은 그분의 임재에 어울리는 존재가 됨으로써 바로 하나님께서 거하시는 곳이 되었다. 이 고대의 관습은 또한 하나님께서 자신의 영을 기름부음 받은 자에게 부어주신 사실을 증거하기 위한 기회로 자주 선택하심을 상징했다.[8]

이는 후에 선지자들의 글 가운데 분명히 모습을 드러냈다. 사울이 기름부음을 받을 때 사무엘은 이렇게 말했다. "네게는 여호와의 신이 크게 임하리니"(삼상 10:6). 다윗이 기름부음 받을 때는 성령께서 그에게 임하시고 사울에게서 떠나셨다(16:13-14).[9] 기름부음과 함께 성령께서 오셔서 리더의 권한을 부여하신 것이다. 이 개념은 '주 여호와의 신'이 선지자에게 임한 것은 그가 아름다운 소식을 전하려고 기름부음을 받았기 때문이라고 말씀하고 있는 이사야 61장 1절의 예언 가운데서 찾아볼 수 있다. 그 문맥에서 선지자는 자신이 사역을 위해 구별되어졌음을 언급하며 성령님께로부터 능력이 왔음을 깨달았다. 스가랴가 성전에서 계속 흘러나오는 기름의 환상을 보았을 때 그는 이러한 해석을 받았다. "만군의 여호와께서 말씀하시되 이는 힘으로 되지 아니하며 능으로 되지 아니하고 오직 나의 신으로 되느니라"(슥 4:6).

---

8. 신약에서 성령은 새 언약의 약속의 성취의 시작으로 오순절날 주어졌다. 따라서 요한은 성도들에게 그들이 거룩하신 자에게서 기름부음을 받았다고 말할 수 있었다(요일 2:20).

9. 구약의 경륜 가운데서 성령이 사울을 떠났을 때 그것은 그가 왕이 되는 일에서 버림 받았음을 표시한다. 다윗이 자신에게서 성신을 거두지 말아달라고 드린 기도[시 5:11(*MT* 51:13)]는 또한 그가 그 직분에서 버림을 당하지 않게 해달라는 기도였다.

Ⅴ. 속죄: 사역하는 이들은 대속 제사의 피로 말미암아 정결케 되어야 한다(8:14-21).

기름부음을 받는 일은 제사장들을 하나님께 봉헌하는 일일 수도 있다. 그러나 그 일이 그들에게 속죄를 베풀지는 못했다. 그래서 제사가 드려졌다. 성소에 들어갈 준비로 속죄제 황소(출 29:10-14)가, 번제를 위해 숫양(29:15-18)이 하나님과의 화해 혹은 속죄를 위해 드려졌다.

속죄제의 피가 그것이 발라진 대상을 정결하게 한다는 사실은 레위기 8장 15절에서 확증되고 있다. "피는 단 밑에 쏟아 단을 속하여 거룩하게 하고." 그들은 바야흐로 제단에 제사를 드리는 사역을 시작하려 하고 있었고, 따라서 그에 앞서 정결하게 할 필요가 있었다. 번제물의 피는 자신의 죄에 대한 몸값으로 주어진 것으로, 그들이 하나님과 화목하게 되어 성소에 들어가는 것을 가능하게 한다. 이 본문의 핵심은 누구든지 사역 가운데 하나님을 나타내는 사람은 온전한 속죄, 곧 죄 사함과 하나님의 용납하심을 체험해야 한다는 것이다.

Ⅵ. 임명: 사역하는 이들은 사역의 모든 일에 헌신되어야 한다(8:22-30).

세 번째로 드려진 제물은 임명식 숫양이었다(레 8:22, 출 29:19-21을 보라). 이 본문의 중요한 용어는 동사 *mālē'*('가득 채워지다', '가득하다')의 복수 형태인 *millū'îm*('가득 찬 것')이다(특히 레 8:33을 보라, 그 의미는 '봉헌'으로 보인다). 이 의식의 중심은 제물의 고기 일부가 다른 제물의 일부와 함께 제사장 후보자의 두 손에 놓여져 그의 두 손이 가득 채워지는 순간이다(8:27). 이 부분에서 임명식 제사의 특별한 요소를 찾아볼 수 있다.

여기서 반드시 강조되어야 하는 점은 피를 귓불, 엄지손가락, 엄지발가락에 바르는 것이다. 그 부분에 피를 바르는 것은 그들이 듣는 것, 만지는 것, 가는 곳을 모두 포괄하여 그들 자신의 모든 행동 가운데 피로 말미암아 구별되어져야 함을 의미한다.[10] 제사장이 된다는 것은 삶 전체의 성결, 곧 거룩한 생활 방식을 포함한다. 이것은 기름과 피를 뿌리는 일로 확인된다(8:30). 이제 거룩한 것과 세속적인 것의 구별은 없다. 제사장은 당번이든 비번이든 그 의무를 벗는 일이 결코 없다.

VII. 취임: 사역하는 이들은 자신의 새로운 삶과 봉사에 자신의 모든 것을 바쳐야 한다(8:31–36).

레위기 8장의 마지막 몇 구절은 아론과 그 아들들이 회막 안에 칠 일 동안 머물러 있으면서 제사를 반복함으로써 그들의 임명이 완성되었다고("위임식은 칠 일 동안 행하나니, 그가 칠 일 동안 너희를 임명하시리라", *yemallē' 'et–yedkem*, 문자적으로는 "그가 너희 손을 가득 채우시리라") 설명한다. 칠 일간의 반복은 사역에 임명받는 과정의 완전함과 완벽함을 강조하는 것이다. 제사장들은 이 일주일 동안의 통과 의식을 통해 이전 삶에서 제사장이라는 전혀 새로운 삶으로 옮겨졌다. 일주일이라는 지루하지만 완전한 과정은 그들에게 여호와께 순종하는 종으로서 사역에 들어가고, 그 사역을 따르는 일의 의미가 어떤 것인지를 각인시켜주었다.

---

10. 밀그롬(*Milgrom*, 528–29)은 이 의식에 약간 다른 점을 강조한다. 사지에 피를 바르는 것은 정결과 예방의 차원이라는 것이다. 그에 따르면, 제단의 사면이나 사람의 사지에 피를 바르는 것은 통과 의례가 진행되는 동안 악의 세력을 막아주는 효과를 갖고 있다.

결론

레위기 8장은 위임식 규례를 통해 제사장 사역의 기초를 제시하고 있다. 메이스(Mays)는 이렇게 언급한다,

> 전체 의식은 아론의 제사장직이 하나님께서 세우신 것임을, 그분의 뜻에 의해 존재하게 되고 그분의 목적을 섬기도록 의도되었음을 보여주기 위해 치러졌다. 아론이나 그의 아들들은 모두 위임식 가운데 행해진 것들이 아니었다면 제사장이 될 준비가 되어 있지 않았었다. 그들은 죄인으로서 속죄가 필요했고, 일반 사람들로서 봉헌되고 구별되어져야 했으며, 보통 사람들로서 능력을 받아야만 했다.[11]

이에 따르면, 이 장은 하나님께서 영적 지도자로 세우신 사람이 결코 잊어서는 안 되는 메시지를 전달하고 있다.

> 영적 예배 가운데 회중을 인도하는 이들은 여호와께 온전히 헌신되어야 한다.

여기서 기본적인 설교의 개념을 표현하기 위해 '헌신되다'는 말을 사용한 이유는 오늘날 그 말에 소명, 준비, 성결, 봉헌 등이 포함되어 있기 때문이다. 물론 이 장의 주해는 이 봉헌이 어떻게 죄에서 정결케 되었는지, 어떻게 사역에 필요한 것을 갖추었는지, 어떻게 성령의 부으심을 받았는지, 어떻게 피를 통하여 거룩하게 되었는지, 또한 어떻게 사역을 온전히 섬기기 위해 구별되었

---

11. *J. L. Mays, The Book of Leviticus; th Book of Numbers*(*Layman's Bible Commentary; Atalanta: John Knox*, 1977), 40–41.

는지 등을 자세하게 다룰 것이다. 이 모든 의식은 이 사건의 위엄과 신비를 담고 있다. 그러나 그 상징하는 바는 다른 곳에서 설명되어 각각의 의미를 놓치지 않을 수 있다.

본서는 이 장의 메시지를 다음과 같이 세 단계로 적용하고 있다. (1) 제사장들(이스라엘의 세습직으로서의 제사장직과 하나님께서 임명하신 교회의 사역자들), (2) 하나님의 백성(신약과 구약 모두 하나님의 백성을 '왕 같은 제사장'으로 그리고 있다), (3) 대제사장(아론과 예수님). 그리스도와의 연계는 예수님의 제사장 직분을 상세하게 논의하고 있는 히브리서에 나타난 예표론에 근거하고 있다. 이 메시지를 교회의 사역자들과 성도들에게 적용하는 것은 적법하다. 왜냐하면 본문이 갖고 있는 원형적인 특징 때문이다. 그 안에 구현된 영적 진리는 시간을 초월하는 것이다. 여호와를 위해 사역하는 일은 위임식과 관련된 이 장에서 말하고 있는 모든 것을 필요로 한다. 그리고 하나님의 은혜로 말미암아 그 일은 그리스도 안에 있는 우리에게 모두 베풀어졌다.

이 장의 핵심은 여호와를 섬기는 가운데 영적 리더의 자리에 서도록 구별된 사람들이 사역에 임명되거나 섬김에 봉헌될 때 모두 적용 가능한 것일 뿐 아니라, 신약의 가르침에 의해 강조되고 있는 것들이다.

1. 이러한 다짐은 항상 공개적이고 모든 회중에 의해 증거되어야 하는데, 그럼으로써 그 부르심이 하나님께로부터 온 것임을 확증할 수 있게 된다.
2. 죄의 용서가 반드시 있어야 한다. 물로 씻김이 상징하는 것은 교제와 섬김을 위한 용서다. 예수님께서는 자기 제자들에게 자신이 그들의 발을 씻기지 않으면 그들은 자신과 관계가 없게 된다고 말씀하셨다(요 13:8).
3. 섬김을 준비할 필요가 있다. 성경에서 옷을 입는 것은 중요한 의미를 전하고 있다. 신약의 성도들은 예수로(롬 13:14), 모든 덕스러운 행위로(골 3:12), 믿음의 갑주로(엡 6:10-18) 옷을 입음으로써 사역을 수행할 수 있게

된다. 그리스도와 하나가 되기 위해, 행동과 섬김에서 그리스도를 닮고 섬김에 필요한 것을 갖추는 것이 영적 사역에 봉헌되는 일의 핵심이다.

4. 성령님에 의한 하나님의 능력 주심이 있어야 한다. 신약에 의하면 그리스도인들은 성령으로 기름부음을 받았다. 바울은 자신이 하나님에 의해 기름부음을 받았다고 증거한다(고후 1:21). 이 기름부음에 관해 교회 안에서 많은 논의가 있다. 그러나 성경은 "우리가 다 한 성령으로 세례를 받아 한 몸이 되었"(고전 12:13)다고 분명히 말씀하고 있다. 바울은 이것이 모든 그리스도인들이 영적 은사를 갖는 첫 번째 이유라고 설명한다. 그리고 교회 안에서 영적 지도자로 부르심을 받은 이들은 모든 그리스도인들이 갖고 있는 성령의 능력 주심과 인 치심 외에 각각의 직무에 맞는 특별한 영적 은사를 갖게 될 것이다. 이것이 가리키는 것은 분명하다. 어떠한 사역도 성령님의 능력 없이는 불가능하다는 것이다. 성령의 은사는 사람들로 하여금 사역을 행할 수 있게 한다. 성령의 인 치심은 그들로 하여금 그분의 임재 안에 거할 권리를 확신시켜준다. 따라서 구약에서 그리고 있는 기름부음은 신약에서 사역을 위한 권한과 능력 주심으로 확장되어 사용되었다.

5. 사역하는 이들은 속죄를 근거로 그 일을 행한다. 성도들은 자신을 속죄 제물과 동일시함으로써 구원을 얻을 뿐 아니라 여호와를 섬기기 위해 죄의 속박으로부터 자유를 얻는다. 바울은 그들이 죄에 대해 죽었으므로 의에 대해 살 것이라고(롬 6:5-14) 말한다. 그들은 이제 자신의 지체를 의의 병기로 드릴 수 있게 된다.

6. 여호와를 섬기는 이들은 자신을 그분께 온전히 구별하여 드려야 한다. 성화의 교리는 그들의 영적 삶 가운데 반드시 진행되어야 하는 일이다. 그들은 주님의 음성을 듣기 위해 귀를 봉헌하고, 그분의 뜻을 행하기 위해 손을 봉헌하며, 그분의 길을 걷기 위해 발을 봉헌해야 한다.

7. 여호와를 섬기는 일은 평생의 헌신이다. 예수님께서는 복음서에서 '십자가를 지다'와 자기를 좇으라는 그림언어를 사용하셨다. 로마 세계에서 십자가를 지는 사람은 곧 처형을 당할 사람들이었다. 이는 그들이 다시 돌아올 수 없다는 의미였다. 예수님의 종들은 이런 헌신, 전혀 새로운 생활이라는 헌신을 해야 한다.

일반적으로 그리스도인들에게 적용하는 것은 여기서 사역자들에게 주어진 것과 거의 동일하다. 왜냐하면 모든 성도는 왕 같은 제사장의 일부분이기 때문이다. 제사장들과 나라의 관계는 그 나라와 세상과의 관계와 같다. 자격, 준비 그리고 권한 부여는 모두 동일하다. 그러나 신약에서의 가장 중요한 차이점은 하나님께서 리더로 부르신 이들은 특별한 영적 은사를 갖고 있다는 점이다. 모든 그리스도인들은 비록 자신이 몸 안에서 목회자, 교사, 선교사, 혹은 관리자로 부르심을 받지 않았다 하더라도 자신이 가진 은사들을 가지고 사역해야 한다.

마지막으로 우리의 대제사장이신 예수 그리스도께 모형론을 적용하는 것은 레위기와 신약의 분명한 평행 구조에 근거한 것이다. 히브리서는 우리의 대제사장에 대해 그 자신이 죄인이기 때문에 먼저 자신을 위해 속죄제를 드려야 할 필요가 있는 사람이 아니라는 점을 중대한 차이점으로 설명하고 있다. 예수님께서는 완전한 제사를 드리셨지만 그것은 그분 자신을 위해서가 아니라 바로 우리를 위한 것이었다. 그분은 물로 씻음이나 정결케 하는 것이나 속죄함이 필요 없으셨다. 따라서 위임식 예식의 몇 가지 단계는 그분에게 적용이 되지 않는다.

그러나 이스라엘의 대제사장이 사역을 하기 위해 준비되었던 것처럼 우리 주 예수 그리스도께서도 사역을 위해 준비되셨다. 그 사역은 그분이 요단 강에서 세례를 받으실 때 시작되었다. 그 세례는 부정함으로부터의 씻김도 아니고, 회개를 위한 세례도 아니었으며, '모든 의를 이루는'(마 3:15) 세례, 곧 하나님의 뜻에 온전히 일치하고 자신이 구원하기 위해 오신 사람들과 하나가 되기 위한 세례였다. 그 순간 하나님의 영이 그분에게 내려오셨고, 하늘에서 음성이 들려 하나님께서 그분을 기뻐하심을 선포했다. 그리고 예수님께서는 회당에서 이사야가 기록된 두루마기에서 '성령이 내게 임하셨으니'(눅 4:18)라고 읽으실 수 있었다. 그 구절이 선지자에게 어떤 의미였든 그것이 예수 그리스도 안에서 성취되었을 때 그 형식(기름부음)은 실체를 가리키는 하나의 모형으로 이해되었고, 그 실체는 모형보다 훨씬 빛나는 것이었다.

모형에 관한 언어는 사도들이 간직한 것으로, 그들은 예수님을 '하나님의 기름 부으신 거룩한 종'(행 4:27)이라고 불렀다. 베드로는 고넬료에게 행한 설교에서 더욱 명확하게 "하나님이 나사렛 예수에게 성령과 능력을 기름 붓듯 하셨으매"(10:38)라고 말했다.

예수님의 대제사장으로서의 사역은 그분의 죽음과 승귀를 통해 가장 극적으로 그려지고 있다. 그분은 세상 죄를 위해 자신의 목숨을 단번에 드리시고, 우리를 중보하기 위해 하늘에 있는 성소에 들어가셨다. 히브리서는 십자가에서의 그분의 죽음을 위임식 제사로 해석하고 있다. 레위기 8장의 위임식 제사는 *millū'îm*('가득 채우다')로 불렸다. 왜냐하면 대제사장의 두 손이 제물로 가득 채워졌기 때문이다. 칠십인 역은 이 낱말을 제사장직의 봉헌이라는 개념을 전달하기 위해 *teleiōsis*('가득 참', '완전함')으로 번역했다. 이 낱말이 선택된 것은 아마 그 말이 그 사역에 필요한 모든 준비를 완전히 갖추었다는 뜻에서 두 손에 가득 '채워짐'의 의미를 더 잘 전달하기 때문일 것이다. 신약에서 우리는 예수님께서 우리의 구원을 위해 십자가에서 고난을 받으신 후에 '온전하게 되었다(*teleiōtheis*)'는 말씀(히 5:9)을 읽을 수 있는데, 여기서 사용된 *teleioō*란 말은 칠십인 역의 레위기에 사용된 *teleiōsis*와 연관된 헬라어다. 히브리서 저자는 레위기를 잘 알고 있었다. 그리고 이 문자적 고리는 그 지식을 분명히 보여주는 본보기다. 히브리서 저자가 예수님께서 '온전하게 되었다' 고 말할 때 그는 다음과 같은 사실을 확신하고 있었음이 분명하다.

> 예수님께서는 완전한 제사를 단번에 그리고 영원히 드리신 후에 우리의 대제사장으로 임명받으셨다.

실제로 히브리서의 바로 다음 구절은 예수님을 멜기세덱의 반차를 좇는 대제사장이라고 말하고 있다. 그분은 자신의 죽음을 통해 아론과 레위 계통의 제사장직을 종결시키시고 자신의 영원한 제사장직을 세우셨다. 예수님께서는 이제 자신의 피와 함께 하늘에 있는 지성소에 들어가셨고, 성부 하나님 우편에서 우리를 위해 중보하고 계신다. 따라서 이스라엘에서 아론의 대제사장 위임식을 다루고 있는 레위기 8장은 그리스도께서 우리의 영원한 대제사장으로의 사역을 시작하신 것을 예표한다.

참고 문헌

Cody, A. *A History of Old Testament Priesthood*. Analecta Biblica 35. Rome: Pontifical Biblical Institute Press, 1969.

Ferguson, E. "Laying On of Hands: Its Significance in Ordination." *Journal of Theological Studies* 26(1975): 1–12.

Jenson, P. P. Graded Holiness: *A Key to the Priestly Conception of the World*. JSOTSup 106. Sheffield: JSOT Press, 1992.

Lipiński, E. "Urim and Thummim." *VT* 20(1970): 495–96.

Reiner, E. "Fortune-Telling in Mesopotamia." *Journal of Near Eastern Studies* 19(1960): 23–25.

Robertson, E. "The Urim and Thummim: What Were They?" *VT* 14(1964): 67–74.

18

Laws of the Priesthood

직무의 시작:회막에서의 첫 번째 공적 희생 제사 의식(9장)

새로운 사역의 시작은 참으로 놀라운 경험이다. 몇 년간에 걸친 준비와 계획이 예정된 시간에 하나님의 임재를 깨닫는 가운데 하나가 되어 성취되었다. 고대 이스라엘 백성에게 그 제사가 처음 시작되는 것을 지켜보는 일은 얼마나 멋진 사건이었겠는가. 그들은 애굽의 속박으로부터 구함을 받고, 시내 산에서 언약을 통해 하나님의 백성으로 지음을 받았다. 그리고 이제 그들은 새로운 성소, 자신의 제사를 드릴 새로운 의식의 무대 그리고 새로운 제사장직을 갖게 되었다. 레위기 9장은 이스라엘의 제사 제도가 레위기의 체제하에서 시작되었음을 기록하고 있다. 앞 장을 연구한 다음 이 장을 간략히 읽어보면 각 부분이 어떻게 하나로 연결되는지 잘 볼 수 있다. 그러나 그 내용을 신중하게 분석해보면 훨씬 더 많은 것을 얻을 수 있다.

이 본문은 하나님께서 세우신 제사 제도가 어떻게 수행되어야 하는지, 그래서 어떻게 하나님께 축복을 받을 수 있는지를 기록하고 있다. 이 첫 제사의 정점은 여호와의 영광이 성소 가운데 임재함으로 나타난다. 그 이후로 예배자들은 자기 제물을 가지고 그분께 예배하기 위해 나올 때 여호와의 영적 임재를 구했다. 경건한 백성들은 이 전통으로부터 하나님께서 성소에서 자신들 가운데 임재하심을 알고, 그분이 자신들의 삶에 개입하고 계심을 체험하면서 믿음의 실체를 확신했다. 이제 이스라엘은 이 뜰에 들어가는 것이 참으로 그들 가운데 거하고 계시는 하나님의 임재 안으로 들어가는 것임을 알았다. 그렇기 때문에 그들은 그것을 감히 가볍게 대해서는 안 된다는 것도 알았다.

신학적 주제

이 장은 이스라엘이 자신들의 새로운 대제사장 아래서 드린 첫 예배를 기록하고 있기 때문에 중심 주제는 예배의 바람직한 형태임이 틀림없다. 이런 시각에서 몇 가지 신학적 주제가 주해 가운데 포함되어야 한다.

어떤 이는 예배 행위의 결과에 주목한다. 의식은 백성들을 진에서 이끌어내 하나님의 임재 안에 들여보내기 위해 계획된 것이었다. 그러기 위해서는 예배자들이 육체적으로나 영적으로 모두 하나님께 가까이 나아감으로써 필요한 제사를 차례로 드리는 것이 필요했다. 레위기 9장은 그 제사의 순서를 보여준다.

이 장은 여호와의 영광의 형상이 회막에 가까이 임하는 것으로 절정에 달한다. 직접적인 맥락에서, 이것은 일어난 모든 일을 하나님께서 인정하신다는 승인의 도장이었다. 그러나 그것은 또한 모든 예배의 기본이 되는 어떤 것, 말하자면 우리가 하나의 특정한 방법으로 살아계신 하나님의 임재 가운데 들어간다는 것을 가르쳐준다.

대제사장의 축복은 신탁의 형태를 취했다. 왜냐하면 대제사장은 백성들을 대신해 지성소에 들어가며, 따라서 백성들과 여호와 사이에 모든 것이 잘 되었음을 선언할 수 있기 때문이다.

백성들의 응답 역시 하나님의 임재와 관련해서 신학적으로 중요한 부분을 차지하고 있다. 그들은 땅에 엎드려 여호와를 경배했다. 여호와의 임재 안에서 그분에게 용납되어 복을 받을 방법은 그 응답 외에 없으며, 여호와의 영광에 응답하는 것도 그것 외에 다른 방법은 없다.

마지막으로 이 모든 과정은 믿음의 위대한 신학 교리를 생생하게 묘사하기 위해 고안된 것이다. 단계별로 하나님께 나아가는 것은 죄에서 출발하여 속죄를 통해 구별되고, 제물의 피로 말미암아 정결하게 되며, 영광 가운데 있는 하나님의 임재로 들어가는 순례의 길을 나타낸다. 그러므로 바울이 이 희생 제사의 주요 특징을 중심으로 로마서의 논쟁을 구축해가고 있는 것은 전혀 놀라운 일이 아니다. 왜냐하면 성도들은 이것을 통해 죄에서 떠나 성화로 나아가 예배하기 때문이다(결론을 보라).

본문 개괄

메시지 요약

아론은 순종하여 자신의 속죄를 위해 속죄제와 번제를 드리고, 이어서 모든 백성들을 위해 속죄제, 번제, 소제, 화목제를 드렸다. 그리고 회막 안에 들어오고 나가면서 백성들을 축복했다. 여호와의 영광이 극적으로 모든 백성들에게 임하여[1] 제단 위에서 연기를 내고 있는 제물을 즉시 불살랐고, 모든 백성들로 하여금 소리를 지르며 엎드려 경배하게 했다.

1. 저자는 이 구절이 이 장의 주제이며, 따라서 이 내용을 독립절로 서술했다. 여호와의 영광이 극에 달한 모습을 요약에서 종속적으로 보는 것은 어려운 일이다. 다른 모든 부분은 이 부분에까지 인도되며, 따라서 그것은 모두 종속절로 기록되었다.

본문 개요

서언: 칠 일간의 임명 기간을 마치는 날, 모세는 아론과 그의 아들들 그리고 이스라엘의 장로들을 소집했다(9:1).

I. 모세는 아론에게 자신을 위해 속죄제와 번제를 드리고, 여호와의 영광이 나타나도록 이스라엘 백성이 가져온 제물로 제사 드릴 것을 명했다(9:2-6).

A. 아론은 자신의 속죄제와 번제에 합당한 동물을 취하고 이스라엘 백성에게 드릴 제물을 취하라고 말했다(9:2-4).

B. 아론과 회중은 모세가 명한 대로 행하고 여호와의 영광이 나타나도록 회막 앞으로 나아와 여호와 앞에 모였다(9:5-6).

II. 아론은 순종하여 자신을 위하여 속죄제와 번제를 드리고 이어서 백성들을 위하여 속죄제, 번제, 소제, 화목제를 드렸다(9:7-21).

A. 아론은 규정된 대로 자신을 위해 속죄제와 번제를 드렸다(9:7-14).

B. 아론은 규정된 대로 백성들을 위해 속죄제, 번제, 소제, 화목제를 드렸다(9:15-21).

III. 아론은 모세와 함께 회막 안에 들어갈 때 백성들을 축복했고, 다시 나타날 때 모세와 함께 백성들을 축복했다(9:22-23).

A. 아론은 자기 손을 백성에게 들어 그들을 축복하고, 모세와 함께 회막 안으로 들어갔다(9:22-23a).

B. 모세와 아론은 회막에서 나올 때 백성들을 축복했다(9:23b).

IV. 여호와의 영광이 약속한 대로 극적으로 나타나 제물을 즉시 불살랐고, 모든 백성은 소리를 지르며 엎드려 경배했다(9:24).

내용 강해

I. 하나님의 백성은 예배 가운데 그분을 만날 것을 기대한다(9:1-6).

레위기 9장의 처음 몇 구절은 모세가 아론과 백성들에게 제사를 준비하라고 지시한 내용을 기록하고 있다. 아론은 이제 대제사장이었다. 그러나 모세는 선지자적 중보자였고, 따라서 그의 지시는 반드시 따라야 하는 것이었다.

아론과 백성의 순종은 교훈적이다. 왜냐하면 그들은 명령을 받은 대로 예배를 준비했기 때문이다. 예배는 항상 순종의 행위여야 한다. 이는 여호와의 말씀이 언약의 백성들에게, 와서 자기 앞에 모습을 보이라고 명하기 때문이다. 그리고 그분의 뜰에 왔을 때 그들은 합당하게 행해야 한다. 따라서 그들의 치밀한 준비의 동기는 여호와의 영광이 나타날 것이라는 사실이었다['여호와'(9:4)와 '여호와의 영광'(9:6)의 변화를 주목하라]. 여호와의 임재 가운데 나타난 이 영광은 여호와께서 눈으로 볼 수 있도록 자기 백성들 가운데 임하신 것이다(출 24:16-17 참조).[2] 그 모습은 제사의 시작에 꼭 필요한 것이었다. 왜냐하면 만일 하나님께서 자신의 임재를 알리지 않으시면 제사는 단지 공허한 의식에 지나지 않게 되어 오래 지속되지 못할 것이기 때문이다.

이 장에서 놀라운 것은 이 예배의 목표, 즉 여호와(혹은 여호와의 영광)께서

2. 영광은 이스라엘 백성이 이제까지 순례의 길을 가는 동안 여러 차례 나타났다. 불기둥과 광야에서 이스라엘 백성을 인도한 빛나고 찬란한 구름(민 14:1)이 그것이다. 그런 가시적인 현현은 여호와 하나님께서 그들 가운데 실제로 계심을 가리키기 위한 것이다.

백성들에게 나타나실 것이라는 사실에 대한 세 번에 걸친 강조다. 본문은 이 점을 분명히 강조하고 있기 때문에 주해는 이것을 이 본문의 주안점으로 삼아야 한다. 제사, 제물 그리고 축복에 관한 다른 모든 요소들은 이 점을 중심으로 구성되어 있다. 여호와의 임재에 대한 약속은 9장 4절에서 지시가 끝난 다음에 나타나고, 9장 6절에서 아론이 모든 제사를 드렸다는 보고 다음에 다시 나타난다. 그리고 제물이 모두 드려지고 축복이 선포된 이후에 그 약속이 성취되어 영광이 나타났다(9:23, 또한 출 40:34-38을 보라).

레위기 9장 5-6절은 백성들이 여호와의 영광이 나타나도록 모세에게 순종했다고 보고한다. 율법은 이스라엘에게 여호와 앞에 와서 보이라고 명령했고(출 23:17), 순종하면 그분의 영광을 목도할 것이라고 약속했다. 역사가 이어져오는 동안 신실한 자들은 여호와의 능력과 영광을 목도하려고 성소 안으로 그분을 보러 갔다[시 63:2(*MT* 63:3)]. 백성들은 예배 가운데 여호와 앞에 보였고, 여호와께서는 자신의 능력과 영광을 통해 그들에게 보이셨다.[3] 그분은 자신의 임재를 그들에게 베푸신 규정을 통해 알리셨다. 그리고 그들은 찬미의 제사를 통하여 그분의 임재를 깨달았다. 이 모든 것은 과거에나 지금이나 성도들이 영광 가운데 그분의 임재를 목도할 미래의 때를 예고한 것이다.

Ⅱ. 하나님의 백성은 속죄의 피에 근거해 그분께 나아간다(9:7-21).

이 장의 두 번째 부분은 아론이 제사를 드리는 부분을 기술한다. 그는 먼저 자신을 위해 속죄제와 번제를 드렸다(9:7-14). 웬함(*Wenham*, 148)은 아론이 드린 속죄 제물은 송아지였는데 마치 금송아지 사건의 죄를 속하기 위한 것으

---

3. 창세기 22장 14절에 소개된 다음 표어는 예배에 관한 이 부분을 잘 파악하고 있다. "여호와의 산에서 보리라"(혹은 '여호와께서 보이시리라', ***KJV***와 달리 우리말 성경은 '여호와의 산에서 준비되리라' 고 번역됨 - 역주). 일반적으로 '누구에게 보이다' 로 번역되는 이 동사는 22장 8절 "하나님이 자기를 위하여 친히 준비하시리라"에서 암시하는 것처럼 '제공하다' 를 의미할 수도 있다.

로 보이며, 그의 번제물은 숫양이었는데 이것은 창세기 22장의 이삭을 제물로 바친 것을 상기시킨다고 보았다. 이런 제사들을 드리는 것은 자신의 범죄함과 용서의 필요성에 대한 명백한 인식이다. 이어서 아론은 백성들을 위한 속죄제, 번제, 소제, 화목제를 드렸다(레 9:15-21). 속죄제는 그것을 가져온 사람의 더러움이 놓인 성소를 정결케 했다. 번제는 그들을 속죄하여 그들로 하여금 하나님께 열납되게 했다. 소제는 주와 구세주이신 그분께 드리는 헌신의 표현이었다. 그리고 화목제는 하나님과 화목됨을 축하하는 수단이었다.

이 제사들은 민족 전체를 위해 드려졌다. 아론은 속건제를 제외한 모든 제사를 드렸다. 그의 목표는 민족의 일반적인 범죄를 속하고, 민족 전체를 여호와께 예배로 봉헌하며 여호와의 축복이 백성에게 임하도록 기도하는 것이었다.

제사를 드린 순서 역시 교훈적이다. 속죄제가 가장 먼저 드려진 것은 더러움과 죄를 위하여 성소를 깨끗이 하는 것이 최우선임을 보여준다. 그런 다음에야 예배자는 번제의 속죄 효과를 통하여 하나님의 임재 안에서 온전한 용납하심을 찾을 수 있다. 그리고 이것은 소제를 통하여 표현된 헌신을 여호와께 드리도록 인도했다. 마지막으로 예배자는 화목제의 공동체 식사를 통하여 하나님과 화목됨을 즐길 수 있었다.

성도들은 예배 가운데 하나님을 만날 것을 기대할 뿐 아니라 규정된 방식 안에서, 곧 하나님께서 제정하신 제사 의식을 근거로 그분께 나아가야 한다. 이 장의 주해는 각각의 제사를 매우 상세하게 논의할 수는 없다 하더라도 각각의 제사가 무엇을 위해 주어진 것이며, 그 제사들이 어떻게 신약의 그리스도의 제사를 예표하고 있는지를 반드시 보여주어야 한다.

Ⅲ. 하나님의 백성은 대제사장의 중보를 통해서만 그분의 임재에 나아갈 수 있다(9:22-23a).

의식이 하나님께 합당하게 드려지기 위해서는 중보자가 있어야 했다. 그래서 영광이 나타나기 전에 다음 단계로 행해질 예배 형태는 대제사장의 중보 사역이었다. 이 취임식 예배를 위해 기록된 일련의 사건들 가운데 아론은 제물이 드려진 제단에서 내려올 때 백성들을 축복했고, 이어서 모세와 아론은 함께 회막 안(여호와께서 평상시 모세와 교통하시던 곳)으로 들어가 피를 바르고 하나님께서 그들에게 나타나심으로 복 주시겠다는 약속을 성취하시기를 위해 기도했다. 이어서 그들은 회막에서 나와 백성들을 축복했다.

이것은 대제사장의 직무를 수행하고 있는 아론뿐만 아니라 회중을 위해서도 교훈적인 것이었다. 정결과 속죄를 위해 드려진 제사 의식과 함께 중보의 대제사장은 피를 취하여 성소의 가장 깊은 곳에 들어가 그 중보 사역의 과정을 완수할 것이 요구되었다. 이 대표자에 의하지 않고서는 백성들이 하나님의 임재 가운데 들어갈 수 있는 자격을 얻을 길은 없었다. 이 중보자로 말미암지 않고서는 하나님의 축복이 백성들에게 주어질 수 없었다.

동사 *bārak*('축복하다')은 교회가 정기적으로 사용하는 말 가운데 하나지만 보통 잘 설명되지는 않는 말이다.[4] 축복이라는 낱말은 '부요하게 함', '기부', '선물'이라는 기본 의미를 전달한다. 그 말은 한 사람이 다른 사람에게 주는 모든 부요하게 함, 모든 선물을 가리킨다. 이 말이 하나님께서 백성들을 축복하시는 경우에 사용되면 이것은 그분이 그들을 육체적으로, 물질적으로, 감정적으로 그리고 당연히 영적으로 풍성하게 하심을 가리킨다. 그리고 그 축복, 그 기부는 보통 하나님께서 지시하신 것, 혹은 약속하신 것을 행할 능력을 포함한다. 하나님의 충만한 축복은 항상 즉시, 아니 어쩌면 이생에서는 깨달을 수 없는 것일 수도 있다. 때때로 기도에 대한 응답과 영적 투자에 대한 보상이 지연되기도 한다. 우리가 누리는 즉각적인 부요케 함은 섬김을 통한 성화인

4. C. Westermann, *Blessing in the Bible and the Life of the Church*(trans. K. Crim; Philadelphia: Fortress, 1978); 그리고 J. Scharbert, "ברך brk," in *TDOT* 2:279–308을 보라.

반면, 하나님께로부터 오는 선물은 다음 세상에서나 온전히 깨달을 수 있을지도 모른다.

구약에서 만일 어떤 사람이 "여호와께서 당신에게 복 주시기를 원하나이다"(룻 2:4)라고 말한다면 그것은 인사말이나 기원이었다. 그러나 만일 신정체제의 지도자가 자기 직무를 수행하는 가운데 그런 발언을 했다면, 특히 성소 안에 있는 지성소에서 나온 다음이라면, 그것은 경우가 달라서 하나님을 대신해 말한 것이다. 그들은 신탁,[5] 곧 하나님께로부터 오는 현존하거나 임박한 말씀을 선언한 것이다. 아론과 모세가 이런 사제로서의 축복을 발언한 것은 백성들을 위한 하나님의 선물, 혹은 너그러운 은혜를 선언한 것이다. 그 축복은 무엇인가? 최소한 그 발언은 그 체제가 작동하고 있음을, 하나님의 임재 가운데 나아가는 길이 실제로 열려 있음을 선언한 것이다. 백성들은 여호와의 임재를 보고 두려움에 뒤로 물러섰다. 이제 그들에게는 자신을 대신해 여호와 하나님의 임재 안으로 들어갔다가 중보가 이루어졌고, 피가 적용되었으며, 속죄가 완전히 이루어졌다는 기쁜 소식을 갖고 나온 대제사장이 있다. 그들과 하나님 사이의 모든 것이 잘 해결되었다. 그리고 그들은 이 행사를 마치고 제사 의식이 성공적으로 이루어졌기 때문에 자신이 하나님과 올바른 관계가 되었음을 알고 집으로 갈 수 있었다.

그러나 이것 외에도 여기에서 제사장이 지성소에서의 중보의 효과, 곧 그들에게 은혜와 평강이 하나님께로부터 주어졌음을 선언하는 신탁과 함께 제사를 마치는 관행이 시작되었다.

이 초기 행사에 선언된 축복의 말이 무엇이었는지 명확히 나타나지 않는다. 아마 민수기 6장 22-27절에 시의 형태로 기록된 대제사장의 축복일 수도 있

5. 이 지시형의 문법적 범주는 법령이나 예언, 신탁이라기보다 기원, 혹은 기도에 속한다. 법령에 해당하는 지시어의 가장 분명한 예는 창조 기사 가운데 나타난다. "빛이 있으라." 이 법령의 지시형은 또한 선언에 의해 축복을 수여하고, 그것을 되돌릴 수 없었던 족장들의 축복 가운데 보인다(예, 창세기 27장에서 야곱에 대한 이삭의 축복).

으며, 최소한 그 형태가 아직 정착되지 않았다 하더라도 그 기본적인 말은 동일할 것으로 보인다.[6] 축도는 본질적으로, 그들을 대신해 드려진 속죄의 피에 근거해서 백성들이 은혜와 평강을 받았음을 선언했다.

> 여호와는 네게 복을 주시고
> 너를 지키시기를 원하며[7]
> 여호와는 그 얼굴로 네게 비취사[8]
> 은혜 베푸시기를 원하며
> 여호와는 그 얼굴을 네게로 향하여 드사[9]
> 평강 주시기를 원하노라.

신약에서도 우리가 하나님께 받은 가장 커다란 축복은 그리스도 예수를 통한 구원이다. 그분은 참된 중보자요, 영원한 대제사장으로 우리를 대신해서 중보를 이루기 위해 하늘에 있는 하나님의 임재 안으로 들어가셨다. 그리고 그분이 우리의 대제사장이시기 때문에 사도 바울은 이 대제사장의 축도 가운데 핵심을 인용하여 자신의 서신을 시작했다. "우리 하나님 아버지와 우리 주

---

6. 이 주장은 위에서 언급한 지시형의 해석을 지지한다. 왜냐하면 민수기 본문에서 제사장은 이런 말을 하도록 지시를 받았고, 의식을 마친 다음 하나님께서 "내가 너를 축복할 것이다"라고 약속하셨기 때문이다.

7. 이 축도의 처음 두 행은 하나님께서 자신의 하사품과 보호하심을 자기 백성에게 주실 것임을 요약하여 선언하고 있다. 이 축도는 성도들이 하나님의 은총을 발견하고, 그분과 화목할 때 그들의 삶 가운데 역사하는 이 축복의 나머지 부분의 주제다.

8. 시편 기자는, 빛나는 얼굴이라는 이미지는 은혜, 혹은 은총의 수여와 연계시켜 사용한다[시 31:16(*MT* 31:17)]. 세 번째 행은 하나님의 호의를 보여주기 위해 그 모습을 사용하고 있고, 그리고 네 번째 행은 실재를 언급하고 있다.

9. 얼굴을 드는 모습은 화목한 관계를 보여주는 것이다. 반대로 가인과 아벨 이야기에서, 가인이 낯을 들지 못한 것은 그가 매우 화가 났음을 가리킨다(창 4:5-7). 하나님께서는 그에게 만일 잘했으면 "어찌 낯을 들지 못하겠느냐"고 말씀하셨는데, 이는 모든 것이 잘 되고 그의 얼굴이 그것을 보여준다는 의미다. 화목이라는 개념은 고개를 든 모습으로 그려지고 있다.

예수 그리스도로 좇아 은혜와 평강이 있기를 원하노라"(갈 1:3).

Ⅳ. 하나님의 백성은 그분의 임재의 증거 안에서 믿음의 확신을 발견한다(9:23b-24).

제사가 드려지고 피가 발라지며 축복이 선포되었을 때 하나님의 인정하심이 여호와의 영광의 모습과 타는 불의 모습으로 생생하고 극적으로 영원히 계시되었다.

예견되었던 여호와의 초자연적인 현현, 곧 그분이 자기 백성들 가운데 빛나는 광채로 임하심이 있었다. 광야에서 빛나는 구름과 불기둥은 여호와 하나님의 눈에 보이는 표시였다. 그러나 사람들은 가끔씩 그보다 더 자세한 것을 보고 들었다. 시내 산에서 백성들은 실제로 말하는 음성을 들었지만 그들은 아무 형체를 보지 못하고 오직 영광 가운데 들리는 소리만 들었다(신 4:12). 그 놀라운 경험은 초자연적인 현상의 의미에 대해 아무런 의심을 남기지 않았다.

그리고 모세 자신은 육체적인 현현을 보면서 여호와께 "주의 영광을 내게 보이소서"라고 요청했다(출 33:18). 칠십인 역은 대명사 *seautou*(*yourself*)를 사용하여 여기서 *kābôd*('영광')에 대한 재미있으면서도 정확한 해석을 전달한다. "내게 진짜 당신을 보여주소서!" 여호와께서는 지나가실 때 모세에게 얼굴이 아니라 자신의 뒷모습만을 어렴풋이 볼 수 있도록 허락하셨다. 모세와 백성들은 이 영광이 그들 가운데 나타난 하나님의 임재를 가리킨다는 것을 알았다. 그리고 만일 그것이 사실이라면 그들은 그분과 화목한 상태였다.[10]

그들 앞에 나타난 영광은 이제 성소 가운데 거하시는 여호와가 임재하시는

10. 우리는 이 여호와의 영광의 모습을, 백성들이 불순종하고 우상 숭배에 빠졌을 때 에스겔이 기록한 모습과 비교해볼 필요가 있다. 여호와의 영광은 성소를 떠나기 시작하여 결국 포로로 잡혀갔던 방향인 동문을 넘어 사라지셨다(겔 10:3-5, 18-19).

현현이었다. 결과적으로 그들의 인생이 변하게 되었다. 왜냐하면 여호와께서 진 안에 거하시기 때문이다. 이 영광은 이 극적인 경험 이후로 거의 나타나지 않았다. 그 영광은 성막 아래 지성소에 머물렀다. 그러나 언약 백성은 이 사건을 기억하고 하나님께서 그곳에 계심을 알았다. 따라서 하나님께서는 자신의 영광을 계시하심과 더불어 새 예배를 인정하셨다.

하나님의 임재로부터 여호와의 불이 나와 단 위에서 천천히 타고 있던 동물들을 불살라버렸다.[11] 이것은 하나님께서 드려진 제물을 받으셨음을 뜻하는 분명한 표시다. 동일한 의미를 여호와의 불이 제물을 불사른 다른 본문 안에서 찾아볼 수 있다.

1. 기드온을 부르실 때 불이 그가 가져온 고기와 떡을 불살랐고, 기드온은 두려워했다. 여호와께서 "안심하라" 말씀하셨고, 기드온은 제물로 응답했다(삿 6:20-24).
2. 삼손의 탄생을 고지할 때 마노아의 제물은 불에 탔고, 여호와의 천사가 불 가운데 내려왔다. 마노아가 두려워하며 말했다. "우리가 하나님을 보았"다고 말했다(삿 13:15-22).
3. 솔로몬이 성전을 봉헌할 때, 여호와의 불이 제물을 불사르고 여호와의 영광이 성전을 가득 채웠다. 이스라엘은 그것을 보고 땅에 엎드려 여호와를 경배했다(대하 7:1-3).
4. 엘리야가 바알 선지자와 겨룰 때, 불이 하늘로부터 내려와 제물과 단과 흙을 태웠다. 그리고 모든 백성은 "여호와 그는 하나님이시로다"는 말로 응답했다(왕상 18:38-39).

---

11. 이 내러티브는 동물들이 제단 위에서 불살라졌음을 가리키고 있다(레 9:10, 14, 17, 20). 그러나 이제 여호와의 불이 그 전체를 신속히 태우셨다.

레위기 9장에서 백성들은 기뻐서(*rānan*, 우리말 성경에는 명확하게 드러나 있지 않음 – 역주) 소리 지르고 땅에 엎드려 경배했다.[12] 웬함(150)은 이렇게 결론을 내린다. "하나님의 위대하심과 거룩하심은 결코 무시되어서는 안 된다. 그분은 우리의 전 존재에 의해 인정되어야 한다. 이보다 부족한 것은 합당하지 않다."

결론

그렇다면 레위기 9장은 새로 임명된 대제사장 휘하에서 시작된 이스라엘의 제사의 시무식을 기록하고 있다. 이 제사는 그들로 하여금 여호와의 임재를 체험하는 가운데 믿음의 확신을 얻을 수 있는 제사 의식의 극적인 시작을 제공해주었다. 그리고 하나님의 복이 하나님을 본 자, 믿음으로 그분의 뜰에 들어가 그분을 예배한 자에게 확실히 보장되었다. 레위기 9장의 분명한 계시를 근거로 백성들은 성소가 하나님께서 자신들 가운데 거하시는 장소임을 알게 되었다. 그들은 필요할 때면 하나님을 볼 수 있었고, 그분이 자신들과 함께 계심을 알게 되었다. 이 진리가 없다면 레위기는 그 의미를 잃어버릴 것이다.

첫 위임식은 또한 하나님께 드리는 제사의 원형이었다. 이 장의 내용은 시내 산 언약을 확증한 시내 산에서의 초기 제사 의식을 기록하고 있는 출애굽기 24장과 비교되어야 한다. 두 제사 순서 모두에서 그 의식은 하나님과의 교통하심이라는 목표를 달성하기 위해 계획되었다(레 9:23–24, 출 24:9–11). 이 본문이 전하는 메시지는 예배에 관한, 혹은 사역에 관한 일반적인 강조에

---

12. 여기서 사용된 용어는 동사 *hištaḥăwâ*로 *ḥāwâ*의 *Hishtaphel* 어근이다(*BDB*의 *šāḥâ* 항목에 1005회 수록). 표준 히브리어 동사는 '예배하다' 로 번역되며, 문자적으로 '스스로 몸을 땅에 굽히다' 를 의미하며, 따라서 경건한 예배자의 자세에 초점을 맞추고 있다. 에머튼(*J. A. Emerton*)의 "*The Etymology of hištaḥ*ᵃ*wāh*," *Oudtestamentische Studiën* 20(1977): 41–55를 보라.

적용될 수 있다.

> 대제사장의 희생의 대속과 효과적인 중보는 예배자에게, 지금은 다만 믿음으로일 뿐이지만 장차 영광 가운데 친히 목도할 하나님의 임재 안에서의 축복을 확신시켜준다.

이 문장은 제사 의식과 제사장의 중보, 즉 하나님의 임재의 복으로 인도하는 제사장의 직무를 잘 파악하고 있다.

레위기 9장은 또한 성전을 거룩한 장소, 즉 하나님께서 보여주시고 들려주실 수 있으며, 그럼으로써 예배할 수 있는 장소로 나타냈다. 백성들은 예물과 제물, 즉 그들이 전에 받은 것들에 대한 찬미를 드리고 현실에서의 즉각적인 도움을 간구하는 장소를 항상 따로 구별했다. 그들은 여호와의 얼굴(즉, 은혜로운 공급하심)을 보고자 나아왔고, 주중에 혼자 있을 때보다는 성소에서 온전한 예배 가운데 그분을 보는 것이 더 쉽다는 것을 알았다. 그들은 종종 부정함과 다른 문제에 몰두한 채 나옴으로써 여호와를 전혀 보지 못하기도 한다. 그분을 보기 위해서는, 그분의 임재를 실제로 느끼기 위해서는 죄와 더러움으로부터 정결함을, 속죄의 제사의 피로 말미암은 용납하심을 그리고 대제사장의 대신함을 구해야 한다. 그러나 그들은 또한 숨겨진 동기나 부정한 욕망 없이 자신이 가진 가장 좋은 것을 하나님께 드리는 가운데 복종과 순종의 태도로 나아가야 한다.

물론 신약의 성도들에게 예수님께서는 대제사장, 제사, 땅에서의 여호와의 영광의 계시에 대한 모형을 모두 성취하셨다. 복음서에 의하면 여호와의 영광은 메시아이신 예수님 안에서 드러났다. 우리는 요한복음 1장 14절에서 말씀이 어떻게 우리 가운데 '장막을 지으셨는지(거하셨는지)' 읽을 수 있다. 본문은 구약 시대를 배경으로 하는 회막에 대한 암시를 강조하고 있다. 요한은 그들이 그분의 영광, 하나님의 독생자의 영광, 은혜와 진리가 충만한 영광을 보았다고 말한다. 요한은 다른 신약의 저자들과 마찬가지로 하나님께서 구약에서 시작하셨던 계획이 무엇인지 깨달았다. 그는 그 계시가 의도하는 것이 무엇인지 이해했다. 이제 메시아가 오셔서 자기 백성 가운데 여호와의 영광을 충만히 드러내심으로 그분은 예배의 영원한 중심이 되셨다.

레위기 9장에 나타난 백성들의 응답이 기쁨에 겨워 소리 지르고 땅에 엎드려 경배함으로써 극적인 예배의 형태를 보인 것처럼 새 언약 안에서의 예배 역시 마찬가지다. 사람들은 이스라엘 백성이 그랬던 것처럼 예배가 틀에 박힌 정해진 행사가 되어버림으로써 예배의 의미를 항상 온전히 깨닫지는 못할 수도 있다. 그러나 그들의 예배가 그들을 자아 밖으로 끄집어내 하나님의 임재 안으로 끌어들일 때 비로소 살아계신 그리스도의 실재를 체험하게 된다. 부활하신 그리스도를 진정으로 본 사람은 영 안에서든 그분의 영광 안에서든 누구든지 그와 동일한 반응을 했다(계 1:10-17 참조). 그들은 그분의 영광에 압도되고 경배와 찬양으로 가득 채워졌다. 사람들은 지금은 그분 앞에 고개를 숙이지 않을 수도 있지만, 그분이 나타나시면 모든 무릎을 꿇고 모든 혀가 그분이 여호와 하나님이심을, 옛 이스라엘이 경배했던 동일한 주님이심을 고백하게 될 것이다(빌 2:9-11). 그리고 그때 그 하늘의 법정에서 하나님의 영광은 영원한 빛이 될 것이다(계 21:23).

이러한 이스라엘의 희생 제사의 시작은 성령님을 보내심과 함께하는 새 언약의 시작과 나란한 것이다. 사도행전 2장 1-11절에 의하면, 예수님을 예배하는 이들은 그분의 말씀에 순종하여 성령님께서 오실 것이란 약속을 기다리기 위해 모여 있었다. 주님의 임재는 급하고 강한 바람과 불의 혀를 신호로 하는 성령의 오심으로 인해 모든 이에게 알려졌다. 그리고 그들은 성령 충만을 받았다. 그들은 확신과 기쁨으로 가득 차서 모든 백성의 언어로 복음을 선포하기 시작했다. 이 놀라운 체험은 새 언약 사역의 시작을 알리는 것이었다. 이제 예배는 '신령과 진정으로' 드려지게 되었다(요 4:24). 다른 말로 하면, 새 언약 안에서의 예배는 우리의 구속주이자 대제사장이신 하나님의 아들의 인격과 사역에 관한 진리에 초점을 맞추고 있으며, 이것은 성령님의 능력으로 말미암아 인정을 받았다.

만일 주해가 목회자, 교회의 사역자들의 사역에 초점을 맞춘다면, 그 주해는 그들이 어떻게 예배 가운데 회중을 이끌고, 속죄의 피를 통해 어떻게 하나님께 나아가며, 하나님의 축복의 말씀을 어떻게 사람들에게 전달할 것인가를 강조해야 한다. 그들의 영적 지도 아래 사람들은 하나님께서 자기들 가운데 임재하시는 것과 그 임재 가운데 자신의 위치를 확신해야 한다. 그것은 놀라운 특권이며, 엄청난 의무다.

또 하나 지적할 수 있는 것은 구약과 신약의 상관 관계에 대한 관심이다. 바로 제사의 순서에 대한 신학적 의미로 여기서 처음 소개된 것이다. 바울이 로마서 안의 논쟁을 위해 일반적인 틀로 주요 제사들을 사용하고 있는 것은 흥미로운 일이 아닐 수 없다. 그는 로마서 1-2장에서 인간의 범죄한 상태를 개관함으로써 속죄의 필요성을 전개해 나간다. 먼저 율법이 없는 인간은 창조주를 버리고 피조물을 섬겼고, 이어서 율법 있는 인간은 죄를 범했다. 바울은 인간의 전적인 죄성을 보여주기 위해 구약의 여러 구절들을 끌어모은다. 그는 로마서 3장에서 죄에 대한 하나님의 치유책을 선언한다. 하나님께서는 세상을 구속하기 위해 자기 아들을 속죄의 제물로 보내셨다. 여기서 바울은 속죄 혹은 보상의 제사를 요약한다. 그러나 속죄 제사는 믿음으로 말미암아 결합되어야 하며 그렇지 않으면 그것은 아무 효력이 없다. 그리고 로마서 4장에서 하나님께서 베푸신 구원을 자기 것으로 하는 데 있어서 믿음의 중요성에 대해 논의한다. 일단 그렇게 되면, 우리는 하나님과 화목하게 된다. 그리고 바울은 로마서 5장에서 화목제의 중요성을 강조한다. 바울은 제사 의식에 사용되는 언어들을 사용하여, 만일 우리가 우리 죄를 위해 제물이 되신 그리스도와 하나가 된다면 우리는 그분과 함께 죽었고 죄에 대해 죽은 것이라고 설명한다(롬 6장). 따라서 우리는 우리의 지체를 의의 도구로 삼아야 한다. 그러나 그리스도의 제사는 단번에 그리고 영원히 드려졌기 때문에 우리가 죄를 지을 때이 관계를 유지하기 위해 더 이상 제사를 반복해서 드려야 할 필요는 없다. 그리고 우리는 비록 원하지 않더라도 실제로 죄를 짓는다고 로마서 7장에서 설명한다. 그러나 새 언약은 이 영적 생명을 유지하고 제사의 유익을 얻는 더 좋은 방법을 제공한다. 바로 성령님께서 베푸시는 것을 통해서다(롬 8장).

바울은 이어서 우리가 그리스도 안에서 얻은 더 좋은 관계에서 바라볼 때 옛 언약이 어떤 가치를 갖고 있는지 질문을 제기한다. 그래서 그는 로마서 9-11장에서 율법은 선하고 거룩하지만, 그러나 사람이 반역과 불신앙을 통해 불순종했고 율법의 저주가 그들에게 미치게 되었음을 차례로 기술하고 있다. 이것이 우리가 돌감람나무 가지처럼 언약에 접붙인 바 된 이유다. 하나님께서는 이방인의 충만한 수가 찰 때 이스라엘에 대한 약속을 성취하실 것이다. 바울은 하나님께서 역사를 주관하시는 방식에 대한 이 놀라운 개관 이후에 우리에게 화목을 가져오는 그리스도의 대속의 사역에 대한 합당한 반응에 대해 설파한다. 그리고 로마서 12장에서 바울은 소제를 인용하여 우리에게 우리 자신을 살아 있는 제물로 드릴 것을 권고한다. 그리고 로마서의 나머지 부분은 그것이 우리 삶의 모든 영역에서 어떤 의미를 갖고 있는지를 차례대로 서술해나가고 있다. 이 장의 가장 핵심적인 말은 '사랑'으로, 이것은 바울이 설명한(갈라디아서에서) 바에 의하면 우리가 율법을 완성하는 방법이다.

19

Laws of the Priesthood

직무 위반: 나답과 아비후에게 미친 심판(10장)

역사는 약속으로 가득한 상서로운 시작을 했다가 예상치 못하던 순간 순식간에 무너지고 만 사람들에 대한 이야기를 반복해서 들려주고 있다. 그들의 실수는 처음 보기에는 비교적 가벼운 것으로 보인다. 지도자가 자기 성질을 이기지 못하고 반석에게 말하는 대신 두들겼다거나(민 29:9-13), 하나님의 성소 안에 속하는 거룩한 물건을 불경한 손으로 만지거나(삼하 6:6-8), 허락받지 않은 불을 성소에 지피거나(레 10:1) 하는 것들이다. 이런 사건들은 우리가 가늠하기에 사소한 일로 보일 수도 있다. 그러나 그것은 하나님의 평가가 아니다. 왜냐하면 그들의 잘못은 구원의 자리였던 것을 심판의 자리로 바꾸었다. 많은 재앙이 여호와의 집에 배교, 거짓 교리, 거룩하지 못한 삶, 부주의한 침해의 형태로 나타났다. 레위기 10장은 바로 이러한 실수에 대한 기사다.

아론의 새로운 사역이 시작되고나서 바로 그의 두 아들 나답과 아비후는 회막 안에 있는 자신들의 향로에 '다른 불(*strange fire*, *KJV*)' 을 가져왔다. 그것은 여호와께서 그들에게 명하신 것이 아닌 다른 것이었다. 그리고 그 즉시 여호와의 불이 불순종한 그들을 멸망시켰다. 하나님의 심판은 즉각적이고 최종적이었다. 그래야 했던 이유는 성소와 제사장직에 대한 이 위반이 이스라엘의 제사 의식의 최초의 시기에 일어났기 때문이다. 이런 신속한 반응이 없었다면 제사장직의 타락은 급속히 퍼져 어쩌면 막을 수 없었을지도 모른다. 그러나 이 심판에도 불구하고 제사장직은 유지되었다. 제사장직 자체는, 이 사건의 여파가 보여주듯이 불순종으로 인해 폐지되지 않았다. 오히려 이 본문은 아론의 대제사장직을 확인해주고 그의 임무를 한층 강화시키고 있다.

신학적 주제

레위기 10장은 하나님의 심판이 세상의 사악한 인간이 아니라 믿음의 식구 안에 있는 불순종한 제사장들에게 내린 내용이다. 그 징계의 신속함과 엄중함은 하나님의 거룩한 지시를 가벼이 여기는 모든 이들에게 경고가 된다. 스네이드(*Snaith*, 58)가 말한 것처럼 "거룩함은 합당한 사람이 합당한 규칙에 따라 나아가지 않으면 위험한 것이다."[1]

이 메시지의 일부는 하나님의 심판을 회중들에게 어떻게 받아들여져야 하고 제시되어야 하는지에 관심을 갖고 있다. 그 일은 하나님의 공의에 대한 명백한 공적인 인식을 요구한다. 그런 사건을 목격한 사람들은 하나님의 거룩한 속성을 올바로 이해하고 받아들여야만 한다.

이 내러티브에서 제사장 제도를 위한 규례들은 사역에 관한 신학적 이론을

1. 웬함(*Wenham*, 153)은 이렇게 말한다. "따라서 이 짧은 이야기는 진보적 사고를 가진 사람들을 부끄럽게 만든다. 또한 성경을 믿는 그리스도인들 가운데 세속적인 사상의 흐름에 자신이 깨닫고 있는 것보다 더 많은 영향을 받은 사람들에게도 도전이 되어야 한다."

제공해준다. 사역자들은 여호와의 계명을 가르침에 있어서 거룩한 것과 거룩하지 않은 것, 깨끗한 것과 깨끗하지 않은 것을 구별할 수 있는지 반드시 확인해야 한다.

본문 개괄

메시지 요약

여호와께서는 나답과 아비후가 성소의 규례를 순종하지 못한 것을 심판하시고, 모세로 하여금 제사장들에게 여호와의 거룩함을 존중할 것을 경고하며 그들에게 장례와 매장 관습을 준수할 것과 분명한 결정을 내릴 필요성과 성소의 규례들을 지시하게 하셨다.

본문 개요

I. 사건: 여호와께서는 나답과 아비후가 제단에 '다른 불'을 드린 것을 심판하셨다(10:1-2).

A. 나답과 아비후는 여호와께서 명하시지 않은 향을 드렸다(10:1).

B. 여호와께서는 나답과 아비후를 불로 멸하셨다(10:2).

II. 지시: 모세는 제사장들에게 여호와의 거룩함, 장례와 매장 절차의 준수, 분명한 선택을 할 필요성 그리고 성소의 규례를 지킬 것에 대해 지시했다(10:3-20).

A. 모세는 아론과 그 가족에게 이 사건에 관해 지침을 내렸다(10:3-7).

1. 모세는 아론에게 이 심판은 여호와의 거룩하심을 존중하지 못한 결과라고 말했다(10:3).
2. 모세는 그 시신을 제사장이 아닌 사람들에게 치우도록 명했다(10:4-5).
3. 모세는 아론과 그 아들들에게 여호와의 대리인으로서 여호와의 정당한 심판에 대해 슬퍼하거나 성소 밖으로 나가지 말라고 지시했다. 왜냐하면 그들은 섬김을 위해 봉헌되었기 때문이다(10:6-7).

B. 여호와께서는 제사장들에게 술을 금지하셨다. 왜냐하면 그들은 이스라엘에게 여호와의 규례를 가르치면서 거룩한 것과 거룩하지 않은 것, 깨끗한 것과 깨끗하지 않은 것을 명확히 구분할 수 있어야 하기 때문이다(10:8-11).

1. 여호와께서는 아론에게 직무에 임할 때는 술을 마시지 말 것을 명했다(10:8-9).
2. 분별력을 갖는 것과 명료한 생각으로 가르치는 것은 제사장들에게 중요한 일이다(10:10-11).

C. 모세는 아론과 그 아들들에게 성소의 규례를 지속적으로 순종하는 것에 관해 명령했다(10:12-20).

1. 모세는 아론과 그 아들들에게 명령한 대로 음식과 화목제를 먹으라고 명했다(10:12-15).
2. 엘르아살과 이다말은 모세가 명한 대로 화목제를 먹지 않고 태웠다(10:16-18).
3. 모세는 아론이 제물을 먹지 않은 동기에 흡족해했다(10:19-20).

내용 강해

주해는 본문 개요에 제시된 순서와 구조를 평범하게 따를 수 있다. 혹은 10장 1-2절을 서론으로 삼아 교훈을 전할 기회를 제공하고, 이어서 모세가 제사장들에게 내린 지시를 주해의 내용으로 삼을 수도 있다.

그러나 본서는 이 본문을 세 부분으로 나누었다. 사건과 그를 통한 가르침(10:1-7), 술에 관한 지시(10:8-11) 그리고 성소를 위한 가르침(10:12-20)이 그것이다. 이 틀은 다음과 같은 순서를 가져온다. 불순종한 이들에 대한 하나님의 징계를 어떻게 다룰 것인가, 명확하고 지각 있는 선택을 어떻게 확보할 것인가 그리고 성소의 규례를 어떻게 따를 것인가다. 이렇게 되면 주해를 전개하기가 한결 쉬워지는데, 이것은 10장 1-7절이 분명히 하나의 사건과 그 사건을 통한 교훈이라는 하나의 단위를 이루고 있기 때문이다. 술에 관한 이 부분은 분리된 본문이지만 분명히 첫 부분과 일정한 연관이 있다. 그리고 세 번째 본문은 죄에 필요한 적당한 의식에 관한 의견의 불일치를 포함하고 있는데, 이러한 의견의 불일치는 제사장들이 성경을 상황에 적용시킬 수 있는 능력을 갖추어야 함을 보여주는 것이다.

I. 하나님께서는 사역자들에게 예배와 징계의 문제와 관련해서 지시하신 내용을 따를 것을 요구하신다(10:1-7).

A. 사역자들은 여호와의 거룩하심을 함부로 건드려서는 안 된다(10:1-2). 아론의 아들인 나답과 아비후 두 제사장은 순종하지 않았고 분별력이 없었다. 그들은 '다른 불' 을 성소에 가져왔을 때 그 즉시 여호와의 불에 태워졌다.

나답과 아비후는 특권을 가진 지도자였다. 그들은 이스라엘의 대제사장의 아들이자, 이스라엘의 지도자의 조카이며, 이스라엘의 영적 지도자들 가운데 머리였다. 그들은 거룩한 산에서도 있었고, 하나님의 영광스러운 모습도 보았으며, 제사장직에 선택되고 봉헌되어 의식의 초기에 아론을 보좌했다. 그러나 그들은 신속히 하나님의 심판에 떨어지고 말았다.

그들의 죄가 정확하게 무엇이었는지 규정하기 힘들다. 그들은 거룩하지 않은 것들로 거룩한 것을 모독했고, 따라서 기본적으로 불순종을 저질렀다. 그러나 그들의 불순종이 가진 특징은 다른 고찰을 야기시킨다. 향을 사르기 위해 제단에 가져온 불은 번제단에서 취해야 하는 것으로(레 16:12), 이 일이 일어나기 바로 얼마 전에 여호와께서 초자연적으로 베푸신 것이었다. 이 두 사람은 자신의 향료와 '다른 불'을 가지고 갔다. *zārâ*('낯선', '다른')란 단어는 *zûr*에서 온 말로 외국인(그들 가운데 거하는 '이방인', '나그네') 혹은 이스라엘의 제사에 받아들여질 수 없는 공인받지 못한 요소를 가리키는데, 아마도 이방인이나 이교도들의 관행에서 온 어떤 것을 가리키는 것으로 보인다.[2] 본문은 그들이 그 불을 어디서 가져왔는지, 즉 진 안에 있는 일반적인 불에서인지 아니면 이방 신의 신전에서인지 말하지 않고 있다. 그리고 왜 그들이 그런 짓을 했는지도 말을 하지 않는다. 단순한 사실은 그들이 웬함(*Wenham*, 155)과 NIV가 말하는 것처럼 '인정받지 않는 불(*unauthorized fire*)'을 갖고 왔다는 것이다. 그리고 이것은 여호와의 제사 의식에 혼란을 가져오는 것이었다.

주해는 이 점에 일정 시간을 할애해야 한다. 왜냐하면 그것은 여호와께서 지시하신 것에 순종하는 데 필요한 것이 무엇인지 다루기 때문이다. 성경이 무엇을 반드시 행해야 하고 무엇을 하지 말아야 할지 직접적으로 금하고 있는 부분에서는 쇄신이나 변경이 일어날 여지가 없다. 변화와 발전, 혹은 장식이

---

2. '다른 불'은 출애굽기 30장 9절의 문맥에서 짐작할 수 있는 것처럼 가져온 불의 종류나 혹은 제물의 시간을 가리킬 수도 있다. *zûr*이란 말은 다른 본문에서 제사장이 아닌 사람들[출 30:33, 레 22:12, 민 16:40(*MT* 17:5)] 혹은 일반적인 외부인(신 25:5)을 가리키는 데 사용되었다.

개입할 여지가 있는 영역은 많이 있다.[3] 그러나 본질적인 것들, 이를테면 제단의 불 같은 것은 그렇지 않다. 여호와의 불은 제단에 불을 붙여 제물과 향을 태우는 데 필요한 불을 만들었다. 그 불이 제물을 사를 때 하나님께서 제사 받으시기를 기뻐하시며, 그분의 진노를 만족시켰기 때문에 그것은 속죄와 용서가 이루어졌음을 가리켰다. 향은 바로 그 불에 가져다 태워야 했다. 왜냐하면 기도는 속죄에 근거해서 드려지기 때문이다.

나답과 아비후는 아마도 이런 일을 할 때 어떤 악의나 나쁜 마음을 갖고 있지 않았을 것이다. 그들은 이 제사를 위해 자신이 생각하는 바에 따라 성실함과 공손함으로 준비했을 것이다. 그러나 이런 모든 주장은 하나님 앞에서 아무 소용이 없다. 그것들이 자신의 계획을 무시당하신 하나님의 진노를 막기에는 공허하고 미약하다.

이 이야기 가운데 나타난 죄와 심판의 형태는 창세기 3장에 기록된 타락과 나란하다. 태초의 불순종에서 그랬던 것처럼 이 제사장들은 방금 영광스러운 무대에서 여호와께로부터 무엇을 해야 하고 하지 말아야 할지, 무엇을 먹을 수 있고 먹을 수 없는지에 대한 지침과 금령을 부여받았다. 여기서 이스라엘 민족은 방금 자신들의 제사를 처음으로 드렸고, 하나님의 축복을 받았다. 그리고 여덟 번째 날이 끝나자마자 미혹하는 자가 다시 움직였고, 그는 이번에는 아론의 아들들에게 찾아가 하나님께서 하신 말씀과 다른 것을, 다만 하나님께서 제정하신 일인 향을 가져오는 것과 동일한 목적을 마음에 둔 채 행하도록 부추겼다. 그것은 단순히 예배에 대한 쇄신이나 개선이 아니었다. 그것은 진짜 불이 가리키는 것을 가리키지 못하는 가짜 불을 통한 직접적인 불순종이었다. 여기서의 심판은 죽음이었다. 에덴 동산에서의 죽음은 불순종의 결

---

3. 예를 들어, 유월절은 처음 애굽에서 제정되었을 때로부터 예루살렘에서 요시야에 의해 거행되기까지 많은 발전을 거쳐왔다. 본질적인 요소들은 보존되었지만, 이 조상들의 절기를 더 크게 축하하기 위해 많은 부분이 추가되었다.

과로 인류에게 들어왔다. 하나님께서 그토록 신속하고 갑작스러운 심판을 하실 만큼 나답과 아비후의 죄는 대단한 것임에 틀림없었다.

B. 사역자들은 징계와 관련된 문제에 분별력을 발휘해야 한다(10:3–7).

그들에게 심판이 임한 직후에 모세는 아론과 그 아들들에게 중요한 가르침을 전했다. 그들은 이들의 죽음을 애도해서는 안 되었다. 혹은 슬퍼하는 모습조차 보여서는 안 되었다. 아론으로서는 자기 아들들의 죽음을 애도하거나 장례식에 가지 못하는 것이 고통스러웠을 것이다. 그러나 이 규례의 목적은 중요한 것이다. 아론의 가문은 하나님께서 심판하신 사람들을 애도해서는 안 되었다. 그들은 제사장이 아닌 사람들이 그 장례식을 주관하게 해야 했다. 만일 공적으로 일반적인 조문이나 장례식 과정이 진행된다면 사람들은 그들의 죽음에 대해 그릇된 생각을 갖게 되고, 어쩌면 그들을 동정하는 마음에서 여호와를 멀리하게 될 수도 있다. 따라서 모세가 내린 지시는 제사장들에게 자신들이 여호와께 성별된 사람들임을("여호와의 관유가 너희에게 있은즉") 다시 일깨워주는 것이었다. 따라서 그들은 백성들 앞에서 여호와를 거룩하게 해드렸다.[4] 그들이 하나님께서 제사장 가문에 내리신 징계를 받아들인 것은 회중들에게 교훈이 되었다. 그것은 어려운 일이었을 수도 있지만, 하나님을 향한 그들의 의무는 개인적인 문제가 사역에 영향을 미칠 경우 개인적인 문제보다 우선해야 한다.

Ⅱ. 하나님께서는 사역자들에게 거룩한 것과 거룩하지 않은 것을 분명히 구별할 수 있는 능력을 확보할 것을 요구하신다(10:8–11).

---

4. 이 원리의 천명은 제사장들을 위한 지침의 일부이기 때문에 그 미완료 시제는 "나는 거룩하다 함을 얻어야 한다"와 "나는 영광을 얻어야 한다"처럼 의무의 어감을 전달하는 것이 옳다. "내가 영광을 얻을 것이다"로 번역하는 것은 하나님께서 제사장들이 불순종하기로 선택했음에도 자신의 뜻을 관철하시겠다는 의미를 전달한다.

다음 본문은 두 개의 구분된, 그러나 서로 연관된 모세의 가르침을 담고 있다. 첫 번째는 술에 관한 것이고, 두 번째는 백성들을 가르칠 때 명확한 선택을 하는 것과 관련되어 있다. 이 두 가르침은 술을 금하는 것이 나답과 아비후의 죄와 연관이 있어 보이는 것처럼 서로 연관이 있을 수도 있다. 그러나 그 둘이 정확하게 어떤 관계인지는 논란거리로 남아 있다.

여기서의 규정은 제사장들이 회막에 들어갈 때 포도주와 독주를 금하고 있다. 그 두 가지는 취하게 하는 것이 분명하다. 포도주는 우리가 알고 있는 것이고, 독주는 맥주도 아니며 혼합된 음료나 혹은 강력한 알코올일 리도 없다. 그런 것들은 고대 이스라엘에서 사용되지 않았다. 처음에는 그것이 직접적으로 연관되는 것처럼 보이지 않기 때문에 어떤 이는 왜 이 규례가 레위기 후반부에 수록된 제사장들을 위한 규정과 함께 실리지 않고 이곳에 나오는지 의문을 가질 것이 분명하다. 유일한 설명은 이 규정이 그들의 범죄와 어떤 연관이 있음이 틀림없다는 것이다. 그리고 이 규정이 이곳에 기록된 것은 그런 죄가 다시 일어나는 것을 막기 위한 것이다.[5] 나답과 아비후는 어쩌면 자기들이 저지른 일을 행할 때 술의 영향 아래 있었을 수도 있다.[6] 이렇게 말하는 근거는 다만 추론일 뿐이지만, 그 추론은 문맥상 연결로 볼 때 상당히 설득력이 있다. 심판 직후에 모세는 성소에서 임무를 수행하는 제사장은 알코올이 들어간 음료를 마셔서는 안 되지만, 거룩한 것과 거룩하지 않은 것을 구별할 수 있어야 한다고 경고했다.

알코올은 믿음의 가정에서 항상 중요한 관심사였다. 주해는 이 실천 신학적 문제에 대한 성경의 내용들을 서로 연관시켜야 한다. 관련된 자료들을 살펴보면 성경은 술 취하는 것을 금하고 있지만, 술의 사용 자체를 단호하게 배제하

---

5. 또한 이 경고가 이곳에 실린 것은 사람들이 큰 슬픔과 상을 당했을 때 술을 사용하는 것은 일반적인 것이기 때문일 수도 있다.

6. *W. H. Gispen, Het Boek Leviticus*(*Kampen*: *Kok*, 1950), 166.

지는 않으며, 그렇다고 맥주나 포도주가 알코올이 들어가지 않은 것이거나 어떤 사람이 보이려고 애쓰는 것처럼 물로 희석시킨 (그래서 괜찮은) 것이라고 말하지도 않는다. 성경은 포도주가 땅의 열매로 저주받은 땅으로부터 위안(창 5:29)과 기쁨을 인간에게 가져다주고 하나님과 사람의 마음을 즐겁게 하는 것(삿 9:13, 시 104:15)으로 제시하고 있다. 포도주는 추수감사 때(보아스가 먹고 마시고 마음이 즐거워서, 룻 3:7), 예배 때(유월절 잔, 마 26:27-29), 그리고 혼인 및 그와 유사한 잔치 때(예수님께서는 가나에서 포도주를 만드셨다, 요 2:10) 즐기는 것이었다. 포도주는 약속된 메시아 왕국에서의 행복을 상징한다(창 49:11-12, 사 25:6, 슥 8:12).

그러나 술 취하는 것은 죄로 비쳐졌기 때문에(합 2:15, 애 4:21, 잠 23:29-35) 그것을 사용하는 것은 언제나 주의를 요했다. 술은 이스라엘의 음식 가운데 항상 먹던 것이 아니고 특별한 행사를 위해 남겨두던 것으로 보인다. 지혜는 술이 고난당하거나 죽게 된 사람에게 가장 어울린다고 가르쳤다(잠 31:4-7). 왜냐하면 술은 고통을 당하거나 임종을 앞둔 사람에게 마취의 효과를 주기 때문이다.

우리가 살펴보고 있는 본문에서 포도주와 독주는 이스라엘의 제사장들이 성소에서 직무를 수행할 때 용납해서는 안 되는 것이었다. 이런 금지는 절기와 제사 가운데 포도주를 종교적으로 사용하는 일에는 적용되지 않는다. 이는 그것이 의식 가운데 일부이며 통제를 벗어나지 않을 것으로 기대되기 때문이다. 잠언(31:4-5)은 술이 명석한 판단을 내려야 하는 왕에게도 맞지 않는다고 분명히 말하고 있다.[7] 그러나 일반 평민조차도 술의 사용은 자신의 영적 목표에 장애가 된다는 것을 알 수 있었고, 그래서 율법은 나실인 서원에 독주의 사용을 금하고 있다(민 6장). 술 같은 것을 피하기 위해 그런 서원을 하는 사람은

7. 이 경고와 금지로부터 고대의 왕이나 제사장들이 술을 사용한 것은 일반적인 것이었다는 결론을 내려도 무방하다.

하나님께 영적 헌신을 다하려고 애썼다.

이 본문에서 이끌어낼 수 있는 결론은 술의 일반적이거나 정례적인 사용은 영적 섬김, 혹은 영적 성장과 부합하지 않는다는 것이다. 술을 사용하는 것은 일반적인 생활, 특히 커다란 축하의 자리에서는 허용될 수 있지만 그것도 지혜롭거나 권고할 만한 것은 아니다. 모세가 그 시대 제사장들에게 내린 경고는 술 마시는 것이 지극히 자연스러운 일로 받아들여지고 있는 오늘날에도 신중하게 고려되어야 마땅한 것이다.

이 본문에 주어진 원리는 하나님께서는 자신의 임재 가운데 들어오는 모든 사람들(즉, 제사장들)로부터 반드시 거룩하다 칭함을 받고, 영광을 받으셔야 한다는 것이다. 하나님의 이름이 높임 받으시기를 기도하면서("이름이 거룩히 여김을 받으시오며") 그분의 이름이나 직무를 흔한 것이나 모욕적인 것으로 만드는 삶을 사는 것은 말도 안 되는 일이다. 제사장들에게는 거룩함의 율법에 대해 명료한 결정을 내리고, 그에 따라 백성들을 가르쳐야 하는 의무가 있다. 회중들은 그들을 본으로 삼아 여호와의 임재 가운데 들어간다는 것이 세상의 더러운 것들로부터 구별됨을 의미한다는 것임을 분명히 알아야 한다.

Ⅲ. 하나님께서는 사역자들이 자신들의 특권과 의무를 거룩하게 대할 것을 기대하신다(10:12-20).

이 사건 이후에 제사장직에 대해 엄청난 관심이 있었을 것이다. 어쩌면 지나칠 정도의 우려와 걱정이 있었을 수도 있다. 그러나 이어지는 구절은 제사장들에게 주어진 성소의 규례를 따라 음식을 먹으라는 지시를 포함하고 있다. 제사장이 그 음식 먹는 것을 생략하는 것은 마치 제사장이 다른 불로 죄를 짓는 것과 마찬가지로 잘못된 것이었다. 제사장들은 여호와의 종으로서 자신에게 규정된 의무를 수행하고 자신들의 특권을 누려야만 했다. 그들은 나답과 아비후에 대한 심판 때문에 머뭇거려서는 안 되었다.

그러나 그들은 모세의 지시를 따르지 않았다. 그리고 이 상황은 해명을 필요로 했다. 아론이 그 지시를 따르지 않은 이유는 타당한 것이었고 모세의 승인을 받았다. 제사장의 죄가 포함되어 있기 때문에 이 상황에서 음식을 먹는 것은 타당해 보이지 않았던 것이다. 아론은 만일 자신들이 음식을 먹으면 과연 여호와께서 기뻐하실까 의심했고, 이 해명은 모세를 만족시켰다. 그리고 그는 여호와의 대변인이었다. 웬함(154)은 이렇게 결론 내린다. "바꿔 말하면 아론은 하나님께서 보시기에만 원래의 자리에 복직된 것이 아니라, 언약의 중보자인 모세가 보기에도 그렇게 되었다."

결론

이 본문의 메시지는 여호와께 가까이 나아가는 이들, 곧 영적 리더들은 하나님을 섬기는 모든 행동 가운데 거룩해야 한다는 것이다. 그들이 하나님께 더 가까이 나아갈수록 그들은 거룩함에 더 주의를 기울여야 한다(*Wenham*, 156). 누구도 이 점을 놓쳐서는 안 된다.

> 거룩하신 하나님께 드리는 예배를 위해 구별된 사람은 사역 안에서의 자신의 행실을 통해 사람들 앞에서 여호와께 영광을 돌려야 한다.

다른 말로 하면, 그들이 어떻게 현실적인 문제에서 분별력을 발휘할 것인가, 어떻게 거룩함을 분명히 구별할 수 있는 능력을 확보할 것인가 그리고 어떻게 자신의 특권과 의무를 거룩하게 다룰 수 있는가 하는 것은 매우 중요한 일이라는 것이다.

이 본문을 신약의 가르침과 연관시키는 것은 몇 가지 수준에 맞춰 이루어질 수 있다. 제사에서 나온 불은 하나님의 진노가 우리의 제물이신 그리스도의 죽음, 곧 하나님께서 받으실 유일한 제사 가운데 무마되었다는 신약의 가르침과 대응한다. 옛 경륜에서 어떤 사람이 다른 불을 성소에 가져오는 것은 오늘날 여호와의 복음이 아닌 다른 것을 선포하는 것에 해당한다. 바울은 이렇게 말한다. "그러나 우리나 혹 하늘로부터 온 천사라도 우리가 너희에게 전한 복음 외에 다른 복음을 전하면 저주를 받을지어다 우리가 전에 말하였거니와 내가 지금 다시 말하노니 만일 누구든지 너희의 받은 것 외에 다른 복음을 전하면 저주를 받을지어다"(갈 1:8-9).

사람들은 항상 자신의 방법, 자신의 불, 자신의 생각이 하나님의 옛날 방식, 혹은 인기 없는 방법보다 더 낫다고 생각하는 경향이 있다. 그리고 그런 유혹은 단순히 대수롭지 않은 것에 머물지 않고 신앙의 핵심에 일격을 가한다. 바울은 젊은 디모데에게, 사탄은 영을 미혹하는 거짓 교사들을 부추기는데 그들 스스로 신속하게 멸망에 빠진다고 경고하고 있다(딤전 4:1). 따라서 교회는 '영을 시험하여' 그들이 하나님께 속하였는지 확인하도록 분부를 받았다. 많은 사상과 관행이 겉으로 보기에는 믿음과 조화를 이루는 것 같지만 실제로는 여호와께서 명하신 것을 위반하고 있다.

그리고 미혹케 하는 자는 자신을 빛의 천사로 가장할 수 있기 때문에 오늘날 교회의 간판을 내건 곳에서 주님께서 명하시지 않은 '다른 불'이 타오르는 것을 보더라도 놀랄 필요가 없다. 그런 것들은 보혈의 공로를 무력화시키는 일, 성경에서 말하고 있지 않은 하나님께 나아간다는 길, 오직 혼란을 일으키고 사람들을 참된 예배에서 벗어나게만 하는 거짓 가르침, 혹은 실제로는 이단 종교에 지나지 않은 현대 사상들이다.

어떤 영적 지도자들은 믿고 순종하기보다는 개선하고 혁신하여 새로운 절차와 규칙들을 만들려고 애쓰지만, 결국에는 겨우 자신을 만족시키고 더 나아가 다른 종교들과 어울리는 어떤 것을 위해 자기 믿음의 근본이 되는 요소들을 희생하고 만다.[8] 나답과 아비후에 대한 심판에는 모든 시대에 적용될 수 있는 경고가 들어 있다. 그것은 하나님의 사역자들은 신앙과 예배에 관한 문제에서 하나님께서 계시하신 지침과 목적에 따라 행동해야 한다는 것이다.

마찬가지로 성화에 관한 신약의 가르침은 지도자건 평신도건 믿음을 올바로 비추고, 거룩한 것과 거룩하지 않은 것에 대한 분명한 구별을 간직하고 있는 실천적 행동을 요구한다. 술은 이 실천적 교훈 가운데 단지 하나의 주제일 뿐이다. 그러나 그것은 분명한 것이다. 신약의 성도들은 포도주가 아니라 성령의 통제(문자적으로 '충만함')를 받아야 한다(엡 5:18). 바울은 성령의 통제를 받으면 성령의 열매를 맺게 되는데, 그 안에 절제(*self-control*)가 포함되어 있다고 말한다. 성숙한 성도는 양심과 관련된 문제에서 자유를 행사할 때 반드시 분별력을 발휘하여 믿음이나 연약한 성도가 피해를 입지 않게 해야 한다.

신약에서 요구하고 있는 장로와 다른 지도자들의 자격 역시 거룩함, 절제, 분별 그리고 술에 인 박이지 아니할 것을 강조한다(딤전 3:8-13). 물론 그들의 높은 기준은 다른 사람이 따라야 할 영적 성숙의 본보기가 되어야 할 것을 의미한다(롬 12:1-2, 벧전 1:14-19, 5:1-3). 그리고 야고보는 교사들의 경우 더 엄격한 잣대를 기준으로 판단 받을 것임을 경고한다(약 3:1, 눅 12:48 참조).

마지막으로 영적 지도자들은 또한 징계에 관한 문제와 하나님의 훈련에 합당한 반응을 보내야 한다. 그들은 회중들에게 그리스도께 대한 충성이 가정보다 앞선다는 것을 깨우쳐주어야 한다(마 8:21-22).

---

8. 사역에 있어서 새로운 방법과 새로운 생각이 믿음의 의미를 바꾸지만 않는다면 괜찮은 것임을 강조하는 일은 중요하다. 그러기 위해서는 교회가 항상 깨어 있을 것을 요구한다. 그리피스 토마스(*W. H. Griffith Thomas*)는 우리가 어떤 대가를 치르더라도 따라야 할 것은 우리의 생각이 아니라 하나님의 명령임을 상기시켜준다(삼상 15:22, 골 2:23). *Through the Pentateuch Chapter by Chapter*(Grand Rapids: Eerdmans, 1957), 119.

참고 문헌

Budd, P. J. "Priestly Instruction in Pre-exilic Israel." *VT* 23(1973): 1–14.

Gradwohl, R. "Das 'fremde Feuer' von Nadab und Abihu." *ZAW* 75(1963): 288–96.

Haran, M. "the Tabernacle: A Graded Taboo of Holiness." Pp. 33–41 in *Sefer Segal*. Edited by J. Liver. Jerusalem: Kiriat Sefer, 1964.

——. "The Uses of Incense in the Ancient Israelite Ritual." *VT* 10(1960): 113–29.

Laughlin, J. C. H. "The 'Strange Fire' of Nadab and Abihu." *JBL* 95(1976): 559–65.

Segal, P. "The Divine Verdict of Leviticus X 3." *VT* 39(1989): 91–95.

3부 정결법(레위기 11-16장)

Laws of Purification

20 Laws of Purification
정결법 서론

레위기의 다음 몇 장은 더러움의 문제를 다루며 음식(11장), 출산(12장), 피부병과 곰팡이(13-14장), 육체의 유출(15장) 등과 같은 주요 생활 영역에서의 정한 것과 부정한 것들 사이를 범주별로 구분한다. 이 모든 내용은 16장 16절이 설명하고 있는 것처럼,[1] 속죄일 규정(16장)보다 앞서서 그것을 예기하고 있다. 사실 레위기 11-15장은 성소를 오염시켜서 레위기 16장의 정결 의식이 반드시 필요한 부정함을 구체적으로 언급하고 있는 삽입 부분으로 보인다(***Milgrom***, 1011을 보라). 이 본문 전체는 10장 10-11절에 나온 제사장들에게 주는 지침에 소개되어 있다. 그곳에서 제사장들은 정한 것과 부정한 것, 거룩한 것과 거룩하지 않은 것 사이를 구별하도록 가르침을 받고 있다. 따라서 레위기 11-15장은 바로 그 일을 하기 위한 원리들을 제시하는 것이다.

---

1. 레위기 11-15장과 1-7장은 서로 병행 구조를 이루고 있다. 제사법(1-7장)은 제사장의 의식(8-10)을 예기하며, 정결법(11-15장)은 속죄일 의식(16장)을 예기한다(***Wenham***, 161을 보라).

이 장을 설명해나가기에 앞서 정결한 것과 부정한 것, 거룩한 것과 거룩하지 않은 것에 대한 개념을 이해하는 것이 반드시 필요하다. 율법 아래서 모든 것은 거룩한 것과 거룩하지 않은 것이라는 범주로 분류되며, 거룩한 것만이 하나님의 임재 안에 들어갈 수 있도록 허용되었다. 거룩하지 못한 것(즉, 속된 것)[2]에는 두 가지 부류가 있다. 바로 정결한 것과 부정한 것이다. 대부분의 사람들과 물건들의 일반적인 상태 혹은 사정은 정결한 것이다. 정결한 것은 제사 의식을 통하여 거룩한 것으로 상승될 수 있었지만, 감염이나 범죄함에 의해 부정한 것으로 내려갈 수도 있었다.[3] 그에 따르면, 레위기의 의식은 정결하게 하고 거룩하게 하기 위하여 마련된 것이다. 부정한 것은 정결 의식에 의하여 정결하게 될 수 있었고, 이어서 정결한 것은 거룩하게 되기 위해 피 의식을 필요로 했다. 다음 도표는 웬함(*Wenham*, 19)에 근거한 것으로, 이를 그림으로 잘 보여준다.

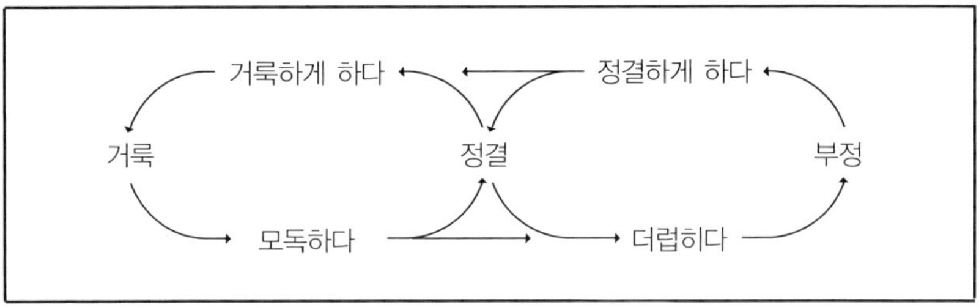

거룩함의 개념은 앞에서 논의되었지만, 이 본문의 주해는 이스라엘의 율법 안에서 부정한 것(*tāmē*ʾ)과 정결한 것(*tāhôr*)을 분명히 구별해야 한다. 죄는 분명히 부정한 것으로 분류되었다. 그리고 죄가 이유일 때 그 의식은 정결하게 하는 과정의 일부로 고백과 용서를 반드시 필요로 했다. 그러나 *ṭāmē*ʾ은 일반적으로 오염된 것, 병에 걸린 것, 혹은 불결한 것을 기술한다. 그리고 더럽혀짐이 어떤 사람이 부정하게 된 이유일 때는 거기에 아무 죄도 포함되지

2. 히브리어에서 *qādôš*('거룩하다')의 반대말은 *ḥālal*에서 유래한 *ḥōl*('속되다', '모독하다')이다.

3. 정결하다고 거룩한 것은 아니다. 그러나 거룩한 것은 항상 정결하다.

않고, 따라서 용서가 필요하지도 않았다. 그때 유일하게 필요한 것은 깨끗하게 씻는 것과 성소에 다시 들어가기 위한 거룩하게 하는 의식뿐이었다. 일단 *ṭāmēʾ*로 분류되면 그 이유가 무엇이든 그 사람이나 그 물건은 거룩하신 여호와 하나님의 임재 안에 들어가는 것이 허락되지 않았다.[4] 불결은 성소 안에 참여하는 일이 진행되기 전에 먼저 해결되어야 했다.

'부정하다' (*unclean*)는 영어 낱말은 부정적인 의미가 너무 강해서 다른 번역을 찾아야 하거나, 아니면 시간을 들여 부정한 것이 반드시 범죄함이나 혐오스러운 것을 의미하는 것은 아님을 설명할 필요가 있다(이것은 하나님의 뜻에 따라 그리고 하나님의 축복을 누리는 가운데 방금 아이를 출산한 여인이 당분간 부정한 상태로 분류되는 것에서 분명히 알 수 있다). 그러나 부정적인 의미를 내포하지 않는 '정결함'과 '부정함'에 대한 동의어를 찾는 것은 가능해 보이지 않는다.[5] *Ṭāhôr*는 '순결한' 것으로 설명될 수 있지만, 이것은 무엇이든 정결하지(*ṭāhôr*) 않은 것은 '부정하다'는 의미를 갖는다. 그리고 '부정하다'는 '정결하지 않다'에서 크게 개선된 것도 아니다. 반대의 개념은 *ṭāhôr*가 금(출 25:11)과 물(레 11:36)을 설명할 때 분명히 찾아볼 수 있다. 금과 은은 정결하거나(*ṭāhôr*) 그렇지 않다. 이 반대말에 내포된 부정적 의미는 피할 수 없는 것이다. 그리고 이것은 일반적으로 그 낱말들이 전하는 의미다. 사람들은 성소에 들어가도록 허락되거나 그렇지 않다.[6]

---

4. 때때로 정결과 부정에 관한 규칙은 단지 성소에 나아가는 것뿐 아니라 공동체 전체와도 연관이 있었다. 더 자세한 내용은 인간 존재의 공간적, 인격적, 제의적, 한시적 차원을 고려하고 있는 젠슨(*P. P. Jenson*)의 *'holiness spectrum'*을 보라. ***Granded Holiness: A Key to the Priestly Conception of the World***(*JSOTSup* 106; ***Sheffield: JSOT Press***, 1992).

5. 에이버백(*R. E. Averbeck*)의 *"Clean and Unclean," in New International Dictionary of Old Testament Theology and Exegesis*(*ed. W. A. VanGemeren; Grand Rapids: Zondervan*, 1997), 4:477-86을 보라.

6. 부정하다(*unclean*)는 말이 부정적인 의미를 내포하지 않은 채 금지에 사용된 경우는 제사장이나 인간, 혹은 조상의 뼈는 부정하지만 나귀의 뼈는 정결하다는 랍비들의 가르침 가운데 찾아볼 수 있다. 이는 동물의 뼈로는 성소에서 사용할 기구를 만들 수 있어도 조상의 뼈로는 만들 수 없음을 의미한다. 그것은 사용이 금지된 것이다(***Mishmah tractate Yadaim*** 4:6을 보라).

*Ṭāhôr*는 또한 '일반적인'이라는 의미를 포함하고 있다. 곧 건강한 인간, 비늘이 있는 고기, 곰팡이가 없는 집 등이 그것이다. 여기서도 그 반대말인 '보통이 아닌'은 비록 몇몇 문맥 가운데 '부정하다'보다 더 공격적이지는 않지만 부정적인 의미를 내포하고 있다. 아마 주해 가운데 일련의 동의어를 제시하면 이 개념을 올바로 전달해줄 수 있을 것이다.

ṭāhôr	*ṭāmē*ʾ
정결한	부정한
일반적인	이례적인
순수한	순수하지 않은
자연스러운	자연스럽지 않은
원기 왕성한	약한
건강한	아픈
때 묻지 않은	오염된
죄 없는	범죄한

이 문제는 그 낱말들이 내포하고 있는 의미 이상으로 퍼져간다. 왜냐하면 부정한 모든 것은 또한 전염이 되기 때문이다. 어떤 것은 영원히 부정하며, 따라서 그것을 피하는 것 외에 달리 할 수 있는 것이 없다. 그러나 대부분의 것들은 사체(인간, 동물 혹은 곤충의)와의 접촉, 출산, 잘못된 성행위 등을 통하여 일시적으로 부정해진다. 이러한 상태와 접촉들은 *ṭāmē*ʾ로 분류되는데, 왜냐하면 그것은 보통이나 일반적인 것이 아니며 그것과 관련해 어떤 조치를 취할 수 있기 때문이다(*Wenham*, 20-21).

그리고 정결법은 사람을 *ṭāmē*ʾ, 곧 부정하게 만드는 행동, 상태, 혹은 접촉들을 경고하고 있다. 신실한 이스라엘 백성은 하나님의 거룩하심의 기준에 도달하려고 노력했다. 다른 방향, 곧 죄, 질병, 아픔, 더럽혀짐, 혹은 오염으로 이끄는 모든 것은, 특히 성소에 들어가기로 예상하는 경우에 반드시 피해야 하는 것이었다. 그러나 인간의 삶에는 자연스럽게 더럽혀짐과 질병이 빈번히, 거의 매일 일어난다. 그래서 율법은 이것을 해결할 방법을 제시했다. 차단이나 격리, 정결 의식을 통한 정화, 성화 의식을 통한 거룩해짐 등이 그것이다.[7] 여호와께서는 백성들이 하나님의 거룩함에 돌아올 수 있는 길을 베푸셨다. 그러나 사람들은 그분의 율법에 순종하고 규정된 의식을 준행함으로써 믿음을 보여야 했다.

예수님께서 십자가에서 죽으신 이후 시내 산 율법은 그 구속력, 언약 공동체의 헌법으로서의 기능에 종지부를 찍었다. 새로운 언약이 존재하게 되었는데, 그 언약은 많은 이방인들을 비롯하여 옛 언약에서의 경건한 성도들을 포함하고 있다. 옛 언약에서 성전, 제사, 정결케 함, 절기, 제사장 등은 모두 그리스도 안에서 성취된 레위기 제사 제도의 일부였다. 그러나 주해자는 이 부분을 명확히 설명해야 한다. 그리스도 안에서 종결된 것은 율법의 의식이지, 그 율법이 계시하고 있는 것이 아니라는 사실이다. 규례들은 특별히 이스라엘을 위한 것이고 일시적인 것이지만, 하나님의 거룩함에 대한 계시와 그것이 요구하는 것들은 우리에게도 여전히 적용될 수 있다.

새 언약 아래에서 성도들은 이전에는 금지되었던 음식들을 마음대로 먹을 수 있고, 임신이나 집에 곰팡이가 끼었다는 이유 때문에 마을 회당에서 드리는 예배에 참가하지 못하지도 않는다. 레위기의 제사 제도 아래에서 깨끗이 씻김이 요구되었던 많은 부정한 것들이 이제 더 이상 그런 의식을 필요로 하지 않게 되었다. 그러나 그 율법들은 영원한 진리를 계시하고 있고, 따라서 변함없이 남아 있다. 거룩함 없이는 여호와를 볼 수 없다. 따라서 신약은 부정한

---

7. 웬함(*Wenham*, 22)은 부정함이 인간의 행동이나 자연적인 원인의 결과인 반면, 거룩함은 의식 행위나 도덕적 행위를 통해서 얻어지는 것이 아니라 은혜의 상태에 더 가까운 것임을 천명한다. 거룩하게 하시는 이는 하나님이시다(레 20장). 그러나 거룩해지는 사람은, 특히 제사를 드리는 경우에 반드시 하나님의 뜻에 순종함을 통하여 믿음을 증거로 보여야 한다(21:8, 출 20:8, 11).

것은 어떤 것이라도 하늘에 있는 성소, 곧 거룩하신 여호와 하나님의 임재 안에 들어가지 못함을 분명히 밝히고 있다.

그리스도인들은 그리스도의 피로 말미암아 성화되거나 혹은 거룩하게 되었고, 따라서 거룩한 백성이라고 바르게 고백할 수 있다(벧전 1:2, 2:9-10). 그러나 그들의 고백은 거룩한 삶의 실체를 통해 반드시 확증되어야 한다(골 1:22, 벧전 1:15). 실제로 베드로는 레위기를 인용하여 그리스도인들에게 거룩하게 될 것을 촉구했다. 왜냐하면 주님께서는 거룩하시기 때문이다(1:16). 율법의 규정들로부터 자유하게 되었다는 것은 그 율법이 계시하고 있는 것들을 순종하지 않아도 된다는 허락이 아니다. 신약은 이것을 분명히 밝힌다. 도덕적 불완전함과 부정함, 즉 구약에서 우리를 부정하게 만들었던 범죄 행위는 여전히 새 언약 안에서도 범죄한 것이며, 하나님의 거룩함이라는 기준에 도달하기 위해서는 여전히 회개와 고백 그리고 용서를 필요로 하고 있다. 구약 시대 이스라엘의 정결 규례가 그리스도의 죽음으로 말미암아 성취되었기 때문에 레위기에 수록된 죄들은 이제 더 이상 죄가 아니라고 주장하는 것은 어리석고 정직하지 못한 일이다.[8]

첫째, 그리스도 안에서 종결된 것은 (1) 백성들이 성소에 오는 것을 가로막은 더럽혀짐과 질병에 대한 분류, (2) 부정함을 제거하는 의식이다.[9] 신약에서 부주의와 무지에서 온 죄나 계획적이고 의도적인 모든 죄는 여전히 죄로 불리

---

8. 이것은 본문이 동성애를 비롯해 전통적으로 범죄로 여겨져 왔던 다른 행위들을 승인받기 원하는 몇몇 사람들에 의해 자주 다루어진 이유다. 그러나 이스라엘의 제사 의식이 더 이상 필요 없는 것이라는 이유만으로 그것이 책임지고 있던 것이 이제는 용납될 수 있다는 것을 의미하지는 않는다. 더욱이 동성애는 단순히 성소와 관련된 의식이 해결할 수 있는 정결의 문제가 아니다. 그것을 위반했을 때, 달리 제사 의식이 존재하지 않는 중대한 범죄다. 그것은 도덕법을 위반한 것이기 때문에 용서를 필요로 한다.

9. 신약에 의하면, 하나님의 임재에 들어가는 데 장애가 되는 죄는 여전히 죄이며, 타락한 세상의 특징인 더럽혀짐과 질병은 여전히 영광 가운데 거하시는 하나님의 거룩함과 어울릴 수 없는 것이다. 하나님께서 자신의 임재 안에 들어오기 전에 반드시 제거하라고 명하신 것을, 어느 날 갑자기 용납할 수 있고 하나님을 기쁘시게 하는 것으로 설명할 수는 없다.

며 주님을 향한 예배와 섬김에 참여하기 전에 용서와 치유를 필요로 한다.

둘째, 피부병이나 신체의 유출과 같은 인간의 더럽혀짐은 죄가 아니었다. 그것들은 신체적(지상적) 조건이었다. 신체의 유출과 더럽혀짐을 위한 제사 의식이 규정될 때 죄의 고백이 요구되거나 제사장이 용서의 말을 전한 적은 결코 없다. 유일하게 요구되는 것은 정결하게 되는 때까지 성소로부터 떨어지는 것이다.

셋째, 고백과 용서를 필요로 하는 것들은 또한 사람을 부정하게 만드는 죄였지만, 덜 뻔뻔스러운 죄(부지중에 저지르거나 알지 못하고 지은)는 속죄제를 통해 바로잡을 수 있었다.

넷째, 사람들이 저지른 중대한 범죄(도덕법을 위반한 것처럼 계획되고 고의적으로 율법을 위반한)는 이스라엘에서 속죄제를 통해 해결할 수 없었고, 하나님의 개입을 통한 용서하심을 필요로 했다.

따라서 어떤 경우에도 죄는, 부지중에 지은 죄건 엄중한 위반이건 그리스도의 죽음으로 말미암아 제사 의식이 성취된 순간 더 이상 죄로 존재하지 않게 되었다. 제사법이 종결되었기 때문에 그 제사가 해결해주던 것들은 더 이상 위반이 아니라고 주장하는 것은 제법 고상한 말처럼 들리지만 잘못된 것이다.[10]

다음 몇 장에 나오는 각각의 주제에 대하여 주해자는 그 규정들이 고대 이스라엘에 어떻게 적용되었는지와 신약의 저자들에 의해 어떻게 다루어졌는지를 조심스럽게 설명해야 할 것이다. 이 작업이 이루어지면 의식은 비록 종결되었다 하더라도 고백과 용서가 필요했던 이스라엘의 죄는, 비록 그리스도의 제사가 그 죗값을 단번에 그리고 영원히 치르셨음에도 불구하고 여전히 교회 안에서 고백과 용서를 필요로 하고 있음이 분명해질 것이다. 백성들이 성소에

10. 동성애를 월경이나 임신처럼 의식적인 더러움에 초점을 맞추어보려는 주장은 도덕법을 위반한 행동과 자연적이고 신체적 조건과의 차이를 흐릿하게 만드는 것이다.

나가는 것을 가로막던 오염과 감염은 오늘날 예배와 연구를 위해 교회 모임에 참가하는 것을 금할 필요가 없다. 왜냐하면 그것 역시 그리스도의 죽음으로 말미암아 해결이 되었고, 하늘에 있는 성소에 들어가는 것이 보장되었기 때문이다. 모든 부정함은 성도들이 영광에 들어가기 전에 모두 제거될 것이다.

참고 문헌

Averbeck, R. E. "Clean and Unclean." Pp. 477-86 in vol. 4 of *New International Dictionary of Old Testament Theology and Exegesis*. Edited by W. A. VanGemeren. Grand Rapids: Zondervan, 1997.

Carroll, M. P. "One More Time: Leviticus Revisited." *Archives européennes de sociologie* 19(1978): 339-46.

Childs, B. S. *Old Testament Theology in a Canonical Context*. Philadelphia: Fortress, 1985(esp. pp. 84-91: "The Role of the Ritual and Purity Laws").

Douglas, M. *Purity and Danger: An Analysis of the concepts of Pollution and Taboo*. London: Routledge & Kegan Paul, 1966.

Eilberg-Schwartz, H. "Creation and Classification in Judaism: From Priestly to Rabbinic Conceptions." *History of Religions* 26(1987): 357-81.

Frymer-Kensky, T. "Pollution, Purification and Purgation in Biblical Israel.: Pp. 339-414 in *The Word of the Lord Shall Go Forth: Essays in Honor of David Noel Freedman*. Edited by C. L. Meyers and M. O'Connor. Winona Lake, Ind.: Eisenbrauns, 1983.

Gispen, W. H. "The Distinction between Clean and Unclean." *Oudtestamentische Studiën* 5(1948): 190-96.

Houston, W. *Purity and Monotheism: Clean and Unclean Animals in Biblical Law*. JSOTSup 140. Sheffield: Sheffield Academic Press, 1993.

Jenson, P. P. *Graded Holiness: A Key to the Priestly Conception of the World*. JSOTSup 106. Sheffield: JSOT Press, 1992.

Meigs, A. S. "A Papuan Perspective on Pollution." *Man* 13(1978): 304–18.

Moyer, J. C. "The Concept of Ritual Purity among the Hittites." Ph.D. diss., Brandeis University, Department of Mdeiterranean Studies, 1969.

Neusner, J. *The Idea of Purity in Ancient Judaism*. With a critique and commentary by M Douglas. Haskell Lectures 1972–73. Studies in Judaism in Late Antiquity 1. Leiden: Brill, 1973.

Wright, D. P. *The disposal of Impurity Elimination Rites in the Bible and in Hittite and Mesopotamian Literature*. Society of Biblical Literature Dissertation Series 101. Atlanta: Scholars Press, 1987.

21

Laws of Purification

거룩함과 매일 먹는 음식: 이스라엘의 음식 규례(11장)

레위기 11장은 이스라엘의 음식을 위한 동물을 정한 것과 부정한 것으로 상세히 분류하고 있기 때문에 많은 그리스도인들은 이 장을 상세하게 연구할 마음이 들 것 같지는 않다. 이것은 아쉬운 일이다. 왜냐하면 주목할 만한 장들은 히브리인들이 매일 먹는 음식 규정의 근거를 이루며, 하나님의 거룩하심을 반영하고 있기 때문이다. 그 내용이 전달하는 메시지는 결코 놓쳐서는 안 되는 것들이다. 다음의 논의는 이 장의 주해를 위한 중심 사상에 주목하고 있기 때문에, 주해자가 이 장에서 동물들을 확인하고 그 상세한 부분을 논의하기 위해서는 다른 유용한 자료들을 찾아도 무방하다.

우선 레위기에 기록된 율법은 내러티브라는 틀을 갖고 있다는 것을 주목하는 것이 도움이 된다. 웬함(*Wenham*, 161)은 그것의 의미는 독자들에게 율법이 특정한 목적을 위해 특정한 백성에게 주어졌음을 상기시키는 것이라고 지적한다(11:45를 보라). 그에 따르면, 음식 규정과 같은 율법들은 보편적인 것이 아니며 영원한 것도 아니다(막 7:14-23, 행 10:9-28, 11:1-18, 고전 10:23-33과 같은 신약의 구절들을 살펴보면서 이 점을 다시 지적하게 될 것이다).

이러한 율법을 주신 주된 구상은 이스라엘 백성으로 하여금 가나안 땅에서 구별된 백성으로 살아갈 수 있게 하려는 것이었다. 그 밑바탕에 놓인 동기는 의심의 여지없이 그들이 이웃에 있는 민족들의 신앙에 영향을 받지 않도록 막아주고, 그들을 가나안 족속의 저속한 더러움과 악들로부터 보존하는 것이었다. 음식의 구별은 이 목표를 달성하는 데 가장 큰 의미를 갖고 있다. 가깝고 인격적인 우정은 함께하는 식사를 통해 쉽게 형성될 수 있지만, 함께 먹거나 마시지 않는 사람과의 사이를 발전시켜나가는 것은 한참 어려운 일이다. 그리고 만일 이 사람들이 다른 사람이 먹는 음식을 혐오하거나 하면 가까운 친구가 되는 데에는 더 커다란 장애물이 생기게 된다.

이런 사실은 여러 지역을 다니는 사람이 주로 그런 관습 때문에 다른 인종이나 종교를 가진 사람들과 허심 탄회하게 사귀는 일에 어려움을 갖는 데서 분명히 드러난다. 만일 음식 가운데 하나라도 종교 의식과 연관이 된다면 문제는 그보다 훨씬 커지게 된다. 음식과 음료에 대한 규정은 한 무리의 사람들을 다른 사람들과 구별 짓게 해주는 데 효과가 있는 것이 입증되었다(단 1:3-20을 보라). 어떤 사람이 다른 문화권에 있는 사람과 어떠한 관계를 맺고 있건 식사 시간에 두 사람이 각기 저마다의 관습만을 좇는다면 그것은 두 사람 사이에 존재하는 차이점만을 영원히 부각시키게 된다. 그리고 그런 차이점은 다른 사람이 자기와 다르다는, 심지어 용납할 수 없다는 생각을 갖게 해준다. 왜냐하면 그들은 혐오스러운, 혹은 금지된 음식과 음료를 먹고 마시기 때문이다. 많은 모임이 자신들의 종교적 정체성을 이런 식으로 보존해왔다. 그리고 레위기 11장에서 이스라엘 백성은 율법이 정한 음식 규정을 따름으로써 이교도 이웃들과 동화되는 것을 방지할 수 있었음을 발견하게 된다.

예를 들어, 애굽인들은 관습이나 규례에 의해 외국인들과 지나치게 가까워지는 것을 피해왔다. 창세기는 그들이 셈족 사람들과 함께 음식을 먹지 않았고, 따라서 요셉과 애굽인과 형제들은 모두 따로 식사를 했다(43:32). 더욱이 이스라엘 백성이 먹을 수 있었던 몇몇 동물들(예를 들어, 암소)에 대해서 애굽 사람들은 몇몇 신들을 두려워했기 때문에 그 동물을 죽이지 않았다. 반면 이스라엘 백성은 애굽 사람들이 자유롭게 먹는 동물들이 금지되었다.

고대로부터 이스라엘 백성과 가까이 연결되어 있던 아랍인들은 음식 제한에 있어서 큰 차이는 없었다. 그러나 그것은 사람들 사이에 자유로운 왕래를 막기에 충분했다. 예를 들어, 낙타는 고기를 식용으로 사용하는 것을 포함해서 여러 가지 이유에서 중요한 동물이었다. 아랍 음식에는 또한 이스라엘 사람들에게는 레위기 11장에서 금지된 토끼와 쥐가 포함되어 있었다.

성경 학자들은 언제부터인가 이러한 음식 규례가 이스라엘을 이교도 이웃들로부터 분리시키는 것 외에 다른 목적이 있음을 깨닫게 되었다. 레위기 10장의 지침은 율법은 백성들에게 정결한 것과 부정한 것, 거룩한 것과 거룩하지 못한 것 사이를 구별할 수 있는 방법을 가르쳐주기 위해 계획되었다는 단서를 제공해주고 있다. 레위기의 중심 주제는 거룩함이기 때문에 정결한 음식과 부정한 음식을 구분하는 것은 거룩한 이스라엘과 이방 세상을 각각 구분하는 것에 상응하는 일이다. 그렇지만 동물을 분류하는 구체적인 근거는 무엇인가? 그것에 대해 다음과 같은 몇 가지 주장이 제기되었다.

1. **위생학적:** 부정한 동물은 질병을 옮기거나 오염시키기 쉽기 때문에 사람이 섭취하기에 부적당했다.[1] 이 주장은 어느 정도 타당성이 있는 것이 사실이지만 정확한 근거가 될 수는 없다. 첫째, 성경은 이런 효과에 대해 아무런 언급을 하고 있지 않다. 둘째, 부정한 동물이라고 해서 모두 해가 되는

1. 레이보비츠(*N. Leibowitz*)는 이 주장이 마이모니데스(*Maimonides*)에 의해 설명되었으며, 영혼의 가치에 더 무게를 두고 있는 후대 랍비 자료의 응답들을 포함하고 있다고 비평한다. ***Studies in Vayikra*: *Leviticus*(*trans. A. Newman*; *Jerusalem*: *World Zionist Organization*,** 1983), 79-81.

것은 아니며, 어떤 해로운 음식과 식물은 금지되지 않았다. 셋째, 나중에 예수님께서는 모든 동물이 정결하다고 선언하셨는데, 만일 그것들이 해가 된다면 그런 말씀을 하지 않으셨을 것이다(*Wenham*, 167–68을 보라).

2. **제의적:** 부정한 동물은 이스라엘 이외의 신들과 관련이 있다(사 65:4를 보라). 그러나 이 주장은 목록에 실린 몇몇 동물들만 설명하고 있다. 그리고 실제로 이스라엘은 가나안을 비롯해 많은 민족들이 자신들의 제사 의식에 사용하고 있는 것과 동일한 종류의 동물을 사용했다.
3. **임의적:** 음식 규례는 이스라엘에게 거룩함과 순종을 가르쳤다. 하나님께서는 그 민족에게 어떻게 분류하고 구별할 것인지를 간단히 가르치셨다. 왜냐하면 하나님께서 직접 분류하고 구별하셨기 때문이다. 이 견해에 의하면 동물을 금지하기로 선택하는 것은 임의적인 것이다. 그 동물을 먹지 못하게 금하신 진정한 이유는 그것이 하나님의 뜻이기 때문이다.[2]
4. **상징적:** 모든 부정한 동물은 더 중요한 영적인 것들을 상징하여 이스라엘이 어떻게 살아야 할지를 계시하고 있다. 예를 들어, 아리스테아스의 서신(*Letter of Aristeas*) §154에 의하면, 새김질하는 것은 백성들에게 율법을 묵상할 것을 일깨워준다. 다른 이들은 부정한 동물은 육식성이며, 부정한 새는 썩은 고기를 먹는다고 말한다. 따라서 어떤 동물의 더러운 습관은 죄의 더러움을 대변한다.[3] 물론 이스라엘 백성은 피를 먹는 어떤 생물도 먹는 것이 금지되었는데, 이것은 피는 생명을 상징하기 때문이다. 이런 주장들을 비롯해 그와 같은 다른 주장들에는 나름대로 일리가 있다.

---

2. 레이보비츠(*Leibowitz*, 앞의 책, 84–85)는 음식 규례에 대한 강조를 포함하면서 이런 형태의 금지는 가장 먼저 에덴 동산에서의 아담과 하와에게 주어졌다고 언급한다. 그리고 *Midrash Tadshe*는 왜 하나님께서 동산에 있는 모든 식물을 먹을 수 있게 허용하셨으면서 한 가지만 금지하셨는지 묻고 있다. 이 질문에 대한 대답은 사람들로 하여금 창조주를 기억하게 하고 조물주께서 주신 멍에를 깨닫게 하려 한다는 것이다. 그것은 단 한 가지 질문에 관심을 갖고 있다. 그들이 순종할 것인가?

3. *A. A. Bonar*, *A Commentary on Leviticus*(*London*: *Bannerof Truth*, 1966 *repr*.), 214–15.

최근 들어 더글러스(*Mary Douglas*)에 의해 주장된 순결과 온전함에 대한 강조는 성경을 연구하는 많은 학생들에게 이 주제를 되돌아보게 하는 자극제가 되었다. 그 주장은, 모든 것은 그것이 갖고 있는 질서에 대응해야 한다는 것이다. 그렇게 되면 그것은 순결하고, 건강하며, 온전하고, 그렇지 않을 때는 부정하며, 흠이 있거나 혼합된 것이다. 거룩한 것은 하나님의 거룩하심과 대응해야 하며 그분이 제정하신 분류와 구분을 따라야 한다. 이 질서의 구조는 창세기 1장에 근거하고 있는데, 동물들은 하늘을 나는 것, 땅 위를 걷는 것, 물속에서 헤엄치는 것 등으로 나뉘었다(1:20-30). 각각의 영역에는 특정한 동작들과 특징들이 있었다. 따라서 자기 형태와 일치하는 생물은 정결한 것(*tāhôr*)이고, 반면에 부정한(*tāmēʾ*) 동물은 어떤 식으로든 그 구분을 위한 것이 된다. 예를 들어, 지느러미와 비늘이 없는 물고기는 부정했고, 제한되었다. 따라서 동물의 정결함은 하나님께서 원하신, 혹은 더 정확하게 하나님께서 창조하신 태초의 질서의 상징이었다.

비록 이 이론이 주장하고 있는 내용은 많은 문제점과 오류를 갖고 있지만,[4] 이 내용을 포괄적으로 다루고 있고 문맥적으로 이 장의 목적에 적합한 해석을 제시하고 있다. 마지막 분석 가운데 자리한 음식 규례는 이스라엘을 거룩한 나라로 부르신 목적과 연관이 있다. 그리고 거룩함은 백성들에게 자신들이 속한 질서에 일치할 것을 요구한다. 허락된 동물과 금지된 동물이라는 체계는 이스라엘 백성의 시각에 의하면 세상의 축소판이었다. 금지되고 부정한 동물은 이웃 민족 혹은 땅에 있는 인간들을 나타냈고, 정결한 동물은 땅에 있는 이스라엘 백성을 가리켰으며, 정결한 동물 가운데 제물로 사용된 동물은 여호와의 성소 안에 있는 제사장을 가리켰다.[5]

---

4. 밀그롬(*Milgrom*)의 720-21에 실린 모든 논의를 보라. 또한 *Leviticus*(*Old Testament Guides* 4; *Sheffield*: *Sheffield Academic Press*, 1993), 56-59에 나온 그라베(*Grabbe*)의 평가를 보라.

5. 밀그롬(*Milgrom*)의 722-25에 실린 도표를 보라. 더글러스(*Douglas*)의 견해와 이 장에 나오는 특별한 주의를 요하는 몇 가지 이례적인 경우에 대한 논의를 보려면 밀그롬의 718-36을 보라.

창조의 질서에 근거한 세상의 질서 체계는 동물 세계 안에서도 구분을 요구했다. 동물들은 하나님께서 그들을 지으신 대로 자신이 속한 테두리 안에 일치되어야 했다. 그리고 이스라엘은 하나님께서 그들에게 요구하신 바 자신이 속한 테두리 안에서 요구하는 신체적, 영적 기준에 일치해야 했다. 그것은 언약 백성으로서 지녀야 할 도덕적 완전함이었다. 이스라엘 백성은 부정한 동물을 멀리해야 했던 것처럼 자기를 둘러싼 이교 세상으로부터 구별되어야 했다. 따라서 이 의미는 실질적이면서도 상징적이었다. 이스라엘은 구별된 민족으로 남아 있어야 했고, 음식 규례는 이러한 것들을 먹는 이교도들과 어울리는 것을 어렵게 만들었다.[6]

상징에 대한 다른 주장들은 사회인류학적 접근법을 따르고 있다. 캐럴(*Carroll*)은 이 장 안에서 자연과 문화의 차이를 보았다. 예를 들어, 고기를 먹는 것은 인간에게 제한되었고, 따라서 육식 동물은 문화를 깨뜨리는 것이기 때문에 부정했다. 혹은 문둥병은 문화에 침투한 함정이었기에 부정했다. 이 접근법은 이 장에 수록된 모든 목록을 망라하지 않지만, 더글러스의 발견을 사용하여 몇 가지 질서에 테두리를 정하려 하고 있다. 그러나 매기스(*Megis*)는 오염이라는 개념 가운데 의미를 찾지만, 이것은 레위기 12장과 15장에서 논의하는 것이 더 타당하다.[7]

카스(*Kass*)는 창조 질서에 근거하여 구분하는 일의 중요성을 간파하여 이 장의 주제는 분리라고 주장한다. 만일 이스라엘이 거룩하다면 세상에서 여호와께로 분리되었고, 그렇다면 그들은 여호와께서 창조 때 만드신 동일한 구분을 배워야 했다. 그는 창세기 1장으로부터 서식지, 종류, 동작, 형태의 원리를

---

6. 그라베(*Grabbe*)의 ***Leviticus***, 58-59를 보라. 물론 이스라엘 백성이 아닌 사람들과의 접촉은 존재했었지만, 음식의 제한은 가깝고 친밀한 접촉을 어렵게 만들었다. 실제로 먹는 것은 언약 교제의 상징이기 때문에 그런 행동을 불가능하게 만들었다.

7. ***M. P. Carroll***, *"One More Time: Leviticus Revisited," Archives européennes de sociologie* 19(1978): 339-46; ***A. S. Meigs***, *"A Papuan Perspective on Pollution," Man* 13(1978): 304-18.

사용하여 레위기 11장의 내용을 다음과 같은 구분을 따라 분석한다.

1. 합당하거나 명확한 서식지가 없는 생물(예, 양서류)
2. 합당한 형태가 없는 생물(예, 발굽이 불완전하게 갈라진 동물)
3. 합당한 이동 방법을 위반하고 있는 생물(예, 걷는 수중 동물)
4. 원래의 음식 규정을 위반하여 생명에 대한 존중을 보이지 않는 생물(예, 육식 동물)

다른 말로 하면, 창조의 원리를 위반한 모든 생물은 음식으로 허락되지 않았다. 이스라엘은 여호와의 창조 질서와 조화를 이루어야 했다.[8]

밀그롬(*Milgrom*)의 논의(730-36)는 기본적으로 상징적 접근법을 따르고 있으며, 이 장의 가르침은 창조 질서와 조화를 이루고 있는 것으로 본다. 그러나 그는 이 장이 이스라엘에게 생명의 중요성과 존중을 가르치고 있다고 강조한다. 그는 이것을 이스라엘로 하여금 거룩함으로 나아가고 부정한 것들을 멀리하도록, 말하자면 하나님을 닮아가라는[9] 명령의 일부로 본다. 밀그롬은 초기의 제사장 문서들은 고기가 엄격히 하나님의 몫이라는 견해를 취하고 있다. 따라서 이스라엘이 고기를 섭취하는 것은 그들이 하나님의 구분에 따라 하나님의 식탁에서 그렇게 하는 것을 필요로 하고 있기 때문이다. 생명을 취하는 것, 심지어 사체를 만지는 것은 심각한 문제였다. 그리고 레위기 11장을 보면,

---

8. *L. R. Kass*, "*Why the Dietary Laws?*" *Commentary* 46(1994): 42-48. 율법 그 자체는 태초에 창조된 것들에 포함된 특징을 반영하기 위해 계획된 것임을 언급하는 것이 도움이 된다. 예를 들어, 우상(*image*)이 금지된 것은 인간이 하나님의 형상(*image*)이기 때문이다. 성막 건축과 관련된 지침은 창조 기사를 반영한다[피쉬베인(*M. Fishbane*)의 *Text and Texture*(*New Yokrk*: *Schocken*, 1979), 12를 보라]. 예를 들어 예수님께서는 결혼과 이혼에 관한 가르침 가운데서 현재의 기준을 태초로부터 끌어내고 있다(마 19:4-6). 그리고 바울은 교회에 교훈을 줄 때, 경우에 따라서 창조의 기준에 호소한다(고후 4:4, 딤전 2:12-15).

9. 밀그롬(*Milgrom*, 731)은 "거룩함은 하나님을 닮은 것, 곧 하나님을 닮은 삶을 의미한다"고 말한다.

이스라엘이 동물을 음식으로 선택하는 것은 엄격히 제한되어 있었다. 그래서 밀그롬(735)은 이것이 이스라엘의 음식 체계의 근거를 완성시키는 데 필요한, 빠진 조각이라고 주장한다. 하나님께서는 이스라엘 백성에게 그들의 선택을 몇몇 동물들에만 제한하시고, 이 동물을 죽일 수 있는 방법을 제한하시며, 피를 금지함으로써 하나님 자신이 창조하신 생명의 존중을 가르치셨다.

그렇다면 음식 규례는 부정한 동물은 이방 민족과, 정결한 동물은 이스라엘과 연결시킴으로써 이스라엘을 다른 민족들로부터 구별하기 위해 계획된 것이다. 그들은 음식의 경우 하나님께서 많은 구분을 하신 창조 질서에 따라야 한다는 법을 제정했다. 따라서 백성들은 음식을 통하여 하나님의 거룩하심을 닮고, 모든 생명을 창조하신 그분의 계획에 따르는 삶을 살아간다.

신학적 주제

이 주해에서 부각되고 있는 중요한 신학 교리는 성화(즉, 실천적 성화)다. 성화의 다양한 단계에 대해 널리 알려진 구분은 우리의 초점을 이 주제에 집중시키는 데 도움이 될 것이 분명하다. 성화라는 용어는 이 교리를 다양하게 가리키고 있다.

1. 구원 – 성도가 하나님의 은혜로 말미암아 거룩하게 되고 죄의 형벌로부터 구함을 받은 상태.
2. 영적 성장 – 성도가 신실한 순종의 삶 가운데서 구원을 이루어가고 죄의 권세로부터 구함 받는 것.
3. 영화 – 성도가 영광으로 변화될 때 완전하여지고 죄의 존재 자체로부터 구함 받게 될 상태.

성경은 이 성화의 세 단계에 유사한 언어를 사용하여 주해자에게 정확한 언어의 사용을 요구하고 있다. 레위기 11장은 현재의 성화, 곧 여호와 안에서 거룩한 삶을 추구하는 가운데 진행중인 성도의 영적 발전에 관심을 갖고 있다(#2).

본문 개괄

메시지 요약

거룩하신 하나님께서 이스라엘을 구속하셨기 때문에 이스라엘 백성은 하나님께서 정결한 것으로 정하신 생물만 먹고, 그들을 더럽게 만들며 하나님의 정결케 하심을 필요하게 만드는 부정한 사체들과의 모든 접촉을 피함으로써 그분의 거룩하심을 날마다 드러냈다.

본문 개요

서언: 여호와께서는 모세와 아론에게 규례를 주셨다(11:1–2a).

I. 특정한 육지 생물은 이스라엘이 먹을 수 있는 반면, 다른 것들은 부정한 것으로서 먹어서는 안 되었다(11:2b–8).
  A. 굽이 갈라지고 새김질하는 육지 생물은 먹을 수 있고, 정결한 것으로 간주되었다(11:2b–3).
  B. 굽이 갈라지지 않고 새김질도 하지 않는 육지 생물은 부정한 것이기 때문에 먹을 수 없고, 그들의 사체를 만져서도 안 되었다(11:4–8).

II. 특정한 수중 생물은 이스라엘 백성이 먹을 수 있는 반면, 다른 것들은 가증한 것으로서 먹어서는 안 되었다(11:9-12).

A. 지느러미와 비늘이 있는 수중 생물은 먹을 수 있고, 정결한 것으로 간주되었다(11:9).

B. 지느러미와 비늘이 없는 수중 생물은 먹을 수 없고, 혐오스러운 것으로 간주되었다(11:10-12).

III. 특정한 날짐승들은 이스라엘 백성이 먹을 수 있는 반면, 다른 것들은 가증한 것으로서 피해야 했고 먹을 수 없었다(11:13-23).

A. 맹금류는 먹을 수 없고, 가증한 것으로 간주되었다(11:13-19).

B. 날아다니는 곤충 가운데 다리로 기어다니는 것은 먹을 수 없고, 혐오스러운 것으로 간주되었다(11:20, 23).

C. 날아다니는 곤충 가운데 관절이 있는 다리로 뛰어다니는 것은 먹을 수 있고, 정결한 것으로 간주되었다(11:21-22).

IV. 이스라엘 백성이나 그들의 소유물과 접촉한 부정한 것과 정결한 것의 사체는 더럽혀지는 원인이 되었고, 하나님의 정결케 하심을 필요로 했다(11:24-40).

A. 부정한 생물의 사체는 그것에 손을 댄 모든 사람을 더럽게 만들고, 정결케 하심을 요구했다(11:24-28).

B. 이스라엘 백성이나 그들의 소유와 접촉한 떼 지어 다니는 부정한 생물의 사체는 부정함을 일으켰고, 정결케 하심을 필요로 했다(11:29-38).

C. 정결한 생물의 사체는 그것을 만진 이스라엘 백성을 부정하게 했고, 정결케 하심을 필요로 했다(11:39-40).

V. 기어다니는 생물은 가증한 것으로서 그것을 먹는 이스라엘 백성을 더럽게 했다(11:41-43).

VI. 이스라엘 백성은 하나님께서 부정한 생물과 정결한 생물을 구분하기 위해 주신 규례들을 준수함으로써 자신들을 애굽에서 인도하여내신 하나님의 거룩하심을 드러냈다(11:44-47).

A. 이스라엘 백성은 여호와 하나님께서 거룩하시고 자신들의 하나님 되시기 위해 자신들을 애굽에서 건져내셨기 때문에 자신을 부정하게 만들지 않음으로써 하나님의 거룩하심을 드러냈다(11:44-45).

B. 이스라엘 백성은 부정한 생물과 정결한 생물을 구별하는 규례를 준수함으로써 하나님의 거룩하심을 드러냈다(11:46-47).

내용 강해

이 장의 순서를 따르는 주해는 11장 1-43절을 하나님께서 일상 생활 가운데 어떻게 구별하시는지 보여주는 하나의 꼭지점으로 삼고, 11장 44-47절을 이 장 전체의 의미를 전하는 두 번째 꼭지점으로 삼는 방식을 고려해볼 수 있다. 그러나 이런 방식을 택하면 주해자는 이 장에 수록된 모든 생물들을 세세하게 다루어야 할 필요가 없을 것이다. 메시지를 전달할 때 그렇게 할 시간이나 필요성이 없다. 그리고 단순히 각 본문별로 폭넓게 설명하고 보기를 들어가며 설명하는 방법도 가능하다.

또 다른 방법은 전체 주해를 11장 44-47절 위에 세우고, 위의 개요에 기록된 부주제인 A와 B를 주해의 주요 핵심으로 삼는 것이다. 그렇게 되면 11장 1-43절은 문화적, 종교적 구별에 대한 확장된 서론으로 기능하게 될 수 있다.

혹은 더 나아가 이 내용이 11장 44-47절의 주해 가운데 만들어진 핵심들을 설명하는 내용으로 선택적으로 사용할 수 있게 된다. 이런 종류의 주해는 구성하기가 더 까다롭지만 모든 면에서 그만큼 더 효과적이다.

어떤 접근 방법을 선택하든 모두 이스라엘 백성이 이 장들의 내용 가운데 갖고 있던 정결함과 부정함의 개념을 명확히 밝히는 것이 필요하다. 여호와께 거룩한 삶을 사는 것은 인격적인 온전함과 창조주의 계획에 부응하며 사는 삶을 의미한다. 세상의 혼란과 혼돈 가운데 사는 것은 거룩함이라는 높은 수준을 깨닫지 못하게 만든다. 이러한 구별은, 비록 그 내용이 어떻게 실현되는지에 대한 구체적인 부분은 변했지만 오늘날에도 여전히 유효하다.

I. 하나님께서는 백성들의 매일의 삶 가운데 정결한 것과 부정한 것을 구별하신다(11:1-43).

레위기 11장 1-43절은 하나의 주해 안에 다룰 수 있는 분량으로 구성하기가 가장 어려운 본문 가운데 하나다. 각 본문의 모든 부분이 무엇을 먹을 것인가를 결정하는 것으로써, 이스라엘 백성에게 무엇보다 중요한 것이면서도 오늘날의 주해자는 간략하게 그 본문의 구조, 일반적으로 만들어진 선택, 그 선택의 근거 그리고 그 내용이 이 시대에 갖는 적합성을 개괄해야 할 것이다.

A. 특정한 음식들은 창조 질서에 부합하지 않는다(11:2b-23).

구조. 이 장의 첫 부분에서 먼저 육지 생물들 가운데서 먹을 수 있는 것을 다루고(1:2b-3), 이어서 먹을 수 없는 것을 다룬다(11:4-8). 그리고 수중 생물 가운데 먹을 수 있는 것(11:9)과 가증스러운 것[10]과 먹을 수 없는 것을 다룬다(11:10-12). 그리고 마지막으로 날짐승 가운데 먹을 수 없는 것(11:13-20), 먹을 수 있는 것(11:21-22) 그리고 가증스러운 것(11:23)을 다룬다.

선택. 웬함(166-67)은 먹을 수 있는 동물과 관련된 선택을 다음과 같은 원칙 안에서 요약한다. (1) 굽이 갈라지고, 새김질하는 동물은 먹을 수 있었다. 다른 포유류는 부정하고(돼지, 낙타) 먹을 수 없었다. (2) 지느러미와 비늘이 있는 고기만 먹을 수 있었다. (3) 특정한 맹금류는 먹을 수 없었다. (4) 하늘을 나는 곤충은 먹을 수 없었지만 뛰어다니는 곤충은 가능했다.

설명. 아직 설명하지 않았다면, 주해는 여기서 이러한 선택이 내려진 더욱 타당한 근거를 몇 가지 제시할 수 있다. 이 장에 나오는 모든 동물에 대해 논의할 수는 없겠지만, 충분한 논의를 위해 몇 가지 보기를 선택하는 것은 반드시 필요할 것이다.

B. 특정한 접촉은 언약 안의 삶을 방해한다(11:24-40).

구조. 이 장의 두 번째 부분은 규례를 바라볼 때 일어나는 관련된 질문들을 다룬다. 먼저 부정한 동물의 사체를 만짐으로써 오는 부정함을 다루고(11:24-28), 이어서 부정함을 일으키는 떼 지어 다니는 부정한 생물들의 사체를(11:29-38) 그리고 마지막으로 부정함을 가져오는 정결한 생물의 사체를 다룬다(11:39-40).

선택. 이 부분의 규정은 다분히 직설적이다. (1) 부정한 동물의 죽은 사체를 만지는 것은 그 사람을 부정하게 만든다. (2) 쥐나 도마뱀처럼 떼 지어 다니는 다른 동물들은 부정하고 그릇도 오염시킬 수 있다. (3) 자연적인 이유로 죽은 정결한 동물은 부정하고 먹기에 적합하지 않다(*Wenham*, 167).

설명. 몇 가지 원리가 이 부분을 통괄하고 있다. (1) 죽은 동물만이 감염되었다. (2) 모든 죽은 동물은 제사를 통해 죽은 것이 아니면 부정했다. (3) 부정함

10. 스네이드(*Snaith*, 63)는 가증스러운 것이란 낱말을 더러운, 혹은 구역질나는 어떤 것을 가리킨다고 설명한다. 그는 이 말의 요점을 지적하기 위해 해충, 쓰레기(*vermin*)라는 표현을 제안한다.

은 한시적인 것으로 저녁때까지만 지속되었다. (4) 죽은 동물과 접촉한 그릇과 기구들 역시 부정했다. 율법은 이스라엘 백성을 언약의 하나님, 모든 생명의 창조주의 거룩한 본성을 향하도록 이끌기 위해 주어졌다. 그러나 더럽혀짐과 죽음은 이 성화의 과정을 방해하고, 그 상황이 바로잡혀질 때까지 사람들을 부정하게 만든다.

C. 거룩함에 대한 계시는 오늘날에도 적합하다.

더 이상 앞으로 나가기 전에 신약에서 일어난 변화를 소개하는 것이 필요할 것이다. 조금이라도 성경을 읽어본 많은 그리스도인은 이것을 알 것이며, 따라서 주해자는 이 시점에서 이 내용을 간략하게 소개함으로써 메시지가 진행될 방향을 제시하고, 이 장을 기독교 신학에 적용하는 것에 대한 논의를 예기할 수 있게 된다. 이 시점에서 적용을 제시하지 않으면 주해자는 베드로가 보았던 환상(행 10장)을 상기시킬 필요가 있다. 그 환상은 물론 복음이 이방인에게 들어가기 시작한 것을 표시하며, 복음의 첫 수혜자는 하나님께서 베드로를 인도하신 고넬료였다. 주해자는 여기서 이 신약 본문을 인용함으로써 결론을 내릴 기초를 쌓고, 음식 규례의 목적은 이스라엘을 이방으로부터 구별하기 위한 것임을 보여주는 레위기 11장의 마지막 부분으로의 전환을 만든다.

Ⅱ. 하나님의 구속받은 백성은 가증한 것들을 피함으로써 그분의 거룩함을 본받아야 한다(11:41-47).

A. 가증스러운 것은 반드시 피해야 한다(11:41-44).

레위기 11장의 마지막 부분은 마지막 금지를 제시하고 이어서 앞부분에 대한 설명을 제공한다. 주해는 이 요약문을 간략히 다룰 수도 있지만,[11] 실질적인 메시지를 위해 전개되고 있는 신학적 주제에 초점을 맞추어야 한다. 요약 가운데에서도 하나님의 주권("나는 여호와라")이 거룩하심("내가 거룩하니")에 대한 강조는 반복과 교차배열을 통해 더 특별히 강조되고 있다(*Milgrom*, 683-84를 보라).

B. 거룩함은 반드시 본받아야 한다(11:45-47).

거룩하게 되는 것에 대한 강조는 이 장의 주제로 부상하며 반복을 통해 세워지고 있다.

> 하나님께서는 자기 백성을 구해내셨다(11:45a).
> 자기 백성을 구해내신 하나님께서는 거룩하시다(11:45b).
> 거룩하신 하나님께서는 자기 백성이 자신의 거룩함을 본받기를 요구하신다(11:46-47).

1. 하나님께서는 자신을 위해 한 민족을 구해내셨다(11:45a). 부정한 것과 정결한 것을 구별해주는 율법은 이스라엘 백성들에게 하나님께서 자신들을 구해내심으로써 다른 민족들과 구별하셨다는 사실을 상기시켜준다("나는 너희를 인도하여 낸 여호와라"). 만일 어떤 동물을 다른 동물들과 구별하는 이유가 하나님의 주권적인 마음 가운데 숨겨져 있다면 하나님께서 이스라엘을 선택하신 이유 역시 마찬가지일 것이다. 그러나 여호와의 구원하심을 받은 백성으로

---

11. 이 규례는 11장 41-43절의 반복으로 끝을 맺는다. 왜냐하면 이스라엘은 떼 지어 다니는 것들을 먹음으로써 자기 목을 더럽혀서는 안 되기 때문이다. 밀그롬(*Milgrom*, 686)은 결론의 요약으로 떼 지어 다니는 동물을 선택한 이유 가운데 몇 가지 가능한 것들을 제시한다. 하나의 중요한 점은 모든 집단 가운데 이것들이 예외가 없다는 것이다. 그것은 모두 부정하고 더럽히는 것이다. 더 나아가, 그것은 가장 널리 퍼진 문제였다. 왜냐하면 그것은 특히 부엌과 창고 등을 비롯하여 어디에나 존재하는 것이기 때문이다. 밀그롬은 또한 파셴(*W. Paschen*)의 견해를 언급하며, 떼지어다니는 것들과 죽음의 영역인 땅의 연관은 그것들을 음식으로부터 배제되게 만들었다고 말한다.

그들은 그분께 충성할 의무가 있다. 하나님께서 자기 백성을 위해 행하신 것을 일깨워주신 것은 그들에게 언약의 조항을 따를 특권과 의무를 상기시켜 그들을 자신의 거룩한 백성으로 계속해서 축복하고 보존하시기 위함이다.

2. 자신을 위해 한 민족을 구해내신 하나님께서는 거룩하시다(11:45b). 고대의 계약 형태에서 위대한 주인의 특성은 계약 조항이 어떤 특징을 갖게 될지를 결정했다. 여기서 율법은 이스라엘의 구원자이신 여호와의 거룩하심을 계시하고 있다. 그리고 특별한 강조를 위해 전략적으로 반복하고 있다. 여호와 같으신 하나님은 없다. 그분은 고대 세계의 모든 신 가운데 자신만이 주권자이시고 유일하신 분임을 보여주셨다. 그리고 이제 그분은 자기 백성에게 자신의 거룩함을 상기시켜주어 그들이 스스로 그분의 거룩하신 속성에 따라 행동하게 하셨다. 그들은 그분의 성소의 거룩함을 지키고 보존해야 했다. 그들은 제사 의식을 통하여 그분의 임재에 들어가야 했다. 그리고 그들은 살아가는 방식 가운데 그 거룩함을 드러내야 했다. 이스라엘은 하나님의 법을 순종함으로써 하나님의 거룩하심을 드러냈다. 이스라엘은 음식 규례를 따름으로써 거룩해지기 위한 노력에 도움을 받았다. 율법은 이것을 영원히 일깨워주는 도구다.

3. 거룩하신 하나님께서는 자기 백성이 자신의 거룩함을 본받기 요구하신다(11:46-47). 여호와께서 이스라엘의 거룩하신 구속자이심을 계시한 율법은 이스라엘에게 거룩한 삶 가운데 그분을 본받음으로써 그 거룩함을 모방할 것을 요구했다. 이는 그분의 뜻에 따라 살고 그분의 율법을 생활 방식으로 따르는 것을 의미했다. 왜냐하면 그 율법들은 언약 백성을 거룩한 백성으로 만들기 위해 주어졌기 때문이다. 그리고 음식 규례는 하나님의 창조 질서에 근거한 것이므로, 그것을 따르는 것은 창조주의 거룩한 계획을 좇아 사는 것이었다. 이것은 이스라엘이 하나님의 특별한 피조물이며, 세상의 혼란 가운데 속한 것이 아니기 때문에 의미가 통한다. 이스라엘은 창조 시에 하나님께서 그렇게

하셨던 것처럼 동물을 그 종류별로 구별해야 했다(*lᵉhabdîl*, 창 1:4, 6, 7, 14, 18에 나오는 *bādal*에서 유래). 바꿔 말하면, 창조 가운데 구분을 나누는 하나님의 사역은 이스라엘 안에서 그리고 그들을 통해 계속되었고, 그들을 더욱더 하나님과 닮도록 만들었다. 그리고 그들은 제사장들에 의해 그렇게 행하도록 가르침을 받는 가운데(레 10:10-11) 동물의 세계를 자신들의 영적 세계의 안내자로 사용했다. 부정한 동물들로부터 구별하는 것은 이방 신을 믿고 부도덕한 이방 세계로부터 구별하는 데 교훈이 되었다.

만일 정결과 부정이란 용어가 여기서 최소한 일반적인 것과 별다른 것이라는 의미를 갖고 있고, 음식에 사용될 수 있는 것과 사용될 수 없는 것이라는 의미를 전달한다는 사실이 인정되면, 동물에 적용되는 부정하다는 말은 그것의 가치를 표현한 말이어야 할 필요가 없게 된다. 이 문맥 안에서 인간은 그 육체를 먹을 수 없기 때문에 모든 피조물 가운데 가장 부정한 것이라고 말할 수 있다. 낙타와 나귀를 먹을 수 없는 부정한 것으로 분류하는 것은 이스라엘 백성이 그것을 소유하거나 사용할 수 없다는 의미가 아니다.

음식 규례는 정결한 것과 부정한 것을 구별하기 위해, 먹을 수 있는 것과 먹을 수 없는 것을 확인하기 위해 주어졌다. 그 규정 전체는 하나님의 백성이 창조 가운데 계시된 그분의 속성을 따라 살게 함으로써 그들을 세상으로부터 구별하기 위해 주어졌다. 그들은 거룩해야 했다. 왜냐하면 하나님께서 거룩하시기 때문이다(19:2, 20:7, 26). 그들은 건강하고, 순결하며, 정결하고 온전하기 위해 하나님처럼 행동해야 했다. 그리고 그들의 음식은 하나님의 명령을 따르는 이 구별을 반영하고 있다. 그렇다면 율법은 그들을 향한 하나님의 은혜와 이 세상에서 하나님을 위해 살아야 하는 의무를 생각나게 하는 것이다.

결론

우리는 두 부분을 하나의 주해 개념으로 연결시킴으로써 이 본문의 교훈을 잠정적으로 이렇게 말할 수 있다.

> 거룩하시고 주권자이신 하나님에 의해 구속함을 받은 사람은 자신의 모든 생활 방식 가운데서(특히 먹는 것에서) 반드시 그분의 거룩하심을 드러내야 한다.

이 명제는 율법 아래 있는 이스라엘과 새 언약 아래 있는 성도들 모두에게 적용할 수 있도록 표현되었다.

이스라엘에게 있어서 레위기 안에 있는 이 율법은 그들의 일상 생활의 모든 국면을 포함하고 있다. 그리고 이 장에서 초점은 반드시 엄격하게 따라야 하는 음식 규례에 맞추어져 있다. 그러나 율법은 또한 백성들에게 하나님이 주신 선택의 은혜를 일깨워주는 역할도 담당한다. 율법이 다른 모든 음식을 배제하고 하나님께서 그들을 위해 선택하신 것들을 택하도록 제한하고 있는 가운데, 백성들은 그분이 자신들을 거룩한 백성과 제사장 나라가 되도록 선택하신 사실을 떠올리게 되었다. 그로 인해 이스라엘 백성은 하루에도 몇 번씩 하나님의 거룩하심, 곧 자신들을 선택하시고 정결하게 하신 그분의 구속의 은혜의 측면을 떠올렸다.

이와 같은 본문을 그리스도인들에게 적용하는 것은 매우 조심스럽게 이루어져야 한다. 우리는 그리스도 안에서 음식 규례가 종결되었고, 따라서 그것이 더 이상 성도들을 속박하지 않는다는 것을 알고 있다. 베드로가 새 언약이 어떻게 유대인과 이방인 사이의 벽을 허물고, 그들을 그리스도 안에서 하나 되게(엡 2:14-18)[12] 했는지를 지시하고 있는 보자기 환상(행 10:11-16)을 보기

---

12. 베드로가 이 환상을 보고 깨달은 것이 레위기 11장의 결론과 어떻게 조화를 이루는지 주목하라. 음식의 제한은 옛 언약 안에서 유대인과 이방인을 구별했다.

전에 이미 예수님께서는 사람을 부정하게 만드는 것은 음식이 아니라 마음에서 나오는 것이라고 설명하셨다. 마가는 이렇게 설명했다. "모든 식물을 깨끗하다 하셨느니라"(막 7:19). 이 가르침은 율법을 완성하기 위한 예수님의 임무 가운데 일부였다.

그러나 베드로가 본 부정한 동물이 담긴 보자기 환상은 이스라엘을 이방인들로부터 구별한 옛 수단이 더 이상 존재하지 않음을 가리키는 표시였다. 베드로는 이방인들을 직접 교회 안으로 초대할 수 있었다. 예루살렘 공회는 이방인들이 새 언약에 들어가기 위해 먼저 유대인이 될 필요는 없지만, 유대인들을 범죄하게 만드는 몇 가지 것들을 금해야 한다고 결정했다(행 15:19-20). 이런 것들에는 피를 먹는 것이 포함되어 있는데, 이는 이스라엘의 제사에 있어서도 심각한 문제일 뿐 아니라 노아 언약에까지 거슬러 올라가서도(창 9:4) 보편적으로 금지되던 것이었다. 마찬가지로 우상에게 드려진 것들과 목매어 죽은 것들도 멀리 해야 했다. 이방인들은 고대의 전통을 존중해야 했다.

이 제한은 유대인과 이방인을 구별하기 위해 계획된 이스라엘 율법의 특징을 반영하는 것이다. 성령님께서는 이제 그 벽을 허무시고, 둘을 그리스도 안에서 한 백성으로 만들기 위해 역사하신다. 물론 유대인 성도들은 그리스도 안에서 이러한 음식을 자유롭게 먹을 수 있었지만, 그것을 피하라고 가르침을 받은 것에 따라 그것을 맛보지 않았다. 그래서 그들은 바울이 그랬던 것처럼 종종 다른 유대인들에게 메시아이신 예수님에 대한 믿음을 효과적으로 전하기 위하여 자신의 민족적 정체성을 드러내 보이는 음식 규정을 지켰다.[13]

그러나 비록 음식 규례에 관한 규정이 그리스도 안에서 종결되었다 하더라도 율법이 계시한 것은 오늘날 성도들에게도 합당하며 교훈적이다. 하나님의

---

13. *L. Goldberg, Leviticus: A Study Guide Commentary*(*Grand Rapids: Zondervan*, 1980), 66. 오늘날까지도 예수님을 믿는 유대인 성도들은 음식 규례를 지키는 것이 복음을 위해 다른 유대인들과 접촉을 유지하는 데 중요한 부분이 되는 것을 발견한다.

백성은 자신의 삶이 모든 국면에서 하나님의 거룩하심을 닮아야 한다(벧전 2:1, 1:13, 16). 비록 그리스도인들은 어떤 음식을 먹고, 어떤 사람들과 친구가 되며 사귐을 가지고, 원래 부정한 것들과 접촉하더라도(그것이 안전하고 지혜로운 것인 경우에 한하여) 여전히 율법의 정신, 곧 거룩함을 성취해야 한다(1:13, 16, 2:1, 9). 하나님께서는 자신의 새로운 피조물 가운데 도덕적 완전함을 찾으시며, 그리스도인들 역시 자신의 삶 가운데 새로운 피조물의 질서를 드러내기 위해 살아야 한다. 그리스도인들은 메시아이신 예수님을 통하여 새 언약 안에 들어갔고, 사도들을 통하여 그리스도 안에서 하나님의 완전한 계시와 성령님을 그 안에 받았으므로 자신의 삶 가운데 어떻게 구별될지에 관하여 율법의 구체적인 내용들을 따를 필요가 없다. 그들은 세상 안에 살아가면서도 세상에 속하지 않는 법과, 이교도들과 함께 어울리고 그들에게 영향을 주면서도 그들처럼 되지 않는 법을 배우기 위해 성숙한 믿음을 개발해야 한다. 이 의무는 그들이 무엇을 먹을지, 어떻게 먹을지, 누구와 함께 먹을지에도 확장되어야 한다. 이 문제들은 아직도 하나님의 백성의 거룩함을 가리키는 중요한 지표다.

율법은 언약 백성이 특별히 구별된 민족임을 계시했다. 그리고 세상의 영향으로부터의 분리라는 동일한 원리가 신약 안에서도 적용되었다. 이 점에 있어서 신약에서 가끔씩 이 가르침을 표현하기 위해 먹는 일이 사용되었음을 언급하는 것은 흥미로운 일이다. 성도들은 타락한 삶을 사는 사람과 함께 먹어서는 안 된다(고전 5:11). 물론 예수님께서는 죄인들과 함께 식사를 하셨다. 그러나 그분은 그들과 함께 먹으면서 그들에게 복음을 전하셨다. 그분은 자신의 임재와 함께 음식을 고양시키셨다. 바울은 유대주의자들과 양의 탈을 쓴 이리와 같은 복음을 대적하는 자들과 사귀지 말라고, 심지어 그들과 함께 먹지도 말라고(특히 성만찬의 경우 반드시) 경고했다. 여기서 명심해야 할 기본 원리는 먹는 것은 교제와 연합의 표시가 될 수 있다는 것이다. 만일 성도가 믿지 않는 자와 함께 음식을 나누면 그들은 그리스도의 본보기와 바울의 가르침을 따르도록 매우 조심해야 한다.

바울은 또한 비록 그리스도인들이 돼지고기나 우상에게 드려진 것들을 먹을 수 있다 하더라도(고전 10:23-31), 만일 마음이 편안하지 않거나 가책을 느낀다면 그것을 먹어서는 안 된다고 가르친다. 그리고 만일 다른 성도들이나 혹은 믿음을 찾는 이들을 공격한다면 이런 것들은 반드시 멀리해야 한다.

레위기 11장과 이어지는 내용의 놀라운 점은 하나님의 뜻이 자기 백성의 매일의 일과와 관심에 얼마나 깊이 관여하고 있는가 하는 점이다. 이 본문이 주는 영원한 계시를 표현하는 또 다른 방법은 사도와 함께 모든 것 가운데, 심지어 먹는 것과 마시는 것조차도 성도들은 자신을 구속하신 거룩하신 하나님으로서 주님을 영화롭게 해야 한다고 말하는 것이다(고전 10:31). 그들은 자신이 무엇을 먹고 마시든지 하나님을 볼 수 있고, 그분이 영광을 받으시게 하는 방법으로 행하도록 유의해야만 한다.

만일 이 본문의 원리가 하나님의 백성은 자신의 삶 가운데, 심지어 먹는 것을 통해서도 하나님의 거룩하심을 드러내야 한다는 것이라면 식탐, 과음, 혹은 식사 이상에 대한 규율에까지 적용의 범위를 넓히는 것도 타당하다(시간이 허락한다면). 그런 것들은 거룩하신 하나님에 대한 믿음의 삶을 드러내지 못한다. 만일 하나님께서 우리의 먹는 것이 그분의 영광이 되는 것에 많은 관심을 갖고 계신다면 방종, 낭비 그리고 지각의 세속화 같은 것들은(특히 기아로 고통을 당하고 있는 이 세상에서) 분명 커다란 관심을 가져야 할 문제들이다. 성경 전체를 통하여 경건한 이들은 기도와 영적 문제에 모든 관심을 기울일 때 금식했다는 사실은 놀라운 일이 아니다. 그것은 더 높은 문제가 존재할 때 육체적 욕망에 대해 아니라고 말하는 하나의 방법이다. 왜냐하면 음식 역시 영적 관심사에 방해가 될 수 있기 때문이다.

그렇다면 거룩함은 삶의 모든 측면에서, 심지어 먹고 마시는 것과 같은 문제에서도 최고의 우선순위가 된다. 여기서 새 언약의 기초가 되는 원리는 이스라엘의 음식 규례의 기본 원리와 같다. 즉, 하나님의 백성은 자신이 살고 있는 세상과 자신을 구별하기 위해 거룩하신 하나님 앞에서 흠 없게 살아야 한다. 그들은 타락한 세상보다 높은 삶을 살아야 하며, 창조주의 계획과 조화를 이루며 살아야 한다. 따라서 무엇을 어떻게 먹을 것인가는 작은 문제가 아니며, 오히려 대부분 구속의 거룩함을 드러내는 엄청난 기회다.

참고 문헌

Bare, G. *Plants and Animals of the Bible*. London: United Bible Society, 1969.

Brand, L. R. "Do Rabbits Chew the Cud?" *Origins* 4(1977): 102–4.

Cansdale, G. S. *Animals of Bible Lands*. Exeter: Paternoster, 1970.

Douglas, M. "Deciphering a Meal." *Daedelius* 101(1972): 61–81.

——. *Purity and Danger: An Analysis of the Concepts of Pollution and Taboo*. London: Routledge & Kegan Paul, 1966.

Driver, G. R. "Birds in the Old Testament." *Palestine Exploration Quarterly* 87(1955): 5–20.

Firmage, E. "The Biblical Dietary Laws and the Concept of Holiness." Pp. 177–208 *in Studies in the Pentateuch*. Edited by J. A. Emerton. Vetus Testamentum Supplement 41. Leiden: Brill, 1990.

Gispen, W. H. "The distinction between Clean and Unclean." *Oudtestamentische Studiën* 5(1948): 190–96.

Houston, W. *Purity and Monotheism: Clean and Unclean Animals in Biblical Law*. JSOTSup 140. Sheffield: Sheffield Academic Press, 1993.

Jirku, A. "Leviticus 11:29–33 im Lichte der Ugarit Forschung." *ZAW* 84(1972): 384.

Jones, A. J. "Boundaries of the Min: *An Analysis of the Mosaic Lists of Clean and Unclean Animals*." Creation Research Society Quarterly 9(1972): 114–23.

Key, T. D. S., and R. M. Allen. "The Levitical Dietary Laws in the Light of Modern

Science." *Journal of the American Scientific Affiliation* 26(1974): 61–64.

Milgrom, J. "The Biblical Diet Laws as an Ethical System.: *Interpretation* 17(1963): 288–301.

Moran, W. L. "The Literary Connection between Leviticus 11:13–19 and Derteronomy 14:12–18." *CBQ* 28(1966): 271–77.

Vaux, R. de. "Les sacrifices de porcs en Palestine et dans l' Ancien Orient." Pp. 250–65 in *Von Ugarit nach Qumran: Beiträge zur alttestamentlichen und altorientalischen Forschung: Otto Eissfeldt zum 1. September 1957*. Edited by J. Hempel and L. Rost. Beihefte zur Zeitschrift für die alttestamentliche Wissenschaft 77. Berlin: Töpelmann, 1958.

Wenham, G. J. "The Theology of Unclean Food." *Evangelical Quarterly* 53(1981): 6–15.

22

Laws of Purification

거룩함과 육체적 삶: 출산과 정결(12장)

정결법은 이어서 출산 과정에 적용되었다. 주해자가 이 본문을 이스라엘의 제사 규정과 관련된 맥락 안에서 설명하는 것은 매우 중요하다. 왜냐하면 성경이 출산한 여인을 부정하다고 분류하는 것은 분명 많은 여성들을 괴롭게 하는 것이기 때문이다. 무엇보다 만일 하나님께서 아내와 남편들에게 생육하고 번성하라고 명령하셨다면(창 1:28), 왜 여성이 하나님께서 원하신 것, 하나님께서 축복하신 것을 행했을 때 부정한 것으로 간주되어야만 하는가? 분명 이 규례는 창조와 모순되지 않으며, 아이를 갖는 것은 잘못된 것이라고 가르치지도 않는다. 그리고 본문 어디에서도 아기가 부정하다고 말하고 있지 않다. 만일 그렇게 되면, 마리아가 그리스도를 낳은 후에 이 의식에 참여하는 것은 신학적인 난제를 불러일으킨다. 이 본문의 주해의 주요 임무는 율법 뒤에 있는 하나님의 계시에 대한 설명이 될 것이다.

이 본문의 서론에서 주해자는 정결과 부정, 거룩함과 거룩하지 않음에 대한 명확한 정의를 레위기의 이 부분의 범위 안에서 반복해야만 할 것이다. 이 용어가 앞의 주해에서 논의되었다 하더라도 그렇게 하는 것은 중요하다. 왜냐하면 사람들이 이 개념을 파악하기 위해서는 많은 반복이 있어야 하기 때문이다. 만일 처음부터 사람들이 영어에서의 '부정하다'(*unclean*)는 말이 갖는 틀을 벗어나 레위기 안의 문맥적인 용례에 더 많은 주의를 기울인다면 큰 도움이 될 것이다. 기본적으로 우리는 의식과 관계된 정결을 다룰 것이다. 정결한 것은 언약궤가 놓인 성소 안에서 행해지는 의식 가운데 자유롭게 참여할 수 있고, 부정한 것은 기다려야 했다.[1]

주해자는 음식, 곰팡이, 질병 그리고 설정 등이 출산과 같은 범주 안에 들어 있음을 나타내는 것이 이 장에서 어떻게 문맥에 들어맞는지 보여주는 데 도움이 된다는 사실도 발견할 것이다. 여성은 월경 주기와 출산으로 인해 혼자서만 부정한 상태로 분류되는 것이 아니다. 남성 역시 자신의 설정과 질병으로 인해 부정한 상태로 자주 분류되었다. 그리고 부정한 것은 아이를 낳은 것 자체가 아니라, 출산과 관련된 하혈과 분비로 인해 출산 직후 겪는 의식적인 더러움이었다. 출산은 하나님께서 축복하신 것이다. 그것은 그분의 창조 계획의 일부다. 그러나 그것은 매우 육체적이고 세상적인, 혹은 '이 세상에 속한' 것이며 일반 여성이 지닌 보통의 건강한 상태가 아니다. 그리고 그 안에는 문제가 있다. 왜냐하면 여호와의 성소에 들어가는 것은 개인의 온전함을 요구하기 때문이다.

지금까지 이 정결법을 설명하기 위한 많은 시도가 있어왔다. 가장 인기 있는 주장 가운데 하나는 고대 사회 안에 있는 타부(*taboo*)와의 유사성을 비교하는 것이다. 전 세계에 걸친 고대 문화는 물론 매우 흥미 있게도 히타이트족 세계에서 사람들은 출산과 월경 시에 두려움을 가진 것으로 보이는데, 이것은 그 순간에 죽는 경우가 많았기 때문이다. 그들은 그 순간에 악마가 가장 활동적이라고

1. *L. L. Grabbe, Leviticus(Old Testament Guides* 4; *Sheffield: Sheffield Academic Press*, 1993), 47을 보라.

생각했다. 이런 부정함은 여성을 거룩한 장소로부터 격리시켰으며, 그 부정함을 제거하고 그들을 다시 성소로 돌려보내기 위해 제사 의식이 요구되었다.

그런 내용은 레위기 12장과 유사한 점이 분명히 있어 보이지만 중대한 차이점 역시 존재한다. 그들이 비슷한 규정을 갖고 있었다는 것이 곧 그 문화가 비슷한 가치나 동기를 함께 가지고 있었음을 의미하지는 않는다. 밀그롬(*Milgrom*, 766-67)은, 악마에 대한 두려움은 이스라엘의 유일신 신앙과 부합하지 않는다고 지적한다. 피의 흐름은 이스라엘 백성에게 악마의 활동을 의미하지 않았다. 그것은 죽음의 가능성이 있는 표시였다. 음부에서의 모든 출혈(혹은 씨)은 생명의 감소를 의미했고, 만일 돌보지 않고 내버려둔다면 죽음에 이를 수도 있었다. 따라서 그것은 생명의 근원이신 하나님과 부합하지 않는 것이었다. 더구나 히타이트족은 아이를 불결하다고 생각했으며, 그 문제를 해결하기 위해 제사를 제정했다. 제사와 주문은 출산중인 여인의 하체에서 악마를 제거하기 위한 방식으로 제공되었다. 이스라엘에게는 이런 것이 없었다. 또한 이스라엘에서 아이는 정결한 대상으로 간주되었음이 분명하다. 왜냐하면 남자 아이는 8일째 되는 날 할례를 위해 성소에 데리고 갔기 때문이다. 이것 역시 고대 세계 전체가 죽음에 이를 수 있는 신체의 작용을 성소가 요구하는 높은 수준과 조화시키는 데 어려움을 느끼고 있는 경우였다. 그러나 이스라엘 백성의 신앙은 자신들이 갖고 있던 고등한 유일신 신앙에 따라 문제를 해결했다.

신학적 주제

정결에 관한 주요 주제는 이 장에서 계속된다. 또한 이곳과 같은 문맥의 다른 장에서 발견된 원리는 부정한 것은 어느 것이라도 거룩하신 여호와 하나님의 임재 안에 들어가지 못한다는 것이다. 이 진리는 우리가 영광에 들어가는 것도 주관할 것이다. 결혼과 출산은 이 세상에 속한 것이다. 그리고 그것은 하늘에 있는 성소에서 계속 되지 못할 것이다. 왜냐하면 모든 사람이 영광으로 변화될 것이기 때문이다. 이 내용에 대응하는 신약에서의 강조는 마지막 성화, 혹은 영화로 알려진 것에 표현되어 있다(막 12:25, 요일 3:2-3).

본문 개괄

메시지 요약

아기를 낳은 뒤에 일어나는 육체적 유출은 여성이 성소에 들어가는 것을 금했으며, 성소에 대한 완전한 참여를 회복하기 위해 의식의 제물이 따르는 정결 기간이 요구되었다(할례 의식에 의해서만 중단됨).

본문 개요

서언: 하나님께서 모세에게 직접 지시하셨다(12:1).

I. 아기를 낳은 여인은 부정한 기간을 지낸 다음, 모든 거룩한 것들을 피해야 하는 정결 기간을 거쳐야 했다(12:2-5).

A. 아들을 낳은 여인은 칠 일 동안 부정했다. 팔 일째 되는 날 그 아들에게 할례를 베푼 뒤에 거룩한 물건과 성소를 피해야 하는 삼십삼 일간의 정결 기간을 가졌다(12:2-4).

B. 딸을 낳은 여인은 십사 일간 부정했고, 육십육 일간의 정결 기간을 가졌다(12:5).

II. 규정된 시간이 지나면 여인은 정결하게 씻고 성소에 온전히 참여하는 것을 회복하기 위해 속죄제와 번제를 가져왔다(12:6-8).

A. 정결 기간이 지나면, 여인은 깨끗함을 받고 회복하기 위해 번제로 드릴 양 한 마리와 속죄제로 드릴 비둘기 한 마리를 가져왔다(12:6-7).

B. 만일 여인이 가난하면 집비둘기 두 마리나 산비둘기 두 마리를 속죄제와 번제로 드렸다(12:8).

내용 강해

레위기 11-15장의 맥락 안에서 이 본문은 설명하기가 특히 어렵다. 만일 주해의 논의가 주제를 지나치게 일반적인 것으로 잡으면(예, 속화된 것은 거룩함과 부합하지 않는다) 그와 동일한 메시지가 레위기 11-15장에서 반복될 것이다. 왜냐하면 이 부분은 당연히 전체의 핵심이기 때문이다. 그러나 각각의 부분은 음식, 출산, 피부병, 곰팡이, 육체의 설정 등과 같은 서로 다른 관심 영역으로 이루어져 있다. 따라서 각 본문의 메시지는 각각의 관심 분야와 구체적으로 연관되어야 한다.

레위기 12장을 개별 단위로 취급하면 남자 아이를 출산한 후의 부정함의 선언(12:2-4), 여자아이의 경우(12:5), 출산 이후의 제사를 위한 지침(12:6-7), 가난한 여인의 제사를 위한 규정(12:8)과 같은 상당히 직선적인 구조로 되어 있다는 것을 발견할 수 있다.

I. 출산이라는 신체 과정은 여호와의 거룩한 임재와 부합하지 않는다(12:1-5).

구약에서 아이를 낳는 일은 기쁨과 축복으로 여겨졌다. 하나님께서는 여자와 남자에게 생육하고 번성하도록 준비하시고 명하셨다(창 1:28). 아이, 곧 인간의 생명을 낳는 특권은 백성들이 창조주의 사역에 동참할 수 있는 기회였다. 그렇다면 출산은 비록 자녀 양육이라는 의무를 부담하고 있기는 하지만 하나님께서 주신 삶의 부요함 가운데 하나다(시 127:3-5). 예상된 아이를 낳는 일은 두려움이나 실망의 시간이 아니라 커다란 기쁨의 시간이었다(창 21:1-7).

그러나 이곳 제사 규정 가운데서 하나님께서는 출산 뒤에 부정함의 기간이 따른다고 말씀하셨다. 이 규정은 레위기의 정결법에 비추어 이해되어야 한다. 임신은 모든 의학적 기준에 의하면 질병의 하나다(질병에 해당하는 영어 ***disease***의 어원이 ***dis-ease***임에 주목하라). 그것은 일반적인 일상 생활과 비교해서 예외적이고 이례적인 상태다. 그 일은 많은 일반적인 활동들을 방해하고, 임신 기간 및 출산 후 일정 기간 특별한 주의를 요한다. 여기서 출산은 여인이 출산 후에 부정한 기간 동안 성소에 들어가는 것을 금하고 있다. 왜냐하면 이 규례의 주된 초점은 성소의 정결에 놓여 있기 때문이다.

성경은 아기가 부정하다는 어떠한 구체적인 증거를 제공하지 않는다.[2] 이스라엘의 할례 의식은 아기를 위한 정결 의식이 아니었다. 왜냐하면 그 아기는 태어날 때 의식적으로 정결하기 때문이다.[3] 또한 아기를 낳은 여인이 악마의 공격을 받기 쉽다는 암시도 없다. 실제로 성소에 들어가는 일을 금하는 것은 아기를 낳은 행위 그 자체가 아니라 출산과 함께 오는 피와 분비물의 유출 때문일 수 있다. 이것은 부정함의 근거로 이 본문에서 세 번 언급되고 있다

2. 히타이트족의 율법은 정결 의식이 산모뿐 아니라 아기에게도 적용됨을 보여주는데, 이는 그들이 새로 태어난 것은 부정하거나 잠재적 위험에 노출되어 있다고 생각하고 있음을 가리킨다.

3. 만일 이스라엘에서 다른 문화에서처럼 아기가 부정하면 할례는 정결 의식이 되어야 하며, 그것은 여성이 항상 부정한 상태로 남아 있게 됨을 의미한다(*Harrison*, 135).

(레 12:4, 5, 7). 이런 산혈은 처음에는 빨간색이었다가,[4] 점점 갈색으로 변하고 이어서 흐릿해졌다. 그리고 그 기간이 일주일 정도 지속되기도 했다. 이는 정결의 요구를 만족시키는 데 몇 가지 문제를 갖고 있다. 피를 흘린 사람은 애초에 성소가 요구하는 온전함이 부족했다. 실제로 피를 흘리는 것은 죽음에 이를 수도 있었다. 건강하고 온전한 것만이 거룩한 구역에 들어갈 수 있었고, 이런 종류의 유출은 여인이 이례적인 상태에 있다는 증거였다. 그러나 또한 성소에는 오직 한 가지 종류의 피만 가지고 갈 수 있었고, 그것은 제물의 피였다. 따라서 그 유출이 멎고 정결함의 요구가 충족될 때까지 여인은 성소에 들어갈 수 없었다.

여기서 분명히 해야 할 점이 있다. 왜냐하면 오랫동안 '부정하다'와 '속죄제'라는 번역은 해석에 편견을 심어주었기 때문이다. 본문에서 이런 말들이 가리키는 의미를 기준으로 생각하여 '의식적 분리'와 '정결제'로 번역하는 것이 더 낫다. 요컨대 아이를 낳는 것은 죄가 아니었다. 오히려 거룩한 장소의 특성에 비추어볼 때 성소 혹은 성전은 자기 백성 가운데 임한 하나님의 영광이 실제적으로 임한 곳이었으며, 따라서 평범한 것, 부정한 것, 병든 것, 혹은 낯선 것은 들어갈 수 없었다는 것이 핵심이다. 정결하다고 선언 받은 사람만이 성소 뜰 안에 들어갈 자격을 얻었고, 이어서 그들은 제사 의식을 거행했다. 이것은 하나님께서 이스라엘에게 자신의 거룩한 속성과 지나치게 육체적이고 세속적인, 병들거나 더럽혀진, 곧 부정한 것 사이에 놓은 벽에 관해 가르치신 방법이었다.

아이를 낳은 여인을 위한 규례는 반드시 필요하고 은혜로운 것으로 간주되었다.[5] 백성들은 여호와를 예배하는 절기에 의무적으로 참석해야 한다고 말하

---

4. 출혈은 월경의 시작을 닮았고, 따라서 출산 후의 정결을 위한 규정은 레위기 15장에서 설정을 위한 규정과 유사하다.

5. 후대 랍비들의 규정은, 여인에게 율법의 모든 부정적인 조치와, 유일한 긍정적인 것으로 시간과 관계가 없는 것에 순종하도록 요구한다고 언급했다.

고 있지만, 여인은 임신이나 월경과 같은 시기에 제외되었다. 그런 시기에 의무가 면제되는 것이 그들로서는 감사한 일일 것이다. 그러나 그것을 통해 그들은 남편들이 그랬던 것처럼 모두 땅의 삶에 얽혀 있는 것들, 일반적인 신체의 기능을 포함하는 것들은 거룩하신 하나님의 영광스러운 임재 가운데 설 자리가 없다는 것을 배웠다.

남자 아이의 경우 8일째 되는 날 할례를 위해 정결 기간의 중단이 허용되었다. 여기서 우리는 상위법(할례는 아브라함 언약의 표시이기 때문에 적극적인 명령)이 부정함에 대한 규정보다 우선하고 있음을 본다. 이스라엘 백성은 두 개의 명령이 어떻게 서로 조화를 이루고 있는지 알아야 할 필요가 있기 때문에 이것이 여기에 포함되었다.

만일 아기가 딸이라면, 산모의 정결 기간은 늘어났다.[6] 여자아이의 경우 남자아이보다 두 배가 많은 것에 대해 많은 설명들이 있지만, 설득력 있는 증거는 부족하다.

1. 그 차이는 단순히 고대 사회에서의 단순한 성의 상대적 지위를 반영하는 것이다.[7] 그러나 이것은 비교할 만한 다른 어떤 율법에도 나타나지 않는다(*Harrison*, 135를 보라).[8]

---

6. 남자 아이와 여자 아이에게 동일한 기간이 적용된 경우가 히타이트족의 정결법에 나온다.

7. 마고네트(*J. Magonet*)는, 만일 여성이 남성보다 열등한 것으로 간주되었다면 그녀의 오염시키는 능력 역시 남성의 그것보다 약할 것이며, 그 기간은 비슷하게 줄어들었을 것이라고 지적한다. "*But If It Is a Girl She Is Unclean for Twice Seven Days*…' *The Riddle of Leviticus* 12:5," *in Reading Leviticus*: *A Conversation with Mary Douglas*(*ed. J. F. A. Sawyer, JSOTSup* 227; *Sheffield*: *Sheffield Academic Press*, 1996), 145.

8. 또한 보스(*C. J. Vos*)의 *Women in Old Testament Worship*(1968), 62-69를 보라. 노스(*M. Noth*)는, 이것은 여성이 제의적으로 열등함을 가리키는 것이라는 견해를 취한다[*Leviticus*(*trans. J. E. Anderson*; *Old Testament Library*; *Philadelphia*: *Westminster*, 1965), 97]. 그러나 다른 사람들은 "더 많이 더러워졌다고 해서 반드시 사회적 가치가 적음을 의미하지는 않는다. 그래서 죽은 사람의 시체는 죽은 돼지보다 더 많이 더럽히고, 죽은 돼지는 죽은 개구리보다 더 많이 더럽힌다"라고 옳게 지적한다[*Milgrom*, 751, *M. I. Gruber*, "*Women in the Cult according to the Priestly Code*," *in Judaic Perspectives on Ancient Israel*(*ed. J. Neusner et al.*; *Philadelphia*: *Fortress*, 1987), 35-48].

2. 어떤 사람은 고대인들이 여자 아이를 낳은 다음의 유출은 더 오래 지속되었다고 믿었음을 보여주려 노력했지만 이것 역시 설득력이 부족하다.[9]
3. 마고네트(*Magonet*)는 새로 태어난 여자 아이가 피를 흘릴 가능성을 지적하며, 여기서 산모와 딸이 두 배로 갖고 있는 문제로 인해 기간을 두 배로 계산하게 되었다고 한다.[10] 이것 역시 그럴 듯하지만 입증하기 어렵다.
4. 다른 가능성은 이 규례가 여성이 앞으로 성년의 삶의 대부분 동안 월경 규례의 대상이 될 것에 대한 암울한 언급을 포함하고 있으며, 그것이 처음에 긴 정결 기간으로 반영되었다는 것이다. 그러나 새로 태어난 여자 아이는 남자 아이보다 더 많이 부정하지 않다. 왜냐하면 동일한 정결 의식이 적용되기 때문이다.
5. 또 하나의 주장은 그 기간이 두 배인 이유가 산모와 여자 아이 두 여인이 포함되어 있기 때문이라는 것이다.

많은 주장이 있지만 분명한 증거는 희박하기 때문에 주해자는 주의를 기울여야 한다.

Ⅱ. 의식적인 정결과 제사의 속죄는 여호와 하나님의 거룩한 임재로 들어가는 것을 회복시킨다(12:6-8).

정결 의식을 위해서 올바른 제물이 드려져야 했다. 어린 양을 드리는 번제와 새를 드리는 정결제는 하나님께 드리는 예물로 드려졌고, 제사장들이 그 여인을 속하여 자신의 유출로부터 놓임을 받을 수 있기 위한 것이었다. 이 부

9. 마흐트(*D. I. Macht*)의 "*A Scientific Appreciation of Leviticus* 12:1-5," ***JBL*** 52(1933): 253-60을 보라. 웬함(*Wenham*, 188)은 마흐트의 증거가 그런 결론을 지지하는지 의심한다.

10. *Magonet*, "*But If It Is a Girl*," 152.

분을 번역하기 위해 영어 성경에서 '죄(*sin*)'를 사용한 것은 반드시 바로잡아야 한다. 왜냐하면 아무런 범죄 행위가 포함되지 않으며, 오직 출산으로 인한 의식적 정결이기 때문이다. 밀그롬(760)은 속죄의 의식 뒤에는 단지 이 여인이 용서를 받을 것이라는(레 4:20, 26에서처럼) 보고가 아니라 정결하게 될 것이라는 보고만이 나옴을 언급하며 이 점을 강조한다. 여기에는 그 어떤 죄나 도덕적 불결함이 없었기 때문에 어떤 용서도 필요하지 않았다. 씻김과 제사의 효과는 자동적이었다. 육체의 부정은 자동으로 제거되었다.[11]

의식의 제정은 출산 후에 여인을 부정하게 만드는 것이 피의 유출임을 분명히 밝힌다. 여인을 성소에 들어가지 못하게 하는 것은 단순히 성소의 정결과 부합하지 않기 때문에 일어난 것이다. 그리고 피 의식은 그녀의 정결을 완전하게 한다.

극도로 가난한 여인을 위한 규정은 하나님께서는 제물보다 그 제물을 드리는 사람에게 더 많은 관심을 갖고 계심을 보여준다. 산비둘기 두 마리와 집비둘기 두 마리 가운데 선택이 필요한 것은 산비둘기는 이동하는 철새로 일 년 내내 잡을 수 있는 새가 아니기 때문이다. 누가복음 2장 21-24절에 의하면 요셉과 마리아는 새를 드렸다. 그들은 극도로 가난했다.

결론

이 규례에서 하나님께서는 이스라엘에게 출산이라는 몸의 과정이 비록 완전하게 선하고, 결혼한 남자와 여자를 위한 하나님의 계획에 반드시 필요한 부분이기는 하지만, 그럼에도 불구하고 육체적이며 세속적이라는 사실을 가

11. 여인은 출산의 위험 가운데서 자기를 구해주신 하나님을 향한 감사를 표현하기 위해 번제를 드렸다.

르쳐주신다. 근본적인 어려움은 출생 시의 출혈이다. 이런 모든 출혈은 사람들을 거룩한 구역에 들어가는 것을 막았다. 출산은 약해지거나 '질병에 걸린(*dis-eased*)' 인간의 상태와 환경으로 하나님의 거룩하신 속성과 부합하지 않는다.[12] 여호와께서는 이런 것들보다 지극히 높으셔서 그분을 예배하는 자들은 자신의 문제투성이인 세속적인 삶을 그분의 거룩한 임재와 혼동하거나 한데 섞지 않도록 주의해야 한다.[13] 그들이 자신의 영역에서 그분의 임재 안으로 이동할 때 속죄와 정결의 과정이 반드시 있어야 했다. 이 본문의 메시지는 다음과 같은 원리를 구성할 수 있다.

> 하나님의 거룩한 속성은 이 땅에서의 육체적인 측면(여기서는 출산의 과정)을 경험한 모든 이들이 자신의 임재 안으로 들어오기 위해서 반드시 거룩해져야 할 것을 요구하신다.

신약에서 지역 교회의 예배에 참여하는 데 그런 제한은 두지 않았다. 왜냐하면 회중이 모이는 장소는 이스라엘의 성전과는 다른 기능과 목적을 갖고 있었기 때문이다.[14] 이스라엘의 성전은 우리 주 예수 그리스도께서 우리를 대속

---

12. 하틀리(*Hartley*, 169)는 이 문제에 대해 다른 견해를 제시한다. 여인은 출산으로 인해 에덴 동산에서 하나님을 거역한 죄를 범한 인류에게 임할 죽음의 형벌에 도전장을 내민다(창 2:16-17). 왜냐하면 모든 출산은 그 종족의 영속을 보장하는 것이기 때문이다. 상징적으로, 모든 출산은 죽음의 승자인 에덴 동산의 뱀 머리에 일격을 날리는 것이다(3:15). 아이를 낳는 것은 승리의 감격적인 순간이다. 그러나 정결 의식에 관한 규례는 새로 어머니가 된 여인이 자신을 위대한 성취 가운데 스스로 거룩한 존재로 높이는 것을 허락하지 않는다. 이것은 흥미 있는 생각이지만 이런 생각이 옛날 이스라엘 사회에 존재했었는지 의문이다.

13. 우리는 여기서 하나님의 임재 안에서 의식적인 부정함(죄가 아니라)과 삶의 질서에 대한 지각(미신적인 두려움과 마법이 아니라)을 다루고 있다. 사실, 모이어(*Moyer*)는 히타이트 율법에 대한 자신의 연구를 "히타이트인들의 정결 개념은 세상에 질서를 창조하고 유지하려는 시도로 설명할 수 있다"는 말로 결론 내린다. *J. C. Moyer*, *"The Concept of Ritual Purity among the Hittites"*(*Ph.D. diss.*, *Brandeis University*, *Department of Mediterranean Studies*, 1969), 146.

14. 교회 역사를 거치는 동안(주로 동방 교회에서) 월경중인 여성의 교회 출입을 금지하는 규정들이 만들어졌다.

하기 위해, 우리를 중보하기 위해 그리고 우리의 처소를 마련하기 위해 우리 대신 들어가신 하늘 성소의 지상 그림자다. 그에 따르면 그 안에 들어가기 위해 정결과 거룩함이 요구되는 신약의 유일한 성전은 하늘에 있는 것이다.

따라서 이 본문에 대응하는(그리고 이 순간에는 레위기 12-15장의 내용 전체를 포함하여) 신약의 경기장이나 무대는 이곳 땅에 있는 교회에 들어가는 것이 아니라, 바로 하늘에 있는 하나님의 임재 안으로 들어가는 것이다. 그리스도께서 항상 우리와 함께 계신다는 말은 사실이다. 그러나 성소 안에 거하시는 여호와의 영광의 계시는 여호와의 실질적 임재를 말하고 있으며, 사람의 손으로 만든 것이 아닌 하늘에 있는 성소의 그림자였다. 성경은 부정한 것이나 정결하지 못한 것은 무엇이든 하늘에 있는 그리로 들어가지 못할 것이라고(계 21:27) 매우 단호하게 말한다. 그리고 오직 정결하게 된 사람만이 들어가게 될 것임을 밝힌다. 요한은 주님께서 우리를 본향으로 인도하기 위해 영광 중에 나타나실 때 우리는 그분과 같아질 것이라고 말한다. 왜냐하면 우리는 그분을 있는 그대로 볼 것이기 때문이다. 이 소망을 가진 사람은 누구나 자신을 정결하게 한다(요일 3:2-3). 바울은 우리가 순식간에 변화될 것이라고 덧붙인다. 썩을 것과 죽을 것들이 썩지 아니할 것과 죽지 아니할 것으로 바뀔 것이다(고전 15:51-54). 다른 말로 하면, 신약은 우리가 영광 가운데 계신 주님의 임재에 들어갈 때 우리가 거룩하게 될 것이라고 가르친다. 그곳에는 아무런 질병도, 타락도, 아픔도, 육체의 결함도, 출생도, 부정한 것들도 없을 것이다. 왜 그런가? 왜냐하면 그런 모든 것은 주님의 거룩하심과 부합하지 않기 때문이다. 이것이 레위기 12-15장에 실린 규례의 이면에 있는 원리다. 따라서 율법이 옛 이스라엘의 예배자들에게 그분의 뜰에 들어가기 위해 정결과 속죄의 과정을 거칠 것을 요구했을 때, 여호와께서는 인간이 그분의 임재에 영원히 들어가기 위해 필요한 것들을 위한 위대한 계획을 계시하기 시작하신 것이다. 그리고 이미 분명하게 밝힌 것과 같이 그 정결 의식은 메시아이신 예수님께서 우리를 위해 죽으신 대속의 죽음을 예표하는 것이다. 이 정결법의 궁극적인 성취는 하나님의 백성들이 거룩하게 되는 것이다.

교회가 이런 본문으로부터 하나님에 대해 배우는 것은 거룩함의 본질, 곧 육체적 유출과 인간의 기능에 대한 부조화와 용납지 못함이다. 우리가 영광 가운데 그분을 만날 때 모두 변화되고 정결하게 될 것이라는 계시는 우리가 그분의 거룩한 속성의 계시에 관해 더 많은 것을 배울 때에만 깨달을 수 있는 교리다.

그렇다면 그리스도인들은 어떻게 해야 하는가? 이 본문의 이면에 있는 신학은 성도들에게 영화의 교리를 일깨워주어, 이 세상에서 살아가는 동안 세상의 질병과 더러움을 견뎌야 하는 무거운 짐을 지고 있는 사람들로 하여금 어떻게 여호와께서 스스로 시작하신 선한 일들을 완성하실지 더 잘 이해하게 할 것이다. 이러한 규례들은 교회를 위해 제정된 것이 아니다. 왜냐하면 옛 언약의 규정들은 그리스도 안에서 종결되었기 때문이다. 이 상황에 있는 여인이 예배에 참석하는 대신 집에 머무는 것은 육체적 필요에 의한 것이지, 더 이상 참석을 통해 성소를 더럽히거나 하나님의 규례를 어기는 것에 대해 걱정하지는 않는다. 우리의 모든 질병과 연약함은 그리스도로 말미암아 십자가에 옮겨졌다. 그분은 자신의 피로 우리를 정결하게 하셨다. 그리고 그분은 때가 되면 우리를 거룩하게 하실 것이다. 그러나 어떤 부부가 여호와의 생명의 선물과 그 어려운 과정이 완성된 후에 함께한 모든 이의 안전과 안녕을 회중에게 공개적으로 밝히는 것은 선하며 합당한 일이다.

어쨌든 교회의 성화에 대한 깨달음은 이제 충분히 확장되어, 영적 부흥은 타락한 세상 가운데 살아가는 육체와 죄의 문제를 다루는 것을 포함하게 되었다. 구원의 목표가 거룩하게 됨에 있다는 것을 깨닫는 일은 성도들을 강건하게 하여 그 소망 가운데 스스로 정결하게 하고, 이 땅에서의 걱정과 고통을 넘어서 살 수 있게 할 것이다.

참고 문헌

Macht, D. I. "A Scientific Appreciation of Leviticus 12:1-5." *JBL* 52(1933): 253-60.

Magonet, J. "'But If It Is a Girl She Is Unclean for Twice Seven Days...' : The Riddle of Leviticus 12:5." Pp. 144-52 in *Reading Leviticus*: A Conversation with Mary Douglas. Edited by J. F. A. Sawyer. JSOTSup 227. Sheffield: Sheffield Academic Press, 1996.

Moyer, J. C. "The Concept of Ritual Purity among the Hittites," Ph.D. diss., Brandeis University, Department of Mediterranean Studies, 1969.

23 Laws of Purification

거룩함과 질병: 피부병에 감염됨(13:1-46)

성경의 교리는 죄가 한 사람의 불순종을 통해 세상에 들어왔고, 그 죄로 말미암아 사망이 왔다고 가르친다(롬 5:12). 따라서 타락한 세상을 말하는 것은 인간의 상태와 사망과 그 일부인 더러움과 질병에 의해 다스려지는 환경을 말하는 것이다. 그러나 선지자들과 사도들은 그런 것들이 더 이상 존재하지 않는 새 창조에 대한 약속을 붙들어왔다. 그리고 그 소망 안에서 이 세상은 신음하며 구속의 날을 기다리고 있는 것이다(8:18-25).

레위기 13-14장은 신체 생활의 모든 국면에서 여호와 앞에서의 정결이라는 주제를 계속 펼쳐나간다. 이 장의 내용은 나란한 순서로 펼쳐지고 있다. 즉, 피부병이 곰팡이와 나란히 그리고 피부병을 깨끗이 하는 것이 곰팡이를 깨끗이 하는 것과 나란히 펼쳐지고 있다. 실제로 이 본문 전체는 신체의 유출, 곧 출산시의 유출(레 12장)과 다른 신체적 유출(레 15장)과 연관된 더럽혀짐에 대한 논의가 처음과 끝에 자리하고 있다. 비록 이것이 모든 백성들이 갖고 있는 일반적인 문제는 아니었지만 제사장들은 이것들을 매일 다루었다.

이런 증세가 일어나는 것은 온전함이 부족하다는 증거였고, 따라서 의식과 관련된 부정함이 선언되어야 했으며(비정상은 성소에서의 분리를 요구했다) 그에 대한 조치가 뒤따랐다.[1]

레위기를 주해해나가는 일반적인 틀 안에서 주해자는 레위기 13-14장을 개별적으로 다루기보다는(피부병과 곰팡이에 관한 4개의 주해는 주해자의 독창성에 과도한 짐을 부여할 수도 있다) 하나로 취합하기를 원할 것이다. 첫 부분은 피부병의 진단과 격리를 제공하고(13:1-46), 둘째 부분은 곰팡이 혹은 진균류에 대한 동일한 조치를 제공하며(13:47-59), 이어서 우선 피부병에 대한 회복에 관심이 주어지고(14:1-32), 다음으로 곰팡이와 진균류에 대한 회복에 초점을 맞춘다(14:33-57). 필자는 순서에 약간의 차이는 있지만 네 본문을 개별적으로 다룰 것이며, 그것을 보기에 적당한 모습으로 하나로 취합하는 것은 주해자에게 맡기려 한다. 두 개의 장에 걸친 하나의 일반적인 메시지, 혹은 두 개의 메시지 가운데 하나는 질병에 대해(문제와 처방) 그리고 다른 하나는 곰팡이에 대해(문제와 처방) 다루고 있는 구조인데 어느 것이든 무방하다. 만일 주해자가 레위기 13-14장의 일반적인 주해를 하나로 만드는 것을 선호한다면 주해 개요의 요점들은 간단히 다시 배열할 수 있다. 이 정도 분량을 다루는 주해는 메시지가 요점들을 하나씩 짚어나가고 그에 맞는 신학적 교훈을 향해 구성되는 가운데 본문에서부터 충분한 내용을 이끌어오고 설명되어질 수 있도록 잘 전개해나가야 할 것이다. 다음은 두 장의 개요를 하나로 연결했을 때 어떻게 보이는지 보여주는 예다(비록 그 내용이 압축되고 반복될 수도 있지만).

---

1. 처음부터 레위기 13장이 질병의 의학적인 의미보다 의식과 관련된 의미에 관심을 갖고 있음을 강조하는 것은 중요한 일이다. 그것은 물론 질병이자 질환이다. 그러나 이 장은 그것을 성소에 다시 들어가기 전까지 바로잡아야 할 부정함으로 초점을 맞추고 있다.

I. 문제: 질병과 부패는 하나님의 거룩하심과 부합할 수 없다(13:1–59).

A. 하나님의 백성은 성소에 들어갈 수 있기 전에 반드시 질병으로부터 자유로워야 한다(13:1–46).

1. 질병은 타락한 인간의 증세이며 그에 합당하게 다루어져야 한다(13:1–44).

2. 질병은 예배자가 하나님의 임재 안에 들어가는 것을 막는다(13:45–46).

B. 하나님의 백성은 그분의 임재 안에 거할 수 있기 전에, 자신의 삶에서 부패를 제거해야 한다(13:47–59).

1. 모든 오염은 반드시 치료해야 한다(13:47–49).

2. 오염은 제거되지 않으면 퍼질 것이다(13:50–58).

3. 어떤 오염도 하나님의 백성의 삶을 더럽히고 그 안에 용납될 수 없다(13:59).

II. 처방: 하나님께서는 더러움의 제거와 속죄의 피를 통해 다시 성별함으로써 치유와 회복을 베푸신다(14:1–53).

A. 하나님께서는 백성들을 깨끗하게 하시고 회복시키셔서 공동체에 온전히 참여할 수 있도록 속죄를 베푸신다(14:1–32).

1. 하나님께서는 질병으로부터 깨끗이 씻기신다(14:1–9).

2. 하나님께서는 대속의 제사에 근거한 속죄를 통하여 그들을 회복시키셔서 공동체에 온전히 참여하게 하신다(14:10–32).

B. 하나님께서는 더럽혀진 장소가 공동체 가운데 온전히 사용될 수 있도록 회복되기 전에 깨끗이 씻김과 다시 성별함을 요구하신다(14:33–53).

1. 하나님께서는 자기 백성이 자기 거처에서 온전하지 못한 오염을 제

거할 것을 요구하신다(14:33-47).

2. 하나님께서는 의식적인 정결을 통하여 깨끗이 씻긴 장소를 회복시키셔서 온전히 사용되게 하신다(14:48-53).

결어: 질병과 부패에 관한 규정들은 정결과 부정에 대한 구분을 가르친다(14:54-57).

신학적 주제

여기서는 정결과 거룩함이 다시 주요 관심의 대상이 되며, 따라서 성화의 교리가 주된 신학적 주제가 될 것이다. 두 가지 모두 성화를 가리키는데, 이런 더러워짐과 의식들은 세상으로부터의 깨끗한 씻김과 여호와께서 자기 백성을 이 환경으로부터 옮기시고 그들을 영원히 정결케 하실 미래의 성화(혹은 우리가 영화라고 부르는 것)에 대한 필요성을 상징하고 있다.

어떤 주해자는 '문둥병'을 죄를 나타내는 그림언어로 보아왔다. 이것은 유용한 예화일 수도 있지만 이 장의 주제는 엄밀한 의미에서 문둥병이 아니며, 문둥병이 곧 죄인 것도 아니다. 모든 주해는 반드시 그 문맥 안에서 의도된 의미와 함께 시작해야 한다. 이 경우에 주해는 이러한 질병들을 타락한 세상이 오염된 일부로 바라보아야만 한다.

제사 의식은 다시 한 번 예수 그리스도의 죽음을 나타내는 모형이다. 그분은 이사야 53장을 성취하셔서 우리 죄와 우리의 슬픔과 우리의 질고를 자기 몸에 지시고 십자가에 달리심으로써 우리는 의롭고 정결하게 되었다.

본문 개괄

메시지 요약

피부 질환의 경우 제사장이 진찰하여 만일 보균자가 부정하다는 선언을 받으면 건강이 회복될 때까지 진 밖에서 살도록 추방해야 하는지 결정했다.

본문 개요

I. 누구든지 피부병이 있는 사람은 제사장에게 진찰을 받아 환부의 상태가 어느 정도인지 결정해야 한다(13:1-44).
   A. 진단받았을 때 그 사람은 병의 정도와 격리의 결과에 따라 정결과 부정함을 진단 받았다(13:1-8).
   B. 난육이 발견되면 질환이 생긴 부위는 즉시 부정하다는 진단을 받아야 했고, 몸 전체에 퍼져 하얗게 되면 정하다고 진단 받았다(13:9-17).
   C. 불에 데어서 생긴 염증은 그 사람이 전염이 되는 피부병이나 상처를 가졌는지 결정하기 위해 색깔과 퍼진 정도를 기준으로 진단 받았다(13:18-20).
   D. 머리나 수염에 난 피부 질환은 그 사람이 정결한지 부정한지 결정하기 위해 색깔이나 깊이를 기준으로 진단받았다(13:29-37).
   E. 피부 질환 시 밝은 반점이 옅은 흰색이면 정결하다고 진단 받았다(13:38-39).
   F. 비록 대머리가 그 사람을 부정하게 만들지는 않았지만, 머리에 난 희고 불그스름한 피부 질환은 부정하다고 진단 받았다(13:40-44).

II. 부정한 사람은 진 밖에서 생활하도록 추방되었고, 다시 건강해지기까지 애도하는 사람의 행동을 취해야 했다(13:45-46).

내용 강해

비록 이 구분은 다소 균형이 맞지 않지만 이 본문을 진단(13:1-44)과 격리(13:45-46), 두 부분으로 나누었다. 처음 부분은 피부병에 대한 상세한 설명을 제공하고 있고, 마지막 두 구절은 그 결과를 선언한다. 주해가 신학적 배경과 의미가 함축된 주제에 주의를 집중한다면, 상세한 부분에는 그리 많은 시간이 들지 않을 것이다.

I. 질병은 인간이 하나님으로부터 소외된 증상이며 반드시 해결해야 한다(13:1-44).

성경의 이 부분 주해는 주해자에게 시범 케이스로 피부병을 사용하여 질병의 문제를 다룰 수 있는 기회를 제공해준다. 사역하는 사람은 이르거나 늦거나 언젠가는 질병을 그리스도인의 세계관에서 어떻게 받아들여야 하는지에 대해 질문을 제기해야만 한다. 그것은 분명 창조의 계획에 포함되지 않은 것이었다. 질병은 타락한 세상 가운데 살아가는 인간 존재의 일부일 뿐이다. 성경은 하나님의 창조에 어떤 재앙이 일어나 걱정, 고통, 죽음이 인간의 경험 세계 안으로 들어왔다고 가르친다. 그 결과, 성경의 계시는 주로 인간이 가진 딜레마에 관해 하나님께서 행하신 것에 주된 관심을 갖고 있다. 이 장은 그 계시의 일부로, 전염이 되는 질병에 대한 하나님의 반응을 기록하고 있다.

주해는 우선 이 장에 수록된 질병의 종류를 개관할 필요가 있다. 작은 종기,

어루러기, 반점(13:2-8), 만성 피부병(13:9-17), 상처에 난 질병(13:18-23), 덴 곳에 난 질병(13:24-28), 두피에 난 질병(13:29-37) 그리고 가성 증세에 대한 부분(13:38-39)이다. 이런 개관 뒤에 주해는 정해진 틀인 진찰, 격리, 정결하게 함, 씻김 혹은 격리의 연장 등을 살펴볼 수 있다.

오늘날 많은 주석가들은 13장 12-17절에 언급된 피부병을 건선으로, 13장 29-37절에 언급된 두피나 턱에 난 질병은 백선으로, 13장 38-39절에 언급된 하얀 반점을 백반 혹은 백피증으로 번역한다. 습진도 포함될 수 있다.[2] 그러나 그 각각의 질병이 무엇인지 정확히 구분하는 것은 쉬운 일이 아니다.

이 병을 기술하는 데 사용된 말은 *ṣāraʿat*로 이는 대부분의 번역에서 '문둥병(*leprosy*)'으로 번역되었다.[3] 이 장은 기본적으로 피부가 벗겨지는 병에 대해 말하기 때문에 많은 현대 주석가들은 여기서 다루고 있는 질병 가운데 하나로 문둥병이라는 말을 사용하는 데 주의를 기울이고 있다. 오늘날 확인된 진성 문둥병은 구약 시대에도 알려진(그리고 두려움의 대상이 된) 병이지만, 널리 퍼지지는 않았다. 이 본문은 나아지고 있는 피부병을 말하고 있기 때문에 *ṣāraʿat*란 말이 주로 문둥병을 가리키는 것일 수는 없지만,[4] 모든 피부병을 포함하는 것이 분명하다. 이 장에서 논의되는 질병에 문둥병을 제외해서는 안 되지만, 주해자는 이 규례가 일반적인 피부병에 관심을 갖고 있음을 분명히 밝혀야 한다.

위에서 언급한 것처럼 여기서 주된 관심은 의식적인 부정함이다. 피부가 벗겨지는 피부병은 어떤 비정상적인 것이 겉으로 나타나는 표시다. 밀그롬

2. 티드볼(*D. Tidball*)의 *Discovering Leviticus*(*Leicester, England: Crossway*, 1996), 105와 *Wenham*, 196-97을 보라.

3. 그러나 헬라어에서 파생된 *leprosy*라는 낱말도 그 의미가 변화되었다. *LSJ* 1039는 헬라어 *lepra*가 상당수 피부가 벗겨지는 질병과 진성 문둥병에 적용되었음을 보여준다.

4. 물론 진성 문둥병의 경우 증세가 나타나기 시작하면 진찰을 하고, 다른 사람과 마찬가지로 진 밖으로 격리하여 어떤 일이 일어나는지 살펴보아야 했다. 만일 문둥병으로 밝혀지면 그 사람은 평생 진 안의 주요 활동에 참여할 수 없었다.

(*Milgrom*, 819)이 강조하듯이, 핵심은 *ṣāraʿat*가 죽음의 한 측면이라는 것이다. 그것을 안고 있는 자는 시체와 거의 동일한 방식으로 다루어졌다. 피부 문제는 몸이 허비되고 있음을 공개적으로 드러내며, 결과적으로 이러한 죽음의 측면은 성소와 부합하지 않았다.[5] 진물이 흐르는 염증과 낫지 않은 염증은 그 사람을 의식적으로 부정하게 만들었다. 피부에 움푹 파인 곳, 살이 벌어지고 벗겨진 곳, 불그스름하고 하얗게 변한 색깔, 혹은 머리카락 색깔의 변화와 같은 특정한 것들은 항상 살펴보아야 하는 것들이었다. 이것은 모두 부정함을 가리켰다.

성경은 이런 피부병의 원인으로 많은 것을 이야기한다. 종종 그것이 하나님께서 주신 벌의 일부분이라고 말한다(민 12:10-12에서 모세의 누이 미리암, 대하 26:19-21에서 웃시야 왕).[6] 질병이 하나님께서 죄에 대해 내리신 벌일 수는 있지만(예, 행 13:9-21에서 한 남자가 눈이 멈) 자동적으로 모든 질병이 죄로 인한 것이라고 간주해서는 안 된다. 이것은 예수님 당시에 나면서 소경이 된 자는 누구의 죄 때문에 그렇게 된 것인지 알고자 했던 사람들의 오류였다(요 9:2).

물론 질병에 대한 모든 신학적 분석은 왜 질병이 존재하는지를 물어야 하며, 이것은 결국 죄 혹은 타락의 결과에 대한 논의로 이어지게 될 것이다. 모든 질병과 아픔은 죽음을 향해 나아가는 것이고, 세상이 부패한 증거이며, 타락의 증거다. 아픔, 질병, 죽음은 죄가 인류에게 들어왔고 죄와 함께 사망과 그 안에 포함된 모든 것이 왔음을 우리에게 영원히 상기시켜주는 것이다. 만일 사람들이 조심하고 위생에 신경을 쓰지 않는다면 더 빨리 죽음에 이르게

---

5. 만일 주요 관심이 의학적인 면에 있었다면 성경은 단지 이런 종류의 질병뿐 아니라 모든 종류의 질병을 다루었을 것이다. 또한 격리와 감염에 대한 규정에 더 많은 주의를 기울였을 것이고, 최우선 목표로 정결 대신에 치료에 관해 더 많은 언급을(실제로는 겨우 4회만 언급됨) 했을 것이다(*Milgrom*, 817-19).

6. 스네이드(*Snaith*, 69)는 웃시야가 진성 문둥병에 걸린 최초의 인물이었을 것이라고 주장한다. 그는 나아만의 병은 백색증이었다고 생각한다.

될 것이다.

질병, 혹은 아픔의 미래는 무엇인가? 이 세상에서는 죽음이다. 그러나 주님의 새로운 창조에서 무덤을 이기신 그리스도의 승리 때문에 죽음은 끝날 것이다. 그리스도인들에게 죽음은 그 쏘는 것을 잃어버렸으며 무덤은 승리할 가망성이 없어졌다. 따라서 오염과 고통, 질병과 죽음에 속한 이 땅에서의 삶은 하나님의 백성이 거룩하게 됨으로써 끝이 날 것이다. 질병과 죽음은 하나님의 영광과 부합하지 않는 것이기 때문에 부정한 것은 무엇이든 하늘에 있는 도성에 들어가지 못할 것이다(계 21:27). 이 동일한 약속은 악한 자들에게는 적용되지 않는다(22:11).

염증의 증세에 대해 주해의 많은 시간을 할애할 필요는 없다. 그러나 제사장이 그 질병을 진찰해야 하고, 여러 가지 심각한 종류들은 즉시 부정하다고 진단되었으며, 다른 것들은 일정한 관찰 기간이 요청되었음을 반드시 설명해야 한다. 이것으로 공동체의 건강이 보존되었고, 병자의 치료가 촉진되었다.

Ⅱ. 질병은 예배자들이 하나님의 임재에 들어가는 것을 분리시킨다 (13:45–46).

우리는 이스라엘의 율법 가운데서 거룩하신 이의 임재 안으로 들어가는 이들에게 요구되었던 조건을 완벽하게 그리고 있는 완전한 틀에 대한 계시를 갖고 있다. 그것은 바로 완전해야 한다는 것이다. 믿는 이스라엘 백성은 아프거나 문둥병에 걸려도 여호와를 예배할 수 있었다. 그들은 단지 거룩하신 이의 실질적 임재 안으로만 들어가지 못했다.[7] 하나님의 임재 안으로 들어가기 위

---

7. 골드버그(*L. Goldberg*)는 그런 시기에 공동체로부터 분리되는 것이 주는 교훈은 오늘날과 같다고 말했다. 사람들은 치료와 회복을 얻고, 그래서 다시 회중과 함께 연합되기를 위해 기도했다. *A Study Guide*(*Grand Rapids*: *Zondervan*, 1980), 70–71.

해서는 온전해야 했다. 이것은 필연적으로 만성 질병을 가진 사람은 결코 갈 수 없었음을 의미했다. 이것은 마치 그들이 성소 안에 있는 공동체에서 끊어져 죽음의 영역에 속한 것과 같은 것이다. 그들의 소망은 장차 올 세상, 장차 부활하여 썩지 아니하는 몸에 있었고, 그래서 그들은 오늘날 만성적이고 전염이 되는 질병을 갖고 있어서 주로 실질적인 이유로 회중들로부터 격리되어 있는 어떤 사람들과 같았다.

결론

이 본문의 교훈은 다음과 같이 말할 수 있다.

> 하나님의 백성은 거룩하신 하나님의 임재에 들어가기 전에 모든 질병에서 벗어나야 했다.

이렇게 긍정적인 표현을 한 것은 위생학적 이유에서다. 그리고 질병으로부터의 정결을 다루고 있는 다음 본문이 동일한 메시지를 담고 있을 경우 더 효과가 있다. 그러나 사실 부정적인 표현이 본문이 강조하고 있는 내용에 조금 더 가깝게 접근한다.

> 몸의 질병은 여호와의 거룩한 임재와 부합하지 않는다.

여기서 일반적인 질환과 질병은 우리가 땅에 속한 것, 즉 우리의 인간적 연약함을 나타내는 증상임을 다시 한 번 말해둔다. 그것은 죄도 포함될 수 있으며, 만일 그렇다면 이 문제가 추가된 것이다. 그러나 초점은 본질적으로 질병과 그 질병이 하나님의 임재 가운데 들어가려는 인간의 자유에 어떤 의미가 되는지에 맞추어져 있다. 이 본문으로 인해 이스라엘은 하나님의 거룩하심이 요구하는 것이 무엇인지 더 잘 배우게 되었다. 그러나 질병을 가진 사람을 위해, 이것은 누구나 한 번씩은 겪게 될 일이지만, 하나님께서는 되돌릴 수 있는 길을 제시하셨다. 그 내용은 14장의 메시지다.

신약은 비록 우리가 흙으로 만든 그릇 안에서 죽어가고 썩어가며 살지만 영광의 소망을 갖고 있음을 일깨워준다(고후 4장). 그럼에도 불구하고, 우리는 이 땅에서 건강과 위생적인 삶을 도모하여, 단순히 건강을 유지하고 더 많은 것을 성취하려고만 하는 것이 아니라 하나님께서 위탁하신 그분의 창조를 돌보려고 애써야 한다. 성경은 하나님께서는 우리의 건강과, 우리가 기도를 통해서든 혹은 약물을 통해서든 질병을 어떻게 돌보는지 그리고 어떻게 건강하게 회복되는지에 관심을 갖고 계신다고 강조한다(고전 6:12-20, 약 5:13-16). 우리의 몸은 성령님의 전이므로 우리가 몸에게 그리고 몸으로 하는 것은 하나님께 가장 커다란 관심거리다. 그러나 레위기 13장의 핵심은 질병으로 고통받는 백성은 이전처럼 하나님의 임재 안에 들어갈 수 없다고 선언하는 것이다. 그리고 그런 상태에서는 하늘에 있는 임재에 누구도 들어갈 수 없다. 오늘날 교회 안에서 피부병을 가진 사람이 예배 장소에 들어가는 것을 금하는 규율은 없다. 왜냐하면 교회는 단순히 성도들의 모임이지 지성소와 여호와의 영광이 실제로 거하는 성소가 아니기 때문이다.[8] 그러나 상식적으로 전염이 되는 질병을 앓고 있는 사람은 가정이나 병원에 머무는 것이 옳다고 말할 수 있다. 이것이 레위기의 실질적인 측면이다. 그럼에도 불구하고 모든 질병의 이

8. 이것은 교회의 본질을 전혀 감소시키지 않는다. 교회는 참으로 거룩한 곳이다. 왜냐하면 교회는 주님께 드리는 예배와 섬김을 위해 구별된 곳이며, 주의 영은 그런 예배의 장소에 참으로 거하시기 때문이다. 그러나 하나님께서는 이스라엘의 성소를 하늘에 있는 성소의 모형으로 선택하셔서 자기 백성 가운데 거하는 자신의 임재를 드러내시고, 그것이 그리스도 안에서 성취되도록 준비하셨다.

면에 자리한 신학적 이해는 질병은 이 세상에서 살아가는 타락한 인간으로서 피할 수 없는 부분이라는 사실이다.

오늘날 교회 안에도 회중 안에 다시 들어가기 위한 의식은 존재하지 않는다. 구약의 그런 모든 의식은 예수 그리스도의 속죄 제사 안에서 모두 성취되었고, 그 성취는 우리로 하여금 죄와 그 결과로부터 벗어나 하늘에 있는 그분의 성소에 들어갈 수 있는 길을 제공했다. 그런 영적 실재는 위로와 소망을 가져다준다. 이스라엘의 대제사장이 특정한 경우에 백성들이 육체적으로 정결하다고 선언하고, 또한 그들이 영적으로 거룩하다고 선언하는 제사 의식을 드렸던 것처럼 우리의 대제사장이신 예수 그리스도께서도 그와 동일한 일을 단번에 그리고 영원히 행하셨다. 그분은 우리의 죄와 우리의 질고를 자기 몸으로 담당하셨다. 그리고 그 일은 우리가 썩지 아니할 것으로 다시 일어나 영광 중에 그분의 임재에 들어가는 것을 보장한다. 그때까지 우리는 이 연약함을 가지고 이 땅에서의 삶을 살아가며, 모든 치유와 온전함의 회복은 우리가 입을 영광의 예고편으로 바라보아야 한다.

참고 문헌

Cochrane P. T. "Archaeology, Mildew, and Leviticus 14." *buried History* 26(1990): 3–11.

Davies, M. L. "Levitical Leprosy, Uncleanness and the Psyche." *Expository Times* 99(1988): 136–9.

Fishbane, M. "Biblical Colophons, Textual Criticism, and Legal Analogies." *CBQ* 42(1980): 438–49.

Harrison, R. K. "Leprosy." Pp. 111–13 in vol. 3 of *The Interpreter' s Dictionary of the Bible*. Edited by G. A. Buttrick et al. Nashville: Abingdon, 1962.

Hulse, E. V. "The Nature of Biblical 'Leprosy' and the Use of Alternative Medical Terms in Modern Translations of the Bible." *Palestine Exploration Quarterly* 107(1975): 87–105.

Meier, S. "House Fungus: Mesopotamia and Israel(Lev 14:33–53)." *revue biblique* 96(1989): 184–92.

Wilkinson, J. "Leprosy and Leviticus: A Problem of Semantics and Translation." *Scottish Journal of Theology* 31(1978): 153–66.

——. "Leprosy and Leviticus: The Problem of Description and Identification." *Scottish Journal of Theology* 30(1977): 153–69.

24

Laws of Purification

질병 후의 회복: 피부병 이후의 정결 의식(14:1-32)

레위기 14장은 질병 이후의 회복을 위해 규정된 의식을 기록하고 있다. 그 의식은 이제 깨끗하고 건강하게 된 후 성화를 통해 하나님께서 제의적으로 받으실 만한 것으로 만드는 것이다. 이 내용을 13장 1-46절 이후에 바로 다룸으로써 두 부분, 곧 문제와 처방에서 하나의 메시지를 이끌어내기를 원하는 주해자가 그 부분을 함께 볼 수 있게 했다. 그 두 부분을 하나로 만드는 데에는 개요를 살짝 변경하고 그 내용을 조금 더 압축하는 일이 포함된다.

만일 레위기 13장이 거룩한 임재로부터 분리됨을 말하는 암울한 것이었다면, 레위기 14장은 고통당하던 사람이 언약의 공동체로 회복되었기 때문에 소망으로 가득 차 있다.[1] 이스라엘 백성은 공동체 안에서의 교제의 회복을 위한 이 규정들을 통해 거룩하신 하나님의 속성을 더 잘 배우게 되었다.

---

1. *D. Tidball, Discovering Leviticus*(*Leicester, England*: *Crossway*, 1996), 109.

신학적 주제

이 장을 채우고 있는 기본적인 신학은 여호와께서 병자를 언약 공동체 안의 교제로 회복시키기 위해 만드신 은혜와 사랑의 규정이다.

이 장은 또한 독자들에게 이제 정결해진 사람조차도 속죄의 제사 의식을 통해서만 거룩한 곳에 들어갈 수 있다는 것을 다시 한 번 알려준다. 더구나 성소로부터 격리되었던 사람이 이제 여호와로 인해 예배를 빠졌던 것을 보상해야 했다.

그리고 이 장은 삶과 죽음에 대한 미묘한 균형을 일깨워주는 장이다. 새 한 마리는 죽임을 당하고 다른 한 마리는 놓아주는 가운데 예배자는 자신의 병 역시 이렇게 혹은 저렇게 끝날 수 있었지만, 하나님의 선하심으로 마치 다시 하늘을 날게 된 새처럼 자유를 얻었기 때문에 자신의 운명이 하나님의 손에 있음을 깨달았다.

본문 개괄

메시지 요약

제사장에 의해 깨끗함을 선언 받은 예배자를 회복시키기 위해서 두 가지의 정교한 일련의 의식이 이어졌다. 우선 예배자는 살아 있는 새 두 마리, 백향목, 홍색실, 우슬초를 가져와 제사장은 새 한 마리의 피를 예배자에게 뿌리고 남은 새 한 마리는 놓아보내 예배자가 다시 진 안으로 들어갈 수 있게 했다. 두 번째로, 예배자는 어린 암양 한 마리와 어린 숫양 두 마리(혹은 새), 고운 가루, 기름을 가져와 제사장이 예배자에게 바르고 속죄에 합당한 제물을 드렸다.

본문 개요

서언: 여호와께서 모세에게 부정했던 이스라엘 백성을 위한 의식을 전하셨다 (14:1-2).

I. 의식 외적인 측면: 제사장에 의해 깨끗하다는 선언을 받은 예배자는 살아 있는 새 두 마리, 백향목, 홍색실, 우슬초를 가져왔고, 제사장은 한 마리 새의 피를 예배자에게 일곱 번 뿌리고 다른 새는 놓아주었으며, 예배자는 진 안에 들어가기 전에 면도와 목욕을 했다(14:3-9).

A. 병에 걸렸던 사람이 진찰을 받고 건강한 것이 발견된 후에는 제사장에게 특정한 의식 절차가 요구되었다(14:3-7).

B. 피부병에 감염되었던 사람이 정결해지고 진에 들어가기 위해서 특정한 의식 절차가 요구되었다(14:8-9).

II. 의식 내적인 측면: 제사장에 의해 깨끗하다고 선언 받은 예배자는 어린 암양 한 마리, 숫양 두 마리, 고운 가루, 기름을 가져와 제사장이 속죄를 위해 속건제, 속죄제, 번제, 소제를 드릴 수 있었다(14:10-20).

A. 병이 나은 사람은 암양 한 마리, 숫양 두 마리, 기름에 섞은 고운 밀가루 3/10에바, 기름 한 록을 가져왔다(14:10).

B. 제사장은 회막문 앞 여호와 앞에서 제물들과 함께 병이 나은 사람을 받았다(14:11).

C. 제사장은 병이 나은 사람을 대신해서 속건제, 속죄제, 번제, 소제를 드렸다(14:12-20).

1. 속건제가 드려졌다(14:12-13).
2. 병이 나은 사람의 속죄를 위해 드려진 제사 다음에 제물의 피

를 바르고 뿌리는 의식이 있었다(14:14-18).

3. 속죄를 이루기 위해 속죄제가 드려졌다(14:19-20a).
4. 속죄를 이루기 위해 번제가 드려졌다(14:20b).

III. 가난한 사람을 위한 의식: 가난한 예배자는 제사장에 의해 깨끗하다는 선언을 받은 후에 동일한 의식을 치르기 위해 필요한 동물 대신 새를 가져올 수 있었다(14:21-32).

A. 가난한 사람에게도 동일한 의식과 나아감이 요구되었는데, 다만 속죄제와 번제를 위한 양 대신에 새를 드릴 수 있었다(14:21-23).
B. 가난한 사람을 위한 속건제는 다른 사람들과 동일했다(14:24-29).
C. 가난한 사람의 경우, 속죄제와 번제는 새를 제물로 드릴 수 있었다(14:30-32).

내용 강해

주해의 초점은 병에 걸렸던 사람이 언약의 공동체 가운데 회복되었다는 사실에 맞추어져야 한다. 그 절차는 치료를 위한 것이 아니라 정결에 관한 것이었다. 그리고 여기에 레위기 율법과 고대 근동의 관행 사이에 중대한 차이점이 있다. 이스라엘의 제사장은 이교도들이 그랬던 것처럼 마법이나 귀신 쫓음을 통해 병자를 낫게 하려고 하지 않았다(*Wenham*, 207). 요점은 그 사람이 이제 완전히 회복되었고, 따라서 긴 의식의 초점은 재허가에 놓였다는 사실이다. 죽음에서 생명으로, 진 밖에서 진 안으로 옮겨진 사람의 회복이 강조되었고, 따라서 의식의 절반은 밖에서 그리고 나머지는 안에서 진행되었다.

이 본문은 다음과 같이 상당히 많은 방법으로 나뉠 수 있다. 새의 의식

(14:3-7), 씻음(14:8-9), 제사(14:10-20) 그리고 가난한 사람을 위한 배려(14:21-32). 이 내용을 시간 순서에 맞게 나누는 것은 한결 간단한 일이다. 첫째 주는 진 밖(14:3-9), 두 번째 주는 진 안(14:20-30)이었다. 가난한 이를 위한 조건 변경(14:21-31)에 관한 내용은 다소 쉽게 다룰 수 있는데, 의식은 기본적으로 동일했기 때문이다. 14장 32절은 요약이다.

I. 하나님께서는 질병에서 고침 받은 사람이 공동체 가운데 회복될 수 있도록 규정을 마련하셨다(14:3-9).

요점을 이렇게 표현한 이유는 전체 본문이 병자를 거룩한 곳에 있는 언약 공동체에 회복시키기 위한 여호와의 지시를 기록하고 있으며, 또한 이 본문에서 사용된 상징으로 볼 때 하나님께서는 궁극적으로 건강을 회복시키시고 깨끗하게 하시는 분이기 때문이다. 이 의식과 나머지 성경의 분명한 가르침에 근거해서 질병으로부터의 모든 회복은 일반적인 회복이건 혹은 극적인 치유건 하나님의 사역으로 인정되었다(또한 반드시 그래야 했다). 모든 회복은 장차 올 세상에서의 최종적인 새 출발을 알리는 전조다. 그러나 그보다 더 중요한 것은, 병에 걸렸던 사람을 다시 여호와의 거룩한 임재 안으로 인도할 수 있도록 규정이 베풀어져야 했다는 것이다.

의식은 다음과 같았다. 질병에서 회복된 사람은 진찰하는 제사장으로부터 승인을 구하고 이어서 새 두 마리를 드렸다. 한 마리는 죽이고, 그 피를 질그릇 안에 담긴 깨끗한 물과 섞었다. 피와 물을 섞은 것을 우슬초를 이용해 예배자에게 뿌렸다. 살려둔 새는 물에 살짝 담근 다음 날려 보냈다. 이어서 예배자는 털을 깎고 목욕을 함으로써, 진 안에(그러나 아직 자기 집에는 아님) 들어가 살 수 있기에 충분히 깨끗해졌다. 일곱째 날 다시 면도와 목욕을 하여 진 안에 들어갈 의식을 준비했다.

이것이 나타내는 상징은 본문으로부터 가능한 한도 안에서 최대한 설명되고 뒷받침되어야 한다. 두 마리 새는 고침 받은 이스라엘 백성을 가리킨다. 한 마리를 죽이는 것은 아마 하나님의 개입을 벗어난 병든 사람의 운명을 가리키는 것으로 보인다. 다른 새를 자유롭게 놓아주는 것은 질병의 제거를 상징했다. 따라서 두 마리 새는 병에 걸린 사람에게 가능한 두 가지의 운명인 죽음, 혹은 생명을 가리킨다. 케일(*Keil*)은 날려 보낸 새는 그 사람이 이제 새 생명, 새 에너지, 죽음의 족쇄로부터 벗어나 자유를 얻었다는 것을 가리킨다고 말한다.[2] 이 상징은 대속죄일에 염소 한 마리는 죽이고 다른 염소 한 마리는 죄를 지워 진 밖으로 내보내는 것과 유사하다. 여기서 한 마리 새는 병을 지고 간 것이다.[3]

물은 고여 있는 물이 아니라 솟아나는 샘에서 길어온 '흐르는 물'이었다. 신선하게 흐르는 물은 아마도 그 사람의 새롭고 신선한 출발을 가리키는 것으로 보인다. 정결의 원천으로 오염된 물은 분명 사용될 수 없었다.

제사장은 살아 있는 새, 백향목, 홍색 실, 우슬초를 죽은 새의 피를 섞은 물에 살짝 담갔다. 이 대상물은 정결 의식 가운데 자주 사용되지만, 그 사실 외에 그것이 정확하게 강조하는 것이 무엇인지 규정하기는 어렵다. 붉은 암송아지를 드리는 의식에서 위의 세 가지 물건은 모두 불길에 던져 정결하게 하는 재의 일부가 되었다(민 19:6). 백향목에는 몇 가지 해석이 내려졌다. 스네이드(*Snaith*, 73)는 유대 전승에 의하면 백향목(키가 큰 나무임)은 문둥병이 교만에 의해 일어난 것이라고 말한다. 반면 우슬초(작은 관목임)와 홍색 실(작은 벌레를 원료로 만듦)은 그 치유가 겸손을 통해 일어났음을 가리킨다[왕상

---

2. *C. F. Keil, The Pentateuch(trans. J. Martin; Edinburgh: Clark*, 1874; *repr. Grand Rapids: Eerdmans)*, 2:385.

3. 더 자세한 내용은 데이비스(*D. J. Davies*)의 *"An Interpretation of Sacrifice in Leviticus," ZAW* 89(1977): 397을 보라.

4:33(*MT* 5:13)을 보라]. 그러나 스네이드가 제시한 가장 그럴 듯한 생각은 백향목은 가장 튼튼한 나무로 아마 향기로운 냄새 때문에 선택되었을 것이라는 주장이다. 이것 역시 가능하지만, 그 시대에 비해 너무 앞선 것으로 본 해리슨(*Harrison*, 150)은 튼튼함으로 잘 알려진 백향목은 미래의 질병에 대한 저항, 곧 후천적인 면역력의 원리를 상징한다고 주장한다.

홍색 실은 아마 백향목과 우슬초를 뿌리는 도구로 한데 묶는 데 사용되었을 것이다. 그러나 이 빨간색이 희생의 피에 의한 정결의 목적을 상징하는 것임에는 의심의 여지가 없다.

우슬초는 거룩하게 구별될 제단이나 대상물에 피를 뿌리는 데 사용되는 작은 관목, 혹은 덤불나무다[시 51:7(*MT* 51:9)를 보라]. 이 이름은 여러 가지 다른 식물을 가리키는 데 사용되었는데, 복음서에서 해융을 낀 우슬초는 십자가에 달리신 그리스도에게 식초를 전하기 위해 사용되었다(요 19:29).[4] 여기서 우슬초는 예배자가 정결하다고 선언받기 전에 일곱 번 뿌리기 위해 사용되었다. 이것 역시 대속죄일에 피가 일곱 번 뿌려지는 것과 동일하다.

그 사람은 몸을 씻고, 털을 깎고 칠 일을 기다린 다음, 다시 몸을 씻고 털을 깎았다. 몸을 씻는 것과 털을 깎는 것은 예배자의 질병의 모든 부속물과 결과물을 제거했음을 가리킨다(흥미 있는 것은, 몸을 씻는 것과 털을 깎는 것은 오늘날에도 수술시에 청결을 확보하기 위해 반드시 시행되는 정례적인 일이 되었다는 점이다).

칠 일을 기다리는 것은 완전한 회복을 보장하기 위한 예비 단계다. 그 사람은 언약 공동체로 회복되기 위해 팔 일째에 의식이 진행되기를 기다렸다.

진 밖에서의 의식은 이것으로 완결되었다. 제사장은 그에게 아무런 질병이 남아 있지 않고, 아무 질병도 진 안으로 들여보내지 않음을 선언했다. 회복된

---

4. 해리슨(*R. K. Harrison*)의 "*Hyssop*," *Evangelical Quarterly* 26(1954): 218-14를 보라.

사람은 이제 진 안으로 들어갈 수 있었지만, 아직 자기 집으로는 들어갈 수 없었다. 완전한 회복, 곧 속죄가 완성되기 전에 아직 한 단계가 필요했다.

Ⅱ. 하나님께서는 정결하게 된 예배자를 속죄의 제사를 통해 언약 공동체에 완전하게 참여하도록 회복시키신다(14:10-32).

이제 의식은 성소 뜰 안에서 계속 진행되어, 예배자는 합당한 제사인 속건제, 번제, 속죄제, 소제를 드렸다. 이 의식은 다른 것들과 비슷했지만 전적으로 동일하지는 않았다. 이 제사들은 예배자가 성소에 들어갈 때 일반적인 입장 절차로 드려졌지만 전체가 이런 식으로 드려지지는 않았다.

제사장은 숫양 한 마리를 잡아 속건제로 드렸다.[5] 회복된 예배자는 일정 기간 성소로부터 분리된 것을 보상했다. 예배자는 병을 앓는 동안 십일조나 제사를 드릴 여력이 없을 수도 있었다. 따라서 이 부지중에 하나님의 것을 '도적질한' 일은 바로잡을 수 있는 것이었다(민 6:12 참조). '도적질'은 아마 너무 강한 의미를 가진 말일 것이다. 이 말은 제사를 드리지 못한 사람이 하나님의 것을 제때 드리지 못했다가 이제 그것을 보충할 수 있게 되었다고 보는 것이 낫다. 죄의 고백은 이 의식에 포함되지 않았다.[6]

따라서 숫양은 먼저 요제로 드려진 기름과 함께 드려졌다. 그 절차는 레위인들을 제사장직에 임명하는 절차와 유사했다. 이 의식 역시 그들을 거룩한

5. 제사의 용어들이 다르다. 숫양은 다 자란 암양 대신에 드려졌고, 1/5의 벌금이 요구되지 않았다(민 6:12를 보라). 병을 앓는 동안 손실이 있었을 수도 있지만, 그것이 어느 정도인지 계산하는 것은 불가능했고, 따라서 제사장은 아무런 벌금도 산정하지 않았다(*Snaith*, 75).

6. 밀그롬(*Milgrom*, 856-57)은 이 의식 이면에는, 비록 그가 어떻게 죄를 지었는지는 분명하지 않지만 그 질병이 죄에 의한 것이라는 생각이 놓여 있을 수 있다고 주장한다[민 12:9-12, 대하 26:17-21를 보라(여기서 피부병은 죄의 결과였다)]. 제사는 그 죄가 일어났을 '만일의 경우'를 위해 드려졌을 수 있다(욥 1:5와 출 28:38 참조, 여기서 머리에 쓰는 관 위의 금패는 예배하는 이스라엘 백성의 모든 위반을 담당했다).

곳에 들어갈 수 있도록 준비시키는 의식이었다(레 8:15-2). 그것으로 이 사람은 다시 한 번 하나님께 구별되고 그분의 뜰에 나아갈 수 있게 되었다.

피와 기름을 바르는 것(위임식에 동일한 의식이 사용된 8:22-24 참조)은 이와 동일한 방법을 따르는 것으로 보인다. 제사장은 피 일부를 오른쪽 귓불, 오른손 엄지손가락, 오른발 엄지발가락에 발랐다. 이 순서는 이어서 기름을 바르는 의식에도 반복되었다(그에 앞서 기름 일부를 여호와 앞에 일곱 번 뿌렸다). 피는 예배자를 제단과 연결시켰고, 정결하게 했다. 기름은 그를 제사장과 연결시켰고, 제사를 봉헌했다. 그리고 이 의식은 여호와께 완전한 봉헌이 이루어졌음을 의미했다. 이제 그는 통상적인 제사를 드릴 수 있었다. 이것은 여호와를 예배하고 섬기기 위해 성소에 들어온 사람이 항상 드리는 제사와 동일한 것이었다.

레위기 14장 21-31절은 가난한 사람을 위한 특별 규정을 마련했다(14:32는 요약이다). 이 내용은 주해 가운데 분리될 부분이 아니다. 왜냐하면 의식의 핵심은 동일하기 때문이다. 이 부분은 앞의 제사 의식에서처럼 수입이 적은 사람을 위해 요건을 완화했다고 언급하고 지나칠 수 있다. 대부분의 경우 질병은 퇴직을 가져왔고, 따라서 이런 배려를 필요하게 만들었다.

결론

어떤 질병으로부터 회복된 이스라엘 백성은 언약 공동체, 곧 성소와 자기 집에 다시 들어가기 전에 다소 상세한 의식을 거쳐야 했다. 이 규례의 주제는 다음과 같은 것을 가르친다.

> 여호와께서는 건강을 회복한 자가 속죄의 제사 의식을 통하여 언약 공

동체 안에 온전히 들어갈 수 있는 길을 베푸셨다.

이 의식의 상세한 부분, 즉 두 마리 새, 피와 물, 제사, 피와 기름 등은 모두 치유된 사람을 정결하게 하고 봉헌하는 데 기여하는 것으로, 그들로 하여금 새롭고 산뜻한 출발을 드릴 수 있게 해준다.

하나님께서 공동체로의 회복을 제공하셨다는 것은 또한 그들을 건강하게 회복시키신 분이 바로 하나님이심을 가리킨다. 이는 하나님께서 거듭 전하신 교훈이다. "나는 너희를 치료하는 여호와임이니라"(출 15:26). "이제는 나 곧 내가 그인 줄 알라 나와 함께하는 신이 없도다 내가 죽이기도 하며 살리기도 하며 상하게도 하며 낫게도 하나니 내 손에서 능히 건질 자 없도다"(신 32:39). 진정한 예배자는 모든 회복이 하나님께로부터 온 것이고, 그분의 영광의 임재 안에서 최종적이며 궁극적인 회복을 예기하는 것임을 알았다. 그들이 자기 건강을 회복할 때 느낀 기쁨과 위로는 앞으로 펼쳐질 기쁨의 예고에 불과했다. 따라서 그들은 하나님의 임재로의 회복 의식 가운데서 이 믿음을 증거할 필요가 있었다. 그것은 크게 축하할 일이었다.

그리스도인에게 오늘날 그러한 의식은 없지만, 그 원리에서 배울 것이 있다. 언제라도 치유되고 회복되어 삶과 예배에 온전히 참여할 수 있게 되면 감사 헌금으로라도 찬미의 제사를 드리는 것이 합당하다(히 13:15). 그들은 최소한 자신에게 생명을 주신 분은 하나님이시며 자신이 이제 죽지 않을 것임을(시 118:17), 하나님을 섬기고 찬양하기 위해 생명이 회복되었음을(사 38:9-20), 질병으로부터의 회복은 장차 영광 가운데 저주가 벗겨졌을 때 자유함을 얻은 새처럼 육체의 모든 질병과 고통에서 벗어날 것임을 그리고 이 모든 것은 그리스도께서 흘리신 피로써 가능해졌음을 깨달아야 한다. 이 원리는 새 언약 안에서도 충만하게 적용된다. 병을 앓던 우리는 하늘에 있는 성소, 하나님의 임재 안에 들어가기 전에 변화될 것이고, 그 변화는 그리스도의 제사를 통해서만 가능해질 것이다.

우리는 신약에서 예수님께서 문둥병자를 비롯해 질병으로 고통 받고 있던 사람들을 고쳐주심으로써(마 26:6, 막 1:40-45, 눅 17:11-19) 모든 백성을 천국에 들어가기에 합당하게 만드실 수 있음을 보여주신 일들을 본다. 그분은 백성들을 몸으로나 영혼으로나 온전하게 만드셨고, 자신의 죽음을 통하여 그들의 죄와 질고를 자신에게 지움으로써 속죄 사역을 완성하셨다.

실제로 그리스도의 죽음은 본문 앞부분의 주제와 함께 이 장의 주요 동기들을 하나로 모은다. 첫째로 제사장이 진 밖으로 나가 병에 걸린 사람을 만나는 것은 그리스도께서 세상 죄를 위하여 영 밖에서 죽으신 일 안에서 성취된 주제다(히 13:12). 그리고 새 두 마리의 의식은 그리스도의 죽음과 부활 가운데 그 성취를 발견할 수 있다(롬 3:25). 그분의 제사는 속건제(사 53:10), 속죄(롬 3:25), 정결(고후 5:21) 그리고 예배의 봉헌을 이룬다. 기름부음은 성도들로 하여금 깨끗하고 정결하게 하여 이 땅에서 섬기고 영광에 합당할 수 있도록 성령님을 보내신 것과 일치한다(슥 4:6, 요일 2:20).

그렇다면 그리스도의 속죄 사역은 삶 전체(몸과 영혼)에 적용되며, 우리에게 거룩하신 여호와 하나님과의 교제를 회복시키시고, 우리를 영광에 합당하게 만드신다. 그것은 완전한 건강에의 회복, 곧 장차 올 세상에서의 생명에 대한 증거다. 완전한 정결은 우리로 하여금 하나님의 음성을 듣고, 그분의 뜻을 행하며, 그분의 길을 걷는 것을 가능하게 한다. 우리는 하나님을 향한 거룩함과 섬김 가운데 살도록 깨끗하게 되었다. 신약은 영적 치유에 초점을 맞추고 있으면서도 몸을 무시하지 않는다. 왜냐하면 우리의 모든 것이 하나님 앞에서 회복되었기 때문이다. 해리슨(*Harrison*, 149)이 말한 것처럼, 이 고대 의식이 교제를 회복한 것과 마찬가지로 "십자가에서 흘리신 그리스도의 피는 사람을 하나님과 화목하게 하고, 죄인을 믿음의 식구와 하나 되게 하는 것을 가능하게 한다." 이것은 진리의 모든 적용의 기초가 된다.

25

Laws of Purification

거룩함과 감염: 곰팡이와 진균에 감염됨 (13:47-59)

레위기 13장의 후반부는 사람이 아니라 옷감을 다루고 있다. 그러나 동일한 원리가 이곳에도 적용된다. 만일 그 물질이 곰팡이로 인해 훼손되면, 즉 처음에 의도된 것을 벗어나면 그 문제는 반드시 바로잡아져야만 했다. 피부병에 사용된 것과 동일한 용어가 옷감에 생긴 곰팡이에게도 사용되고 있다는 것은 전혀 놀라운 일이 아니다. 사람과 옷감은 모두 썩음과 죽음으로 저주를 받은 세상 안에 존재하는 것이며, 두 가지 모두 모양을 망가뜨리고 훼손시킬 가능성이 있는 미생물의 공격에 노출되어 있다. 겉으로 드러나는 증상은 비슷하기 때문에 동일한 용어가 두 가지 경우에 함께 사용되었다.

우선 주해자는 이 본문을 앞의 내용과 반복되며 비적합한 내용으로 넘기고 지나갈 수도 있다. 그러나 이 주제는 하나님께서 상당한 시간을 들여서 기록하시기에 충분히 중요한 것이다. 이 내용은 사람들이 매일 대처해야만 하는 것들이다.

신학적 주제

본문은 여기서 다시 세상에 들어온 죄의 영향을 다룬다. 즉 오염과 타락, 더럽혀짐과 죽음의 저주가 평생 동안 온 세상에 존재한다는 것이다. 이것은 하나님께서 창조하신 의도가 아니며, 앞으로 그렇게 되기를 원하시는 그런 모습도 아니다. 이 규정들은 그런 더러움은 여호와 하나님의 실제적 거룩함과 부합되지 않았음을(그리고 않음을) 분명히 보여준다.

주해자는 이스라엘 안의 거룩함의 상징은 온전함임을 반드시 지적해야 한다. 제사로 드릴 동물은 완전해야 했고, 제사장은 아무런 결함이 없어야 했으며, 예배자는 외적으로 건강해야 했다(*Wenham*, 202). 해리슨(*Harrison*, 147)은, 이스라엘의 참된 예배자는 삶의 모든 영역이 영성에 포함되어 있는 전인격을 갖춘 사람이었다고 덧붙인다. 이것은 부정적인 측면에서는 삶을 더럽히는 것들을 제거하는 것으로, 긍정적인 측면에서는 하나님과의 올바른 관계로 표현되었다. 하나님의 임재와 온갖 부정함은 서로 부합되지 않았다.

본문 개괄

메시지 요약

만일 베옷이나 털옷이나 가죽 옷에 푸른색이나 붉은색 곰팡이가 생기면 제사장은 칠 일 동안 그것을 살펴보고, 만일 곰팡이를 빤 다음에 없어졌으면 정결하다고 선언했다. 그리고 만일 곰팡이가 번지거나 없어지지 않으면 부정하다고 선언하고 그것을 태웠다.

본문 개요

I. 만일 푸른색이나 붉은색 곰팡이가 베옷이나 털옷이나 가죽 옷에 생기면 제사장에게 보여야 했다(13:47-49).

  A. 곰팡이는 털옷이나 베옷, 혹은 가죽 옷에서 발견될 수 있다(13:47-48).

  B. 푸른색이나 붉은색 곰팡이의 확대는 '문둥병의 색점'으로 반드시 제사장에게 보여야 했다(13:49).

II. 곰팡이가 생긴 옷은 칠 일 동안 살펴보았을 때 곰팡이가 퍼지거나, 빤 다음에 아무 변화가 없거나, 혹은 진한 부분을 잘라낸 다음에도 여전히 번지면 태웠다. 그러나 옷을 빤 다음에 곰팡이가 사라지면 정결하게 되었다(13:50-58).

  A. 만일 곰팡이가 칠 일 후에 번지면 전염이 되는 곰팡이로 그것은 반드시 태워야 했다(13:50-52).

  B. 만일 곰팡이가 번지지 않으면 옷을 빨고, 그것이 내부의 부패로 말미암은 것으로 반드시 태워야 하는 것인지 여부를 다시 칠 일 동안 살펴보아야 했다(13:53-55).

  C. 만일 곰팡이가 옅어지면 찢어버려야 했고, 여전히 번지면 그 옷은 불태워야 했다(13:56-57).

  D. 만일 옷을 빤 후에 곰팡이가 번지지 않고 사라졌다면, 그 옷은 다시 씻어 정결하게 되었다(13:58).

결어: 이것은 의복이 정결한지 부정한지를 결정하는 절차였다(13:59).

내용 강해

이 본문의 의미는 표현하기가 쉬울 것이다. 집이나 의복 혹은 자동차를 소유한 사람이면 그것이 얼마나 빠르게 부패하고 상하는지 그리고 그 부패나 부식을 막는 것이 얼마나 중요한지 잘 알 것이다. 이 논의는 매우 실용적인 측면을 갖고 있다. 그러나 피부병에서와 마찬가지로 곰팡이는 부정으로 간주되었고, 성소의 의식에 참여하는 것을 방해하는 문제로 여겨졌다.[1] 본문의 관심은 성소에 들어가기 위한 정결의 요구에 있으므로 주해자는 교회를 위한 주해에 적합하도록 전개하기 위해 폭넓은 문맥을 살펴보아야만 한다. 정결하고 건강해지는 것은 실용적인 것이지만, 그 모습은 더 많은 것을 상징하고 있다.

주해 개요를 정하는 것은 약간 어렵다. 만일 이 본문이 그 자체로만 취급된다면 주경적인 개요와는 다르게 다음과 같이 분리될 수 있다. 곰팡이를 보고할 필요성(13:47–49), 옷감에 대한 진단과 반드시 태워야 하는 형태들(13:50–57), 회복될 수 있는 것들(13:58) 그리고 정결과 부정을 다루는 요약(13:59). 만일 이 본문이 곰팡이에 관한 하나의 메시지를 만들기 위해 14장 33–57절과 연계된다면 13장 47–59절은 메시지의 전반부로 하고 이 부분은 부주제가 된다.

I. 온전하지 못한 감염은 바로잡을 수 있도록 반드시 확인되어야 한다(13:47–49).

1. 레위기 13장에서 피부병은 주로 정결과 관련된 문제였다. 사람들 입장에서 보면, 본문은 몸의 치유에 관해서 말하는 것이 아니라 정결에 관해서만 이야기한다. 게다가 본문은 격리에 대해서 아무런 상세한 언급을 하지 않으며, 감염된 사람이나 물건과의 접촉에 대해 아무런 경고도 하지 않는다. 고대 세계에는 다루어야 할 많은 질병이 있었지만 이 본문은 그 가운데 매우 일부분인 국부적인 감염의 모습을 보이는 것만 규정하고 있다. 그리고 주된 관심은 의식적인 정결이다(특히 *Milgrom*, 817–19를 보라).

처음 세 구절은 단순히 이 본문의 원리를 각기 다른 옷감에 적용하고 있다. 앞에서 언급한 것처럼 *ṣāraʿat*는 '문둥병'이나 '색점' 혹은 '곰팡이'처럼 옷감에 난 곰팡이를 말한다. 의복이나 옷감(털이나 베, 혹은 실이든)[2]과 가죽이나 가죽 제품(가공을 기다리는 천연 가죽이든 가죽으로 만든 물품이든)에 있는 심각한 감염은 자세히 살펴보아야 했다. 만일 그 물건이 번지는 곰팡이에 감염되었다면 그것은 제사장에게 보여 그것이 정결한지 부정한지 진단할 수 있게 해야 했다.

이 규정은 정결법이 주된 관심임을 분명히 보여준다. 만일 이것이 그 물질을 보존하기 위한 실용적인 규정에 불과하다면 제사장에게 보일 이유는 없다. 그러나 제사장이 연계되었기 때문에 그 문제는 그 사람이 성소에 참여하는 것과 연결된다.

Ⅱ. 온전하지 못한 감염이 번지면 반드시 제거되어야 한다(13:50–58).

이 본문의 핵심은 제사장이 그 물체에 행하는 진단을 기록하고 있다. 첫 진단은 직접적이다. 그 물체를 일주일 동안 격리하여 어떤 일이 일어나는지 보는 것이다. 만일 곰팡이가 번지면 그 옷감을 불에 태웠다. 이것은 감염을 제거하는 확실한 방법이다.

만일 곰팡이가 번지지 않으면 옷감을 씻고 그것을 다시 일주일 동안 격리했다. 만일 그 기간 동안 겉모양이 변하지 않는다면 그것은 부정한 것이고 반드시 태워야 했다.[3] 그러나 만일 감염된 부분이 옅어지고 퍼지지 않았다면 그 부

---

2. 주석들은 '날과 씨'라는 표현에 대해 논의한다. 그 말은 옷감에서 가로와 세로로 짜여진 실을 말한다. 그러나 문제는 그 표현이 불필요해 보인다는 점이다. 옷이 감염되지 않았는데 어떻게 날줄과 씨줄이 감염되겠는가? 어떤 이는 '날과 씨'는 아직 옷감으로 짜여지지 않은 실을 가리킨다고 생각한다. 다른 이는 그것을 단순히 옷감 전체를 가리키는 요약으로 생각한다.

3. *Peḥetet*는 겉모습을 설명하며 *BDB* 809에서는 '구멍을 뚫다'와 연결되어 있다. 웬함(*Wenham*, 194)은 그 의미가 '부식된'이라고 주장한다.

분을 도려내고 수선했다.

Ⅲ. 부정한 것은 무엇이든 용납될 수 없다(13:59).

레위기 13장 59절은 전체 부분(13:2과 연결되어야 하는)의 요약이다. 제사장은 우선 피부병과 관련해서 그리고 옷감에서 정결과 부정을 구별해야 할 임무가 있다. 그들은 감염된 증세를 보고 옷감이 여호와의 임재 가운데 거하는 언약 공동체의 표준에 부합하지 않음을 선언했다.

결론

이 장에서 이 본문의 시대를 초월하는 신학적 주제는 다음과 같이 말할 수 있다.

> 부패나 타락은 여호와의 거룩하심과 부합하지 않으며 반드시 제거되어야 한다.

이 주제는 다시 우리가 살아가고 있는 타락한 세상의 본성과 관련이 있다. 이런 본문은 타락이 하나님의 속성과 부합하지 않는다는 사실을 일깨워주는 역할을 한다.

어떤 주해자들은 이 본문을 다지 죄를 나타내는 그림언어로만 사용하지만, 본문은 죄가 아니라 세상에(그 세상도 바울이 말한 것처럼 신음하며 구속의 날을 기다리고 있다, 롬 8장) 들어온 죄로 인한 환경 안에 그리고 그 속에 들어 있는 부패를 다루고 있음을 명심해야만 한다. 여기에서의 핵심은 부패하고 타락한 세상은 예배자를 하나님의 임재에 합당하지 않게 만들며, 그들을 더럽힌다는 것이다. 우리의 육체적 환경의 오염은 세상 안에 존재하는 악에 대하여 그리고 그것이 장차 올 세상에서 존재하지 않을 것에 대하여 영원히 일깨워주는 역할을 한다. 우리도 곰팡이, 부패, 부식, 오염, 불결함, 타락을 본다. 육체적인 것은 영적 타락이 진행되고 있음이 겉으로 드러나는 표시다.

대체적으로 사람은 여호와를 믿을 때 보통 순결하거나, 온전하거나, 깨끗하거나, 혹은 선한 일을 끌어안는다. 그리고 일반적으로 건강하고 온전한 삶을 살려고 애쓴다. 비록 오늘날에는 곰팡이 때문에 주님을 예배하러 집회에 참석하는 것이 금지되지는 않지만, 그것은 이 세상의 본질을 깨우쳐주는 것이자 이 세상에 속한 것들에 지나치게 집착하지 않게 하는 경고가 되어야 한다. 왜냐하면 이 세상은 사라지고 말 것이고, 하나님께서 우리에게 주신 돌보아야 할 소명이며, 우리에게는 장차 올 세상이 이 세상과 같지 않다는 위로가 있기 때문이다.

이것은 성화에 대한 실용적인 교훈이 될 수도 있다. 온 세상은 육체적이든 영적이든 하나님의 백성들을 타락하게 하는 영향을 미치고 있으며, 그들은 그것들이 하나님의 임재와 부합하지 않는다는 것을 깨닫고 그것들로부터 구별되기 위하여 모든 주의를 기울여야 한다. 어쩌면 이것은 곰팡이를 그런 것들에 대한 상징으로 사용하여 세상으로부터의 영적 오염(모든 오염은 궁극적으로 영적인 것이다)을 피하라는 개념으로 연결될 수 있다. 스가랴 3장 3-4절, 유다서 23절, 요한계시록 3장 4절은 의복을 사람의 죄나 의를 가리키는 상징으로 사용한다. 유다서는 교회 안에 있는 거짓 교사와 그들에게 미혹된 사람들에게 관심을 갖고 있다. 반점이 생긴 옷을 제거하고 멀리하는 것은 교회에서 그런 영향력을 제거하는 것이 된다. 유다는 그 사람을 미워하지 말고 제거되어야 하는 죄를 미워하라고 교회에 권고한다. 반점이 생긴 옷을 제거하고 흠 없는 옷을 입는 것은 거짓 가르침과 죄로부터 순결을 지키고 의의 행동 가운데 포함되는 것을 의미한다.

Laws of Purification

26 감염 이후의 회복:곰팡이와 진균에 감염된 이후의 정결 의식(14:33-57)

피부병과 장막과 옷감의 오염에 관한 규례는 이제 집을 포함하는 범위로 확대되는데, 이는 분명 그 땅에 정착하게 될 것을 강조한다. 따라서 이 내용은 원래의 규례를 그런 환경에 적용시키는 별개의 단위를 형성한다. 이 본문은 넓게 보아 레위기 13-14장의 일부가 되기 때문에 여기서도 동일한 핵심이 주어진다. 현 세상의 타락과 오염은 예배자가 하나님을 섬기는 일에 완전하게 참여하기 원한다면 깨끗이 씻음과 정결케 함을 필요로 한다.

신학적 주제

해리슨(*Harrison*, 158)은 공중 위생, 개인 위생, 신체적 청결이 백성들의 행복에 두드러지고 중요한 요소지만 여기서 일관된 주제는 하나님의 거룩함이라고 지적한다. 거룩함과 온전함이 동일한 것은 아니지만, 온전함은 거룩한 것, 하나님의 속성의 반영이다.

이 특정한 단위의 강조점은 하나님께서 타락한 것을 사용하기 위해 마련하신 그것을 깨끗하게 하고 재봉헌하는 규정에 초점을 맞추고 있다.

본문 개괄

메시지 요약

거처에서 곰팡이의 징후가 보고되면, 제사장은 그것이 부정한 곰팡이라면 검사나 격리를 통해 진단하고, 오염된 부분을 교체하거나 집 전체를 허물어 그 치료책을 처방했다. 그리고 정결케 된 곳에 죽인 새의 피를 뿌리고 살아 있는 새를 날려보내는 의식을 통하여(부정함의 제거를 가리키는) 그곳을 재봉헌했다.

본문 개요

서언: 감염된 집과 관련된 규정은 이스라엘이 그 땅에 정착하게 될 것이 기대되는 가운데 모세와 아론에게 알려졌다(14:33-34).

I. 집 안에 부정한 것으로 보이는 곰팡이의 징후가 제사장에게 보고되면 집 안 물건들을 들어내고, 그 색점의 성질을 규정하기 위해 검사를 실시하며, 제사장이 부정한 것으로 의심이 들면 격리를 명했다(14:35-38).

A. 집 안에 부정한 것으로 보이는 곰팡이의 징후가 생기면 반드시 제사장에게 보고해야 했다(14:35).

B. 집 안의 물건이 부정해지는 것을 막기 위해 물건을 들어낸 후에 제

사장은 벽에 변색된 우묵한 부분이 있는지 살펴보았다(14:36-37).

C. 만일 곰팡이가 벽의 표면에 스며들었으면 제사장은 그 집을 칠 일 동안 격리시키고 곰팡이가 부정한지 결정해야 했다(14:38).

II. 부정한 것으로 확인된 곰팡이는 집 안의 오염된 돌이나 회반죽을 제거, 혹은 교체함으로써 치료하거나, 재발이 된 경우에는 그 집을 완전히 무너뜨림으로 치료했다(14:39-47).

A. 검사를 통해 곰팡이가 번진 것이 확인되면 집 안 벽의 오염된 돌과 회반죽을 제거하여 성 밖에 버리고 새 돌과 회반죽으로 교체했다(14:39-42).

B. 만일 곰팡이가 재발되면 그 집을 완전히 무너뜨렸고, 자재는 성 밖에 버렸다. 격리 기간 동안 그 집에 들어간 사람은 저녁 때까지 부정했고, 그곳에서 먹거나 잤을 경우에는 자기 옷을 빨아야 했다(14:43-47).

III. 만일 집을 개조한 후에 부정한 곰팡이가 다시 나타나지 않으면, 제사장은 그 집이 정결하다고 선언하고 정결 의식을 거행했다. 살아 있는 새 한 마리, 백향목, 홍색 실, 우슬초를 흐르는 물과 죽인 새의 피에 담그고 그 피를 집에 뿌렸다(14:48-53).

A. 만일 부정한 곰팡이가 다시 나타나지 않으면 제사장은 그 집이 정결하다고 선언했다(14:48).

B. 제사장은 다음 의식을 통해 속죄를 이루었다(14:49-53).

1. 규정된 정결 의식의 요소는 새 두 마리, 백향목, 홍색 실, 우슬초가 포함되었다(14:49).

2. 살아 있는 새, 백향목, 홍색 실, 우슬초를 흐르는 물과 죽인

새의 피에 담그고, 집에 일곱 번 뿌렸다(14:50-51).

3. 제사장은 살아 있는 새를 놓아 보내어 그 집이 회복되었음을 알렸다(14:52-53).

결어: 피부병, 옷감에 난 곰팡이, 집에 난 곰팡이에 관한 규례는 정결과 부정함 사이의 구별을 가르쳤다(14:54-57).

내용 강해

앞의 두 부분에서 논의된 대부분의 내용은 이 본문과도 밀접하게 연결된다. 그러나 이 부분은 앞의 일반적인 규례를 곰팡이에 감염된 집에 적용하는 형태로 나타난다. 이스라엘 백성은 광야에서 집 없이 살았기 때문에 이 내용은 광야에 있던 이스라엘 백성의 생각 가운데 항상 떠나지 않고 있던 가나안에서의 정착을 위해 기록되었다.

이 내용의 기본 구분은 다음과 같다. 부정함의 검사(14:35-38), 부정함의 제거와 교체(14:39-42), 완전히 오염된 집의 파괴(14:43-47), 정결 의식(14:48-53), 요약(14:54-57). 처음 세 부분은 하나의 주제로 연결되어, 결어 부분과 함께 주해 가운데 두 개의 주요 부분이 될 수 있다.

I. 하나님께서는 자기 백성이 그들 집의 온전하지 못한 오염을 제거하기 원하신다(14:35-47).

이와 같은 요지는 이 규례의 중요하고 실용적인 의미(파괴적인 곰팡이의 제거)를 강조하고 있지만, 그 본문이 갖고 있는 상징적 의미도 열어두고 있다.

그것은 이스라엘에게 정결과 부정의 구별을 의식할 것을 가르치는 일이다(이것은 전체 부분의 핵심이다. 결어를 보라). 주해자는 본문을 영적으로 승화시키는 데 주의를 기울여야 한다. 그러나 주해자는 이 규정 이면에 놓인 영적인 의미를 바탕으로, 타락과 오염은 우리가 사는 세상의 타락 조건으로 말미암아 현재 존재하는 문제라는 타당한 주장을 성경으로부터 이끌어낼 수 있다.

이 본문은 한 단계씩 절차가 진행된다. 곰팡이에 감염되거나 부식된 부분이 생긴 모든 집은 검사를 받아야 했다. 만일 그 색이 푸른색이나 붉은색이고 표면이 다른 곳보다 패였으면 심각한 것으로 반드시 칠 일 동안 살펴보아야 했다. 만일 그 기간에 오염이 번지면 감염된 부분을 도려내거나 교체함으로써 치료해야 했다. 만일 감염이 멈추지 않으면 그 집은 반드시 무너뜨려야 했다. 만일 문제가 다시 일어나지 않으면, 새로 드리는 재봉헌 의식이 이루어졌다(그러나 이것은 사람이 아니고 집이기 때문에 제사는 드려지지 않았다).

본문은 이 곰팡이가 하나님께로부터 온 것이라고 말함으로써("내가… 발하게 하거든") 흥미 있는 반전을 보이는데, 이것에 대해 몇 가지 흥미 있는 주장이 시도되었다. 이 말은 어떤 특정 이유에서 하나님께서 곰팡이를 감염시키신 예외적인 경우일 수도 있다.[1] 혹은 한층 일반적인 경우로, 이 상태가 하나님의 탓으로 간주된 것은 하나님께서 자연을 통치하시는 주님이시기 때문이다(*Harrison*, 155, 사 45:7, 신 32:39).

곰팡이나 부식이 있는 집을 완전히 없애버릴 수는 없었다. 왜냐하면 그것은 천막과 달리 많은 구성 부분이 있기 때문이다. 돌이나 벽돌로 만든 거의 대부분의 집은 표면을 다듬고, 틈새를 메우고, 벽화를 그리고, 방수 기능을 더하기 위해 회를 발랐고, 필요하면 회반죽을 덧칠했다. 만일 곰팡이나 부식이 남아

---

1. 표준적인 유대인의 견해는 이 곰팡이가 하나님의 심판이며 일반적인 마멸이 아니라는 것이다. *N. Leibowitz, Studies in Vayikra: Leviticus*(*trans. A. Newman; Jerusalem: World Zionist Organization*, 1983), 134-40. 스네이드(*Snaith*, 76)는 아모리 사람들의 보물이 벽 속에 숨겨져 있었고 이것은 그것을 얻는 방법이었다고 추측한다.

있으면 그 구조물은 다시 돌로 해체되었다. 만일 상태가 더 심각하거나, 곰팡이나 부식이 재발하면 그 집은 부정하다고 선언되고 거주지에서 완전히 제거되었다. 그 집은 다시 사용될 수 없었다.

백성들의 거주지는 오염과 타락 그리고 질병을 일으킬 수 있는 모든 것으로부터 자유로워야 했다(*Harrison*, 155). 광야에서 천막을 태우는 것은 쉬운 일이었다. 그러나 백성들이 그 땅에 정착하게 되면 규례는 더 진전되어 현재의 상황에 적합해야 한다. 이 부분은 정착기 때 추가된 것일 수도 있지만, 광야에서 방황하던 자들도 집에 대해 무지했던 것은 아니다.[2]

Ⅱ. 하나님께서는 깨끗하게 된 거처가 정결 의식으로 말미암아 온전하게 사용될 수 있도록 회복하신다(14:48-53).

만일 벗겨내고 깨끗이 씻어내는 작업 이후에 곰팡이가 더 이상 번지지 않으면 제사장은 그 집이 정결하다고 선언했다. 그러나 율법은 그 집이 다시 사용될 수 있기 전에 피부병에서 나은 사람의 봉헌(14:4-7)을 다룬 부분에서와 같은 종교 의식을 요구했다. 이 의식으로 그 집은 공동체의 사용을 위해 재봉헌되었다.

병에서 나은 사람의 씻는 의식과의 유사점은 중요한 부분이다. 해리슨(157)은 "전자가 이스라엘의 온전한 회중 가운데 회복된 것과 마찬가지로 집은 그 소유자에게 의식적으로 정결한 상태로 되돌아갔다"고 말한다. 물론 이 의식이 그 집을 깨끗하게 하는 것은 아니다. 그것은 제거와 교체에 의해 이루어졌다. 이 의식은 공동체의 사용에 다시 봉헌하며 모든 더러움이 사라졌음을 상징적으로 증거한다. 따라서 여기서 속죄라는 말이 사용된 것은 정결

2. 웬함(*Wenham*, 212)은, 이는 의복에 관한 옛 규례를 새로운 환경에 적용하는 것이라고 언급한다. 구약 시대에서도 그들은 율법을 새로운 상황에 적용시켜야 했다.

의 특징으로 말미암은 것이다. 왜냐하면 여기에는 아무런 죄가 포함되어 있지 않기 때문이다.

결론

이 부분은 표피의 병에 관한 전체 부분의 요약으로(14:54-57), 13-14장이 규례임을 가리키고 있다. 이 결어는 정결과 부정에 대한 구별을 가르치기 위한 목적과 관련해 네 부분 모두를 요약하고 있다(10:10 참조). 하나님께서는 자기 백성의 거룩함을 요구하시며, 그 거룩함은 정결, 건강, 깨끗함을 포함하고 있다. 이 두 가지는 거룩함의 실질적인 구현이며 상징적 표현이다.

해리슨(157)은 이 본문 안에서 민간 신앙이나 마법, 혹은 이교도 의식과 연결된 것은 하나도 없다고 언급한다. 그 과정은 합리적이고 정확했다. 그것은 비법도 아니며 제사장에게만 한정된 것이 아니라 모든 이에게 열려 있었다. 또한 그것은 질병이 감염을 통해 신속하게 확산될 수 있는 곳에서 사는 사람들에게 필수적인 것이었다.

전체 논의가 전하는 메시지는 모든 종류의 부정함은 연약하고 유한한 인간을 영원하고 거룩하신 하나님께로부터, 또한 그분의 임재 안으로 들어가는 언약 공동체로서의 역할로부터 분리시킨다는 것이다. 이 진행되는 메시지 가운데 있는 또 하나의 주제는 다음과 같다.

> 하나님께서는 더럽혀진 모든 것이 반드시 깨끗하게 씻겨지고 다시 봉헌되어 규정된 믿음의 의식에 근거하여 온전히 사용될 것을 요구하신다.

이 안에 들어 있는 상징은 백성들에게 오직 하나님만이 사람이나 집으로부터 더러움을 제거하실 수 있음을 일깨워준다. 대속의 의식은 예배자가 이 사실을 깨닫는 것을 가능하게 한다.

그리스도인들은 옛 이스라엘 백성과 마찬가지로 언젠가 모든 더러움이 하나님의 최후의 구속과 회복의 행위에 의해 세상에서 제거될 것이라는 의견을 공유한다. 오늘날 사람들이 자신의 소유를 곰팡이나 다른 형태의 부식으로부터 보호하는 것은 상식에 속하는 일이다. 따라서 본문이 그 차원에서는 실용적이다. 그러나 그리스도인은 또한 그런 모든 더러움과 오염이 세상에 속한 죄의 증거이며 덫임을 깨닫는다. 그런 부정함은 하나님께로부터의 분리를 의식하게 한다. 그것에 어떻게 반응하는가는 그 사람이 갖고 있는 하나님에 대한 시각을 반영한다. 그리스도인이 집을 개조할 때 어떤 사람은 헌신의 수단으로 하기는 하지만 봉헌 의식을 드릴 필요는 없다. 그러나 성도가 그런 모든 일들을, 하나님의 말씀이 갖는 심오한 진리, 특히 어떤 더러움도 존재하지 않을 영광에 대한 소망을 공개적으로 드러내는 증거로 삼는 것은 참으로 바람직한 일이다.

표피의 질병과 그 처방은 죄와 그 결과에 대한 상징으로(혹은 적어도 유사한 것으로) 간주되기 때문에 이 본문은 어떻게 죄를 하나님께로부터 분리하는지를 가르쳐주기 위해 사용될 수 있다. 그런 타락은 하나님의 영광에 이르지 못한다. 하나님의 영광은 창조를 통해 그리고 그 안에 계시되었다. 따라서 하나님의 임재 안으로의 교제의 회복은 죄와 그 결과에 대한 치유를 요구한다. 그래서 예수님께서는 치유와 죄 사함을 자주 연결시키셨다(마 9:2-5). 그분은 자신이 죄의 결과, 곧 질병을 고칠 수 있다면 그 원인인 죄도 고칠 수 있음을 보여주심으로써 자신의 권세를 입증하셨다. 몸과 영혼의 완전한 치유는 타락한 죄의 완전한 회복 이전에 와야 한다. 그리고 그 모든 것은 하나님의 아들의 희생 안에서 베풀어졌다.

27 Laws of Purification

거룩함과 몸: 유출 이후의 정결 의식(15장)

하나님의 거룩하심과 그것이 육체적이고 세상적인 것과 어울리지 못한다는 주제는 레위기 15장에서 다루고 있는 만성 감염, 생식과 관련된 유출, 월경 그리고 신체적 배설 등과 같은 매우 개인적인 문제에서도 계속된다. 이 장의 구조는 남성과 여성 사이에 균형을 이루는 가운데 인간의 처지가 똑같음을 보여주고 있다. 네 본문은 모두 '만일 한 남자가'(*'îš kî*, 15:2, 16, 우리말 성경에는 명확하게 번역되어 있지 않음 – 역주) 혹은 '만일 한 여인이'(*'iššâ kî*, 15:19, 25)로 시작한다. 이 말은 다시 *wᵉkî*('그리고 만일') 더하기 동사(15:8, 13) 그리고 *wᵉ'im*('그리고 만일', 15:23, 24, 28)을 사용하여 구체적인 경우로 나누고 있다. 이 장은 교차배열 구조로 되어 있다.

a 만성적인 남성의 유출(15:2-15)

  b 일시적인 남성의 유출(15:16-18)

  b' 월경으로 인한 유출(15:19-24)

a' 만성적인 여성의 유출(15:25-30)

네 가지 모두 정의가 내려지고, 결과가 기술되며, 합당한 의식이 처방되었다.

신학적 주제

레위기 15장은 인간의 삶 가운데서 하나님의 거룩하심과 부합하지 않는 것들에 초점을 맞추고 있다. 이 장은 육체의 사정이 결혼의 친밀한 관계를 위험하게 하고, 성소에서 하나님과의 교통을 불가능하게 만들지 않는 한 그것을 심판하지 않는다. 일상적인 몸의 기능은 작은 어려움으로 단지 씻음만을 요구하지만, 오래 된 질병은 더 심각한 것으로 씻음과 회복을 위한 제사를 요구한다. 어느 경우든 죄의 고백은 필요하지 않다.

여기서 주해자는 다시금 인간의 타락한 상태에 관한 신학에 초점을 맞추고, 거룩하신 분의 임재에 들어갈 수 있기 전에 이것이 반드시 다루어져야 하는지를 설명해야 한다. 주해자는 이 본문에서 실용적인 교훈들을 이끌어낼 수도 있지만 주제는 하나님의 속성에 관심을 갖고 있다.

본문 개괄

메시지 요약

하나님께서는 만성적 유출이나 설정 그리고 월경과 관련된 유출로 더럽혀진 이들은 그 상태가 변할 때까지 자신을 구별하여 정결 의식을 위해 목욕을 하고, 의식을 위해 합당한 제물을 드려, 자신의 부정함으로 성막을 더럽힘으로써 죽지 않도록 유의할 것을 명하셨다.

본문 개요

서언: 여호와께서는 이 규례들을 모세와 아론에게 주셨다(15:1).

I. 유출이 있는 남자는 그것이 만성적이든 사정에 의한 것이든 부정하여 그가 접촉한 모든 것을 오염시키고, 일상 생활과 영적 교제로의 회복을 위해 정결 의식을 필요로 했다(15:2-18).

A. 만성적인 남성의 유출은 부정하여 그들이 접촉하는 것들을 오염시켰고, 의식적인 씻김을 필요로 했다(15:2-15).

1. 만성적 남성의 유출은 흐르든 엉겨 있든 모두 부정했다(15:2-3).
2. 유출에 접촉된 모든 것은 부정했고, 의식적 씻음의 대상이 되었다(15:4-12).
3. 유출이 멈추면 남자는 칠 일 후에 흐르는 물에 몸을 씻고 비둘기 두 마리를 제사장에게 드렸으며, 제사장은 그것을 속죄제와 번제로 드렸다(15:13-15).

B. 설정에 의한 유출은 부정했고, 그것과 접촉한 것은 오염되었으며, 의식적 씻김을 필요로 했다(15:16-18).

II. 달마다 혹은 만성적으로 유출이 있는 여인은 부정했고, 접촉하는 것들을 오염시켰다. 따라서 일상 생활과 하나님의 임재 안에서의 교제를 회복하기 위해 정결 의식을 필요로 했다(15:19-30).

A. 월경으로 인한 유출은 그 여인을 칠 일 동안 부정하게 만들며, 접촉을 통해 모든 것에 전염되었고, 정결 의식을 필요로 했다(15:19-24).

B. 만성적 유출은 그 여인을 그 기간 동안 부정하게 하며, 그녀가 접촉하는 모든 것을 부정하게 했고, 감염된 모든 것에 정결 의식을 필요로 했다(15:25-30).

결어: 규례들은 백성들에게 육체와 몸의 기능을 성소로부터 구별하여 성소를 더럽히지 않아 목숨을 위험하지 않게 만들어야 한다고 가르쳤다(15:31-33).

내용 강해

설교학적으로 보면 이 메시지는 주제별로 전개하는 것이 더 효과적이다. 우선 문제를 다루고 이어서 회복을 위한 치료법을 다룬다. 문제를 펼칠 때 이 장에 있는 네 가지 범주는 그 순서에 따라 논의될 수 있다. 회복을 논할 때는 별 관련이 없는 씻는 의식을 먼저 다루고, 이어서 만성적 유출을 위한 씻음과 의식에 관한 심각한 문제를 다룰 수 있다.

I. 일상적인 것과 비일상적인 몸의 기능은 하나님의 거룩하심과 부합하지 않는다.

본문은 다시 육체와 인간에 속한 것에 초점을 맞춤으로써 하나님의 거룩하심을 계시한다. 하나님의 속성은 우리 인간의 조건과 너무나 달라서 그 둘은 서로 갈등한다. 율법은 몸의 기능은 이곳에서든 장차 올 세상에서든 사람들이 하나님의 임재에 들어가는 것을 막는다고 분명히 말했다.

A. 남성의 만성 질병은 부정함을 가져왔다(15:2-15).

이 본문은 남성에게 있는 만성 감염의 문제로 시작한다. 본문은 단순히 '그의 몸에' 라고 말하는데, 이 문맥에서는 남자의 성기를 가리키는 것이 분명하다. 이 증세는 심하게 전염되는 것으로 간주되어, 그와의 신체적 접촉이 금지되었다. 예를 들어, 만일 자기 손과 몸을 철저히 씻지 않으면 그 질병을 전달할 수 있었고, 침이 다른 사람과 접촉되면 그것은 질병을 전할 수 있었다. 그 사람뿐 아니라 그가 접촉하는 것은 병을 전달할 수 있었고, 따라서 이것은 레위기 14장의 표피적인 질병보다 더 큰 문제로 간주되었다.

이렇게 감염된 사람은 모든 긴밀한 개인적인 접촉과 관련하여 반드시 막는 것을 제외하면 평균적인 일상 생활을 영위할 수 있었다. 그러나 남편과 아내 사이의 성적 접촉은 불가능했다. 그런 경우 이스라엘 백성은 삶의 정결을 보장하기 위해 자신의 힘으로 할 수 있는 모든 것을 해야 했다. 물론 성소에 참여한다는 것은 있을 수 없었다. 더럽혀진 사람은 그 질병으로 인해 죄인이라고 불리지는 않았다. 웬함(*Wenham*, 220)이 설명한 것처럼 "부정함은 행동의 경계를 세우지만, 이것이 침범되지 않는 한 아무런 죄가 성립되지 않는다."

B. 설정으로 인한 유출은 부정함을 가져왔다(15:16-18).

남자가 설정을 하면 그는 저녁까지 부정한 것으로 간주되었다. 이것은 이스라엘 백성에게 중요한 문제가 아니었다. 왜냐하면 그 사람이 합당한 상태로 회복되기 위해 아무런 제사가 규정되어 있지 않기 때문이다. 그는 그저 씻기만 하면 되었다. 그러나 그럼에도 그것은 문제였다.

주해자는 다시 그 이유를 고찰해야 한다. 왜 이것이 어떤 사람을 부정하게 만드는가? 왜 성교가 부부를 부정하게 만드는가? 왜 출산이 여인을 부정하게 만드는가? 분명한 것은 이런 것들이 모두 세상적이고 육체적인 것이며, 따라서 거룩한 범주 안에 포함되지 못한다는 것이다. 그것들은 일반적인, 혹은 속화된 범주에 속했다. 그 하나의 이유로 그들은 거룩함에 부합하지 않았던 것이다.

이 장의 구조의 중심에는 남자와 여자 사이의 성관계에 관한 규정이 놓여 있다(15:18). 만일 여자가 월경을 하는 동안 남녀가 성교를 하면 남자 역시 칠 일 동안 부정했다(비록 어떤 사람은, 이 말은 그가 그녀의 남은 월경 기간 동안 함께 부정한 것을 의미한다고 주장하지만). 이것은 중대한 것이 아니다. 왜냐하면 아무런 죄도 일어나지 않았고, 아무런 제사도 드려지지 않았기 때문이다. 그러나 거룩함의 규정에도 불구하고 처벌은 더 엄중했기 때문에(18:19와 20:18에서 이것은 죄로 다루어졌다), 이곳에서의 규정은 그들이 부지중에 그 일을 했음을 의미하는 것이 분명하다.

성행위가 고대 세계의 종교 안에서 두드러졌다는 것을 기억할 필요가 있다. 특히 가나안 땅에서는 그것이 신전과 사원 안에서 풍요를 기리는 제사 의식의 일부였다. 이스라엘 백성이 나아가고 있는 이 세상은 이 규례에 어떤 특정한 의미를 갖고 있다. 하나님께서는 성, 성의 모든 측면, 성과 관계된 모든 신체의 기능들이 거룩한 장소에서 완전하게 분리되어야 할 것을 매우 분명하게 말씀하고 계신다. 그분은 어떤 사람이 이 본문에서 보는 것처럼, 성과 몸의 기능이 더럽거나 죄라고 말씀하시는 것이 아니다. 하나님께서는 남자와 여자와 성을 창조하셨다. 다산은 창조를 통하여 하나님께로부터 오는 것이지 성소에서의 성행위 의식을 통해서 오는 것이 아니었다.[1] 율법은 단지 성소에서의 성행위를 제한하여 육체적인 것과 거룩한 것의 경계를 지키고 있다.

C. 여성의 정기적인 유출은 부정함을 가져왔다(15:19–24).

고대 근동에서 여성이 월경 기간 동안 의식적으로 부정하다는 것은 일반적

---

1. 초기 이스라엘의 가나안과 관련된 문맥에서 보면, 엘리의 아들들의 죄는 더 심각했다. 그들은 성소의 여인과 잠자리를 같이했다(삼상 2:22). 이 가문의 범죄는 그들을 제사장직에서 쫓아내기에 충분할 정도로 심각했다.

인 생각이었다.[2] 이 본문에서 율법은 그녀가 부정한 대상으로 간주되었다고 말한다. 남성이 자신의 유출로 인해 부정한 것과 같은 방식이다. 이미 본 것처럼 이런 모든 신체의 작용은 육체적인 것으로 간주되었고, 따라서 성소에서 구별되어야 했다. 그러나 이것은 약간 달랐는데, 그 안에 피가 포함되어 있기 때문이었다. 월경에서 유출된 피는 성소에 허용될 수 없었는데, 그것이 몸이 거부하는 피였기 때문이었다. 그것은 죽음을 말하는 것이었다. 오직 한 가지 형태의 피만이 성소에 들어갔는데, 그것은 제사를 위해 흘린 살아 있는 동물의 피였다. 살아 있지 않거나 생명을 주지 않는 피는 거룩한 곳을 더럽혔다.[3]

남성의 일반적인 신체 작용과 마찬가지로 여성의 유출로 인한 부정함은 중대한 문제로 간주되지 않았다. 아무런 죄가 일어나지 않았고, 아무런 제사도 요구되지 않았다. 그녀는 성소에서의 제사를 준비하기 위해서 단지 몸을 씻었다. 이것은 다윗이 높은 곳에서 밧세바를 내려다보았을 때 그녀가 하고 있던 바로 그 일이었다. "저가 그 부정함을 깨끗케 하였으므로"(삼하 11:4).[4] 이것은 이스라엘의 모든 여인의 삶 가운데서 일상적인 부분이었다.[5]

---

2. 그렇다고 어떤 이가 주장하는 것처럼 고대인들이 월경에서 나오는 피를 두려워한 것은 아니다. 이 규정에서 미신은 아무런 역할을 하고 있지 않다. 우리가 이미 앞에서 본 것처럼, 거룩한 곳에서의 정결은 이교 문화에서도 규정 이면에 자리하고 있었다.

3. 창세기 31장에서 라헬이 자기 아버지의 드라빔, 혹은 우상을 숨기고 있던 안장 위에 앉은 것과 연결하는 것은 흥미 있는 일이다. 라반이 이 신상을 찾으려고 천막을 뒤질 때 그녀는 그저 지금 월경중이라고 말하고 일어나지 않았다. 그가 라헬에게 비키라고 말하지 않은 것은 그녀가 자기 우상을 그런 식으로 오염시키리라고 생각하지 않았던 것이 분명하다. 더구나 그녀가 그 위에 앉은 것은 그가 소중히 여기는 우상을 그리고 그 자신을 무시하고 있음을 보여주는 강력한 표현이다.

4. 이 내러티브는 다윗의 죄의 막중함을 보여주기 위해 정확한 순간에 이 정보를 삽입했다. 일찍이 다윗이 그 여인이 씻는 것(*rōḥeṣet*)을 보았을 때 본문은 일반적인 용어를 사용했다. 왜냐하면 그것은 단순히 그가 본 것을 기술하기 때문이다. 그러나 이제 괄호 안에 있는 절에서 화자는 레위기에서 말하고 있는 씻는 일에 해당하는 구체적인 용어인 *mitqaddešet*('자신을 정결하게 하다')를 사용하고 있다. 밧세바는 다윗이 자기를 보고 데리러 사람을 보냈을 때 목욕이라는 정결 의식으로 성소에 들어갈 준비를 하고 있었던 것이다.

5. 웬함(*Wenham*, 224)은 고대 세계에서 여성이 일찍 결혼하여 여러 번 임신을 했기 때문에 그렇게 많은 월경을 하거나 그 기간 동안 그리 많은 고통을 당하지 않았을 것이라고 주장한다.

D. 만성적 질병은 여성을 부정하게 만들었다(15:25-30).

레위기 15장은 여성의 만성적 유출(zub에서 파생된 zob)로 마무리를 하는데, 이것은 이 장을 열 때의 남성의 문제를 논의한 것과 동일하다. 월경은 생리 불순으로 인해 그 기간이 칠 일을 넘지 않으면 만성적인 것이 아니었다. 이런 일이 일어나면 그것은 질병으로 간주되었고, 회복을 위해 제사가 요구되었다.

그런 감염은 매우 개인적인 것이었다. 자연스럽게 여성은 이런 상태를 집 밖에 알리지 않았다. 아마 십중팔구 어떤 이는 예배나 모임에 참여하기 위해 정결을 가장했을 것이다. 그러나 믿음 안에서 걷고 하나님 앞에서 선한 양심을 가진 경건한 성도는 자신의 이 만성적 상태가 깨끗해지고 규정된 의식을 치르기 전까지는 성소에 들어갈 수 없다는 것을 인정했다.

신약에서 예수님께서 이런 만성적인 유출로 고통 받고 있던 한 여인을 치료하셨다는 것은 흥미 있는 일이다(마 9:20, 막 5:25, 눅 8:43). 그분은 이스라엘의 거룩하신 분이기 때문에 그 접촉을 통해 더럽혀지지 않으셨다. 그분은 다른 사람을 온전하게 만드셨다. 따라서 그 이야기에 나오는 여인은 정결하게 되었다. 그분 안에서 하나님께서는 구별된 이들을 모두 자신에게 가까이 이끄셨다. 율법은 그런 육체의 병과 몸의 작용은 그 사람이 땅에 속했으며, 의식적으로 부정함을 가리킨다고 말했다. 그들이 하나님의 임재(성소에 의해 예표된)에 들어갈 수 있는 유일한 길은 제물의 피로 말미암아 정결하게 되고 속죄를 받는 것이었다. 이 모든 규례는 사람들을 하나님으로부터 분리시키는 죄와 아픔이 어떻게 예수님을 향한 충만한 계시의 일부분이 되는지를 드러내 보여준다. 그렇다면 복음서 사건은 예수님께서 그 여인을 정결케 하시고 속죄 제사를 베푸셨음을 보여주는 것이다. 그분은 인간의 전적인 파멸과 망가짐을 위한 하나님의 완전한 치유시다. 그리스도 안에서 누구나 거룩하신 하나님의 임재 안에 들어갈 수 있다.

Ⅱ. 하나님께서는 신체의 작용으로 더럽혀진 사람에게 깨끗이 씻음과 정결을 요구하신다.

피의 문제를 가진 여인을 언급한 것은 이 시점에서 율법 가운데 갱신 의식으로 전환할 수 있는 좋은 기회를 제공해준다. 주해는 먼저 레위기의 의식을 다루고, 이어서 그리스도 안에서의 성취를 다루어야 한다. 고대 이스라엘 사람은 질병과 죄를 신속히 깨달았다. 그것은 율법의 목적 가운데 하나였다. 계속되는 더러움을 깨끗이 하기 위해 계속 씻는 일은 귀찮은 것으로서, 때가 차서 하나님께서 율법 아래 있는 자들을 구속하기 위해 자기 아들을 보내시고, 여인에게서 태어나게 하시며, 율법 아래 태어나게 하셨을 때까지 계속되었다(갈 4:4).

A. 의식적 씻김은 부정함의 종결을 가리켰다.

이 장에서 언급된 모든 경우는 씻는 의식을 포함하고 있다. 제사는 만성적인 경우에 드려졌지만, 일반적인 몸의 작용에는 해당하지 않았다.

의식적인 씻김은 엄격한 유대 문화에서는 아직도 유지되고 있는데, 위생적이고 실용적이지만 영적인 상징을 담고 있다. 질병이 끝나면 그 사람은 정결했다(*tāhôr*). 곧 부정함이 지나갔다. 그러나 그 사람은 아직 의식적으로 정결하지 않았다. 그래서 그 사람과 그의 의복을 흐르거나 신선한 물에 씻는 일이 요구되었다. 일반적인 부정함의 경우, 이것으로 그 부정함의 종결을 표시하고 그 사람이 성소에 합당함을 표시하기에 충분했다.

시간이 지나면서 의식을 위한 목욕탕이 나라 도처에 세워져서 제사를 준비하는 사람이 그 안에 몸을 담글 수 있게 되었다. 부유한 사람은 자기 집에 개인 목욕탕을 소유하고 있었지만, 일반 사람들은 그러지 못했다. 이 정결 규례로 깨끗한 물로 목욕하는 것은 자동적으로 성소에 들어갈 수 있는 준비의 일부분이 되었다. 더 나중에 의식용 목욕탕이 성전 입구와 회당 근처에 세워졌다.

B. 제사 의식은 만성 질병에 걸렸던 사람을 정결하게 했다.

남자와 여자의 만성 질병을 위해서는 씻는 의식 외에 제사가 드려졌다. 그들은 그 병이 정말 물러갔는지 확인하기 위해 칠 일을 기다렸다. 이 기간 후에 병을 앓았던 사람은 몸을 씻고, 이어서 두 가지 제사를 드렸다. 그 절차는 축약된 것으로, 이것이 표피적 질병보다 덜 심각한 문제임을 보여준다.

속죄제와 번제가 성소에서 드려졌다. 속죄제는 더럽혀진 것이 제거되었음을 가리켰고, 부정함을 갖고 있던 사람이 특정한 기간 동안 거룩함의 기준에 미치지 못했음을 증거했다. 번제는 거룩하신 여호와 하나님에 의해 성소 안에서 용납되었음을 이루기 위해 드려졌다. 그것은 속죄의 제사였다.

결론

이 장의 결론에 의하면,[6] 이 규례는 거룩함을 부정과 분리하여(*nāzar*) 백성들로 하여금 살 수 있게 하기 위해 주어졌다(15:31). ***nāzar***는 나실인의 엄격한 준수에 사용된 것과 동일한 용어다. 여기서의 용례와 제사장을 위한 22장 2절에 비추어, 스네이드(***Snaith***, 77)는 이 말을 다음과 같이 완곡하게 해석하고 있다. "의식적인 부정함에 관한 엄격한 규정을 준수하다." 요점은 이 규례가 육체적, 세상적으로 부정한 특징과 하나님의 거룩한 속성을 명백히 구별한다는 것이다. 만일 이스라엘 백성이 그런 상태가 되면 그들은 하나님의 손에 의해 죽을 수 있었다(출 19:10, 12, 15, 21을 보라). 성도 개인에게는 자신이 언제 부정한지를 알고 하나님의 기준을 위반하지 않아야 할 의무가 있다.

---

6. 15장 31-33절은 문맥으로부터 멀리 떨어져 있는 것처럼 보이기 때문에 어떤 주석가들은 이 구절이 본문을 주변 문맥과 연결시키기 위해 추가되었다고 결론을 내린다(***Hartley***, 208). 그러나 이 부분은 원래 기록의 일부분으로서 그 부분을 요약하고 있음을 의심할 이유가 없다.

아무리 개인적이고 육체적인 것이라 하더라도 삶의 모든 부분은 거룩한 율법으로부터 제외되지 않는다. 이 본문의 주해 개념은 이렇게 정리할 수 있다.

> 몸의 작용은 하나님의 거룩함과 부합하지 않기 때문에 하나님의 임재에 들어가기 전에 깨끗함과 정결함이 절대적으로 요구된다.

하나님께서는 믿음의 식구들에게 육체적인 것과 거룩한 것을 구별할 것을 가르치신다. 성적 기능과 관련된 모든 것은 육체적 세상에 속한 것이다. 그것은 거룩하지 않은 속된 것으로 분류된다. 성은 결코 성소 안으로 들어갈 수 없었다. 왜냐하면 가나안 족속의 생각과 달리 성행위는 영성을 증진시키거나 하나님과 교통하는 길이 아니기 때문이다(*Hartley*, 214).

율법은 성과 성생활을 그에 합당한 장소에 국한시킨다. 율법은 변칙적인 성적 작용과 행태에 낙인을 찍고, 결혼 안에서의 절제와 배려를 격려한다(***Wenham***, 225). 율법은 이스라엘에게 성을 존중해야 하고 진지하게 다루어야 한다고 가르쳤다. 또한 성적 욕망과 육체적 상태는 반드시 통제되어야 한다고 가르쳤다. 만일 그들이 질병과 감염을 줄이는 데 주의를 기울이고 올바른 위생적인 절차를 따른다면 대부분 건강하고 생산적인 결혼 생활을 영위할 수 있을 것이다(***Hartley***, 214). 이런 점에서 율법 이면에 자리한 영적 의미는 공동체의 육체적 온전함을 개발하는 방향으로 작용한다.

오늘날 우리는 교회 안에서 정결과 관련된 규례를 갖고 있지 않다. 그러나 이 장의 메시지는 분명히 교회에도 적용될 수 있다. 육체적인 측면에서, 정상적인 것과 비정상적인 유출에 올바른 주의를 기울이는 것은 매우 실용적인 일이다. 그것은 질병과 감염을 막는다. 신약의 어떤 규례도 사람들에게 그런 상황이 발생하면 집회로부터 멀어지라고 말하지 않는다. 그러나 그런 어려움을 갖고 있는 사람은 집에 머물러 있는 것이 필요하고, 또한 그것이 유익하다는 점을 발견할 것이다.

영적인 측면에서 우리는 의식과 그것이 해결하고 있는 부정함이 상징하는 영적 의미를 본다. 레위기 전체를 통해 거룩함은 육체적 온전함으로 상징되었다. 흠이 있는 제물이나 제사장은 성소로부터 추방되었다. 부정함은 단순히 하나님의 거룩하심과 부합하지 않는다는 의미 이상을 갖고 있다. 그것은 몸이나 공동체와의 단절을 상징한다(*Wenham*, 222).

그리고 이 부분 전체에 있는 다른 규례에서와 마찬가지로 이 내용들은 단지 세상적인 조건이며, 우리가 하늘에 있는 성소에 들어갈 때 모든 육체적 문제로부터 자유를 얻을 것이라는 깨달음과 개인적인 묵상의 주제로 그것들을 사용하는 것도 무방하다.

참고 문헌

Selvidge, M. "Mark 5:25-34 and Leviticus 15:19-20: A Reaction to Restrictive Purity Regulations." *JBL* 103(1984): 619-23.

Wenham, G. J. "Why Does Sexual Intercourse Defile(Lev 15:18)?" *ZAW* 95(1983): 432-34.

Whitekettle, R. "Leviticus 15:18 Reconsidered: Chiasm, Spatial Structure and the Body." *Journal for the Study of the Old Testament* 49(1991): 31-45.

28 Laws of Purification

모든 죄의 제거:속죄일 의식(16장)

하나님께서는 은혜로 자기 백성들에게 대속죄일을 베푸셨다. 일 년에 한 차례, 그 해의 말에 모든 죄와 더러움이 해결되었고, 그들은 새로운 시작을 할 수 있었다. 그리고 때가 차매 하나님께서는 은혜로 자기 아들을 보내어 단번에 그리고 영원한 대속이 되게 하셨다.

정결에 관한 내용의 마지막을 장식하고 있는 속죄일은 '이스라엘의 정결 신학의 절정이자 면류관' 이었다.[1] *Yom Kippur*[2]라 부르는 이 날의 본질은 제물에 사용된 동물의 피가 대제사장에 의해 지성소 안에 있는, 이른바 시은좌에 뿌려져 자신과 백성을 위한 속죄를 이룬다는 것이다. 그리고 백성의 죄를 속죄양에게 지워 광야로 끌고 가 죽게 함으로써 백성들의 죄와 더러움을 완전히 제거하는 것을 가리킨다.

---

1. *J. L. Mays, The Book of Leviticus; the Book of Numbers(Layman' s Bible Commentary; Atalanta: John Knox*, 1977), 52.

2. 성경은 이날을 *yôm hakkippūrîm*('속죄들의 날')이라고 부른다. 복수형은 그날에 행해지는 모든 속죄 행위를 포함하는 복수의 문장에 의해 분류되거나 추상 명사로 분류되었다. 전통적인 용어인 '속죄일' 도 의미가 있지만 '속죄' 에 대한 분명한 설명이 요구된다. 밀그롬(*Milgrom*, 1009)은 '정화의 날(*Day of Purgation*)' 을 선호한다.

사람들이 일 년을 지내는 가운데 모든 더러움과 죄를 해결하는 것은 어려운 일이었다. 정기적인 제사는 너무나 많은 문제들을 해결하지 않은 채 남겨두었다. 그래서 백성, 제사장, 예배 장소를 위한 포괄적인 속죄를 이룰 기회가 주어졌다. 이 날에는 온 회중의 죄가 염소에 의해 버려졌고, 성소가 정결하게 되어 백성들이 하나님의 임재 안에 계속 들어갈 수 있게 되었기 때문에 민족 전체가 관여되었다.

또다시 신약의 저자들은 여기서 하나님께서 메시아의 속죄 사역을 준비하시는 것을 보았다. 히브리서의 저자는 주 예수 그리스도의 사역에 비추어 이 사건을 그리스도의 모형으로 이해했다. 주해자는 이 특별한 날에 계시된 영원한 신학적 진리만 논의할 것이 아니라 새 언약 안에서의 성취를 보여주어야 한다.

신학적 주제

이 본문의 중심 개념은 완전한 속죄를 베푸시는 하나님의 은혜로운 규정이다. 하나님께서는 백성들이 모든 죄와 모든 더러움을 깨끗이 씻고 정결하게 하는 길을 마련하셔서 그들로 그분과의 관계를 유지할 수 있게 하셨다. 온전한 속죄는 이것 이상의 의미를 갖고 있다. 이것은 하나님께서 자신의 임재에 들어올 수 있게 하셨음을 의미한다. 백성들을 대신하여 대제사장이 지성소에 들어갔다. 이날에 이루어진 이 특별한 광경은 이스라엘과 하나님과의 관계뿐 아니라 그리스도의 속죄 사역을 위한 의미 심장한 것들로 가득 차 있다.

또한 여기서 죄와 더러움의 제거에 대한 계시는 속죄 염소 가운데 분명히 드러나 있다. 백성의 모든 죄는 고백되고 그 제물에 전가되었으며, 그 염소는 진 밖으로 끌려나갔다. 모든 죄는 이 대속물에 의해 완전히 제거되었다.

이 본문에서 발견할 수 있는 마지막 신학적 진리는 백성들은 자신을 낮추어야 할 의무가 있다는 것이다. 하나님께 속죄를 받기 위해 백성들은 회개와 진정한 영적 관심의 증거를 보여야 했다.

본문 개괄

메시지 요약

여호와께서는 해마다 거행되는 속죄 의식을 제정하셔서, 세마포를 입은 대제사장이 부정한 성소를 깨끗이 씻고 피를 속죄소(시은좌)에 뿌림으로써 그리고 자신들의 죄를 진 속죄 염소를 광야에 내보내 죽게 함으로써 백성의 죄와 더러움을 위해 속죄를 드리게 하셨다.

본문 개요

서언: 나답과 아비후가 자신의 부적절함으로 죽은 다음에 여호와께서는 아론에게 이 규정 외에 성소에 들어가지 말라고 경고하셨다(16:1-2).

I. 제정: 세마포를 입은 대제사장은 규정된 제사를 드리고, 속죄 염소를 내보냄으로써 자신과 제사장들, 성막, 백성들을 위해 속죄를 이루었다(16:3-28).

A. 준비: 대제사장은 성소에 들어가기 위해 자신의 속죄 제물로 수송아지를, 번제로 숫양을 드렸다. 그리고 백성을 위하여 염소 두 마리를 속죄제로, 숫양 한 마리를 번제로 드렸다(16:3-5).

B. 기본 절차: 대제사장은 속죄를 위하여 자신의 속죄제로 수송아지를 드리고 회중을 위하여 염소 두 마리를 드렸는데, 한 마리는 속죄제를 위해, 다른 한 마리는 광야로 내보기 위해 사용되었다(16:6–10).

1. 대제사장은 자신과 제사장들을 위해 속죄를 이루려고 송아지를 속죄제로 드렸다(16:6).
2. 대제사장은 회중을 위해 염소 두 마리를 가져와 속죄제에 사용할 염소와 광야에 내보낼 염소를 선택했다(16:7–8).
3. 대제사장은 염소 한 마리를 속죄제로 드리고, 다른 한 마리를 광야에 내보냈다(16:9–10).

C. 상세한 규정: 대제사장은 염소 한 마리를 제물로 드리고, 내보낼 염소를 풀어줌으로써 제사장들, 성막, 백성들을 위해 속죄를 이루었다. 이 의식에 참가하는 모든 사람은 몸을 씻어야 했다(16:11–28).

1. 대제사장은 자신과 제사장들을 위해 속죄제를 드리며, 여호와의 진노로부터 자신을 보호하기 위해 번제 향기를 드리고, 속죄소 위에 피를 일곱 번 뿌렸다(16:11–14).
2. 대제사장은 백성을 위한 속죄제로 염소를 드리고, 백성들의 부정함으로 말미암아 성소, 회막, 제단을 위해 속죄를 이루었다(16:15–19).
3. 대제사장은 살아 있는 염소 위에 두 손을 얹고 백성의 죄를 고백하고, 이어서 그 죄를 지워 광야로 내보냈다(16:20–22).
4. 이 의식에 참가한 사람들은 몸을 씻고 번제와 속죄제를 드리기 전에 옷을 갈아입거나 빨았다(16:23–28).

II. 영원한 규례: 이 의식은 반드시 티시리월(7월) 10일에 거행되어야 했다. 그날에 백성들은 일을 금하고 자신을 겸손히 해야 했다. 왜냐하면 하나님께서 이 의식이 그들을 위한 속죄가 되게 하셨기 때문이다 (16:29-34).

A. 이것은 영원한 규정으로 티시리월 10일, 백성들이 노동을 금하고 자기를 낮춘 날에 거행되었다(16:29-31).

B. 이 연례 의식은 대제사장에 의해 거행되었고, 대제사장은 성소, 회막, 제단, 제사장 그리고 백성을 위해 속죄를 이루었다(16:32-34).

내용 강해

이 장에는 복잡하고 상세한 내용이 가득 들어 있다. 많은 주석가들은 이 복잡함은 내용이 혼합되었기 때문이라고 생각한다. 그들은 16장 11-28절과 나란한 16장 6-10절이 16장 29-34절과 함께 포로기 이후에 삽입되었다고 본다. 그러나 이 장의 이러한 배열은 그날에 진행되는 사건의 복잡함 때문이지, 문서의 조합 때문이 아니라는 주장도 충분히 성립한다.

본문 내용은 주해에 맞게 다양한 방식으로 배열될 수 있다. 티드볼(*Tidball*)은 하나님께 나아간다는 개념을 강조하는 순서를 다음과 같이 제시한다. 제한된 나아감(16:1-2), 겸손한 나아감(16:3-5), 규정된 나아감(16:6-10), 효과적인 나아감(16:23-28) 그리고 정기적인 나아감(16:29-34).[3]

다음 순서는 이 장의 순서를 따르는 것이다. 하나님의 임재에 들어가기 위해 하나님께서 베푸신 규정(16:1-5), 임재에 들어가기 위해 규정된 의식(16:6-10), 의식의 두 부분인 피 뿌림과 속죄 염소(16:11-28), 그날을 위한 정기적인 준비(16:29-34).

3. *Tidball, Discovering Leviticus*(*Leicester, England*: *Crossway*, 1996), 125-27.

I. 하나님께서는 속죄의 규정을 통해서만 자신의 임재에 들어오는 것을 허락하신다(16:1–5).

이 주해에서 첫 부분의 주제는 하나님께서는 어긋난 길로 자신의 임재에 들어오는 것을 금지하시지만, 대제사장이 언제 그리고 어떻게 지성소에 들어갈 수 있는지 계시하신다.

A. 하나님의 임재에 들어가는 것을 가볍게 여겨서는 안 된다(16:1–2).

하나님의 임재인 지성소에 합당하지 않은 방법이나 허락되지 않은 시간에 들어가는 것은 죽음의 벌을 불러왔다. 이에 따르면, 16장 1-2절은 합당한 마음 없이 무단히 들어가려 했던 나답과 아비후(레 10장) 이후에 모세에게 계시되었음을 알림으로써 독자들에게 성소의 거룩함을 강조하고 있다.[4]

이 부분과 이어지는 의식의 중심은 하나님의 임재가 있는 곳의 특징이다. 지성소 안에는 언약궤가 있었다. 그리고 그 궤 위에는 보통 시은좌(루터의 *Gnadenstuhl*)라고 부르는 덮개 혹은 뚜껑이 있었다. 그 물건은 가로, 세로가 각각 약 111센티미터, 66센티미터인 순금으로 만든 판으로, 양 끝에 천사 조각이 새겨져 있고 그 천사의 날개가 가운데 만나고 있다. 히브리어 ***kappōret***('속죄소', ***kipper***과 연결)는 칠십인 역에서 ***hilastērion***(-***ērion***이라는 어미는 '~의 장소'를 가리킨다)로 번역되었다. 위클리프(***Wyicliffe***)는 이 용어를, ***hilastērion***을 번역한 라틴어로부터 속죄소(***propitiatory***)로 번역했다. 그 말은 지성소 안에서 피 제사가 효력을 발휘하는 곳, 하나님께서 자기 백성과 함께 거하시는 곳, 그분이 자신을 그들에게 계시하시는 곳이라는 의미다(출 25:22).

---

4. 밀그롬(*Milgrom*, 1013)은, 이 관계는 정화 의식이 우선 긴급한 규례였다가 나중에 연례 의식이 되었다고 주장한다.

우리는 하나님께서 이 속죄소, 혹은 속죄의 자리 위의 구름 가운데 임하신다고 들었다. 이것은 언약궤가 하나님의 발등상이며, 하나님께서 그룹들 위에 좌정하신다는 다른 설명과 들어맞는다.[5] 이 때문에 그런 자리에 언제 그리고 어떻게 들어갈 수 있는지를 정하는 것은 제사장들의 몫이 아니었다.

B. 하나님께서는 자신의 임재에 들어갈 때 필요한 준비를 규정하신다
(16:3–5).

레위기 16장 3–5절은 지성소에 들어갈 준비를 위한 규정을 정하고 있다. 대제사장은 자신을 위해 드릴 속죄제 제물로 수송아지 한 마리와 속죄를 이룰 번제를 위한 숫양 한 마리와만 함께 들어갈 수 있었다.

그러기 위해서는 더 많은 규정이 필요했다. 그는 대제사장으로서 다른 거룩한 의복을 입기 전에 화려한 예복을 벗은 후 몸을 깨끗이 씻고[6] 세마포 옷을 입었다. 즉, 세마포로 된 속옷과 고의를 입고, 세마포로 된 띠를 띠며, 세마포로 된 관을 썼다. 그 각각의 의미에는 많은 의견이 있다. 우리는 세마포가 정결, 혹은 의를 가리킨다고 알고 있다(출 28:39–43, 계 19:8). 그러나 이렇게 입는 것이 대제사장의 겸손한 인격을 나타내는 것일 수도 있다.[7] 티드볼은, 대제사장은 하나님을 대신해 백성들에게 말할 때 화려한 예복을 입었지만 백성들을

5. 고그(*M. Gorg*, *Milgrom*이 1014에서 인용)는 *kappōret*이 '신발창'을 의미하는 이집트어 *kp*(*n*)*rdwy*에서 차용된 말로, 신왕국 시기에 통용되었고 아마 *kappure*(*e*)*t*로 발음되었을 거라고 주장한다. '발을 올려놓고 쉬는 곳'이란 의미는 언약궤가 여호와의 발등상이라는 성경의 개념과 조화를 이룬다(시 132:7, 대상 28:2).

6. 유대교 문서인 미슈나의 논문인 *Yoma*는 반드시 이 장과 연계해서 읽어야 한다. 왜냐하면 그것은 유대교에서 이 사건에 대한 후기의 해석을 제공하고 있기 때문이다. 바벨로니아 탈무드의 논문 *Yoma* 31*b*에 의하면, 아론은 들어가기 전에 다섯 번 물에 잠그고 열 번 씻었다. 이것은 하나님의 임재 안에 들어가기 위해 준비하는 데에는 엄청난 주의가 필요함을 의미한다.

7. 라시(*Rashi*)는 대제사장이 금으로 장식한 옷을 입을 수 없는 이유로 그가 화려한 옷을 벗고 겸손해져야 했음을 지적한다. 아람어 성경인 예루살렘 타굼은, 아론에게 금송아지 사건의 죄를 생각나게 하는 것이라고 말한다.

8. *Tidball*, *Discovering Leviticus*, 125.

대신해 하나님께 말씀드릴 때는 아무런 권세를 가지지 못했다고 주장한다.[8] 비싼 옷은 그를 마치 권세가 있는 통치자로 보이게 만들었지만, 이제 하나님의 임재 안에서 그의 모든 위엄은 벗겨졌다(*Wenham*, 230). 이것이 의복을 바꿔 입는 일의 핵심일 수도 있다.[9]

Ⅱ. 하나님께서는 속죄소에 피를 뿌리는 것과 죄의 완전한 제거를 통해 자신의 임재 안에 들어올 길을 베푸신다(16:6-28).

A. 하나님께 나아감은 완전한 속죄를 요구한다(16:6-10).

레위기 16장 6-10절은 이 행동의 개관을 제공하는 것으로 보인다. 왜냐하면 다음 부분 역시 의식에 대한 설명으로 이 내용을 포함시키고 있기 때문이다.[10] 그러나 속죄 염소에 관한 상세한 부분은 뒤가 아니라 이곳에서 소개되고 있다.[11]

아론은 자신의 속죄제를 위해 수송아지를 드렸고, 이어서 염소 두 마리를 여호와 앞에 두고 제비를 뽑아 어느 염소를 속죄 염소로 삼아 속죄를 이루며 어느 것을 속죄제 제물로 드릴지를 선택했다. 이날의 의식은 본질적으로 두 부분으로 되어 있다. 피 속죄와 제거 의식이다.

틴데일(*Tyndale*)에 의해 소개된 용어인 속죄 염소에 대해서는 반드시 일정한 분량 이상의 주의를 기울여야 한다. 본문은 여기서 이례적인 용어를 사용

---

9. 밀그롬(*Milgrom*, 1016)은 제사장의 행동 가운데 이 모습이 갖는 실용적인 측면을 언급한다. 그가 만일 정교한 예복을 입었다면 의식 가운데 더럽혀졌을 것이고, 다음에 번제를 드리기 위해 그것을 입을 수 없었을 것이다.

10. 이 본문의 통일성을 보는 사람들은 상세한 내용의 반복은 문체와 관련된 것이지 문서 편집의 증거가 아니라고 주장한다. 본문은 전형적인 히브리 문체로 우선 개관을 제시하고, 이어서 그것이 전개되는 상세한 내용을 제시한다.

11. 밀그롬(*Milgrom*, 1063)은 16장 6-10절의 기능은 실제로 제비를 뽑아 염소를 선택하는 것이 수송아지를 제물로 드리는 것보다 앞서야 하며, 이것은 다음 구절들로부터 이끌어낼 수 없는 사실이라고 말한다.

한다. 아론은 염소 한 마리를 '여호와를 위하여' 그리고 다른 한 마리는 '아사셀('*ăzā'zēl*)을 위하여' 선택했다. 두 번째 염소는 이스라엘 백성이 자신들의 죄를 실어 광야로 내보내 죽게 하는 염소였다. 이 용어는 히브리어 성경에서 이 장에서만 나오는 용어이기 때문에 많은 주의를 요한다. 그 의미에 대해 수많은 견해가 있는 것은 별로 놀라운 일이 아니다.

칠십인 역은 '*ăzā'zēl*을 '떠나보내기 위한 염소'로 이해하며, 이를 '악을 지고 가는 것'으로 부른다. 벌게이트(*Vulgate*) 번역 역시 '*z*을 '*ēz*('암염소')로 취하고 '*zl*을 '*āzel*('보내다')로 읽어 '떠나는 염소'로 본다. 아랍어 '*azala*('제거하다')와의 어원론적인 연결은 '완전한 제거'라는 파생된 의미를 제공한다. 다른 이들(예, *Rashi*, *Ibn Ezra*)은 이 말을 예루살렘 근처에 있는 바위가 많은 장소를 가리키는 것으로 본다. 그곳은 염소를 떠나보내는 곳으로 이 지시의 배경이 되는 원래의 광야와 별 관련성이 없는 말이다. 다른 생각은 이것이 병행 구조인 '하나님을 위하여'에 비추어 어떤 사람의 이름을 가리키는 것으로 본다.

예를 들어, 유대 전승에서 아사셀은 사탄의 부하로 모든 불의를 가르쳤던 자였다. 이 견해는 에녹1서 8장 6절과 9장 6절에서 찾아볼 수 있는데, 그가 염소 귀신 사티로스로 나중에 마귀 본인이 된 자였다. 이 후자의 견해는 어떤 그리스도인들에게 그리스도의 죗값이 악마에게 지불되었다는 결론을 내리게 만들었다. 그러나 유대인들의 사상에서 랍비들은 이 염소가 제물이거나(실제로 레 17:7은 염소 귀신에게 아무런 제사도 드려지지 않았음을 분명히 밝히고 있다), 혹은 아사셀에게 예물이 드려졌다고 말한 적이 없다. '염소를 보냈다'는 직설적인 생각이 가장 좋은 해답인 것으로 보인다. 틴데일의 *scapegoat*는 '다른 사람을 대신해 비난을 받는 사람'이란 의미를 갖는다. 이 말이 무엇을 의미하든 이 장에서 그 염소가 무엇을 위해 존재하고 무엇을 행했는지는 분명하다.

B. 하나님께서는 속죄 의식을 규정하셨다(16:11-28).

의식의 상세한 부분은 다음과 같이 제공되고 있다. 피 뿌림 의식(16:11-19), 속죄 염소 의식(16:20-22) 그리고 참여자의 씻음(16:23-28).

피로 말미암은 정결(16:11-19). 대제사장은 자신과 자기 권속을 위해 속죄제로 수송아지를 제물로 드렸다. 그는 이어서 단에서 향 숯을 취하고 두 손에 곱게 간 향기로운 향을 채워 휘장 뒤 지성소로 들어갔다. 연기는 언약궤와 여호와께서 계신 구름 사이에 막을 만들어 대제사장이 그것을 들여다보지 못하게 함으로써 그의 목숨을 위태롭지 않게 보호했다. 아마도 언약궤 역시 구름으로 덮였을 것이다. 왜냐하면 향만으로는 그것을 덮지 못했기 때문이다. 대제사장은 아마 십계를 담고 있는 언약궤를 이르는 환유어인 증거궤를 보지 못했을 것이다.

피는 속죄소(*kappōret*)에 뿌려야 했고, 이어서 그 앞에 일곱 번 뿌렸다(16:12-14). 그리고 아론은 백성의 죄를 위해 염소를 죽여 그 피를 같은 방식으로 속죄소와 그 앞에 뿌렸다(16:15). 이렇게 함으로써 그는 '이스라엘 자손의 부정과 범한 모든 죄' (16:16)를 인하여 지성소를 위한 속죄를 행했다.

이 구절의 초점은 부정함, 혹은 오염에 맞추어져 있는 것처럼 보인다(*Milgrom*, 1033이 말한 것처럼). 이런 강조의 이유는 이스라엘이 지은 죄의 결과는 부정이며, 그것이 성소에 부착되어 그것을 더럽힌 것이다. 그렇다면 피 의식은 오염의 제거에 관심이 있으며, 속죄 염소 의식은 잘못 그 자체에 관심을 갖고 있다. 다른 말로 하면, 이 날에 백성의 더러움이 정화되어 백성들이 하나님께 심판을 받아 죽지 않게 되었고, 지성소는 그들의 부정함으로부터 정결하게 되었다.

더러움을 가져온 백성의 죄 역시 제거되었다. 죄를 가리키는 핵심어는 *peša*ʿ('반역')으로 보통 '위반(*transgression*)'으로 번역되며, 흔히 범죄의 행위를 가리키는 말로 사용된다. 왜냐하면 죄는 여호와께 대한 반역이지 단순한 율법의 위반이 아니기 때문이다. 여기서의 설명은 부지중 지은 죄나 의도하지 않은 죄만 말하는 것이 아니다. 그 말은 모든 종류의 죄를 가리킨다. 이것은 사람과 성소를 오염시킨 죄다. 의식은 오염된 것을 정화해야 할 뿐 아니라 오염의 원인을 해결해야 했다.

아론은 회막(16:16)과 제단(16:18)을 정결케 하기 위해 동일한 의식을 거행했다. 뜰에 계속 있으면서 제단에 제사를 드리는 사람들은 성소에 많은 부정함을 가져왔다. 따라서 이 날은 여호와께서 성소를 깨끗이 씻어 백성들로 하여금 하나님의 임재 안으로 계속 들어갈 수 있게 하셨다. 하나님께서는 성소를 지성소에서부터 회목과 제단에 이르기까지 씻음으로써 백성들이 자신에게 계속해서 나아올 수 있는 길을 베푸셨다(*Wenham*, 233).[12]

제거를 통한 정결(16:20-22). 속죄 염소 의식은 그 다음에 설명되고 있다. 아론은 염소 위에 두 손을 올려 죄가 염소에게 확실히 전가되게 했다. 그리고 이스라엘의 모든 부정과 반역, 곧 그들의 모든 죄를 고백했다.[13] 그리고 이 죄는 염소에게 지워져 광야로 보내졌다. 고난 받는 종의 노래는 "여호와께서 우리 무리의 죄악을 그에게 담당시키셨도다"(사 53:6)고 노래할 때 이 모습을 염두에 두었음은 의심의 여지가 없다.

염소는 광야, 곧 단절 지역으로 사람의 인도함에서 멀리 보내졌다. 염소는 한 장소, 아마 골짜기 옆, 그 동물이 다시 돌아올 수 없는 단절된 곳으로 보내졌을 것이다(미슈나 논문 *Yoma* 6:6). 이 의식은 백성들의 죄의 완전한 제거,

---

12. 향단에 관해서는 몇 가지 의문이 있다. 왜냐하면 출애굽기 30장 10절은 그것이 일 년에 한 차례 뿌려졌다고 말한다. 레위기 16장은 바깥 제단만을 언급하고 있는 것으로 보이지만, 그것은 16절과 20절의 향단을 가리킬 수도 있다.

13. 미슈나 논문인 *Yoma* 6:2는 이 고백이 어떤 말로 이루어졌는지 알려준다. "오, 여호와여, 당신의 백성, 이스라엘의 집이 당신 앞에서 불법을 저지르고 범과하며 죄를 지었나이다. 오, 여호와여, 기도하오니, 당신의 백성 이스라엘 집이 당신 앞에서 저지르고 위반하며 지은 불법과 범죄와 죄를 당신의 종 모세의 토라에 '이날에 너희를 위하여 너희의 모든 죄를 정결하게 하기 위해 속죄를 베풀리니 너희는 여호와 앞에서 정결하라' 고 기록된 대로 속죄하여 주옵소서."

말 그대로 없애버림을 상징했다.[14]

제거의 완성(16:23-28). 의식 참가자들은 자신의 존재로 즉시 그곳을 오염시켜서는 안 되었다. 따라서 씻음 의식이 거행되었다.

첫째, 아론은 재가 묻은 세마포를 벗은 후 씻고 일상적인 의복을 다시 입었다. 이제 대제사장 예복을 입은 그는 백성들 앞에 등장하여 자신과 백성을 위해 번제를 드렸고, 속죄 제사를 완성했다. 그는 또한 속죄제의 기름을 태웠다. 염소를 데려간 사람 역시 자기 옷을 벗은 후 깨끗이 씻고 평소에 입는 옷을 입었다.

마지막으로 송아지와 염소의 가죽, 고기, 똥은 진 밖으로 가져가 태워야 했다. 그것을 진 밖으로 가져가는 일 역시 죄와 더러움을 성소와 진에서 완전히 제거하는 것을 가리켰다. 그것을 태우는 사람 역시 씻고 자기 옷으로 갈아입었다.

Ⅲ. 하나님께서는 속죄를 위해 뉘우치는 겸손한 마음을 요구하신다(16:29-34).

레위기 16장의 마지막 구절은 백성들을 위한 지시다. 속죄일은 칠월 십일에 거행되는 정기적, 연례적 의식이었다.[15]

이때를 준비하기 위해 백성들은 '자기를 부인하고(*NIV* 번역)', 아무 일도

---

14. *O. R. Gurney*, *Some Aspects of Hittite Religion*(*Oxford*: *Oxford University Press for the British Academy*, 1977), 47.

15. 어떤 주석가는 이 부분이 나중에 추가되었다고 생각한다. 왜냐하면 속죄일이 정기적으로 가을에 거행된 것은 포로기 이후이기 때문이다. 그러나 이 결론을 뒷받침하는 증거는 없다. 또한 속죄일이 왕정 이전 시대처럼 초기에 해마다 거행되지 않았다고 생각할 근거도 없다(*Hartley*, 219). 밀그롬(*Milgrom*, 1069-70)은 비록 특정한 모습은 수세기 후에 추가되었다고, 예를 들어 이 날은 처음에 긴급한 의식에 추가된 정화 의식이 함께하는 기쁨의 시간이었다고 생각하지만, 가을에 시작된 신년 축제의 열 번째와 마지막 날에 성소를 위한 연례적인 정화 의식이 옛날부터 있었음을 의심할 근거가 없다고 결론 짓는다.

하지 않았다. 왜냐하면 이 날은 자신들을 위해 속죄가 이루어진 날이기 때문이다. 분문은 '자기를 괴롭게 하다(*ana*에서 옴)' 는 표현을 사용하는데, 이것은 영적 준비를 가리킴이 분명하다(레 23:27, 32, 민 29:7 참조). 이 용어는 금식하며 기도하는 것(사 58:3, 5) 그리고 베옷을 입고 기도하는 것(시 35:13)과 연결되어 있다. 아람어 타굼은 이때에 백성들은 먹을 것, 마실 것, 목욕, 안마, 샌들, 부부간의 일 그리고 다른 모든 일을 금했다(행 27:9를 보라). 따라서 이 지시는 개인적인 묵상, 회개, 금식 그리고 기도를 요구했다. 이것을 행하기 위해 그들은 생활의 화려함과 기쁨을 부정했다. 핵심은 그들이 스스로 육체적인 것이 아니라 영적인 것에 전념했다는 것이다. 이러한 강조는 어떤 교파에서 사순절부터 부활절까지 특별한 기간으로 이어져오고 있다.

만일 그들이 이렇게 행하면 그들은 여호와 앞에서 정결했다(레 16:30). 속죄의식은 하나님께서 베푸시는 것을 받기 위해 진정한 겸손과 영적 준비를 갖춘 이에게만 효력이 있었다. 이스라엘은 자신의 영적 시간표 가운데 이 날을 정기적인 행사로 삼아야 했다. 해마다 이 날은 백성의 죄를 제거하고, 새로운 시작을 알렸다. 그러나 의식만으로 속죄를 이루는 것이 아니므로 합당한 마음의 준비가 죄의 제거에 반드시 선행되어야 했다.

결론

따라서 이 날은 이스라엘의 대속죄일이었다. 그해에 어떤 일이 있었을지라도 이 날에 그들의 모든 죄가 옮겨졌고, 모든 더러운 장애물은 정화되었으며, 그들은 자유롭게 성소에 들어가 여호와와 교통할 수 있었다. 이 의식의 중심은 대제사장으로, 그는 백성들을 대신해 지성소에 들어갔다. 이는 속죄를 통하여 살아계신 하나님의 임재 안으로 들어갈 수 있게 해주었음을 백성들에게 새롭게 알려주는 것이다. 이 날 의식의 나머지 부분은 그런 나아감을 가능하게 한 속죄의 과정을 완성시켰다.[16]

우리는 일반적으로 이 장의 메시지를 다음과 같은 주해 개념으로 요약할 수 있다.

> 여호와의 임재 안으로 나아가는 유일한 길은 속죄의 피를 시은좌 위에 뿌리는 것과, 회개하는 이들의 죄는 속죄 염소에게 지워 그 죄를 제거함으로써 가능하다.

이 문장에서 몇 가지 전통적인 언어를 유지한 것은 그 말이 긴 설명과 해명보다 덜 번거롭기 때문이다. 이렇게 함으로써 주해 자체에 가깝게 도달하게 될 것이다. 그러나 이 주제는 이 장의 메시지와, 실제로 하나님께서 수세대에 걸쳐 자기 백성들을 위해 베푸신 은혜로운 속죄의 규정을 반영하고 있다. 그리고 이제 새 언약과 함께 그 의식과 계시는 진정한 성취를 발견하게 된다. 예수 그리스도께서는 이 거룩하게 규정한 모든 것을 단번에 그리고 영원히 이루셨다. 이 장이 하나님께서 자신의 임재로 나아가는 길을 베푸신 것에 대해 계시한 내용은 예수님께서 규정된 의식 그대로 살아나심으로써 성취되었다. 예수님을 믿는 모든 성도는 이제 하나님의 임재 안에 나아갈 수 있게 되었다.

신약은 이 장의 동기들을 몇 가지 방법으로 이끌어내어 우리를 대신하신 그리스도의 완전한 사역을 그리고 있다. 첫째, 예수 그리스도께서 제물이 되어

---

16. 바벨로니아의 신년 축제와 동일한 부분은 목욕, 향로 피우기, 성소에 뿌리기, 제사로 부정함 제거하기, 고백, 회개를 포함하는 대제사장의 의식으로 성전을 정화하는 일반적인 부분뿐이다. 그러나 다른 점 역시 나타난다. 바벨론에서 귀신이 쫓겨나고 정화 의식은 성전을 깨끗이 씻는 데 모든 초점을 맞추고 있지 않으며, 속죄 염소에 해당하는 것이 없고, 참여자들의 부정함이 칠 일을 지속하며, 의식의 일부는 하급 제사장이 거행했고, 왕은 겸손 의식을 치렀으며, 모든 행사는 십이 일 동안 계속되었다. 밀그롬(*Milgrom*, 1071-79)은 고대 근동 가운데 배설 의식을 상세하게 개관하여 포함시킨다.

죽으심은 우리의 죄를 온전하게 속죄한다. 로마서 3장 25절은 그분이 우리 죄의 대속물로 죽으셨음을 분명히 밝히고 있다. 그리고 히브리서 13장 12절은 그 일이 성 밖에서 이루어졌음을 의미심장하게 덧붙이고 있다. 그분은 세상의 모든 죄를 위하여 단번에 그리고 영원히 속죄를 이루셨다. 그분은 단번에 하나님의 임재에 나아가는 것을 가능하게 하셨다. 상징적으로, 그분이 죽으실 때 성전의 휘장이 위에서 아래로 찢어진 것은 지성소로 들어가는 길이 활짝 열렸음을 의미한다(마 27:51, 막 15:38, 눅 23:45).

둘째, 예수님께서는 우리의 대제사장으로서 하늘에 있는 성소에 들어가 죄를 없게 하시기 위해 자신의 피를 단번에 제물로 드리셨다(히 9-10장). 히브리서의 메시지는 새 언약이 다음과 같은 몇 가지 이유에서 더 좋다는 것이다.

1. 아론은 땅에 있는 성막에 들어가 피를 뿌렸지만, 예수님께서는 땅에 있는 그림자의 실체인 하늘에 있는 성소에 들어가셨다(9:24).
2. 아론은 죄를 없앨 수 없는 수송아지와 염소의 피를 제물로 드렸지만, 예수님께서는 영원한 구원을 값 주고 사기 위하여 자기 피를 제물로 드리셨다(9:12-14, 10:4).
3. 아론은 먼저 자기 죄를 위하여 제사를 드려야 했지만, 예수님께서는 하나님의 죄 없으신 아들로서 그렇게 할 필요가 없었다(7:26-28).
4. 아론은 이 의식이 한시적인 규정이기 때문에 해마다 반복해서 드려야 했지만, 예수님께서는 단번에 제사를 드리셨다(9:6-14, 25-28).
5. 아론은 백성들이 하나님과 교제하고 예배하는 일을 계속할 수 있도록 속죄를 보증했지만, 예수님께서는 영원한 죄 사함을 보증하셨다(10:1-18).

셋째, 속죄 염소이신 예수님께서는 우리의 모든 죄를 지시고 그것을 심판으로 가져가버리셨다(사 53:5-6, 벧전 2:24, 고후 5:21, 갈 3:13, 히 9:28).[17] 모든 죄는 그분에게 전가되었다. 이제 그리스도 안에 있는 하나님의 베푸심을 바라보기 위해 더 이상의 의식이 필요 없게 되었다(골 2:17). 그것은 다 이루어졌다.

새 언약은 더 이상 해마다 속죄일을 지킬 필요가 없게 되었다.[18] 이제 모든 성도는 그리스도의 완성된 사역으로 하늘에 있는 성소에 들어갈 권리를 얻었다. 그럼에도 불구하고 메시아이신 예수님의 제사로 인한 영원한 축복을 조금이라도 누리기 원한다면 진정한 영적 회개가 반드시 필요하다.

---

17. 하틀리(*Hartley*, 245)는 만일 그리스도께서 모든 죄를 지고 지옥에 내려가 그곳에 버려두셨다면, 사도신경에서 고백되는 것처럼 예수님께서 지옥에 내려가신 것은 속죄 염소 의식에 비추어 설명될 수 있다고 주장한다. 그러나 이 내려가심에 관한 전반적인 문제는 성경적인 증거가 부족하기 때문에 많은 문제로 가득 차 있다.

18. 신약이 유월절과 오순절의 경우와 달리 속죄일이 언제 성취되었는지 정확하게 지적하고 있지 않다는 것은 흥미로운 사실이다. 이것은 아마 그리스도의 죽음으로 인한 유익이 완전히 깨달아지지 않았기 때문일 수도 있다. 성경은 이스라엘이 그분을 믿게 되고(슥 12장), 자신들에게 약속된 구원을 발견하게 될 때(롬 11:25-27) 이것을 체험하게 될 것이라고 암시한다. 그렇다면 이사야 53장은 그들의 죄를 지신 분, 그들은 귀히 여기지 않았지만 장차 영광 가운데 높임을 받으실 분에 대한 믿음과 고백을 드리는 민족적인 기도가 된다.

참고 문헌

Ahituv, S. "Azazel." Pp. 999–1001 in vol. 3 of *Encyclopaedia Judaica*. Jerusalem: Keter, 1972.

Driver, G. R. "Three Technical Terms in the Pentateuch." *Journal of Semitic Studies* 1(1956): 92–105.

Feinberg, C. L. "The Scapegoat of Leviticus Sixteen." *Biblotheca Sacra* 115(1958): 320–33.

Fryer, N. S. L. "The Meaning and Traslation of *Hilastērion* in Romans 3:25." Evangelical Quarterly 59(1987): 99–116.

Grabbe, L. L. "The Scapegoat Tradition: A Study of Early Jewish Interpretation." *Journal of Jewish Studies* 18(1987): 152–67.

Haran, M. "*The Complex of Ritual Acts Performed inside the Tabernacle*." *Scriptio Hierosolymitana* 8(1961): 272–302.

Koester, H. "Outside the Camp: Hebrews 13:9–13." *Harvard Theological Review* 55(1962): 299–315.

Langdon, S. H. "The Scape–Goat in Babylonian Religion." *Expository Times* 24(1912): 9–13.

Milgrom, J. "Atonement, Day of." Pp. 82–83 in *The Interpreter's Dictionary of the Bible: Supplement Volume*. Edited by K. Crim. Nashville: Abingdon, 1976.

Morris, L. L. "The Day of Atonement and the Work of Christ." *Reformed Theological Journal* 14(1955): 9–19.

––. "The Meaning of Ἱλαστήριον in Romans iii.25." *New Testament Studies* 2(1955–56): 33–43.

Tawil, H. "Azazel, the Prince of the Steppe: A Comparative Study." *ZAW* 92(1980): 43–59.

Vriezen, T. C. "The Term Hizza: Lustration and Consecration." *Oudtestamentische Studiën* 7(1950): 201–35(esp. pp. 219–35: "The Day of Atonement: Lev. xvi").

Young, N. H. "The Gospel according to Hebrew 9." *New Testament Studies* 27(1981): 198–210.

4부 거룩함을 위한 규례

(레위기 17-26장)

Instructions for Holiness

29 Instructions for Holiness
거룩함을 위한 규례 서론

레위기는 이제 거룩함을 위한 규정에 관심을 돌린다. 이 부분은 율법, 언약 위반에 대한 권고 형태의 경고, 절기상의 거룩한 날들에 대한 규정들로 이루어진다.

모세 오경과 그 문장에 대한 비평적인 평가 안에서 이 부분은 성결 법전(*Holiness Code*, *H*)으로 불리고 있다. 이 접근법을 대표하는 메이스(*Mays*)는 이 부분이 기존에 습득되었던 법률 자료들을 편집한 것이라고 말한다. 그 규정들은 "이스라엘의 초기 역사까지 거슬러 올라갈 수 있다."[1] 그리고 여호와께서 모세를 통하여 이스라엘에게 말씀하시는 형태를 취하고 있다. 시내 산 전승에서 율법은 연대기 전 사건이라기보다는 믿음의 확증이며 신학적 주장이었다. 이스라엘의 역사 가운데 주어진 모든 율법은 최초의 시내 산 율법을 보충하기 위한 지침이며, 시내 산에서 이스라엘을 만나신 하나님께로부터 온 것이라고 말하는 것은 이스라엘의 서술 방법이다.

---

1. *J. L. Mays, The Book of Leviticus; the Book of Numbers(Layman' s Bible Commentary; Atlanta: John Knox*, 1977), 55.*Westminster*, 1965), 9-10.

메이스는 *H*의 6세기 저작을 받아들이며, 그것이 포로들 가운데 출현했다고 주장한다.

주스텐(*Joosten*)은 성결 법전을 분리하여 고찰할 만한 기본적인 이유들을 개관하여 제공하고 있다.[2] *H*는 분리된 자료로 여겨져왔다. 왜냐하면 다른 법전들과 마찬가지로 제사와 함께 시작하고(레 17장), 축복과 저주로 끝을 맺기(레 26장) 때문이다. 이 장들 전체에는 율법의 동기를 설명하고 제공하는 교훈적인 구성 요소가 있다. 그 요소는 이 장 전체를 통해 다양하게 나타나지만, 그 현상은 레위기의 다른 부분과 이질적이다. 이 부분은 또한 특별한 문체, 어휘 그리고 신학을 갖고 있는 것으로 보인다. 그러나 주스텐은 상당한 분량의 주관성이 문학적인 층위학과 함께 포함되어 있음을 주목한다. 그 결과는 어떤 식으로든 검증할 수 있으며, 어떤 두 개의 분석도 서로 정확히 일치하지 않는다.[3]

성결 법전에 대한 주장은 그에 대한 다양한 반응들로 판단할 때 납득할 만한 것과는 거리가 멀다. 이러한 반응들은 그 이론에 대한 철저한 배척부터, 단순히 이 장들을 서로 다른 시기에 모인 다른 자료들로부터 얻은 내용으로 설명하는 수정 이론에 이르기까지 다양하다.[4] 하틀리(*Hartley*, 259)는 이 담화의 모음이 어떤 경로로 한데 모였든 간에 그것은 레위기 안에서의 현재의 위치로 취합되었다고 결론짓는다. 성결 법전은 백성들에게 거룩함을 요구한다. 왜냐하면 여호와께서 거룩하시기 때문이다. 따라서 그분의 자기 계시는 그들을 하나로 엮는다. 그는 또한 이 내용의 최종적인 모양에 대해서도 설명한다. "성결 법전의 핵심 내용은 시내 산에까지 거슬러 올라가지만, 그것은 하나님의 말씀

---

2. *J. Hoosten, People and Land in the Holiness Code*(*Leiden: Brill*, 1996), 5–8.

3. 앞의 책, 8.

4. 서평과 논의에 대한 심도 깊은 개간을 위해서는 워닝(*W. Warning*)의 *Literary Artistry in Leviticus*(*Leiden: Brill*, 1999), 6–8과 *Hartley*, 251–60을 보라.

을 이스라엘의 변화하는 사회적 환경 가운데 활기차고 시대와 함께 호흡하는 것으로 만들기 위해 제의라는 문맥 가운데 개정되고 보충되었다." 그는 성결법전에 대한 논의가 대부분 지나치게 추론에 근거해서 이루어지고 있음을 발견하고는 제사장이나 신명기 사가들 같은 학파가 거룩한 삶과 정결에 관한 설교들을 수집하고 보존했다는 것에 의문을 제기한다.

이 장들의 문제와 초점이 특별한 점이 있음에도 불구하고 그리고 그 내용이 다른 율법의 수집에 맞추어 추가되고 변경되었을 가능성을 배제하지 않는다 하더라도, 이 내용이 6세기에 기록되었다거나 혹은 광범위한 저자의 작품이라고 보아야만 하는 근거는 없다. 에스겔과의 분명한 유사성들은 중요한 의미를 갖고 있지만, 레위기의 이 부분이 에스겔 시대에 나온 것이라고 말할 수 있는 것처럼 에스겔 선지자가 자신의 예언 가운데 이전의 제의적 규정들을 사용했다고도 얼마든지 주장할 수 있다. 전체적으로, 이 부분의 신학적 취지는 레위기의 다른 부분들과 상당히 잘 어울린다.

이 부분의 주된 관심은 거룩함의 기준이다. 이 부분은 하나님께서 거룩하시며, 언약 백성은 하나님께서 거룩하시기 때문에 자신도 거룩해야 하는 특별한 의무를 갖고 있음을 강조한다. 무엇보다 그들은 시내 산 언약에 의하면, 거룩한 제사장이 되어야 했다. 그리고 여기서 계속되는 언약에 대한 일깨움을 발견한다. "나는 너의 하나님 여호와(야훼)라." 백성들에게 하나님의 거룩하심을 추구하라고 촉구하는 것은 본서에서 이 부분이 주는 엄숙한 의무다. 백성들은 순종함으로 이 거룩함을 입증해 보여야 한다.

레위기 17-26장의 내용은 의식 규정에서부터 절기와 저주에 이르기까지 다양하다. 본서의 마지막 장인 27장의 서원 갚음은 이 모음집의 일부로 간주되지 않는다. 따라서 대개 이 부분과 함께 다루어지지 않는다.

레위기 17-26장의 참고 문헌

Elliott-Binns, L. E. "Some Problems of the Holiness Code." *ZAW* 67(1955): 26-40.

Joosten, J. *People and Land in the Holiness Code*. Leiden: Brill, 1996.

Knohl, I. "The Priestly Torah versus the Holiness School: Sabbath and the Festivals." Hebrew Union College Annual 58(1987): 65-117.

Morgenstern, J. "The Decalogue of th Holiness Code." *Hebrew Union College Annual* 26(1955): 1-27.

Paton, L. "The Holiness Code and Ezekiel." *Presbyterian and Reformed Review* 26(1896): 98-115.

Sun, H. T. C. "An Investigation into the Compositional Integrity of the So-Called Holiness Code(Leviticus 17-26)." Ph.D. diss., Claremont Graduate School, 1990.

Vink, J. G. "The Date and Origin of the Priestly Code in the Old Testament." *Oudtestamentische Studiën* 15(1969): 1-144.

30 Instructions for Holiness

피의 신성함: 제사와 피에 관한 율법들(17장)

레위기는 이제 피의 신성함을 시작으로 이스라엘에게 거룩함을 추구하라는 수많은 권고로 이동한다. 레위기 17장은 여호와께 드리는 제사의 구심성과 피의 배타적인 소유권이 여호와께 있음을 강조한다.

웬함(*Wenham*, 240-41)은 이 장이 어떻게 앞의 내용과 뒤에 오는 내용 모두와 공통되는 모습을 갖고 있는지를 언급한다(이는 그 내용이 성결 법전이라는 개념에 완전히 어울리지 않음을 보여준다). 그는 이 장을 본서의 두 부분 사이에 놓인 경첩으로 본다. 1-16장은 공적인 생활과 예배를 위한 규정을 기록하고, 18-25장은 개인들의 개인적이고 사적인 일들을 위한 규정을 기록한다.

따라서 권고들은 피에 대한 합당치 못한 사용에 대한 이 경고와 함께 시작한다. 그 가르침은 평소처럼 제사장을 통하여 오지만, 성소에서 떨어진 곳에서 활동하는 일반 백성에게 적용된다.

신학적 주제

그렇다면 신학적 주제는 피의 신성함이다. 이것을 강조하는 근거는 두 번째 중요한 개념을 형성한다. 생명은 피 가운데 있다. 피를 쏟아버리는 것은 생명을 버리는 것이다. 셋째, 이 율법을 위반한 처벌은 때 이른 죽음이다. 이 죄에 대한 심판의 주제는 본서에서 이미 몇 차례 표면에 떠오른 적이 있지만 이제 강력하게 전면으로 부상한다.

본문 개괄

메시지 요약

생명은 피 안에 있고 하나님의 것이기 때문에 이스라엘 백성은 오직 그분의 성막에만 제사의 피를 가져오고, 어떠한 피도 먹지 않으며, 사냥으로 잡은 동물의 피를 여호와께 부음으로써 그분에 대한 충성을 입증하고 죽음의 벌을 피해야 했다.

본문 개요

서언: 하나님께서는 모세를 통하여 제사장들에게 예배의 장소와 동물의 피에 관한 가르침을 계시하셨다(17:1-2).

I. 이스라엘 백성과 비이스라엘 백성은 이방 신이 아니라 회막에서 여호와께 모든 제사를 드려야 했다(17:3-9).

A. 제사를 드리기에 합당한 곳은 회막이었다(17:3-4).
B. 제사를 들판에서 드려서는 안 되고, 여호와 앞에서 드려야 했다(17:5-6).
C. 이스라엘 백성의 제사를 거짓 신들에게 드려서는 안 되었다(17:7).
D. 다른 곳에서나 다른 신들을 위해 제사를 드린 사람은 누구든지 백성으로부터 끊쳐졌다(17:8-9).

II. 이스라엘 백성과 비이스라엘 백성은 피를 먹어서는 안 되었고, 그렇지 않으면 심판을 받았다(17:10).
A. 피를 먹은 이스라엘 백성과 비이스라엘 백성은 심판을 받을 것이다(17:10).
B. 심판의 이유는 생명이 피 안에 있고 하나님께서 피를 속죄를 위한 것으로 지정하셨기 때문이다(17:11-12).

III. 사냥을 한 이스라엘 백성과 비이스라엘 백성은 피에 관해 정해진 규정을 따라야 했다(17:13-16).
A. 사냥을 한 사람은 그 동물의 피를 흘리고 흙으로 덮어야 했는데, 그렇지 않으면 심판을 받았다(17:13-14).
B. 죽은 채 발견되거나 맹수에게 찢긴 동물을 먹는 사람은 자기 의복을 빨며 물로 목욕하고 저녁까지 부정해야 했다(17:15-16).

내용 강해

레위기 17장은 레위기 전체의 전형적인 소개 형식으로 시작한다. 그리고 네 개의 본문이 제사와 피를 다루고, 각각은 다음과 같은 동일한 틀을 따른다. 상황 소개, 죄의 정의, 처벌 규정, 율법 설명. 네 본문은 제사 드리기(17:3-9), 피를 먹는 것(17:10-12), 사냥꾼(17:13-14), 죽은 동물을 발견한 때(17:15-16)다. 여기서 이 내용으로부터 두 개의 단위를 새로 만들었고, 첫 본문은 그 내용이 예배를 다루고 있기 때문에 분리된 단위로 삼았고, 나머지 세 본문은 먹는 것을 다루기 때문에 하나로 묶었다.

I. 허락된 유일한 희생 제사는 여호와께 드리는 속죄 제사다(17:3-9).

레위기 17장 전반부는 진정한 예배를 위한 피의 사용을 보장한다. 기본 규정은 누구든지 여호와께 드리는 제사 가운데 회막으로 가져오지 않고 진 안에서나 밖에서 동물을 제사로 드리는 사람은 죄를 지었으며, 백성들로부터 끊쳐진다는 것이다(17:3-4).

이 본문을 신명기 12장 20-25절과 일치시키는 것은 문제의 소지가 많다. 신명기 내용은 이스라엘 백성에게 성소 밖에서 음식을 위해 동물을 죽이고 그 피를 여호와께 뿌리는 것을 허락하고 있다. 웬함(243)은 레위기 17장 3절 규정이 고기가 귀했을 때나 모든 사람이 성전 근처에 살았을 때에만 적용될 수 있었다고 지적한다. 그러나 이스라엘이 땅 전역에 정착했을 때 그 규정은 변경되어야 했고, 다만 피의 신성함만은 계속 보존되어야 했다. 바꿔 말하면, 어떤 규례들은 다른 시대와 다른 상황에 맞게 수정되었다는 것이다.

하틀리(*Hartley*, 271)는 라시(*Rashi*)를 따라, 레위기 17장 규정이 화목제를 위해 죽인 동물만을 가리킨다고 말한다. 이 견해에서 *šāḥaṭ*('죽이다')는 의식을 위한 죽임만을 가리킨다(또한 *Levine* 113을 보라).[1] 따라서 신명기 12장이

---

1. 또한 스네이드(*N. H. Snaith*)의 *Leviticus and Numbers*(*New Century Bible*; *Greenwood*, *S. C.*: *Attic*, 1969)를 보라.

성소 밖에서의 일반적인 동물의 죽임을 허용하고 있는 반면, 레위기 17장은 제의적인 죽임에 관심을 가지며 음식을 위해 동물을 죽이는 것을 언급하지 않고 있다. 그렇다면 하나님께서는 백성들이 언제 어디서나 자기 마음대로 제사에 사용할 동물을 죽이는 것을 금하신 것이다. 왜냐하면 그 행위는 잘못된 제사로의 가능성을 열어놓기 때문이다.

문제는 그 제사가 명백히 염소 우상에게 드려졌다는 것이다. *śe'îrîm*('숫염소')이란 말은 염소 형상으로 광야를 떠도는 귀신을 가리키는 것으로 보인다(사 13:21, 34:14 참조).[2] 스네이드(*Snaith*, 84)는 이 말이 가나안 종교에서 지방에서 섬기던 풍요의 신을 가리킨다고 말한다. 그 말이 정확하게 가리키는 것이 무엇이든, 본문은 백성들이 그런 저급한 신에게 제사를 드려서는 안 되고 오직 여호와께만 드려야 했음을 의미한다.

하나님께서는 자기 백성이 충성을 바칠 그 어떤 다른 경쟁자도 허락하지 않으셨다. 다른 신에게 제사를 드리는 것은 하나님께 대한 불충으로, 그것은 여기서 음란이란 말이 사용된 이유다. 이 표현이 충성이란 개념을 강조하고 있는 것은 분명하지만, 그 표현을 선택한 몇 가지 이유가 있는데, 다산 의식은 이교의 제사와 연결되어 있고 그 의식은 음란 행위에 지나지 않았기 때문이다.

이런 우상 숭배와 참하나님에 대한 멸시의 벌은 '백성 중에서 끊쳐지는 것'이었다(레 17:4). 그것은 그 범죄가 살인만큼이나 막중하다는 의미로, 실제로 그 죄를 범한 사람은 사형에 처해졌다. 이 표현의 사용은 하나님께서 그 심판을 내리셨음을 의미하는 것일 수도 있다. 지도자들은 이 사람을 여호와의 심판에 넘기는 일을 맡았을 수도 있는데, 율법 가운데 끊쳐짐에 해당하는 많은

---

2. 여기서 제시된 이방 신을 모시던 신전을 파괴한(왕하 23:8) 요시야 시대의 염소 예배에 대한 연결은 히브리어 성경의 '여호수아의 문 입구에서'란 어구를 '입구(*gates*)' 대신에 '염소(*goats*)'로 읽은 것에 근거한다.

죄는 법적 절차를 불가능하게 만드는 은밀한 죄다. 이 구절은 회중으로부터 출교되는 것을 의미할 수도 있다[이 견해는 유사한 범죄에 대한 함무라비법 §154(*ANET* 172) 규정이 뒷받침을 받고 있다]. 그러나 또다시 법적 절차는 불가능하다. 왜냐하면 이것은 은밀한 죄이기 때문이다. 웬함(242)은 이 구절이 하나님의 손에 의한 죽음의 벌을 가리키고 있음이 분명하다고 결론 내린다. 이것은 이 죄나 혹은 다른 은밀한 죄를 지은 사람을 겁에 질리게 할 수 있는 내용이다. 하나님께서는 그 죄가 고백되고 회복되지 않으면 언제라도 치실 수 있었다.

Ⅱ. 피의 유일한 사용은 생명을 주신 여호와께 드리는 제물을 위한 것이다(17:10–16).

레위기 17장의 후반부의 초점은 피와 먹는 것에 맞추어져 있다. 누구든지 피를 먹은 이스라엘 백성과 비이스라엘 백성은 죄를 지은 것이다. 하나님께서는 그에게서 얼굴을 돌리시고 그를 백성들로부터 끊으셨다(17:10). 그들은 이방 풍속을 좇아, 제사용으로나 음식으로나 혹은 음식 안에서 올바로 피를 뽑은 후가 아니면 어떤 경우라도 피를 먹어서는 안 되었다(창 9:4).

하나님께서는 이 규정의 이유로 "육체의 생명은 피에 있음이라[3] 내가 이 피를 너희에게 주어… 속하게 하였나니"라고 선언하신다(레 17:11). 성경 전체를 통하여 피는 생명의 상징일 뿐 아니라, 생명 그 자체였다. 피를 흘리면 생명이 떠났다. 동물의 피를 흘리는 것은 예배자에게 그 생명의 근원이 취해지는 것을 나타내는 그림언어였다. 하나님께서는 그것을 이렇게 계획하셔서 백성들이 생명의 상실을 직면하고, 동물의 피가 흘려질 때마다 제사를 떠올릴 수 있

3. 문자적 표현은 "그것의 피는 그것의 생명 안에(b^e) 있다"로, 이는 *a beth essentiae*('그것의 피는 그것의 생명이다')로 해석되어야 한다.

게 하셨다. 따라서 피를 먹는 것은 생명을 손상시키는 것이며, 하나님께서 의도하신 목적을 무시하는 것이다.

피를 먹는 것의 금지를 크게 강화시키는 것은 이런 피 흘림의 고귀한 용례다. 하나님께서는 피로 속죄를 삼으려고 계획하셨기 때문에 그것은 하나님께만 드려져야 했다. 그것을 먹는 것은 하나님께서 거룩한 것으로 의도하신 것을 보통의 것이나 속된 것으로 만드는 것이다. 결과적으로 누구든지 피를 먹는 사람은 끊어졌다. 창세기 9장은 처음으로 하나님께서 그 범죄에 대해 책임을 물으신다고 말함으로써 심판의 성격을 정하셨다. 여기서 대담한 표현은 하나님께서 죄인에게 자기 얼굴을 돌리시겠다는 것으로, 이는 심판에 대한 엄한 표현이다.

마지막 부분(레 17:13-16)은 사냥꾼과 죽은 동물을 발견한 사람들에게 관심을 갖는다. 양심적인 이스라엘 백성은 음식을 위해 사냥을 한 다음, 피는 인간이 사용하도록 허락되지 않았다는 가르침을 지키기 위해 그 동물의 피를 쏟아버렸다(17:13-14). 만일 그 동물이 야생 맹수에 의해 찢겨졌으면 그것을 멀리해야 했다(17:15-16). 찢겨진 동물을 먹는 것은 그 사람의 옷을 빨고, 목욕하며, 저녁까지 부정한 상태로 남아 있는 의식을 필요로 했다.

결론

이 본문의 기본 교훈은 몇 가지 방식으로 정리할 수 있다.

하나님께서는 피의 신성함을 보존하신다.

이 교훈을 통하여 그분은 백성들의 충성을 받을 배타적인 권리를 유지하신다. 그들은 그분에게만 제사를 드려야 하고, 그분만이 생명을 주관할 권세를 지니고 계심을 인정해야 한다. 아니면 이렇게 말할 수도 있다.

> 살아계신 하나님을 신실하게 예배하는 자는 생명(피가 가리키는)이 하나님께 속한 것임을 깨닫고 제물이 갖는 피의 신성함을 보존해야 한다.

이 교훈은 하나님께서 생명을 속죄하기로 계획하신 것을 거짓 신에게 제물로 바치거나, 경쟁 신당에 바치거나 속화되거나 평범하게 사용해서는 안 된다는 것을 의미한다.

이스라엘 가운데 이 규정의 위반을 보기는 쉬운 일이었다. 왜냐하면 피는 제사에서 그 정도로 핵심적인 부분이기 때문이다. 그러나 이 본문은 신약 성도들에게 어떻게 적용되어야 하는가? 물론 하나님의 권리들에 대한 충성이라는 일반 원리는 강조될 수 있지만, 제물의 피는 그리스도의 모형이기 때문에 우리는 이 문제를 한층 더 깊이 다루어야 한다.

우선 피의 신성함이 다른 방식으로 준수되었음을 언급할 수 있다. 구약에서 백성들은 피를 먹거나 마시는 것이 금지되었다. 그것은 속죄를 위한 것이었다. 그러나 신약에서 그리스도께서 오심으로써 믿는 자인 우리는 그분의 피를 '마시라' 는 가르침을 받는다(요 6:53-54). 결국 이것은 속죄를 위한 것이다. 그렇게 함으로써 우리를 위해 자발적으로 내어놓은 그분의 생명이 우리에게 전가되었다.[4] 이제 이것은 그림언어가 분명하다. 왜냐하면 아무도 그분의 피를 실제로 마시지 않기 때문이다. 이는 성도들이 그리스도를 영접하고 믿음으로 구원을 위한 그분의 제사를 자기 것으로 삼아야 함을 의미한다. 이것은 그들이 성만찬에서 마시는 것을 상징적으로 표현하고 있다.

---

4. *D. Tidball, Discovering Leviticus(Leicester, England: Crossway*, 1996), 140.

고린도에서 사람들은 성만찬을 세속적인 축제로 만들었다. 그들은 그 의식의 의미를 상실하고 포도주와 빵이 가리키는 것, 곧 하나님의 어린양의 피와 살을 소홀히 여겼다. 이런 이유로 그들 가운데 어떤 이들은 갑자기 죽음을 맞이했다. 그들은 '끊쳐졌다'(고전 11:29-30). 이 메시지는 순종으로 여호와를 따르는 이들은 제사와 관련된 속죄의 피의 신성함을 보존해야 한다는 것으로 보인다. 신약은 강한 어조로 그 피를 거룩하지 않은 것으로 대하고, 불순종함으로 하나님의 아들을 발로 짓밟은 사람들에게 대해 경고하고 있다(히 10:29). 골드버그(*Goldberg*)는 우리가 기독교 역사 전체를 통하여 구원과 관련해서 그리스도의 피와 아무 관계도 바라지 않은 사람들을 발견한다. 그들에게 피의 강조는 거슬리는 것이었다. 그러나 그리스도의 피가 아니면 구원은 없다.[5]

그리스도인은 레위기의 이 규정 때문에 음식 가운데 피를 먹지 말아야 하는가? 이런 긴장은 초대교회에서 이방인들이 회중 가운데 들어옴으로써 발생했다. 초대교회 지도자들은 성도들이 목 졸려 죽은 동물은 피가 빠지지 않았기 때문에 피해야 한다고 규정했다(행 15:29). 바울은 만일 사람들이 먹는 것이 이방 신전과 관련된 것이고, 따라서 귀신에게 드려진 제물의 일부거나 혹은 그것이 다른 사람을 불쾌하게 하고 오해를 살 만한 것이면 먹지 말아야 한다고 판정했다. 그렇지 않은 경우에는 먹는 것이 가능했다(고전 10:20-27). 그것은 잘못이 아니지만, 지혜롭지 못하거나 유익하지 못할 수 있다.

---

5. *L. Goldberg*, *Leviticus: A Study Guide Commentary*(*Grand Rapids: Zondervan*, 1980), 91.

참고 문헌

Aloni, J. "The Place of Worship and the Place of Slaughter according to Leviticus 17:3-9"(Hebrew). *Shnaton* 7-8(1983-84): 21-49.

Brichto, H. C. "On Slaughter and Sacrifice, Blood and Atonement." *Hebrew Union College Annual* 47(1976): 19-55.

Elliott-Binns, L. E. "Some Problems of the Holiness Code." *ZAW* 67(1955): 26-40.

Gammie, J. G. *Holiness in Israel*. Overtures in Biblical Theology. Minneapolis: Fortress, 1989.

Grintz, J. M. "'Do Not Eat of the Blood': Re-considerations in the Setting and Dating of the Priestly Code." *Annual of the Swedish Theological Institute* 8(1972): 78-105.

McCarthy, D. J. M. "The Symbolism of Blood and Sacrifice.: *JBL* 88(1969): 166-76.

Milgrom, J. "A Prolegomenon to Leviticus 17:11." *JBL* 90(1971): 149-56.

Morris, L. L. "The Biblical Use of the Term 'Blood.'" *Journal of Theological Studies* n.s. 3(1952): 216-27; 6(1955): 77-82.

Schwartz, B. J. "The Prohibitions Concerning the 'Eating' of Blood in Leviticus 17." Pp. 34-66 in *Priesthood and Cult in Ancient Israel*. Edited by G. A. Anderson and S. M. Olyan. JSOTSup 125. Sheffield: JSOT Press, 1991.

Snaith, N. H. "The Meaning of שְׂעִיXים." VT 25(1975): 115-18.

--. "The Verbs Zābaḥ and šāḥat." VT 25(1975): 242-46.

Steinmueller, J. E. "Sacrificial Blood in the Bible." *Biblica* 40(1959): 56-67.

Stibbs, A. M. *The Meaning of the Word "Blood" in Scripture*. London: Tyndale, 1959.

Wood, B. G. "In the Blood Is Life-A Common Belief in Ancient Times?" *Bible and Spade* 2(1973): 105-18.

31

Instructions for Holiness

육체 관계의 신성함: 이방인들의 더러운 일을 피할 규례들(18장)

의인은 여호와 하나님을 향한 충성을 유지하기 위해 늘 깨어 있어야 한다. 왜냐하면 이 세상의 사악함이 엄청난 능력으로 위협을 가해오고 있기 때문이다. 참으로 놀라운 것은 비록 세상의 도덕적 불결함이 만연하며 어떤 간단한 평가에도 혐오스러울 정도임에도 불구하고, 그것을 용인하면 용인할수록 더 받아들일 만하고 매력적인 것이 된다는 사실이다. 이스라엘은 가나안 땅에 들어갔을 때, 그곳 사람들이 개탄할 만한 생활 방식과 신앙을 갖고 있음을 발견했다. 그러나 오래지 않아 그 생활 방식은 그들의 삶의 방식이 되었고, 신앙은 그들의 종교 상태가 되었다. 하나님께서는 그들이 이렇게 용납하고 동화된 것을 심판하셨다.

따라서 레위기의 이 부분은 즉시 하나님의 백성들에게 세상의 가증한 것과 그 결과에 대해 경고하고 있다. 이 장은 저속한 가나안 문화의 적나라하면서도 불안한 모습을 제공한다. 그것은 거룩하신 여호와 하나님을 믿는 사람들이 반드시 피해야 할 불법적인 성관계의 강조다. 이 장의 문학 형태는 직설적인 법률 규정이라기보다 담화, 메시지의 형식을 띠고 있다. 이 장은 이중 목적을 갖고 있다. 이스라엘에게 애굽과 가나안의 가증스러운 것들을 피하도록 경고하는 일 그리고 그런 악함에 빠지면 하나님께서 그들 역시 그 땅에서 내쫓으실 것임을 경고하는 것이다.

여기서 이스라엘에 주어진 조언은 단순히 좋은 충고가 아니었다. 그것은 언약의 성실함과 관련된 문제였다. 해리슨(*Harrison*, 184)은 본문의 메시지가 고대 사회에서 일반적인 법률에 의해 사용된 영주 계약 형태를 따르고 있는지 주목한다. 예를 들어, 위대한 주권의 선언("나는 여호와 너희 하나님이라")은 처음에 3회 나타나며(18:2, 4, 5), 마지막 부분에 1회 나타난다(18:30). 다른 곳에서는 "나는 여호와라"에 의해 강조되고 있는 수미 쌍괄, 혹은 괄호 묶기를 이루고 있다. 역사에 대한 언급(18:3), 기본적인 계약 조항(18:4) 그리고 축복(18:5)에 이어 이 장의 주요 내용이 불법적인 성행위를 절제하는 것과 그것들을 위반할 때 빚어지는 저주에 대한 상세한 긴 목록으로 나온다(18:6-23). 따라서 이 계약 형태는 백성에게 언약의 의무를 새겨주었다.

신학적 주제

몇 가지 중요한 신학적 동기가 레위기 18장의 앞부분에 등장한다. 우리는 처음부터 하나님의 뜻에 순종할 것을 강조하는 내용을 만나게 된다. 장수와 다산의 삶에 대한 기대는 하나님의 완전한 뜻과 조화를 이루어 사는 사람에게 주어지는 것이다.

물론 이것은 그들이 이방 종교의 가증한 것을 따라 살지 않았음을 의미한다. 따라서 이 장의 중심에는 거룩함과 성적 위반에 대한 대조가 나온다. 성적 친밀함은 하나님께서 창조 시에 명하신 제도의 일부다. 성적 장벽을 가로지르는 모든 행동은 거룩한 것을 부정하게 만들 뿐 아니라 인간 사이의 관계에 혼돈과 혼란을 가져온다.

따라서 심판은 여기서 중요한 동기가 된다. 하나님의 뜻을 어기고 성적 친밀함을 위한 그분의 계획을 왜곡시킨 사람들은 이 땅에서 살고 번성할 수 있는 자신의 권리를 박탈당했다. 비록 그들은 자신의 성적 도착을 종교적 행위나 신학적 합리화로 숨기려 시도하지만, 그들은 자신이 하나님의 계획을 무효로 만들려 했다는 이 간단한 사실에서 벗어날 수 없다. 이 장은 거룩한 율법을 강조하며, 고의적으로(그리고 기괴하게도) 그것에 반항하는 자들을 정죄하는 것이다.

본문 개괄

메시지 요약

이스라엘은 근친 상간, 불법적인 성관계, 간음, 자녀를 제물로 드리는 일, 동성애, 수간과 같은 이방 종교의 관행을 수용할 수 없었다. 그리고 통치자 여호와의 규례를 따라야 했다. 왜냐하면 그분은 그 죄들로 인해 가나안을 심판하시려 했을 뿐 아니라 그것에 연루된 이스라엘 백성 역시 심판하실 것이기 때문이다.

본문 개요

서언: 여호와께서 모세에게 명하셔서 백성들에게 고하게 하셨다(18:1–2a).

I. 이스라엘은 여호와께 충성하는 마음으로 온전한 삶을 누리기 위해서 이교도의 관습을 피하고 하나님의 규례를 따라야 했다(18:2b-5)

A. 여호와께서는 자신이 이스라엘의 위대한 통치자이심을 밝히셨다(18:2b).

B. 이스라엘 백성은 애굽과 가나안의 타락한 관습을 따를 수 없었다(18:3).

C. 이스라엘 백성은 생명을 얻기 위해 여호와의 판단과 규례를 좇아야 했다(18:4-5).

II. 이스라엘은 가나안과 연관된 타락한 제사와 성관계에 참여해서는 안 되었다(18:6-23).

A. 누구도 혈연이나 혼인에 의해서 친인척이 된 여인과 성관계를 가져서는 안 되었다(18:6-18).

B. 이스라엘 백성은 비합법적이고 부도덕한 관행에 참가해서는 안 되었다(18:19-23).

III. 이스라엘은 만일 가나안 족속의 가증스러운 일에 동참하면 더러워지고, 그들과 동일한 심판을 받게 될 것이다(18:24-30).

A. 가나안 백성은 가증한 것들로 인해 더러워졌고, 따라서 그 땅에서 추방될 것이다(18:24-25).

B. 이스라엘 백성은 이런 가증한 일들을 행하면 똑같이 더러워지고 심판을 받을 것이다(18:26-30).

내용 강해

레위기 18장은 자체적으로 완비된 메시지다. 그 내용은 한편의 설교로서 형식을 이미 갖추고 있으며, 따라서 주해로 쉽게 전개해갈 수 있다. 카마이클(*Carmichael*)은 이 장이 "법률과 문학의 영역에서 역사적으로 가장 주목할 만한 습작 가운데 하나다"라고 언급한다.[1] 위의 개요에서 본 것처럼 이 장은 세 부분으로 되어 있다. 순종과 신실함의 권고(18:2b-5), 이방인들의 관행에 대한 간략한 서술(18:6-23) 그리고 가나안화되는 것에 대한 마지막 경고(18:24-30). 바꿔 말하면 이 장은 기본적으로 충성의 요구다. 그러나 충성에 대한 처음의 요구는 이어서 부정한 행동에 대한 경고로 분명해지고, 다음으로 불순종에 대한 심판의 경고로 순종이 촉구된다.

I. 하나님의 백성은 그분에 대한 충성과 계명으로 말미암아 타락한 세상으로부터 자신을 구별해야 한다(18:2-5).

레위기 17-18장은 실질적인 내용의 연속을 보여준다. 만일 이스라엘 백성이 여호와를 위한 제사의 신성함을 보존하지 않고 다른 신들에게 제사를 드리기 시작한다면(17장), 그들은 이교도들처럼 살기 시작하게 될 것이다(18장). 따라서 레위기 17장이 백성들에게 여호와 한분에게만 제사를 드리도록 지시했다면, 레위기 18장은 이교도들의 가증한 것을 피하라는 요구다.

레위기 18장의 첫 부분은 하나님의 뜻에 순종하라는 명령이다. 이 메시지는 백성들에게 언약에 매여 있음을 상기시켜주기 위해 언약의 형식을 사용한다.

---

1. 카마이클(*C. M. Carmichael*)은 레위기 18장이 편집하거나 하나로 묶으려는 어떤 시도도 없는 법률들의 집합이라는 생각을 거부한다. *Law, Legend, and Incest in the Bible*(*Ithaca*: *Cornell University Press*, 1997), 9.

"나는 여호와 너희 하나님이라." 선택과 창조에 의해 존재하게 된 어떤 백성도 그들을 이곳으로 인도하신 분을 무시할 수는 없다.

첫 지시는 이스라엘 백성은 결코 애굽 사람들(그들이 살았던)이나 가나안 족속(그들이 장차 살아갈)의 가증스러운 행동들을 따르지 말라는 것이다. 이 시점에서 이 백성들을 소개하는 것은 이 장에 수록된 죄악들이 그들의 가증스러운 관행을 이루고 있음을 분명히 보여준다.

이 지시와 함께 약속이 주어진다. 만일 이스라엘 백성이 하나님의 뜻에 따라 살면 그들은 평화롭고 풍성한 삶을 누릴 것이다. 그렇다면 율법은 이스라엘로 하여금 하나님의 거룩한 나라로 그분이 약속하신 복을 받으며 살 수 있게 계획된 것이다. 18장 5절의 약속("이를 행하면 그로 인하여 살리라")은 신명기 마지막 부분에서 백성들에게 생명과 복을 택할 것을 요구하는 장면과 거의 동일하다(30:15, 19b-20). 하나님의 도덕법은 그분의 본성으로부터 나오며 창조 안에 반영되어 있다. 결과적으로 생명의 창조주에게 반역하는 삶은 죽음과 파멸을 선택하는 것이다.

이 장을 시작하는 부분은 이렇게 시작되는 동일한 자기 계시로 마무리된다. "나는 여호와라." 이 계명들은 인간의 관습이나 회의를 통해 나온 것이 아니라, 하나님에 의해 주어진 것이다.

Ⅱ. 하나님의 백성은 성적 경계를 침범함으로써 창조 질서를 위반하지 말아야 한다(18:6-23).

A. 하나님의 백성은 세상의 악함을 피해야 한다.

언약에 대한 충성을 강하게 강조하는 이유는 모두 함의 자손인 애굽과 가나안 땅에 널리 퍼진 악에 대한 긴 경고로 말미암아 분명히 드러난다. 피해야 하는 것들은 근친 상간의 죄부터 수간과 같은 성도착에 이르기까지 하나씩 거슬러 올라가며 나열된다. 이 모든 것은 하나님의 생명을 위한 계획을 위반한 것들이다.

처음부터 창세기 9장을 살펴보는 것은 도움이 될 수도 있다.[2] 이 본문은 가나안의 아비인 함[3]이 노아가 벌거벗은 것을 보고 어떻게 도덕적인 방종을 행했는지 그리고 그의 부친에 대한 존경심의 부족으로 인해 어떻게 그의 후손들, 곧 그와 동일한 도덕적 방종을 행한 이들에게 저주가 내려졌는지를 들려주고 있다.

이 저주는 가나안 족속 전체에 내려진 것으로 이 본문이 분명히 암시하는 것처럼 개인들에게 내려진 것이 아니다. 백성들은 하나님의 저주 아래에서 하나님의 축복을 함께 누리지 못했다.[4] 물론 가나안 족속 개개인은 누구라도 여호와를 믿고 심판에서 벗어날 수 있었다(여호수아서에서 보여주는 이야기처럼). 그러나 창세기 9장의 이 예언의 핵심과 레위기 18장의 증거는 함 족속 전체가 그리고 구체적으로 가나안 족속이 그들의 조상이 드러냈던 동일한 도덕적 방종을 특징으로 하고 있다는 사실이다.

실제로 함의 후손들이 행한 도덕적 방종은 함보다 더 심각한 것이어서 그들은 사실상 그 저주를 받아 마땅했다. 가나안이 정복될 때 '아모리 족속의 죄악'(창 15:16)은 극에 달했다. 그들의 사악함은 그 땅에 신속히 퍼졌고 그들의 종교까지 타락시켰다. 이러한 자기 파괴적인 사악의 결과로 예상되는 것은 심

---

2. 많은 문헌이 창세기 9장과 레위기 18장을 연결하는데, 「창조와 축복 [*Creation and Blessing*: *A Guide to the Study and Exposition of Genesis*(Grand Rapids: Baker, 1988)], 209-22」에 요약된 나의 논문 "*The Curse of Canaan*," *Bibliotheca Sacra* 137(1980): 223-40도 포함된다.

3. 함이 가나안의 조상이며 그 저주가 가나안에 귀속되었음을 반복해서 강조하는 것은 창세기 9장이 함과 관련하여 가나안에 대해서 할 말이 많았음을 암시한다.

4. 오늘날 많은 사람들은 죄에 대한 하나님의 심판의 가르침을 불쾌한 것으로 생각하고 그것을 거부한다. 가나안 족속과의 상황은 사실상 인류의 축소판과 마찬가지다. 그들은 도덕적 방종과 하나님께 대한 반역 가운데 살았고, 따라서 저주 아래 있었다. 그러나 개인들은 언제라도 믿음에 들어올 수 있었고 심판을 피할 수 있었다. 가나안 족속에 관한 문제에 대해서 웬함(J. W. Wenham)의 *Goodness of God*(Downers Grove, Ill.: InterVarsity, 1974; *The Problem of Evil*로 재출간) 안에 "*The Abominations of the Canaanites*"란 제목으로 실린 장을 보라.

판이었다. 레위기 18장 25절은 가나안 족속이 심히 부패하여 그 땅이 스스로 그들을 토하여 냈다고 말함으로써 이 긴밀한 관계를 보여준다.

이제 하나님께서는 레위기 18장에서 자기 백성들에게 가나안 족속과 애굽 족속의 모든 가증한 것들을 멀리하라고 경고하셨다. 이 장은 그 땅에서 수세기 동안 성행하던 용납할 수 없는 행동들의 목록을 제공한다. 이 장에서 계속 언급되는 '벌거벗음', '보는 것'과 같은 말들은(함 이야기를 암시하는 문학 형식) 이미 성적으로 노예가 되어버린 사람들을 설명하고 있는 것이다. 성경이 묘사하고 있는 이 그림은 다른 연구들에 의해 확인되었다.[5]

가나안 문명이 새로 형성된 이스라엘 민족보다 훨씬 저급한 도덕적 단계에서 살고 있었음은 분명한 사실이다(성경과 성경 외적인 증거들에도 불구하고 어떤 이들은 이것을 허구로 간주한다).[6] 그리고 하나님께서는 자기 백성에게 그들의 타락하고 파괴적인 관행을 멀리할 것을 경고하셨다. 이스라엘이 처음부터 가나안의 위협을 쫓아내는 데 실패하고, 그에 따라서 가나안 족속들이 안에서부터 이스라엘을 부패시켰던 것은 잘 알려진 사실이다. 그 사악한 백성들에게 신속한 심판을 불러일으킨 동일한 악들이 결국 이스라엘에게도 동일하게 찾아왔다.

B. 하나님의 백성은 친족들과의 성관계를 피해야 한다.

경고의 첫 부분은 불법적인 성행위, 특히 근친 상간에 관심을 두고 있다

5. 브라이트(*J. Bright*)는 *History of Israel*(*Philadelphia*: *Westminster*, 1959), 108[118-19 *of 3d*(1981) *ed.*]에서 가나안 족속의 저속한 관행을 기술하고 있다. 역사적, 고고학적 기록에 근거한 다른 많은 설명들 가운데 라이트(*G. E. Wright*)와 필슨(*F. V. Filson*)의 *The Westminster Historical Atlas to the Bible*(*Philadelphia*: *Westminster*, 1945) 36과 *W. F. Albright*, *From the Stone Age to Christianity*(*Garden City*, *N.Y.*: *Doubleday*, 1957), 214를 보라.

6. 예를 들어, 그라베(*L. L. Grabbe*)는 "'애굽과 가나안 족속의 가증한 것'은 특히 가나안의 종교와 관련해서 아직도 주장되고 있는 허구다"라고 말한다. *Leviticus*(*Old Testament Guides* 4; *Sheffield*: *Sheffield Academic Press*, 1993), 79.

(18:6-18). 본문은 "누구도 가까운 친인척과 성관계를 맺지 말라. 나는 여호와다"라고 말씀한다. 골육지친이라는 표현은 가까운 친척을 가리키는데, 이것은 21장 2-3절의 용례에서 찾아볼 수 있다.

레위기 18장 전체에서 ***gillâ* 'erwâ**('알몸을 드러내다')는 표현은 성관계를 가리키는 완곡한 표현으로 사용되었고, NIV에서는 '성관계를 맺다(***have sexual relations***)'로 번역하고 있다.[7] 이 구절은 가까운 친척과 가족들 사이에서의 성행위를 금지하고 있다.[8] 모친(18:7), 계모(18:8), 누이(18:9), 손녀(18:10), 의붓자매(18:11), 고모(18:12-14), 며느리(18:15), 형제의 아내[9](18:16), 여인과 그의 딸을(18:17), 아내가 살아 있는 동안에 그 자매(18:18), 이 모두와의 성적 결합이 금지되었다.

한동안 성경 학자들을 괴롭힌 것은 이 목록에 빠진 두 가지 중요한 사항이다. 바로 아버지와 딸 사이의 근친 상간과 형제와 자매 사이의 근친 상간이다. 이 두 가지 위반이 고대 이스라엘 세계에서 드문 것은 경제적인 이유에서였을

---

7. 이 표현은 *Piel* 형태의 동사를 사용하고 있다. "…의 벌거벗은 것을 벗기지 말라." 이 숙어는 성관계를 의미하는 것이 분명하지만, 동사의 용례는 더 강제적인 혹은 열정적인 행동을 가리키며[*A. Noordtzij, Leviticus*(*trans. R. Trogtman; Bible Student's Commentary; Grand Rapids: Zondervan*, 1982), 183], 범법자가 연약한 사람, 자기와 함께 살고 있는 의지하는 사람을 강제적으로 이용했다는 의미를 담고 있다. 이 숙어가 창세기 9장에 사용되지 않고 재귀동사가 사용되었다는 것은 언급할 가치가 있다. 노아는 스스로 옷을 벗었다. 우리는 이 말이 의미하는 것은 말 그대로라는 결론을 내려야 한다. 노아는 스스로 옷을 벗었고, 함은 그 아버지를 성적으로 공격하지는 않았지만 그가 벌거벗은 것을 보았다. 그는 그 상황을 개선하기 위해 뭔가 공손한 일을 하지 않고 형제들에게 알렸다. 이 본문은 함의 후손들이 얼마나 더 많이 다락했는지를 보여주기 위해 묘사를 사용한다.

8. 카마이클(*Calum M. Carmichael*)의 저서 「*Law, Legend, and Incest in the Bible*」는 레위기 18-20장의 모든 율법을 성경 안에 있는 이야기와 연결시키고 있다는 점에서 도움이 된다. 이 율법들과의 연계에서 아브라함이 이복 누이와(창 12, 20장), 롯이 그 딸과(창 19장) 결혼한 사실 그리고 르우벤이 자기 아버지의 첩과 동침함으로써 가문을 이어받으려고 했던 일(창 35장)을 생각하게 된다. 율법은 인간 관계에서 장애와 상처를 제거하려고 한다. 그러나 다윗의 왕가의 경우, 즉 다윗과 밧세바(삼하 11-12장), 암논과 그의 누이(삼하 13장), 압살롬과 다윗의 후궁(삼하 16장)의 관계들은 성적 친밀함을 위반하지 않도록 억제하는 것이 얼마나 어려운지를 보여준다.

9. 이 규정은 신명기 25장 5-10절의 형사취수제와 모순되지 않으며, 다만 형제가 살아 있을 때 그 형제의 아내와 성관계를 맺는 것을 금하는 것이다. 헤롯과 그의 동생의 아내 헤로디아 사이에 있었던 이런 형태의 죄악은 세례 요한에 의해 비난받았고, 그는 그로 인해 목베임을 당했다(마 14:4, 막 6:18, 눅 3:19).

것이다. 처녀 딸은 많은 지참금을 벌어다주었다. 만일 아버지가 그 딸을 범하면 그는 그 지참금을 잃게 되었다. 타락한 아버지라도 자기 딸 대신에 그것에 더 주의를 기울였을 것이다. 이것은 형제에게도 적용될 수 있어서, 리브가의 오라비인 라반의 경우에서 보이는 것처럼 사실상 가문의 수장이 되어 자기 아버지를 대신해 결혼의 협상자가 되었다.[10]

계속되는 근친간의 결혼은 점점 자녀들의 정신적, 사회적, 육체적 안정에 해로운 영향을 끼친다. 그러나 근친간의 모든 성적 관계(강압에 의한 것이든 다른 경우든)는 하나님께서 가정의 신성함을 보존하기 위해 지으신 경계, 가정의 질서 그리고 벌거벗음, 특히 가정에서 남성의 공격에 피해를 입기 쉬운 이들의 개인적 자유를 침범하는 것이었다. 타락하기 전의 세계에서 벌거벗음은 온전함과 무죄의 상징이었다(창 2:25). 그러나 타락한 세상에서 그것은 착취, 속박, 남용 그리고 수치의 표시였다(3:7, 11). 가나안 세계에서는 남자와 여자 모두를 포함하는 종교적 매춘부와 수간과 함께하는 대규모 다산 의식이 성을 중심으로 증가했다. 그들의 가증스러운 관행은 꾸준히 이스라엘 백성의 삶과 종교 안으로 스며들어 민족의 파멸로 이어졌다.

C. 하나님의 백성은 모든 불법적인 성행위를 피해야 한다.

이 담화의 나머지 부분은 반드시 피해야 할 다른 행위들을 나열하고 있다. 첫 번째는 월경 기간 동안의 성행위(18:19)로 이것은 처음 보기에 이 본문에 나오는 다른 죄들만큼 커다란 잘못이 아닌 것처럼 보인다. 특히 이것은 앞에서 저녁때까지 부정하게 되는 작은 결과를 가져오는 일로 기록되어 있다는 점

10. 하틀리(*Hartley*, 287)는 레트레이(*S. Rattray*)에 의한 설명을 포함하여, 18장 6절의 '골육지친' 이란 표현이 아버지, 어머니, 아들, 딸, 형제, 결혼하지 않는 자매를 포함하고 있는 21장 2-3절과 병행 구절이라고 말한다. 그렇다면 처음 구절은 이미 딸, 어머니 그리고 자매와의 성관계를 배제하고 있는 것이다. 하틀리는 이어서 18장 7절에서 구체적으로 어머니를 언급하고 있는 것은 모든 근친상간이 아버지와 어머니의 위반이라는 것을 보여주기 위해 수사법적으로 사용한 것이라고 설명한다.

에서 더욱 그러하다. 레위기 15장 24절은 그 사람을 의식적인 면에서 부정하게 만드는 것들에 관심을 갖고 있다. 여기서 관심은 결과적으로 하나님의 심판을 초래하는 하나님의 율법에 대한 고의적인 위반이다(20:18을 보라). 만일 백성들이 하나님의 거룩하심과 제의 의식을 완전히 무시하고 행동하기로 선택한다면, 그것은 단순한 오염의 문제가 아니라 하나님께 대한 반역이었다.

다음에 기록된 금지는 간음이다(18:20, 또한 십계명, 레 20:10, 잠 6:29를 보라). 이것은 매우 명료하게 결혼한, 혹은 약혼한 사람과의 성관계다. 이 범죄도 하나님께서 창조 때 세우신 경계를 넘어서는 것이다. 배우자는 친척이 아니었다. 그래서 하체를 범치 말라는 표현은 사용되지 않았다.

다음 금지는 암몬 족속의 신인 몰렉에게 자녀를 제물로 바치는 행위였다(18:21, 20:2-5, 왕상 11:7, 왕하 23:10, 렘 32:35를 보라). 인간을 제물로 바치는 행위, 나중에 몇몇 타락한 지도자들에 의해 이스라엘 가운데 가끔씩 거행되었던 이 일은 특히나 하나님을 모욕한다는 점에서 악한 일이었다. 그 일은 거짓 신들을 섬기는 과정에서 하나님의 형상을 훼손하는 것이었다. 여기서의 개념은 그 자녀가 몰렉에게 번제로 드려졌다는 의미이며, 따라서 이 동사는 종종 "불 가운데 던져지게 하다"로 번역되었다. 스네이드(*Snaith*, 87)는 본문이 자녀를 불 가운데 제물로 드리는 것을 가리키는 것이 아니라, 자녀를 이교신전에 봉헌하여 성전 매춘부 혹은 매춘남으로 사용되게 한 것을 가리킨다고 주장한다.[11] 동사 *l^eha'ăbîr*('통과하게 하다')는 많은 상세한 내용을 제공하고 있지 않으며, 구체적으로 불을 언급하지 않는 것이 확실하다. 이 말을 보충하거나 혹은 이 말을 좀더 일반적인 의미로 '봉헌하다'로 번역하기로 선택한 경

11. 스네이드(*Snaith*, 87)는, 비록 고대 세계에 자녀를 제물로 바치는 것이 알려지기는 했지만(이스라엘도 분명히 알고 있었던), 이 동사는 불과 직접적인 관련이 없으며, 몰렉과 관련된 다른 구절들은 불에 대한 명확한 언급이 없다고 주장한다(왕하 23:10, 렘 32:35). 이 생각은 암몬 족속에 관한 후기 자료들에서 나온 것이다. 반면에 본문은 자녀를 성전 매춘부로 봉헌하는 일에 대해서는 언급하지 않는다.

우, 같은 의미를 가진 다른 표현과 마찬가지로 죽음이나 섬김을 가리킬 수 있었고 불이 사용된 것과는 상관없었다. 신명기 12장 31절은 불을 말하고 있지만 몰렉에 대해서 언급하고 있지 않다. 18장 10절은 '불에 던지다' 는 표현이 있지만 이 표현이 그 사람을 불에 태운 것인지, 혹은 그(녀)를 어떤 의식을 통과하게 했는지 분명하지 않다.

동성애는 이곳(18:22)과 성경의 다른 곳에서(레 20:13, 롬 1:27, 고전 6:9) 명백히 금지되고 있다. 남자 매춘은 고대 이교 신전에서 오래 전부터 시행되고 있었다. 그것은 다산 의식의 일부이고, 이방 종교는 성을 신격화했기 때문에 남자건 여자건 신전에서의 매춘부는 '거룩한 자' 로 불렸다. 제사 의식과 관련이 없는 동성애 행위에 대한 증거는 고대 세계에서 많이 찾아볼 수 있다. 중기 앗수르 율법은 강력했지만, 히타이트 율법은 덜 엄격했다.[12] 어떤 이는 이 본문에서 동성애 행위를 금지한 것은 그것이 우상 숭배와 연관되기 때문이라고 주장한다(*Snaith*, 88을 보라). 그러나 비록 그들이 신전 의식과 연관되었다는 것을 알고 있다 하더라도 이 본문은 그러한 이교도의 제사에 대해 아무런 언급을 하고 있지 않다(그리고 이 본문은 일반적인 간음에 대한 금지를 이미 포함하고 있다).[13] 본문은 단순히 꼭 피해야 하는 가나안 족속의 관행을 말하고 있다. 그리고 그 가운데 하나가 동성애다. 그것은 본성에 조화되지 않기 때문에 가증스러운 것으로 불렸다.[14]

마지막으로 언급된 죄는 수간(레 18:23)으로 도회지보다는 농경을 배경으로

---

12. 해리슨(*Harrison*, 191)은, 이 본문들은 여자들 사이의 행위에 대해 언급하지 않는다고 주장한다. 왜냐하면 이 행동은 남자와의 행위에서와 같은 성적 역할을 포함하지 않고 있기 때문이며, 따라서 그 행동을 변태적인 것으로 간주하지 않았다고 주장한다.

13. 스네이드(*Snaith*, 88)는 가증한 것이 '다른 신들에 대한 제의와 연결된 우상 숭배와 관련이 있기' 때문에 여기서의 동성애 행위는 성전 의식과 연관된 것이라고 주장한다. 그는 이어서 이 점이 앞의 구절과 연결되어 있음을 지적한다. 만일 그것이 사실이라면 그것은 자녀를 성전 봉사에 바치는 것이 된다. 그러나 본문은 어느 구절에도 이것을 연관시키고 있지 않다.

14. 비록 몇몇 현대 학자들은 난잡하거나 폭력적이지 않은 평생 동안의 동성애 관계를 받아들일 것을 주장하고 있고, 어떤 이는 이 구절은 명확하지 않다고 주장하며, 어떤 이는 그런 일은 특정한 문화에서

하는 곳에서 더 자주 찾아볼 수 있는 도착 행위지만, 이교 세계에서 틀림없이 행해졌던 것 가운데 하나였다(*Harrison*, 297-98). 우리는 여기서도 수간이 바알과 연관된 것이 분명한 가나안의 다산 의식 가운데 일부였음을 가리키는 증거를 갖게 된다. 그리고 성전 의식이 이 금지 가운데 포함되어 있는 반면, 구체적으로 우상 숭배를 언급하거나 그런 배경에서 금지를 제한하고 있지 않다. 실제로 의식 가운데 나타나는 그런 행위는 백성들이 개인적인 생활에서 행하는 것을 합법화하는 것이기도 하다. 본문은 동물과의 성적 행위를 명확하게 금지하고 있다. 이것은 하나님께서 창조 시에 계획하신 것을 분명히 위반하는 것이다.

Ⅲ. 하나님의 백성은 하나님의 거룩함이 모든 악함에 대해 심판을 요구한다는 것을 명심해야 한다(18:24-30).

레위기 18장은 이스라엘에게 이방 신을 섬기는 자들에게 심판이 임할 것을 말하면서 죄의 심각성을 분명하게 가르친다. 그런 저속한 관행들은 그 땅에서 반드시 제거되어야 할 것들이었다. 하나님께서는 그들을 방문하시고(*pāqad*, 축복이나 저주를 위해 하나님이 개입하심을 의미하는 용어), 그들은 끊쳐질 것이다(*kārat*). 이 문맥은 하나님의 직접적인 행동이 그들을 심판하여 죽음이나 붙잡혀 감을 통해서 그 땅에서 제거하실 것임을 암시한다. 이 경고는 이스라엘 백성이 이방 관습을 좇는다면 그들 역시 멸망할 것이라는 사실을 말한

만 있는 것이고, 오늘날처럼 동성애의 원인에 대해 한층 많은 이해를 갖고 있는 진보한 사회에는 맞지 않다고 말하지만, 성경의 증거가 주는 무게는 그때나 지금이나 동성애 행위에 분명히 반대하는 쪽에 실려 있음이 분명하다[티드볼(*D. Tidball*)의 *Discovering Leviticus*(*Leicster*, *England*: *Crossway*, 1996), 147-48을 보라]. 그리고 레위기는 신약에 의해 끝이 났으므로 동성애에 대한 금지 규정 역시 끝이 났다는 주장도 설득력이 없다. 왜냐하면 신약은 하나님의 도덕법 규정들을 반복하고 있기 때문이다. 그러나 동성애는 이 본문의 주제가 아니다. 그것은 단지 이 장의 분명한 핵심 가운데 하나일 뿐이다.

다. 그리고 그들은 그렇게 되었다.

레위기는 이 죄가 그 땅을 더럽혔다고 말한다(18:27). 그 땅은 하나님께 속한 것이며 그곳에는 거룩한 백성, 의식적으로나 도덕적으로 순결하게 남아 있으려고 모든 노력을 기울이려는 사람이 살고 있었다. 그러나 죄와 오염이 성소를 더럽히듯 사악함이 그 땅을 더럽혔다.

메시지는 시작한 곳에서 마무리하면서 '나는 여호와 너희 하나님'이기 때문에 하나님의 율법에 순종하고 이 가증한 관행들을 피하여 살 것을 요구하고 있다.

결론

오늘날 심지어 기독교적이라고 생각되는 곳에서조차도 시대의 흐름이, 이러한 고대의 가증한 것과 그렇게 다르지 않은 행위들을 허용하는 방향으로 기울어가고 있는 것은 놀라운 일이 아닐 수 없다. 오늘날 죄로 물든 세상은 그것이 다른 사람을 해치지만 않는다면 간음, 동성애, 심지어 수간 같은 것도 받아들이는 세상이 되었다. 이방 종교의 여신, 관능적인 예식서, 금지된 관행들 모두 종교라는 배경 안에서 표면 위로 떠오르고 있다. 그리고 만일 그것들이 그 안에서 용납된다면 종교는 사람들에게 회개와 구원을 요구할 근거가 희미해지게 될 것이다.

레위기 18장은 어느 시대, 특별히 오늘날과 연결시키는 것이 어렵지 않다. 많은 그리스도인들은 그 문제에 무지하며, 대신 사랑 받고 용납 받는 것만 갈망하고 있다. 이런 것들은 고귀한 덕목이기는 하지만 악함을 피하는 것이 필요하며, 하나님께서는 또한 자신의 말씀에 순종할 것을 원하신다. 이 장에 수록된 모든 악행들은 지금까지 항상 존재해왔고, 지금도 존재하고 있다. 심지어 자녀를 제물로 바치는 일은 가나안에서 행해졌던 그 정도까지는 아니더라도 오늘날에도 세계에서 일어나고 있는 일이다. 하나님께서는 자기 백성들에게 세상으로부터 순결을 지키고 믿음을 거룩히 지키라고 거듭 경고하신다.

이 본문은, 개인적으로든 집단적으로든 이런 관행들은 하나님의 질서를 위반하는 것이며 인간 관계를 해치는 것이라고 선언한다. 그리고 이렇게 가르친다.

> 하나님의 백성은 자신과 언약을 맺으신 하나님께 충성해야 하고, 하나님께서 심판하실 세상의 가증한 관행들에 연루되지 말아야 한다.

이 메시지는 신약에서도 다시 반복된다. 만일 성도들이 그런 관행에 빠지면 하나님께서는 그들을 이스라엘이 완전히 타락했을 때 그러셨던 것처럼 다루실 것이다.

주해는 이 본문으로부터 적어도 두 가지 중요한 적용을 할 수 있을 것이다. 백성들이 그런 부도덕한 방식 가운데 이교화되는 것에 대한 경고와, 하나님의 뜻에 반대되는 사회 안의 관행들을 향한 교회의 태도에 대한 경고다. 세상은 자신이 이런 '원시적인' 규정들을 뛰어넘어 진보했다고 생각할 수도 있지만, 생명을 창조하시고 성적 친밀함의 테두리를 확립하신 하나님께서는 피조물에게 무엇이 유익하고 무엇이 해가 되는지를 분명히 아신다. 이 장의 경고는 거기서 한 걸음 나아간다. 하나님의 질서를 따르면 그분의 축복 안에 살지만, 그러나 그분의 질서에 반역하면 혼란과 파멸만 찾아온다. 죄에 빠지거나 잠시 죄에 매여 있는 것과, 종교로 말미암아 죄를 승인하려고 하는 철저히 이교적인 세계관을 받아들이는 것은 전혀 별개의 일이다.

주해 안에서 이 장에 나오는 모든 개인적인 금지들은 여호와께 대한 전적인 충성과 반드시 연결되어야 한다. 왜냐하면 사람은 의로운 행동들을 명확하게 규정할 수 없기 때문이다. 그런 행동들은 언약에 대한 신실함으로부터만 나오는 것이다. 그럼에도 불구하고, 주해자는 개인적인 적용들 또한 간과해서는 안 되며, 그런 적용들을 신약의 높은 기준과 연결시키는 데 실패하지 말아야 한다.

이 메시지와 관련해서 한두 가지 실용적인 여담 또한 반드시 언급되어야 한다. 첫 번째는 이 진리의 전달에 관한 것과 관련이 있다. 성도들이 이 세상의 생활 방식으로부터 구별되어 하나님의 말씀에 순종하는 가운데 사는 것은 절대적인 명령이다. 그리고 하나님의 백성의 증거는 하나님께 용납되는 것들 위에 분명히 나타나는 것이 중요하다. 그러나 이 일은 하나님의 사랑을 세상 방식에 사로잡힌 사람들에게 증거하는 긍휼과 평화의 마음이 있을 때 이루어질 수 있다. 물론 우리가 따라야 할 틀은 사람들의 죄가 아니라 그들을 사랑하신 그리스도의 것이다.

다른 여담은 이 장이 여성에 대해 갖고 있는 견해다. 하틀리(*Hartley*, 299)는 비록 고대 근동에서의 여성이 오늘날 몇몇 사회의 여성과 동일한 자유와 기회를 갖고 있지 않을 수도 있지만, 이 율법들은 분명히 그들을 존중하고 그들의 안전과 존엄을 보존하고 있음을 올바로 지적한다. 여성이 남성의 욕망의 무차별적인 대상이 되어서는 안 된다. 그리고 한 가정에서 권력의 자리에 있는 사람은 누구도 그 힘을 자신의 성적 충족을 위해 사용해서는 안 된다. 존경과 존엄은 가정 안에서 반드시 지켜져야 하는 것이며, 이는 성적 친밀함이 결혼을 위해서만 주어진 것임을 의미했다.

참고 문헌

Bigger, S. F. "The Family Laws of Leviticus 18 in Their Setting." *JBL* 98(1979): 187-203.

Busch, E. E. "The Lessons of Schwagerehe." *Concordia Theological Monthly*

44(1973): 339-44.

Carmichael, C. M. *Law, Legend, and Incest in the Bible. Ithaca*: Cornell University Press, 1997.

Elliger, K. "Leviticus 18." *Theologische Literaturzeitung* 79(1954): 303-6.

Frymer-Kensky, T. "Law and Philosophy: the Case of Sex in the Bible." Semeia 45(1989): 89-102.

Gottwald, N. K. *The Tribes of Yahweh: A Sociology of the Religion of Liberated Israel*, 1250-1050 BCE. Maryknoll, N. Y.: Orbis, 1979.

Hoffner, H. A., Jr. "Incest, Sodomy, and Bestiality in the Ancient Near East." Pp. 81-90 in *Orient and Occident: Essays Presented to Cyrus* H. Gordon. Edited by H. A. Hoffner Jr. Alter Orient und Altes Testament 22. Kevelaer: Butzon & Bercker/Neukirchen-Vluyn: Neukirchener, 1973.

Horton, F. L., Jr. "Form and Structure in Laws Relating to Women: Leviticus 18:6-18." Pp. 20-33 in *Society of Biblical Literature Seminar Papers*, 1973. Edited by G. MacRae. Missoula, Mont.: Scholars Press, 1973.

Kaiser, W. C., Jr. "Leviticus 18:5 and Paul: Do This and You Shall Live(Eternally?)." *Journal of the Evangelical Theological Society* 14(1971): 19-28.

Knierim, R. "The Role of the Sexes in the Old Testament.: *Lexington Theological Quarterly* 19(1975): 1-10.

Phillips, A. "Some Aspects of Family Law in Pre-exilic Israel." *VT* 23(1973): 349-61.

--. "Uncovering the Father's Skirt." *VT* 30(1980): 38-43.

Stager, L. E. "The Archaeology of the Family in Ancient Israel." *Bulletin of the American Schools of Oriental Research* 260(1985): 370-72.

Tosatu, A. "The Law of Leviticus 18:18: A Re-examination." *CBQ* 46(1984): 199-214.

Ukleja, P. M. "Homosexuality and the Old Testament.: *Bibliotheca Sacra* 140(1983): 259-66.

Wenham, G. J. "The Restoration of Marriage Reconsidered." *Journal of Jewish Studies* 30(1979): 36-40.

Wolf, C. "Terminology of Israel's Tribal Organization." *JBL* 65(1946): 45-49.

32 Instructions for Holiness

사랑을 통한 거룩함: 율법의 재천명(19장)

언약의 하나님이신 여호와께 대한 충성을 그렇게 강조하고 있는 부분 가운데 한 장이 백성들에게 하나님의 율법을 일깨우기 위해 할애되고 있다는 것은 전혀 놀라운 일이 아니다. 이 장은 아무렇게나 선택된 율법들이 길게 나열되어 있는 것으로 보이기 때문에 주해하는 것이 매우 어려워 보일 수도 있다. 그러나 이 내용을 주의 깊게 연구하면 전체적인 주해가 훌륭하게 전개될 수 있다. 많은 세세한 것들에도 불구하고 이 장의 주제는 베드로의 인용(벧전 1:15-16) 덕분에 많은 그리스도인들이 잘 알고 있는 대로 "내가 거룩하니 너희도 거룩할지어다"이다. 이 장은 거룩함이 의미하는 것이 무엇인지를 '급행 관광' 방식으로 제공해준다.[1]

그러나 이 장이 지켜져야 하는 율법들을 단순히 나열하고 있는 것만은 아니다. 그 내용은 하나님의 백성들에게 그들의 생활 속에서 자연스럽게 하나님의 거룩하심을 드러내는 삶을 살 것을 권고

1. *D. Tidball, discovering Leviticus*(*Leicester, England: Crossway*, 1996), 150.

하고 있다. 그들이 그 일을 할 수 있는 수단은 바로 사랑이며, 그것은 신명기 6장 4-5절과 조화를 이룬다. "이스라엘아 들으라 우리 하나님 여호와는 오직 하나인 여호와시니 너는 마음을 다하고 성품을 다하고 힘을 다하여 네 하나님 여호와를 사랑하라." 예수님께서는 이 가르침을 바탕으로 가장 큰 계명은 "네 마음을 다하고 목숨을 다하고 뜻을 다하여 주 너의 하나님을 사랑하라"(마 22:37-38)고 설명하셨다. 그리고 두 번째 계명도 그와 같은 "네 이웃을 네 몸과 같이 사랑하라"고 추가하셨다. 이것은 가장 커다란 두 계명이다. 왜냐하면 그것은 율법 전체를 요약하고 있기 때문이다. 따라서 우리는 거룩하게 되는 길은 계명을 지키는 것이라고 말할 수 있다. 그러나 계명을 지키는 길은 하나님을 사랑하고 사람을 사랑함으로써 가능하다.

신학적 주제

이 율법 모음은 몇 가지 명확한 신학적 주제들을 전개하고 있다. 그것들을 합한 것의 목표는 거룩함이다. 이것은 이 장의 기본적인 명령이다. 그러나 이 장은 거룩함은 어떠한 모습이어야 하는지 보여준다. 곧 경건한 예배, 정직, 성실, 공의, 자비, 사랑이다. 그러나 율법에 관한 이 장의 독특한 점은 언약의 구성원들에게 다른 사람을 사랑하라고 이중으로 요구하고 있다는 것이다. 하나님을 향한 그들의 사랑은 이미 그분에 대한 순종의 자극제가 되었다. 그러나 그들 서로와 이방인을 향한 언약의 의무를 다하기 위한 수단도 역시 사랑이었다. 그 사랑은 감정이 아니라 행동을 말한다.

이 장에서 거룩함과 사랑은 신약의 그리스도인들에게 분명히 적용되는 두 가지 모티브다. 이 모티브들은 오늘날 서로 다양하게 표현되고 있지만 그 근본적인 진리는 동일하게 남아 있다.

본문 개괄

메시지 요약

이스라엘 백성은 하나님이 선택하신 하나님의 언약 백성이기 때문에 순종하는 마음으로 그분의 계명을 지키고 이교도의 관행들을 멀리함으로써 그분의 거룩한 속성을 따라야 할 의무가 있다.

본문 개요

서언: 여호와께서는 모세에게 이스라엘에게 말하라고 명하셨다(19:1-2).

I. 모든 이스라엘 백성은 부모를 공경하고, 그분께 충성하며, 가난한 자에게 베풂으로써 하나님의 거룩함을 따라야 했다(19:3-10).

A. 하나님의 백성은 부모를 공경해야 했다(19:3a).

B. 하나님의 백성은 그분에게 충성해야 했다(19:3b-8).

1. 그들은 안식일을 지켜야 했다(19:3b).

2. 그들은 우상을 멀리해야 했다(19:4).

3. 그들은 열납될 만한 화목제를 드려야 했다(19:5-8).

C. 하나님의 백성은 가난한 사람이 이삭을 주울 수 있도록 밭모퉁이를 남겨두어야 했다(19:9-10).

II. 모든 이스라엘 백성은 이웃을 사랑과 관심으로 대함으로써 하나님의 거룩함을 따라야 했다(19:11-18).

A. 하나님의 백성은 정직해야 했다(19:11-12).

1. 그들은 도적질이나 거짓말, 혹은 사기를 하지 말아야 했다(19:11).

2. 그들은 하나님의 이름으로 맹세하지 말아야 했다(19:12).

B. 하나님의 백성은 다른 사람들을 착취하지 말아야 했다(19:13-14).

1. 그들은 높은 지위를 이용해 다른 사람을 억누르거나 강탈해서는 안 되었다(19:13a).

2. 그들은 노동자에게 임금을 주지 않아서는 안 되었다(19:13b).

3 그들은 청각장애인을 저주해서는 안 되었다(19:14a).

4. 그들은 시각장애인 앞에 장애물을 놓아서는 안 되었다(19:4b).

C. 하나님의 백성은 다른 사람을 공평하게 대해야 했다(19:15-16).

1. 그들은 가난한 사람이나 부자를 편애해서는 안 되고 공평하게 판단해야 했다(19:15).

2. 그들은 험담가가 되어서는 안 되었다(19:16a).

3. 그들은 중대한 재판에서 이웃을 해하는 증거를 하려고 꾀하지 않아야 했다(19:16b).

D. 하나님의 백성은 미워하지 말고 그의 잘못을 깨우쳐주어야 했다. 그들은 복수하지 말고 이웃을 자기 자신처럼 사랑해야 했다(19:17-18).

III. 모든 이스라엘 백성은 하나님께서 만드신 합당한 차이점을 인식하고 이교도의 관행에서 구별됨으로써 하나님의 거룩하심을 따라야 했다(19:19-31).

A. 하나님의 백성은 하나님의 창조 안에 있는 구분들을 따라야 했다(19:19-25).

1. 그들은 동물, 식물, 옷감을 구분해야 했다(19:19).

2. 그들은 계집종을 함부로 다루지 말아야 했다(19:20-22).

3. 그들은 가장 좋은 것은 반드시 하나님께 드려야 했다(19:23-25).

B. 하나님의 백성은 이교도의 관행으로부터 구별되어야 했다(19:26–31).

1. 그들은 고기를 피가 든 채로 먹어서는 안 되었다(19:26a).
2. 그들은 점이나 예언을 보아서는 안 되었다(19:26b).
3. 그들은 이교도 의식에서처럼 머리나 수염을 깎아서는 안 되었다(19:27).
4. 그들은 죽은 사람을 위해 신체를 베거나 문신을 새겨서는 안 되었다(19:28).
5. 그들은 자기 딸을 신전 접대부로 만들어 모욕하지 말아야 했다(19:29).
6. 그들은 하나님의 안식일과 성소를 준수해야 했다(19:30).
7. 그들은 귀신이나 무당에게 도움을 청해서는 안 되었다(19:31).

IV. 모든 이스라엘 백성은 여호와를 경외하고 모든 사람을 향한 친절과 공의가 드러나도록 이웃을 사랑하는 삶을 삶으로써 하나님의 거룩하심을 따라야 했다(19:32–36).

A. 하나님의 백성은 불쌍한 사람들을 친절하게 대해야 했다(19:32–34).

1. 그들은 노인들을 잘 대해야 했다(19:23a).
2. 그들은 여호와를 경외함을 모든 행동의 근거로 삼아야 했다(19:23b).
3. 그들은 이스라엘 백성이 아닌 자들을 억압하지 말고 그들을 사랑하고 자신이 대접받고 싶은 대로 그들을 대접해야 했다(19:33–34).

B. 하나님의 백성은 자기 사업을 공정하게 행해야 했다(19:35–36).

결어: 모든 이스라엘 백성은 거룩하신 여호와 하나님으로 말미암아 구속받았음을 의식하면서 자신의 모든 삶을 살아야 했다(19:37).

내용 강해

처음 보면 다양한 율법들과 그것들이 한데 섞여 있어서, 각 율법들을 분명한 범주로 요약할 수 있는 부분들로 이 장을 구분할 뚜렷한 방법이 없는 것처럼 보인다. 만일 주해자가 주의하지 않는다면 이 메시지는 이 장 안에 포함된 많은 내용들 가운데 길을 잃어버릴 수도 있다. 그 반대의 위험도 개연성이 있어서 구체적인 내용들이 드러나지 않을 수도 있다. 주해자는 전체적 개관과 세부 내용 사이에서 반드시 균형을 잡아야 한다.

자세히 연구해보면, 이 장의 주제는 다음과 같은 네 부분으로 나뉘는 것으로 보인다.

1. 첫째 부분(19:3-10)은 율법을 대표하는 몇 가지 종교적 책무를 선택함으로써 일반적인 언약에 대한 충성에 초점을 맞춘다.
2. 둘째 부분(19:11-18)은 다른 이스라엘 백성을 향한 의무와 관련된 규정을 살펴보고 사랑에 대한 촉구로 끝을 맺는다.
3. 셋째 부분(19:19-31)은 특히 가나안 땅에 정착할 것에 비추어 유지되어야 할 특징들을 강조한다.
4. 마지막 부분(19:32-37)은 이스라엘에게 세상과 구별되는 가운데 모든 사람들에게 사랑과 친절을 보여야 함을 일깨워준다.

보기에 따라서 이 장은 두 개의 포괄적인 부분으로 나뉘는데, 그 각각은 사랑에 대한 촉구로 마무리된다. 대부분의 경우, 전반부는 긍정적인 지침(19:3-10)과 부정적인 지침(19:11-18)으로 나뉘며, 후반부는 부정적인 지침(19:19-31)과 긍정적인 지침(19:32-37)으로 구분된다. 이 강조는 언약의 하나님과 언약 백성 그리고 언약의 특징에 대한 충성에 놓인다. 그러나 그것은 계명에 근거한 권고의 형태로 주어진다.

십계명이 이 장에 반영되었다는 사실에는 의심의 여지가 없으며, 한동안 성경 학자들은 일정한 틀을 발견하려고 노력해왔다. 십계명과의 연결은 찾아볼 수 있지만, 깔끔하게 드러나는 것은 하나도 없다.[2]

십계명	레위기
1–2	19:4
3	19:12
3	19:3b
5	19:3a
6	19:16b
7	19:29(?)
8	19:11a
9	19:16a
10	19:18

따라서 이 장은 백성들로 하여금 거룩한 삶을 살도록 권고하기 위해 율법의 중요 부분 모두를 이끌어내고 있는, 즉 언약 갱신의 메시지와 유사한, 공동체를 향한 연설로 보는 것이 더 낫다. 그 기본 원리는 사랑의 의무다.

이 장 자체는 특정한 표현의 반복을 중심으로 배열된 현재의(혹은 원래의) 구조를 가리키고 있다. 이 반복은 본문을 주요 부분으로 구분할 뿐 아니라 각 부분을 더 작은 본문으로 구분하며 그 내용을 주해에 맞게 조직하는 데 도움이 된다. "나는 여호와 너희 하나님이라" 혹은 "나는 여호와라"에 들어 있는 열여섯 개의 본문은 다음과 같은 네 개의 그룹으로 구분할 수 있다.

2. 하틀리(*Hartley*, 311–12)는 이 장에서 하나, 혹은 두 개의 십계명을 드러내려는 다양한 시도들을 제법 훌륭하게 개관하여 제시하고 있다. 그러나 그 노력들은 본문이 재배열되어야 하거나, 혹은 현재 상태에서 잘 균형을 잡고 있는 구절들이 나뉘는 점에서 크게 설득력이 없다. 그는 그러한 틀이 느슨하지만 존재한다는 점을 인식하는 것이 낫다고 결론을 내린다.

1-2	나는 여호와 너희 하나님이라
3	나는 여호와 너희 하나님이라
4	나는 여호와 너희 하나님이라
5-10	나는 여호와 너희 하나님이라
11-12	나는 여호와라
13-14	나는 여호와라
15-16	나는 여호와라
17-18	나는 여호와라
19-25	나는 여호와 너희 하나님이라
26-28	나는 여호와라
29-30	나는 여호와라
31	나는 여호와 너희 하나님이라
32	나는 여호와라
33-34	나는 여호와 너희 하나님이라
35-36	나는 여호와 너희 하나님이라
37	나는 여호와라

이러한 구조와 규정들의 선택 외에 주해자에게 주요 난제가 되는 것은 이 내용을 어떻게 교회에 적용시킬 수 있을까 하는 문제일 것이다. 한편으로 신약은, 모든 성경이 감동된 것이며 교훈과 책망과 바르게 함과 의로 교육하기에 유익하다고 확인한다(딤후 3:16). 그러나 다른 한편으로 성경은 그리스도께서 율법을 완성하셨고, 따라서 우리는 더 이상 그 지배 아래 있지 않다고 가

르치고 있다(갈 3:25). 이 장은 주해자에게 이러한 가르침이 어떻게 조화를 이루는지를 펼쳐나갈 수 있는 기회를 제공해준다.

해석하는 사람은 각 율법이나 율법의 모임을 연구할 때(다른 본문을 연구할 때와 동일한 방식으로) 일관된 주경적인 방법을 따르는 것이 필요하다. 이 주석에서 제안하고 있는 접근법은 본문의 기대를 초월한 신학적 진리를 결정하기 위하여 마련된 것으로, 그것으로써 무엇이 이스라엘을 위한 규례였으며, 무엇이 그 규정들을 알려주는 시대를 초월한 진리인가를 분명히 나타나게 한다. 모든 율법은 이스라엘을 위한 규정이 포함되어 있다. 그러나 모든 율법은 또한 하나님의 속성, 혹은 그분의 뜻을 일부분 계시하고 있다. 모든 본문이나 그 이면에서 찾아볼 수 있는 이러한 시대를 초월한 진리는 적용될 수 있는 것이며, 또한 신약의 가르침에 의해 확증되었다.

이러한 주경적인 방법을 따를 때 주해자는 몇몇 경우에 신학적 메시지가 율법의 문자적 선언과 거의 정확히 일치하고 있음을 발견하게 될 것이다. 예를 들어, "살인하지 말라"는 해석하기 어렵지 않다. 이 금지는 생명이 보존되어야 한다는 하나님의 뜻을 계시한다. 이제 공동체는 살인자를 다루고 있는 규정들을 갖게 되었다. 왜냐하면 그 나라는 법 아래에 있기 때문이다. 신약은 이 금지를 인용하여 그것이 표명하고 있는 계시를 확증한다. 그러나 그것은 또한 그 규정을 율법의 정신으로까지 연장시켜 미움은 죄의 일부임을 계시한다. 교회는 민족이 아니며, 따라서 이 율법을 강제하는 것과 연관된 규정들은 적용 가능하지 않다.

반면에, 이스라엘 백성에게 자기 밭에서 가난한 사람이 이삭을 주울 수 있도록 요구하는 율법은 주로 농경 국가를 위한 것이다. 이것이 전달하는 신학은 하나님의 백성은 가난한 사람을 위해 반드시 베풀어야 한다는 것이다. 그러나 레위기 규정은, 특히 그 나라가 작은 농장 소유자로 이루어진 경우가 아니라면 오늘날에는 따를 수가 없다. 오늘날 따를 수 있는 것은 가난한 사람을 위해 베풀라는 원리다.

어떤 경우에 주해자는 율법을 알려주는 거룩함이나 공의와 같은 일반적인 개념에 만족하고, 순종이 요구되는 구체적인 율법과 관련되어 있는 주제를 사용하는 것에 만족해야 할 수도 있다. 일관된 주경적 방법을 따르는 것은 주해자로 하여금 모든 종류의 본문을 유용한 방식으로 다루는 것을 가능하게 해준다.

내용 강해

I. 언약에 대한 충성: 하나님의 백성은 명령을 지킴으로써 그분의 거룩함을 따라야 한다(19:1–10).

레위기 19장은 모세에게 '이스라엘 자손의 온 회중'에게 말하라는 지시로 시작한다. 이것은 메시지를 전달하는 한층 직접적인 방법이며, 아마 이 연설이 한 사람도 예외를 두지 않고 모든 사람을 위한 것임을 강조하기 위한 의도였을 것이다.

A. 하나님의 백성은 거룩해야 한다(19:2b).

이 지시는 모든 명령의 목표가 되는 명령으로 시작한다. "너희는 거룩하라 나 여호와 너희 하나님이 거룩함이니라." 이것이 레위기 전체를 비롯한(11:44–45를 보라) 이 장의 메시지다. 이것은 그 민족이 '거룩한 백성'(출 19:6)이 되라는 신성한 부르심을 따르게 하는 권고다. 그리고 그들을 위한 기준은 하나님의 거룩한 속성이다. 그들은 하나님의 속성을 본받아야 했다.[3] 따

3. *N. Leibowitz, Studies in Vayikra: Leviticus(trans. A. Newman; Jerusalem: World Zionist Organization*, 1983), 165.

라서 하나님의 기준에 대한 일치가 성도들의 삶 가운데 가득 차야 한다. 왜냐하면 하나님의 거룩함은 인간의 모든 불완전함과 대립이 되기 때문이다(*Hartley*, 196).

이 장에 대한 베드로의 인용으로 인해(벧전 1:15–16) 거룩함에 대한 부르심은 오늘날에도 여전히 유효하다. 물론 거룩함은 이제 신약의 가르침에 비추어 재정의되어야 한다. 많은 형식적인 규정들은 더 이상 적용되지 않는 반면, 많은 경우에 새 언약 안에서의 거룩함의 기준은 한층 높아졌다.

B. 하나님의 백성은 온전한 언약 율법을 지켜야 한다(19:3–4).

레위기 19장 3–4절의 세 가지 명령은 십계명을 요약하고 있지만, 그것은 반대 순서로 제시되었다. 반복된 첫 규례는 십계명의 후반부를 시작하는 것으로 부모를 경외하는 것이다. 출애굽기 20장 12절과 신명기 5장 16절에서 동사는 *kābōd*('존경하다')인데, 여기서는 *yārēʾ*('경외하다', '공경하다')이다. 모든 실질적인 목표를 위해 부모는(이상적으로) 자기 자녀들에게 하나님의 자리를 차지하며 합당한 존경을 받을 것이 요구되었다.

이 규례에는 안식일을 지키라는 일깨움(출 20:8, 신 5:12)이 뒤따르는데, 그것은 네 번째 계명으로 시내 산 언약의 표시다. 안식일을 지키는 사람은 언약을 따라 살고, 그 규례를 지키려는 자신의 의지를 보여준다.

마지막으로, 십계명의 첫 부분이 우상 숭배에 대한 금지로 요약되었다(출 20:3–6, 신 5:7–10). 본문은 여기서 우상에 대해 특이한 말을 사용한다. *ʾĕlîlîm*이 그것으로 '약한 것'을 의미하는 시리아어와 연결된 것으로 보인다. 스네이드(*Snaith*, 89)는 이것을 '무익한 작은 신들'로 번역한다. 이 말은 이방신의 무능력을 얕잡아보기 위해 선택되었다(*Wenham*, 266).

이스라엘 백성은 주철로 만든 어떤 신상도 만들어서는 안 되었는데, 이는 아마 주철로 씌운 우상을 가리키는 것으로 보인다(출 32:4, 20에서 이런 방식으로 만든 우상은 불에 태워버릴 수 있었다). 형상이나 우상이 금지된 것은 그것들이 창조의 전체 질서를 뒤집기 때문이다. 백성들은 하나님의 형상이 되기 위해 창조되었다(창 1:26). 인간의 형태로 신을 만드는 것은 전적으로 어리석은 일이다(사 44:9-20을 보라).

그렇다면 이 세 규례는 십계명을 요약한 것이다. 이것은 시작점으로 삼기에 적당하다. 왜냐하면 기본 규례는 그 민족의 영적 생활을 활력으로 넘치게 하는 데 가장 중요한 것이기 때문이다. 만일 백성들이 하나님께 충성을 바치고 언약의 증거를 지키며 가정에서 자신의 책임을 다하려 하지 않았다면, 더 이상 법률적으로 규정을 만들 이유가 없었을 것이다.

신약은 어떤 형태의 우상이라도 반드시 피해야 한다고 분명히 밝힌다. 왜냐하면 그것은 새 언약 역시 위반하는 것이기 때문이다(요일 5:21). 그리고 다섯 번째 계명은 자녀들에게 주 안에서 순종하라는 바울의 가르침 안에서 반복되었다(엡 6:2). 안식일 준수의 규정은 적용하기가 더 어려운데, 그것은 시내 산 언약의 증표이기 때문이다.[4] 히브리서는 안식일의 신학적, 영적 의미를 잘 파악하고 있다. 그리스도를 믿는 사람들은 실제로 자신의 일을 멈추고 약속된 안식에 들어갔다(4:3, 9, 또한 시 95:7b-11, 마 11:28을 보라). 그리스도인은 새 언약 안에 들어왔고, 새 언약은 다른 증표를 갖고 있다.

C. 하나님의 백성은 하나님과의 화목을 바르게 축하해야 한다(19:5-8).

레위기 19장은 재빨리 백성들에게 화목제가 올바르게 드려져야 한다는 것을 상기시키기 위해 제사 규례로 이동한다(19:5-8, 3:1-17, 7:15-20). 화목제가 선택된 것은 그것이 모든 제사의 절정이기 때문이다. 모든 제사는 제사의 중심인 화목제로 나아간다. 화목제를 드리는 것은 하나님과 화목되었다는 것을, 계명을

4. 안식일을 지키는 것은 레위기 23장 1-3절에서 훨씬 더 길게 논의될 것이다. 신학적 표현과 실질적인 적용에 관해서는 그 부분의 논의를 보라.

지킨다는 것을, 자신이 받은 축복을 누린다는 것을 그리고 이러한 것을 축하하기 위해 규정된 모든 것을 드린다는 사실을 선포하는 일이다. 만일 화목제가 올바로 드려지면 그것과 관련된 모든 것 역시 올바르게 되었음이 분명했다.

제물을 먹는 것과 관련된 이 규정은 여기서 제사장이 아니라 백성들을 위해 다시 언급되고 있다. 따라서 그 내용은 레위기 7장의 내용처럼 복잡하지 않다. 여기서 지적하고 있는 기본적인 사실은 화목제는 용납하심을 얻기 위해서 반드시 올바로 드려져야 한다는 것이며, 이는 단지 외적인 의식으로가 아니라 진정한 믿음과 영성으로 드려져야 함을 의미했다(시 50:7-15, 또한 잠 7:10-20, 특히 14절에서의 수치스러운 남용을 보라).

하나님께서는 오늘날에도 자기 백성들이 드리는 합당한 예배를 찾으신다. 의식의 형식은 변할 수 있지만, 그 이행은 반드시 믿음과 순종을 드러내는 것이어야 한다. 새 언약 안에서 성만찬은 반드시 합당하게 이루어져야 했는데, 그렇지 않으면 열납되지 못했고, 어떤 이는 예기치 않은 죽음을 맞기도 했다(고전 11:27-34).

D. 하나님의 백성은 가난한 사람이 언약 생활에 온전히 참여할 수 있도록 보장해주어야 한다(19:9-10).

이제 다음 부분은 가난한 사람들에게 밭에서 이삭을 주울 수 있도록 허락하는 부분을 다룬다. 농부들은 밭의 모서리 부분까지 추수해서는 안 되었다. 그곳은 가난한 사람과 이방인이 들어가 가능한 만큼 이삭을 주울 수 있도록 내버려둔 부분이었다[*Mishnah* 모음 가운데 하나의 항목인 *Pe'ah*('모퉁이')은 전체가 이 규례를 다루고 있다]. 밭의 남겨진 부분의 분량은 소유자의 너그러움에 의해 결정되었다.

이것은 영성에 대한 가장 구체적인 시금석이었는데, 바로 불쌍한 사람에 대한 배려다(레 23:22, 신 24:19-22를 보라). 이러한 관심은 성경의 중심 사상이지만, 왜 이곳에 기록되었을까? 주요 대답은 그것이 자연스럽게 화목제에 대한 규정의 뒤를 따른다는 것이다. 화목제를 드리는 것은 하나님과 화목함을 선포하는 것이다. 그것은 감사의 제사였다. 그러나 만일 제사를 드리는 사람이 가난한 사람을 위해 베풀지 않는다면 그것은 공허한 주장에 불과했다. 다른 말로 하면, 만일 감사의 시금석이 너그러움이라고 볼 때 감사를 주장하는 사람에게 너그러움이 부족하다면 그것은 위선이었다. 마찬가지로 예수님께서는 가난한 사람을 돌보지 않는 것은 계명들을 지켰다고 주장한 그 사람이 아무 계명도 지키지 않았다는 증거임을 보여주셨다(마 19:16-22).

둘째, 이 규례는 회중의 단결을 굳게 세워준다. 가난한 사람도 여호와께 자기 제사를 드릴 필요가 있었다. 그리고 그들에게 이삭을 주울 수 있도록 허락한 사람은 그들이 베풂을 찬미하는 제사를 드릴 수 있도록 도와준 것이었다.

가난한 사람을 돌보라는 이 신성한 요구는 신약에서도 반복된다(예, 마 19:21, 막 12:42-43, 눅 4:18, 6:20, 11:41, 12:33, 14:13). 불행하게도 오늘날 거행되는 많은 종교 활동 가운데 많은 행위와 소란들이 가난하고 불쌍한 사람을 일반적으로 무시하는 경향이 있다. 가난하고 불쌍한 사람을 무시하면서 하나님께 감사와 찬양을 올바로 드릴 수는 없다(히 13:15-16).

Ⅱ. 언약의 구성원들에 대한 충성: 하나님의 백성은 참된 사랑 가운데 자기 이웃을 대함으로써 그분의 거룩하심에 도달해야 한다(19:11-18).

다음 규례는 어떻게 백성들이 다른 언약의 구성원들을 대해야 하며, 신명기의 후반부에 대한 강조에 어떻게 대응해야 하는가를 다룬다. 여기서 거룩함에 대한 명령은 그 사람의 이웃을 직접 가리키고 있는데, 19장 11-18절에서 이웃, 형제, 백성, 동포, 친구, 사람 등의 다양한 용어가 사용되고 있다. 이 부분에 틀이 세워짐으로써 공동체 안의 모든 관계가 이 규례의 초점의 대상이 되고 있다.

이웃/ 친구 개념은 공동체의 의무를 강조한다. 율법은 구체적으로 모임 안에서 가까운 사이에 있는 사람, 함께 살면서 일하는 사람을 가리키지만 궁극적으로 만나게 되는 모든 사람, 혹은 대하는 모든 사람에게 적용된다. 좋은 이웃이 되는 것이 항상 의로운 일로 간주된 반면, 좋은 이웃을 갖는 것은 그렇지 않다.

A. 하나님의 백성은 정직해야 한다(19:11-12).

더 넓은 부분(19:11-18)은 일반적인 반사회적 행동, 다른 이스라엘의 자유 시민에 대한 죄에 대한 규례를 기록하고 있는데, 그 가운데 처음 부분(19:11-12)은 정직을 요구하고 있다. 백성들은 서로에게 도적질, 거짓말, 혹은 사기를 하지 말아야 했다(19:11). 그리고 그들은 여호와의 이름으로 거짓 맹세를 하여 그 이름을 모독하지 말아야 했다(19:12). 이러한 죄를 피해야 하는 동기는 "나는 여호와니라"에 의해 표현되었다. 이 말은 그들에게 그들의 의무는 하나님과 닮는 것임을 일깨워주었다. 그러면 하나님께서는 어떤 분이신가? 이 명령들을 지시하고 있는 신학은 하나님께서 백성들의 필요를 채워주시며(따라서 그분을 의지하고 다른 사람들의 것을 도적질하지 말라), 그분은 진리의 하나님이심을(따라서 정직하고 신실하게 행하라) 계시한다.

신약은 정직에 대한 이 요구를 반복한다. 우리는 사랑 안에서 서로에게 진실을 말하여(엡 4:15, 25, 29) 항상 믿을 만한 사람이 되어야 한다(약 5:12).

B. 하나님의 백성은 다른 사람을 착취하지 말아야 한다(19:13-14).

백성들은 약자를 착취하지 말아야 했다. 그들은 이웃을 사취하고, 고용된 사람에게 임금을 지급하지 않으며, 혹은 '귀먼 자' 나 '눈먼 자' 를 압제하지 말아야 했다. '귀먼 자를 저주하다' 와 '눈먼 자 앞에 장애물을 놓다' 는 표현은 비유적인 표현으로 아마 "무엇이 일어나는지 알지 못하거나 지각하지 못하는 사람들을 착취하지 말라"는 의미일 것이다. 귀가 먼 사람은 저주를 들을 수 없다. 눈이 먼 사람은 장애물을 볼 수 없다. 그러나 하나님께서는 들으실 수 있고 보실 수 있다. 명령은 여호와를 경외하라는 것이다. 그들은 먹고 마시는 것만 추구할 것이 아니라 하나님을 기쁘시게 하는 삶을 살아야 한다.

여기서 다시 동기가 주어진다. "나는 여호와니라." 이 말은 몇 개 규례의 마지막에 반복될 때마다 주제를 강조한다. 이스라엘 백성은 언약을 지킬 의무가 있다. 하나님께서는 여기에 언급된 사람들처럼 삶 가운데 그런 불행을 당한 사람들을 돌보시기 때문에 그분의 백성들도 마땅히 그래야 했다. 간단히 말해서, 언약의 구성원들은 그들의 '형제를 지키는 자' 였다.

C. 하나님의 백성은 정의를 지켜야 한다(19:15-16).

이스라엘 문화에서 모든 시민은 다른 사람이 업무나 불평을 장로들에게 가져왔을 때 사건을 결정하도록 지명 받은 재판관(즉, 배심원)이 될 수 있었다(룻 4장을 보라). 재판은 공평하고 공정해야 했다. 증인과 배심원은 정직해야 했고, 부자나 가난한 자를 편애하지 말아야 했다(출 23:1-3, 6-8, 신 16:19-20, 19:15-21, 27:25를 보라).[5]

핵심은 레위기 19장 16절에서 목숨을 위태롭게 하는 비방에 대한 경고를 통해 더욱 강화된다. 비방은 거짓 증인과 마찬가지로 이웃의 평판을 무너뜨릴 수 있는 거짓 증언의 한 형태다. 공동체의 구성원들은 자기 이웃의 평판을 보

---

5. 바벨론 탈무드 논문집 *Sanhedrin 30a*는 편애에 대한 금지를 엄격한 정의보다는 자비로 재판해야 하며, 이것은 부자와 가난한 자(사회적으로 많이 부족한)에게도 똑같이 연장되어야 한다는 의미로 해석한다(*Snaith*, 91).

호해주어야 했다. 사실, 그들은 다른 사람의 생명을 위험하게 하는 일을 해서는 안 되었다(*Hartley*, 316).

신약 역시 비방, 험담, 불공정한 거래, 가난하고 불쌍한 사람을 착취하는 일들에 대해 경고하고 있다. 이런 일은 교회 안에서도 분명 있지만 사회 전체에 있는 일이다. 성도들은 진리와 정의의 옹호자가 되어야 한다.

D. 하나님의 백성은 자기 이웃에게 사랑을 실천해야 한다(19:17-18).

다음 부분은 개인적인 미움과 복수에 대한 경고로 시작한다. 누구든지 하나님의 경륜 안에 있는 것이 아니라면 서로에게 미움을 품어서는 안 되었다(또한 딤전 4:12, 마 5:21-26, 요일 2:9, 3:15를 보라). 때로는 다른 사람을 비난할 수 있지만 복수는 여호와께 속한 것이다(신 32:35, 롬 12:19). 이 경고는 에스겔 22장 7-9절에서 악한 자를 경고하지 않는 자는 책임을 져야 한다고 말하는 것과 유사하다.

우리는 다른 사람을 미워하기보다는 열심히 사랑해야 한다. "이웃 사랑하기를 네 몸과 같이 하라." 이것은 시대를 거치며 수많은 철학자와 교사들이 사용한 규칙이다. 이 규칙은 고대 사회에서는 독특한 구약의 도덕적 원리로 이웃을 대할 때의 원동력이 되었다. 요점은 그들은 마치 자신에게 부족한 것이 있듯이 다른 사람을 부족한 것이 있는 사람으로 보아야 한다는 것과 같다. 그렇다면 다른 사람에 대한 사랑의 표현은 그들의 도움이 되어야 한다는 것을 의미한다. 따라서 언약의 구성원들은 사람들을 착취하거나 압제하지 않고 그들을 도와주어야 한다. 말라마트(*Malamat*)에 의하면, 동사 ʾ*āhab*('사랑하다') 더하기 전치사 *l*ᵉ('향하여', '위하여')의 사용은 목적어와 합하여 '후원하다', '쓸모가 있다' 라는 의미를 함축할 수 있다. 여기서의 의미는 분명히 누군가에 대한 관심에서 나온 유익한 행동임이 분명하다(*Hartley*, 318).

예수님께서는 영생을 얻기 위해 무엇을 해야 하는가라는 질문을 받으셨을 때 직접 율법, 곧 이 본문에 초점을 맞추셨다. "주 너의 하나님을 사랑하라"(막 10:25-37). 그러나 이 주제의 다른 부분은 "네 이웃을 사랑하라"였다. 그리고 예수님께서는 율법을 명확히 설명하기 위해 선한 사마리아 사람 이야기를 들려주어 자기 말의 핵심을 지적하셨다. '이웃'은 그가 만나는 도움이 필요한 모든 사람이며, '사랑'은 그 도움을 채워주기 위해 애쓰는 것이다.

Ⅲ. 하나님의 백성은 그분이 만드신 분리 안의 구별을 지킴으로써 그분의 거룩함에 이르러야 한다(19:19-31).

여기서 강조는 언약 백성이 반드시 행해야 하는 합당한 구별에 대한 것으로 옮겨간다. 그들은 여호와 하나님, 곧 창조의 하나님을 따라야 했다. 그리고 그분은 모든 창조 가운데 구분을 만드셨기 때문에(즉, 빛과 어둠, 땅과 바다, 낮과 밤, 동물과 사람) 그들은 자신의 삶 가운데 동일한 원리를 따라야 했다.

A. 하나님의 백성은 합당한 구별을 지켜야 한다(19:19-25).

첫 주제는 동물을 혼합시키고, 씨앗을 섞으며, 옷감을 섞는 일을 다룬다(19:19). 이스라엘 백성은 이 규정들로부터 하나님께서 분리하신 것을 구별해야 하는 법을 배웠다. 이스라엘의 일상 생활을 위한 이 규정들을 신약에서는 간직하고 있지 않다. 음식과 정결에 대한 규례와 마찬가지로 이런 조항들은 한시적인 것이었다. 그러나 그것들은 영원한 진리를 계시한다. 영적 구별, 창조 가운데의 질서, 삶 가운데의 정결의 원리는 모두 새 언약 가운데 나타나 성도들이 날마다 살아야 할 길로 인도한다.

이 본문의 더 큰 부분은 또 다른 부당한 혼합인 씨종과의 성관계를 다룬다(19:20). 그 여자는 *šipḥâ*, 곧 첩이 될 수 있는 여자였다(야곱의 아내의 종이었던 실바와 빌하처럼). 이 규례는 자유인이 아닌 여자 노예에게 일어날 수 있는 상황으로 인해 어려운 내용이다. 여기서의 경우, 그 여자는 정혼한 사이가 아니었다(만일 정혼했다면 이 위반에 대한 벌은 죽음이었을 것이다). 따라서 조사가 이루어지고, 적당한 교정이 결정되었다. 죄를 지은 쪽은 율법의 가혹한 처벌과 거리가 멀 수도 있었지만, 하나님 앞에서 그는 그 여자를 범했다 (***Hartley***, 319). 가치의 손실분에 대해 속건제(*ʾāšām*)가 드려지고 합당한 보상이 이루어졌다.

하나님께서 관련되는 한, 주인은 계집종을 이용함으로써 지키기로 맹세한 언약을 위반했다. 따라서 19장 18절에서 규례는 다른 이스라엘 백성에 대해 사랑을 요구한 반면, 이 규례는 자유로운 이스라엘 백성이 존중되고 보호되었을 뿐 아니라 연약한 계집종 역시 그렇게 되었음을 보여준다.

새로 심은 나무의 재배는 다음에 논의된다(19:23-25). 여호와께 거룩함은 자신의 삶과 노력을 여호와께 바치는 것을 포함하며, 그것은 이 규례의 배후에 깔려 있다.[6] 그 열매는 삼 년간 따는 것이 금지되었고, 사 년째에는 모든 열매를 여호와께 드렸으며, 오 년째에야 그것을 먹을 수 있었다. 여기서 다시 나무 열매와 관련된 순종의 시험이 있었다(창 2:16-17 참조).

새 나무의 열매는 처음 삼 년은 매우 좋지 않았다. 가장 좋은 산물은 감사제물로 하나님께 드려졌으므로 사 년이 될 때까지 좋은 것이 열리지 않으면 그것은 하나님께 드려졌다. 그것은 찬미의 제사였다(반면에 사마리아 오경은 일반적인 사용에 대해 '더럽힘' 혹은 '속화'라고 규정하고 있다).

B. 하나님의 백성은 이교 관습으로부터 구별되어야 한다(19:26-31).

우리는 19장 26-28절에서 죽음의 의식이라는, 믿음의 식구들에게 가까이

---

6. 바벨론 문화에서의 유사한 규례에 대해서는 ***Hammurabi' s Law*** §60, ***ANET*** 169를 보라. 사 년 동안 어떤 과일도 취할 수 없었다.

다가온 또 다른 이방 종교의 행위를 보게 된다. 모세와 선지자들은 백성들로 하여금 이런 관습을 멀리하게 하는 데 어려움을 느꼈다. 첫째, 그들은 고기를 피와 함께 먹는 것을 금해야 했는데, 이는 레위기 17장을 떠오르게 한다.[7] 점과 무당 역시 금지되었다. 웬함(*Wenham*, 272)은 하나님께서 침묵하실 때 백성들은 거짓 점쟁이들을 찾아서는 안 되고, 언약을 따라 믿음의 길을 걸어야 한다고 말했다.

레위기 19장 27-28절은 머리카락과 신체를 잘라내는 일에 대해 규정하고 있다. 이 규정들은 몸을 잘라내어 죽은 사람에게 피를 주는 이교도의 애도 의식을 가리킬 뿐 아니라(*Snaith*, 94), 그들에게 창조 질서를 지키며 살아갈 것을 촉구하는 것이다. 몸을 훼손하는 일은 있어서는 안 되는 것이다(또한 성도들에게 자신의 몸이 하나님의 것임을 상기시키고 있는 고전 6:18-20을 보라).

누구도 자기 딸을 기생, 곧 창녀가 되게 해서는 안 되었다(레 19:29). 제사 의식을 돕는 종이라는 의미의 거룩한 창녀도 이 금령에 포함될 수 있지만, 본문의 언어는 단순히 '창녀'라고만 말하고 있다.[8] 하나님의 백성은 어떤 식으로든 이교 의식에 연루되기보다는 그것과 구별되어 성소를 공경해야 했다(그러나 겔 23:37-39를 보라).

레위기 19장 30절은 백성들에게 안식일을 지키고 성소를 공경하라고 지시한다. 성소 공경은 그곳을 하나님께서 거하시는 곳으로 여기고, 그럼으로써 그곳을 올바로 존중하고 더러움과 이교도의 타락으로부터 지키는 것을 의미한다. 안식일은 레위기 23장에서 더 자세하게 논의될 것이다.

레위기 19장 31절은 점술에 대해 규정한다. 이스라엘 백성은 귀신을 찾아가거나 죽은 영혼을 찾아서는 안 되었다. 그들은 죽은 사람으로부터 정보를 얻

---

7. 칠십인 역은 피 대신 '산들'로 읽고 있어서 마치 백성들이 산에서 먹어서는 안 되는 것처럼 말하고 있다. 이는 제사의 중심지를 가리키는 것으로 보인다(겔 18:6, 15를 보라).

8. 만일 창녀란 용어가 제의적인 개념을 포함하고 있다면, 그 여인은 이방 종교에 전념하고 있어서 정상적인 결혼 생활을 영위할 수 없었을 것이다.

고 땅에서나 지옥(ʾōb)에서부터[9] 그 영에게 말하는 영매에게 물어서는 안 되었다. 전형적인 성경의 예는 사울 왕이 엔돌에 있는 신접한 여인을 찾아간 일이다(삼상 28장). 그들은 또한 마법사, 곧 마법을 '아는 사람(*hayyiddeʿōnîm*)'을 찾아가서도 안 되었다. 그 대신 그들은 여호와의 성소를 공경하고 오직 여호와만을 위해 구별되어야 했다(레위기 19:31은 다시 이 규례들 사이에 정착된 "나는 여호와니라"라는 표현을 담고 있다).

Ⅳ. 하나님의 백성은 다른 사람들에게 친절과 공의를 드러냄으로써 그분의 거룩하심을 따라야 한다(19:32-37).

이스라엘 백성은 모든 이방 종교와 이방 종교의 관습으로부터 구별되도록 주의해야 한다. 그들에게 이것이 다른 사람을 착취하거나 이용할 수 있도록 허용하는 것이 아님을 주지시키기 위해 몇 가지 규례는 노인(19:32)과 외국인(19:33-34)이라는 두 연약한 무리를 합당하게 대하라는 명령으로 이 장을 마무리하고 있다.

그 땅에 거주하는 비이스라엘 백성(즉, 그들 가운데 거하는 외국인)은 이스라엘 백성이 동료 시민들에게 대하는 것과 동일한 대우를 받아야 했다. 여기서 이 규례는 그들이 비이스라엘 백성을 자기들이 그랬던 것처럼 도움이 필요한 사람으로 사랑해야 한다는 것이다(19:34). 이 설명은 애굽을 언급한 것과 잘 들어맞는다.[10]

레위기 19장 35-36절은 사업에서 속임수를 쓰는 것과 법정에서 부정직한 것에 대해 경고한다. 백성들은 정직한 저울을 갖고 있어야 했다(또한 신

---

9. 이 말은 '지옥의 영들' 대신에 ʾ*ābôt*('아버지들')로 읽는 것이 가능한데, 그렇게 되면 조상 숭배를 가리키게 된다(*Wenham*, 273을 보라).

10. *Leibowitz Studies in Vayikra*, 197.

25:13-16 참조). 사고 파는 것은 그들이 소유하고 있는 공의의 잣대를 표시하는 것이다.

이 장은 하나님의 백성들에게 여호와의 규례와 법도를 지킬 것을 전체적으로 상기시키며 마무리하고 있다(레 19:37).

결론

레위기 19장의 메시지는 명확하고 실제적이다. 요약된 주해 개념은 다음과 같이 정리할 수 있다.

> 하나님의 백성은 그분의 계명들(율법의 문자)을 지키고, 다른 사람들을 사랑으로 대하며(율법의 정신), 세상과 구별된 그분의 기준을 따라 살고, 이웃에게 친절과 공의를 드러내 보임으로써 그분의 거룩하심을 따라야 한다.

신약은 비록 이 규례들 가운데 몇 가지 구체적인 내용은 바뀌었지만(앞에서 언급한 것처럼) 이 명제를 전적으로 지지한다. 성도들은 여전히 그들이 하는 모든 일 가운데 하나님을 닮아가도록 요청된다(벧전 1:16). 그리고 이런 일을 할 수 있는 동기는 사랑이다.

신약에서 이 사랑의 주제는 성도들의 삶의 모든 영역 가운데 전면으로 드러난다(마 5:43, 19:19, 22:39, 막 12:31, 33, 눅 10:27, 롬 13:9, 갈 5:14, 약 2:9).[11]

11. 특히 레위기 19장과 야고보서에 존재하는 많은 일치를 주목하라(레 19:12/ 약 5:12, 레 19:13b/ 약 5:4, 레 19:15/ 약 2:1, 9, 레 19:16/ 약 4:11, 레 19:17b/ 약 5:20, 레 19:18a/ 약 5:9, 레 19:18b/ 약 2:8). 존슨(*L. T. Johnson*)의 *"The Use of Leviticus* 19 *in the Letter of James,"* *JBL* 101(1982): 391-401을 보라.

물론 요한은 서로를 향한 사랑이 어떻게 그리스도인의 표시가 되는지를 기록하고 있다(요 15:9-17, 요일 3:11-15). 레위기 19장은 사랑이 세상 안에서 거룩한 삶 가운데 어떤 식으로 드러나는지를 보여주고 있는 것이다.

참고 문헌

Carmichael, C. M. "Forbidden Mixtures." *VT* 32(1982): 394-415.

Davidson, R. "Some Aspects of the Old Testament Contribution to the Pattern of Christian Ethics." *Scottish Journal of Theology* 12(1959): 373-87.

Derrett, J. D. M. "Love Thy Neighbor as a Man Like Thyself." *Expository Times* 83(1971): 55-56.

Freedman, D. N. "The Hebrew Old Testament and the Ministry Today: An Exegetical Study of Leviticus 19:18b(in Matthew 22:39)." *Pittsburgh Perspective* 5(1964): 9-14, 30.

Grintz, J. M. "'Do Not Eat of the Blood': Re-considerations in the Setting and Dating of the Priestly Code." *Annual of the Swedish Theological Institute* 8(1972): 78-105.

Hocherman, Y. "Rebuke of One's Fellow according to the Bible and Rabbinic Sources"(Hebrew). *beth Mikra* 28(1982-83): 140-46.

Hogg, J. E. "Love Thy Neighbor." *American Journal of Semitic Languages and Literature* 41(1924-25): 197-98.

Houtman, C. "Another Look at Forbidden Mixtures." *VT* 34(1984): 226-28.

Johnson, L. T. "The Use of Leviticus 19 in the Letter of James." *JBL* 101(1982): 391-401.

Levine, B. A., and J.-M. de Tarrgon. "Dead Kings and Rephaim: The Patrons of the Ugaritic Dynasty." *Journal of the American Oriental society* 104(1984): 649-59.

Magonet, J. "The Structure and Meaning of Leviticus 19." *Hebrew Annual Review* 7(1983): 151-67.

Malamat, A. "'Love Your Neighbor as Yourself': What It Really Means." *Biblical Archaeology Review* 16(1990): 50-51.

Milgrom, J. The Betrothed Slave-Girls: Leviticus 19:20-22." *ZAW* 89(1977): 43-50.

——. "The Priestly Doctrine of Repentance." *Revue biblique* 82(1975): 186-205.

Montefiore, H. "Thou Shalt Love the Neighbor as Thy Self." *Novum Testamentum* 5(1962): 157-70.

Morgenstern, J. "The Decalogue of the Holiness Code." *Hebrew Union College Annual* 26(1955): 1-27.

Muraoka, T. A. "A Syntactic Problem in Lev. xix.18b." *Journal of Semitic Studies* 23(1978): 291-97.

Piper, J. *"Love Your Enemies": Jesus' Love Command in the Synoptic Gospels and in the Early Christian Paraenesis*. Cambridge: Cambridge University Press, 1979.

Schwartz, B. J. "A Literary Study of the Slave-Girl Pericope-Leviticus 19:20-22." *Scripta Hierosolymitana* 31(1986): 241-55.

Stern, J. B. "Jesus' Citation of Deuteronomy 6:5 and Leviticus 19:18 in the Light of Jewish Tradition." *CBQ* 28(1966): 312-16.

Zimmermann, F. "An Examination of Some Biblical Passages." *JBL* 65(1946): 311-14.

33

Instructions for Holiness

타락한 세상 안에서 하나님의 명령: 거짓 종교와 죄악된 관행에 관한 율법들(20장)

레위기 20장은 거룩함에 대한 강조와 함께 이방 종교의 관행과 하나님의 창조 질서에 대한 위반을 피하라는 권고를 계속 이어간다. 여기에 포함된 내용은 불순종에 대한 벌이 포함되었다는 사실 외에는 레위기 18장의 내용과 유사하다. 이 벌의 성격은 죄의 심각성을 보여주며, 언약의 도덕적 원리가 악한 세상 안에서 반드시 보호되어야 함을 강조한다.

이 두 장의 또 다른 차이점은 레위기 20장에서는 규례들이 가정의 형태를 띠고 있는 반면("만일 누구와 성관계를 맺으면… 그는 반드시 죽을 것이라"), 레위기 18장에서는 정언 명령으로("누구와 성관계를 맺지 말라") 주어지고 있다는 점이다. 두 형식은 출애굽기에서 율법이 주어지는 것과 유사한데, 출애굽기의 십계명은 정언 명령이지만 이어지는 출애굽기 21-23장의 규정들(재판들)은 가정형이다.

레위기 18장과 20장은 모두 이방 종교의 관행과 성적 타락 사이의 연관성을 강하게 암시한다. 이것은 이교도의 다신 제의가 백성들에게 허락하는 성행위 방식은 여호와께서 자기 백성에게 제정하신 의와 거룩함의 방식과 매우 다르다는 점에서 전혀 놀라운 일이 아니다. 레위기 18장에서의 경고는 애굽과 가나안의 가증한 것들에 대한 일반적인 것이었다. 그러나 레위기 20장에서 언급하고 있는 것은 구체적으로 몰렉(20:2-5)과 점술(20:6, 27) 그리고 하나님께서 정하신 경계를 위반하는 것이다. 레위기 20장은 타락한 가나안 종교와 그들이 백성들의 생활 방식에 미칠 영향의 구체적인 모습에 대한 즉각적인 관심을 반영하고 있는 것으로 보인다.

신학적 주제

레위기 20장은 부패한 종교와 타락한 관행들을 나란히 배열하기 때문에 이 연구는 이스라엘 백성이 들어갈 세계의 중요한 종교적 신앙과 관행에 대한 개관이 포함될 필요가 있다. 이스라엘 믿음의 역사에 관한 간략한 개관을 살펴보면, 그들이 유일신 신앙을 굳게 붙들고 있을 때는 삶의 모든 영역에서 하나님의 명령을 비교적 잘 보존하고 있었지만, 부패한 종교로 돌아섰을 때에는 그 종교가 부추긴 관행들을 받아들였음을 알 수 있다.

최종적인 분석 결과를 볼 때 그러한 변절은 하나님의 심판을 불러일으켰다. 그리고 만일 공동체의 지도자가 그러한 부패의 흐름을 멈추게 하는 데 실패한다면 하나님께서, 비록 즉시는 아닐지라도 필연적으로 직접 행동하시게 될 것이다. 하나님께서 정하신 테두리 안에 사는 것을 거부한 것에는 반드시 대가가 치러졌다.

이 장이 보존하고 있는 도덕적 기준은 오늘날에도 변함없이 적용될 수 있는 것이다. 왜냐하면 그 기준은 하나님의 창조 질서에 대한 위반을 다루고 있기 때문이다. 성소의 정결을 위한 한시적인 규정은 레위기의 제사 제도가 종결될 때

적당한 의식으로 변경되고 그 효력이 종료될 수도 있다. 중대한 범죄가 저질러진 경우 그 죄인을 살리기 위해서 하나님의 개입을 필요로 했다.

본문 개괄

메시지 요약

하나님께서는 이스라엘로 하여금 거룩함과 순종함으로 여호와를 따르고 가증한 행위가 불러올 심판을 피하게 하기 위해, 그들에게 여러 가지 이방 종교와 성적 관행들은 죽음의 형벌로 이어질 것이라고 경고하셨다.

본문 개요

서언: 여호와께서는 모세에게 이스라엘을 위한 종교적인 죄와 가정적인 죄에 관한 처벌 규정을 주셨다(20:1–2a).

I. 하나님께서는 몰렉을 숭배하거나 무당을 찾은 자들을 돌로 쳐서 죽일 것을 명하시고, 만일 백성들이 이 재판을 수행하지 못하면 하나님께서 직접 그들을 심판하실 것이라고 선언하셨다(20:2b–6).
  A. 몰렉 숭배에 대한 처벌은 돌로 쳐서 죽이는 것이었다(20:2b–3).
  B. 하나님께서는 공동체가 행하지 못하면 몰렉 숭배자를 직접 멸하시겠다고 확인하셨다(20:4–5).
  C. 하나님께서는 누구든 무당을 찾아가 물어보는 자를 심판하겠다고 경고하셨다(20:6).

II. 하나님께서는 자기 백성에게 하나님 되심과 이스라엘을 어떻게 구별하셨는지를 기억하고 스스로 거룩하게 하고, 그분의 규례를 순종할 것을 권고하셨다(20:7-8).

III. 하나님께서는 자신의 명령을 위반한 죄들에 대한 형벌을 나열하셨다(20:9-21).

A. 어떤 위반은 죽음의 형벌이 즉시 주어졌다.

1. 자기 부모를 저주하는 것(20:9).

2. 간음(20:10).

3. 근친 상간 같은 비정상적인 성관계(20:11-12), 동성애(20:13), 여인과 그 딸과의 성관계(20:14), 혹은 수간(20:15-16).

B. 하나님께서는 어떤 위반에는 갑작스러운 죽음의 벌을 내리셨다.

1. 자기 여동생과 성관계를 맺는 것(20:17).

2. 월경 기간 중에 성관계를 맺는 것(20:18).

3. 친족과 성관계를 맺는 것(20:19).

C. 어떤 위반은 자녀를 낳지 못하는 벌을 받았다.

1. 삼촌의 아내와 성관계를 맺는 것(20:20).

2. 형제의 아내와 결혼하는 것(20:21).

IV. 하나님께서는 자기 백성들에게 만일 가증한 짓을 저지르면 그들 역시 그 땅에서 제거될 것이라고 경고하시면서 그들에게 거룩할 것을 권고하셨다(20:22-26).

A. 하나님의 백성은 그분의 규례를 지켜 가나안 백성과 같은 심판을 받지 말아야 했다(20:22).

B. 하나님의 백성은 여호와께서 미워하신 가나안 백성들처럼 살

지 말아야 했다(20:23).

C. 하나님의 백성은 여호와께서 그들을 선택하시고 그들의 땅을 주셨으므로 그분 앞에서 거룩해야 했다(20:24-26).

1. 하나님께서는 자기 백성들에게 땅을 약속하셨다(20:24).
2. 하나님께서는 정결한 것과 부정한 것을 구분하셨다(20:25).
3. 하나님께서는 자기 백성이 세상에 속한 사람들과 구별되어 자신에게 속할 것을 명하셨다(20:26).

V. 하나님께서는 영매자나 비슷한 귀신을 가진 자를 죽음에 처하게 하셨다(20:27).

내용 강해

레위기 20장은 순환적으로 전개된다. 거짓 종교 관행에 대한 경고(20:2b-6), 믿음에 충성할 것에 대한 요구(20:7-8), 하나님의 명령의 위반(특히 가정 안에서)과 그 처벌(20:9-21), 거룩함에 대한 권고(20:22-26), 강신술에 대한 금지(20:27) 순으로 전개된다. 실제로 첫 부분(20:2b-6)과 마지막 부분(20:27)은 수미쌍관을 이루는 가운데, 하나님의 명령에 대한 온갖 위반의 문을 연 이방 종교의 관행에 주된 관심을 보이고 있다.

주해자는 이 장의 몇 가지 것들을 명확하게 밝혀야 한다. 첫째, 이 부분의 병렬 구조가 거짓 종교와 타락한 관행 그리고 순결한 종교와 거룩한 삶 사이의 원인과 결과를 어떻게 가리키고 있는지 반드시 강조해야 한다. 그들이 따르고 있는 종교적 신앙이 올바르지 않을 때는 단순히 악을 그치고 선을 행하라는 권고로는 충분하지 않다.

둘째, 이 죄들이 어떻게 하나님의 창조 질서에 대한 심각한 위반인지를 분명히 보여주어야 한다. 이 일을 위해서 하나님의 창조 질서, 곧 하나님께서 자신의 창조를 위하여 세우시기로 의도하신 것에 대한 긍정적인 선언이 필요하다. 만일 이것이 앞에서 이 주제를 다루는 가운데 이미 설명되었다면 신약 시대를 위한 적용은 간단해질 것이다.

비록 이런 행동들이 여전히 처벌될 수 있는 죄라 하더라도 복음의 영광스러운 메시지는 구세주께서 모든 죄를 위한 죽음의 형벌을 스스로 지셨기 때문에 용서가 주어진다는 것이다. 거짓 믿음과 저속한 관행에서 돌이켜 그분을 신뢰하는 자리로 돌아온 사람은 거룩함과 의의 새로운 생명을 발견하게 된다.

I. 하나님의 백성은 이교 신앙을 그치고 여호와를 향한 거룩한 삶을 개발해야 한다(20:2b-8).

A. 하나님의 백성은 거짓 종교를 버려야 한다(20:2b-6).

레위기 20장 첫 부분은 거짓 제사에 대한 경고를 기록하고 있다. 이 세 본문은 모두 "내가 그 사람에게서 내 얼굴을 끊고 그를 자기 백성으로부터 끊으리라"(20:3, 5, 6)로 끝을 맺는다. 이 경고는 단순한 배교에서부터 자녀를 제물로 드리는 일을 포함하고 있는 몰렉에 대한 진정한 숭배와 헌신에 이르기까지 모든 것을 포함한다.[1] 고대 근동의 종교들은 주술과 미신으로 가득했으며, 종종 귀신을 숭배하기도 했다. 자녀를 제물로 바치는 일과 거짓 영을 통한 몰렉 숭배는 성소를 모독하는 것이었다.[2]

---

1. 히브리어는 단순히 자녀를 몰렉에게 '주다' 혹은 '전하다' 라고 말하고 있다. 어떤 학자들은 이것이 단순히 자녀들을, 어쩌면 성전 창기를 위해 몰렉 신에게 봉헌하는 것을 가리키는 것이라고 주장한다(*Snaith*, 96).

2. 다른 신들과 함께 '간음하다' 혹은 '간음을 저지르다' 라는 일반적인 기술로 특정한 우상 숭배 행위를 언급하는 것은 성적 방종을 포함한 거짓 종교 관행의 전체적인 범위를 반영하는 것이다(출 34:15-16, 레 17:7, 호 4:12 참조).

몰렉 숭배는 미숙한 의식들을 포함하고 있는 고대 제사의 한 종류인 죽은 자에 대한 제사와 연결되는 것으로 보인다. 일반적인 가나안 종교가 이스라엘의 믿음에 심각한 영향을 끼친 반면, 이 몰렉 제사는 단순히 잔인하고 저속한 것이었다. 아마 그것이 선택된 것은 그 안에 포함된 죽음, 부패, 타락 등의 모든 것이 하나님께서 자기 백성을 위해 마련하신 삶과 직접적인 갈등을 빚었기 때문이다. 그것은 가장 역겨운 형태의 이방 종교를 대표한다(왕하 3:26-27).

금지된 종교 행사에 참가한 것에 대한 처벌은 돌로 치는 것이었다. 이러한 죽음의 벌은 모든 종교의 자유를 추구하는 오늘날에는 가혹한 것으로 보이지만 신정 국가였던 고대 이스라엘에서 그런 우상 숭배는 성소를 더럽히고, 거룩한 이름을 모독하며, 결국 백성들을 넘어뜨렸다. 이와 같이 믿음에 심각한 위협이 되는 것들은 엄중한 잣대를 필요로 했다. 그리고 공동체가 돌로 치는 것은 그 위반이 공동체 전체에 의해 거부되었음을 가리킨다(*Wenham*, 277).

이 공동체는 ʿ*am hāʾāreṣ*(문자적으로 '그 땅의 백성')로, 레빈(*Levine*, 136)은 공동체의 일에 대해 발언권을 갖고 있는 일반 사람을 가리킨다고 보았다. 신명기 17장 1-7절은 그 절차가 재판장과 증인을 포함한 사법적인 통제 아래서 이루어졌음을 암시한다. 만일 그 문제를 해결하지 않으면, 하나님께서는 '자기 얼굴을' 그 죄인에게서 돌리시겠다고(우리말 성경은 '그 사람에게 진노하여'로 번역됨 - 역주) 약속하셨는데, 이는 처벌에 대한 의지를 강조하는 것이다. 그렇다면 단호한 '하나님의 얼굴'은 심판 가운데 강력한 위력을 가리켰다.

하나님께서 얼굴을 돌리시는 것의 결과는 끊쳐지는 것이었다(레 17:4를 보라). 레위기 18장에서 논의한 것처럼 끊쳐지는 것은 하나님께서 죄를 다루시는 것에 대한 언급이지 공동체의 행동을 가리키는 것이 아닌 것으로 보인다. 공동체는 그 죄인을 회중으로부터 분리시킬 수도 있지만 하나님께서는 급작스러운 죽음으로 심판하셨다(*Levine*, 733을 보라).

B. 하나님의 백성은 거룩함을 명받았다(20:7-8).

그들을 둘러싸고 있던 부패한 이방 종교 관행과 대조적으로 이스라엘 백성은 순결한 믿음을 명령받았다. 백성들은 참된 예배와 순종의 삶을 위한 가르침이라는 합당한 영적인 방향 제시를 요구함으로써 여호와를 거룩하게 했다. 그러나 그분을 순종하지 않는 자들은 그분을 거룩하게 하지 않았고, 그들은 이교도와 다를 바 없었다.

여기서 일련의 지침은 "스스로 깨끗하게 하여", "거룩할지어다", "내 규례를 지켜", ""규례를 행하라" 왜냐하면 "나는 너희를 거룩케 하는 여호와니라"이다. 해리슨(*Harrison*, 205)이 말한 것처럼 "하나님의 명령에 대한 순종의 대답은 구약과 신약 모두에서 거룩한 삶이다."

하나님의 명령에 순종하는 것은 점술의 관행을 쫓아내는 것이었다.[3] 이스라엘 백성은 강신술을 통해 얻은 계시가 아니라 하나님의 계시에 의해서 살도록 요구받았다(신 18:9-22, 사 8:19-22를 보라). 그들은 언약에 충성하도록 요구받았다. 비록 그것이 의미하는 바가 하나님께서 자신을 계시하시는 것을 기다리는 것이라 하더라도 말이다.

Ⅱ. 하나님의 백성은 이교 관행을 멀리하고, 여호와를 향한 거룩한 삶을 개발해야 한다(20:9-27).

A. 심각한 위반에 대한 벌은 죽음이었다(20:9-16).

레위기는 이어서, 이교 세계에서는 흔한 것이며 하나님의 백성의 삶을 침범할 위험이 있는 행동들을 정죄한다(레 20:9-21). 그리고 하나님의 백성들에게

---

3. 그런 거짓된 종교 관행의 본질에 대한 상세한 논의와, 그것들이 어떻게 믿음에 정면으로 방해가 되는지에 대해서는 라이트(*G. E. Wright*)의 *Old Testament against Its Environment*(*London*: *SCM*, 1950), 78-93; *W. Eichrodt*, *Theology of the Old Testament*(*trans. J. A. Baker*; *Philadelphia*: *Westminster*, 1961), 1:148-51, 332-38을 보라.

그분의 명령에 순종할 것을 요구한다(20:22-26, 이 장의 전반부 마지막 부분에서처럼, 20:7-8). 따라서 이 장 전체의 주장은 "거짓된 것을 경배하지 말고 여호와를 경배하라, 이교도처럼 살지 말고 여호와를 순종하라"다. 이 부분들에 자연스러운 연관이 포함되어 있다. 거짓 숭배를 도모하는 사람은 결과적으로 저속한 삶을 살았다.

부모를 저주하는 것(20:9). 가정을 위한 하나님의 명령의 첫 번째 위반은 부모를 저주하는 것이다('무시하다'는 규정된 처벌에 비추어 너무 약한 번역이다). 이 말은 *qalal*('가볍게 하다')로 ***Piel*** 어근에서 '가볍게 대하다', '모욕하다', '저주하다'라는 의미를 지닌다.[4] 이 금지는 최소한 부모를 별로 중요하지 않게 여기고 가볍게 대하는 것을 가리킨다. 그러나 이 말은 저주의 한층 강한 행동(예, 삼하 16:5-7의 다윗에 대한 시므이의 저주, 욥 3:1에서 자기가 태어난 날에 대한 욥의 저주), 혹은 신성 모독(레 24:14)을 가리키기 위해서 사용되었다. 이 강한 의미는 여기서도 적용되어야 옳은데, 그것은 그 죄가 죽음을 벌로 받았기 때문이다(또한 출 21:17, 잠 20:20, 마 15:4를 보라). 더구나 저주는 하나님(혹은 신들)께 부모가 잘못 되기를 바랄 때 더 심각해진다. 이것은 어떤 사람들이 자기 부모의 이름을 더럽히거나 망하게 하려는 심각한 시도다. 그런 의미에서 이것은 이기적인 이유로 자신의 자연적인 애정을 포기하는 또 다른 방식이다(롬 1:26-30, 특히 1:30을 보라). 가정이 이렇게 파괴된 나라는 오래 살아남을 희망이 없다. 본문은 그에 대한 벌을 설명하면서 "그의 피가 자기 머리 위에 있을 것이라"고 말씀한다. 사형을 정당화하고 있는 이 말의 의미는 이 죄를 범하는 자는 누구든지 그 결과를 알고 있었고, 따라서 엄정한 책임을 져야 한다는 것이다(겔 18:13, 33:5). 이것은 또한 피는 친척들에 의해 갚아질 수 없음을 의미한다(신 19:10).

---

4. *qālal*의 반대말은 *kābēd*(문자적으로 '무겁다')로, "네 아버지와 어머니를 공경하라"는 명령 안에 사용되었다.

간음(20:10). 생명을 위한 하나님의 명령과 관련된 두 번째 중대한 파괴는 간음을 통한 가정의 붕괴다.[5] 간음 가운데 저질러진 잘못은 성적 범위를 위반한 것으로 그치지 않고 최소한 한 가정, 혹은 두 가정의 파괴라는 영원한 결과를 포함하게 된다. 이스라엘 백성의 율법 아래서 이 죄는 죽음의 벌을 가져왔다. 새 언약 안에서도 간음은 율법 아래서와 마찬가지로 동일한 죄이자 해를 끼치는 것이다. 한 가지 주목할 만한 것은, 신약은 단순히 그 행동이 아니라 죄의 의향에 초점을 맞춘다. 예수님께서는 누구든지 음욕을 품고 여인을 보는 사람은 이미 마음으로 간음을 저지른 것이라고 말씀하셨다(마 5:28). 이 간음자는 자신의 욕망을 채움으로써 한 가정을 무너뜨린 것은 아니지만, 예수님께서 보시기에는 그와 동일한 죄를 지은 것이다.

근친 상간(20:11-12). 여기 수록된 두 종류의 근친 상간은 남자가 자기 아버지의 아내나 며느리와 성관계를 맺는 것에 관심을 갖고 있다. 본문은 동사 *šākab ʾet*('함께 눕다')를 사용하여 화간을 암시한다. 이것은 두 사람이 죽음이라는 동일한 벌을 받은 이유가 된다. 자기 아버지의 아내(자신의 어머니가 아닌 다른 아내)와 성관계를 갖는 것은 자기 아버지를 모욕하는 것이었다(문자적으로, '아버지의 하체를 드러내다'). 아버지와 그 아내는 한 몸이기 때문에 그 아내를 범하는 것은 아버지를 범하는 것이었다.[6] 다른 경우, 며느리와 동침하는 것 역시 타락이었다. 그것은 하나님의 질서에 혼란(*tebel*)을 불러일으켰다. 하나님께서는 결혼 관계를 위해 질서를 세우셨고 그것을 위반하는 것은 무슨 이유에서든, 즉 권력을 위해서든 욕정을 위해서든 잘못된 것이었다. 신약은 바울이 어떤 사람이 자기 아버지의 아내와 그런 관계를 가진 죄를 발

5. 히브리어 본문은 두 가지로 읽을 수 있다. '간음을 범한 남자', '자기 이웃의 아내와 간음을 범한 남자'. 이것은 보통 사본을 기록한 사람의 오류로 여겨졌다. 그러나 주의를 끌기 위해 반복이 의도적으로 계획되었을 가능성을 배제할 수는 없다.

6. 어떤 경우에 이 죄는 약해진 아버지를 대신하고 가문을 이어받으려는 시도 가운데 하나였다(창 35:22, 49:3-4, 삼하 16:20-22를 보라).

견하고 그 사람을 사탄에게 내주어 육체가 멸망당하도록 한 경우를 기록하고 있다(고전 5:1–5). 고대 고린도와 같은 이교 사회는 그런 관행을 허용할지 몰라도 하나님 보시기에 그것은 죄였다.

동성애(20:13). 율법은 동성애 행위를 생명을 위한 하나님의 명령을 위반한 것으로 보고 분명하게 금한다. 레위기 18장 22절과 이곳에 의하면 그런 행동은 가증한 것(*tô'ēbâ*), 혹은 혐오스러운 것이었다. 이 규례와 이 죄에 대한 의견은 이전의 성경 전승에 의해 추인 받았다(창 19:4–8). 그리고 신약은 그것이 생명을 위한 하나님의 명령에 대한 심각한 위반임을 확인하고 있다(롬 1:27). 동성애자의 생활 방식을 정당화하기 위한 노력으로 다양한 현대 저자들은 레위기의 이 본문의 해석을 개정해보려고 시도하고 있다. 그러나 그들의 사상은 엄밀한 조사를 견뎌내지 못한다. 그들의 주장은 이런 식의 극단적으로 단순한 접근법을 취하기도 한다. 레위기는 동성애를 정죄하지만, 또한 월경도 부정하다고 말한다. 따라서 이 책은 고대의 금기 사항들에 대한 원시적인 생각을 반영하고 있다. 그리스도인들은 고대인들이 갖고 있던 두려움을 더 이상 갖고 있지 않기 때문에 고대 이스라엘의 의식의 일부였던 그런 규례들은 이제 새 언약 안에서 끝이 났다. 이런 주장이 자주 효력을 발휘하는 것은 사람들이 레위기에 대해 무지하기 때문이다. 성소와 연관된 규정들이 이제 종결되었다는 것은 사실이다(다른 이유에서지만). 그러나 하나님의 창조 질서에 대한 도덕적 위반은 성소에서의 정결 의식의 일부로 결코 그치지 않는다. 그리고 그것은 폐지되지 않았다. 신약이 이 점에 대해 율법을 확증하고 있다는 사실은 이 문제를 해결하는 데 충분할 것이다.

여자와 그 딸과 성관계를 맺는 것(20:14). 율법은 다음으로 두 여자, 곧 한 여자와 그 딸을 취하여 살고 있는 남자에 대해 말한다. 동사 *yiqqaḥ*('취하다')는 그가 두 여자와 결혼했음을 가리킨다. 그러나 어떤 이는 실제로 결혼했다고 생각하지 않는다. 왜냐하면 공동체가 그런 결혼을 인정할 리가 없기 때문이다

(*Wenham*, 280). 어쨌든 이 행동은 악(*zimmâ*)이라고 불렸고, 이 죄는 불에 태우는 벌을 초래했다. 왜냐하면 그것은 근친 상간에 대한 율법을 침범한 금지된 성행위였기 때문이다. 우리는 불에 태우는 것이 죽음의 원인이 되었는지, 혹은 사망 후 불에 태웠는지는 알지 못한다(불에 태우는 것에 대한 응답으로 레 21:9와 창 38:24을 보라).

수간(20:15-16). 수간은 하나님의 창조 질서를 위반하는 분명한 경우다. 그것은 본성에 거스르는 것이기 때문에 혼란을 불러일으켰다. 수간이 가나안 신들의 신화에 두드러진 역할을 했는데, 그로 인해 가나안 족속들은 그것을 괜찮은 행동으로 만들었다. 하지만 이스라엘에서는 인간과 이 행위에 연루된 동물 모두에게 죽음의 벌이 내려졌다.[7]

B. 어떤 위반에 대한 벌은 끊쳐짐이었다(20:17-19).

다음 부분에서 율법이 강제하는 방식에 변화가 오는데, 이는 죄의 종류나 심각함의 정도가 다름을 암시하는 것으로 보인다. 지금까지는 모든 위반에 대해 죄인에게 필요한 심문을 한 다음 공동체에 의해 죽음에 처해졌다. 다음 몇 가지 위반에 대해서 본문은 단순히 그 죄인이 끊쳐질 것이라고만 말한다. 이것은 공동체와 성소로부터의 추방을 포함하는 것일 수도 있지만, 핵심은 하나님께서 어쩌면 급작스러운 죽음을 통하여 그들을 처리하셨다는 것이다. 이 처벌 형태의 차이는 이 위반들이 법정에서 해결하기에 지나치게 어려운 것임을 암시할 수도 있다. 하나님께서는 진정으로 죄를 지은 자를 벌하셔야 했다.

누이와 동침하는 것(20:17). 여기서도 20장 14절에서처럼 '취하다' 는 표현은 남자가 자기 누이와 결혼했거나, 적어도 그들이 남편과 아내로 함께 살고 있었음을 의미할 수도 있다. 이것은 '서로의 하체를 보다' 는 표현의 의미인 '성

---

7. 요나서에서 니느웨 백성들이 회개할 때 동물들도 삼베옷을 입었음을 주목하라(욘 3:7-8).

관계를 가졌다'는 구절로 확인된다. 누군가의 '하체를 범하다'라는 일반적인 표현은, 두 사람이 가까운 혈연 관계였으므로 강제적인 성행위가 있었음을 암시한다(18:9, 11을 보라). 여기서 사용된 말은 서로간에 의도가 있었음을 의미할 수 있다. 만일 그런 경우라면, 그 행동은 가정의 테두리를 위반한 것이다(신 27:22). 그것은 치욕이며(*ḥesed*)[8] 하나님께서 가정 안에 정하신 경계를 위반한 것이다.

월경중인 여성과 성관계를 맺는 것(20:18). 월경중에 있는 여성과 성관계를 맺는 것은 하나님께서 명하신 결혼 관계를 심각하게 위반한 것에 포함되었다. 월경중의 성관계는 레위기 15장 19, 24절(12:2, 7, 18:19 참조)에서도 규정하고 있는데, 거기서 규정된 처벌은 일정한 기간 동안에 한한 부부의 부정함과 뒤이은 정결케 하는 씻음이다. 여기서의 처벌은 그보다 훨씬 엄격하여, 그들은 끊쳐지게 되었다. 하나님께서 이 사람들을 다루시는 것은 그들을 법정에 세우는 것이 불가능하기 때문이다. 레위기 15장은 부정한 것과의 모든 우연한 접촉을 다루지만, 레위기 20장은 율법의 고의적인 위반을 다룬다. 만일 그 위반이 일어난 것이 우연한 시기로 인한 것이라면 부정함과 씻김 의식이 명령되었을 것이다(레 15장). 그러나 그것이 의도적으로 이루어졌다면, 이것은 곧 그 일에 연루된 자들이 하나님의 거룩한 법을 알고 그 하나님의 거룩함에 따라 자신의 삶을 거룩하게 하기보다는 성관계를 가지려고 선택했음을 의미했다.

친족과의 성관계(20:19). 이 부분의 마지막 위반은 가까운 친족과 성관계를 갖는 것이다. '하체를 범하다'는 표현은 가정 안에서 가까운 혈연 관계로 인해 응락을 위한 어떤 압력이 가해졌음을 암시한다. 이 죄를 범한 사람은 자신의 죄를 지고, 하나님께서는 그들을 하나님의 때에 하나님의 방식으로 해결하셨다.

---

8. *Ḥesed*란 말은 '신실한 사랑'을 의미하는 같은 철자를 가진 흔한 낱말과 아무 상관이 없다. 이 용어가 선택된 것은 이 악한 행동이 사랑의 맹세를 왜곡하고 있기 때문일 수도 있다.

C. 작은 위반들은 자식을 낳지 못하는 벌을 받았다(20:20-21).

다음 경우에서 처벌은 자식을 낳지 못하는 것으로 변경되었는데, 이것은 돌로 쳐서 죽이거나 급박한 죽음만큼 강력하지는 않지만 동일한 하나님의 비난을 가리켰다. *ʿărîrî*란 말은 '껍질을 벗기다'를 의미하는데, 여기서는 후손의 의미 안에 사용되었다(또한 창 15:2를 보라, 아브라함은 "무엇을 내게 주시려나이까 나는 무자하오니"라고 말한다).[9] 이 말은 또한 예레미야 22장 30절에서 야호야긴 왕[히브리어 고니야(*Goniah*)는 그 이름의 변형이다]에 대한 저주 가운데 사용되었다. "너희는 이 사람이 무자하겠고 그 평생에 형통치 못할 자라 기록하라 이는 그 자손 중 형통하여 다윗의 위에 앉아 유다를 다스릴 사람이 다시는 없을 것임이니라." 우리는 이 사실로부터 자녀가 없을 것이라는 저주는 그 사람에게 자식이 없을 것을 의미하지 않는다는 것을 본다. 실제로 여호야긴은 자식이 있었고(대상 3:17-18), 따라서 *New English Bible*은 그가 '명예를 빼앗겼다'고 번역하고 있다. 하틀리(*Hartley*, 328-29)는 전문 용어인 *ʿărîrî*가 '강탈당하다'라는 일반적인 의미를 갖고 있다고 주장한다. 즉, 어린이는 나이 든 사람에게 반드시 있어야 하는 의무를 갖고 있지 않다. 즉, 부모는 자식이 없을 수도 있다. 그러나 여호야긴의 경우는 이보다 더 강한 경우로 보인다. 이것은 왕인 그에게 마치 자식이 없는 것, 즉 그에 대한 기억을 생생하게 해주거나, 혹은 족보에서 적법한 자리를 제공해줄 진정한 아들(정실 부인에게서 나온)이 없는 것과 같다. 그는 '목록에서 빠졌다(*Snaith*, 98)'. 이 장에서 불법적인 결혼 관계는 자식을 낳을 수는 있지만, 하나님의 심판 안에서 그들은 적법한 자녀가 아니며 가족으로서의 유익을 얻지 못했다. 고대 세계에서 이것은 커다란 재앙이었다.

고모와의 동거(20:20). 만일 한 남자가 고모와 성관계를 맺으면, 그 벌은 자

---

9. 피츠마이어(*J. A. Fitzmyer*)의 *The Genesis Apocryphon of Qumran Cave I: A Commentary*(*Biblica et Orientalia* 18; *Rome: Pontifical Biblical Institute Press*, 1966). 163을 보라.

녀가 없는 것이었다. 그는 자기 삼촌의 하체를 범한 자라고 불렸다. 여인의 하체는 곧 그 남편의 것이고, 둘은 한 몸이므로 그는 자기 삼촌을 망신시킨 것이다. 그 죄는 그녀와 남편의 관계도 위반한 것이다.

형제의 아내와의 동거(20:21). 만일 한 남자가 자기 형제의 아내와 결혼하면(취하면) 그것은 부정(*niddâ*)이었고, 그 죄인은 자식 없이 죽었다. 하나님의 명령을 위반하고 결혼한 사람은 그 결합에 대한 하나님의 축복을 전혀 기대할 수 없었다.

D. 하나님의 백성은 거룩한 삶을 명받았다(20:22-26).

이스라엘 백성을 위한 가르침은 그들을 정결하고 거룩하게 하는 것이었다. 레위기 20장 22절은 이 메시지를 매우 사실적으로 선언하고 있다. 그들은 하나님의 모든 규례들을 지켜야 했다. 만일 그렇지 않으면 그 땅이 그들을 토해 낼 것이다. 부정적으로 말하면(20:23), 그들은 이방 민족의 관습을 멀리해야 했다. 왜냐하면 그 타락한 관행은 하나님께서 가나안 족속을 그 땅에서 쫓아내신 이유이기 때문이다.

충성에 대한 동기는 이스라엘이 하나님께서 택하신 민족이라는 것이다. 그들은 언약으로 인해 존재했고, 하나님의 약속의 완전한 성취를 기대하는 가운데 살았다(20:24). 하나님께서는 자기 백성을 다른 민족들로부터 구별해내셨다. 이제 가나안 족속들의 세상에 들어갈 준비가 된 그들에게는 삶의 모든 영역에서 중대한 차이점을 유지해야만 했다. 그것은 거룩함이었다. 왜냐하면 그들을 구별하신 여호와께서 거룩하시기 때문이다.

E. 거짓 종교를 전하는 사람은 반드시 벌을 받아야 했다(20:27).

레위기 20장은 거짓 종교에 대한 금지를 반복하면서 끝을 맺는다. 여기서 초점은 영매나 무당으로서 행동하는 사람에게 맞추어져 있다. 그들은 어떤 힘을 가질 수는 있지만 어떤 형태로든 하나님을 따르지 않았다. 그들은 오직 백성들을 실족하게 했다. 그들은 이 거치는 돌을 돌로 쳐 제거해야 했다. 오직 여호와께로부터 오는 계시만을 좇아야 했다.

결론

레위기 20장의 주제는 너무나 분명해서 직접적으로 주해 개념을 정리할 수 있다.

> 하나님의 백성은 세상의 거짓 종교 체계와 부도덕한 관행을 멀리하고 여호와의 거룩한 계획을 따라야 한다.

거짓 종교는 저속한 삶으로 인도하지만, 순결한 종교는 거룩한 삶으로 인도한다.

세상의 믿음과 관습은 인간의 본성에 매력적으로 보이며 심지어 합리적으로까지 보이는 것이 분명하다. 그러나 진실은 하나님이 주신 생명의 명령이 모든 면에서 이교도의 관행보다 훌륭하다. 그것은 사람의 육체적, 감정적, 영적 유익을 위해 한계를 정하고 구별을 짓는 생명의 명령이다. 그것은 조화를 유지하고 혼란을 들이지 않는 틀이고, 욕정이 아닌 가족 안의 신실한 사랑을 함양하며, 불임과 자기 만족과 부자연스러움이 아닌 생명을 주고 생명을 증진하는 것이다. 그러나 가장 중요한 것은 그 규례가 통치자이시고 거룩하신 여호와 하나님의 신성한 계시에 바탕을 두고 있으며, 영원한 파멸과 죽음으로 이어질 시대 정신이나 거짓 종교 사상을 좇아 형성된 것이 아니라는 점이다.

그 적용은 시대를 초월한다. 우리는 하나님의 율법에 대한 동일한 위반이 이 시대 안에도 얼마나 넘쳐나는가를 보고 놀랄 필요가 없다. 또한 부도덕한 관행에 탐닉함으로 인하여 그런 관행을 허용하도록 종교적 기준을 다양하게 변경시키는 것을 보아도 놀랄 필요가 없다.

신약 역시 이 장에 수록된 관행들을 정죄한다. 간음, 근친 상간, 동성애, 수간, 우상 숭배, 하나님의 거룩함에 우선하는 자기 만족. 그러나 이 장은 각각의 죄에 벌을 부여한다(침범의 심각한 정도에 따라). 왜냐하면 그것은 한 나라를 위한 규범으로 주어졌기 때문이다. 신약에서 사도 바울은 그런 죄를 범하는 사람은 '사형에 해당한다' 고 선언한다(롬 1:18-32). 그러나 그는 그 처벌을 하나님께 맡겨야 했다. 하나님께서 그 위반들을 처리하시기까지 교회는 그들을 승인해서는 안 된다.

성경은 또한 하나님께서 사람들을 용서하시고 그들의 삶을 변화시키려고 준비하고 계신다고 가르친다. 복음은 하나님의 아들이 세상의 모든 죄를 위해 죽으려고 세상에 왔으며, 진정으로 뉘우치는 사람은 용서를 받을 것이라고 선언한다. 교회가 하나님과의 화목 사역을 하는 것은 이 빛 가운데서다.

참고 문헌

Cohen, S. J. D. "From the Bible to the Talmud: The Prohibition of Intermarriage." *Hebrew Annual Review* 7(1983): 1337-46.

Day, J. Molech: *A God of Human Sacrifice in the Old Testament*. Cambridge: Cambridge University Press, 1989.

Derrett, J. D. M. *The Law in the New Testament*. London: Darton, Longman & Todd, 1970.

Dussaud, R. "Melqart." Syria 25(1946-48): 205-30.

--. "Milk, Moloch, Melqart." *Revue de l' histoire des religions* 49(1904): 163-68.

Green, A. R. W. *The Role of Human Sacrifice in the Ancient Near East*. Missoula,

Mont.: Scholars Press, 1975.

Heider, G. C. *The Cult of Molek: A Reassessment*. JSOTSup 43. Sheffield: JSOT Press, 1985.

Pope, M. "The Cult of the Dead at Ugarit." Pp. 159–79 in *Ugarit in Retrospect*: Fifty Years of Ugarit and Ugaritic. Edited by G. D. Young. Winona Lake, Ind.: Eisenbrauns, 1981.

Smith, M. "A Note on Burning Babies." *Journal of the American Oriental Society* 95(1975): 477–79.

Snaith, N. H. "The Cult of Molech." *VT* 16(1966): 123–24.

Soggin, J. A. *Old Testament and Oriental Studies*. Biblica et Orientalia 29. Rome: Pontifical Biblical Institute Press, 1975(esp. pp. 84–87: "Child Sacrifice and the Cult of the Dead in the Old Testament").

Sulzberger, M. "the Polity of the Ancient Hebrews." *Jewish Quarterly Review*, n.s. 3(1912–13): 1–81.

Tadmor, H. "'The People' and Kingship in Ancient Israel." *Journal of World History* 11(1968): 3–23.

Talmon, S. "The Judean ʿam haʾareṣ in Historical Perspective.: Pp. 71–76 in *Proceedings of the Fourth World Congress of Jewish Studies*. Jerusalem: Union of Jewish Studies, 1967.

Weinfeld, M. "Burning Babies in Ancient Israel: A Rejoinder to Morton Smith's Article in *JAOS* 95(1975), 477–79." *Ugarit-Forschungen* 10(1978): 411–13.

34

Instructions for Holiness

거룩한 명령들: 제사장의 삶을 위한 가르침들(21:1–22:16)

만일 율법이 일반 사람들을 위한 순결의 높은 기준을 제시한다면, 여호와의 임재 안에서 사역하고 있는 사람들을 위해서는 한층 더 높은 기준을 제시할 것이다. 모든 백성은 거룩함을 좇아야 한다. 왜냐하면 그들은 '제사장 나라와 거룩한 백성' (출 19:5–6)이 되도록 부르심을 받았기 때문이다. 그러나 영적 지도자로 선택된 사람들은 회중에게 여호와의 거룩하심을 드러내 보일 것이 요구되었다.

신약에서는 성전과 제사를 드리는 제사장이 보이지 않기 때문에 이 물질적인 규정들은 대부분 더 이상 효력이 없다. 그러나 일반적으로 기독교 지도자들은 더 높은 기준을 가져야 했다(딤전 3:1–13, 고후 4:1–2).

신학적 주제

하나님께서는 제사장 지도자들의 물질적, 영적 자격 요건과 행동에 대한 테두리를 정하심으로써 그들의 삶 전체를 요구하셨다. 핵심은 제사장 직은 하나의 직업이 아니라 생활이었다는 것이다.[1] 여호와께서는 이런 규정들을 고대 이스라엘에게 주심으로써 또한 그런 기준을 보증하고 있는 사역의 거룩한 특성에 관한 부분들을 말씀하고 계셨다.

제사장의 행동, 즉 장례와 결혼에 관련된 이 장에 담긴 두 주제는 한층 깊은 신학적 고찰의 기회를 제공한다. 장례에 관한 규정을 읽을 때 우리는 하나님의 영원한 계획 안에서 죽음의 문제에 대한 보다 깊은 깨달음을 얻는다. 마찬가지로 제사장들이 자신의 결혼식에서 보여주는 기준은 하나님께서 그 제도에서 무엇을 의도하셨는지를 더 많은 부분 계시해준다.

본문 개괄

메시지 요약

하나님께서 영적 섬김을 위해 구별하신 사람들은 죽은 자를 애도하거나 거룩하지 못한 결혼에 들어감으로써 자신을 더럽혀서는 안 되며, 만일 심각한 육체적 결함이 있으면 자격을 잃었고, 부정하거나 자격을 잃은 자들은 제사를 드리고 제사 음식을 먹는 일에서 배제되었다.

본문 개요

I. 제사장들은 자신의 소명의 중요성으로 인해 죽은 자를 애도하거나 질이 떨

1. *D. Tidball, Discovering Leviticus*(*Leicester, England*: *Crossway*, 1996), 172.

어지는 결혼을 함으로써 스스로를 더럽혀서는 안 되었다(21:1-15).

A. 일반 제사장들을 위한 율법의 적용(21:1-9)

1. 제사장들은 직계 가족이 아닌 한, 죽은 자로 인해 자신을 더럽혀서는 안 되었다(21:1-6).
2. 제사장들은 거룩하지 못한 결혼을 통해 자신을 더럽혀서는 안 되었다(21:7-8).
3. 삽입절: 만일 제사장의 딸이 창기가 되면 그녀는 불에 태워졌다(21:9).

B. 대제사장을 위한 율법의 적용(21:10-15)

1. 대제사장은 어떤 경우라도 애도함으로 자신을 더럽혀서는 안 되었다(21:10-12).
2. 대제사장은 어떤 거룩하지 못한 결혼을 통해서도 자신을 더럽혀서는 안 되었다(21:13-15).

II. 소명의 중요성으로 말미암아 흠이 없는 레위인들만이 떡이나 제물을 드릴 수 있었다(21:16-24).

A. 신체적 결함이 있는 레위인은 성소에서 떡을 드릴 수 없었다(21:16-20).

B. 신체적 결함이 있는 레위인은 화제를 드리거나 성물에 가까이 갈 수 없었지만, 거룩한 음식은 먹을 수 있었다(21:21-24).

III. 소명의 중요성으로 인해 정결한 레위인들과 그들과 합당하게 관련이 된 평민들은 제사 음식을 먹을 수 있었다(22:1-16).

A. 레위인들은 부정한 자의 경우 제사 음식을 먹을 수 없었음을 조심해야 했다(22:1-9).

B. 제사장들을 위한 여호와의 계획으로 인해 평민들은 레위인들과 합당

하게 관계를 맺지 않는 한 거룩한 음식을 먹을 수 없었고, 부지중에 먹은 자를 위한 구제 방법이 있었다(22:10-16).

내용 강해

이 본문의 배열은 다음 순서를 따른다. 일반 제사장을 위한 장례와 결혼에 관한 담화(21:1-9), 대제사장을 위한 동일한 주제에 관한 담화(21:10-15), 모든 레위인들을 위한 봉사의 자격 요건에 관한 연설(21:16-24), 음식을 먹을 수 있는 사람에 관한 본문(22:1-16). 주제의 반복을 피하기 위해 처음 두 담화는 주제별 논의를 위해 순서를 조정할 수 있다.

I. 여호와 앞에서 사역하는 사람들은 슬픔의 순간에도 언약의 소망을 유지해야 한다(21:1-6, 10-12).

처음 주제는 친척(*ʿam*)[2]의 죽음을 애도하는 일에 관심을 갖는다. 제사장들은 매우 가까운 친척이 아니라면 '(죽은) 사람(*nepeš*)'과 장례식에 대한 접촉으로부터 오는 더러움을 피해야 했다. 죽음은 모든 종교 체제에서 가장 중요한 문제로 일반적인 생활과 구분하기 위해 일정한 분량의 의식과 규정을 필요로 하고 있다. 이스라엘에서 죽음은 우선적으로 사람을 하나님께로부터 분리시킨 저주와 관련이 있다(창 3:19). 죽음과 삶 사이에 존재하는 그런 장벽은 죽은 자와의 접촉에 더러움을 불러일으켰다(민 19:11-22). 제사장은 따라서 그

2. *KBL* 710-11은 (1) 가문, 아버지의 형제, (2) 동족, (3) 백성을 싣고 있다. 문맥은 *am*이 친척들을 가리키는 것을 암시한다. 왜냐하면 대제사장은 일반적으로 누가 죽더라도 애도하지 않기 때문이다. 더욱이, 이 본문은 여섯 가지 가까운 친척에 대한 예외 조항을 두고 있다(*Levine*, 142를 보라).

런 의식, 특히 죽은 자를 애도하는 일로부터 구별되도록 지시받았다.

레위기 21장 4절을 처음 보면 "그는 백성의 지도자로서(*baʿal beʿammāyw*) 자기 자신을 더럽히지 말아야 한다"로 읽을 수 있다. 그러나 많은 주석가들은 *NIV*에 반영된 의미를 선호한다. 그는 '결혼을 통해 자신과 관련이 된 사람을 위해' 자신을 더럽히지 말아야 한다. 이 표현은 그가 자기 가정 안에서 남편됨을 암시한다. 따라서 그는 결혼을 통해 인척이 된 사람의 죽음으로 자신을 더럽히지 말아야 했다. 문맥은 후자의 의미를 뒷받침하는 것으로 보이는데, 즉 아버지, 어머니, 아들, 딸, 형제 등의 혈연 관계는 예외가 되기 때문이다. 창세기 2장 24절을 근거로, 아내의 장례식이 허용된 것은 남자와 여자는 한 몸이기 때문이다. 아내와 나머지 다섯 예외는 가까운(몸) 친척이었고, 제사장은 그들로 인해 더럽혀질 수 있었다(*Levine*, 142).

피해야 할 애도 의식에는 머리를 깎는 것이 있는데, 이는 아마도 이마 위의 머리를 말하는 것으로 보인다(신 14:1). 수염 끝을 자르는 것과 몸을 자르는 것이 포함되었다. 이 모든 것은 고대 가나안에서 애도하는 관행을 반영한다(레 19:27).[3] 그런 의식은 제사장이 죽은 자를 애도하는 모습을 보일 뿐 아니라 신체의 훼손이나 죽은 자에 대한 이교적인 숭배도 포함되었다.

이 본문의 두 번째 조항들은 동일한 규례를 다루지만, 이번에는 대제사장을 위한 것으로 그는 '자기 형제 중 관유로 부음을 받고 위임되어 예복을 입은 대제사장'으로 불렸다(21:10-12). 그를 위한 기준은 가장 높았다. 왜냐하면 그는 여호와께 가장 가까운 사람이었기 때문이다. 대제사장은 자기 머리에 관유를 부었기 때문에 그는 자기 머리를 드러내거나(비록 *NIV*는 이 부분을 "빗질하지 않으면 안 되었다"로 번역하고 있지만) 혹은 옷을 찢을 수 없었다(21:10). 그는 사체 가까이에 갈 수 없었고(자기 아버지나 어머니라도) 그렇게 되면 부

---

3. 베일리스(*M. Bayliss*)의 "*The Cult of Dead Kin in Assyria and Babylon*," *Iraq* 35(1973): 115-25를 보라.

정하게 되었다(21:11). 그리고 그는 성소의 직무에 봉헌되었기 때문에 성소를 떠날 수 없었다. 하나님을 향한 그의 의무는 가족에 대한 의무를 뛰어넘는 것이었다.

주해에서 이 처음 부분은 모두 하나님께서 백성들에게 자기 자신을 드러내 보이는 이들에게 높은 기준을 두고 계시다는 것을 지적한다. 백성들은 큰 슬픔의 시간에도 자신의 언약의 소망과 거룩함을 기억해야 했다. 무엇보다 하나님께서는 산 자의 하나님이셨다. 그분은 생명을 창조하셨고, 생명을 보존하셨으며, 그것을 다시 회복시키실 것이었다. 제사장들은(백성들 가운데 뽑힌) 세상이 애도하는 것처럼 울거나 슬퍼해서는 안 되었다. 그들이 그렇게 하는 것은 언약을 모독하는 것이었다.

신약에 의하면 메시아이신 예수님께서는 죽은 자들 가운데 부활하심으로써 사망의 쏘는 것을 이기셨다(고전 15:55). 예수님께서는 지상에서 사역하실 때도 제자들에게 "죽은 자들로 자기의 죽은 자들을 장사하게 하라"(눅 9:60)고 말씀하시면서 사물을 올바로 바라보게 하셨다. 물론 죽음은 남아 있는 사람들에게는 여전히 슬픔의 시간이지만, 부활은 죽은 성도들이 헛되이 죽은 것이 아님을 확증해준다(고전 15:16-20). 죽음은 큰 슬픔과 애통의 시간이 되어서는 안 된다. 왜냐하면 성도들에게는 '죽는 것도 유익'(빌 1:21)이기 때문이다. 따라서 그리스도인들은 '소망 없는 다른 이와 같이 슬퍼하지' 말아야 한다(살전 4:13). 왜냐하면 그리스도께서 다시 오실 때 먼저 잠자고 있던 모든 성도들과 함께 오실 것이기 때문이다.

Ⅱ. 여호와 앞에서 사역하는 사람들은 결혼 가운데 언약의 순결함을 보여야 한다(21:7-9, 13-15).

제사장의 결혼을 위한 규정은 레위기 21장의 두 번째 주요 부분을 이룬다.

일반 제사장이 먼저 검토되었다(21:7-9). 그들은 '기생질로 부정해진 여인(*zōnâ waḥălālâ*) 혹은 남편으로부터 이혼당한(*g^erûšâ*) 여인'과 결혼할 수 없었다(21:7). 어떤 번역은 처음 두 낱말을 분리해서 '기생이거나 더럽혀진 여인'으로 읽는다. 왜냐하면 그 여인은 다름 아닌 기생질로 더럽혀졌을 것이기 때문이다. 어쨌든 이 규정은 제사장이 다른 남자와 함께했거나 다른 남자들과 불법적으로 함께한, 혹은 이혼으로 결혼을 마친 여인과의 결혼을 금지했다.

어떤 이는 성전 창기가 성행하던 거짓 제사와의 관련성을 제기한다. 만일 그 여인이 이방 종교의 제사 관행에 참가했다면, 그녀는 분명히 더럽혀졌다(*ḥălālâ*).[4] 그런 관련이 있을 가능성의 여부를 떠나 요점은, 만일 아내가 창녀였으며 그것으로 인해 혹은 다른 관련된 일로 인해 더럽혀졌다면 그녀는 자기가 낳은 자식의 기원을 확인할 수 없었고, 이것은 제사장의 직무가 세습된다는 점에서 가장 중요한 요소가 되었다. 신실한 이스라엘 백성은 결혼에서 거룩함과 순결을 추구했고, 그것은 필연적으로 이전의 성관계로 인한 모든 더럽혀짐을 배제시켰다. 제사장들은 종교 지도자로서 결혼이 주어진 목적을 백성들에게 본으로 보여주었다. 그것은 한 남자와 한 여자가 경건한 자손을 낳는 것이다(말 2:15).

레위기 21장 9절은 삽입 형태로 성행위를 통한 더럽혀짐의 다른 경우를 소개한다. 만일 제사장의 딸이 창녀가 되면 그녀는 자기 아버지를 모독한 것이다. 율법은 그 땅에서 이 더러움을 제거하기 위해 불에 태울 것을 요구했다. 화형은 죽음의 방법일 수도 있지만, 그보다는 죽음의 벌이 수행된 다음에 시체를 태운 것을 가리키는 것으로 보인다(돌로 치는 것이 언급되지는 않았지만). 시체를 태우는 것은 상징적이다. 그것은 남아 있는 것을 제거함으로써 진

---

4. 성경은 일반적으로 이교 제사에 참여하는 것에 대해 *q^edēšâ*란 말을 사용하는데, 여기서는 그 일이 창기에게 미치는 결과를 강조하는 것일 수 있다. 그녀는 더럽혀졌다(*Hartley*, 348). 만일 그렇다면 이것은 모든 경험에 적용되었고, 따라서 그 말은 그 여인이 남자에 의해 이용되었음을 의미할 수도 있고, 위반되었다는 것도 가능하다(*Snaith*, 99).

에서 이 더러움을 깨끗이 씻겼다.

만일 결혼의 신성함이 일반 제사장들에게 중요한 것이라면 대제사장에게는 더욱 그러했다. 그는 '자기 백성(즉, 이스라엘 백성)' 가운데 처녀(*b[e]tûlâ*, 21:13-15)와만 결혼할 수 있었다. 그리고 본문은 이어서 그가 결혼할 수 없는 여인들을 바람직하지 않은 순서대로 나열하고 있다. 즉, 과부, 이혼당한 여인, 창녀 일로 더럽혀진 여인 순이다. 이 여인들 가운데 한 명과 결혼하는 것은 자기 자식을 더럽히거나 세속화하고 열납되지 못하게 하는 것이다. 왜냐하면 대제사장의 직무는 세습이었기 때문이다.

신약에는 세습되는 제사장직이 없고, 따라서 유일하게 믿지 않는 자와 멍에를 같이하지 말라는 일반적인 가르침(고후 6:14-16)과 이미 불신자와 결혼한 사람을 위해 필요한 가르침(고전 7장) 외에 누구와 결혼이 가능한지에 대한 규정이 없다. 그럼에도 불구하고 지도자의 결혼은 비난받지 않을 만한 것이어야 하며, 따라서 본을 보이는 것이어야 한다(딤전 3:2). 그리고 아내들(혹은 어떤 이들이 택하는 것처럼 '여집사들')은 '존경받을 만한'(우리말 성경에는 '단정하고'로 번역) 사람이어야 한다.

결혼 언약의 신성함은 믿음의 가정에서 항상 중요한 것이었다. 왜냐하면 성경은 결혼을 우리가 하나님과 맺은 언약에 비교하기 때문이다. 바울은 이것을 그림언어로 표현하여 고린도 교인들에게 그들을 '정결한 처녀로 한 남편인 그리스도께 드리려고 중매'하고 있다고 말했다(고후 11:2). 그가 주목한 것은 그들이 이전에 죄가 없었다는 것이 아니다. 그는 신랑이신 그리스도 안에서의 그들의 새로운 출발을 기술하고 있는 것이다. 호세아서는 하나님께 불성실한 것이 결혼에 신실하지 못한 것과 같음을 보여주기 위해 비슷한 유추를 사용했다. 그렇다면 우리가 결혼의 언약을 깨뜨리거나, 결혼의 신성함을 가볍게 보는 것은 하나님과의 언약의 의미에 나쁜 영향을 미치게 된다.

Ⅲ. 여호와 앞에서 사역하는 사람들은 자신의 의무를 책임져야 한다 (21:16-23).

고대 이스라엘에서 제사장들은 흠이나 결점 없이 건강하고 온전해야 했다. 자격 미달 요건이 되는 결점들은 레위기 21장 18-20절에 나열되어 있는데 다음과 같다. 소경, 절뚝발이, 외모가 손상되거나(*ḥārûm*) 변형된(*śārûaʿ*)[5] 자, 손이나 발이 부러진 자, 곱사등이나 난장이, 눈에 결함이 있는 자, 괴혈병이나 버짐이 있는 자, 불알 상한 자. 제사장들은 거룩하신 분의 임재 가운데 있기 때문에 거룩했다. 제물이 동물 세계에서 가장 좋은 것이어야 했듯이, 그들의 모든 신체 상태는 하나님의 창조의 완전함을 보여야 했다.[6] 신체적 완전함은 거룩함의 연장이었다.[7]

자격을 상실한 제사장이라도 여전히 제사장으로서의 다른 역할에 참여하며 성소 안에서 자신들에게 주어진 몫을 먹을 수 있었다. 그러나 성소에서 제사를 드리는 제사장으로서의 역할로는 봉사할 수 없었다. 이 율법은 제물의 피와 함께 하나님의 실질적 임재 안으로 들어가는 이에 대한 자격 요건에 관심을 두고 있다. 만일 제사장이 더럽혀진다면 그가 어떻게 다른 사람들에게 더럽혀짐과 질병으로부터 정결을 요구할 수 있겠는가? 그 제한은 신체적 결함, 아픔, 질병 등이 하나님의 거룩하심과 부합되지 않음을 가르쳐준다.

---

5. 이 말에 대해 수많은 해석이 제시되었다. 스네이드(*Snaith*, 100)는, 제사장은 훼손된 얼굴(납작코)이나 비정상적으로 긴 다리를 가져서는 안 되었다고 말한다.

6. 이 결점의 목록은 22장 22-24절에서 동물에게 주어진 것과 일치한다. 여호와 앞에 드려진 동물 역시 완전해야 했다. 밀그롬(*J. Milgrom*)의 *"Ethics and Ritual," in Religion and Law: Biblical, Jewish and Islamic Perspectives*(*ed. E. B. Firmage et al.; Winona Lake, Ind.: Eisenbrauns*, 1989), 159-91, *esp.* 180-81을 보라.

7. *M. Douglas, Purity and Danger: An Analysis of the Concepts of Pollution and Taboo*(*London: Routledge & Kegan Paul*, 1966), 51, 42.

성전과 제사장 제도는 더 이상 존재하지 않는다. 따라서 오늘날 사역자들을 위한 이러한 자격 요건은 더 이상 존재하지 않는다. 구약이 육체적인 양태를 다룬 것은 제사법이 성전에서의 제사를 위해 육체적인 온전함을 요구했기 때문이다. 왜냐하면 그것은 영광 가운데 하나님의 임재 안으로 들어가는 것을 예표하기 때문이다.[8] 오늘날 교회는 이곳에 수록된 육체적 결함과 관련된 규례를 갖고 있지 않다. 교회는 사역자들이 구약의 다른 곳에서 가르치고 있는 (예, 시 132:9에 의하면 의의 옷을 입고 있는지 등) 리더로서의 영적 자격 요건을 갖추고 있는지(딤전 3:1-13) 그리고 그들이 회중을 인도하는 사람으로서 기대되는 합당한 영적 은사를 갖고 있는지에 관심을 갖고 있다. 그런 자리를 갈망하는 많은 이들은 그러한 자격을 갖출 때까지 기다려야 한다. 그리고 아쉽지만, 그런 자리에 있는 많은 사람들은 자신의 영적 삶을 바로잡을 때까지 뒤로 물러나야 할 것이다.

Ⅳ. 여호와 앞에서 사역하는 사람들은 공적인 예배를 인도한다면 순결을 유지해야 한다(22:1-16).

이 단위의 마지막 부분은 제사장이 의식적인 부정함으로 인해 더러워졌을 경우에 떡이나 제물의 고기를 먹는 것을 경고하고 있다. 이 본문은 그 부정함의 형태를 다음과 같이 상세하게 거명한다. 그것은 피부병, 시체와의 접촉, 몸의 설정, 부정한 동물 등이다. 제사장은 인간이다. 그들도 다른 사람들처럼 부정할 때가 있다. 그리고 만일 부정함 때문에 일반 예배자가 성소에 오는 것을 막는다면, 제사장 역시 분명히 막아야 할 것이다.

---

8. 성경은 부활 때 몸이 썩지 않고 온전하게 다시 일어설 것이라고 가르친다. 신체의 결함은 이 땅에서만 제한된다. 레위기 21장에서와 같은 규정은 모든 부정함과 결함이 없어질 영광에 대한 소망과 조화를 이룬다.

이 규정을 위반하면 하나님의 임재로부터 끊쳐지는 벌을 받았다. 그런 제사장들은 제사장직으로부터의 자격을 상실했기 때문에 성소에서 구별되어야 했다. 그러나 그들은 거의 죽음에 이르렀다고 할 수 있다.

본문은 22장 10절을 시작으로 누가 성소에서 거룩한 음식을 먹을 수 있는지를 규정한다('음식' 혹은 '떡'은 3:11, 16, 21:6에서와 같이 제물을 의미한다). 레위기 22장 10절은 제사장 가문이 아닌 사람은 어떤 손님이나 고용된 사람이라도 먹는 것을 금한다. 그러나 22장 11절은 제사장이 종으로 얻은 사람이나 자기 집에서 태어난 사람의 경우 먹을 수 있게 허용한다. 그리고 출가한 딸은 먹을 수 없지만, 과부가 되거나 이혼하여 아버지의 집에 돌아오면 먹을 수 있게 했다(22:12-13). 만일 사람이 실수로 그 거룩한 음식을 먹으면 그들은 속건제를 드려야 했다(22:14-15).

이 부분은 제사장들은 거룩한 제물을 공손히 다루어 거룩하신 이름을 모독하지 않아야 한다는 일반적인 가르침으로 시작했다(22:2). 그렇다면 하나님의 이름에 있는 신성함은 그들이 순종해야 하는 동기였다. 여호와의 이름은 여호와 자신으로, 오직 그분의 속성을 통하여 알려진 것이다. 제사장들이 공동체의 생활 가운데 모든 영역 안에서 여호와 하나님을 섬기기 위해 구별되었을 때 그들은 본질적으로 정결함과 거룩함 안에서 믿음을 보존하기 위해 부르심을 받은 것이다.[9]

어떻게 백성들이 여호와의 이름을 모독했는가? 불순종을 통해서다. 오늘날도 마찬가지로 사람들은 자신을 돌아봄으로써 예배를 위해 마음을 준비하는 일에 실패하고, 여호와를 중요하지 않게 여기며 그분의 식탁을 일반적인 음식으로 대한다. 사람들은 자신의 가장 좋은 것이 아닌 것을 하나님께 드릴 때 그리고 하나님께서 자신들에게 주신 것을 오로지 세속적인 목적으로만 사용할

---

9. *N. Leibowitz, Studies in Vayikra: Leviticus(trans. A. Newman; Jerusalem: World Zionist Organization*, 1983), 213-17.

때 주님을 모독하게 된다.

결론

이 전체 부분의 주해 개념은 이렇게 정리할 수 있다.

> 하나님께서 영적 지도자로 부르신 사람들은 행하는 모든 일 가운데 여호와의 영광을 드러내며, 회중들에게 믿음의 본을 보여야 한다.

이스라엘에서 영적인 섬김 안에서 여호와와 그분의 제단 앞에 가까이 나아가는 사람은 반드시 자신의 일상 생활 가운데 믿음으로 살아야 했다. 만일 공동체 안에 죽음이 있게 되면 그들은 언약에 대한 영원한 소망을 전해야 했다. 만일 결혼하게 되면, 그들은 결혼 안에서 언약의 순결을 드러내며 살아야 했다. 만일 그들의 몸과 마음이 온전하지 않게 되면, 그들은 제사장의 직무에 참여할 수 없었다. 그리고 그들이 거룩한 음식을 먹을 자격을 잃게 되면 그것을 삼가야 했다.

이제 메시아께서 오셔서 율법을 성취하셨으므로 신약은 이 문제들을 다르게 강조하고 있다. 첫째, 우리에게는 새롭고 더 좋은 대제사장이신 의의 예수 그리스도께서 계신다(히 7:11-19). 그분은 레위 지파나 아론의 반차를 좇은 대제사장이 아니시다. 왜냐하면 그분은 완전하고 온전한 제사를 단번에 드리심으로써 그것을 성취하셨고, 그분은 우리의 대제사장으로서 '거룩하고 악이 없고 더러움이 없고 죄인에게서 떠나 계시고 하늘보다 높이 되신' 분이시기 때문이다(7:26). 히브리서는 이렇게 덧붙인다. "율법은 약점을 가진 사람들을 제사장으로 세웠거니와 율법 후에 하신 맹세의 말씀은 영원히 온전케 되신 아들을 세우셨느니라"(7:28).

둘째, 신약은 오늘날 예수 그리스도를 믿는 성도들이 제사장 나라가 된다고 가르친다.[10] 그리스도께서는 우리의 대제사장이실 뿐 아니라, 또한 그분의 몸인 교회의 머리시다. 교회는 그리스도의 몸이 됨으로써 머리이신 예수님께서 수행하시는 대제사장으로서의 사역에 동참하며 진정으로 '거룩한 제사장'(벧전 2:4-10)이 된다. 따라서 그리스도인들은 영적 섬김으로의 부르심에 합당한 더 높은 기준에 맞게 살도록 가르침을 받는다. 그들은 흠이 없고 거룩해야 한다(벧후 3:1-12, 살전 5:12-23, 딛 2:11-14). 그리고 비록 신약에서 거룩함은 육체적인 것보다 영적인 것에 더 초점을 맞추고 있으나, 사도들의 가르침은 레위기 21-22장 가운데 논의된 이 영역의 많은 부분을 감당하고 있다. 특히, 성전 제사는 더 이상 거행되지 않기 때문에 거룩한 음식을 먹을 수 없는 사람에 대한 규정은 존재하지 않는다. 반대로, 모든 성도들은 거룩한 성찬의 떡을 먹고 포도주를 마시라고 가르침을 받는다. 가끔씩 교회는 성찬식에 참여하는 것을 성직자들에게만 제한함으로써 다시 율법 아래로 돌아가려고 애쓰지만, 성경의 가르침을 반드시 따라야 한다.

셋째, 하나님께서는 이 제사장 나라로부터 감독, 장로, 집사와 같은(혹은 각 교파에 해당되는 직함에 따르는) 회중의 지도자가 될 사람들을 선택하셨다. 레위기 21-22장이 전하는 메시지는 신약에서 강조하는 것과 일치한다. 영적 지도자는 더 높은 수준의 신령함과 순종 가운데 살아야 한다(딤전 3:1-13, 딛 1:5-9). 애도하는 일에 대한 규정은 없지만, 지도자는 그들이 당한 슬픈 일 가운데서도 믿음의 소망을 드러내야 한다. 누구와 결혼할 것인지에 대한 명확한 제한은 없지만 그 결혼은 반드시 모범적이어야 한다. 성전에서 봉사하는 사람

---

10. 이스라엘은 또한 제사장 나라가 되어야 했다. 그러나 새 언약의 대제사장은 아론의 뒤를 잇는 제사장보다 우월하기 때문에 계시의 내용, 영적인 능력 부여의 가능성, 천국에 들어갈 확실성 등 오늘날의 제사장 나라로서의 기능 역시 높은 수준이다.

들의 신체적 결함에 대한 제한은 없지만, 해결되지 못한 영적 결함은 그들에게 지도자로서의 자격을 박탈한다. 그리고 레위기에서와 같은 제사 안에서의 정결법은 없지만, 예배가 거행되는 방식 안에서 의와 거룩함의 기준은 주님께 존귀와 영광을 돌리게 될 것이다.

참고 문헌

Torrance, T. F. *Royal Priesthood: A Theology of Ordained Ministry*. 2d edition. Edinburgh: Clark, 1993.

35 Instructions for Holiness
제사 안에서 하나님을 기쁘시게 함: 하나님께서 받으실 만한 제물들(22:17-33)

레위기 22장의 후반부는 논리적으로 앞의 논의를 따라간다. 만일 제사장들이 여호와의 거룩함을 본으로 보여야 한다면 그들은 제사 가운데서도 반드시 거룩함을 지켜야 했고, 이것은 곧 하나님께서 기쁘게 받으시는 제사를 드리는 것을 의미했다. 제사장들에 대한 규정의 마지막 부분과 제사에 대한 규정의 이 부분 사이의 연결은 "나는 여호와니라"(21:12, 22:2, 3, 8, 30, 31, 33)에 의해 강조된다. 이 반복되는 선언은 권위 있는 도장이 됨으로써, 순종을 절대적으로 필요한 것이 되게 만든다.

신학적 주제

이제 중심 주제는 받으실 만한 제사가 무엇이냐 하는 것에 관심을 기울인다. 율법은 하나님께서 가축과 밭에서 나는 처음 것과 가장 좋은 것을 받으셔야 한다는 사실을 분명히 밝힌다. 만일 백성들이 자신의 존경과 헌신에 부족함 없는 것이 그분으로 말미암은 것임을 인정한다면, 그에 대한 보답은 받으실 만한 선물을 드리는 것으로 표현되어야 했다.

본문 개괄

메시지 요약

거룩하신 여호와 하나님께 열납되기 위해서는, 예배자는 흠이 없는 동물을 드리고, 제물로 드릴 동물의 나이와 온정에 관한 규례에 주의를 기울이며, 또한 감사 제물을 그 드려진 날 모두 먹음으로써 여호와를 향한 공경을 드러내 보여야 했다.

본문 개요

I. 번제와 화목제를 드리는 예배자는 육체적으로 손상되거나, 병들거나, 모양이 훼손되거나, 거세되지 않은 완전한 동물을 드려야 했다(22:17-25).

A. 번제를 드리는 예배자는 맹세에 의한 것이든 자원해서든 완전한 동물을 드려야 했다(22:17-20).

B. 화목제를 드리는 예배자는 맹세에 의한 것이든 자원해서든 완전한 동물을 드려야 했다(22:21).

C. 예배자는 육체적으로 손상되거나, 병들거나, 모양이 훼손되거나, 혹은 거세된 것을 드려서는 안 되었다. 다만 자원해서 드리는 제사의 경우에 가벼운 손상은 허용되었다(22:22-25).

II. 예배자는 팔 일이 되지 않았거나, 그 어미를 같은 날 죽인 동물을 드릴 수 없었다(22:26-28).

A. 예배자는 난 지 팔 일이 되지 않은 동물을 드릴 수 없었다(22:26-27).

B. 예배자는 암소와 어린 송아지를 같은 날 죽여서는 안 되었다(22:28).

III. 예배자는 감사 제물이 드려진 날까지 모두 먹음으로써 제사가 열납되게 해야 했다(22:29-30).

A. 예배자는 받으실 만한 방식으로 감사 제물을 드려야 했다(22:29).

B. 예배자는 감사 제물을 드려진 날 모두 먹어야 했다(22:30).

IV. 예배자는 자신이 언약 관계를 맺은 구원의 거룩하신 하나님께 순종할 의무를 깨달아야 한다(22:31-33).

A. 예배자는 여호와께 순종할 의무가 있었다(22:31).

B. 예배자는 여호와의 거룩한 이름을 모독하지 말아야 했다(22:32a).

C. 예배자는 정결하게 하시고 구원하시는 여호와와의 관계를 인정해야 했다(22:32b-33).

내용 강해

이 본문의 처음 두 부분(22:17-28)은 동물을 제사로 드리는 데 필요한 자격 조건을 제시한다. 이 내용은 주해 가운데 하나의 단위로 묶을 수 있다. 세 번째 부분은 제물을 그날 먹을 것에 대해 다룬다(22:29-30). 네 번째 부분은 여호와를 순종하라는 일반적인 촉구다(22:31-33).

I. 신실한 예배자는 하나님께서 받으실 만한 제물을 갖고 나아간다 (22:17–28).

처음 부분의 모든 내용은 제사의 합당함을 보장하기 위해 기록되었다. 제물로 드려질 동물은 흠이 없는 것이어야 했다(22:21–24). 그것은 눈이 멀거나, 사지가 부러지거나, 종기나 괴혈병이나 비루먹은 것, 혹은 사지가 훼손되거나 거세된 것이 아니어야 했다[신 23:1(*MT* 23:2) 참조 – 신명기는 그런 상태에 있는 예배자도 금지하고 있다].

임의적인 제사의 경우, 사소한 흠은 허용되었다(레 22:23). 이러한 결함은 독자들에게 마지막 부분에서 제사장들의 자격을 박탈한 결함의 목록을 생각나게 한다. 핵심은 제사장과 제물 모두 하나님께서 받으실 만한 것이어야 한다는 점이다. 그들은 완전해야 했다. 속죄를 이루거나 안전하시고 흠이 없으신 거룩하신 하나님께 찬미를 드리기 위해서 우리는 가장 좋은 것을 제사로 드려야 했다.

이 강조는 자신의 예물을 하나님께 드리는 성도를 위해서뿐 아니라, 그리스도를 흠 없고 점 없는 하나님의 어린양으로 그리는 모형의 성취 가운데서 신약의 신학 안에서도 반복된다. 무죄하고 순결하며 건강한 제물이, 범죄하고 부정하며 병든 죄인을 위해 드려져야 했다. 완전한 제사의 기준은 기독교의 근본이다.

이 장에서 두 번째로 보장할 부분은 동물의 유익을 위한 것이다(22:26–28). 백성들은 어린 동물을 제물로 드리기 전에 그것이 사는 것을 확인하고 인도주의의 목적에 맞을 때까지 기다려야 했다(또한 신 22:6을 보라).[1] 백성들은 동물이 아직 더럽혀지지 않은 아주 어렸을 때부터 제물로 드리기 시작했을 것이다. 더욱이 일찍 드릴수록 신경 쓸 일이 적었다.

---

1. 하란(*M. Haran*)의 *"Seething a Kid in Its Mother' s Milk," Journal of Jewish Studies* 20(1979): 24–35; *J. Milgrom, "You Shall Not Boil a Kid in Its Mother' s Milk," Bible Review* 1(1985): 48–55를 보라.

또한 어떤 동물이든지 어미와 함께 제물로 드려서는 안 되었다. 이것은 동물들을 보호하기 위해서인 것으로 보인다. 그렇지 않으면 계속된 가축의 도살은 하나님의 창조의 일부분을 파괴할 수도 있을 것이다(*Wenham*, 296). 하틀리(*Hartley*, 362)가 설명한 것처럼 "비록 하나님께서는 후한 예물을 장려하시지만, 어리석은 드림은 권장하지 않으신다."

Ⅱ. 신실한 예배자는 영적 섬김이 오직 여호와께만 드려지는 것임을 분명히 한다(22:29-30).

예배자는 여호와께 감사 제물을 드릴 때 그 자리에서 제물을 다 먹어야 했다(앞의 논의를 보라). 이 공동체 음식은 공동 식사와 혼동되어서는 안 되는 것이었다. 하나님께 드려진 것은 하나님의 목적과 사용을 위한 것이었다. 따라서 그것이 드려졌을 때의 자연스러움과 신선함을 유지해야 했다.

Ⅲ. 신실한 예배자는 정결케 하시는 하나님의 요구를 따라야 한다(22:31-33).

마지막 부분은 명령에 대한 순종을 요구한다. 여호와를 '거룩하게 하는', '인도하여 낸' 분으로 기술하는 것은 받으실 만한 제사를 드리게 하는 분명한 동기를 부여한다. 이스라엘의 믿음은 그들을 구원하시고 거룩하게 하신 여호와를 중심으로 하고 있다.

결론

레위기 22장은 이스라엘 백성이 여호와께서 받으실 만한 제사를 가져올 것을 확실히 하기 위해 기록되었다. 여호와께서는 자기 백성을 구원하시고 거룩하게 하셨기 때문에 그들은 그분이 요구하시는 거룩한 제물을 드려야 한다. 우리는 중심 주제를 이렇게 정리할 수 있다.

> 구원하시고 거룩하게 하시는 여호와 하나님을 예배하는 자들은 받으실 만한 제물과 함께 그분의 임재 안에 들어가야 한다.

이 원리는 오늘날에도 몇 가지 방식으로 적용될 수 있을 것이다. 먼저 모형론을 살펴보면, 우리가 하나님께 열납되기 위해서는 죄인을 위하여 단번에 드려진 그리스도의 완전한 제사에 근거해서 나아가야 한다. 신약은 제사 용어를 사용하여 그리스도를 흠이 없는 완전한 제물로 기술하고 있다. 그러나 그 의미는 단순히 제의적인 차원을 넘어 고난 받는 메시아의 도덕적, 영적 의미를 극적으로 표현하고 있다(히 9:14, 벧전 1:19, 2:22). 예수님께서는 죄가 없으신 분이기 때문에 우리의 죄를 위한 완전한 제물이 되셨다. 그리고 그분의 죽음은 우리에게서 죄를 없애고 우리를 거룩하게 하여, 우리를 하늘에서 흠 없게 드리기 위한 것이었다(더 자세한 것은 *Harrison*, 213을 보라).

구원받고 거룩하게 된 예배자는 여호와께 다른 충성의 예물을 드릴 것이다. 그리고 우리가 드리는 것은 하나님께서 이스라엘에게 주신 높은 기준에 반드시 충족되는 것이어야 한다. 가장 좋은 것만이 하나님께 드려질 수 있다(고후 8-9장, 빌 410-20, 벧전 2:5, 엡 5:2, 히 13:15-16을 보라).[2] 무엇보다 하나님께서는 우리에게 가장 좋은 것, 곧 자기 독생자를 주셨다.

---

2. 사람들이 하나님께 드릴 수 있는 유일하게 손상되고 상한 것이 자기 자신이라는 사실을 지적하는 것은 흥미 있는 일이다[시 51:17(*MT* 51:19)]. 부서지고 통회하는 마음이 없으면 용서는 베풀어지지 않고, 용서가 없으면 다른 어떤 예물도 하나님께 열납될 수 없을 것이다.

36

Instructions for Holiness

하나님의 안식에 들어감: 안식일 규례(레위기 23:1-3)

이스라엘 백성은 하나님께서 정하신 절기들의 준수를 통하여 모든 구분된 시간과 그 안의 사건들이 모두 하나님께 속한 것임을 그리고 언약의 구성원인 자신들이 이 거룩한 날들을 지키고 그 안에서 그분의 풍성하심에 감사함으로써 하나님께 영광을 돌려야 함을 배웠다.

거룩한 날과 절기들에 관한 이 논의의 출발점은 안식일이다(레 23:1-3). 이것은 안식일이 성일 가운데 가장 오래된 날이기 때문만이 아니라 그날이 시내 산에서 만들어진 언약의 증표이기 때문에 당연한 것이다. 성경 전승에 의하면 안식일의 안식은 창조의 절정으로 소개되었다(창 2:1-3). 따라서 이스라엘 백성은 토요일을 거룩하게 지킴으로써 자신이 창조의 하나님과 언약 안에 있음을 확증했다. 그들이 영적 안식의 날을 누리는 것은 우주와 그 가운데 있는 모든 것을 창조하시고난 다음에 안식하신 하나님께서 행하신 하늘에서의 축하에 근거한 것이다.

그리고 레위기 23장이 안식일부터 시작하는 것은 안식일의 안식

개념이 이 장 전체를 통합하는 원리가 되기 때문에 합당하다.[1] 모든 절기들은 비록 그 날짜가 안식일에 떨어지지 않는다 하더라도 완전한 안식일의 안식으로 지켜져야 했다. 이 논의는 구체적인 안식일 준수와 일반적인 안식일의 안식 사이를 구별해야 할 것이다. 안식일 규례는, 이 장에서 먼저 기록된 하나님의 원창조를 주 단위로 기념하기 위한 것이었다. 안식일의 안식을 일 년 동안 진행되는 지정된 절기에 적용하라는 가르침은 하나님의 약속이 전개되는 것을 계절별로 기념하기 위한 것이다.[2]

신학적 주제

이것은 이 장에서 그리고 성경 전체에서, 이처럼 중요한 주제이기 때문에 신학적 개념에 대한 이 논의는 몇 개의 구절이 보장하는 것으로 보이는 내용들보다 더 철저하게 진행될 것이다. 그러나 이것은 안식일에 대한 해석은 레위기의 주해에 좋은 시금석을 제공하기 때문에 매우 유용한 일이다.

안식일은 하나님께서 혼돈으로부터 완전한 창조를 만드신 창조 사역 가운데 하나님의 휴식을 기념하는 것이다(창 2:2-3).[3] 하나님께서 안식하신 것은 그분이 창조하신 모든 것이 완전하고 선했기 때문이다. 그분은 일곱째 날을 구별하여, 범죄하지 않은 인간에게 모든 것을 완벽하게 지으셨다는 사실을 잊

---

1. 이 원리의 발전을 보려면 후이(*T. K. Hui*)의 *"The Purpose of Isreal's Annual Feasts," Bibliotheca Sacra* 147(1990): 147-48을 보라.

2. *C. F. Keil, The Pentateuch(trans. J. Martin; Edinburgh: Clark,* 1874; *repr. Crand Rapids: Eerdmans),* 2:438.

3. *M. F. Unger, "The Significance of the Sabbath," Bibliotheca Sacra* 123(1966): 53-54. 창세기 1장의 창조 기사가 사탄의 타락 이후에 원창조의 재구성이라는 견해는, 비록 그 주장이 안식일의 의미에 절대적으로 필요한 것은 아니지만 매우 흔한 것이다. 창세기 1장은 창조를 하나님의 역사 구원의 시작으로 그리고 있으며, 또한 구원에 관한 성경의 가르침 가운데 창조의 주제를 사용하기 위한 기초를 놓는다.

지 않게 하는 자극제로 주셨다. 안식일의 안식이 가능했던 것은 하나님께서 지으신 사람이 창조주와 완전하고 부서지지 않은 교제 안에서 안식했기 때문에 가능했다.[4]

그러나 죄는 창조주와의 교제 안에 있는 그 안식을 파괴했다. 반면 창조 안에 있는 하나님의 안식은 죄로 인해 손상을 입지 않았다. 이것은 하나님께서 안식일을 타락한 인류에게 부과하시는 것을 불가능하게 만들었다. 왜냐하면 안식일이 기념하고자 하는, 완전한 창조 안에서의 하나님의 안식이 파괴되었기 때문이다.[5] 하나님께서는 다시 안식에 들어간 새로운 창조를 향한 구속 사역을 시작하셨다(창 3:15, 21, 요 5:17). 즉, 죄로 인해 파괴된 거룩한 안식을 회복하는 사역을 시작하신 것이다(롬 8:18-22). 따라서 안식일 개념은 시내 산에서 하나님께서 구속하신 백성들을 위해 다시 제정될 때까지 성경에서 사라졌다.[6]

안식일 규례는 시내 산에서 제정될 수 있었다. 왜냐하면 그곳에서 하나님께서는 자신이 구속하신 백성들과 언약을 맺으셨기 때문이다. 이 규례의 의미는, 십계명 가운데 표현된 모든 도덕법과 마찬가지로 처음부터 드러났다. 그러나 안식일을 누리는 것은 타락하지 않은 인간만이 가능한 것이고, 다른 아홉 계명은 처음부터 모든 백성에게 구속력이 있었다는 차이가 있다. 하나님께서 안식일의 의미와 일치하는 안식일 규례를 부여하실 수 있었던 것은 그분이

---

4. 창세기 2장 15절에서 용어의 선택 역시 이 점을 암시한다. 하나님께서는 사람을 동산에 '두셨다'. *Nûaḥ*(문자적으로 '쉬다')는 이 문법적 형식 가운데서 '두다' 혹은 '놓다'로 번역하는 것이 정확하지만, 그 안에 포함된 의미는 '안식하게 하다'이다. '다스리다'와 '지키다'는 부정사는 그 땅을 활보하는 것 이상의 영적 섬김과 관련된 것으로 보인다. 카수토(*U. Cassuto*)의 *Genesis: From Adam to Noah*(*trans. I. Abrahams; Jerusalem: Magnes*, 1961), 121-3을 보라.

5. *Unger*, "*Significance of the Sabbath*," 54.

6. 그러나 몇몇 성경 외적인 증거는 타락 이후의 세상이 안식일에 대한 몇 가지 개념을 유지하고 있었고, 비록 그 모든 잘못된 맥락에도 불구하고 그것을 사용하려고 노력했음을 암시한다. 바벨론은 *šapattu* 혹은 *šabattu*를 기념했고, 월초나 7, 14, 19, 21, 28일을 지켰다. 왕(일반 백성은 제외)은 이 시기에 제한되었다. 그러나 그 증거는 미약하다(*Cassuto*, *Genesis*, 69를 보라). 십구 일째 날은 한 주의 안식일, 기쁜 휴식의 날(*umu nuḫ libbi*)로 표시되었다. 그러나 그날은 기본적으로 달의 신인 신 난나루(*Sin Nannaru*)에 대한 제사가 포함되었고, 미신으로 가득 찬 장날이었다.

구원받은 백성으로 나라를 세우신 다음부터였다.

그래서 네 번째 계명은 십계명 안에서 독특한 계명이다. 안식일은 이스라엘 외의 다른 어느 민족에게도 부여되지 않았다. 다른 모든 명령은 하나님의 모든 피조물들에게 구속력을 갖고 있는 영원하고 도덕적인 원리들을 표현하고 있다. 그 명령들은 타락 시에도 변경되지 않았다. 그리고 그 명령들은 신약에서도 제외되지 않았다. 십계명은, 안식일에 대한 계명을 제외하고 모두 신약 안에서도 추인을 받았다. 엉거(*Unger*)는 "이 은혜의 시대 안에서 안식일 성수는 그리스도인들에게 부과된 적이 없다. 실은, 그 정반대가 사실이다"[7]라고 말했다.

그러나 여호와께서는 시내 산에서 이 날을 이스라엘과의 언약의 증표로 삼으셨다.[8]

> 너는 이스라엘 자손에게 고하여 이르기를 너희는 나의 안식일을 지키라 이는 나와 너희 사이에 너희 대대의 표징이니 나는 너희를 거룩하게 하는 여호와인 줄 너희로 알게 함이라 너희는 안식일을 지킬지니 이는 너희에게 성일이 됨이라… 이스라엘 자손이 안식일을 지켜서 그것으로 대대로 영원한 언약을 삼을 것이니 이는 나와 이스라엘 자손 사이에 영원한 표징이며… 여호와께서 시내 산 위에서 모세에게 이르시기를 마치신 때에 증거판 둘을 모세에게 주시니 이는 돌판이요 하나님이 친히 쓰신 것이더라 (출 31:13-18).

---

7. *Unger*, "*Significance of the Sabbath*," 57.

8. 이 주제는 랍비 문헌에도 만들어졌다. "이것은 세상의 민족들이 아니라 네게 주어졌다." 이 언급(*Shemot Rabbah*, 25)은 그 당시 유대인과 그리스도인들 사이에서 혼란을 가져왔던 안식일과 기독교의 주일의 차이점을 분명히 드러낸다.

동사 šābat('쉬다')가 '피곤하기 때문에 쉬다'라는 오늘날의 의미를 전달하지 않는다는 것을 분명히 지적해야 한다. 그 말은 '멈추다'를 의미한다. 그리고 창조에서의 안식을 언급할 때는 사역의 완성에 대한 축하를 가리킨다. 안식의 날에 대한 가르침의 내용은 '여호와께 거룩하게 되다', 혹은 '하나님께 구별되다'이다. 드 보(*De Vaux*)는 이렇게 설명한다. "창조는 구원 역사 가운데 최초의 행동이다. 창조가 끝나자 하나님께서는 사역을 마치셨고, 자신의 피조물들과 언약을 맺을 수 있으셨다."[9] 따라서 시내 산 율법 안에서 안식일에 있는 증표는 처음 안식일을 기억하게 하는 것이었다. 그리고 그것은 하나님의 또 다른 구원 행위에 의해 언약 안에 들어온 사람들에게 주어졌다. 그들은 하나님의 특별한 창조로 구별되었고, 바로 이들을 통해 메시아는 하나님의 안식일에 있는 안식을 이 땅에 회복시키실 것이다.

이 개념은 신명기 5장 12-15절 안에 구체적으로 강조되고 있다. 그곳에서 안식일은 출애굽에서의 구원과 구체적으로 연결되었다. 하나님께서는 이스라엘 백성을 종살이에서 구해내시고 그들을 약속된 땅, 그들이 '안식할 곳'으로 인도하셨다. 따라서 그들은 안식일을 지켜야 했다(6:23과 12:9를 보라). 그렇다면 안식일은 하나님의 구원 사역을 기념하는 것으로, 그 구원 사역은 약속의 땅에서 모든 약속이 성취될 때까지 완성되지 않았다.[10]

하나님의 백성으로서 이스라엘은 안식일에 동참함으로써 창조주요 구속자와 동일한 존재가 되었다. 이것은 단순히 증표만은 아니었다. 안식일은 전체 언약의 증거였다. 자신의 신실함을 보이기 원하는 사람은 '안식일을 지켰다.' 온 땅에 회복될 안식의 약속 안에서 사는 사람은 그 증표를 지켰다. 시커-기

---

9. *R. de Vaux, Ancient Israel: Its Life and Institutions(trans. J. McHugh; New York: McGraw-Hill,* 1961), 2:481.

10. 후이(*Hui*)는 레위기 23장의 각 절기가 일정 부분 하나님께서 어떻게 자기 백성을 구원하시는지에 초점을 맞추고 있는지를 그리고 이제 그 절기들이 하나님의 구원에 대한 기념임을 보여준다. *Purpose of Israel's Annual Feasts*," 149-51.

슬러(*Siker-Gieseler*)는 이렇게 말한다. "이스라엘이 안식일을 어디까지 지키느냐는 이스라엘이 하나님을 거룩하게 하시는 이요 창조주로 인정하기 원하는가를 보여주는 표시다."[11]

이 안식의 날은 분명 육체가 쉼을 얻는 날이지만, 그날을 거룩하게 하라는 가르침은 단순히 또 다른 한 주를 위해 힘을 모으는 것 이상의 커다란 목표를 계시한다.[12] 그날은 예배와 영적 섬김을 위해 구별된 날이지 개인적인 추구를 위해 주어진 것이 아니다.

언약은 궁극적으로 안식일의 안식을 회복하게 될 하나님의 구원 계획의 핵심 부분이기 때문에 안식일 역시 예언적인 의미를 갖고 있다. 그날은 언약의 약속과 백성들이 '안식에 들어갈 것' 이라는 소망을 갖게 한다. 안식에 대한 성경적 개념은 성경 전체를 통하여 타락으로 상실되었지만 결국 회복하게 될 약속된 안식이라는 의미를 나타낸다. 그 때를 기대하면서 안식의 약속은 약속된 땅과, 마치 좋은 땅에 최초의 범죄자가 쫓겨났고 장차 올 것에 대한 맛보기인 에덴 동산의 복사본인 것처럼 반복적으로 연결되었다.[13] 그러나 광야에서의 이스라엘 백성은 반역과 불신앙으로 인해 하나님의 안식인 그 땅에 들어가는 것이 금지되었다(시 95:11). 나중 세대들은 이따금씩 안식을 받았다. 그 가운데 우선 여호수아(수 21:44-45), 이어서 다른 사람들 가운데는 다윗(삼하 7:1, 11)과 솔로몬(왕상 8:56)을 꼽을 수 있다. 그들은 하나님의 안식은 그 땅을 주시는 은혜의 선물과 연결되어 있음을 알았다.[14]

---

11. *J. Siker-Gieseler*, "*The Theology of the Sabbath in the Old Testament: A Canonical Approach*," *Studian Biblia et Theologica* 11(1981): 13.

12. 출애굽기 23장 12절만 동사 *nāpaš*('새롭게 하다')를 안식일과 연관지어 그리고 이어서 동물들과 종들을 위하여 사용하고 있다. "네 소와 나귀가 쉴 것이며 네 계집종의 자식과 나그네가 숨을 돌리리라."

13. 에덴 동산, 약속의 땅, 성막을 하나로 연결하는 다소 자극적인 생각을 위해서는 *J.* 세일해머(*Sailhamer*)의 *Genesis Unbound*(*Sisters, Oreg.: Qestar*, 1996), 69-77을 보라.

14. *W. C. Kaiser Jr., The Uses of the Old Testament in the New*(*Chicago: Moody*, 1985), 157.

그러나 백성들이 그 땅에 장착할 때 안식을 찾는 것은 하나님께서 의도하신 것이 전혀 아님이 분명히 나타난다. 비록 하나님께서는 그들에게 가끔씩 안식을 주셨지만, 반복해서 자기 안식(*m*ᵉ*nûḥâ*)에 들어오라고 초대하셨다. 시편 95편은 백성들에게 영적 안식에 들어가라고 권고한다. 믿음의 증거로서 그분의 안식일을 지키며(사 58장에서 가르친 것처럼) 여호와께 순종하며 사는 것은 하나님께서 회복시키신 안식일의 안식을 포함하는 약속이 성취되기를 바라는 소망 가운데 사는 것이다(66:1). 안식에 대한 약속은 그 민족이 불신앙으로 인해 그 땅에서 제거되었을 때 주어진 새 언약에 대한 예언 가운데 포함되었다(렘 31장). 예레미야는 약하고 피곤한 자에게 안식과 회복을 주시겠다는 여호와의 약속을 기록하고 있다(31:25).

본문 개괄

메시지 요약

여호와께서는 모세에게 이스라엘을 향해 거룩한 모임이 지정된 시간을 선포하라고 명하신 다음에, 한 주간의 일곱 번째 날은 거룩한 집회와 자신을 향한 완전한 안식의 안식일로 구별할 것을 명하셨다.

본문 개요

I. 여호와께서는 모세에게 말씀하시고, 이스라엘 백성을 향하여 자신의 거룩한 성회를 선포하도록 지시하라고 명하셨다(23:1-2).

A. 여호와께서 직접 모세에게 말씀하셨다(23:1).

B. 여호와께서는 모세에게 이스라엘 백성을 향해 정해진 시기를 거룩한 집회로 선포하도록 명령하셨다(23:2).

II. 이스라엘 백성은 엿새 동안 일한 후 일곱째 되는 날에 일을 멈추고, 그날을 여호와께 완전한 안식의 안식일로 구별하도록 명령받았다(23:3).

A. 이스라엘 백성은 한 주일의 처음 엿새는 일할 수 있었다(23:3a).

B. 일곱째 날은 거룩한 집회와 완전한 안식의 안식일로 구별되었다(23:3b).

C. 일곱째 날은 이스라엘의 거처 안에서 여호와의 안식일이었다(23:3c).

내용 강해

레위기 23장의 형식은 절기를 위한 날짜, 그 날짜에 해당하는 기간 그리고 그 기간에 뒤따라야 하는 다양한 의식을 구분하는 달력의 형태를 취하고 있다. 그러나 이 내용은 연설의 형식으로 주어졌다.

서언은 이 절기들을 '정해진 때' 라고 부른다. *môʿēd*란 말은 '고정된 시간', '정해진 시간' 을 의미한다. 하나님께서는 이스라엘이 그해의 거룩한 날들과 절기들을 축하할 시간을 정하셨다. 그러나 레빈(*Levine*, 154)이 지적한 것처럼 백성들은 그 과정을 완성하기 위해 자신을 거룩히 해야 했다. 다른 말로 하면, 이 시간들을 거룩하게 하는 것은 하나님의 명령과 인간의 반응의 조합이었다.

I. 안식일의 안식은 세상 일의 완전한 중단을 요구한다.

율법은 이스라엘 백성이 안식일(토요일)이 되기까지 6일 동안 일을 할 수 있음을 분명히 지적한다. *m^elā'kâ*('일하다', '임무를 주어 보내다', '임명하다'는 의미의 동사와 연결됨)는 그 사람의 직업, 매일 맡아 해야 하는 일을 가리킨다. 율법은 어느 곳에서도 이 일상적인 일이 무엇인지 나열하고 있지 않다.[15] 하틀리(*Hartley*, 375)는 하나님께서 원칙을 주셨고, 사람들이 그 세부 내용을 채웠다고 바르게 지적한다.

백성들은 엿새가 끝날 때 자신의 일상적인 일을 멈추었다. 여기서 주해는 동사 *šābat*('그치다', '그만두다', '멈추다', '방해하다', '끝내다')에 대한 연구를 제시해야 한다.[16] 네 번째 계명은 일이 정상적으로 진행되는 가운데 중단될 것을 요구한다(*Levine*, 155를 보라). 이것은 백성들이 자신의 일상적인 직업을 멈추어야 하는 것을 의미한다. 본문은 그날을 거룩하게 할 것을 요구함으로써 어떤 행동들을 멈추어야 하는지에 대한 이해를 도와준다. 왜냐하면 이날은 영적인 섬김을 위한 날이지 직업을 종사하기 위한 날이 아니기 때문이다.

본문은 최상급 소유격 구조를 사용하여 이날을 '완전한 안식일'로 지목한다. *šabbat šabbātôn*('안식일 안식의 안식일'). 이 구문론적 구조는 형용사적 번역으로 제시되어야 한다. 왜냐하면 이 말은 안식일 자체의 종류를 가리키기 때문이다. '안식일의 완전한 마침 형태(*Snaith*, 104)', 이 강조는 놓쳐서는 안 되는 것이다.

---

15. 후기의 유대교 가르침에서 미슈나 논문 *Shabbath* 7:2는 멈추어야 할 39가지 '일들'을 수록하고 있다. 그리고 게마라(*Gemara*)는 그것들을 상세하게 설명하고 있다. 그러나 그 규례의 핵심은 일상적인 일이나 직업으로 간주되는 모든 것은 멈추어야 한다는 것이다.

16. *Šābat*에 대한 예화 용례는 출애굽기 21장 19절(다친 사람이 그 동안 입은 손해인 '기간 손해'), 여호수아 5장 12절(만나가 그침), 이사야 14장 4절(압제자의 '종말')이다.

Ⅱ. 안식일의 안식은 성회의 모습으로 나타난다.

이스라엘 백성에게 자신들의 공통된 신앙을 직접 느낄 수 있는 방식으로 축하하는 것은 중요한 일이었다. 그 언약의 표시가 안식일이었기 때문에 하나님께서는 그날 백성들에게 성회로 모일 것을 요구하셨다. *miqrā*ʾ*–qōdeš*를 *NIV*와 *New English Bible*은 '거룩한 집회'로, *New Jewish Publication Society Version*은 '거룩한 행사'로 번역하였다. 다른 이들은 '축하할 거룩한 날'[17] 혹은 '거룩한 소집(*Wenham*, 301)' 등을 제안한다. *miqrā*ʾ(동사 '부르다', '소집하다'와 연결된)란 단어는 불러 모으는 것을 가리킨다. 그리고 *qōdeš*('거룩하다')의 사용은 다른 종류의 집회와의 분명한 차이를 제공한다. 이 집회는 거룩한 목적으로 구별된 것이었다.

따라서 모든 안식일은 거룩한 집회였다. 백성들이 여호와의 임재 가운데 함께 모였을 때 정확하게 어떤 일이 일어났는지는 분명하지 않다. 왜냐하면 아무런 제사나 정결 의식이 지시되지 않았기 때문이다. 이사야 58장 13절에 의하면 그 시간은 세상의 업무와 관련된 것이 아니라 기쁨의 시간이었다.[18] 수세기 뒤에 필로(*Philo*)에 의하면 그날은 기쁨과 휴식 그리고 철학과 지혜에 대한 거룩한 묵상을 위한 시간으로 간주되었다(*Life of Moses* 2.211–15). 그리고 요세푸스(*Josephus*)는 말하기를, 모세는 백성들이 자기 일을 떠나 율법을 들을 수 있게 허락했다고 한다(*Contra Apion* 2.17&175).

---

17. *A. Noordtzij, Leviticus*(*trans. R. Trogtman; Bible Student's Commentary; Grand Rapids: Zondervan*, 1982), 227.

18. 이사야 58장 13절은 포로 생활로부터의 회복과 연관되어 이스라엘 백성 공동체에게 주어졌다. 이스라엘 백성은 다시 한 번 구원받을 것이기 때문에(이때는 바벨론으로부터) 안식일의 의미는, 비록 의무적으로 지켜지고 있을 때에라도 잊어버려서는 안 되는 것이었다.

Ⅲ. 안식일의 안식은 여호와께 속한 것이다.

본문은 이스라엘에게 그날은 여호와께 속한 것임을 상기시키고 있음을 강조한다. "이는 여호와를 향한 안식일이 될 것이라." 여기서 전치사 to가 사용된 것은 소유의 의미를 내포한다. 그것은 여호와의 안식일이었다. 이것은 백성들이 그들 자신의 일을 추구하는 것이 허락되지 않은 이유다. 그들은 경건한 일들에 전념해야 했다(사 58:13-14). 그분은 그들의 거처 가운데 '안식일의 주인' 이시기 때문에 그날에 무엇을 할 수 있고 무엇을 할 수 없는지를 결정하셨다. 그리고 그날은 그분의 것이기 때문에 은혜롭게 자기 백성을 안식일의 안식에 동참하도록 초대하셨다.

이것은 '그들이 거하는 각처' 에서 지켜졌다. 단순히 성전에서만 드리는 의식이 아니었다. 그 땅 어디에서나 백성들은 함께 모여 기쁨과 즐거움 가운데 여호와를 예배하며, 신령하고 자비로운 일들에 몰두하는 가운데 하루를 보냈다[출 23:12, 신 5:12-15,사 58:13, 호 2:11(MT 2:13)을 보라].

결론

우리는 주해의 핵심을 다음과 같이 잠정적으로 정리할 수 있다.

> 하나님의 백성은 노동을 멈추고 여호와의 안식일의 안식을 축하하는 믿음의 공동체에 참가함으로써 언약에 대한 동참을 증거한다.

이런 내용은 신약과 구약 모두에 적합한 신학적 명제가 될 것이다. 이스라엘 백성에게 안식일을 지키는 것은 매주 행해야 하는 확실한 일이었다. 이스라엘의 진정한 예배자에게 그날은 또한 기쁨과 여호와를 섬기는 날이었다. 따라서 원래의 문맥에서 이 주해 개념의 적용은 축자적이지만 하나님의 안식에 들어간다는 영적인 의미를 갖고 있다.

위에서 언급한 것처럼 안식일은 매주 하루를 쉬는 것 이상의 커다란 무엇을 상징한다. 그것은 미래의 안식을 예기한다. 해마다 칠 년째에 이스라엘은 그 해 전체를 하나님께 드리는 '안식년'으로 삼았다. 마찬가지로 45년째가 되는 해는 같은 방식으로 그분께 드렸다. 그리고 이런 해들은 장차 올 세상에서 성취될 언약 약속의 상징이다(사 61:1-3).

그러나 이스라엘은 이 예기된 안식의 성취를 받지 못했다. 애굽을 나온 사람들은 반역했고, 그래서 그들은 광야에서 죽었다. 그들은 맛사와 므리바에서 여호와를 시험했다. 그러자 하나님은 그들이 그 안식에 들어가지 못할 것이라고 맹세하셨으며, 이는 적어도 그들이 그 땅에 대한 약속들의 성취를 받지 못할 것임을 의미한다.[19] 모세 역시 그 안식에 들어가지 못했다. 이야기가 전개되면서 이스라엘의 전 역사는 불신앙과 함께 약속된 안식의 성취가 미루어지는 것으로 가득 차게 된다.

약속의 성취가 시작되는 것은 메시아이신 예수님과 함께 왔다. 그분이 "수고하고 무거운 짐 진 자들아 다 내게로 오라 내가 너희를 쉬게 하리라"(마 11:28)고 초대하실 때 그분은 오랫동안 기다려졌으며, 새 언약 가운데 약속되었던 종말론적 안식을 제공하고 계셨다. 그리고 그분은 그것을 주실 수 있음을 입증하기 위해 많은 이적과 표적을 행하셨다. 그분이 유대인 지도자들과 그들의 규정에 대한 '위반'을 놓고 상대하실 때 하신 주장들은 놀라운 것이었다. 그 가운데 가장 놀라운 것은 그분이 스스로를 안식일의 주인이라고 주장

19. 이는 또한 하나님께서 진노하신 수많은 사람들이 영적 안식, 곧 여호와의 구원에 동참하지 못함을 의미한다. 성경은 민족 전체(여호수아와 갈렙을 제외한)가 영적으로 버린 바 되었다고 말하지 않지만, 그들이 들어가지 못한 안식은 약속된 땅이었다.

하신 것이다(12:8). 안식일은 그분에게 속했고, 따라서 그분은 그날에 치료하거나 생명을 살리실 수 있었다. 그분은 안식일에 그런 일을 행하심으로써 사람들에게 지워진 많은 무거운 규정, 즉 그날의 즐거움을 파괴한 규정들을 거부하셨다. 더욱이 그분의 나타나심으로 변화가 일어났다. 그분은 이날을 대신하여 그날이 예표하고 있는 구원의 안식을 제공하실 것이다(*Hartley*, 394).[20]

따라서 그리스도인에게 안식일에 있는 안식의 성취는 오랫동안 기다려왔던 구원과 함께 시작되었다. 그날은 영혼을 위한 영적 안식이다. 그것은 일을(구원을 얻기 위한 노력으로써의) 멈추는 것과 믿음으로 하나님께서 자기 아들 예수 그리스도 안에서 베푸셨던 안식에 들어가는 것을 특징으로 한다.

히브리서의 저자는 이스라엘 백성이 광야에서 했던 경험을 이용하여 백성들에게 참된 안식에 들어가는 것을 실패하지 말라고 경고한다(히 3-4장). 그의 주장은 불신앙이 하나님의 안식에 들어가는 것을 방해한다는 것이다. 저자는 안식일이 구약 회중에게 갖는 충만한 의미를 명확히 밝히려 하지 않는다. 대신에 그는 그들이 하나님의 약속된 안식에 들어가지 못했다는 간단한 사실을 근거로 일반 원리를 이끌어낸다. 그리고 그는 청중들에게 안식은 믿음으로 들어가기 때문에 자신의 믿음을 입증하지 못한 사람은 불신앙의 악한 마음을 갖지 않았는지 주의해야 한다고 기록한다. 그는 지금과 장차 올 세상에서의 하나님 나라를 언급하기 위해 이 문맥에서 구원과 관계된 차원에서의 안식을 사용하고 있다. 예수를 주와 구세주로 믿는 모든 사람은 안식일의 안식에 들어갔다. 왜냐하면 그들은 자신의 일을 그쳤고(엡 2:8-9), 장래의 안식도 확증받았기 때문이다. 드 보(*De Vaux*)는 이렇게 말한다.

---

20. 슈라이너[*T. R. Schreiner*, *The Law and Its Fulfillment*: *A Pauline Theology of Law*(*Grand Rapids*: *Baker*, 1993), 214-40]는, 예수님께서 음식 법에서 그러셨던 것과 달리, 안식일 규례는 거부하지 않으셨다고 지적한다. 그러나 이것은 사도들의 가르침과 모순되지 않는다. 왜냐하면 예수님께서는 새 언약에 대한 취임식 이전 시기에 사역을 하셨고, 그분은 자신이 누구인지를 보여주는 것에 더 관심을 갖고 계셨다.

> 예수님께서는 '인자는 안식일의 주인' 이라고 주장하셨다(막 2:28). 따라서 그분은 안식일을 폐하실 수 있었고, 실제로 그렇게 하셨다. 왜냐하면 그분이 가져오신 새 언약은 안식일을 증표로 삼고 있는 옛 언약을 폐지했기 때문이다. 기독교의 주일은 유대교의 안식일의 연속이 전혀 아니다. 후자는 일주일을 마무리하지만, 기독교의 주일은 우리 주님의 부활과 부활하신 그리스도의 나타나심을 기념함으로써 그리고 우리의 관심을 그분이 다시 오실 미래로 향하게 함으로써 새 시대 안에서 한 주를 연다. 그리고 주일은 안식일이 예표했던 그 약속들의 성취를 상징하지 않는다. 구약의 다른 모든 약속들과 마찬가지로 이 약속들 역시 하나의 상황 가운데서가 아니라 그리스도의 인격 안에서 실현되었다. 율법 전체를 성취하신 분은 그분이다. 주일을 '주님의 날', 우리의 짐을 가볍게 해주신 분의 날(마 11:28)로 우리는 그분을 통하여, 그분과 함께 그리고 그분 안에서 하나님의 안식에 들어간다(히 4:1-11).[21]

안식일은 주일이 아니다. 주일은 그리스도의 부활과 함께한 새 창조의 시작을 기념하기 위해 구별된 날이다.[22] 이것이 초대교회 때부터 그날이 '주일' 로 불리게 된 이유다. 그리고 초대 교회가 자주 그리고 주중에 가능할 때마다 회당의 예배와 성전의 절기에 참가하는 것을 포함하여 모이는 동안 차츰 예수님을 믿는 사람들이 공동의 기억을 전하고 믿음을 나누기 위해, 혹은 은혜의 수단 안에 참여하기 위해(*Hartley*, 394) 특정한 시간을 따로 구별하는 것이 편리하게 되었다. 이런 식으로 안식일 규례는 유익한 선례로 활용되었다.

---

21. *De Vaux*, *Ancient Israel*, 2:483.

22. 엉거(*Unger*, *"Significance of the Sabbath,"* 57)는 안식일을 시내 산에서 주어진 옛 언약의 표징이라고 말한다. "이제 그리스도께서 오셔서 자신의 놀라운 구원을 우리에게 주신 지금은, 그리스도께 인도하는 몽학 선생인 율법주의에 속한 모세 언약의 독특하고 지배적인 모습인 새 월삭과 안식일을 지키는 것이 은혜의 복음과 완전히 모순된다고 선언되었다"(골 2:16-17, 갈 4:9-10, 히 4:4).

그러나 네 번째 계명은 교회를 구속하는 규정이 아니다. 혹은 다른 말로, 교회는 그 명령을 실행하기 위해 율법 아래로 되돌아가서는 안 되었다. 그리스도인은 단지 일주일 가운데 하루를 하나님께 드리는 것이 아니라 칠 일 모두를 드려야 한다. 그들은 하나님의 안식에 들어갔기 때문에 모든 날이 거룩해야 한다. 그러나 그들은 자발적인 감사로 예배와 사역을 위해 그리고 몸, 마음, 영혼의 휴식을 위해 사용될 수 있도록 일정한 시간을 구별해야 한다.

따라서 이 본문의 중요한 적용은 그리스도 안에서 율법의 완성에 비추어 정리되어야 한다. 주해자는 레위기 본문을 주해해나가는 가운데 성도들이 하나님의 안식일에 있는 안식을 나눔으로써 언약에 대한 충성을 보여준다고 선언할 수도 있다. 그러나 그리스도인에게 그것은 그리스도께서 제공하신 안식 안에서 자신의 삶을 사는 것을 의미한다. 그리스도인들은 주일 아침에 교회에 가는 일에 익숙하게 성장했을 수도 있지만, 그것은 안식일을 지키는 것이 아니다. 하루를 다른 날보다 더 거룩하게 만드는 것은 약속들의 성취 가운데 살거나 혹은 거룩함으로 인도하는 가르침에 따라 사는 것이 아니다. 그리스도인이 자신의 삶, 곧 자신의 시간, 자신의 재능, 자신의 활동, 자신의 우선순위를 하나님께 정결하게 드리는 것이 무엇인지 진정으로 이해하게 될 때 그리스도인으로서의 삶 가운데 더 큰 축복과 더 큰 성취를 발견하고, 하나님께서 안식일의 안식 안에서 계획하셨던 것을 누리기 시작할 것이다.

참고 문헌

Andreason, N. E. *The Old Testament Sabbath: A Tradition-Historical Examination*. Society of Biblical Literature Dissertation Series 7. Missoula, Mont.: Society of Biblical Literature, 1972.

——. *Rest and Redemption: A Study of the Biblical Sabbath*. Berrien Springs, Mich.:

Andrews University Press, 1978.

Dressler, H. H. P. "The Sabbath in the Old Testament." Pp. 21–41 in *From Sabbat to Lord's Day: A Biblical, Historical and Theological Investigation*. Edited by D. A. Carson. Grand Rapids: Zondervan, 1982.

Grelot, P. "Le papyrus pascal d'Élépantine et le problème du Pentateuque.: *VT* 5(1955): 250–65.

Hallo, w. w. "New Moons and Sabbaths: A Case Study in the Contrastive Approach." *Hebrew Union College Annual* 48(1977): 1–18.

Holiday, A. J. *The Feasts of the Lord*. London: Pickering & Inglis, n.d.

Hui, T. K. "The Purpose of Israel's Annual Feasts." *Bibliotheca Sacra* 147(1990): 143–54.

Kaiser, W. C. Jr. *The Uses of the Old Testament in the New*. Chicago: Moody, 1985(esp. pp. 145–76: "Experiencing of Old Testament Rest of God–Heb. 3:1–4").

Robinson, G. "The Idea of Rest in the Old Testament and the Search for the Basic Character of Sabbath." *ZAW* 92(1980): 32–42.

——. *The Origin and Development of the Old Testament Sabbath: A comprehensive Exegetical Approach*. Frankfort am Main: Peter Lang, 1988.

Schreiner, T. R. *The Law and Its Fulfillment: A Pauline Theology of Law*. Grand Rapids: Baker, 1993.

Siker–Gieseler, J. "The Theology of the Sabbath in the Old Testament: A Canonical Approach.: *Studia Biblia et Theologica* 11(1981): 5–20.

Stamm, J. J., and M. E. Andrew. *The Ten Commandments in Recent Research*. Translated by M. E. Andrew. Studies in Biblical Theology 2/2. London: SCM, 1967.

Unger, M. F. "The Significance of the Sabbath.: *Bibliotheca Sacra* 123(1966): 53–59.

Vaux, R. de. *Ancient Israel: Its Life and Institutions*. Translated by J. McHugh. 2 vols. New York: McGraw–Hill, 1961(esp. pp. 475–83: "The Sabbath Day").

Wolff, H. W. "The Day of Rest in the Old Testament." *Concordia Theological Monthly* 43(1972): 498–506.

37

Instructions for Holiness

절기를 지킴: 유월절과 무교절 규례(23:4-8)

유월절과 무교절은 각각 애굽의 종살이로부터 해방된 것과 봄에 그해의 첫 수확을 기념하는, 이스라엘의 국가적 절기의 시작을 알리는 절기들이다. 비록 새해는 그 뒤인 가을로 정해졌지만 유월절이 제정되었을 때 니산월은 거룩한 해의 첫 달이었다(출 12:2).

커다란 절기를 지키는 것과 안식일을 지키는 것의 차이는 안식일은 그 땅 어디에서나 지킬 수 있는 반면, 절기는 백성들이 여호와 앞에 보이기 위해 성소로 찾아와야 했다는 점이다. 이런 민족적인 모임을 규정하는 것에는 많은 목적이 있다.

1. 거룩한 절기는 백성들에게 시간, 곧 일주일, 한 달, 한 해가 하나님께 속한 것임을 깨우쳐주었다. 실제로 아침과 저녁에 드리는 헌물은 그날들이 그분의 것임을 증거하는 것이었다. 따라서 이스라엘은 모든 시간, 시간 안의 모든 것은 여호와께 속한 것이라고 배웠다.
2. 농경 절기의 월력은 그들에게 모든 자연은 하나님께 속한 것

임을 깨우쳐주었다. 그들은 각 절기 때마다 추수가 그분의 것임을 인정해야 했다.

3. 계절에 맞춘 월력은 백성들에게 하나님께서 재충전을 위한 시간을 정하셨다고 가르쳤다. 그분은 계절들을 씨를 뿌리는 때와 거두는 때, 일할 때와 쉴 때로 정하셨다(전 3:1-8). 각각의 절기는 그 땅과 동물과 사람들에게 휴식과 회복을 제공했다.
4. 하나님께서는 거룩한 월력의 요구 조건들을 통하여 자기 백성을 믿음의 공동체로 세우시고 유지하셨다. 절기에 함께 모이는 것은 공동체를 형성하는 데 중요한 부분이었다.
5. 절기의 월력을 지키는 것은 이스라엘의 전통을 보존하는 것이다. 각각의 절기는 그 민족의 역사 가운데 중요한 사건들과 연결되어 있다. 그리고 그런 사건들을 재연함으로써 백성들은 자신의 민족적 정체성을 보존했다.
6. 민족 전체의 모임은 하나님께 더 큰 찬양과 영광을 돌렸다. 이것은 이스라엘의 제사 가운데 특색 있는 부분이다. 지역 모임도 공동체에 중요한 의미를 갖고 있지만 큰 모임은 믿음을 격려했다.
7. 그해의 절기들은 하나님의 구속 사역의 본질적인 면을 도표로 보여준다. 해마다 하나님의 구원 행위는 재연되어, 봄에는 어린 양의 피로써 종살이로부터 해방되었음을 기념하는 것을 시작으로 순결한 삶을 위한 더러움의 제거, 하나님께 주어진 새 생명의 축하와 그 삶에 주어진 인도하심과 가르침이 이어졌다. 연말에는 그분의 임재에 들어가기 위한 소집이 있었고, 이어서 완전한 대속을 통한 죄의 제거가 뒤를 잇고, 마지막으로 큰 기쁨과 함께 약속의 성취에 들어갔다.

신학적 주제

주해는 거룩한 곳으로의 순례에 대한 설명이 포함되어야 한다. 그러나 주된 초점은 유월절과 무교절의 의미에 맞춰야 한다. 유월절은 민족의 해방을 기리는 절기다. 그 신학적 개념에는 구속, 심판 그리고 자유가 포함된다.

무교절은 집에서 누룩을 제거하는 기간이다. 여기서 주해는 이것이 어떻게 여호와께서 구속하신 자들에게서 기대되는 거룩함을 나타내는지 설명해야 할 것이다.

신학적 연구는 궁극적으로 이 옛 의식의 성취로서, 자기 피를 통해 죄의 속박으로부터의 구원을 베푸신 유월절 양이신 그리스도의 예표에 집중될 것이다. 이것은 이어서 누룩을 성도들의 삶 가운데 반드시 제거되어야 하는 죄로 해석하는 것과 연결된다.

본문 개괄

메시지 요약

여호와께서는 자기 백성이 유월절과 무교절을 지킴으로써 종살이로부터 해방된 것을 기념하는 거룩한 집회를 제정하셨다.

본문 개요

I. 하나님의 제정: 여호와께서 민족 전체를 위해 유월절과 무교절을 제정하셨다(23:4).

II. 유월절은 니산월 십사일에 지켜졌다(23:5).

III. 무교절은 니산월 십오 일에 시작되었는데, 누룩이 들어가지 않은 빵을 먹고 칠 일 동안 제사를 드리며, 첫날과 마지막에 성회를 열었다(23:6-8).

A. 무교절은 니산월 십오 일에 시작되었고, 그 기간에 칠 일 동안 누룩을 넣지 않은 빵을 먹었다(23:6).

B. 무교절은 민족의 성회로 시작하고 마무리되었고, 일주일간 제사가 드려졌다(23:7-8).

내용 강해

주해자는 이 장 전체의 메시지를 일반적인 개관으로 전할 수도 있지만, 각 절기에 대한 논의는 그런 개관으로는 크게 제한을 받을 것이다. 레위기 23장은 각각의 절기에 관한 주해의 메시지를 위한 충분한 자료를 갖고 있다. 이 접근 방법에서 주해는 분명 병행 본문들로부터 자료를 끌어올 것이다. 그러나 주해자는 현재 사용되고 있는 본문에서 중요한 핵심을 반드시 이끌어내야 한다. 바꿔 말하면, 유월절 주해는 출애굽기 12장에서 관련된 상세한 내용들을 이끌어내는 것이 아니라 레위기 23장에서만 이끌어내야 한다.

I. 하나님께서는 자기 백성에게 연중 절기를 통하여 영적 유산을 보존하라고 지시하셨다(23:4).

레위기 23장 4절은 연중 절기에 대한 전체 부분을 소개한다. 이것은 각각에 적용된다. 처음에 각 절기의 개관을 제시하여 사람들로 하여금 그것을 조망할 수 있게 하는 것도 도움이 될 것이다. 유월절은 희박한 추수와 함께 봄에 찾아왔고(니산월은 3-4월에 해당한다), 즉시 칠 일 동안의 무교절이 뒤따랐으며, 같은 주간에 초실절이 시작되었다. 그 다음 주요 절기는 칠칠절(***Shabuoth***)로, 오십 일(오순절) 뒤인 밀을 추수하는 초여름에 왔다. 가을에는 여름 과일과 올리브를 추수하는 동안 세 가지 절기가 함께 찾아왔다. 티시리 일일의 신년제(***Rosh hashanah***), 티시리 십 일의 속죄일(***Yom Kippur***), 티시리 십오 일에 시작하는 초막절(***Succoth***) 혹은 추수감사제(***Asip***)가 있었다.[1]

Ⅱ. 하나님의 백성은 종살이에서 해방된 것을 정기적으로 그리고 영원히 기념해야 했다(23:5).

본문은 간단한 확인으로 가르침을 시작한다. "여호와의 유월절은 첫달(***Nisan***) 열네 번째 날이 저물 때 시작한다." 유월절(***Passover***)이란 이름은 세상에 널리 알려진 이름이 되었지만 그 어원은 수수께끼로 남아 있다. 출애굽기 12장 12절의 인기 있는 어원론[2]은 ***pesaḥ***와 ‘***ābar***(‘교차하다’, ‘전달하다’, ‘통과하다’) 동사로 설명한다. 여기에서 ‘넘어서 지나가다’는 의미가 나왔다. 그러나 동사 ***pāsaḥ***는 ‘넘어가다’는 의미를 갖고 있지 않다. ***pāsaḥ***는 성경에 일곱 번 나오는데 세 번은 ‘춤추는 것’, ‘절름거리는 것’, 혹은 ‘멈추는 것’을 가리켰다(삼하 4:4, 왕상 18:21, 26). 그 의미들은 각기 너무도 달라서 사람들은 새로운 동사들을 제시하게 되었다.[3] 유월절의 역사적, 신학적 시작에 비추

---

1. 이스라엘의 달력이 달을 중심으로 이루어져 있음을 언급하는 것은 도움이 될 것이다. 지정된 절기의 날짜가 실제 시간보다 지나치게 멀어지면 그 날짜를 되돌리기 위해 윤달을 넣어 계산해야 했다.

2. 인기 있는 어원론은 결국 발음상의 언어유희에 불과했다. 이것은 그 말의 의미를 제시하지만 실제의 어원은 제시하지 못한다.

3. 시걸[*J. B. Segal, The Hebrew Passover: From Earliest Times to A.D. 70*(*London Oriental Series 12; London: Oxford University Press*, 1963), 95-100]은 *pesaḥ*(‘*passover*’)란 말의 유래와 의미에 관한 수많은 이론들을 나열하고 있다. 그 가운데 가장 그럴듯한 것들은 (1) 이 말은 이사야 31장 5절

어 가장 의미가 통하는 견해는 이사야 31장 5절에서 사용된 낱말의 용례에 근거한 '보호하다'는 개념이다. 유월절은 단지 그런 보호하는 제사에 불과했다. 그것은 절기가 아니라 제사로 불렸다.[4]

유월절에 대한 가르침은 봄인 니산월 십사 일에 백성들이 해질 무렵 양을 죽이고 고기를 구워 그날 밤 함께 먹으라는 것이다.[5] '해질 무렵'으로 번역된 표현은 *bên hāʿarbāyim*(문자적으로 '두 저녁 사이')로 이는 정오(해가 지기 시작할 때)부터 어두워질 때까지의 사이를 의미하는 것으로 보아야 할 것이다. 따라서 대략 오후 3시 정도가 될 것이다. 이것은 마가복음 15장 33-37절에 반영된 해석이며, 미슈나 논문 *Pesaḥim* 5:1과 일치한다.

논문 *Pesaḥim*(유월절)은 다음 세대를 위해 유월절을 지키는 의미를 설명하는 데 도움이 된다. 절기에 참가하는 사람들은 각자 자신이 실제 종살이로부터 도망하는 원래의 회중 가운데 있다고 생각해야 했다(*Pesaḥaim* 10). 이 방식 안에서 역사적 의미는 각 세대에 보존이 되었다. 그러나 예언적인 의미, 곧 구원의 궁극적인 목표는 의와 평화가 다스리는 메시아 시대가 완전한 자유를 가져오기까지 성취되지 않을 것이다.

에 사용된 동사를 근거로 '보호하다'의 의미를 갖고 있다[*C. H. Toy*, "*The Meaning of* פֶּסַח," *JBL* 16(1897): 178-79], (2) 이 말은 아카디아어 동사 *pašāḫu*('달래다')와 관련이 있다[*P. Haupt*, "*Babylonian Elements in the Levitic Ritual*," *JBL* 19(1990): 73], 혹은 (3) 이 말은 '추수'에 해당하는 애굽어와 관련이 있다[*W.Riedel*, "*Miscellen*,: *ZAW* 20(1990): 325-27]. 하만(*A. M. Harman*)은 하나님께서 뛰어넘으시거나 넘어가신다는 의미가 여전히 가장 타당하다고 생각한다["*Passover*", *in New International Dictionary of Old Testament Theology and Exegesis*(*ed. W. A. VanGereren*; *Grand Rapids*: *Zondervan*, 1997), 4: 1043-46].

4. 어떤 학자들은 유월절의 기원을 다른 문화 가운데 있는 관습으로 추적한다. 가장 가까운 것은 베두인(*Bedouin*)들의 봄 의식으로 악한 영을 물리치기 위해 피를 바르고, 이어서 음식을 먹었다(*Segal*, *Hebrew Passover*, 78-113, *esp*. 105; 그리고 *Snaith*, 105를 보라). 피를 바르고 음식을 먹는 것은 약간의 유사점이 있지만 그 연결은 설득력이 없다.

5. 수세기 동안 유월절의 일부가 되어온 특정한 내용들에 대한 철저한 논의를 위해서는 블락(*A. P. Blcoh*)의 *The Biblical and Historical Background of the Jewish Holy Days*(*New York*: *Ktav*, 1980)를 보라.

Ⅲ. 하나님의 백성은 자신의 삶 가운데 있는 부패를 제거함으로써 영적 유산을 보존해야 한다(23:6-8).

니산월 십오 일에 백성들은 무교절을 시작했다. 그들은 칠 일 동안 누룩을 넣지 않은 빵을 먹었다. 그들은 성회를 열고 절기 첫날에는 일을 하지 않고, 칠 일간 매일 여호와께 제사를 드렸으며(민 28:16-25를 보라), 일곱째 날에 또 하나의 거룩한 집회를 열고 일을 하지 않았다.

Ḥag('절기')는 *ḥāgag*와 연결되는데, 이 행사를 순례 절기 혹은 축제 집회로 지정하며, 따라서 집에서는 이것을 축하할 수 없었다. 그것은 그 나라의 종교 중심지, 곧 여호와의 성소로의 여행(메카로의 신성한 순례 여행인 아랍어 *haj*와 연관된)을 요구했다. 이 말은 출애굽기 5장 1절에 사용되었다. "내 백성을 보내라 그들이 광야에서 내 앞에 절기(*w^eyāḥōggû*)를 지킬 것이니라." 이스라엘이 땅에 정착했을 때 성소에서 멀리 떨어진 곳에 사는 사람들은 그곳까지 이러한 순례를 해야 했고, 그곳에서 칠 일간 머물러야 했다.

성회는 첫날과 마지막 날에 열렸다. 본문은 그들이 '어떤 노동' 혹은 '어떤 섬기는 일(*kol-m^eleʾket ʿăbōdâ*, 전통적으로 두 가지 품사로서 하나의 뜻을 가리키는 말로 '어떤 노예 일' 그리고 최근에는 '어떤 힘든 일'로 번역되었다)'도 할 수 없었다. 그러나 웬함(*Wenham*, 303)은 보통 안식일의 안식 규정은 힘든 일과 가벼운 일, 집안일 모두를 포함하는 방향으로 해석되었다고 지적한다. 이 두 말은 이날이 완전한 휴식을 포함하고 있음을 확인시켜 준다.

칠 일간의 중요한 의무는 누룩을 넣지 않은 빵(*hammaṣṣôt*)을 먹는 것으로, 그것은 대개 새 곡식에 누룩을 넣지 않고 구운 둥근 와퍼 모양이었다(레 2:4를 보라). 출애굽 때 무교병을 먹은 의미는 그들이 급히 도망해야 했다는 것이었다. 그러나 제물에 관한 규정에서 누룩은, 소제에 넣어서는 안 되고 집에서 제거해야 하는 것으로 간주된 타락을 가리키는 것이 되었다. 무교절의 핵심은 구원을 축하한 다음, 타락을 제거하는 언약의 의무를 가리키는 것이다.

결론

우리는 이 짧은 부분의 주해 개념을 다음과 같이 잠정적으로 정리할 수 있다.

> 하나님께서는 자기 백성이 구원과 따라야 할 순결한 삶의 기념을 통해 영적 유산을 지킬 것을 요구하신다.

유월절은 종살이에서의 해방을 기념하며, 무교절은 모든 사람에게 거룩한 삶이 반드시 추구되어야 함을 일깨워준다.

예수 그리스도를 믿는 이들은 유월절이 그분의 죽음을 예표할 뿐 아니라 성만찬의 기초를 놓았다고 생각한다. 사도 바울은 유월절이 어떻게 예수 그리스도의 희생의 죽음을 통해 성취되었는지 깨닫고 이렇게 선언했다. "우리의 유월절 양 곧 그리스도께서 희생이 되셨느니라"(고전 5:7). 그리스도인들은 이제 정기적으로 그리스도의 죽음을 기념한다. 그 죽음은 죄의 멍에로부터 영원한 해방을 가져왔는데, 유월절을 지킴으로써가 아니라 성만찬 가운데 무교병을 먹고 포도주를 마심으로써 기념하고 있다.

바울의 선언은 고린도 교회 교인들에게 그들 가운데 있는 누룩(교만)을 제거하라고 훈계한 본문에서 나온 것이다. 만일 그리스도께서 유월절의 성취라면, 그분을 따르는 자들은 무교절 역시 다른 방식으로 지켜야 한다고 바울은 추론한다. 그는 이렇게 설명한다. "이러므로 우리가 명절을 지키되 묵은 누룩도 말고 괴악하고 악독한 누룩도 말고 오직 순전함과 진실함의 누룩 없는 떡으로 하자"(고전 5:8). 그리스도인들에게 유월절은 그들이 한 주뿐 아니라 한 달, 아니 영원히 따라야 할 거룩한 삶의 그림자다. 여기에서의 핵심은 타락을 제거한 삶은 구원의 시작을 알리는 증거라는 것이다. 만일 이것이 옛 언약 안에서도 진실이라면 새 언약 안에서는 얼마나 더하겠는가.

참고 문헌

Atkinson, C. W. "The Ordinances of Passover–Unleavened Bread." *Anglican Theological review* 44(1962): 70–85.

Haran, M. "The Passover Sacrifice." Pp. 86–116 in *Studies in the Religion of Ancient Israel*. Vetus Testamentum Supplement 23. Leiden: Brill, 1972.

May, H. "The Relation of the Passover to the Feast of Unleavened Bread." *JBL* 55(1936): 65–82.

McKay, J. W. "The Date of Passover and Its Significance." *ZAW* 84(1972): 435–47.

Oesterley, W. O. E. "Early Hebrew Festival Rituals." *In Myth and Ritual*. Edited by s. H. Hooke. London: Oxford University Press, 1933.

Segal, J. B. "*The Hebrew Passover: From Earliest Times to A.D. 70*. London Oriental Series 12. London: Oxford University Press, 1963.

38 장차 올 일에 대한 약속: 초실절 규례(23:9-14)

이스라엘 백성이 칠 일간 무교병을 먹는 동안 처음 추수한 곡식 한 단이 여호와께 드려졌다. 이것은 백성들이 한 주를 지키는 가운데 새로 도입된 흥분의 요소임이 분명했다. 종살이에서 벗어난 과거를 뒤돌아보는 대신 백성들은 이제 확신과 감사 가운데 곧 있을 완전한 추수를 기대했다.

신학적 주제

하나님께서 초실절을 주신 목적에는 기념과 예언의 요소가 들어 있다. 그렇다면 처음 신학적 주제는 하나님께서 베푸신 풍성함에 대해 감사를 드리는 것과 관련이 있다. 이것은 여호와에 대한 믿음을 분명히 드러낸다. 왜냐하면 백성들은 첫 열매는 하나님께서 그들에게 곡식으로 복을 주시겠다는 첫 증거이기 때문이다.

이 절기의 예언적 목적은 죽은 자들의 첫 열매가 되신(고전

15:20) 예수님의 부활에 대한 예표와 관련이 있다.

본문 개괄

메시지 요약

백성들은 누룩을 넣을 빵, 볶은 곡식, 혹은 생이삭을 먹는 것이 허용되지 않는 기간에 첫 곡식 단을 여호와께 드리며 번제, 소제, 전제를 함께 드림으로써 추수의 시작을 축하하도록 지시받았다.

본문 개요

서언: 여호와께서 모세에게 지시하셨다(23:9).

I. 그 땅에 있을 때, 이스라엘 백성은 안식일 다음 날에 처음 추수한 보리를 하나님께 드렸다(23:10-11).
   A. 초실절의 배경은 하나님께서 이스라엘 백성에게 주신 땅이었다(23:10a).
   B. 제사장은 곡식 단을 여호와 앞에 흔들어 받으실 만하게 했다(23:10b-11a).
   C. 초실절은 유월절 다음 안식일 이튿날에 시작되었다(23:11b).

II. 곡식 단이 드려질 때 이스라엘 백성의 번제, 소제, 전제도 여호와께 드렸다(23:12-13).

A. 번제는 흠 없는 일 년 된 숫양으로 드렸다(23:12).

B. 소제는 기름을 섞은 고운 가루로 드렸다(23:13a).

C. 전제는 포도주로 드렸다(23:13b).

III. 이스라엘 백성은 첫 열매를 드리기 전에 빵, 볶은 곡식, 생이삭을 먹을 수 없었다(23:14a).

IV. 초실절 규정은 영원히 지켜져야 했다(23:14b).

내용 강해

이 본문은 문맥 안에서 주해되어야 한다. 그렇게 되면 주해는 하나님께 드리는 감사의 주제에 초점을 맞추게 될 것이다. 신약과의 연관도 주해 가운데 들어가야 하지만, 이 본문의 주요 의미로서는 아니다. 만일 주해자가 그리스도의 부활에 관한 메시지를 제시하려 한다면, 고린도전서 15장을 본문으로 사용해야 한다(그리고 초실절에 대한 언급을 그 장에 나타나는 대로 설명한다). 그러나 이 본문은 주로 하나님께서 추수 가운데 베푸신 것들을 깨닫는 것에 관심을 갖고 있다.

I. 하나님의 백성은 첫 수입을 하나님께 드림으로써 그분의 베푸심을 인정해야 한다(23:9-11).

율법은 이스라엘 백성들에게 그 땅에 들어가 곡식을 추수하면 첫 곡식 한 단을 제사장에게 드리고, 그는 백성들을 대신하여 여호와 앞에서 그것을 흔들라고 지시했다(레 23:10-11, 출 23:15, 34:18-20에서 암시됨). 그들은 추수의 처음 일부를 하나님께 드림으로써 앞으로 있을 추수를 여호와께 의지하고 있음을 인정했다.

레위기 23장 11절은 제사장이 안식일 다음 날(*mimmamhobrat has̀s̀abbamt*) 곡식 단을 요제로 드렸다고 말한다. 만일 안식일이란 말이 여기서 일반적인 의미로 사용되었다면, 곡식 단을 주일 오전에 요제로 드렸을 것이다.[1] 그러나 만일 안식일이 안식하는 날로 지정된 무교절의 첫날을 가리킨다면, 곡식 단을 니산월 십륙 일에 요제로 드렸을 것이다.[2] 안식일에 대한 더 자연스러운 해석은 그 말이 실제 안식일을 가리키며, 첫 곡식 단을 안식일 다음 주일에 요제로 드렸다는 것이다.

그러나 레빈(*Levine*, 158)은 레위기 23장에 언급된 것은 절기의 안식일이라고 주장한다. 이 해석에 의하면, 전치사 min은 문자적으로 무교절 첫날 '아침부터' 일곱 번째 안식일 다음 날까지로 읽기 위해 취해진 것이다. 혹은 스네이드(*Snaith*, 106)가 밝힌 것처럼 '안식일 다음날에('부터'가 더 좋음)' 그리고 오십 일 모두 요제로 드려졌다. 이는 첫 곡식 단을 드리는 요제가 이날 시작하여 추수 기간을 마치는 칠칠절까지 계속되었음을 의미한다.

만일 요제가 추수 기간 동안 일어났다면, 그들이 올 때 각기 다른 곡식 단을 드리는 것이 허용되었을 것이다. 그러면 이 본문은 공동체가 첫 열매의 증거를 드리는 것을 언급하며, 반면에 민수기 18장 12-13절과 신명기 26장 1-11절은 그 뒤에 이어지는 개인적인 제물을 가리키게 된다. 이렇게 해석한다 해도, 본문의 핵심은 신실한 자들은 감사 예물과 앞으로 올 추수에 대한 기대로

---

1. 이렇게 되면 오십 일을 계수하는 것은 주일에 시작되고, 따라서 오순절은 주일에 오게 된다. 이것은 사마리아인들과 사두개인들의 견해였다.

2. 이렇게 되면 오십 일 계수는 무교절 둘째 날 시작되고, 칠칠절/ 오순절은 항상 실반월(*Silvan*) 육일에 오게 된다. 이것은 미슈나, 필로, 요세푸스가 받아들인 의미였다.

첫 곡식 단을 여호와께 헌물로 드려야 했다는 것이다.

Ⅱ. 하나님의 백성은 감사를 여호와께 드리는 예배와 헌신의 일부로 삼아야 한다(23:12-13).

이 본문의 두 번째 부분은 감사에 대한 문맥을 제공한다. 곡식 단을 요제로 드리는 것은 모든 속죄와 헌신의 제사가 뒤따랐다(특별히 레위기 2장을 보라). 추수 가운데 하나님께서 베푸신 풍성함을 함께 가진 하나님의 백성은 공동체 예배 안에서 자신의 감사를 표현하기 위해 함께 모이는 것이 반드시 필요했다.

Ⅲ. 하나님의 백성은 하나님께서 자신에게 필요한 것들을 삶 가운데 베푸셨음을 증거해야 한다(23:14).

마지막 구절은 결어로 볼 수 있다. 왜냐하면 다른 두 핵심은 절기의 주제를 다루기 때문이다. 그러나 이 구절은 백성들은 하나님께서 자신의 몫을 받으시기 전까지 먹을 수 없었다는 핵심을 짚고 있기 때문에, 별개의 세 번째 핵심으로 보아야 할 것이다. 백성들은 기다림을 통하여 가장 좋은 것은 하나님께 속한다는 확신을 증거했다. 하나님께서는 백성들로부터 이 증표를 받으신 후에 나머지 추수를 그들이 사용할 수 있게 허락하신다(삼상 2:12-17에서 이것이 제사장들에 의해 어떻게 위반되었는지 보라).

결론

주해의 주제는 다음과 같다.

> 하나님의 백성은 여호와께서 자신들에게 필요한 것을 공급하신다는 것을 인정하기 위해 수입의 첫 부분을 헌신의 증표로 드려야 했다.

이 본문에서 이 행사의 배경은 하나님께서 베푸신 것에 감사를 드리기 위해 마련된 예배 집회였다. 이것은 이스라엘과 고대 근동에 있던 이웃과의 사이에 나타나는 커다란 차이점이다. 다른 나라들은 좋은 곡식을 얻기 위해 자기 신들을 매수하려 노력했지만, 이스라엘은 그분이 주신 선물에 감사했다.[3]

이 감사의 강조는 첫 곡식 단을 하나님께 드리는 것이었다. 그것을 하나님께 드리는 것은 그분이 삶 가운데 최우선임을 인정하는 것이며, 그분이 계속 베푸실 것에 대한 확신을 표현하는 것이다. 백성들은 이 추수 절기 가운데 참여함으로써 하나님께서 처음 부분을 받으시기 전까지는 자신들이 곡식 한 알도 소유할 권리를 갖고 있지 못하다는 것을 고백했다. 이 일은 그들에게 합당한 우선순위가 무엇인지 가르쳐주었다. 모든 한시적인 축복은 이런 방식 가운데 하나님의 공로로 여겨졌다.

처음 것과 가장 좋은 것을 감사의 표시로 하나님께 드리는 원리는, 비록 철저하게 연구할 필요가 있는 많은 다른 강조점을 갖고는 있지만 신약에서도 확인되고 있다. 바울은 후한 헌금을 장려했고(고후 8장), 능력이 되는 사람들은 자신의 수입에 맞게 일정한 금액을 따로 떼어 그것을 한데 모아 가난한 사람들을 위해 주도록 가르쳤다(고전 16:1-4). 초대교회 성도들의 경제적 필요는 다른 방식으로 채워야 했는데, 이는 그들이 자신의 필요를 채우기 위해 곡식을 주울 밭이 없었기 때문이다.

첫 열매라는 동기는 신약의 기록 가운데서도 나타난다. 바울은 초기 개종자들을 첫 열매라고 불렀다(롬 8:23). 그는 또한 옛 언약의 구성원들, 곧 믿음의

---

3. *D. Tidball, Discovering Leviticus*(*Leicester, England: Crossway*, 1996), 183.

뿌리를 이렇게 불렀다(11:16). 성도들은 야고보서 1장 18절과 요한계시록 14장 4절에서 첫 열매로 불렸다. 그러나 신약에서 첫 열매의 모형에 관한 가장 중요한 신약에서의 연관은 그리스도시다.

바울은 고린도전서 15장 20절에서 이렇게 말한다. "그러나 이제 그리스도께서 죽은 자 가운데서 다시 살아 잠자는 자들의 첫 열매가 되셨도다"(또한 계 1:5을 보라). 그리스도의 부활은 첫 곡식 단이 앞으로 맞이할 추수를 보장하는 것처럼 믿음 안에서 죽은 모든 사람들의 미래의 부활을 보증한다. 실제로 고린도전서 15장 전체는 이 주제를 설명하기 위해 농사를 배경으로 삼고 있다. 한 알의 씨가 땅에 묻히지만, 때가 되면 훨씬 더 영광스러운 몸으로 깨어나게 될 것이다.

레위기의 시간 일정은 신약에서의 성취와 정확히 들어맞는다. 그리스도께서는 '유월절이 지난 후 안식일 다음 날'[4], 곧 그 주의 첫날에 죽은 자 가운데서 부활하셨다. 이 말은 일반적인 의미로 그 주의 첫날을 가리키며, 그리스도인들이 부활 주일로 지키게 된 그날이다. 사도 바울은 초실절의 성취에 대한 이해 가운데 이 연관성을 놓치지 않았다.

구약에서 초실절 의식의 중심 주제인 추수의 시작에 대해 하나님께 드리는 감사는 신약의 그리스도의 부활에도 적용된다. 신약의 성도들이 감사를 드리고 하나님을 찬양하는 많은 이유 가운데 예수님의 부활이 있다. 이 부활로 인해 성도들은 하나님께서 자신들의 영생에 필요한 것을 베푸셨다는 것과 주님 안에서 죽은 모든 이에게 위대한 추수가 올 것임을 알게 된다.

---

4. 주해자가 이 문구에 대해 어느 견해를 취하더라도 별 문제가 되지 않는다. 주후 삼십삼년, 예수님께서 돌아가시던 해의 유월절은 금요일이었다. 토요일은 일반적인 안식일이자 무교절의 첫날이었다. 따라서 니산월 십육일이 그해에는 주일이었다. 그리스도께서 죽으신 해와 날에 대한 논의는 회너(*H. Hoehner*)의 *Chronological Aspects of the Life of Christ*(*Grand Rapids: Zondervan*, 1977)을 보라.

39

Instructions for Holiness

하나님께서 베푸신 것을 깨달음: 칠칠절 규례(23:15-22)

곡식 추수의 완성은 오십 일 뒤에 오는 칠칠절, 혹은 *Shabuoth*(출 34:22) 절기로 분명히 나타난다. 이날은 오십 일이라는 기간 때문에 칠십인 역에서 오순절(*Pentecost*)로 불린다.

행사의 순서에 따라, 유월절 직후에 첫 곡식 단이 성소에서 드려졌다. 사십구 일 뒤에 마지막 곡식(밀)이 수확되었다. 그러나 이제 이스라엘 백성은 밀로 만든 빵을 드려야 했다. 이 절기는 추수로 만든 것을 축하하거나 더 정확히 여호와께서 그들에게 주신 것을 축하하는 것이다.

칠칠절은 유월절과 출애굽 직후에 율법을 주신 일을 기념하는 것이기도 하다.

신학적 주제

레위기 23장 15-11절은 하나님의 백성이 하나님께 받은 풍성함에 대한 봉헌과 감사를 강조하는 데 중점을 두고 있다. 그 감사의 표현은 밀로 만든 빵이라는 만질 수 있는 형태를 취하고 있다. 이 부분은 가난한 사람을 위해 밭모퉁이를 남겨두는 규정을 포함하고 있는데, 이는 너그러움이 감사에서 빼놓을 수 없는 부분이기 때문이다.

여기서도 신약에서 드러날 모형론에 대한 강조가 존재한다. 비록 그리스도인들은 사도행전에 나오는 오순절과 교회 월력에 실린 오순절 기간에 대해 알고 있더라도 대개는 이스라엘의 절기들과 친숙하지 못하다.

본문 개괄

메시지 요약

이스라엘 백성은 추수한 밀로 만든 빵을 제사 의식과 함께 드릴 때 특별한 안식의 날을 구별함으로써 여호와의 공급하심을 감사해야 한다.

본문 개요

I. 이스라엘 백성은 보리를 처음 수확한 오십 일 후에 밀로 만든 빵을 드림으로써 여호와의 공급하심을 감사했다(23:15-17).

II. 이스라엘 백성은 칠칠절 기간에 규정된 축하의 제사를 드렸다(23:18-20).

A. 이스라엘 백성은 요제와 관제와 함께 어린 양 일곱 마리, 황소 한 마리, 숫양 두 마리를 번제로 드렸다(23:18).

B. 이스라엘 백성은 속죄제로 숫염소 한 마리를 드렸다(23:19a).

C. 이스라엘 백성은 숫양 두 마리를 여호와께 화목제와 요제로 드렸다 (23:19b-20).

III. 이스라엘 백성은 성회를 소집하고 노동을 금함으로써 여호와의 공급하심을 감사했다(23:21).

IV. 이스라엘 백성은 가난한 자와 이방인들에게 추수 곡식을 줍게 함으로써 그들에 대한 하나님의 공급하심을 감사했다(23:22).

내용 강해

I. 하나님의 백성은 하나님의 공급하심에 대한 감사를 표현하기 위해 그분의 풍성하심이 낳은 것을 예물로 드려야 했다(23:15-17).

칠칠절에 관한 이 본문의 강조는 다시 한 번 하나님의 풍성하심에 대한 강조에 맞춰진다. 그러나 이번의 경우 그 감사는 추수로 생산된 빵으로 확대된다. 따라서 이스라엘 백성은 이 두 절기 가운데 곡식 추수의 시작과 끝을 기념했다. 그들은 처음에 하나님의 공급하심의 증표를 축하했고, 마지막 추수를 거두며 축하했다.

앞 본문의 안식일 해석과 연관된 이 절기의 시작에 대한 해석에는 많은 이견이 있다. "안식일 이튿날 곧 너희가 요제로 단을 가져온 날부터 세어서 칠 안식일의 수효를 채우고 제칠 안식일 이튿날까지 합 오십 일을 계수하여 새 소제를 여호와께 드리되"(23:15-16). 이에 대해 네 가지 중요한 견해가 있다.

1. 안식일이란 말은 일주일 가운데 일곱째 날을 가리킨다. 따라서 오십 일을 계산하는 것은 유월절 이후 첫 주일부터 시작된다(이 견해는 사두개인, 보이투스파, 카라이트파의 견해다). 이 견해에 의하면 오순절은 항상 주일에만 걸린다.
2. 안식이란 말은 유월절 직후인 무교절의 첫날, 니산월 십오 일을 가리킨다. 이 경우 안식일은 일곱째 날일 필요는 없고, 안식을 위한 엄숙한 날을 의미한다. 그렇다면 오십 일 계산은 니산월 십육 일에 시작한다. 이 견해는 칠십인 역의 레위기 23장 11절, 아람 타굼, 필로 그리고 요세푸스의 지지를 받고 있으며, 유대교의 표준적인 견해다.[1]
3. 안식일이란 말은 니산월 21일, 무교절의 일곱째 날을 가리킨다. 그렇다면 오십 일 계산은 니산월 이십이 일부터 시작한다. 이 견해는 타굼 온켈로스와 에티오피아의 유대교 분파인 팔라사스의 견해다.
4. 안식일이란 말은 무교절 칠 일이 지나고 난 주의 일곱째 날을 가리킨다. 이것은 *Jubilees*(희년서) 가운데 나오는 견해다.

칠칠절의 시작에 대해 이렇게 다른 전승이 있음에도 불구하고, 이스라엘 백성은 이날에 여호와께 새로운 소제를 드리도록 지시받았다. 이것은 새로운 *minḥâ*, 곧 새 밀로 드리는 제물이었다(앞서 초실절에 드린 보리가 아닌). 이 소제의 형식은 곡식 한 단이 아니라 고운 밀가루와 누룩으로 만든 빵이었다. 이것 역시 여호와께 드리는 첫 열매의 요제였다. 이제 강조는 추수가 만든 것, 곧 빵에 모아진다.

---

1. 여호수아 5장 10-12절에서 백성들은 니산월 십오 일에 볶은 곡식을 먹었다. 요세푸스의 레위기 23장에 대한 주해를 보려면 피쉬베인(*M. fishbane*)의 ***Biblical Interpretationin Ancient Israel***(*Oxford*: *Clarendon*, 1985), 149-51을 보라.

Ⅱ. 하나님의 백성은 하나님의 공급하심에 대한 감사를 표현하기 위해 예배 시간을 따로 구별해야 했다(23:18-21).

주해는 제사에 대한 지시와 성회로 모이고 노동을 금하라는 가르침을 하나의 단위로 묶는다. 제사와 성회의 의미는 앞의 논의에서 살펴보았다. 그렇다면 두 가지 내용이 여기서 반드시 설명되어야 할 것이다. (1) 이것은 백성들이 누룩을 넣은 빵을 드릴 수 있는 유일한 때다. (2) 그들은 이 축하와 함께 속죄제를 드려야 했다.

스네이드(*Snaith*, 107)는 이 제물은 23장 19절에서 '화목제'로 불리는데, 그것은 이 제물이 제단에 드려지지 않았고, '화목제'가 사용 가능한 유일한 말이었기 때문이라고 말한다. 이 제사들은 무교절의 제사보다 더 넉넉한 규모로 드려졌다.

Ⅲ. 하나님의 백성은 하나님의 공급하심에 대한 감사를 표현하기 위해 자신의 넉넉함을 가지고 가난한 사람들에게 공급해주어야 했다(23:22).

진정한 감사의 표현은 너그러움이다. 따라서 하나님께서는 이스라엘 백성에게 추수의 기쁜 시간에 자기 밭의 모퉁이를 남겨두어 가난한 사람들이 들어가 이삭을 주울 수 있게 하라고 지시하셨다(또한 19:9-10, 신 24:19-21을 보라). 이 구절은 백성들에게 진정한 감사에 무엇이 포함되는지 알려줄 뿐 아니라 욕심을 억제하도록 주의를 주었다.

결론

이 본문을 역사적 맥락에서 다룰 때 주해는 이러한 주제를 얻게 된다.

> 하나님의 백성은 하나님의 풍성하심에 대한 감사 가운데 그분의 풍성함으로 베푸신 것을 그분께 증표로 드리고, 가난한 사람들에게 필요한 것을 제공해야 한다.

이스라엘 백성들은 하나님께서 자신들에게 주신 것 중에서 하나님께 드릴 뿐 아니라, 그분의 선물을 가지고 자신이 만든 것으로 드려야 했다. 이 감사의 배경은 다시 한 번 모든 제사 의식과 함께하는 거룩한 집회였다. 감사는 예배 순서의 절정으로, 화목제가 드려진 이유였다.

그러나 만일 풍성함이 하나님께로부터 오는 것이라면, 의무 또한 마찬가지다. 추수는 예배자에게 자신의 음식으로 사용되겠지만, 그것은 또한 하나님께 받은 청지기로서의 직분으로 다루어져야 한다. 따라서 사람들은 그것이 자기의 소유라고 잘못 생각해서 이기적으로 쌓아두는 일이 없어야 한다. 이삭 줍기는 가난한 자와 이방인들을 위해 남겨두어 그들이 하나님의 공급하심을 함께 나눌 수 있게 했다. 그런 불쌍한 사람들에 대한 관심은 하나님께서 베푸신 모든 것에 대해 드리는 감사의 합당한 반응이다. 히브리서 13장 15-16절은 가난한 사람들과 함께 나누는 것은 찬양의 필수적인 부분임을 일깨워준다.

칠칠절의 모형론은 사도행전 2장에서 설명되고 있다. 누가는 그 장을 다음과 같이 시작하고 있다. '오순절 날이 충만히 차매(*Authorised Version*에서 의역 – 역주)'. 구약에서 이 절기는 누룩을 넣어 만든 빵 두 덩어리를 여호와께 첫 열매로 드림으로써 지켜졌다. 백성들은 여호와께 빵을 드렸다. 그것은 첫 열매에서부터 다 익은 곡식에 이르기까지 추수한 곡식으로 만들 수 있는 것이었다. 오래지 않아 그 절기는 시내 산에서 율법을 주신 것과 연결이 되었다. 신약에서 누가는 교회의 시작을 바로 오순절이라 불리는 날이 성취된 것으로 보았다. 유월절, 무교절, 초실절은 모두 메시아의 구속 사역을 예표하는 것이며, 오순절은 그리스도의 사역의 자연스러운 연장이었다. 첫 열매가 결국 빵덩어리로 바뀌듯, 그리스도의 죽음과 부활은 그리스도의 몸, 곧 오순절날에 교회로 모인 성도들을 낳았다. 그리고 오순절이 시내 산에서 이스라엘에게 율법을 주신 것을 기념하듯, 여호와께서는 그날에 자신의 영을 주셔서 그리스도의 몸을 하나 되게 하기로 선택하셨다. 새 언약에 의하면(렘 31:31-34, 겔 36:24-32) 성령은 성도들의 마음에 율법을 기록하실 것이다. 그리고 누룩으로 만든 빵이 여호와 앞에 드려지듯이 많은 면에서 불완전한 성도들이 여호와 앞에 드려졌다. 그렇다면 이들이 바로 부활하신 그리스도의 첫 열매가 낳은 것이며, 이제 그들은 다시 새 창조의 첫 열매가 된다(엡 1:10을 보라).

40 Instructions for Holiness
대성회:나팔절 규례(23:23-25)

이스라엘의 거룩한 월력 가운데 다음 절기는 일곱 번째 달(티시리)인 가을에 나팔을 불어 그 해의 추수를 마감하고, 민간 월력으로 새해의 시작을 알리는 절기다. 이방 세계에서 이날은 보통 타락한 관행과 매춘 의식이 성행하는 때였다(서양의 새해 절기와 별반 다르지 않다). 그러나 이스라엘에게 이날은 영적인 갱신과 감사의 축제 절기를 기대하는 시간이었다.

신학적 주제

이 짧은 본문의 중심 신학적 주제는 여호와께서 자기 백성에게 영적 예배를 위해 자신의 임재 안에 모이라고 하는 여호와의 부르심이다. 이 개념을 나팔이라는 동기와 연관해서 연구하면 세상의 마지막 날 있을 나팔 소리에 대한 계시로 연결될 것이다.

본문 개괄

메시지 요약

여호와께서 모세에게 티시리 일일에 나팔을 불어 성회의 날을 선포하라고 지시하셨다. 그날은 화제를 여호와께 드리고 모든 정기적인 노동을 금하는 날이었다.

본문 개요

서언: 여호와께서 모세에게 지시하셨다(23:23).

I. 티시리 일일에 나팔을 불어 성회를 소집했다(23:24).

II. 티시리 일일에 백성들은 힘든 노동을 하지 않고 여호와께 화제를 드렸다 (23:25).

내용 강해

이 짧은 본문에서는 고대 이스라엘의 거룩한 월력 가운데서 차지하는 그 실용적인 의미나 커다란 모형론적 중요성이 무시되어서는 안 된다. 주해는 복잡하지 않다. 앞에서 논의된 몇 가지 항목을 이끌어내고 나팔을 부는 새로운 문제를 소개한다.

Ⅰ. 나팔을 불어 하나님의 백성들의 성회를 선포했다(23:24).

가을인 티시리 일일에 백성들은 안식(*šabbātôn*), (나팔) 소리의 기념(*zikrôn t^erûʿâ*) 그리고 거룩한 모임(*miqrāʾ-qōdeš*)의 시간을 가지라는 지시를 받았다. 티시리월은 속죄일과 초막절이 포함되기 때문에 이 성회의 소집 명령은 백성들을 세 가지 행사로 함께 모이게 했다.

본문은 이것을 '나팔을 불어 기념할' 날이라고 했지만, 그것은 어떤 악기가 사용되었는가를 말하는 것이 아니다. 그것은 *shofar*, 혹은 양 뿔이었을 것이다(시 81:3). 그러나 민수기 10장 1-10절은 은 나팔을 언급하고 있다. 성전 악사들은 나중에 다양한 나팔을 임의로 소유하게 되었다(시 150:3).

구약에서의 나팔은 자기 백성을 부르시는 하나님의 음성으로 여겨졌다(민 10장). 출애굽기 19장 19절은 성경에서 나팔이 처음 언급된 곳이다. 하나님께서는 친히 그것을 백성들이 산에 나아올 때를 알 수 있는 신호로 지정하셨다. 따라서 백성들은 거룩한 나팔 소리를 들을 때마다 하나님의 음성을 실제로 인식했다. 그들은 나팔 소리를 듣고 일정한 거룩한 목적으로 모였다.

레위기 23장에서 나팔 소리는 아침부터 저녁까지 울려, 백성들에게 자기 죄를 버리고 약속의 즐거운 성취를 제공하는 커다란 축제를 알렸다. 나팔 소리가 갖는 의미는 여호와께서 주시는 모임 혹은 소집의 명령이다.

이 나팔을 부는 것은 *zikrôn*('기념하는')이라고 불렸는데, 하나님 앞에서 기념을 위해 행해진 어떤 것을 의미했다(*Snaith*, 107). 그 소리는 백성들에게 일년 동안 주어진 하나님의 선하심과 그분께 순종함으로써 성취된 언약의 약속을 일깨워주었다. 그들은 언약의 의무를 갱신하고 그럼으로써 하나님께서 자신들에게 너그럽게 역사하시도록 이 거룩한 집회로 모였다.[1] 이것은 또 다른

1. 하틀리(*Hartley*, 387), 또한 차일즈(*B. S. Childs*)의 *Memory and Tradition in Israel*(*Naperville, Ill.: Allenson*, 1962), 67을 보라.

한 해의 운명을 정하고 귀신을 두려워하는 것을 의무라고 여겼던 이교도들의 행사와 다른 커다란 차이점이다. 이스라엘은 하나님께서 창조 때 운명을 정하셨고, 그것을 기념하는 집회는 그들을 위한 계절의 질서를 정하신 하나님의 창조 사역을 기억하게 하는 것임을 알았다. 기쁨의 나팔 소리는 분명히 백성들에게 창조 때 천사들이 기뻐 외쳤던 소리를 생각나게 했을 것이다(욥 38:7).

이 행사를 기념하는 날로 부르는 것은 그 절기가 가리키는 모든 것을 마음에 간직한다는 일차적인 의미를 갖는다. 나팔은 백성들에게 회개와 용서와 회복의 계절을 일깨워주었다. 예언적인 요소의 실현 역시 존재하는데, 하나님께서 자기 백성들을 자신의 임재 가운데로 부르신 각각의 부르심은 세상 마지막에 있을 위대한 성회의 예고편이다.

Ⅱ. 나팔 소리는 영적 갱신의 시간을 시작했다(23:25).

예배로의 모든 부르심은 세속적이고 지상의 노동으로부터 영적 섬김으로의 부르심이었다. 그날은 완전한 안식(*šabbātŏn*)의 날이었고, 백성들은 모든 정기적인 일을 멈추고 영적인 문제에 전념했다. 그들은 모일 때 여호와께 희생제물을 드렸다. 레위기는 이것이 무엇이었는지 상세하게 말하고 있지 않다(민 10:1-10, 28:1-5를 보라). 본문은 단순히 하나님께서 어떻게 자기 백성을 모으시는지만을 강조한다.

결론

핵심은 단순히 커다란 가을 축제를 위해 하나님의 임재로 부르시는 나팔 소리다. 이 본문의 주해 개념은 고대 이스라엘과 오늘날 그리스도인 모두가 표현할 수 있게 다음과 같이 정리할 수 있다.

> 하나님께서는 자기 백성을 자신의 임재 안에서 성도들과 함께 모여 그 곳에서 마음을 다해 예배할 수 있도록 세상의 노동으로부터 부르셨다.

이 표현은 또한 모형론에 대한 적용도 가능하게 한다.

나팔을 부는 것은 하늘에서 나는 음성, 다시 말해서 음성 자체, 음성과 함께 들리는 나팔 소리, 혹은 나팔 소리처럼 크고 뚜렷한 음성 등과 자주 연결되었다. 이 본문에서 여호와께서는 자기 백성을 용서와 약속을 기대하는 가운데 자신의 임재 안으로 모이라고 분명히 말씀하셨다. 신약에서 하나님의 말씀은 백성들에게 여호와를 예배하기 위해 모일 것을 상기시킨다. 비록 교회는 이런 목적으로 종소리를 사용하지만 말이다.

나팔을 통한 이 소집은 백성들에게 장차 올 것들에 대한 기대감을 갖고 모이게 했다. 나팔은 이스라엘에서 매달 첫날에 불었다. 그러나 티시리 일 일은 나팔 소리가 들리는 커다란 절기였다. 티시리는 그 해의 일곱 번째 달로 7이란 숫자는 다른 것들 가운데 최고, 혹은 모든 것을 회복시키시는 때의 성취를 가져오는 하나님의 계획의 완성을 가리킨다. 이것은 세상이 시작된 이후에 모든 거룩한 선지자들의 입을 통해 한 말이다. 그에 따르면 이 규정과의 관계에서 우리는 계시록에서 이 세대의 운명이 일곱 개의 봉인이 있는 책 안에 인봉되어 있고, 그 일곱 봉인의 결과는 일곱 나팔 소리에 의해 시작되었음을 발견한다(계 8-11장).

나팔 소리라는 모티브는 선지자들과 사도들에 의해서도 메시아께서 세상을 심판하시고 자신의 주권을 세우기 위해 다시 오실 때의 종말을 알리기 위한 것으로 사용되었다. 이스라엘에서 나팔절 뒤에 오는 절기는 모두 한 해의 농사가 끝난 다음에 오는 것이기 때문에 추수라는 그림과 심판 사이에는 분명한 연관이 있다. 우리는 이제 하나님의 구원 계획의 마지막 시대가 시작되었음을 선포하는 가운데 온 하늘에 울려퍼지게 될 하나님의 음성을 비유하는 나팔 소리에 귀를 기울이고 있다(살전 4:16, 고전 15:51–52를 보라).

참고 문헌

Block, D. "New Year," Pp. 529–32 in vol. 3 of *International Standard Bible Encyclopedia Revised edition*. Edited by G. W. Bromiley. Grand Rapids: Eerdmans, 1986.

Snaith, N. H. *The Jewish New Year Festival*. London: SPCK, 1947.

Stewart, R. "The Jewish Festivals." *Evangelical Quarterly* 43(1971): 149–61.

41

Instructions for Holiness

모든 죄악의 제거: 속죄일 규례(23:26-32)

나팔 소리에 따라 백성들을 모은 날은 이스라엘에서 일 년 가운데 가장 거룩한 날인 속죄일이다. 이날은 이 행사의 영적 준비를 위한 지시로 월력 부분에 수록되어 있지만 의식에 대한 충분한 논의는 레위기 16장에서 다루었다.

신학적 주제

속죄와 관계된 기본적인 신학적 주제 외에 이 본문에서 강조하는 것은 영적 준비다.

본문 개괄

메시지 요약

여호와께서는 티시리 십 일을 백성들을 위하여 속죄를 이루는 날로 구별하셨다. 그날은 백성들이 모든 일을 그치고 자신을 낮추며 속죄일을 위하여 여호와의 임재 가운데 모였다.

본문 개요

서언: 여호와께서는 모세에게 지시하셨다(23:26).

I. 티시리 십 일은 하나님의 백성이 자신을 낮추고 여호와 앞에 속죄를 위한 제물을 드리는 거룩한 집회였다(23:27).
  A. 티시리 십 일은 속죄일로 구별되었다(23:27a).
  B. 하나님의 백성은 자신을 낮추고 화제를 하나님께 드렸다(23:27b).

II. 하나님의 백성은 티시리 십 일이 자신을 낮추고 속죄를 이루기 위해 구별된 완전한 안식의 날이었기 때문에 모든 일을 삼갔다(23:28-32).
  A. 하나님께서는 속죄일에 어떤 일도 금지하셨다(23:28).
  B. 하나님께서는 이날을 위반하는 자는 벌을 받을 것이라고 선언하셨다(23:29-30).
  C. 하나님께서는 이 완전한 안식의 날을 백성들이 티시리 구 일 저녁부터 십 일 저녁까지 자신을 낮추어야 하는 영원한 규례로 만드셨다(23:31-32).

내용 강해

이 본문이 레위기 16장의 일부가 아니라 구별된 메시지로 사용된다면, 속죄에 대한 상세한 내용이 아니라 그날을 위한 영적 준비를 강조해야 한다(비록 그 내용도 지나가면서 언급해야 하지만).

Ⅰ. 하나님께서는 자기 백성이 영적 갱신을 찾기 위해 자신의 임재 안에 모이기를 요구하신다(23:27a).

레위기 23장 27절의 첫 부분은 속죄일을 위한 성회로 선언한다. 이것은 백성의 모든 죄를 제거하기 위해 구별된 날이었다. 이를테면 백성들에게 지난 것은 모두 말끔히 씻어버리고 내년에는 모든 것을 처음부터 새로 시작할 기회가 주어졌다. 물론 백성들은 일 년 가운데 어느 때라도 죄에 대한 용서와 영적 갱신을 구할 수 있었지만, 죄와 더러움의 규모, 알고 지은 죄와 모르고 지은 죄를 생각할 때 그 모든 것이 단번에 처리될 수 있는 하루를 구별하는 것은 지혜로운 일이었다.

Ⅱ. 하나님께서는 자기 백성에게 새로움을 위해 영적으로 준비할 것을 요구하신다(23:27b, 29).

만일 백성이 영적 갱신을 위해 자신의 마음을 준비하지 않는다면 그런 일은 일어나지 않을 것이다. 시편 기자는 여호와께서 원하시는 것은 깨지고 뉘우치는 마음이지 단순히 겉모습뿐인 제사 의식이 아니라고 말했다[시 51:17-19(*MT* 51:19-21)]. 백성들은 자신의 영혼을 괴롭게 하라는(*we*ʿ*innîtem* ʾ*et-napšōtêkem*, *NIV*에서는 '자기를 부인하다' 라고 번역) 명령을 받았다. 이 표현은 상당히 엄격한 편이다. 왜냐하면 ʿ*inâ*는 '고통을 주다', '벌하다', '엄하게 대하다' 는 의미이기 때문이다. 여기서는 백성들이 전적인 금식과 참회의 의식을 따라야 함을 의미한다. 즉, 그들은 평소에 즐기던 기쁨과 위락을 금해야 했다. 왜냐하면 그런 것들은 회개, 고백, 속죄와 어울리지 않기 때문이다. 그들은 이렇게 속죄일의 효력을 위해 기여했고, 단순히 제사장의 사역에만 의지하지 않았다(*Hartley*, 388).

본문은 이런 일을 하지 않는 사람은 끊쳐질 것이라고 덧붙인다(레 23:29). 레위기의 이 구절의 용례로 볼 때 이것은 하나님께서 그들을 끊어내실 것을 의미하는 것이 분명하다. 그리고 그것은 이곳에서 반드시 필요한 것이었다. 왜냐하면 오직 그분만이 사람의 마음을 아시며 누가 진정으로 '자신의 영혼을 괴롭게 했는지' 분별하실 수 있기 때문이다.

Ⅲ. 하나님께서는 영적 갱신이 속죄의 제사를 근거로 한다고 선언하신다(23:27c).

앞 장에서 말한 모든 것은 여기에서도 적용 가능하다. 피 흘림이 없으면 죄 사함도 없다. 그리고 그 피는 하나님께서 규정하신 제사로부터 흘려진 것이어야 했다. 이 본문은 단순히 백성들에게 제물을 드릴 것만을 요구한다. 레위기 16장은 상세한 내용을 규정하고 있다. 그러나 이 영적 갱신의 규정은 동물 의식을 통하여 표현되었다. 염소 한 마리가 제단에서 드려졌고, 다른 한 마리는 광야로 보내졌다. 이렇게 해서 고백된 죄는 완전히 제거되었다.

속죄일이 가르치고 있는 원리는 새 언약의 성도들에게도 합당하다. 죄는 영적 예배와 교제가 일어나기 위해 반드시 정기적으로 제거되어야 한다. 더 나아가 죄는 그리스도께서 단번에 이루신 제사를 통하여서만 영원히 제거될 수 있다.

Ⅳ. 하나님께서는 자기 백성에게 영적 갱신을 찾기 위해 노동을 멈추라고 지시하신다(23:28, 30-32).

속죄일은 또한 완전한 안식의 시간이었다. 어떤 종류의 일도 이 시간에 행할 수 없었다. 하나님께서는 세속적인 것과 거룩한 것을 분명히 구별하신다. 백성들은 영적인 관심, 사실상 가장 중요한 영적 관심사인 하나님과의 속죄를 찾는 일에 전념했다. 백성들이 영적인 삶에 온전히 매진하기 위해 일상에서 벗어날 필요가 있다는 것은 항상 진리다. 그리고 이 원리의 가장 높은 의미로, 신약의 저자들은 제아무리 선하고 의롭다 해도 모든 종류의 공로는 속죄와 그분의 안식에 들어가는 데 아무 쓸모가 없다고 설명한다.

결론

이 부분의 중요 개념은 다음과 같이 정리할 수 있다.

> 백성들은 영적 갱신을 찾기 위해 자신의 일을 멈추고, 하나님 앞에서 자신을 낮추며, 속죄 제사의 공로에 의지하여 그분에게 가까이 나아가야 한다.

이것은 사람들이 그리스도의 죽음을 통하여 구원을 찾을 뿐 아니라, 또한 이어지는 영적 갱신에 대한 모든 간구도 효험 있는 속죄 제사에 근거해야 함을 의미한다. 이 두 번째 부분은 이 원리를 현재 진행되고 있는 성화의 과정에 적용한 것이다. 성화는 사람들이 갖고 있는 주님과의 관계를 유지하는 것이다. 일 년에 한 번씩이든 일주일에 한 번씩이든 그들이 하나님께 가까이 나아갈 때마다 그 핵심은 하나님께서 베푸신 제물의 효험이다. 실제로 우리가 그분의 임재에 들어가는 것은 우리의 삶을 영적으로 깨끗이 씻기(용서와 갱신) 위해서다.

이 절기의 순서에 예언적인 요소가 들어 있음을 확증하는 성경의 증거는 충분한 것으로 보인다. 속죄일은 두 가지 중요한 것을 강조한다. 속죄를 이루기 위해 자기 피를 흘린 제물로 바쳐진 동물과, 백성에게서 죄를 완전하게 제거했음을 가리키는 속죄 염소다. 하나님의 아들은 이 땅에 처음 오셨을 때 자신이 흘리신 피를 통해 완전한 속죄를 베푸셨고, 두 번째 오실 때 자기를 믿는 모든 사람들뿐 아니라 아직 자신이 양처럼 길을 잃고 헤매고 있음을 깨닫지 못하고 있는 사람들까지 위해 모든 죄를 완전하게 제거하실 것이다(사 53:6). 비록 바울이 그 일이 충만하게 이루어질 것이라고 예기하고 있지만, 많은 유대인들에게 속죄일의 예언적 요소는 아직 실재가 되지 못하고 있다(롬 11:25-32).

42 Instructions for Holiness

성회의 축하 잔치: 초막절 규례(23:33-44)

초막절(*Succoth*) 혹은 장막절 잔치는 티시리 십오 일, 속죄일 오 일 뒤에 시작했다. 그날은 또한 ***Asip***, 곧 한 해의 농사를 마무리하는 여름 곡식과 과일을 '한 곳에 모으는' 수장절로 불렸다(출 34:22). 백성들은 감사함으로 여호와께 곡식과 포도를 제물로 드렸다. 이렇게 함으로써 그들은 다음 해에 충분한 비가 내릴 것이라는 믿음을 표현했다.[1]

초막절은 또한 이스라엘 백성이 일시적으로 거주해야 했던 광야에서의 방황을 기념한다. 피난처, 혹은 초막 밑에 앉아 있는 모든 이스라엘 백성들은 자기 조상이 체험했던 것을 몸소 겪었다. 그리고 이 주간의 끝에는 초막에서 나와 더 이상 그렇게 살지 않아도 되는 것을 함께 기뻐했다.

---

1. 미슈나 논문 ***Sukkah***에 보고되는 두 개의 추가된 특징은 후기에 덧붙여진 것이다. 물을 따라 드리는 것(4:9-10)과 등을 켜고 음악과 함께 기뻐하는 것이다(5:2-4). 이 내용은 모두 예수님 당시에 반드시 시행되던 것이었는데, 왜냐하면 예수님께서는 요한복음 7-8장 가운데 그에 대한 두 가지 강화('생수의 강' 과 '세상의 빛')를 만드셨기 때문이다.

신학적 주제

다시 한 번 여름 곡식을 베푸신 하나님께 대한 감사에 신학적 강조가 주어진다. 그러나 그 시기가 계절의 끝에 왔기 때문에 이날은 한 해를 모두 마감하고 겨울비를 위해 기도하는 시간이라는 의미를 전달한다.

이 절기는 역사적 연관 때문에 선지자적인 의미 또한 갖고 있다. 그 의미를 되새기는 것은 백성들로 하여금 이 세상의 마지막에 있을 언약의 성취에 초점을 맞추게 한다.

본문 개괄

메시지 요약

이스라엘은 나무에서 난 것들을 기쁨으로 거둬들이는 가운데 여호와께 드리고, 일주일 동안 일시적인 피난처에서 지내며 광야에서 살던 일을 기억하며, 절기의 첫날과 여덟째 날에 안식일을 지킴으로써 초막절, 곧 여호와께서 정하신 가장 마지막 절기를 지키라는 지시를 받았다.

본문 개요

서언: 여호와께서 모세에게 지시하셨다(23:33).

I. 티시리 십오 일에 시작된 초막절은 첫째 날과 여덟째 날에 아무 노동도 하지 않고 거룩한 집회로 축하하면서 매일 제사를 드리고, 여덟째 날에 마무리 의

식을 드렸다(23:34-36).

A. 티시리 십오 일에 일주일 동안의 초막절이 시작되었다(23:34).

B. 첫날과 여덟째 날은 아무 일도 하지 않는 가운데 성회가 모였고, 여덟째 날은 그 절기 가운데 가장 큰 날이었다(23:35-36).

II. 정기적인 안식일 외에, 여호와께서 지정하신 날에는 합당한 날에 예물과 제물을 드리는 거룩한 집회가 포함되었다(23:37-38).

A. 여호와께서 지정하신 날은 거룩한 날로 모든 제사를 드렸다(23:37).

B. 여호와의 안식일 외에 지정된 날은 백성의 예물, 서원으로 인한 제물, 자원하는 제물을 드렸다(23:38).

III. 이스라엘 백성은 특정한 나무에서 나온 산물을 드려 절기의 첫날과 마지막 날을 안식일로 지켰고, 일시적으로 피난처에서 거하면서 미래의 세대로 하여금 여호와께서 그들을 애굽에서 구원하신 것을 알 수 있게 했다(23:39-43).

A. 백성들은 곡식을 추수한 다음에 칠 일 동안 그 절기를 축하했고, 첫날과 여덟째 날은 안식일의 안식을 누렸다(23:39).

B. 백성들은 열매 맺는 나무에서 난 것과 종려나무 가지와 무성한 가지와 시내 버들을 드려 여호와 앞에서 칠 일 동안 기뻐했다(23:40).

C. 이 절기는 티시리월에 칠 일 동안 진행되는 영원한 규례였다(23:41).

D. 순수한 이스라엘 백성은 이 절기 동안 초막에서 지내며 미래의 세대로 하여금 하나님이 자기들을 애굽에서 이끌어내실 때 어떻게 초막에서 살았는지를 알 수 있게 했다(23:42-43).

결어: 모세는 이스라엘 백성에게 여호와께서 지시하신 절기를 공포했다 (23:44).

내용 강해

이 절기는 그 땅에서 맞이하는 가을 추수와 종 노릇에서 벗어나 광야에서 살던 것을 함께 기념하는 날이기 때문에 주해는 두 가지 동기를 함께 다루어야 할 것이다. 그 내용은 명확히 구별되는 것이면서도 분명히 서로 연관이 된다. 백성들은 그 땅에서 살면서 하나님의 풍성하심을 누린다 하더라도 광야에서 살던 때의 어려움을 잊어서는 안 되었다.

I. 하나님의 백성은 그분이 베푸신 풍성함에 감사하는 시간을 구별해서 드려야 한다(23:33-39).

티시리 십오 일에 숙곳 절기(***ḥag hassukkôt*, *Feast of Succoth***)로 알려진 칠 일간의 초막절을 시작했다. 백성들은 일주일 내내 초막이나 지붕을 씌우고 옆은 부분만 가린 피난처에서 지냈다. 동일한 말이 야곱이 숙곳에서 자기 양떼를 위해 지은 우리를 가리키는 데 사용되었다(창 33:16-17). 따라서 이 이름은 조상이 광야에서 방황하는 동안 일시적인 거처(즉, 천막)에서 살았다는 것으로 설명된다. 그러나 이중적인 의미가 가능한데, 출애굽기 12장 37절에 의하면 그들이 라암셋을 떠난 뒤에 가장 먼저 도착한 곳이 숙곳이기 때문이다(***Levine***, 163).

이 절기의 기본적인 내용은 레위기 23장 35-39절에서 제공되었다. 이 주간의 첫날은 거룩한 집회가 있었다. 그리고 한 주간 내내 제사 예물을 드렸다(민 29:12-39는 이 예물이 무엇인지 상술한다). 그리고 여덟째 날은 마무리 집회(*ʿăṣeret*)로 제사는 드렸지만, 정기적인 노동은 없는 거룩한 집회의 날이었다.

레위기 23장 37-38절은 절기에 관해 이 장에 삽입된 부록으로 보인다. 이 규정된 절기는 거룩한 집회로, 그날에 백성들은 안식일에 드린 예물, 서원, 낙헌제 외에 번제, 소제, 화목제, 전제를 드렸다.

Ⅱ. 하나님의 백성은 감사의 시간 동안 기쁨으로 축하해야 한다 (23:40-41).

본문은 이제 백성들에게 이 특별한 시간을 어떻게 축하해야 하는지 지시한다. 그들은 먼저 '나무에서 열매를 골라야(*p*ᵉ*rî ʿēṣ hādār*)' 했다. 이것이 옛날 판본에는 '아름다운 나무를 사다'로 번역되어 있다. 유대 전승은 나중에 이것을 상록수인 감귤나무(*ʾetrôg*)로 해석했다.[2] 그러나 레빈(*Levine*, 163)은 여기서 언급되고 있는 것은 네 가지가 아니라 세 가지라고 주장한다. '아름다운 나무'로 언급된 처음 항목은 일반적인 특징으로 이어서 세 가지가 구체적으로 언급되었다고 한다.

이 세 가지 형태는 종려나무의 이파리(미슈나 논문 *Sukkah* 3:1은 손바닥 세 배 길이라고 말한다), 잎이 무성한 나무의 가지(은 매화를 가리키는 것으로 보이는데, *ʿābōt*은 '얽히다'를 의미하기 때문이다) 그리고 시냇가에서 나는 버들(*poplars*)을 말한다. 이것으로 무엇을 했을까? 느헤미야 8장 15절은 잎이 무성한 가지로 초막을 만들라고 지시했다.

후기 유대 전승에서 백성들은 종료 나무 이파리를 취하고, 은 매화를 한쪽

2. *ʾEtrôg*란 말이 느헤미야 8장 15절에서는 언급조차 되지 않는다. 그것은 나중에 생긴 말이다.

옆에 그리고 버들을 반대편에 놓고 그것을 금색 실로 묶었다. 이 묶음 혹은 축제용 깃털 장식은 *lûlāv*라고 불렸는데, 물을 붓는 의식과 함께 기혼 샘에서 성전까지 축제 행렬을 수행했다. 이것은 백성들에게 기뻐하라고 명한 유일한 축제였다.

Ⅲ. 하나님의 백성의 축제는 반드시 믿음의 기초에 초점을 맞추어야 한다(23:42-43).

이스라엘 백성들은 그들의 신앙의 역사적 기초, 곧 애굽에서의 종살이로부터 해방된 것에 대한 시선을 잃지 말아야 한다고 가르침을 받았다. 따라서 여호와께서는 백성들에게 초막에서 거하면서 "내가 이스라엘 자손을 애굽 땅에서 인도하여 내던 때에 초막에 거하게 한 줄을 너희 대대로 알게" 하셨다.

일주일간 이 초막에서 거하는 것은 백성들로 하여금 자신의 집에 대해 감사하게 하고, 현재 누리고 있는 편안함이 얼마나 감사한 것인지 깨닫게 했다(신 6:10-11). 라쉬밤(*Rashbam*)은 레위기 23장 43절에서 하나님께서 초막절을 집 안이 좋은 것들로 가득 차는 추수 기간에 두셨다고 말했다. 그래서 사람들은 자신이 이 모든 것을 해냈다고 말할 수 없었다고 말한다.

그리고 이 일시적인 초막이 비록 누추한 것이기는 하지만 그것은 그들에게 하나님께서 가혹한 환경 가운데 베푸신 것들을 기억하게 했다.[3] 아름다운 나뭇가지로 엮은 초막에 거하는 것은 하나님의 선하심의 증거이며, 하나님의 베푸심을 생각나게 하는 것이다.

---

3. *C. F. Keil, The Pentateuch(trans. J. Martin; Edinburgh: Clark*, 1874; *repr, Grand Rapids: Eerdmans*), 2:449-50.

결론

이 가을 절기가 가르쳐주는 역사적 메시지와 신학을 담기 위해 이렇게 말할 수 있다.

> 하나님의 백성은 어떻게 여호와께서 그동안 자기들에게 베푸셨는지 그리고 자기 조상을 약속의 성취로 인도하시는 가운데 어떻게 베푸셨는지를 기억 속에 보존해야 한다.

주해의 주된 초점은 감사가 되어야 한다. 이 절기는 백성이 소유한 모든 것, 심지어 그들에게 육신의 안락을 주는 것들도 하나님께로부터 왔음을 인정하는 것이었다. 신약 가운데 이 절기와 정확하게 일치하는 것은 없다. 그러나 그 일반 원리는 적용된다. 우리가 가진 모든 좋은 것들을 주신 분이 하나님이심을 인정하는 가장 확실한 방법은 찬양을 드리는 것이다. 그리고 우리의 입술로만이 아니라 우리의 삶을 통하여 찬양을 드려야 한다. 만일 하나님께서 우리의 삶 가운데 좋은 것으로 축복하셨다면, 우리는 이기적이 고 자기 자신만을 생각해서는 안 될 것이다. 하나님께서 사람들(혹은 그들의 조상)을 은혜로 대하시는 것에는 영적인 의무가 따른다. 진정으로 감사하는 사람은 하나님께서 자신에게 주신 것들로 그분께 영광 돌릴 수 있는 방법을 구할 것이다.

이스라엘의 진정한 정체성은 이 세상의 기준에서 볼 때 빛 가운데로 다닌 순례하는 백성이다.[4] 그리스도인들 역시 자신의 시민권이 하늘에 있음을 깨달아야 한다.

---

4. *D. Tidball, Discovering Leviticus*(*Leicester, England: Crossway*, 1996), 188.

장막절은 하나님께서 땅을 통해 주신 풍성한 공급을 기념하는 큰 기쁨의 절기다. 그것은 또한 이 땅에서 거하는 것이 잠시뿐임을, 이 땅에서의 삶은 잠깐임을 일깨워준다. 그리고 이런 의미에서 이 절기는 하나님의 나라, 곧 세상 끝에서 이루어질 그분의 평화롭고 번창한 통치가 이 땅에 임할 때 있을 큰 기쁨과 모임을 나타내는 그림이 된다[사 52:7-12, 2:2-4, Mic 5:2-5(MT 5:1-4), 슥 12-14장]. 그 추수 안에서 추수의 하나님께서는 천사들을 보내 좋은 '알곡'은 모아 곳간에 들이고 '쭉정이'는 영원히 꺼지지 않는 불 심판에 던지실 것이다. 구약의 수장절은 연말에 거행되어 새해의 시작을 알렸다. 그날은 추수 감사제로 예언적인 면에서 종말을 의미했다.[5] 장막절 마지막 날은 큰 날로서, 백성들이 초막에서 나왔기 때문에 기쁨과 축하로 가득한 날이었다. 그것은 그들이 영원한 안식을 누릴 영원한 미래를 가리켰다.

참고 문헌

MacRae, G. W. "The Meaning and Evolution of the Feast of Tabernacles." *CBQ* 22(1960): 251-76.

Rylaarsdan, J. "Booths Feat of." Pp. 455-58 in vol. *of The Interpreter's Dictionary of the Bible*. Edited by G. A. Buttrick et al. Nashville: Abingdon, 1962.

5. 베드로가 변화산에서 장막 세 개를 짓고자 했던 것은 합당한 충동이었으나 시기가 맞지 않았다(눅 9:33). 그는 그리스도께서 영광을 입으신 것을 보았을 때 그 나라가 임했다고 생각했고, 따라서 장막을 지어 그것을 축하하고자 했던 것은 온당한 일이었다.

43

Instructions for Holiness

직무에 참가함: 기름과 떡에 대한 규례(24:1–9)

기름과 떡에 대한 규정은 앞에서의 가르침에 추가되어 반드시 필요하고, 또한 유용한 것이다. 왜냐하면 절기의 모든 행동 가운데 이 기본적인 것들이 무시될 수 있기 때문이다.

불에 사용할 기름을 공급하고 상 위에 떡을 진설하는 것은 예배자가 성소에 드리는 헌물의 일부였다. 등대가 매일 켜져 있고, 떡이 매주 드려지는 것을 확인하는 것은 거룩한 곳에서 매일 일어나는 예배를 강조하는 것이다. 왜냐하면 이 행동들이 연중에 큰 절기를 지키고 있는 동안에는 세심하게 수행되지 못할 수도 있기 때문이다. 백성들은 감람나무를 수확하고, 여름 곡식을 거둬들이며, 다음 달에 기름과 떡에 필요한 것을 따로 구별해야 했다.

신학적 주제

이러한 규정들 이면에 놓인 신학은 자기 백성 가운데 사시는 하나님의 임재의 실재다. 그것이 없이는 이곳에 규정된 의식은 별 가치가 없다. 이 부분은 백성들이 하나님께 대해 갖는 간단하고 사소한 집안일만큼이나 단순한 두 가지 의무에 초점을 맞춘다. 그것은 등잔에 기름을 공급하고 상 위에 떡을 올리는 것이다. 그렇다면 이 부분에서 신학적인 관심은 하나님께 나아가는 것을 준비하는 것 그리고 감사의 표시로 성소의 상에 공급하는 것에 있게 된다.

본문 개괄

메시지 요약

이스라엘 백성은 등대에 항상 불을 켜서 여호와의 임재와 그분께 나아감을 상기하고, 고운 가루로 만든 신선한 떡을 안식일마다 상에 올려 여호와의 공급하심과 그분의 몫을 잊지 말아야 했다.

본문 개요

서언: 여호와께서 모세에게 이스라엘 백성들을 위한 규례를 주셨다(24:1).

I. 여호와께서는 백성들에게 성소의 등대에 순결한 기름을 가져와 불이 결코 꺼지지 않게 하라고 지시하셨다(24:2-4).

A. 회중은 등대를 위한 기름을 가져와 그것이 계속 타게 했다(24:2).

B. 제사장은 등대를 저녁부터 아침까지 꺼지지 않고 계속 타게 했다(24:3-4).

II. 여호와께서는 백성들에게 고운 가루로 떡을 만들어 매주 성소에 신선한 떡이 드려지도록 지시했다(24:5-9).

A. 회중은 떡을 구워 그것을 여호와 앞에 줄을 맞추어 진열했다(24:5-7).

B. 제사장은 떡과 관련된 의식을 유지하고 그것을 자신의 몫으로 누렸다(24:8-9).

내용 강해

이 부분의 주해는 두 개의 구별되지만 서로 연관된 하나님의 백성의 의무를 다룰 것이다. 내용의 구성은 다소 직설적이며, 대체적으로 간단하다.

I. 하나님의 백성이 드리는 경건한 예배는 그분께 나아가는 길을 계속 밝힌다(24:2-4).

이 주제를 정리하며 '밝히다' 라는 말을 사용한 것은 그 말이 성소에 있는 등대의 실체를 잘 파악하고 있으며, 이 주제에 내포되어 있고 나중에 계시 가운데 밝히 드러나는 영적 조명의 의미를 상징하고 있기 때문이다. 또한 '예배' 란 말을 사용한 것은 사람들이 기름을 드리는 것과 제사장이 촛대를 다듬고 준비하는 것을 가리키는 일반적인 표현이다. 이런 행동들은 교회에서 평신도가 헌금으로 사역을 후원하고, 지도자들은 그 헌금을 풍성한 사역에 사용하여, 궁극적으로 백성들에게 하나님께 나아가는 길을 보여주는 교회 안에서의 영적 예배와 일치한다.

이 가르침은 등대를 켜기 위하여 감람을 찧어 만든 순결한 기름(*šemen zayit zāk kātīt*)을 가져와 불이 끊이지 않게 하라는 명령으로 시작한다(24:2). 스네이드(*Snaith*, 109)는 *tāmîd*의 번역을 '끊이지 말고'에서 '정기적으로'로 바르게 교정한다. 왜냐하면 칠십인 역과 사무엘상 3장 3절에 의하면 등잔은 오직 새벽까지만 불이 켜졌고, 또한 *tāmîd*는 다른 곳에서 '규칙적으로(왕하 25:30에서 규칙적인 식사에 사용됨)'를 의미하기 때문이다. 따라서 등대는 아마 새벽까지만 불이 켜졌을 것이다(출 27:21을 보라).

*Zāk*란 말은 이 기름이 순수한, 혹은 신선한 것임을 가리킨다. 그것은 감람을 처음 짜서 만든 기름으로 만들었다. 모든 감람나무 기름은 불이 붙지만 처음 짜낸 순수한 것만을 성소에 가져갈 수 있었다.

그렇다면 제사장의 의무는 등잔(*hannērôt*)을 등대(*hamm*[e]*nōrā haṭṭ*[e]*hōrâ*) 위에 배열하고(*ya*ʿ*ărōk*, ʿ*ārak*에서 유래) 매일 신선한 기름을 넣어 그것이 항상 타게 하는 것이었다. 이것은 영원한 규례였다.

등잔을 등대 위에 두는 목적은 주로 실용적인 이유 때문이었다. 성소에 빛을 비추고 백성들이 예배하는 가운데 다른 영적 직무를 수행하거나 중보를 드리는 사람이 하나님께 나아갈 수 있게 하려는 것이다. 빛은 또한 상징적인 것이다. 성경에서 빛은 일반적으로 거룩하신 여호와 하나님[시 27:1, 36:9(*MT* 36:10)], 혹은 하나님의 말씀(119:105)을 가리킨다. 구체적으로 언급된 등잔을 타게 하는 기름은 성령의 능력을 가리킨다(슥 4:6을 보라). 영적 의미에서 하나님께 나아가는 길은 말씀으로 비춰지며, 그 빛은 성령에 의해 능력이 부어진다.

신약에서 주 예수 그리스도는 성부 하나님께 나아가는 길을 여신 빛이 되셨다(눅 2:32, 요 8:12, 9:5). 그분은 이스라엘의 메시아로서 이스라엘에게 열방의 빛이 되라고 요구하셨다(사 42:6, 49:6, 60:3). 그분의 사역에 동참하는 이들인 개개의 그리스도인(마 5:14-16, 요일 1:5-7)과 교회(계 1:12-13, 20)는 모두 빛이다. 그들은 등대다. 왜냐하면 그들은 사람들에게 성자를 통하여 아버지께 나아가는 길을 보여주기 위해 성령으로 능력을 받기 때문이다.

Ⅱ. 하나님의 백성들이 경건하게 섬길 때 여호와와의 계속적인 교통이 보장되었다(24:5-9).

여호와께서는 사람들에게 고운 가루를 사용한 열두 개의 둥근 떡(*ḥallôt*)을 구우라고 명하셨는데, 규정된 밀가루의 양을 기준으로[1] 계산해보면 상당히 커다란 크기였다. 매 안식일마다 제사장은 갓 구운 떡을 성소의 여호와 앞(*lipnê yhwh*) 상 위에 두 줄로 배열하였고, 두 줄 위에 각각 기념물로 정결한 유향을 놓았다.[2] 이 떡은 제사장이 먹었는데, 이는 그것이 여호와께 드려진 성물 가운데 속했기 때문이다.

이 떡은 '진설병, *the bread of presence*' (출 25:30)으로 불렸는데 왜냐하면 그것이 여호와의 임재 안에(문자적으로, '정면으로') 위치해 있었기 때문이다. 열두 지파는 이 떡을 매주 드림으로써 하나님께서 자기 백성에게 음식을 공급하신다는 사실을 인정했다.

떡은 시간이 지나면 상했다. 그래서 매주 바꾸어놓아야 했다. 떡을 치워 제사장이 먹게 할 때는 유향을 떡에서 모아 중보 기도와 함께하는 향단에서 태웠다. 떡이 치워져 제사장들이 먹을 때마다 하나님께서 음식을 계속 공급해주실 것을 구하는 기도가 드려졌다.

백성들이 드리는 떡은 그들이 누리는 음식을 하나님께서 공급하신다는 사실을 나타내는 증표였다. 그러나 그것이 성소 안의 상 위에 있을 때는 여호와께서 자기 백성에게 공급하시는 모든 것, 물질적이거나 영적인 모든 것을 가리켰다. 신약에서 인자는 자기 백성을 위해 떡을 베푸실 수 있음을 증거했다. 그러나 그들이 필요로 하는 진짜 떡은 그들의 영혼을 위한 음식이었고, 따라서 그분은 자

---

1. 떡 한 덩어리는 6.5리터, 무게로 약 340그램 정도의 가루가 사용되었다(*Snaith*, 109).

2. 요세푸스(*Josephus*)는 이 떡을 여섯 개씩 두 무더기로 모아놓았다고 말한다(*Antiquities* 3.6.6 §142). 이것은 상의 크기가 매우 작을 때의 경우였다.

신이 성부 하나님께서 보내신 생명의 떡이라고 선언하셨다(요 6:25-59).

결론

하나님의 백성이 드리는 예배의 두 가지 측면은 다음과 같은 하나의 주해 개념으로 쉽게 결합될 수 있다.

> 하나님의 백성(즉, 제물을 드리는 백성, 행동을 취하는 지도자)이 드리는 헌신된 예배(즉, 신실하고 올바르게 가져온 제물)는 하나님께 나아가는 길이 밝게 비춰지고 그분으로부터 오는 공급하심이 계속 될 것임을 확증한다.

여호와 하나님께서는 자기 백성들 가운데 존재하시기 때문에 그들은 자신들의 수입으로 등잔이 성소로 가는 길을 밝히도록 만들어야 한다. 모든 세대의 성도들은 하나님께 나아가는 길을 비추거나 보여주어야 할 의무가 있다. 그러나 그들이 부분적으로만 할 수 있는 것을 메시아이신 예수님께서는 완전하게 하실 수 있다. 왜냐하면 그분은 세상의 참된 빛이시기 때문이다.

백성들은 또한 하나님께서 공급하신 음식에 대한 감사의 표시로 떡을 드려야 했다. 오늘날에도 주님께 드려진 감사 예물, 즉 하나님께서 주신 것에 대한 일부로서 목회자들에 의해 사용될 수 있는 것은 그분의 모든 공급하심에 대한 감사로 드려지지만, 무엇보다 하나님께서 주신 가장 큰 공급은 생명의 떡이신 예수 그리스도를 보내주신 것이다. 모든 성도들은 하나님께서 자신들의 유익을 위하여 주신 것들에 대한 감사의 표시를 드림으로써 사역에 동참할 의무가 있다. 그런 다음 성도들은 제사장 나라로서 생명의 떡을 세상에 드린다.

44 Instructions for Holiness

그분의 이름을 거룩하게 함: 신성 모독의 경우(24:10-23)

금송아지 사건(출 32-33장)에서처럼 레위기에 기록된 다음 사건은 여호와께서 모세에게 가르침을 주시는 일을 방해했고, 그 어려움을 해결하기 위해 시간이 필요했을 것이다. 그렇다 해도 이 사건의 기록은 본서의 구조 안에서 한 가지 목표를 이룬다. 레이보비츠(*Leibowitz*)가 말한 것처럼, "신성 모독자의 이야기는 정결함이 없는 삶이 어떻게 사람을 나락으로 떨어뜨리는지를 강조하는 본서 전체를 구별해주는 거룩함이라는 주제와 직접적인 대조가 된다."[1] 거룩함이란 주제와 대조를 이루는 이 내러티브는 이스라엘에게 여호와의 이름은 거룩함으로 신뢰해야 한다는 것을 알리는 엄숙한 경고가 되었다. 이 경고는 거룩한 절기들의 월력이라는 문맥 가운데 나왔다.

더욱이 이 이야기는 본서의 밑그림 가운데 병행 구조로 이바지한다. 이 책의 첫 부분은 거룩한 의식과 묵상을 다룬다. 그리고 그 부

1. *N. Leibowitz, Studies in Vayikra: Leviticus(trans. A. Newman; Jerusalem: World Zionist Organization*, 1983), 243.*Westminster*, 1965), 9-10.

분의 마지막은 나답과 아비후의 죄에 대한 내러티브다(레 10장). 그 당시 하나님의 심판은 제사장들이 여호와를 거룩히 해야 한다는 영원한 경고였다. 본서의 다음 부분은 이스라엘 백성들이 거룩한 삶을 살기 위한 규례들을 다루는 가운데 그들의 거룩한 월력의 개관 가운데 절정에 이른다. 그리고 이 부분의 마지막에서, 특히 기름과 떡에 대한 가르침과 대조를 이루면서 신성 모독의 죄에 관한 내러티브가 등장한다(레 24장). 신성 모독을 한 사람은 제사장이 아니었기 때문에, 하나님이 아닌 백성들이 그를 죽음에 처하게 했다. 이것 역시 백성들에 대한 영원한 경고였다.

신학적 주제

이 이야기의 신학적 주제는 성경 신학의 본질적 부분이라 할 수 있는 여호와의 이름에 관심을 갖고 있다. 비록 성경은 사람들에게 그 이름은 반드시 거룩히 여김을 받아야 한다고 일깨우지만, 여기서 그 정반대되는 일이 일어났다. 따라서 신성 모독에 관해 연관된 신학적 주제가 연구되어야 한다.

본문 개괄

메시지 요약

한 이스라엘인 어머니와 애굽인 아버지를 둔 아들이 여호와의 이름을 모독하자 여호와께서는 자신의 의로운 기준에 맞게 돌로 치는 벌을 내리라고 명령하셨다.

본문 개요

I. 이스라엘인 어머니와 애굽인 아버지를 둔 아들이 한 이스라엘 사람과 싸우던 중 여호와의 이름을 모독했다가 갇혀서 하나님의 결정을 기다리게 되었다(24:10-12).

A. 이스라엘인 어머니와 애굽인 아버지를 둔 아들은 한 이스라엘 사람과 싸움을 벌였다(24:10).

B. 이 혼혈인은 싸움 중에 여호와의 이름을 모독했다(24:11).

C. 그 신성 모독자는 붙잡혀서 하나님의 심판을 기다리게 되었다(24:12).

II. 여호와께서는 모세에게 회중으로 하여금 그 신성 모독자를 이방인과 이스라엘 백성 모두에게 미치는 하나님의 공의의 기준에 따라 돌로 치라고 명하셨다(24:13-22).

A. 모세는 신성 모독자를 진 밖으로 데리고 나가 증인들이 그 사람의 머리에 손을 얹게 한 뒤에 회중으로 하여금 돌로 치게 하라는 명령을 받았다(24:13-15).

B. 이스라엘 백성은 하나님의 공의의 기준은 이방인과 이스라엘 백성 모두에게 적용된다는 것을 알게 되었다(24:16-22).

III. 모세의 지휘 아래 이스라엘 백성은 그 신성 모독자를 진 밖으로 데리고 나가 돌로 쳤다(24:23).

내용 강해

I. 하나님의 백성은 신성 모독을 참지 말아야 한다(24:10-12).

이방인과 결혼을 한 부부 사이에 태어난 한 남자가 어느 이스라엘 사람과 싸움을 벌이게 되었고, 싸움 도중 그가 "(여호와의) 이름을 훼방하며 저주했다"(24:11). 이것은 명백히 율법을 위반한 것이었기 때문에 백성들은 그 남자를 옥에 가두고 하나님께서 자신들이 그를 어떻게 하기를 원하시는지 분별할 수 있을 때까지 기다렸다.

이름(*haššēm*)은 성경의 신학 가운데 본질적인 것이다. 하나님의 개인적인 이름은 여호와(근래에는 야웨 혹은 야훼로 사용되며, 영어 성경의 경우 *LORD*로 번역됨)다. 하나님께서는 자신의 이름의 의미를 *ʾehyeh ʾăšer ʾehyeh*("나는 바로 나다")라는 수수께끼 같은 말로 계시하시고, 모세에게 가서 백성들에게 여호와께서 자기를 그들에게 보내셨다고 말하게 하셨다(출 3:14).

이스라엘에서 이름은 그 사람의 전인격을 가리키며 따라서 강력한 힘, 곧 그 이름이 호명된 사람과 같은 힘을 가졌다. 이름은 더럽혀지기도 하고, 구함을 받기도 하며, 찬양과 기도의 대상이 되기도 하고, 유산을 물려받기도 하며, 명성을 날리기도 하고, 전쟁에서 이기기도 하며, 백성들 가운데 거할 수도 있었다. '여호와의 이름'은 구약에서 반드시 고려해야 할 대상이었는데, 왜냐하면 그 이름은 하나님의 속성, 곧 우리에게 알려진 하나님의 모든 것이기 때문이다[출 34:4-7, 사 9:6-7(*MT* 9:5-6)]. 여호와의 이름을 거룩하게 하는 것은 단지 그 이름을 조심스럽게 사용하는 것만을 의미하지 않는다. 그것은 여호와 그분 자신을 거룩하게 하는 것을 의미한다. 그리고 이 본문에서 그 이름의 부당한 사용은 단지 이름의 언급이 아니라 하나님의 성품에 대한 멸시의 표현이 겉으로 표현된 것이었다.

본문은 그 남자가 "이름을 훼방하고 저주하였다"고 말한다. 두 번째 동사인 *Piel qālal*은 '저주하다', '가볍게 대하다', '멸시로 대하다', '중요하지 않게 여기다'를 의미한다(레 20:9를 보라). 최소한 이 남자는 참되고 살아계신 하나님을 얕잡아 보았다. 이 구절에서 처음에 사용된 동사인 *nāqab*은 상당히 복잡한 말로 일반적으로 '신성 모독을 하다'로 번역되었다.[2] 기본적으로 이 낱말은 세 가지 용례가 있다(*BDB* 666은 이 말을 두 개의 어근으로 분리한다. KBL 839-41은 그렇게 하지 않는다). (1) 구멍이나 굴을 뚫다(합 3:14). (2) 분리하다, 구별하다, 구체적으로 이름을 거론함으로써 다르다고 선언하다[암 6:1에 나온 수동태분사 *n*[e]*qûbîm*(이름이 말해진 자)는 지도자 혹은 왕자를 가리킨다]. (3) 무언가에 구멍을 뚫거나 때려서 저주하다. 비유적인 용례 가운데서는 특히 하나님에 대한 멸시적인 대우를 가리키는 데 사용되었다. 이 두 동사는 각기 분리된 언어적 행동으로 번역될 수도 있지만, 일반적인 의미가 동일하고 같은 사건을 가리키고 있기 때문에 그 가운데 하나는 다른 것을 수식하거나 한정하게 된다(두 개의 품사를 사용하여 하나의 의미를 강조하는 중언법으로서).

이런 정의를 염두에 둔다 해도 이 남자가 한 일이 정확하게 무엇이었는지는 분명하지 않다. 아마 그가 단순히 거룩한 이름을 말한 것이 아니었다고 주장하는 편이 안전할 것이다. 그리고 본문은 그 이상을 암시하고 있다. *NIV*는 "그가 그 이름을 저주함으로써 신성 모독했다"고 번역하여, 두 번째 동사가 신성 모독을 한정하고 있다. 다른 말로 하면, 그는 거룩한 이름을 저주 가운데 사용했다. 레빈(*Levine*, 166)은 그가 불경스럽게 저주하면서 그 이름을 발설

---

2. 신성 모독에 해당하는 영어 단어 *blaspheme*는 헬라어 '비방하기'에서 유래되었다(*American Heritage Dictionary*의 부록 *bhā*-[2] 항목을 보라).이 표현은 일반적인 것이지만, 하나님의 성품에 대한 멸시, 경멸, 무례함이 담긴 언급을 묘사한다.

한 것이라고 제안한다[출 22:28(*MT* 22:27), 왕상 21:10, 13, 요 2:9, 마 26:65-66을 보라]. 그리고 레이보비츠는 그가 율법을 주신 분을 저주했다고 주장한다.[3] 이 모든 견해는 그 남자가 하나님의 이름을 저주 가운데 사용함으로써 여호와에 대해 경멸적인 언급을 했다고 결론 내린다.

Ⅱ. 하나님의 공의는 신성 모독자를 죽음에 처할 것을 요구한다 (24:13-23).

이 문제에 대한 여호와의 결정은 그 신성 모독자를 사형에 처하는 것이었다. 여기에 놓인 원리는 "만일 누구든지 자기 하나님을 저주하면, 그 사람은 책임을 져야 하고(*kî-yeqallēl ʾĕlōhāyw wenāśāʾ ḥeṭʾô*) 누구든지 여호와의 이름을 신성 모독한 사람은 반드시 죽여야 한다(*wenōqēb šēm-yhwh môt yûmāt*)"는 것이다. 이 말은 그 남자가 지은 죄의 본질을 분명히 밝혀준다. 그는 다만 그 이름의 신성을 모독했을 뿐 아니라, 또한 하나님을 저주했다. 그것은 매우 심각한 범죄였기 때문에 그것에 대해 책임을 져야 했다. 그의 말을 목격한 사람들은 자기 두 손을 그 사람의 머리 위에 얹었는데, 아마 그들도 그 말을 들음으로써 신성 모독에 연루되었기 때문일 것이다. 그리고 모인 회중들이 그 남자를 돌로 쳤다. 하나님께서는 이런 엄격한 처벌을 통해 이 범죄의 막중함을 모든 시대에 선포하셨다.

이 장의 나머지 부분은 하나님의 공의의 원리를 규정하면서 벌이 그 죄에 타당하다는 사실을 보여주고 있다. 레위기 24장 20절은 "파상은 파상으로, 눈은 눈으로, 이는 이로 갚을지라 남에게 손상을 입힌 대로 그에게 그렇게 할 것이며"라고 말한다. 레이보비츠는 이 구절이 종종 가장 잔혹한 단계의

---

3. *Leibowitz*, *Studies in Vayikra*: *Leviticus*, 241.

복수로 잘못 이해되고 있는 것에 항변하면서, 몇 가지 적용은 실질적으로 이행될 수 없는 것이기 때문에(남의 눈을 상하게 했다고 해서 그 사람의 눈을 빼면 그로 인해 죽을 수도 있기 때문에) 이 구절은 반드시 공평한 배상이 이루어져야 한다는 것을 가르치기 위한 것이라고 설명한다.[4] 웬함(*Wenham*, 312)은 사전에 계획된 살인의 경우에만 실제로 목숨을 목숨으로 배상했다고 덧붙인다.[5]

이 점은 생명을 취하는 일에 대해 별도로, 여호와의 공의가 공평한 금전적 배상을 요구한 것으로 보인다. 신약(마 5:38-39)에서 예수님께서는 엄격한 탈리오의 법칙(*lex talionis*)을 개인의 행동에 대한 잣대로 사용하는 사람들을 비판하셨다(*Wenham*, 313). 그분은 그들이 다른 사람들에 대한 사랑을 가져야 한다고 가르치셨다.

결론

이 본문의 개념은 부정적인 본보기로부터 긍정적인 가르침으로 변환될 수 있다.

> 하나님의 백성은 여호와의 이름을 거룩히 해야 한다(즉, 여호와의 거룩하고 주권적인 성품이 세상 가운데 보존되게 해야 한다). 왜냐하면 여호와의 공의는 신성 모독자를 심판할 것을 요구하기 때문이다.

---

4. 앞의 책, 245.

5. 레이보비츠(*Leibowitz*, 앞의 책, 245-57)는 왜 이것을 문자적으로 보아서는 안 되는지에 대한 랍비들의 이유를 제시하면서, 율법 안의 원리를 문자적으로 취하는 것은 불공정한 결과를 낳게 됨을 보여준다.

이 본문의 주해는 성도들이 어떻게 주님의 이름을 다루어야 하는지에 대한 긍정문으로 된 가르침을 제공해야 한다. 성도들은 마치 하나님의 이름이 자신의 말과 생활로 인해 어떤 대접을 받을지 결정되는 것처럼 말하고 또한 살아야 한다. 이 적용의 한 가지는 주님의 이름에 대한 부당한 사용을 조심하는 것이어야 한다. 그러나 적용의 핵심은 주님의 이름을 거룩히 여기는 것이다. 왜냐하면 그 이름은 모든 이름 위에 뛰어나며, 모든 무릎이 그 앞에 꿇게 될 거룩한 이름이기 때문이다.

이 본문의 처벌에 관한 규정은 교회에 속하지 않는 이스라엘의 규정의 일부다. 오늘날 세상 문화 가운데 성행하고 있는 신성 모독의 문제에 관해 그리스도인들은 다만 신성 모독자들에게, 하나님께서 그들을 죄 없다 하지 않으실 것이라고 경고만 할 수 있다. 그리스도인이라면 복수는 하나님께 맡기고 다만 그분의 이름이 높임을 받으시기를 위해 그리고 하나님의 뜻이 이 땅에 이루어지기를 위해 기도할 뿐이다.

신성 모독을 저지른 불신자들의 경우, 회개하지 않으면 분명히 그들에게는 심판이 있다. 마태복음 12장에서 예수님께서는 바리새인들에게 모든 죄와 신성 모독은 용서받을 수 있지만 성령을 모독하는 죄는 용서받지 못한다고 말씀하셨다. 용서받지 못할 죄는 단지 인자를 거부하는 것뿐 아니라 그분의 능력 있는 사역을 사탄의 것으로 돌리는 것이다. 간단히 말해서 예수님의 말씀과 사역이 불신임된 것이다. 그런 신성 모독은 진정한 신자라면 저지를 수 없는 죄다. 왜냐하면 그것은 하나님의 아들에 대한 완전한 거부가 포함되기 때문이다.

역설적이게도 복음서에서 예수님을 십자가에 처형시켰던 죄목은 신성 모독이었다(마 26:65-66). 그분을 고소했던 자들은 하나님의 아들에게 사형을 구형하면서 실제로 신성 모독의 죄를 저질렀고, 만일 회개하지 않았다면 장차 올 세상에 참여하지 못할 것이다.

참고 문헌

HaMekalail. "The Egyptian's Son Who Blasphemed the Divine Name." Pp. 334-38 in *The Midrash Says: The Book of Vayikra*, Edited by M. Weissman. New York: Benei Yakov, 1982.

Mikliszanski, J. K. "The Law of Retaliation and the Pentateuch." *JBL* 66(1947): 295-307.

Mittwock, H. "The Story of the Blasphemer Seen in a Wider Context." *VT* 15(1965): 386-89.

Weingreen, J. "The Case of the Blasphemer." *VT* 22(1972): 118-23.

45

Instructions for Holiness

공동체에 참여함: 안식년에 대한 율법(25:1-7)

안식년 규정은 이스라엘 백성에게 지연된 안식과 빚을 탕감받을 미래에 대한 소망을 주기 위한 것이다. 백성들은 한 해도 쉼 없이 일을 했지만 앞으로 안식의 때가 올 것임을 알았다. 그런 기대가 없다면 백성은 절망할 것이다.

안식년(그리고 희년)과 관련된 율법의 목적은 부유한 지주 계급의 형성과 그들에게 빚진 자들의 몰락을 막기 위한 것이다(*Wenham*, 317). 이러한 시간들은 백성들에게 휴식과 주기적인 재출발의 시간을 제공하고, 최소한 평생에 한 번은 모든 것을 새로 시작할 수 있게 하려는 의도였다.

신학적 주제

레위기 25장의 대부분은 희년에 관한 것이지만, 우선 안식년의 주요 특징부터 시작한다. 안식년은 매주 돌아오는 안식일과 절기

안의 안식일과 기본 원리를 공유한다. 그러나 그 자체의 특별한 내용들은 별개로 발전되었다. 안식년은 땅을 위한 안식이기 때문에 그 주된 관심은 땅의 유지에 있었다. 땅의 사용에 관한 기본 원리는, 땅은 그것을 이스라엘에게 영구적으로 주신 여호와께 속한 것이라는 사실이다.[1] 하나님께서는 이 율법을 통해 백성들 가운데 부유한 지주 계층의 발전을 억제하셨다.

레위기 안의 규정은 주로 농경과 관련된 관습에 관심을 기울이고 있지만, 나머지 규례들은 완전한 그림을 보여줄 수 있는 다른 특징들을 덧붙이고 있다.[2]

1. 모든 농사 일정은 중단되고, 땅은 휴지기에 들어갔다. 나라 전체는 모든 사람과 동물들에게 개방된 하나의 방대한 공터가 되어 특별히 가난한 사람과 이방인이 자기 것으로 삼게 되었다. 땅을 소유한 사람들은 경작을 중단했을 뿐 아니라, 그 안에서 자생하는 작물에 대한 배타적인 권리도 갖지 않았다.[3]
2. 출애굽기 21장 2절은 히브리인 종들이 칠 년이 되는 해에 종살이에서 풀려날 수 있는 기회를 갖고 있음을 암시한다. 그러나 그 본문은 공식적인

---

1. 레빈(*Levine*, 168)은, 땅의 소유자는 만일 필요한 금액을 마련할 수 있다면 자신이 판 땅을 되무를 권리를 갖고 있었다고 설명한다. 새 소유자는 그 땅을 다시 팔아야 했다. 만일 그들이 그 땅을 되무르지 못해도 희년이 되면 어떻게든 다시 원소유자에게 돌아갔다. 이런 거래는 사실상 매매가 아니라 장기 임대였다.

2. 성경 학자들은 가끔씩 레위기가 다른 율법들과 맞지 않는 부분이 있다고 결론을 내린다. 왜냐하면 레위기는 안식년의 특징을 희년 가운데 집어넣기 때문이다. 다른 이들은 시간이 지나면서 안식일 준수에 대한 규정이 충분히 발전된 점을 지적하며, 이런 구절들은 역사적으로 살펴보아야 한다고 주장한다. 그러나 이 본문은 이 내용을 시내 산에서 주어진 규정으로 그 땅에 정착했을 때를 미리 바라보는 것으로 제시한다. 이 율법은 실현 가능성이 거의 없는 이상적인 상태로 남아 있었다. 그리고 포로기 이후 때까지는 폐기되었음이 분명하다(*Wenham*, 318 각주).

3. 스네이드(*Snaith*, 110)는 모든 땅이 같은 해에 휴경을 한 것은 아니라고 주장한다. 출애굽기는 연도에 대한 안식일 주기의 원리를 규정했다면, 레위기는 그들이 그 땅에 정착했을 때 민족을 하나로 통일시킬 공식적인 안식년을 수립했다.

안식년을 가리키는 것이 아니라 종살이가 된 지 칠 년째 되는 해를 가리킨다. 그 본문은 단순히 육 년을 봉사한 종은 칠 년째 되는 해에 자유를 얻을 수 있다고만 말한다. 만일 이 규정이 여기에 적용된다면 그 종은 앞의 안식년이 끝난 즉시 종의 신분이 된다는 것을 의미한다.

3. 신명기 15장 1절에 의하면 해방은 칠 년째 되는 해의 연말에 채무자가 이스라엘 이웃(이방인은 아니었음)의 빚을 탕감함으로써 일어났다. 그러나 이것은 칠 년째 되는 해에는 빚을 갚지 않았음을 의미하는 것이지 빚이 완전히 소멸되었음을 의미하는 것이 아니다. 레빈(*Levine*, 169)은 부채는 종종 땅과 관련이 있다고 언급한다. 사람들은 밭에 씨를 뿌리기 위해 돈을 빌리고 추수한 후 갚았다. 만일 농사가 실패하면 그들은 빚을 갚기 위해 스스로 종이 되었다. 그렇다면 이 율법은 이스라엘 백성이 그런 식으로 함부로 종이 되는 것을 방지했다.
4. 매 칠 년의 마지막 시기에 모든 이스라엘 백성이 장막절을 지키러 모였을 때(해마다 지키는 것이므로) 율법 전체를 그들 모두에게 공개적으로 낭독하는 종교 의식이 거행되었다(신 31:10-13).

본문 개괄

메시지 요약

이스라엘 백성은 칠 년이 되는 해마다 여호와께서 지난 육 년 동안 신실하게 베푸신 것과 칠 년째에 공급하실 것을 감사하기 위해 그 해를 땅을 위한 안식년으로 지켰다.

본문 개요

서언: 여호와께서 모세에게 안식년에 관한 가르침을 주셨다(25:1–2).

I. 백성들은 육 년 동안 자기 밭에 씨를 뿌리고, 포도나무를 경작하며, 곡식을 거둘 수 있었다(25:3).

II. 백성들은 칠 년이 되는 해에 밭에 씨를 뿌리거나, 포도나무를 경작하거나, 그 땅에서 저절로 자란 것들을 수확할 수 없었다. 왜냐하면 그 해는 여호와께서 명령하신 안식년이기 때문이다(25:4–5).

III. 백성들과 동물들은 칠 년이 되는 해에 땅에서 스스로 난 것을 먹을 수 있었다(25:6–7).

내용 강해

이 본문의 주해는 먼저 안식년 규정이 가나안 땅의 이스라엘 백성들에게 어떻게 시행되었는지를 설명하고, 이어서 그 규정이 담고 있는 신학적 원리들을 전개시켜야 한다.

I. 하나님께서는 은혜를 베푸셔서 자기 백성이 하나님의 공급하심을 풍성히 누리도록 허락하신다(25:3).

25장 3절의 핵심은 명백하지만, 그럼에도 불구하고 지적할 필요가 있다. 여호와께서는 이스라엘 백성에게 안식년이 될 때까지 육 년 동안은 자기 땅에서 일할 수 있다고 지시하셨다. 그 기간에 그들은 밭에 씨를 뿌리고, 포도나무를 가꾸며, 수확을 거둘 수 있었다. 그 땅은 여호와께 속한 것이지만, 그분은 그것을 자기 백성들이 사용하여 즐거움과 유익을 얻을 수 있도록 베풀어주셨다.

Ⅱ. 하나님께서는 백성들이 그들의 넉넉함이 주권자이신 창조주로부터 왔음을 인정하기를 요구하신다(25:2, 4-5).

칠 년째가 되는 해에 그 땅은 씨를 뿌리거나, 가지치기를 하거나, 자연적으로 자라나는 어떠한 것도 수확하지 않음으로써 완전한 안식(*šabbat šabbātôn*)을 지켜야 했다. 이 규례는 그 땅이 마치 피곤해져서 휴식을 필요로 하고 있는 것처럼 인격화하고 있는 것으로 보인다. 분명 이 규례는 그 땅을 보살펴서 그곳이 더 많이 생산할 수 있고, 더 오래 사용될 수 있게 하는 것이다. 그러나 백성은 그 땅에 안식을 줌으로써, 또한 그 땅을 베푸신 것이 언약의 하나님이신 창조주로부터 온 것임을 깨달았다. 그들과 그 땅은 일 년 내내 안식에 들어갔다.

Ⅲ. 하나님께서는 백성들에게 하나님의 풍성함을 서로 나누도록 지시하신다(25:6-7).

칠 년째 되는 해에 모든 백성과 모든 동물은 마음대로 밭과 포도원에 나가 먹을 것을 가져올 수 있었다. 그들은 모든 것을 공동으로 소유했다. 부자인 지주들이라고 종들보다 이로운 점이 없었고, 가난한 자들도 부자처럼 먹었다. 그들 모두 땅은 여호와께 속한 것이며 자신의 생계를 그분께 의지하고 있음을 인정했다.

결론

이 본문은 땅에 대한 배려와 그것이 여호와께로부터 맡겨진 것임을 인정하는 것 두 가지를 염두에 두고 있다. 중심이 되는 주해 개념은 다음과 같이 정리할 수 있다.

> 하나님의 백성은 공유하고 있는 땅의 풍성함이 땅을 창조하신 주권자로부터 온 것이라는 믿음과 자신의 삶이 조화를 이루도록 해야 한다.

하나님의 백성은 하나님의 주권을 인정하는 시간을 정기적으로 할애하고, 하나님께서 자기에게 주신 땅을 보살피며, 모든 사람이 하나님의 풍성함에 동참할 수 있게 함으로써 그렇게 할 수 있다.

안식년의 제정은 종교적, 경제적, 사회적, 정치적 목적에 이바지했다. 안식년은 휴식의 시간이었지만, 이 용어는 단순히 아무것도 하지 않는 것 이상의 성취를 누리는 시간을 가리킨다.[4] 안식년은 그들에게 그 땅은 자기 것이 아니라 하나님의 것이며, 그들은 모든 백성들이 그분의 풍성함을 함께 나눌 수 있게 해야 한다는 책임을 갖고 있음을 상기시켜준다. 안식년은 백성들에게 밭에서 일하지 못하는 기간 동안 하나님의 공급하심을 신뢰해야 한다고 가르쳤다. 그리고 그들에게 영적, 사회적 의무와 시민으로서의 의무를 좀 더 충분히 좇을 수 있는 기회를 제공했다.

만일 백성들이 거룩한 나라가 되기를 진정으로 바란다면 그들은 일곱 번째 해를 하나님께 구별할 것이다. 만일 그들이 그 땅이 하나님께 속한 것임을 진

4. 레이보비츠(*Leibowitz*)는 안식년과 희년은 "농장에서의 일과 그 생산물에 대한 개인의 소유권을 금지하고, 종 된 자의 자유를 선포하는 점에서 민족 전체를 용서와 회개의 정신을 갖게 하며, 과거의 불공정함을 치유하는 데 목표를 두고 있다"고 말한다. ***Studies in Vayikra*: *leviticus*(*trans*. *A*. *Newman*; *jerusalem*: *World Zionist Organization***, 1983), 263.

정으로 받아들인다면 그들은 안식년에 그 땅에 대한 권리를 포기할 것이다. 그러나 안식년이 지켜졌다는 증거는 별로 없다. 우리는 그 규정이 히스기야 시대에 지켜졌다는 흔적을 갖고 있다(왕하 19:29에 사용된 언어에 주목하라. 사 37:30을 보라). 그러나 역대하 36장 21절은 백성들이 바벨론으로 포로로 끌려가서 그 땅이 안식, 곧 칠십 년간 휴식을 누릴 수 있었다고 말한다. 이는 백성들이 지키지 않은 안식년을 하나님께서 억지로 시행하셨음을 암시한다.

포로기 이후 백성들은 칠 년째 되는 해에 일하기를 포기하고 빚을 삭감하는 것에 동의했다[느 10:31(*MT* 10:32)]. 그리고 구약과 신약 사이 기간에 안식년이 지켜졌다는 몇 가지 증거가 있다(요세푸스, *Antiquites* 13.8.1 §234; 14.16.2 §475; 1 *Maccabees* 6:49,53).

안식년은 또한 모형론적인 측면을 갖고 있다. 그것은 앞으로 올 커다란 안식의 시간을 알리는 징조였다. 종말론적인 안식일에 대한 소망이 백성들의 구원 안에서의 해방과 안식을 의미하는 반면, 안식년은 신음하는 가운데 그 날을 기다리고 있는(롬 8:1-22) 땅의 성취와 번성을 의미한다. 안식년은 누구도 음식을 얻기 위해 저주받은 땅에서 땀을 흘리지 않을 때를 기대한다. 그리고 그때에는 누구나 하나님의 풍성한 공급하심에 함께 참여한다.

이 제도는 또한 자기 백성과 하나님 사이의 관계에 관한 하나님의 뜻을 드러낸다. 그들은 정기적으로 자신들이 모두 은혜의 빚을 지고 있으며, 누구도 그 땅이 다른 사람을 고려하지 않고 해마다 사적으로 사용할 수 있게 남겨진 개인적인 소유물로 간주되어서는 안 된다는 것을 깨우쳐주어야 했다. 적어도 칠 년 가운데 한 해는 경건한 자들이 에덴 동산에서 자기 조상들이 겪은 것, 즉 여호와의 완전한 안식과 자기 마음이 원하는 대로 먹을 것을 찾아다니는 것을 몸으로 재연했다.

마찬가지로 그리스도인들도 이 본문의 진리에 비추어 살 것이 기대된다. 그들은 안식년을 자신에게 주어진 명령의 하나로 지키지 않는다(그러나 그리스도인들이 개인적으로, 주로 학계에서 행해지고 있는 것처럼 칠 년 가운데 한 해를 특별한 목적을 위해 하나님께 드리기로 하는 것은 전혀 잘못된 것이 아니다). 그러나 신약에 의하면 그리스도인들은 여기서 가르쳐주고 있는 원리, 말하자면 그들이 가진 모든 것은 하나님께 속한 것이며, 청지기로서 자신들에게 맡겨진 것이라는 원리에 비추어 항상 살아야 한다. 그들은 자신의 사리 사욕만을 위해서 부를 쌓고 불쌍한 사람들에게 눈을 감아서는 안 된다. 오늘날 개인들이 경쟁과 갈등 속에서 다른 사람보다 앞서나가고 개인적인 재산을 축적하는 일을 금하는 것은 어렵다. 그러나 이 본문은 건전하고, 인정 많으며, 공정한 공동체를 위한 하나님의 계획을 우리에게 보여주고 있다.

오늘날 성도들에게 안식년의 구체적인 적용은 다음과 같은 것들이 포함되어야 한다. 자신이 가진 모든 것이 하나님께 속한 것이며 그분의 영광을 위해 사용되어야 함을 인정하는 것, 자신에게 맡겨진 것을 돌아보아 더 많은 열매를 맺을 수 있게 하는 것, 자신이 가진 것을 다른 사람이 사용할 수 있게 함으로써 공동체와 조화를 이룰 수 있게 하는 것 그리고 사람들로 하여금 오랜 기간 노예가 되거나 빚을 지지 않게 막는 것이다.

참고 문헌

Gordon, C. H. "Sabbatical Cycle of Seasonal Pattern?" *Orientalia*, n.s., 22(1953): 79–81.

Gowan, D. E. "Wealth and Poverty in the Old Testament: The Case of the Widow, the Orphan, and the Sojourner." *Interpretation* 41(1987): 341–53.

Hoenig, S. B. "Sabbatical Years and the Year of Jubilee." *Jewish Quarterly Review* 59(1969): 222–36.

Kapelrud, A. S. "The Number Seven in Ugaritic Texts." *VT* 18(1968): 191–99.

Lemche, N, P. "The 'Hebrew Slave.'" *VT* 25(1975): 129–44.

——. "The Manumission of Slaves – the Fallow Year–the Sabbatical Year–the Jobel Year." VT 26(1976): 38–59.

Wacholder, B. Z. "The Calendar of Sabbatical Cycles during the Second Temple and the Early Rabbinic Period.: *Hebrew Union College Annual* 44(1973–74): 153–96.

Wright, C. J. H. "What Happened Every Seven Years in Israel? Old Testament Sabbatical Institutions for Land, Debts and Slaves." *Evangelical Quarterly* 56(1984): 129–38, 193–201.

Yamauchi, E. "Slaves of God.: " *Bulletin of the Evangelical Theological Society* 9(1966): 31–49.

46

Instructions for Holiness

안식과 해방에 대한 소망: 희년에 대한 율법(25:8-55)

희년은 일곱 '주간' 동안의 햇수, 혹은 사십구 년 뒤에 찾아왔다. 희년에는 사람과 재산의 정당한 상태를 회복시키기 위하여 경제적, 사회적 삶에 대한 전반적인 정밀 진단이 이루어졌다. 이는 새로운 시작, 즉 사회 안에서 자신의 자리를 유지하는 데 실패한 사람들이 새로 시작할 수 있는 기회를 얻고, 그런 실패를 통해 이익을 얻은 사람이 자신이 얻은 것을 포기하는 시간이었다. 해리슨(*Harrison*, 223)이 말한 것처럼 희년은 백성들에게 자신이 맺은 언약의 가치를 깨닫고, 사람이 떡으로만 사는 것이 아님을 일깨워주기 위해 계획되었다.

희년은 레위기 안의 다른 안식일 형태의 요소들과 마찬가지로 이스라엘에게 노동과, 어쩌면 고된 일과 이후에 대한 즐거운 기대를 제공했다. 그러나 희년은 모든 절기 행사 가운데 정점을 차지하고 있었는데, 이는 그 길이와 그것이 미치는 효과 때문이다. 그것은 억눌리거나, 종살이하거나, 매여 있던 모든 속박으로부터의 해방의 시간이었다. 따라서 희년은 또 다른 자유의 절기로, 과거의 역사적 해방을 기념하는 것이 아니라 미래를 기대하는 것이었다.

신학적 주제

이 본문의 주요 모티브는 빚, 종살이, 굴레로부터 해방될 것에 대한 소망을 다룬다. 이것은 사회 안에서 균형을 보장하는 정의의 개념과 관련된다. 부자들은 처벌받지는 않았지만 자신의 소유가 일시적이라는 것을 알았다. 가난한 자들은 새로운 시작을 할 수 있다는 것을 알고 크게 기뻐했다. 그리고 모든 사람들은 그것이 하나님의 땅이라는 것을 다시 깨달았다.

안식과 해방의 주제는 또한 예언적인 소망의 중심을 차지하고 있다. 왜냐하면 위대한 희년은 메시아 시대를 가리키는 모형이기 때문이다.

본문 개괄

메시지 요약

이스라엘 백성은 오십 번째 해를, 구속된 공동체 안에서 여호와께서 모든 땅과 생명을 다스리신다는 사실을 인정하는 방법의 하나로써 모든 사회적 압제로부터의 해방, 모든 가정적인 빈곤으로부터의 회복, 모든 땅에 대한 안식의 시기로 삼았다.

본문 개요

I. 이스라엘 백성은 속죄일에 양의 뿔로 만든 나팔을 불어 온 땅에 알림으로써 오십 번째 해를 모든 사회적 압제로부터의 해방, 모든 가정적 빈곤으로부터의 회복, 모든 땅을 위한 안식의 시기로 봉헌했다(25:8–12).

II. 이스라엘 백성은 자신의 물질과 사회 생활을 희년에 따라 규제함으로써 여호와의 주권을 인정했다(25:13-55).

A. 다음 희년까지 남은 햇수로 토지 가격을 계산했다(25:13-17).

B. 희년의 신실한 준수는 여호와께서 그 땅에 안전을 베푸시고 곡식에 축복을 베푸시는 결과를 낳았다(25:18-22).

C. 땅은 원래 소유자로부터 영원히 떨어질 수 없었다. 왜냐하면 모든 소유권은 여호와께 속했기 때문이다(25:23-28).

D. 무를 권리와 희년의 해방은 시골과 레위 지파의 팔린 집에 적용되었지만, 성벽 있는 성내 가옥에는 적용되지 않았다(25:29-34).

E. 극심한 빈곤으로 말미암아 종이 된 이스라엘 백성은 반드시 인도적으로 대해야 했으며, 그들은 해방될 권리를 가지고 있었다. 왜냐하면 그들은 여호와의 종이어서 영원히 다른 주인에게 속할 수 없기 때문이다(25:35-55).

1. 언약 공동체는 가난한 자들을 부양하고, 그들에게서 이를 취하지 않음으로써 여호와를 경외했다(25:35-38).
2. 다른 이스라엘 백성의 종이 된 이스라엘 백성은 고용된 종으로 다루어져야 했고, 희년에 해방되어야 했다. 왜냐하면 여호와께서 유일한 주인이시기 때문이다(25:39-43).
3. 이방인은 이스라엘 백성에게 영원히 종으로 남아 있을 수 있었다(25:44-46).
4. 이방인의 종이 된 이스라엘 백성은 자신을 무르고 희년에 해방될 권리를 유지했다. 왜냐하면 여호와께서 유일하고 참된 주인이시기 때문이다(25:47-55).

내용 강해

주해자는 고대 이스라엘의 경험을 기록한 이 장의 의미를 그 뒤에 놓인 신학적 원리를 전개해가는 가운데 자세히 설명할 임무가 있다. 주해는 또한 모든 채무가 취소되고 모든 속박이 풀릴 장차 올 큰 희년의 예언적인 선언을 반드시 포함해야 한다.

I. 하나님께서는 자기 백성을 위한 해방과 회복의 희년을 선포하신다 (25:8-12).

하나님께서는 백성들에게 희년에 관해 지시하신다. 일곱 번의 안식년 후에, 혹은 사십구 년 후에 백성들은 그 해의 속죄일에 나팔을 불어 온 땅에 자유를 선포해야 했다. 25장 8절의 언어는 23장 15-16절을 생각나게 하는데, 다만 여기서 계수된 것은 날짜가 아니라 햇수였다. 두 가지 모두 '칠'이라는 주기는 규정된 시기가 오기까지의 시간을 표시한다.

희년의 시기에 대해 의견이 분분하다.

1. 본문은 안식년이 매 칠 년마다 돌아왔고, 그 일곱 번째 안식년 끝에 추가로 한 해, 곧 희년이 있었다고 말한다. 이것은 그 땅이 사십구 년째와 오십 년째 연속으로 휴경되어야 함을 의미한다. 칠 년째에 농사를 멈춘 것을 보상하기 위해 육 년째에 이 년 동안 먹기에 충분한 생산이 약속된 것처럼, 사십구 년째와 오십 년째를 보상하기 위해 사십팔 년째에 삼 년 먹기에 충분한 생산이 약속되었다.
2. 그러나 희년은 어쩌면 일곱 번째 안식년일 수 있다. 이는 희년이 안식년에 추가된 또 다른 일 년이 아니라 안식년의 일부임을 의미하며, 두 번째

해에는 그 땅을 휴경하는 것이 필요하지 않았다. 이 견해는 성경의 수 계산이 종종 그렇듯이 오십 년째 해가 사십구 년째 해의 반올림수가 되어야 할 것을 요구한다.

3. 희년은 아마 민간 월력의 첫 달과 제사 달력의 일곱 번째 달에 시작되었고, 그렇게 되면 그것은 뒤따르는 계산에 의하면 사십구 년째도 아니고 오십 년째도 아니게 된다. 그 결과는 희년은 '짧은 해(*Wenham*, 319를 보라)' 였다는 것이다. 이 견해에 의하면 안식년과 희년은 일곱 번째 달인 티시리에 시작되어야 했다. 왜냐하면 파종은 대개 우기 직전에 시작되기 때문이다. 그렇다면 희년은 겨울 동안에 심고 뿌리는 일을 헛된 일로 만들게 된다. 이 이중 월력 해법은 모든 질문에 대한 답을 제공하지는 않는다. 다만 레위기 25장의 '오십 번째' 에 대해서만 설명을 제공하며, 그 설명은 크게 설득력이 있지는 않다.

희년의 히브리어 이름은 *yôbēl*로, *BDB* 385는 '양의 뿔' 혹은 '양(페니키아어와 마찬가지로)' [1]이란 의미를 가진 명사로 수록하고 있다. 이 용어의 어원은 제법 난해하다. *KBL* 371은 오직 두 개의 정의만 부여하고 있다. '양' 과 '면제되는 해' 다. 그리고 이것은 적절하게 들어맞는다. 왜냐하면 이 문맥 안에서 *yôbēl*이란 단어는 양의 뿔로 만든 나팔을 불어 시작된 해방이 주어진 시기를 의미하기 때문이다.

*D*ᵉ*rôr*는 '이동의 자유', '자유', '해방' 을 의미한다. 이 말은 희년을 설명하기 위해 사용되었기 때문에 *yôbēl*이란 말의 의미를 어느 정도 제공하는 것이

---

1. *Yôbēl*이란 단어는 성경에 27회 등장하는데, 6회는 양 뿔 나팔을 불 때 그리고 나머지는 희년을 가리킬 때 사용되었다. 이 말이 나팔을 부는 것을 가리키기 위해 사용되었을 때는 자주 *šôpār*(수 6:4, 6, 8, 13) 혹은 *qeren*(6:5)란 말과 함께 사용되었다. 이런 용례들은 모두 여리고 공격을 가리킨다. 다른 용례는 출애굽기 19장 13절에서 율법을 주신 때다. 이 말이 희년을 가리키기 위해 사용되었을 때는 14회가 레위기 25장에, 6회가 레위기 27장에 그리고 마지막은 민수기 36장 4절에 나온다.

분명하다. *D^e^rôr* 자체는 아카디아어 동일어원인 *andurāru*와 *durāru*로부터 설명이 된다. 이 두 낱말은 채무와 계약으로 고용된 종의 해방에 관한 바벨론 칙령 가운데 등장한다. '자유롭게 움직이다'는 의미는 레위기 문맥과 잘 들어맞는데, 이는 부채가 취소되면 채무자는 고용된 종은 자기 상속과 가문에 자유롭게 돌아갈 수 있기 때문이다(25:10).

이 거룩한 희년에 관한 가르침은 백성들이 씨를 심거나 가지치기를 할 수 없었고, 다만 자연적인 성장에만 의존했다는 점에서 안식년과 비슷하다. 희년은 자신의 소유로 할당된 땅에 돌아간다는 규정이 추가된다.

Ⅱ. 희년의 적용은 하나님의 백성들에게 도덕적 의무를 지운다 (25:13-55).

A. 하나님의 백성은 자신의 소유가 일시적이라는 것을 알고 사업상의 거래에 공정해야 한다(25:13-17).

이 가르침은 희년에 모든 사람이 자기 기업의 땅으로 돌아감을 다시 언급하면서 시작한다. 이것을 생각할 때 백성들은 땅을 사고 파는 것이 희년 주기 가운데 남은 햇수에 의해 제한받는다는 것을 알았다. 토지 가격은 다음 희년까지 남은 기간 가운데 얻을 수 있는 이익에 따라 정해졌다. 판 사람은 판 가격에서 지나간 햇수의 추수만큼 적은 가격에 그것을 되살 수 있었다.

백성들은 서로를 이용해서는 안 되었다. 그들의 거래는 공정해야 했다. 그리고 그 동기는 여호와에 대한 경외였다(25:17). 이 규정들은 또한 부자들에게 땅에 지나치게 집착하지 말 것을, 가난한 자에게는 영원히 가난하게 될 운명이라는 생각에 빠지지 말 것을 일깨워주었다.

B. 하나님의 백성은 자신의 노력이 아니라, 그분이 공급하시고 안전하게 지켜주실 것을 의지한다(25:18-22).

이제 백성들에게 여호와의 모든 규례를 지켜 그 땅에서 안전하게 거하라는 간략한 권고가 따른다. 그리고 그들은 또한 자기의 음식을 위해서도 여호와를 의지해야 했다. 하나님께서는 희년을 제정하심으로써 그들에게 바로 그렇게 행할 것을 강제하셨다. 이에 대해 필연적으로 뒤따르는 질문은, "칠 년째에는 무엇을 먹을 것인가?"였다. 그리고 하나님께로부터 온 말씀은 그분이 육 년째 되는 해에 풍성하게 복을 주어(문자적으로, "내가 내 복을 명할 것이다") 그 땅이 앞으로 삼 년간, 즉 여섯째, 일곱째 그리고 그들이 다시 씨를 심기 시작하게 될 여덟째 해까지 먹기에 충분할 만큼 생산하게 하시겠다는 것이었다.

C. 하나님의 백성은 하나님의 청지기이기 때문에 다른 사람들과 신실하고 관대하게 거래해야 한다(25:23-38).

이 장의 다음 초점은 가난의 대물림에 맞추어져 있다. 이 부분과 땅과 관련된 모든 거래의 기초가 되는 원리가 25장 23-24절에 기록되어 있다. 땅은 하나님께 속한 것이다. 하나님의 백성은 땅이나 그 문제에 관한 다른 어떤 것도 소유하지 않았다. 그들은 하나님의 선하심과 자비하심으로 땅에 대한 사용만 부여받았다. 따라서 이를 기초로 어떤 땅도 영원히 팔릴 수는 없었다(25:23의 *ṣᵉmītūt*는 '반환할 수 없는'을 의미). 그들은 부동산을 팔 때 그 구속(무르기, *gāʾal*과 연관된 *gᵉʾullâ*)을 보장해야 했다.[2] 이것은 파는 사람은 언제든지 능력이 되면 그것을 되살 수 있었음을 의미한다.

2. 동사 *gāʾal*은 '구속하다', '무르다'를 의미한다. 그러나 그 안에는 가족의 권리를 보호하다는 개념이 들어 있다. 이 말은 가족의 땅을 무르는 일(레 25장), 가족이 지킬 수 있도록 땅을 살 때(룻기), 친척 가운데 과부와 결혼하여 그 재산에 상속인을 세우려 할 때(룻기) 그리고 잘못을 저지른 친척에게 복수하거나 바로잡을 때(민 35:19, 욥 19:25) 사용되었다. 성경에서 하나님께서는 백성들을 자기 땅으로 자유롭게 회복시키실 궁극적인 '기업 무를 자'이시다.

처음 경우는 빚 때문에 토지를 팔아야만 했던 사람이다(25:25-28). 이 규정은 잘사는 친척이 그 땅을 가문 안에 두기 위해 그 밭을 팔아야 한다고 되어 있다(룻 4장을 보라). 만약 판 사람이 그것을 다시 살 능력을 갖게 되면 그 가격은 사용 햇수에 따라 정해졌다. 만일 그 사람이 그것을 다시 살 능력이 되지 않으면 희년이 될 때 돌아왔다. 이런 식으로 여호와께서는 그 땅을 원 주인에게 회복시킨 친족처럼 봉사하셔서 그(녀)로 하여금 밖으로 나가[3] 그 안에서 자유롭게 살 수 있게 하셨다.

무르기에 관한 규정의 예외는 성벽이 있는 성내의 가옥을 팔았을 때다(레 25:29-31). 만약 판 사람이 일 년 안에 그것을 무르지 않으면 그것은 산 사람에게 영원히 귀속되었다. 그 이유는 시골에서 집을 팔 때와 달리 농토가 전혀 포함되어 있지 않았기 때문이다.

예외에 대한 예외는 레위인이 사는 곳으로, 무를 권리가 있었다(25:32-34). 제사장들과 레위인들은 별다른 재산이 없었기 때문에 그들은 자기 집을 되살 권리를 반드시 갖고 있어야 했다. 그들의 밭은 절대로 팔 수 없었다. 하나님께서는 제사장의 토지를 보존하셨는데, 이는 그들이 그것을 잃으면 아무것도 없기 때문이다.

마지막으로 이 부분은 극빈자들을 어떻게 대할 것인지를 규정한다. 몇몇 가난한 자와 빈곤층은, 이방인이나 일시적인 거주자라 할지라도 도움을 받아야 했다(*ḥāzaq*). 하나님의 백성은 가난한 사람을 돕고 격려하며 그들의 필요를 채워주어야 했다. 그들은 가난한 사람의 부족함으로부터 이득을 얻거나, 그들에게 이자를 받거나, 이문을 얻음으로써 그들을 이용해서는 절대 안 되었다[출 22:25(*MT* 22:24), 신 23:19(*MT* 23:20)를 보라]. '고리대', '이자'에 해당하는 말은 ***nešek***로 문자적으로 '차감액'을 의미한다(시 15:5, '변리로 대금치

---

3. 동사 *yāṣā*ʾ('나가다')는 레위기 25장에서 그 사람이 자기 땅을 자유롭게 돌아다닐 수 있음을 가리키는 전문 용어다(*d*ᵉ*rôr*와 연결됨).

아니하며', 즉 그 가운데 이자를 떼는 것). 의인은 가난한 사람들에게 아무런 이득을 바라지 않고 음식과 의복을 제공해야 했다. 이러한 자선의 동기는 언약 자체의 본질이었다. 왜냐하면 모든 백성은 누리는 자유, 받은 소유 모두와 관련하여 하나님의 은혜의 수혜자이기 때문이다(25:28).

D. 하나님의 백성은 불쌍한 자를 압제하지 말고, 그들이 자유에 대한 소망을 깨달을 수 있게 해야 한다(25:39-55).

마지막 부분은 종, 혹은 더 정확히 말해서 종이 되기로 계약을 맺은 계약 노동자를 다룬다. 이 본문은 사람들이 가난해지고 다른 사람에게 빚을 지게 되는 과정과 빚에서 벗어나기 위해 종이 되어 일할 때 어떻게 그들을 대해야 하는지를 다룬다. 모든 사회는 가난한 사람과 빚진 사람을 어떻게 다루어야 하는지에 대해 어려움을 갖고 있다. 하나님의 규정은 빚을 진 사람은 그것을 모두 갚을 때까지 그 주인을 섬겨야 하는 것이다. 그러나 희년은 그 빚이 소망이 없는 상태로 추락하는 위험에서 건져냈다. 그들은 평생 빚을 지고 종이 될 운명이 아니었다. 해방에 대한 소망이 없다면 가난한 자에게는 절망뿐인 것이다.

이 본문의 첫 번째 규정은 종이 된 가난한 자는 종이 아니라 계약된 노동자처럼 대우 받아야 한다는 것이다(25:39-43). 심지어 빚이 다 청산되지 않았다 해도 희년에 이 종(그리고 가족)은 해방되었다. 흥미 있게도 이것의 근거는 이 빚진 자가, 마치 그 땅이 하나님의 땅인 것처럼 '하나님의 종'이라는 것이다. 하나님께서는 그들을 종살이에서 건져주셨고, 따라서 누구도 그들을 다시 종살이를 하게 만드는 것을 허락하지 않으셨다(25:42).

두 번째 규정은 계약 노동자는 함부로 대해서는 안 된다는 것이다(25:44-46). *perek*란 말은 '거칠다', '으깨다'를 의미한다. 이스라엘 백성은 경우에 따라 계약 노동자를 두었고, 그들은 다른 사람을 자신의 소유로 얻기도 했다.

그러나 그들은 자기 종들을 가혹한 일과 고역에 부려서는 안 되었다.

마지막으로, 율법은 외국인에게 고용 노동자가 된 경우를 다룬다(25:47-55). 앞에서 주어진 동일한 규정이 이 경우에 모두 적용되는데, 부자 매입자가 이스라엘 백성이 아닌 경우에도 마찬가지였다. 땅에 관한 규례는 외국인과 이스라엘 모두에게 구속력이 있었다.

레위기 25장 55절은 이 모든 규례를 지배하는 기본적인 신학적 주제를 재진술한다. 만일 누구도 자기가 살고 있는 땅을 사실상 소유하지 않는다면, 누구도 다른 사람을 소유할 수 없다. 땅은 하나님께 속한 것이며, 사람은 하나님의 종이었다. 왜냐하면 그분이 그들을 구해내셨기 때문이다. 이 두 가지 진리는 신실한 이스라엘 백성이 소유와 빚을 바라보는 방식을 결정했다.

결론

주해 가운데 이 부분의 중심 개념은 이렇게 표현할 수 있다.

> 하나님께서 자기 백성과 그들의 모든 소유를 주관하고 계시다는 사실을 인정하는 것은 가난한 자들과 빈곤한 자들을 너그럽고 인자하게 대하도록 인도한다. 왜냐하면 세상 끝날 때 모든 사람이 종살이에서 해방될 것이기 때문이다.

필로(*Philo*, *Special Laws* 2.87-88)는 이 율법의 실질적인 측면을 보았다. 그 규례는 백성들에게 이익에만 매달리지 말고 기꺼이 약간의 손해를 감수함으로써 어떤 불행이나 재난을 인내하며 견딜 수 있도록 준비하라고 가르치기 위해 기록되었다.

희년은 히브리인들의 종교 월력에서 놀라운 절정을 형성한다. 희년(해방을 기대하는)과 안식일(휴식을 기대하는)은 모두 그리스도에 의해 주어지고, 하나님 나라에서 열매 맺은 안식과 해방의 모형이다. 그 두 가지는 모두 속죄의 당연한 결과다. 고대 이스라엘에서는 피를 흘리며 살아 있는 염소가 백성들의 죄를 지고 잊게 하기 위해 광야에 놓아 버려진 다음에야 나팔이 그 기쁨의 악보를 연주하며 해방과 안식, 배상과 공정함을 선포했다. 따라서 (1) 기독교가 모든 죄인들에게 기쁨의 좋은 소식과 구원의 부요함으로 다가갈 수 있는 것(요 1:29, 엡 1:6), (2) 영적 축복이 성도에 의해 상속되는 것(롬 5:11), (3) 교회가 장차 올 세상에서 안식과 해방이라는 안식일의 영광을 누리는 것(계 21:1-4), (4) 영원한 희년이 모든 것을 새롭게 할 것, 특히 자유와 행복이 넘치는 전혀 새로운 사회 질서를 만들 것(계 21:23-22:5)이 모두 예수 그리스도의 죽음으로 말미암은 것이다. 제거된 옛 사회 질서는 무엇인가? 희년으로 말미암아 고쳐진 악은 빚, 종, 빈곤 그리고 고역이었다.

이 책은 희년의 원형을 마음의 희년(그리스도 안에서 우리의 체험)과 왕국의 희년(장차 올 세상에서의 육체적, 영적 실체), 이렇게 이중으로 논의한다(이 본문을 깊이 다룬 다음에 할 것이다). 하나님 나라의 현재 형태와 미래 형태는 안식일에 관한 앞의 논의와 유사하다. 이 모든 것은 그리스도의 희생을 통하여 일어났다. 그리고 그분은 여호와의 은혜의 해를 선포하는 큰 희년을 알리는 사자가 되셨다(사 61:1-3).[4]

율법 뒤에 놓인 취지로서 이 장에서 강조되어야 할 기본 원리는 여호와께서 자주 반복하시는 표현이다. "땅은 내 것이니 이는 너희가 나와 함께하는 나그

---

4. 예수님께서 이사야의 글에서 희년에 관한 부분을 읽으실 때, 그 부분의 반만 읽으시고 그것이 듣는 자들에게 성취되었다고 선언하셨다(눅 4:17-19). 그분이 읽은 부분은 '좋은 소식을 전하는' 것과 '해방을 선포하는' 기쁨의 해를 다루고 있다. 그분이 읽지 않은 부분인 '위로하다', '달래다', '주다'는 약속의 성취를 의미한다. 다른 말로 하면, 예수님께서는 다시 오실 그 때에 처음 오셔서 선언하신 위로와 기쁨을 가져오실 것이다. 그리고 희년이 영원히 성취될 것이다.

네요 체류자이기 때문이다." 하나님께서는 세상의 모든 일을 주관하신다. 따라서 그분은 원하시는 자를 속박과 종 노릇에서 해방시키시고, 땅을 부자에게서 제거하시며, 원하시는 대로 처분할 권리를 갖고 계신다.[5] 이 진리는 물질적인 세상에서 모든 이스라엘 백성과 영적 세상의 모든 사역자들로 하여금 자신에게 주어진 사역을 개인의 것으로 삼는 일, 그것으로부터 이익을 취하는 일, 그것을 자신의 것으로 여기고 시기하는 마음으로 지키는 일을 멈추게 만든다. 그것은 여호와께서 모든 것을 새롭게 하실 때 제거되어져야 하는, 하나님께서 맡기신 것이다. 이 본문의 진리는 하나님 앞에서 우리의 사역을 겸손하게 만들어야 한다.

5. 안식년과 희년에 대한 규례는 이스라엘에게 주어진 것이지만, 그 율법은 하나님께서 자신의 언약 백성을 공정하고 공평하게 다루시는 가운데 무엇을 바라시는지를 계시한다. 이 장에 놓인 원리들은 그리스도인들이 이 세상에서 어떻게 행해야 하는지로 인도해야 한다. 왜냐하면 이 원리들은 모든 빚을 갚고 갇힌 모든 사람들이 자유를 얻을 하나님의 나라에서 성취될 것이기 때문이다. 이 개념의 물리적인 구현은 메시아가 다시 오실 영적 희년을 반영하고 기대한다. 이 원리를 오늘날 국가 경제에 적용하는 것은, 그 노력이 영적인 동기에서 나온 것이지만 어려운 일이다. 모든 사람은 세상의 경제가 심각하게 균형을 잃어 가난한 나라는 부유한 나라의 종이 되고, 어쩌면 영원히 그 빚에서 벗어날 수 없게 되어 궁핍 아니면 반란이 일어날 수밖에 없다는 사실을 알고 있다. 최근에 시도된 국제적인 희년에 대한 촉구는 이 세상 가운데 하나님께서 가르쳐주신 사회 정의가 인간이 만들어낸 것보다 훨씬 우월한 것임을 보여주는 신호가 되었다. 물론 문제는 이와 연루된 나라들이 하나님과의 언약 관계에 있지 않으며, 아무런 영적 동기를 부여받고 있지 못하다는 것이다. 그럼에도 불구하고 교회는 하나님의 방법이 더 좋고, 언젠가 하나님께서 저울의 균형을 잡고 모든 것을 바로잡으실 것이며, 그동안 하나님의 백성은 세상 모든 사람을 위한 공평과 정의를 간절히 바라고 있음을 세상에 말할 수 있다. 이런 희년에 관한 논의는 서방 교회가 갖고 있는 이미지를 무관심에서 관심으로, 자기 만족에서 함께 나눔으로, 통제에서 해방으로 재정립할 수 있는 기회를 제공한다.

참고 문헌

Ellison, H. L. "the Hebrew Slave: A Study in Early Israelite Society." *Evangelical Quarterly* 45(1975): 30–35.

Gamoran, H. "The Biblical Law against Loans on Interest." *Journal of Near Eastern Studies* 30(1971): 127–34.

Gnuse, R. "Jubilee Legislation in Leviticus: Israel's Vision of Social Reform." *Biblical Theological Bulletin* 15(1985): 43–48.

Haran, M. "Studies in the Accounts of the Levitical Cities." *JBL* 80(1961): 45–54.

Hoenig, S. B. "Sabbatical Years and the Year of Jubilee." *Jewish Quarterly Review* 59(1969): 222–36.

Lang, H. "The Jubilee Principle: Is It Relevant for Today?" *Ecumenical Review* 38(1986): 437–43.

Lemche, N. P. "The Manumission of Slaves – the Fallow Year–the Sabbatical Year–the Jobel Year." *VT* 26(1976): 38–59.

Lewy, J. "The Biblical Institution of Dror in the Light of Akkadian Documents." *Eretz–Israel* 5(1958): 21–31.

Lipiński, E. "Nešek and Tarbīt in Light of Epigraphic Evidence." *Orientalia Lovaniensia Periodica* 10(1979): 133–41.

Maloney, R. P. "Usury and Restrictions on Interest–Taking in the Ancient Near East." *CBQ* 36(1974): 1–20.

Morgenstern, J. "Two compound Technical Terms in Biblical Hebrew." *JBL* 43(1924): 311–20.

Neufeld, E. "The Socio–Economic Background of *Yōbēl and šemiṭṭā*." Rivista degli Studi Orientali 33(1958): 53–124.

North, R. G. *Sociology of the Biblical Jubilee*. Rome: Pontifical Biblical Institute Press, 1954.

Rabinowitz, J. J. "A Biblical Parallel to a Legal Formula from Ugarit." *VT* 8(1958): 95.

Sutherland, J. R. "Usury: God's Forgotten Doctirine." *Crux* 18(1982):9–14.

Weinfeld, M. *Social Justice in Ancient Israel and in the Ancient Near East*. Minneapolis: Fortress, 1995.

47

Instructions for Holiness

하나님의 축복: 언약의 순종에 따르는 보상(26:1-13)

거룩함을 강조하고 있는 레위기의 내용은 축복과 저주의 장인 레위기 26장으로 마무리된다. 이 장은 형식과 내용에서 구약과 다른 고대 근동 문화 가운데 다른 곳에서 찾아볼 수 있는 언약 조항의 결론과 병행을 이룬다(출 23:25-33, 수 24:20, 신 28장을 보라).[1] 일반 개념은 언약을 맺고 백성들을 다른 나라(애굽)의 종살이에서 해방시킨 위대한 왕(여기서는 '여호와 하나님')이 그들의 절대적인 충성을 요구한다는 것이다. 그 통치자는 만일 자기 백성이 이 언약의 조항들을 신실히 지키면 그들에 대해 계속해서 선을 베푸시겠다고 약속하셨다. 그러나 만일 그들이 그렇게 하지 않으면 그들을 엄하게 다루겠다고 위협하셨다. 물론 이 축복과 저주의 실현은 그것을 수행할 왕의 능력에 달려 있다. 이것은 대개 별 문제가 되지 않았다. 왜냐하면 위대하신 군주는 자기 백성을 그 원수들로부터 구해내신 적이 있기 때문이다. 그러나 이 약속들의 효력을 보증하기 위하여 언약들은

1. 전반적인 소개를 보려면, 클라인(*M, Kline*)의 *Treaty of the Great King*(*Grand Rapids*: *Eerdmans*, 1963), *esp*. 124-28을 보라.

보통 성소에 보관되어 하나님께서 직접 축복과 저주를 허락하셨다. 이스라엘에서 주권이신 창조주 하나님과 역사를 다스리시는 여호와께서는 이스라엘을 구해내시고 그들과 조약을 맺으셨다. 그분은 만물과 열방이 그분의 축복이나 저주를 수행하게 만들 수 있는 분이시다. 물론 이 약속과 경고들의 궁극적인 목표는 율법에 대한 순종을 격려하고 불순종을 경고하는 것이다.

신학적 주제

레위기 26장 전반부의 주제는 하나님의 축복이다. 축복은 어떤 선물 혹은 삶을 풍요롭게 하는 것, 하나님께로부터 오는 성공 같은 것이다.[2] 이 말은 보통 재물, 번창, 자녀, 성공 혹은 평화와 같은 물질적인 유익을 가리키지만, 축복은 또한 하나님으로부터 오는 은혜와 평화(민 6:22-27) 혹은 하나님과의 교통(시 144:15)과 같은 영적인 것이기도 하다. 이러한 물질적인 축복과 영적인 축복 모두 레위기 26장에 등장한다.

본문 개괄

메시지 요약

여호와께서는 이스라엘에게 특별히 우상을 멀리하고 성소를 거룩하게 함으

---

2. 더 자세한 내용은 베스터만(C. Westermann)의 *Blessing in the Bible and the Life of the Church*(*trans. K. Crim; Philadelphia: Fortress*, 1978)을 보라. 또한 사전에 나오는 이 말에 관한 연구 특히 샤베르트(*J. Scharbert*), "ברך *brk*", *in TDOT* 2:279-308를 보라.

로써, 율법을 지킬 언약의 의무를 상기시키시면서 그들의 순종이 계절에 알맞은 비와 많은 추수, 땅의 평화 그리고 그분의 임재가 그들 가운데 함께하는 것으로 보상될 것임을 약속하셨다.

본문 개요

I. 여호와께서는 이스라엘 백성에게 특별히 우상을 멀리하고 안식일과 성소를 거룩하게 할 것을 언급하시는 가운데 율법을 지키라고 일깨워주셨다(26:1-2).

II. 여호와께서는 이스라엘 백성에게 그들이 만일 계명들에 순종하면 계절에 맞는 비와 많은 추수와 땅의 번성함으로 복을 받을 것이라고 약속하셨다(26:3-10).

A. 만일 그 민족이 하나님의 명령을 지키면, 하나님께서는 알맞은 계절에 비를 주셔서 많은 수확을 거둘 수 있게 하실 것이다(26:3-5).

B. 만일 그 민족이 하나님의 명령에 순종하면, 하나님께서는 그 땅에 사나운 짐승과 전쟁으로부터 평화를 주실 것이다(26:6-8).

C. 만일 그 민족이 하나님의 명령에 순종하면, 하나님께서는 언약의 성취 가운데 인구를 많게 하시고 먹을 것을 풍족하게 하실 것이다(26:9-10).

III. 하나님께서는 자기 백성들 가운데 거하시고 그들과 동행하겠다고 약속하셨다. 왜냐하면 그분은 그들을 종에서 건지셨기 때문이다(26:11-13).

A. 하나님께서는 자기 백성들 가운데 거하시고 그들과 함께 동행하시며, 그들을 버리지 않겠다고 약속하셨다(26:11-12).

B. 순종에 대한 축복의 근거는 언약 관계와 애굽에서 드러난 능력의 하나님이시다(26:13).

내용 강해

축복과 저주에 관한 26장 전체에 대한 주해를 전개하는 것도 가능하지만, 그 일은 조심스러운 준비가 필요하다. 그렇지 않으면 지나치게 길고 복잡한 내용이 되고 말 것이다. 주해자는 이 장의 전, 후반부를 각기 따로 취함으로써 신학과 본문의 해설로부터 나온 설명을 알맞게 전개할 시간을 얻게 된다. 따라서 처음 메시지는 순종에 약속된 축복들에 초점을 맞춘다.

주해는 어떻게 축복이 실현되었는가를 고찰해야 할 것이다. 여호와께서는 백성들이 신실하면 복을 주겠다고 약속하셨다. 그러나 그 민족 가운데 얼마나 많은 사람이 순종하며 살고 있고, 축복을 쏟아붓기 전에 얼마만큼의 순종이 기대되었을까? 우리가 찾아볼 수 있는 유일한 정보는 구약 본문뿐이다. 예를 들어, 소돔의 경우(창 18:24-33) 하나님께서는 의인 열 명이 있으면 기꺼이 그 도시를 구하시려 했다.[3] 우리는 그 도시에 거하는 인구가 얼마였는지 알지 못하지만, 이 숫자는 남아 있는 자들이 의의 영향력을 갖고 있는 한 심판이 임하지 않을 것임을 시사한다. 이스라엘 자신의 경우, 하나님의 축복은 그 민족이 일반적으로 의롭게 살기를 추구할 때 주어졌다.

선지자들은 민족을 향한 메시지 가운데 이 약속과 경고들을 일관되게 끌어들였다. 물론 그들의 메시지 대부분은 그 민족이 잘못된 예배와 의롭지 못한

---

3. 더 많은 연구를 위해서는, 하젤(*G. F. Hasel*)의 *The Remnant: The History and Theology of the Remnant Idea from Genesis to Isaiah*(*Berrien Springs, Mich.: Andrew University Press*, 1974)를 보라.

삶으로 타락하여 포로가 되는 것이 분명했던 그런 시기에 나왔다. 그러나 그런 때에도 그들은 만일 백성들이 여호와께 돌아오면 축복이 있을 것이라는 약속을 주장했다. 그리고 그 민족이 포로 가운데 살아남았을 때에도 선지자들은 그들이 만일 하나님을 순종함으로 따르면 그분이 축복하실 것이라는 약속을 일깨워주었다.

I. 여호와께서는 백성들에게 순종하고 경외할 언약의 의무를 상기시키신다(26:1–3).

레위기 26장의 첫 부분은 이스라엘에게 살아계신 참 하나님이신 여호와만을 예배하고 섬기라는 언약의 의무를 일깨워준다. 그들은 우상을 가질 수 없었고, 안식일을 지키며, 성소를 경외해야 했다. 십계명과 유사한 표현이며 계속 반복되는 "나는 여호와 너희 하나님이라"는 말씀은 그들에게 레위기의 이 부분이 시내 산에서 맺어진 언약의 일부분임을 깨우쳐주기에 충분했다. 그리고 십계명을 주실 때와 마찬가지로 여기서도 절대적인 충성을 먼저 요구하시는 것으로 시작하는 것이 타당하다. 하나님께서는 어떠한 종류의 경쟁자도 참지 않으셨다. 우상과 신상은 백성들이 그들 자신 모양의 우상을 만들어 자신들의 운명을 조정하고 통제하기 위한 것으로 이 충성에 대한 위반일 뿐 아니라 창조에 반하는 것이었다.[4]

신실한 자들은 우상을 멀리하고, 창조주와의 언약 관계의 증거로 안식일을 지키며, 하나님께서 자기 백성을 만나주시는 장소로 성소를 경외함으로써 여호와께 대한 충성을 드러내 보였다. 해리슨(*Harrison*, 231)은 이렇게 설명한다. "안식일 준수와 성소에서의 예배에 엄정히 참석하는 것은 가나안 종교의

4. 백성들은 다음 네 가지를 만들거나 그 앞에 절하는 것이 금지되었다. 신상(*ʾĕlîlîm*), 우상(*pesel*), 선돌이나 기념탑(*maṣṣēbâ*), 모양을 새긴 돌(*maśkît*).

타락을 미리 막는 최고의 수단일 것이다." 믿음의 이러한 두 가지 모습이 선택된 것은 그것들이 레위기 규례에 가장 중요한 것이기 때문이다.

처음 두 구절의 직접적인 명령에 이어서 모든 계명을 지키라는 지시가 뒤따른다(26:3). 그러나 이 지시는 조건절로 표현된 것인데, 이는 이어지는 축복이 그들의 순종에 따라 결정되기 때문이다.

이 지시 가운데 몇 가지 낱말은 반드시 의미를 규정해야 한다. 처음 동사는 *hālak*('걷다')로, 성경 안에서 살아 있는 생명 혹은 사람의 행동을 가리키는 숙어로 사용된다. 이 말은 사람이 다닌 길과 생활 방식으로써의 길 사이의 단순한 비교로부터 발전된 것이 분명하다. 사람들은 하나님의 규례에 따라 매일의 삶을 수행해야 했다.

Šāmar('지키다', '준수하다')는 여호와의 계명들을 세심하게 지키고 그에 따르는 것을 가리킨다. 하나님께서는 규례를 지키라고 말씀하실 때 전력을 기울여 규정들을 지키고 준수해야 할 의무를 일깨워주셨다. 따라서 만일 하나님의 백성이 신실하고 순종하며 산다면, 개인과 사회 모두 축복을 기대할 수 있는 이유를 갖게 된다.

Ⅱ. 여호와께서는 순종하며 사는 사람들에게 땅에서의 축복을 약속하신다(26:4-10).

A. 순종은 물질의 번성을 가져온다(26:4-5).

하나님께서는 순종에 대해 이스라엘 백성에게 현세의, 즉 땅에서의 축복을 주겠다고 약속하셨다. 첫 약속인 비는 그들에게 신성한 축복이었다. 왜냐하면 그 축복으로 말미암아 풍성한 수확을 얻기 때문이다(또한 신 28:12를 보라).

이방 종교에서도 비는 신의 축복의 표시였지만, 그들은 비를 바알(혹은 동일한 기본 신인 하다드, 아다드)과 같은 날씨의 신 덕분으로 여겼다. 여기서 비를 그치게 하거나 내리게 하는 것이 하나님과 가나안의 비의 신인 바알 사이의 시합에서 핵심을 차지하고 있었음을 떠올릴 수도 있다(왕상 17-18장). 엘리야는 여호와께서 하나님이심을 입증하고, 백성들이 그분께 돌아오자 많은 비가 올 것을 기대했다. 비에 대한 기대는 순종하면 비를 주시겠다는 약속과 궤를 같이하는 것으로, 그는 그 순간이 비를 위해 기도할 때라는 것을 알았다(왕상 18:41-46).

이스라엘에는 겨울에 절기상으로 비가 왔고, 곡식은 자연스럽게 이 비에 의존했다. 이 약속의 의미는 비가 정기적으로 내려 수확을 맺게 되리라는 것이다. 그것은 비가 정기적으로 풍성히 내려 농부들이 한 계절의 수확을 거둬들이고 있는 가운데서도 다음 계절을 위해 씨를 뿌릴 계획을 세우고 있을 정도였다.

신약에서도 예수님께서는 이 문제에 관한 합당한 우선순위를 강조하셨다. 그분은 백성들에게 하나님 나라와 그의 의를 구하라고 깨우쳐주셨다. 그러면 그들이 먹고 입을 모든 일시적인 공급들이 그들에게 주어질 것이라는 약속을 해주셨다(마 6:25-33). 이것은 모든 축복은 하나님께로부터 오는 것이기 때문에 하나님께 순종하는 것이 최우선의 관심사가 되어야 함을 의미했다.

B. 순종은 평화와 안전을 가져온다(26:6-8).

두 번째로 약속된 축복은 평화(*šālôm*)에 대한 것으로, 이것은 전쟁이 없고 땅이 평안하며 안녕한 상태 모두를 가리키는 말이다. 만일 백성들이 율법에 순종하며 산다면 그들은 그 땅에서 맹수나 전쟁의 침공(칼)에 대한 위협이 없는 평화와 안전함 가운데 거할 것이다. 이 두 가지는 그 땅에서 생산된 것(즉, 자유와 그 평화로운 사용)을 모두 앗아갈 것이다. 이 복들은 다른 어느 때보다 솔로몬 시기에 충만히 누렸을 것이다. 그러나 그 시기는 짧았다. 왜냐하면 순종의 시간이 길게 지속되지 않았기 때문이다.

사나운 짐승(26:6)은, 선지자들이 가끔 그들의 원수를 사자, 표범, 바다의 큰 짐승과 같은 것들로 언급했기 때문에 비유적으로 해석될 수도 있지만, 문자 그대로 보는 것이 맞을 것이다. 만일 이 말이 가리키는 것이 실제의 동물이라면, 축복은 저주받은 세상에서 잠시 벗어나 창조의 평화와 질서가 회복되는 것을 가리킨다.

다음 두 구절은 전쟁에서의 승리를 가리킨다(26:8 그리고 신 32:30, 수 23:10 참조). 이스라엘 백성이 그들의 대적을 쫓아낸 것은 그들이 가진 힘 때문이 아니라 하나님께서 능력을 주셨기 때문이다. 그리고 이 능력의 공급은 그들의 순종에 근거한 것이다. 이스라엘은 그들이 오직 하나님의 능력으로 말미암아 약속들, 특히 땅을 받았음을 배워야 했다.

여기서 순종에 대한 축복으로 주어진 평화의 약속은 성경 다른 곳에서 주어진 평화의 약속과 조화를 이루며, 따라서 성경의 예언적인 부분을 형성한다. 모든 선지자들은 사람들이 아무런 싸움도, 공격도, 전쟁도 없는, 그 무엇에도 비할 바 없는 평화를 누릴 때에 대한 환상을 보았다. 실제로 무기들은 녹여서 농기구로 만들어질 것이다(사 2:4).

C. 순종은 번성을 가져온다(2:9–10).

만일 백성들이 여호와께 순종하면 그분은 그들에게 많은 후손과 그 후손들이 먹을 것으로 복을 주실 것이다. 문자적인 표현은 "그리고 내가 너희에게 고개를 돌릴(*ûpānîtî*) 것이다"로, "내가 너희를 호의적으로 바라볼 것이다"이다. 여기서도 약속된 복은 그들이 많은 열매를 맺고 번성할 것이라는 언약 약속의 일부였다. 실제로 이 복은 그들이 받은 언약의 명백한 확증이다(출 1:7, 사 54:1–10 참조).

하나님께서는 언약을 통해 하신 약속을 신실하게 지키실 것이다. 그러나 그 언약의 성취에 참여하는 것은 믿음과 순종을 요구한다. 이것은 새 언약에서도 마찬가지다. 복음의 메시지는 모든 사람들에게 영원한 생명을 약속한다. 그러나 메시아이신 예수님을 믿는 사람만이 하나님의 자녀라고 불린 사람들 가운데 세신 바 될 것이다(요 1:12, 히 2:13).

Ⅲ. 백성 가운데 거하신 여호와의 임재는 순종에 대한 땅에서의 복을 보증한다(26:11-13).

이 복들에 네 번째 복이 추가되었다. 그것은 본질적으로 영적인 것이며, 다른 복들이 성취되는 근거다(레 26:11-13). 하나님께서는 이제 그들 가운데 자신의 장막을 세우시고 그들과 교통하겠다고 약속하셨다. 그분은 그들 가운데 걸으시고 그들의 하나님이 되시며, 그들을 자기 백성으로 삼겠다고 약속하셨다.

여기서 약속된 하나님과의 교제는 또한 언약의 약속의 일부다. 그러나 그 교제는 순종의 여부에 따라 이루어졌다. 하나님께서는 언약을 세우실 때 자신을 신실하게 보이셨다. 이제 만일 백성들이 신실하면 그분은 약속을 이루어주심으로써 자신이 그들의 언약의 하나님이심을 보여주실 것이다.

하나님의 분명한 약속이 어떻게 조건과 함께 주어질 수 있는지를 이해하기 위해서는 선지자 호세아의 메시지를 생각하는 것이 도움이 될 것이다. 그는 이 축복들과 저주들을 거듭 말했다. 그가 살던 당시에 많은 백성들은 불순종에 빠졌다. 그리고 그들이 여호와를 거부하고 거짓 신을 좇았기 때문에 하나님께서는 그들이 더 이상 자신의 성전에 들어오지 못하며, 자신은 더 이상 그들의 하나님이 아니라고 선언하셨다. 그들은 평화, 번영, 승리 대신에 멸망당한 채 포로로 끌려갔다. 그러나 언약은 여전히 유효했고, 약속들은 남아 있었다. 이스라엘의 또 다른 세대는 여호와께 돌아오고, 다시 한 번 그분의 백성이 되며, 그분은 그들의 하나님이 되실 것이었다. 약속들은 확실한 것이었지만 그 약속에 참여하는 것은 믿음과 순종을 요구했다. 신실한 자들은 그 축복에 동참했다. 여호와께서는 그들에게 이스라엘의 초기에 말씀하셨던 바로 그 말씀을 들려주신다. "내가 너희 하나님이 될 것이니라"(레 26:12).

예수님께서 사시던 당시에도 이스라엘의 많은 사람들은 의의 열매를 맺지 못했고, 따라서 그 나라는 그들에게서 취하여 열매를 맺을 다른 민족에게 주어졌다(마 21:42-46). 바울은 호세아서에서 발견되는 하나님과의 교통의 축복에 대한 약속을 인용하면서 어떻게 이방인이 믿음으로 말미암아 그 약속 안에 참여하게 되었는지를 설명한다. 그들은 전에는 아니었지만 이제 하나님의 백성이 되었다[롬 9:24-26, 호 1:9-10(*MT* 1:9-2:1)]. 하나님께서는 여전히 자기 백성을 새 언약 안으로 불러 모으실 것이다. 그러나 그 백성은 바울이 말한 것과 다른 세대, 곧 믿음으로 자기 메시아를 맞이할 세대가 될 것이다(롬 11:1, 25-32).

레위기 26장 11-13절의 표현은 언약의 메아리다. "나는 너희를 애굽 땅에서 인도하여낸 너희 하나님 여호와라." 이 표현은 백성들에게 그들을 향한 하나님의 크신 은혜와 주권자 되시는 여호와께 대한 큰 책임을 일깨워준다. 그들의 멍에를 벗긴다는 묘사는 하나님께서 그 멍에를 깨뜨리시고, 그들로 머리를 높이 들고 걸을 수 있게 하신다는 것이다. 멍에에 있는 무거운 가로막이는 황소의 등 뒤에 위치해 있어서 그들을 짓누르는 모습을 하고 있다. 사람들의 등에 멍에를 놓는 것은 종살이를 의미하며, 그것이 제거될 때 백성들은 똑바로 설 수 있게 될 것이다. 이 그림은 출애굽함으로 자유를 얻기 전에 애굽에서 받은 압제를 설명한다.

멍에는 또한 마태복음 11장 28-30절에서 예수님께서 사용하셨다. 그분은 사람들에게 무거운 율법주의(아무런 구원이 없는)의 멍에를 벗어버리고 자신을 따르고, 자신을 섬기며, 자신의 계명을 지키라고 촉구하셨다. 그리고 애굽에서 그들의 조상에게 하셨던 것처럼 그들의 짐을 들어올리셨다. 그분은 그들의 하나님이 되실 것이고, 그들은 자기 영혼의 안식을 찾을 것이다. 따라서 하나님과의 평화와 영적 안식에 대한 약속은, 만일 그들이 믿음으로 그분께 나아가면 바로 그곳에 있을 것이다.

결론

이 부분의 주해는 신실한 종들에게 약속된 하나님의 언약의 복에 초점을 맞추고 있다. 이 부분의 중심 주해 개념은 이렇게 정리할 수 있다.

> 하나님께서는 자기 백성이 언약의 요구들을 신실히 지키면 그들에게 영적인 복과 물질의 복을 모두 상으로 주겠다고 약속하신다.

주해는 이렇게 약속된 복이 물질적 번영(비와 추수), 평화, 대적에 대한 승리, 많은 열매(자녀)에 대한 것으로 언약의 약속과 일치하는 것임을 분명히 보여주어야 한다. 이런 복들은 여호와께서 그들 가운데 임재하시기 때문에 주어진 것이다. 요약하면, 언약으로 인해 여호와께서는 자기 백성들 가운데 거하신다. 그리고 그들이 그분 앞에서 신실하게 살 때 그분은 언약의 약속들을 성취하심으로 그들에게 복을 주셨다.

그 민족이 신실하지 못함을 드러내어 복이 저주로 바뀌었을 때 이 약속된 복에 대한 초점이 더욱 날카로워졌다. 새 언약이 세워졌고, 그 새 언약 안에서 메시아는 하나님이 약속하신 모든 복을 베푸셨다. 에스겔은 특히 다음과 같은 복들과 관련된 메시아에 초점을 맞추었다. 많은 비와 풍성한 수확(겔 34:26-27, 레 26:4-5), 맹수로부터의 구원(겔 34:25, 레 26:6), 열방들로부터의 평화(겔 34:28, 레 26:7-8), 많은 열매 맺음(겔 36:10-11, 레 26:9) 그리고 하나님께서 그들 가운데 거하심(겔 36:28, 37:24-27, 레 26:2, 11-12). 하나님께서는 장래에 그들에게 주신 약속을 모두 성취하실 것이다.

그리스도인들은 약속된 메시아이신 예수님을 믿었기 때문에 이미 이 새 언약에 속했다. 그러나 이 장의 내용들을 오늘날 그리스도인들에게 적용하는 것은 많은 주의를 필요로 한다. 비록 순종해야 할 계명들은 신약에 기록된 예수 그리스도 안에서 성취된 율법에 근거하거나 해석되어져야 하지만, 여호와께 순종할 의무는 여전히 남아 있다. 순종은 축복을 가져온다. 이것은 분명한 사실이다. 그리고 새 언약 안에서 그분의 임재와 교제의 약속이 다시 반복된다. 그 약속은 확실하다. 그러나 그 약속 안에 참여하고 그 약속의 유익을 누리는 것은 믿음의 순종에 의해 결정된다.

그렇다면 비, 물질적 번성, 땅의 평화, 동물로부터의 안전, 전쟁에서의 신속한 승리 그리고 많은 자녀는 어떻게 되는가? 물론 그것들은 일차적으로 자기 땅에 있던 이스라엘 백성을 위한 것이었다. 많은 주해자들은 신약 안에서는 죄 사함, 성부 하나님과의 교제, 성령 안에 사는 삶, 성령의 열매, 영생과 같은 영적 축복에 더 많은 관심이 집중된다고 말하는 경향이 있다. 이 모든 것은 분명한 사실이다. 예를 들어, 신약에서 전쟁의 승리는 천사와 공중 권세 잡은 자에 대한 영적 승리를,[5] 평화는 기본적으로 예수 그리스도를 통한 마음의 평화와 위로를, 많은 자녀의 약속은 메시아와 함께하는 영광 가운데 만날 성도들을 의미한다.

그러나 신약은 성도들을 향한 영적이고 영원한 것들과 함께 물질적이고 일시적인 복들에 대한 또 다른 약속들로 가득 차 있다. 주님께서는 자기 백성들에게 풍성한 삶을 약속하셨다. 왜냐하면 그분은 그들이 필요로 하는 모든 것

5. 이스라엘의 전쟁은 분명히 현실 세계의 것이었지만, 영적인 차원 역시 자주 포함하고 있다. 신약은 오직 교회를 위한 영적 전쟁만을 보여주고 있다. 그들의 무기는 영적인 것이고, 그들의 적은 영적 세력이다.

을 공급하실 수 있는 분이기 때문이다. 그분은 자기 백성에게 좋은 것을 주기를 기뻐하는 분이시다. 실제로 그분은 그들이 생각하거나 구하는 것 이상으로 풍성하게 베푸신다. 그분은 그들의 필요를 그 이상으로 채워주기를 원하신다. 바울이 로마서에서 말한 것처럼 말이다. "자기 아들을 아끼지 아니하시고 우리 모든 사람을 위하여 내어주신 이가 어찌 그 아들과 함께 모든 것을 우리에게 은사로 주시지 아니하시겠느냐"(8:32).

그러나 이렇게 하나님께서는 오늘날에도 물질적 복을 주실 수 있고, 또한 주시지만 그분은 항상 그렇게 하시는 것은 아니다. 사실, 그분은 궁극적으로 모든 것을 주시겠지만 물질적 복이 없는 영적 복을 주실 수도 있다. 영적 복과 관련된 물질적 복은 무효가 된 것이 아니다. 그것들은 의의 나라에서 충만한 것을 누릴 때까지 지연될 수도 있다. 최우선순위는 백성들이 이 세상에서 신실하게 살면서 여호와께서 자신의 필요를 채워주실 것을 신뢰하는 것이다. 그럴 때에도 하나님께서 신실한 자들에게 복주신다는 사실에는 변함이 없다.

예수님께서는 복과 저주의 언어를 제자들에게 적용하셨다(마 5:1-12, 23:1-30, 눅 6:20-26). 신실하고 경건한 삶을 사는 사람들은 하나님의 복을 누렸다. 그러나 팔복은 언약의 복과 완벽하게 일치하는 것은 아니다. 왜냐하면 팔복은 대적과 싸워 이기는 복을 말하는 것이 아니라 핍박받는 자에게 복이 있다고 말하고 있기 때문이다. 그리스도의 가르침에 의하면 현 시대에서(언약의 복이 성취되기 전에) 복을 받는 즉각적인 방법에는 가난, 겸손, 궁핍, 고통이 포함된다. 이 순간 그리스도를 따르는 것은 전쟁에서의 승리가 아니라 십자가로 가는 길을 의미할 수도 있다. 그러나 신실한 자들에게는 대적에 대한 승리, 영광 가운데 그리스도와 영원히 함께하는 것, 새 하늘과 새 땅을 누리는 것에 대한 약속이 계속된다(행 3:25, 엡 1:3).

참고 문헌

Baltzer, K. *The Covenant Formulary in the Old Testament, Jewish, and Early Christian Writings*. Translated by D. Green. Oxford: Blackwell, 1971.

Batto, B. "The Covenant of Peace: A Neglected Ancient Near Eastern Motif." *CBQ* 49(1987): 187–211.

Fensham, F. C. "Malediction and Benediction in Ancient Near Eastern Vassal–Treaties and the Old Testament." *ZAW* 74(1962): 1–9.

Hillers, D. R. *Treaty–Curses and the Old Testament Prophets*. Rome: Pontifical Biblical Institute Press, 1964.

Levine, B. A. "The Epilogue to the Holiness Code: A Priestly Statement on the Destiny of Israel." Pp. 9–34 in *Judaic Perspectives on Ancient Israel*. Edited by J. Neusner et al. Philadelphia: Fortress, 1987.

McCarthy, D. J. M. *Treaty and Covenant*. Rome: Ponifical Biblical Institute Press, 1981.

Waltke, B. K. "The Phenomenon of conditionality within Unconditional Covenant." Pp. 123–39 in *Israel's Apostasy and Restoration: Essays in Honor of Roland K. Harrison*. Edited by A. Gileadi. Grand Rapids: Baker, 1988.

48

Instructions for Holiness

하나님의 징계: 언약의 불순종에 따르는 벌(26:14-46)

레위기 26장의 나머지는 불순종에 대한 저주의 위협을 다룬다. 비교 대상인 신명기 27-28장에서처럼 여기서도 복보다는 저주에 더 많은 분량이 할애되어 있다. 이것은 마치 이스라엘의 실패를 예상하는 것처럼 보인다. 그러나 이러한 강조는 언약 조약에서 흔한 일이다. 이러한 언약의 위대한 주인은 백성들이 자신에게 충성을 다하면 그들에게 호의를 베풀겠다고 서약한다. 그러나 만일 그들이 그들의 군주의 호의를 무시한다면 그는 그들의 적이 될 것이다.

레위기 26장의 저주는 경고와 회개에 대한 끊임없는 거부에 맞추어 다음과 같은 다섯 단계로 되어 있다. 질병과 전쟁에서의 패배(26:16-17), 가뭄과 기근(26:18-20), 들짐승들로 인한 황폐(26:21-22), 전쟁과 포위당함(26:23-26), 철저한 멸망과 포로로 붙잡혀가 사람의 고기를 먹게 됨(26:27-32). 물론 이것은 이스라엘의 역사와 거의 흡사한 내용을 보이고 있다. 따라서 많은 사람들로 하여금 저주의 예언이 아니라 역사적 반성의 부분이라고 생각하게 한다.

이 장의 마지막 저주는 포로로 붙잡혀가는 것이다. 포로 생활에 대한 성경의 경고는 너무도 정확해서 비평학자들은 이 자료의 시기를 바벨론 포로기로 보는 경향이 있다. 그러나 본서의 저자가 이 저주를 포함하기 위해 바벨론 유수를 반드시 경험해야만 하는 것일까? 키친(*K. A. Kitchen*)은 고대 근동 전역에 거하던 사람들은 언약의 저주로서 포로로 붙잡혀가는 것에 대해 너무도 잘 알고 있었다는 사실을 증명한다.[1] 그는 고대 근동의 역사는 다른 나라를 침공하여 포로로 삼고 추방을 시킨 사건들로 가득 차 있음을 보여주는 수많은 증거들을 제시한다. 모세 역시 그러한 위협의 실체를 잘 알고 있었다. 그러나 그 점을 논외로 하더라도, 이스라엘 백성들 역시 애굽에서 종 노릇한 적이 있기 때문에 그 사실을 잘 알고 있었다. 하나님께서 새로 형성된 민족에게 불순종에 대한 경고로 포로로 잡혀가는 것보다 더 큰 어떤 벌을 내리실 수 있겠는가?

신학적 주제

이 본문의 주된 신학은 하나님의 심판을 내용으로 다룬다. 경고된 모든 저주는 집단적으로, 혹은 끈질기게 저질러진 죄에 대한 처벌들이다. 이 부분을 자세히 연구하면 하나님의 심판이 공정하다는 것을 알 수 있다. 왜냐하면 죄에 합당한 처벌이 내려지기 때문이다. 그리고 처벌은 죄에 따라 점점 가중되어, 결국 가장 커다란 죄는 가장 커다란 벌을 받는다.

'저주'에 대한 히브리어의 개념은 단순히 그 사람을 축복의 자리에서 제거

1. *K. A. Kitchen, "Ancient Orient, 'Deuteronomism,' and the Old Testament," in New Perspectives on the Old Testament(ed. J. B. Payne; Waco: Word*, 1970), 1–24.

2. *H. C. Brichto, The Problem of "Curse" in the Hebrew Bible(Philadelphia: Society of Bible Literature and Exegesis*, 1963); *J. Scharbert,, "ארר ʾrr," in TDOT* 1:405–18.

하거나 없애버리는 것이다.[2] 하나님의 보호하심과 공급하심이라는 축복이 없는 사람은 세상에서 힘들게 살아갈 것이다. 그들은 자기 혼자 살도록 방치되었고, 그곳은 저주가 도사리고 있는 곳이다.

본문 개괄

메시지 요약

여호와의 언약을 위반하면 점점 강력한 형태의 처벌이 오지만, 하나님의 백성의 회개는 회복과 하나님께서 언약하신 약속들의 성취를 가져온다.

본문 개요

I. 여호와께서는 이스라엘에게 언약을 위반하면 점점 더 커다란 벌을 받게 될 것이라고 경고하셨다(26:14-39).
   A. 만일 이스라엘 백성이 율법에 순종하기를 거부하면 여호와께서는 엄한 벌을 내리실 것이다(26:14-15).
   B. 여호와께서 내리실 벌은 점진적으로 엄해진다(26:16-39).
      1. 이스라엘이 여호와의 말씀에 귀 기울이고 그분의 명령들에 순종하기를 거부하면 육체적 질병과 대적에 대한 패배로 이어질 것이다(26:16-17).
      2. 벌을 받은 후에도 계속해서 순종을 거부하면 이스라엘의 자존심이 깨지고, 가뭄과 농사의 실패를 맞게 될 것이다(26:18-20).
      3. 더 큰 벌을 받은 후에도 여호와를 향해 대적하면 들짐승을 보내시

고, 그로 인해 많은 이스라엘 백성과 그들의 자녀와 가축이 멸망당할 것이다(26:21-22).

4. 징계를 받아들이기를 거부하고 계속해서 대적하면 전쟁, 전염병, 기근이 올 것이다(26:23-26).
5. 여호와의 징계에 올바로 대응하지 못하면 이스라엘이 포로로 잡혀가 그 땅이 안식을 누리게 될 것이다(26:27-39).
   a. 하나님께 귀 기울이기를 거부하고 계속 대적하면 하나님의 진노를 초래할 것이다(26:27-28).
   b. 하나님의 마지막이자 가장 가혹한 징계는 이스라엘이 그 자녀를 잡아먹고, 성읍과 성소가 무너지며, 학살당하고, 생존자도 뿔뿔이 흩어지게 되는 것이다(26:29-33).
   c. 멸망과 흩어짐 뒤에 그 땅은 안식을 누릴 것이다(26:34-35).
   d. 살아남은 자들은 대적의 땅에서 두려움 가운데 살며 쇠약해질 것이다.

II. 여호와께서는 이스라엘 백성에게 죄를 회개하면 언약의 약속들을 기억하시겠다고 분명히 말씀하셨다(26:40-45).

A. 이스라엘 백성은 반역하고 대적한 죄와 자기 조상들의 죄도 고백해야 했다(26:40-41).

B. 여호와께서는 언약을 기억하시고 이스라엘 백성을 완전히 멸망시키지 않겠다고 약속하셨다(26:42-45).

III. 여호와께서는 시내 산에서 모세를 통하여 이스라엘 백성과의 사이에 규례와 법도와 율법을 세우셨다(26:46).

내용 강해

I. 하나님의 말씀에 불순종할 때 벌을 받을 것이며, 그럼에도 계속해서 불순종하면 더 심한 형태의 벌을 받게 될 것이다(26:14-39).

A. 불순종할 때 벌을 받게 된다(26:14-15).

이 본문에서 정죄된 죄는 율법에 대한 심각한 위반들이다. 이러한 벌은 사람들이 하나님을 섬기려다 지은 사소한 침범이 아니라, 하나님의 율법을 거부하고 싫어한 사람들을 향한 것이다. 강한 의미를 갖고 있는 *mā'as*('거부하다')와 *gā'al*('싫어하다')는 죄인이 하나님께 대한 충성심을 갖고 있지 않고, 계명들을 멸시하며, 언약에 맺어지기를 원하지 않는 태도를 반영하고 있다. 이는 그들이 여호와로부터 등을 돌렸음을 그리고 그분이 그들을 멀리하신 것이 아님을 분명히 보여준다.

B. 계속해서 불순종할 때 더 심한 벌을 받게 된다(26:16-39).

폭력, 질병, 열병(26:16-17). 만일 백성들이 순종하기를 거부하면, 여호와께서는 그들을 '놀라운 재앙을 내려 폐병과 열병으로' 그들을 찾아가(*pāqad*) 그들의 눈을 어둡게 하고, 생명을 쇠약하게 할 것이라고(즉, 그들에게 내릴 것이라고) 경고하셨다. 동사 *pāqad*는 관련된 사람들의 운명을 바꾸는 하나님의 개입을 가리키며, 특히 질병(*šaḥepet*, 잘 사용되지 않는 말로서 걸린 사람의 생명을 쇠약하게 하는 오래 된 질병을 가리킨다)과 열병(*qaddaḥat*)을 가리킨다.[3] 여호와께서는 여호와의 율법을 거부하고 싫어한 것에 대해, 그들이 심은 모든 것을 대적에게 짓밟히게 함으로써 황폐하게 만들어 힘과 건강을 회복할 수 있

---

3. 두 낱말 모두 이곳과 신명기 28장 22절에서만 발견된다.

는 음식을 오랫동안 먹지 못함으로써 쇠약해지는 무시무시한 질병을 벌로 내리셨다.

가뭄과 형편없는 추수(26:18-20). 만일 위의 벌에도 불구하고 백성들이 계속 죄 가운데 거하면 더 심한 벌이 내려졌다. 그러나 하나님께서 의도하신 것은 여기 사용된 말의 선택으로 분명히 알 수 있다. 왜냐하면 히브리어는 문자적으로 이런 의미를 갖고 있다. "내가 너희를 계속 징계(*l^e^yass^e^râ*)할 것이다." 하나님께서는 그들을 변화시키시려고 일곱 배나 되는 벌을 내리실 것이다(신 8:5, 히 23:5-11, 암 4:6, 8-11을 보라). 처음 주어진 벌이 사람에 대한 재앙인 반면, 이것은 그들의 소유에 대한 것이다. 하늘은 그들 위에서 강철같이 드리워지고, 땅은 그들의 발 밑에서 청동같이 단단했다. 그 땅이 소산을 내지 못할 것이라는 표현은, 가인이 하나님께 죄를 자백하지 않았을 때 그에게 주어진 저주를 떠오르게 한다(창 4장). 번성함은 교만으로 나아간다(신 8:11-19, 32:15). 그러나 하나님의 심판은 하나님의 백성에게서 그 교만을 벗겨낸다(잠 8:13, 약 4:6).

들짐승들(26:21-22). 만일 백성들이 자기 죄를 고집하고 하나님 앞에서 완악하게[4] 행한다면 그분은 그들에게 더 큰 고통(문자적으로, '전염병', '타격')으로 벌하실 것이다. 들의 맹수들이 마을에 있는 자녀들을 죽음으로 몰고, 들판의 가축을 망치며, 큰 길이 황폐해질 것이다. 만일 백성들이 스스로 만물을 창조하신 주권자 하나님의 율법 없이도 살 수 있다고 생각하면, 그들은 그분의 통치를 벗어난 삶은 위험하다는 사실을 금방 배울 것이다.

전쟁(26:23-26). 네 번째 단계는 민족 모두에게 미친 전쟁이었다. 만일 백성들이 계속 하나님을 대적하면 하나님께서는 그들을 대적하실 것이다. 하나님의 보호하심이 없으면 평화도 없고, 전쟁은 피할 수 없다. 이러한 전쟁의 위협

4. *Q^e^rî*('완고하게')는 히브리 성경에서 26장 21, 23, 24, 27, 28, 40, 41절에서만 발견된다.

은 변덕스러운 것이 아니다. 그것은 그 민족을 벌하여 회개를 일으키기 위함이었다. 그 땅은 공격을 받을 것이고, 백성들은 성 안으로 들어가 포위가 풀릴 때까지 기다리다가 역병이 돌아 항복할 수밖에 없을 것이다. 먹을 것이 떨어지고, 먹을 것을 구하더라도 충분하지 않을 것이다. 역사적으로 이스라엘 민족은 여러 차례 이런 단계에까지 이르렀고, 재기와 회복은 마지막이 되기 전까지 최후의 일격을 사전에 막았다.

포로로 잡혀감(26:27-39). 하나님께서 내리신 벌의 다섯 번째이자 결정적인 단계는 가장 가혹할 것이다. 그 벌은 이전까지의 마지막 단계가 멈춘 곳에서 시작한다. 하나님께서는 그들을 비참하게 하셔서 그들은 사람의 고기를 먹는 지경에까지 이르게 될 것이다. 그분은 향을 태우던 분향소를 무너뜨리시고, 그들의 시체를 산당에 뿌리시며, 그들의 생기 없는 형체를 우상 위에 쌓으실 것이다. 또한 성읍을 멸망시키시고, 그들의 성소를 뒤집어엎으시며, 그들의 호소를 무시하시고, 그들을 열방 가운데 흩으실 것이다. 그 땅은 가장 소름끼치는 방식으로 황폐해질 것이다. 그 땅에 아직 살아남은 자들은 두려움 가운데 살고, 포로로 잡혀간 자들은 먼 땅에서 쇠하여질 것이다. 이 본문은 전쟁의 가장 참혹한 모습을 분명히 포함하고 있다(또한 신 28:53-54, 애 2:20을 보라). 그러나 선지자들이 하나님께 반역하고 우상 숭배에 빠진 백성들에게 거듭거듭 이런 경고를 보냈지만(사 57장, 신 28장을 보라), 결국 그들의 사악함은 스스로 그에 대한 책임을 지고 말았다.

이러한 묘사 가운데 두 가지 중요한 항목은 더 자세한 설명을 필요로 한다. 첫째, 레위기 26장 33절에 의하면, 하나님께서는 스스로 백성들을 열방 가운데 흩으시겠다고 말씀하셨다. 동사 *zārâ*('키질하다', '까부르다')를 사용한 이 이미지는 그 악한 자들이 마치 겨처럼 날아갈 것임을 암시한다(시 1:4). 그러나 남은 자들은 여호와께 신실함을 유지하며, 마침내 그 땅이 회복되는 것을 보게 될 것이다. 둘째, 이 흩음과 황폐함은 그 땅이 안식을 누릴 수 있기 위해 계획된 것이었다. 이는 그 땅이 죄로 인해 안식을 누릴 수 없었음을 의미한다.

그러나 포로가 되는 그런 가혹한 벌조차도 훈련을 위한 것이었다. 분명히 불신자들은 그 민족 가운데서 제거되었을 것이지만, 그 민족은 전체적으로 무릎을 꿇게 되었다. 이 심판은 자신의 백성 이스라엘을 향한 하나님의 마지막 말씀이 아니었다. 포로로 잡혀간 그 시점에서도 선지자들은 새 언약 안에 있는 복된 약속들을 전하고 있었다.

Ⅱ. 불순종에 대해 회개할 때 용서와 복의 회복이 이루어진다 (26:40–46).

레위기 26장 40절은 '그러나 만일(*but if*)' 로 시작한다(우리말 성경에는 명확히 드러나 있지 않음). 하나님께서는 항상 회복의 소망을 베풀고 계신다(26:40–46). 만일 백성들이 자신의 범죄함과 자기 조상의 범죄함 그리고 자신의 반역과 대적함을 고백하면(*wᵉhitwaddû*) 그들은 하나님께 용납될 것이다. 그러나 그 고백은 상한 마음으로부터 나온 것이어야 한다. 26장 41–42절은 *kānaʿ*('자기 무릎을 꿇다')를 사용하여 하나님께서는 '그들의 할례 받지 않은 마음이 낮아질 때' 에만 자신의 언약을 기억하실 것이라고 말씀한다. 모세 그리고 후시대의 바울은 몸이 아니라 마음에 대한 '할례 받지 못한 자' 란 표현을 사용했다(신 30:6, 롬 2:29). 마음(즉, 믿음의 태도이자 선택의 자리)이 할례 받지 못할 때 그것은 하나님께 구별되지 못 한다. 그 안에는 불신앙이 들어 있다. 할례 받은 마음은 믿음을 통해 거룩하게 됨을 가리킨다. 하나님께서 원하신 것은 그들의 할례 받지 못한 마음이 굴복하는 것이었다.

레위기 26장 41절의 *wᵉʾāz yirṣû ʾet-ʿăwōnām*("그리고 그들은 자기 죗값을 치른다")란 표현은 어려운 말이다. 그 말은 전통적으로 "그리고 그들이 자기의 범죄함에 대한 벌을 받아들이다"는 말로 해석되었다. 하틀리(*Hartley*,

453)는 그 말은, 아마 이사야 40장 2절이 말하는 것처럼 그들이 자신의 범죄함에 대해 대가를 치르게 될 것임을 의미한다고 말한다. 이는 그들이 회개할 때 죄에 대한 벌은 그들의 죗값을 치르기에 충분하다는 의미다. 해리슨(*Harrison*, 234)의 생각은 이 동사의 용례와 그 신학을 좀 더 정확하게 평가하고 있다. 그는 그들이 진정한 회개와 '잘못된 것을 바로잡겠다는 진지한 열심' 을 보여야 한다고 말한다.

따라서 백성들이 자기 죄를 인정할 때 여호와께서는 이렇게 말씀하신다. "내가… 내 언약을 생각하며… 그 땅을 권고하리라." 여기 사용된 *zākar*이란 용어는 기억된 것, 여기서는 언약을 근거로 하는 행동의 시작이라는 의미를 갖고 있다. 여호와께서는 비록 백성들이 다른 나라에 흩어졌지만 자신은 그 언약을 잊지 않으시겠다는 말로 설명하신다. 미래는 그분이 아브라함, 이삭, 야곱과 맺은 언약의 약속들에 대한 기억을 근거로 결정되었다. 따라서 그 약속들은 확실했다. 왜냐하면 하나님께서는 한번 맺으신 약속은 반드시 지키시기 때문이다. 그러나 진정으로 회개하고 여호와를 신뢰하는 자만이 현재와 장차 올 세상에서의 그 약속들에 참여할 수 있다.

결론

죄와 그에 대한 벌이라는 가르침이 즐거운 주제는 결코 아니다. 그러나 이 선언은 백성들로 하여금 죄에서 돌이켜 진정한 회개를 가져오게 하기 위하여 만들어졌다. 이 생각은 이렇게 정리할 수 있다.

> 하나님께서는 백성들의 죄를 막고 구원을 베푸시기 위하여 그들의 불신앙과 불순종에 대해 이 세상과 장차 올 세상에서 심판을 내리시겠다고 경

고하신다.

이 장에서 하나님께서는 그 땅과 백성에 대한 일시적인 심판, 그리하여 그들을 포로로 만들고 그 땅을 안식하게 하는 것에 관심을 갖고 계신 것처럼 보인다. 심판은 분명히 널리 퍼지며 계속되는 악으로부터 왔으며, 그것은 곧 그 민족의 역사 가운데서 일어난 것들이다. 그들은 포로로 끌려갔다. 마음으로 회개하지 않아 죽은 자들에게는 하나님으로부터의 추방이 계속되며, 그들은 결코 평화를 찾을 수 없다(사 57:21).

통치자이신 여호와 하나님께서는 율법을 싫어하는 민족과 국가를 아직도 다루실 수 있다. 그 방식은 바로 회개하도록 하는 것이다. 신약은 이스라엘과 교회 그리고 세상에 대한 이러한 사실을 분명히 증거하고 있다.

신약은 축복과 저주가 아직도 이스라엘에게 적용이 가능하다는 것을 보여준다. 백성들이 여호와와 그분의 메시아를 반역했기 때문에 심판이 다시 한 번 거룩한 도시 예루살렘에 임할 것이다. 율법 가운데 기록된 저주의 심판은 대부분 그 민족에게 임할 것이다(마 24-25장, 막 13장, 눅 21장). 예수님께서 선언하신 전쟁, 기근 그리고 백성들의 흩어짐은 레위기 26장의 저주들과 일치한다. 이스라엘에 주어진 언약의 약속들이 '교체' 되었다는 견해를 갖고 있는 학자들은 예수님의 죽음 이후에 그런 저주들이 그 민족에게 적용된 것에 만족해한다. 그러나 그들은 또한 교회의 영적 축복에 동참하는 것은 차치하고서도 미래에 언제라도 믿는 유대인들에게 주어질 복들의 성취 또한 보지 않는다. 이것은 그 이상의 것이다. 성경학자들은 만일 하나님의 저주가 아닌 심판만이 이스라엘에게 쏟아부어졌다면, 심판은 목표를 잃게 되고 하나님께서 불공정한 분이 되신다는 것을 반드시 고려해야 한다.[5] 로마서 11장 29절은 언약이 이스라엘의 불신앙으로 인해 효력을 상실한 것이 아님을 분명히 밝히고 있다. 그들은 가장 가혹한 심판을 겪었지만 여호와께 돌아온 자들은 구원을 얻을 것이다(11:26). 예수님께서는 예루살렘이 이방인의 때가 찰 때까지 밟힘을 당할 것이라고 말씀하셨다(눅 21:24, 롬 11:25). 하나님께서는 열방을 회개하게 하실 수 있는데, 새 창조의 일부로 세상이 끝나기 전 이스라엘을 남겨두시는 가운데 그렇게 하실 것이다. 이스라엘을 향한 사도들의 메시지는 (처음에는) 회개하여 유쾌하게 되는 날을 다시 오게 하라는 것이었다(행 3:19).

이 본문의 교회에 대한 적용과 관련해서 주해자는 주의를 기울여야 한다. '교회' 의 정의는 성도들의 모임(조직된 교회 건물이 아니라)이다. 하나님께서는 자기 백성이 죄에 빠지면 그들을 징계하실 것이다. 그러나 이 장의 설명은 참된 성도들에게 맞지 않는다. 왜냐하면 하나님의 백성들은 하나님의 말씀을 멸시하고 싫어하며, 믿기를 거부하고, 죄 가운데 살기를 고집하기 때문이다. 구약에서 이스라엘을 향한 최종적인 벌인 포로로 잡혀감은 실제로 그 민족 가운데 있는 불신자들을 제거했다. 불순종과 불신앙에 대해 신약에서 찾아볼 수 있는 가장 가까운 위협은 요한계시록 2-3장에서 여호와께서 촛대, 곧 하나님의 백성으로서의 증거를 그들에게서 옮기시겠다고 하신 말씀이다. 이것은 핍박이나 포로로 잡혀감으로써 일어날 수 있지만, 구약에서 포로로 잡혀간다는 위협은 민족 가운데 반역자들을 제거하고 민족의 무릎을 꿇게 만든 점에서 다른 범위와 목표를 갖고 있다고 할 수 있다. 그리스도인들의 박해와 같은 것들도 유사할 수 있지만, 주해자는 여기서 신중을 기해야 한다. 왜냐하면 박해는 종종 하나님의 백성들이 신실하고 의로울 때 찾아오기 때문이다.

그리스도의 보좌 앞에서 신실한 자들에게는 상급이, 신실하지 못한 자들에게는 상을 잃어버림이 있을 것이다(고전 3:10-15, 고후 5:10). 그러나 이 땅에

---

5. *Jerusalem: Past and Present in the Purpose of God* [ed. P. W. L. Waler(Cambridge: Tyndale, 1992)]는 이 특정한 논쟁에서 다양한 측면에 대한 학자들의 일련의 논문을 싣고 있다. 이 유용한 책은 독자들이 생각할 수 있는 모든 논쟁과 해석을 제시해준다. 그러나 이 주제는 세상 마지막에 실제로 성취될 것 외에는, 쉽게 해결할 수 없을 문제 가운데 하나다.

서 사는 동안 하나님께서 성도들을 대하시는 일들에는 사랑하시는 이들을 훈련시키시는 측면이 더 강하다(히 12장).

어떤 심판들은 세상의 끝에서 하나님의 말씀에 순종하기를 거부한 민족들에게 부어질 것이다. 요한계시록 6-19장에 기록된 전쟁, 기근 그리고 전염병의 커다란 심판은 레위기 26장과 신명기 28장에서 그 심판이 예고된 원래의 배경을 찾아볼 수 있다(*Wenham*, 334). 경고는 확실하다. 왜냐하면 하나님께서는 모든 사람이 회개하고 심판에 이르지 않기를 원하시기 때문이다. 현재로서는 하나님의 복이 주어졌고, 그래서 사람들은 그분의 풍성하심을 누리고 그분께 예물을 드릴 수 있다. 그러나 하나님의 오래 참으심에는 한계가 있기 때문에 우리는 그분의 저주를 두려워해야 한다(행 17:30-31).

5부 서원 무르기(레위기 27장)

Redemption of Vows

49 Redemption of vows
서원 무르기

서원 무르기에 대한 이 내용이 본서의 끝에 나온다는 사실은 처음에 보면 문제가 많아 보인다. 어떤 이들은 백성들의 서원을 다룬 내용은 앞의 26장에서 다룬 하나님의 선택들의 논의와 대비가 되고, 따라서 27장은 그곳에서 기록된 내용의 연장이라고 주장한다. 대부분의 서원들은 하나님의 축복과 저주가 내린 기간중에 만들어졌기 때문에, 이 장은 백성들을 어리석은 서원으로부터 지켜주는데 필요한 가르침을 제공하는 것으로 볼 수 있다(*Wenham*, 336).

그러나 다른 이들은 이 장을 나중에 본서에 추가된 부록이라고 주장한다. 그들은 이 장이 예물을 화폐로 교환하는 내용을 다루고 있기 때문에, 이 장은 후대 이스라엘의 성전 관행을 반영하는 것이 틀림없다는 주장을 견지한다(*Levine*, 192를 보라). 그러나 예물이 화폐로 완전히 교환되지는 않기 때문에 노스(*Noth*, 204)는 이 자료가 포로기보다 이전 시기의 것이라고 주장한다.

레위기 27장의 규례가 그 앞 장의 중심 내용들과 근본적으로 차이점을 갖고 있다는 것은 단순한 사실로, 그것이 자발적인 것들을 다루기 때문이다. 비록 이 내용의 시기를 레위기의 다른 내용의 시기보다 후대로 볼 충분한 근거는 없지만, 본서에서 27장을 구별한 데에는 어떤 계획이 있는 것으로 보인다. 레위기 구성의 최종적인 형태에서 보면 백성들의 제사를 규정하고 있는 레위기 1-7장과 백성들의 자발적인 서원과 제사를 규정하는 레위기 27장 사이에는 멋진 균형이 존재한다. 따라서 이 장은 본서의 마지막 부분으로 당당히 자리매김하고 있다.

50 Redemption of vows

서원과 약속의 이행: 서원 무르기에 대한 규례(27장)

약속이나 서원은 하나님의 백성들이 하는 종교적 체험 가운데 중요한 일부가 되어왔다. 신앙의 이러한 측면들은 서원이란 어떤 일이 일어났으면 하는 기대 가운데 만들어졌다는 점에서 일반적인 기도와 감사와 다르다. 일단 그 조건과 상황이 맞게 되면 그 사람은 반드시 서원을 갚아야 했다. 불행하게도 오랫동안 서원은 고의적이든 비고의적이든 서원을 하는 것과 갚는 일 모두에서 크게 남용되어온 것이 사실이다. 너무나 많은 경우에 사람들은 어떤 것을 하겠다고 서원을 하고, 결국 나중에 가서는 그것을 지키지 못하거나 하지 않으려 하게 된다. 혹은 그들은 애초에 해서는 안 되는 서원과 약속들을 하고 만다. 그러나 하나님께서는 이 진퇴양난의 길을 벗어날 방법을 마련하셨다. 그분은 은혜를 베풀어 자기 백성이 지혜롭지 못하거나 성급하게 발설한, 혹은 자기 스스로 정한 모든 서원을 무를 수 있도록 허락하셨다.

처음부터 반드시 짚고 넘어가야 할 질문은 왜 이 장이 이 자리에 위치해 있느냐는 것이다. 웬함(*Wenham*, 336)은, 백성들은 대부분 큰 고통의 시기에 서원을 하기 때문에 마지막 장에 기술된 큰 재앙은 이러한 부록의 필요성을 한층 더해주었다고 주장한다. 그러나 이 장은 그 자체로도 본서의 마무리에 합당한 형태를 이룬다는 주장도 있다. 골드버그(*Goldberg*)는 "우리 자신과 우리의 본질을 우리에게 필요한 모든 것을 베푸신 여호와께 드리지 않고서는 어떤 진정한 예배도 끝을 맺을 수 없다"[1]고 말한다.

신학적 주제

이 장의 주해 개념의 중심 주제는 서원을 존중하거나, 혹은 오늘날 말하는 것처럼 자기 입으로 한 말을 지키는 일에 관한 것이어야 한다. 성경은 사람들이 지킬 수 없거나 지켜서는 안 되는 서원과 약속을 피하라고 경고할 뿐 아니라, 그것들이 지혜롭지 않게 이루어졌다 해도 하나님께서는 그들이 행한 서원에 대해 책임을 물으신다고 가르쳐주고 있다. 율법은 다음과 같이 분명히 말한다. "네 입에서 낸 것은 그대로 실행하기를 주의하라"[신 23:23(*MT* 21:24)].

본문 개괄

메시지 요약

하나님께서는 서원의 남용을 억제하고 지혜롭지 못하게 서원을 한 사람이

1. *L. Goldberg*, *Leviticus: A Study Guide Commentary*(*Grand Rapids: Zondervan*, 1980), 143. 레빈(*Levine*, 192)은, 이 규례의 핵심은 성소에 기금을 낼 필요성을 반영한다고 주장한다. 노스(*M. Noth*)는 포로기 이후에 예물을 돈으로 바꾸어주는 상인들이 나타난다고 말하지만, 이것은 레위기 27장이 반영하고 있는 모습이 아니다. ***Leviticus***(*trans, J. E. Anderson; Old Testament Library; Philadelphia: Westminster*, 1965), 204. 그러나 레위기 27장의 규정들은 이 후기 정책의 기초가 되었다.

다른 방법으로 갚을 길을 가르쳐주시기 위해 대등한 금액으로 무를 수 있는 방법을 정하셨다. 하나님께서는 특정한 소유는 더 높은 금액을 내고 무를 수 있게 허락하셨지만, 이미 자신에게 속한 다른 소유나 물건에 대해서는 무르는 것을 허락하지 않으셨다.

본문 개요

서언: 여호와께서는 모세에게 이스라엘 백성을 위한 더 많은 지시를 하셨다 (27:1–2a).

I. 여호와께서는 하나님께 드리기로 서원한 사람을 대신할 수 있는 규정과 하나님께 드려진 동물을 무를 수 있는 규정을 만드셨다(27:2b–13).

A. 여호와를 섬기기로 서원한 사람은 하나님이나 제사장이 정한 동등한 금액으로 대신할 수 있었다(27:2b–8).

1. 하나님께서는 드릴 것을 서원한 사람을 대신할 금액을 나이와 성별에 따라 정하셨다(27:2b–7).
2. 제사장은 가난한 사람도 형편에 맞게 드릴 수 있도록 금액을 정해주었다(27:8).

B. 서원으로 드려진 받으실 만한 동물은 다른 동물로 대체될 수 없지만(그렇지 않으면 두 동물 모두 여호와의 것이었다), 받으실 만하지 않은 동물은 정가에 1/5을 더하여 무를 수 있었다(27:9–13).

1. 하나님께 서원한 제물 가운데 받으실 만한 동물은 다른 동물로 교체할 수 없고, 이것을 어기면 두 동물 모두 하나님께 드려야 했다(27:9–10).
2. 제물로 드리기에 부정한 동물은 제사장이 그 값을 매기고 정

가에 1/5을 더하여 무를 수 있었다(27:11-13).

II. 제사장의 감정과 확정된 금액에 맞게 무생물의 재산을 봉헌한 사람은 그것을 무를 권리가 있었다(27:14-25).

A. 하나님께 드려진 집은 제사장이 금액을 평가하고, 그 가격에 1/5을 더하여 무를 수 있었다(27:14-15).

B. 하나님께 드려진 밭은 다음 희년까지 뿌릴 수 있는 종자의 양을 기준으로 가격을 정하고, 그가 그 밭을 봉헌한 다음 희년까지 팔면 그것은 제사장의 것으로 남게 되고, 그렇지 않으면 그것은 희년 때에 소유자에게 돌아갔다(27:16-25).

1. 하나님께 드려진 밭은 보리 몇 호멜을 심을 수 있는지를 기준으로 값을 매겼다(27:16-17).

2. 희년 이후에 봉헌된 밭은 다음 희년까지 뿌릴 수 있는 종자를 기준으로 값을 매겼고, 원래 가격에 1/5을 더하여 무를 수 있었다(27:18-19).

3. 다른 사람에게 팔린 봉헌된 밭은 원래 소유자가 무를 수 없었지만 제사장이 사용하도록 주어졌다(27:20-21).

4. 희년 후에 구입한 밭은 다음 희년까지 남은 평가액을 드리는 방식으로 하나님께 봉헌될 수 있었지만, 그 땅은 희년이 되면 원주인에게 돌아갔다(27:22-24).

5. 기준은 성소의 세겔이었다(27:25).

III. 기존의 봉헌으로 여호와의 것이 된 것은 그분에게 서원으로 드릴 수 없었고, 그런 소유는 무르기에 일정한 제한이 있었다(27:26-33).

A. 정결한 짐승의 첫 새끼는 이미 여호와의 것으로서 다시 봉헌할

수 없었다. 부정한 제물의 첫 새끼는 무를 수 있었다(27:26-27).

B. 여호와께 아주 바친 물건은 팔거나 무를 수 없었고, 아주 바친 사람은 배상금을 내고 죽음에서 벗어날 수 없었다(27:28-29).

C. 동물의 십일조는 하나님께 드려졌고, 다른 동물들로 바꾸지 못했다(바꾸면 둘 다 바쳐졌다). 그러나 땅, 곧 곡식과 열매의 십일조는 그 가격에 1/5을 더하여 무를 수 있었다(27:30-33).

결어: 여호와께서는 시내 산에서 이스라엘을 위하여 모세에게 이 계명들을 주셨다(27:34).

내용 강해

위의 개요는 이 장의 뚜렷한 구조를 따르고 있다. 이 장은 서언(27:1-2a)과 결어(27:34)를 포함한 세 부분으로 나뉜다. 본문은 다시 세 부분으로 나뉘어, 생명 있는 대상, 곧 사람이나 동물(27:2b-13), 집이나 토지처럼 생명이 없는 대상물(27:14-25) 그리고 서원을 무르는 데 사용할 수 없는 것들(27:26-33)을 각각 다루고 있다. 처음 두 부분은 '(만일) 사람이' 로 시작한다. 세 번째 부분의 ʾ***ak***('오직')은 27장 2b-25절과 강력한 대조를 표시한다.

이 장의 주해는 첫 본문(27:2b-8)을 서원하는 사람과 함께 시작하면서 주제에 따라 구분하면 한결 쉬워질 수 있다. 이어서 그 본문의 나머지 부분(27:9-13)은 두 번째 본문(27:14-25)과 연결될 수 있고, 서원의 소유에 대한 부분이 된다. 세 번째 본문은 그대로 유지될 수 있다(27:26-33).

I. 하나님의 백성이 사람을 드리겠다고 약속할 때 하나님께서는 그들이 그 서원에 신실할 것을 요구하신다(27:1–8).

레위기 27장의 첫 부분은 서원을 했지만, 곧바로 자기 자신이나 하나님께 드리기로 서원한 사람을 바치지 않기로 결정한 이를 위한 하나님의 은혜로운 규정을 펼친다. 우리는 한나가 아들을 위해 기도하면서 그를 여호와께 바치기로 서원했던 것을 생각할 수 있다(삼상 1:11).[2] 비슷한 경우에 만일 이런 서원을 한 사람이 그 자식을 데리고 있기 원한다면, 하나님께서는 그런 이들에게 금전을 통한 무름을 허락하셨다.

본문은 이 규정이 일반적인 서원이 아니라 나실인 서원(민 6:2)과 같은 특별한 서원(*yaplî' neder*, 동사는 '특별한', '뛰어난' 이란 *pālā'* 에서 왔다)을 다루고 있음을 언급하면서 시작된다(우리말 번역에는 '특별한' 이란 말이 명시적으로 번역되지 않음. *NIV*에는 *special vow*로 번역됨 – 역주). 이것 역시 어려운 서원들로, 그것이 하나님께서 그 서원들을 갚을 수 있는 덜 어려운 길을 마련하신 이유다. 사람들은 서원을 통해 한 사람을 여호와께 봉헌하기도 했다(삼상 1:11, 24에서처럼). 그러나 이어서 그들이 원한다면, 드려진 그 사람을 대신하여 돈을 드릴 수 있는 선택권이 있었다.

레위기 27장 3–8절에 의하면, 그때 지불할 금액은 성경 이외의 문헌에 나오는 종들의 표준 매매 가격이었다. 성경의 율법도 시장 가격을 제시한다. 삼십 세겔은 종의 죽음에 대해 지불되는 가격이었다(출 21:32). 여기서 남자의 가격은 오십 세겔이고, 여자의 가격은 삼십 세겔이었다. 이 가격은 높은 것으로 보이지만(*de Vaux*는 종의 임금이 한 달에 한 세겔이었다고 추산한

---

2. 이 사건은 예외적인 것이다. 왜냐하면 한나는 자식이 없었고, 여호와께 자식을 달라고 기도했기 때문이다. 그녀는 기도 응답을 기대하며 서원을 하는 가운데 자식을 여호와께 바치겠다고 약속했다. 이것은 첫 아이를 드리는 일반적인 의식 이상의 것이었다.

다),[3] 이것은 지혜롭지 못한 서원을 방지하기 위한 방편으로 정해졌을 수도 있다.

만일 부모가 자기 자식을 여호와께 바치면(삼상 1장에서처럼), 그것을 무르기 위한 가격의 비율은 5살까지의 소년은 5세겔 그리고 5-20세까지의 남자는 20세겔이었다. 여성의 가격은 남성의 절반이었는데, 이것은 평가의 기준이 성전에서의 사역 기간에 근거하기 때문이다.[4] 20세가 넘으면 무르는 가격은 최고의 노동 가격을 요구했다.

가난한 자에 대한 가격 산정은 그 사람이 지불할 수 있는 금액에 맞추어 제사장에 의해 결정되었다.

Ⅱ. 하나님의 백성이 자기 소유를 드리겠다고 약속할 때 하나님께서는 그들이 그 서원에 신실할 것을 요구하신다(27:9-25).

A. 서원된 재산은 무를 수 있다(27:9-13).

만일 동물이 여호와께 드려지기에 합당하면, 그 동물은 하나님께 예물로 서원될 수 있었다. 그 소유자가 동물을 서원한 다음에 계속 갖고 싶어할 수도 있는데, 그러나 그것은 이미 분명히 거룩해졌다. 본문은 이렇게 말한다. "그것을 변개하여(*yaḥălîpennû*) 우열 간 바꾸지(*yāmîr*) 못할 것이요 혹 생축으로 생축을 바꾸면 둘 다 거룩할 것이며"(즉, 그것이 이제 하나님의 것이 되었다는 의미다). 스네이드(*Snaith*, 175)는 괄호 안에 있는 두 낱말은 동의어로, 처음 것은 동등한 동물을 바꾸는 것을 가리키며, 두 번째 것은 동등하지 않은 어떤 것을 대신하는 것을 가리킨다고 말한다. 만일 드린 사람이 더 나쁜 동물

3. *R. de Vaux, Ancient Israel: Its Life and Institutions(trans. J. McHugh; New York: McGraw-Hill*, 1961), 1:76.

4. *Noth, Leviticus*, 205.

을 드리려고 한다면 그 벌은 매우 커서, 두 동물이 모두 하나님께 드려져야 했다.

마지막 27장은 레위기의 나머지 부분의 내용과 일치하는데, 왜냐하면 정결한 동물과 부정한 동물의 구별이 규례에 영향을 미치기 때문이다. 만일 부정한 동물(즉, 제물로 드리기 적합하지 않은 것, 22:20-25)이 여호와께 서원되면, 원래의 가격에 1/5을 더하여 무를 수 있었다. 동물은 제사장 앞에 가져가 '그 우열 간에 정가할' 수 있게 해야 했다.[5]

B. 서원된 토지는 무를 수 있었다(27:14-25).

만일 어떤 사람이 집을 여호와께 서원하고나서도 이어서 그것을 계속 갖고 싶어하게 되면, 제사장은 그 집의 가격을 정하고 그 집 가격에 1/5을 더하여 그 사람이 그것을 무를 수 있게 했다. 예배자는 그 집을 계속 소유할 수 있지만, 자신의 서원을 갚기 위해 그 가격보다 많은 금액을 지불해야 했다.[6]

레위기 27장 16-24절은 토지를 무르는 일에 관한 내용이다. 산정된 가격은 다음 희년까지 얻을 곡식의 가격에 그보다 1/5을 더하거나, 그 기간 동안 뿌릴 씨앗을 사는 데 필요한 가격(더 작은 금액임)을 더해야 했다. 이 규정의 핵심은 무르는 값은 출자한 금액과 동등하다는 점이다. 만일 어떤 사람이 희년 다음에 밭을 바치면, 그 값은 다음 희년까지 얼마나 남았는지를 기준으로 매겨졌다. 만일 그 밭이 무르지 않았거나 팔리지 않으면, 그것은 거룩하게 되어 희년에 제사장에게 돌아갔다(27:20-21). 따라서 희년은 그 땅이 원래의 소유자에게 귀속되는 시기이기 때문에 가격을 정하는 데 있어서 중요한 요소였다.

---

5. 누지(*Nuzi*)에서의 관행의 배경과 반대되는 제사의 무르기에 관한 논의를 위해서는 스페이저(*E. A. Speiser*)의 *"Leviticus and the Critics," in Oriental and Biblical Studies*(*ed. J. J. Finkelstein and M. Greenberg; Philadelphia: University of Philadelphia Press*, 1967), 135-37을 보라.

6. 무르기에 대한 규례는 성벽으로 싼 성읍 안의 가옥에 적용되었다. 왜냐하면 그것은 토지가 아니었기 때문이다(25:29를 보라).

Ⅲ. 하나님의 백성은 이미 그분에게 속한 것은 드리기로 서원하지 말아야 한다(27:26-33).

율법은 첫 새끼, 곧 이미 하나님께 속한 것의 봉헌을 금지했다. 그래서 누구도 그것을 여호와께 드리기로 서원할 수 없었다(27:26-27, 출 13:2를 보라).

여호와께 드려진 것은 무엇이든 팔거나 무를 수 없었다(레 27:28-29). 여기서 사용된 *ḥērem*은 '봉헌된 것', '규정된 것', '금지된 것', '저주받은 것' 등으로 번역할 수 있다. 이 말은 아랍어 *ḫaruma*('거룩하게 되다')와 관련이 있는데, 회교도 신전인 엘 하람의 이름의 유래가 된다. 이 히브리어의 기본 의미는 그 사람, 혹은 물건이 하나님께 드려졌다는 것이다. 이것은 그분의 예배 가운데 사용될 수 있도록 거룩하게 되거나 아니면 완전히 파괴될 수 있었다. 그러나 인간이 소유하거나 사용하는 것은 금지되었다. 이스라엘에서 이 용어는 거룩한 전쟁과 밀접한 연관이 있다. 예를 들어, 여호수아 6장 17-19절에 의하면 아간은 전쟁중에 자기가 가지려고 옷을 취했다. 그러나 그것은 거룩한 전쟁이기 때문에 그 옷은 금지된, 혹은 봉헌된 것이었다. 즉, 그것은 하나님께 속한 것이었다. 민수기 21장 2-3절은 이스라엘 백성이 하나님께 만일 하나님께서 승리를 주시면 그 성을 멸하겠다고 서원한 다음, 그렇게 행하고 그 곳을 '호르마'(*Hormah*)라고 부른 사실을 기록하고 있다. 그리고 신명기 13장 12-18절(MT 13:13-19)은 악한 백성이 재판 절차를 거쳐 '드려졌다'는 낙인이 찍히면 그 사람은 정죄를 받고 결코 무를 수 없었다. 이스라엘 백성 가운데 거짓 신에게 제물을 드린 자는 '드려졌고' 반드시 죽음에 처해졌다[출 22:20(MT 22:19)].

따라서 만일 무엇이든 이런 방법을 통해 여호와께 이미 드려진 것이면 그것은 그분께 예물로 서원될 수 없었다. 아주 바쳐진 것은 제사장에 의해 팔리거나 소유자에 의해 물러질 수 없었다(레 27:28). 그리고 아주 바쳐진 사람도 다시 속할 수 없었다(27:29). 이 규정의 예는 전쟁에서 사로잡힌 노예로 자기 평생 동안 성소에서 일하도록 드려진 경우다.[7] 어쨌든 핵심은 아주 바쳐진 것은 하나님께 속한다는 점이다.

마지막으로 땅과 가축의 십일조가 반드시 논의되어야 한다(27:30-33). 땅의 십일조는 무를 수 있었지만, 가축의 십일조는 무를 수 없었다. 십일조는 봉헌의 한 형식이었다. 그것은 하나님께 속한 것이었다. 그러나 농부는 자기 가축을 위해서나 다음 추수를 위해 심으려면 산물을 돌이킬 필요가 있었고, 그 경우에 그는 추가로 1/5의 금액을 내고 속할 수 있었다.

결론

이 장의 주해를 하나의 일관된 주제로 묶을 수 있는 중심 개념을 이끌어내기 위해 다음과 같이 정리할 수 있다.

> 하나님께서는 자신의 신실하심을 드러내시기 위해 자기 백성이 스스로 서원하거나 약속한 것을 신실히 이행하고, 그 서원과 약속이 합당한지 주의할 것을 요구하신다.

이 문장은 본서의 중심 주제를 드러내는 구절이 포함되어 있다. 즉, 의인이 행하는 것은 무엇이든 여호와의 성품을 드러내는 것이어야 한다는 사실이다. 여호와께서는 말씀을 신실히 행하시고 약속을 지키시기 때문에 그분의 백성 역시 자신의 말에 진실해야 한다.

---

7. *B. J. Bamberger, Leviticus*(*New York: Union of American Hebrew Congregations*, 1979), 307.

주해는 두 부분에 적용시켜야 한다. “어떤 서원과 약속이 합당한 서원과 약속인가”(성급하고 지혜롭지 못한 서원을 하지 말고, 서원해서는 안 되거나 이미 하나님께 속한 것은 서원하지 말라)와, “어떻게 서원을 갚을 것인가”(서원은 단순히 그분의 거룩한 이름을 맹세 가운데 넣은 것이든, 하나님께 드려진 단순한 약속이든 간에 반드시 지켜져야 한다. 왜냐하면 그것은 그분에 대한 엄숙한 약속이기 때문이다)에 대한 것이다.

신약에서는 서원보다는 자신의 말을 지키는 것을 더 강조하고 있다. 예수님께서는 사람들이 서원과 맹세를 쉽게 어겼기 때문에 바로 그 점을 경고하셨다(마 5:33-37). 힘든 서원을 지키는 것보다는 처음부터 서원을 하지 않는 것이 더 낫다. 예수님께서는 사람들이 그들의 말이 믿을 수 있고 진실하다는 것을 분명히 보여야 한다고 말씀하셨다. 마찬가지로 예수님께서는 다른 의무를 피하기 위해 서원을 사용하는 것이 잘못된 일이라고 분명히 말씀하셨다(마 15:5-9, 막 7:11-13). 사람들이 실제로는 불쌍한 사람들을 돌아보지 않으면서도 많은 것을 베푸는 척하기는 너무 쉬웠다.

그리스도인들은 다른 종류의 서원들을 한다(예를 들어, 행 18:18, 21:23을 보라).

하나님의 은혜로 말미암아 믿음으로 살겠다고 약속하는 세례 때의 서원

주님을 섬기는 일에 헌신하겠다는 서원(롬 12:1-2)

결혼 서약

헌금 약속

복음을 전하고 믿음을 지키겠다는 약속(임명받거나 파송된 사역들의 경우)

성경은 하나님께 약속한 것은 반드시 행해야 한다는 사실을 일깨워준다. 성도들은 자기가 한 말을 지키고, 세상이 믿음의 식구들에게 있는 진실함과 신

실함을 찾아볼 수 있게 해야 한다. 왜냐하면 주님의 말씀의 신실하심은 종종 그분의 백성들의 말 속에서 나타나기 때문이다.

참고 문헌

Lohfink, N. "חָרַם ḥāram." *TDOT* 5:180–99.

Mendelsohn, I. *Slavery in the Ancient Near East*. New York: Oxford University Press, 1949.

Wenham, G. J. "Leviticus 27:2–8 and the Price of Slaves." *ZAW* 90(1978): 264–65.

거룩과 동행

1쇄 인쇄 _ 2009년 8월 15일
1쇄 발행 _ 2009년 9월 7일

지은이 _ 앨런 로스
옮긴이 _ 김창동
펴낸곳 _ 주)도서출판 디모데〈파이디온선교회 출판 사역 기관〉

등록 _ 2005년 7월 1일 제319-2005-24호
주소 _ 서울 강남구 개포동 1164-21 파이디온 빌딩
전화 _ 영업부 02) 574-2630
팩스 _ 영업부 02) 574-2631
홈페이지 _ www.timothybook.com

값 30,000원

ISBN 978-89-388-1436-4

HOLINESS
TO 거룩과 동행
THE LORD

HOLINESS
TO 거룩과 동행
THE LORD

HOLINESS
TO 거룩과 동행
THE LORD